Internes Kontrollsystem und Management-Informationssystem

Schriften zu Theorie und Praxis der Rechnungslegung und Wirtschaftsprüfung

Herausgegeben von Hansrudi Lenz

Band 8

PETER LANG
Frankfurt am Main · Berlin · Bern · Bruxelles · New York · Oxford · Wien

Holger Wich

Internes Kontrollsystem und Management-Informationssystem

Analyse der Systembedeutung für Unternehmensleitung und Abschlussprüfer

PETER LANG
Internationaler Verlag der Wissenschaften

Bibliografische Information der Deutschen Nationalbibliothek
Die Deutsche Nationalbibliothek verzeichnet diese Publikation in der Deutschen Nationalbibliografie; detaillierte bibliografische Daten sind im Internet über <http://www.d-nb.de> abrufbar.

Zugl.: Würzburg, Univ., Diss., 2008

Layout:
www.kumpernatz-bromann.de

D 20
ISSN 1612-135X
ISBN 978-3-631-56776-0

www.peterlang.de

Meinen Eltern und meiner Frau Meike

Nicht weil die Dinge schwierig sind,
wagen wir sie nicht,
sondern weil wir sie nicht wagen,
sind sie schwierig.

Seneca

Geleitwort des Herausgebers

Die Prüfungsansätze in der Wirtschaftsprüfung haben sich in den letzten Jahren immer stärker in Richtung Risikoorientierung entwickelt. Der Berufsstand versprach sich davon sowohl Effektivitäts- als auch Effizienzvorteile. Diese Entwicklung hat sich auch in Änderungen einschlägiger Prüfungsstandards auf nationaler wie internationaler Ebene niedergeschlagen. Im Zentrum der Prüfungsansätze stehen die Geschäftsrisiken des Mandanten und deren Auswirkungen auf Jahresabschluss und Lagebericht. Der Prüfer analysiert die von der Unternehmensleitung eingerichteten Systeme, deren Zweck es ist, Geschäftsrisiken zu erkennen und zu kontrollieren. Vor diesem generellen Hintergrund möchte Holger Wich u.a. einen Beitrag zu den folgenden Problemen leisten:

- Entwicklung von Kriterien für Management-Informationssysteme, die als Soll-Objekt für den Prüfer dienen;
- Analyse des Prüfungsumfangs der durch die Unternehmensleitung zu implementierenden Steuerungs- und Überwachungssysteme;
- Entwicklung eines geschäftsrisikoorientierten Prüfungsansatzes, der im Einzelnen vorgibt, in welcher Phase einer Abschlussprüfung der Prüfer sich im Einzelnen mit den Systemen beschäftigen muss, die die Unternehmensleitung zur Steuerung und Überwachung einsetzt.

Gründlich, kenntnisreich, kritisch und umfassend wird in der vorliegenden Dissertation von Holger Wich ein eigenständiger und ausdifferenzierter Vorschlag für ein Management Control Framework (MCF) vorgelegt, welches für die Zwecke der Abschlussprüfung genutzt werden kann. Die vorliegende Dissertation liefert eine Fülle interessanter Resultate, die die Diskussion über den geschäftsrisikoorientierten Prüfungsansatz in Wissenschaft und Praxis ohne Zweifel bereichern werden.

Im Oktober 2007 *Hansrudi Lenz*

Vorwort

Bei der vorliegenden Arbeit handelt es sich um meine im November 2006 eingereichte Dissertation, die im September 2007 von der Wirtschaftswissenschaftlichen Fakultät der Bayerischen Julius-Maximilians-Universität Würzburg angenommen wurde.

Die Dissertation entstand neben meiner beruflichen Tätigkeit bei der Wirtschaftprüfungsgesellschaft PricewaterhouseCoopers AG, Frankfurt am Main, in den Jahren 2003 bis 2006. Ohne die großzügig gewährten Freistellungen in dieser Zeit wäre es mir nicht möglich gewesen, parallel zum Berufseinstieg dieses Projekt, bei dem ich vielfältige Unterstützung erfahren durfte, umzusetzen.

Mein aufrichtiger Dank gilt in diesem Zusammenhang meinem Doktorvater, Herrn Prof. Dr. Hansrudi Lenz, für die Betreuung der Arbeit und die Erstellung des Erstgutachtens. Ebenso danken möchte ich Herrn Prof. Dr. Wolfgang Freericks für die freundliche und zeitnahe Erstellung des Zweitgutachtens.

Mein besonderer Dank gilt darüber hinaus meinen ehemaligen Kolleginnen und Kollegen der PricewaterhouseCoopers AG, Frankfurt am Main. An dieser Stelle möchte ich mich insbesondere bei Frau Stefanie Heigl und Herrn Thomas Küster bedanken, die mir durch die Möglichkeit der Mitarbeit in der Fachabteilung viele wichtige Einblicke in die Prüfungstheorie ermöglicht haben und mir bei der Themenwahl und -abgrenzung stets als wichtige Diskussionspartner zur Seite standen. Des Weiteren möchte ich Herrn Axel Mährländer danken, der sich für das fachliche Korrekturlesen der Arbeit zur Verfügung gestellt hat.

Großen Anteil am Gelingen der Arbeit hat auch mein akademischer „Sparringspartner“, Herr Prof. Dr. Werner Hillebrand (Fachhochschule Mainz), der wie kein anderer durch Diskussionen, konstruktive Kritik und Korrekturlesen zum Erfolg der Arbeit beigetragen hat. Ihm habe ich auch den Kontakt zu Frau Prof. Dr. Julia Neumann-Szyszka (Hochschule Wismar) und zu Herrn Prof. Dr. Uwe Szyszka (Fachhochschule Flensburg) zu verdanken, die ebenfalls kritisch zu den Entwürfen meiner Arbeit Stellung genommen haben.

Mein größter Dank gilt schließlich meiner Familie, die mir in allen Bereichen eine Stütze war und mir stets den nötigen Rückhalt gegeben hat. Meiner Schwiegermutter, Frau Beate Walter, und Herrn Karl Heinrich Wittmann möchte ich in diesem Zusammenhang vor allem für das unermüdliche und akribische Korrekturlesen meiner Arbeit danken. Meinen Eltern Walpurga und Gerhard Wich ist insbesondere dafür zu danken, dass sie ihre eigenen Interessen immer denen ihrer Kinder untergeordnet und mich auf meinem bisherigen Lebensweg stets bedingungslos unterstützt haben. Meiner geliebten Frau Meike Wich danke ich vor allem für ihr unermüdliches Verständnis und die liebevolle Unterstützung, die sie mir während des gesamten Studiums und meiner Promotionszeit entgegengebracht hat. Ohne sie wäre die erfolgreiche Vollendung dieser Arbeit nicht denkbar gewesen. Ihnen ist daher diese Arbeit gewidmet.

Marktbreit, im Oktober 2007 *Holger Wich*

Inhaltsübersicht

Inhaltsverzeichnis

Abkürzungsverzeichnis

Abb.	Abbildung
Abs.	Absatz
a.F.	alte Fassung
AG	Aktiengesellschaft
AICPA	American Institute of Certified Public Accountants
AktG	Aktiengesetz
AO	Abgabenordnung
Aufl.	Auflage
AWV	Arbeitsgemeinschaft für wirtschaftliche Verwaltung e.V.
BaFin	Bundesanstalt für Finanzdienstleistungsaufsicht
BB	Der Betriebs-Berater (Zeitschrift)
BBK	Buchführung Bilanzierung Kostenrechnung (Zeitschrift)
bearb.	bearbeitete
Bearb.	Bearbeiter
Begr.	Begründer
BetrVG	Betriebsverfassungsgesetz
BFuP	Betriebswirtschaftliche Forschung und Praxis (Zeitschrift)
BGH	Bundesgerichtshof
BilReG	Gesetz zur Einführung internationaler Rechnungslegungsstandards und zur Sicherung der Qualität der Abschlussprüfung (Bilanzrechtsreformgesetz)
BMJ	Bundesministerium der Justiz
bspw.	beispielsweise
BuFü	Buchführung
BR	Bundesrat
BT	Bundestag
bzgl.	bezüglich
bzw.	beziehungsweise
COSO	Committee of Sponsoring Organisations of the Treadway Commission
COSO I	Internal Control – Integrated Framework
COSO II	Enterprise Risk Management – Integrated Framework
DB	Der Betrieb (Zeitschrift)
DBW	Die Betriebswirtschaft (Zeitschrift)

d.h.	das heißt
Diss.	Dissertation
DRS	Deutscher Rechnungslegungs Standard
DRSC	Deutsches Rechnungslegungs Standards Committee e.V.
DStR	Deutsches Steuerrecht (Zeitschrift)
DSWR	Datenverarbeitung – Steuer – Wirtschaft – Recht (Zeitschrift)
DV	Datenverarbeitung
E IPS	Entwurf-Prüfungsstandard zur ISA-Ergänzung (des IDW)
EPS	Entwurf eines Prüfungsstandards (des IDW)
ERM	Enterprise Risk Management
ERP	Enterprise Resource Planning
erw.	erweitert
etc.	et cetera
e.V.	eingetragener Verein
evtl.	eventuell
f.	folgende
FAIT	Fachausschuss Informationstechnologie (des IDW)
FAR	Fachausschuss Recht des Instituts der Wirtschaftsprüfer e.V.
ff.	fortfolgende
FN	Fachnachrichten
G	Effektivitätskriterium der Gültigkeit
GDPdU	Grundsätze zum Datenzugriff und zur Prüfbarkeit digitaler Unterlagen
gem.	gemäß
ggf.	gegebenenfalls
GmbH	Gesellschaft mit beschränkter Haftung
GmbHG	Gesetz betreffend die Gesellschaft mit beschränkter Haftung
GmbHR	GmbH-Rundschau (Zeitschrift)
GoA	Grundsätze ordnungsmäßiger Abschlussprüfung
GoB	Grundsätze ordnungsmäßiger Buchführung
GoBS	Grundsätze ordnungsmäßiger DV-gestützter Buchführungssysteme
GoDV	Grundsätze ordnungsmäßiger Datenverarbeitung
GoK	Grundsätze ordnungsmäßiger Konzernrechnungslegung
GoL	Grundsätze ordnungsmäßiger Lageberichterstattung
GoU	Grundsätze ordnungsmäßiger Unternehmensleitung
GuV	Gewinn- und Verlustrechnung

h.M.	herrschende Meinung
HFA	Hauptfachausschuss (des IDW)
HGB	Handelsgesetzbuch
HGrG	Haushaltsgrundsätzegesetz
Hrsg.	Herausgeber
IAASB	International Auditing and Assurance Standards Board (der IFAC)
IAS	International Accounting Standard(s)
i.d.R	in der Regel
i.d.S.	in diesem Sinne
IDW	Institut der Wirtschaftsprüfer in Deutschland e.V.
IFAC	International Federation of Accountants
IFRS	International Financial Reporting Standard(s)
INF	Die Information für Steuerberater und Wirtschaftsprüfer (Zeitschrift)
IKS	Internes Kontrollsystem
InsO	Insolvenzordnung
IPS	Prüfungsstandard zur ISA-Ergänzung (des IDW)
i.S.	im Sinne
ISA(s)	International Standard(s) on Auditing (der IFAC)
i.S.d.	im Sinne der/des
i.S.v.	im Sinne von
IT	Informationstechnologie
i.V.m.	in Verbindung mit
i.w.S.	im weiteren Sinne
KAGG	Gesetz über Kapitalanlagegesellschaften
KonTraG	Gesetz zur Kontrolle und Transparenz im Unternehmensbereich
KoR	Internationale und kapitalmarktorientierte Rechungslegung (Zeitschrift)
M&A	Merger & Acquisition
MCF	Management-Control-Framework
MIS	Management-Informationssystem
MitbestG	Mitbestimmungsgesetz
NBW	Neue Betriebswirtschaft (Zeitschrift)
n.F.	neue Fassung

NJW	Neue Juristische Wochenschrift (Zeitschrift)
o.O.	ohne Ort
o.S.	ohne Seite
o.V.	ohne Verfasser
OWiG	Ordnungswidrigkeitengesetz
PCAOB	Public Company Accounting Oversight Board
PEST	Political, Economical, Social, Technological
POB	Public Oversight Board
PS	Prüfungsstandard
PwC	PricewaterhouseCoopers
R	Effektivitätskriterium der Richtigkeit
RefE	Referentenentwurf
ReLe	Rechnungslegung
RFS	Risikofrüherkennungssystem
RH	Rechnungslegungshinweis (des IDW)
Rn.	Randnummer
RS	Stellungnahme zur Rechnungslegung (des IDW)
S.	Seite
SEC	Securities and Exchange Commission
SOA	Sarbenes Oxley Act
sog.	so genannte(r/s/n)
StuB	Steuern und Bilanzen (Zeitschrift)
SWOT	Strengths, Weaknesses, Opportunities, Threats
Tab.	Tabelle
TransPuG	Gesetz zur weiteren Reform des Aktien- und Bilanzrechts, zu Transparenz und Publizität (Transparenz- und Publizitätsgesetz)
Tz.	Textziffer(n)
u.a.	unter anderem
überarb.	überarbeitet
UMAG	Gesetz zur Unternehmensintegrität und Modernisierung
Univ.	Universität
USA	United States of America
usw.	und so weiter

V	Effektivitätskriterium der Vollständigkeit
vgl.	vergleiche
WISU	Wirtschaftsstudium (Zeitschrift)
WiSt	Wirtschaftswissenschaftliches Studium (Zeitschrift)
WP	Wirtschaftsprüfer
WPg	Die Wirtschaftsprüfung (Zeitschrift)
WPK	Wirtschaftsprüferkammer
WPK-Mitt.	Wirtschaftsprüferkammer-Mitteilungen (Zeitschrift)
WPO	Gesetz über eine Berufsordnung der Wirtschaftsprüfer (Wirtschaftsprüferordnung)
Z	Effektivitätskriterium der Zugriffsbeschränkung
z.B.	zum Beispiel
ZfbF	Zeitschrift für betriebswirtschaftliche Forschung (Zeitschrift)
ZfCM	Zeitschrift für Controlling & Management (Zeitschrift)
ZGR	Zeitschrift für Unternehmens- und Gesellschaftsrecht (Zeitschrift)
ZIP	Zeitschrift für Wirtschaftsrecht (Zeitschrift)
ZIR	Zeitschrift für Interne Revision (Zeitschrift)
ZR	Zivilrecht
z.T.	zum Teil
zugl.	zugelassen
zw.	zwischen

Abbildungsverzeichnis

Tabellenverzeichnis

1. Einleitung

Bedingt durch die zunehmende Kapitalmarktorientierung der Unternehmen befindet sich die Unternehmensberichterstattung, insbesondere in Kontinentaleuropa, in einem tief greifenden Wandlungsprozess und mit ihr auch die Dienstleistung der Wirtschaftprüfung. Durch die Kapitalmarktorientierung haben sich die Anforderungen an die externe Rechnungslegung grundlegend gewandelt. Die Informationsfunktion der externen Berichterstattung hat an Bedeutung gewonnen.[1] Die entscheidungsrelevanten Informationen für die potenziellen Anleger sind dabei der eigentliche Marktwert des Unternehmens im Vergleich zum gegenwärtigen Börsenwert oder – anders ausgedrückt – entscheidungsrelevant ist die Fähigkeit des Unternehmens, künftig Erträge zu erwirtschaften, die einer risikoadäquaten Verzinsung des eingesetzten Kapitals entsprechen. Das Konzept des „Shareholder Values" gewann folglich zunehmend an Bedeutung und wurde zur zentralen Zielgröße kapitalmarktorientierter Unternehmen.[2] Gemessen wird diese Zielgröße auf Basis der Daten des externen Rechnungswesens.[3] Eine langfristige Steuerung dieser Zielgröße ist jedoch mit den historischen Daten der externen Berichterstattung nicht möglich. Hinzu kommt, dass aufgrund der zunehmenden Dynamik der Märkte und des Wettbewerbsumfeldes die aktuellen Ergebnisdaten der Unternehmen schon lange kein Garant mehr für künftige Erfolge sind. Die strategische Herausforderung für das Management lautet daher, die Erfolgspotenziale des Unternehmens zu sichern und auszubauen, um hierdurch nicht nur den künftigen Unternehmenserfolg zu garantieren, sondern auch den Unternehmenswert zu steigern. Gleichzeitig muss dabei sichergestellt werden, dass das Unternehmen jederzeit die Flexibilität besitzt, um auf künftige Chancen und Risiken angemessen reagieren zu können. Hierfür hat das Management seine Steuerungs- und Überwachungsinstrumentarien zunehmend um betriebswirtschaftliche Konzepte und Methoden ergänzt, deren Informationsspektrum über das des betrieblichen Rechnungswesens hinausgeht.[4] Zur langfristigen Steuerung des Unternehmens gewannen somit zunehmend nichtfinanzielle Informationen und Leistungskennzahlen an Bedeutung.[5] Diesen Informationsvorsprung des Managements versuchen die Unternehmen mitunter als Wettbewerbsvorteil auf den Kapitalmärkten für sich zu nutzen, indem sie verstärkt diese – zukunftsorientierten und somit im besonderen Maße entscheidungsrelevanten – Informationen auch den Anlegern zur Verfü-

---

1 Vgl. *Kirsch/Scheele*, Diskussionspapier, 2006, S. 89.

2 *Wolf*, Risikomanagement, 2003, S. 9 ff., gibt einen gelungenen Überblick über empirische Studien zur Verbreitung der wertorientierten Unternehmensführung auf dem deutschen Kapitalmarkt.

3 Vgl. *Burger/Buchardt*, Rechnungswesen, 2001, S. 549 ff.

4 Vgl. *Müller*, Management, 2003, S. 331 ff.

5 Vgl. *Klingebiel*, Integriertes Performance Measurement, 2000, S. 20 ff.

gung stellen.[6] Ein Beispiel hierfür ist die Berichterstattung des Unternehmens in Form des Value Reporting.[7] Neben diesen freiwilligen Bemühungen sieht jedoch auch der Gesetzgeber zunehmend die Bedeutung dieser zukunftsbezogenen Informationen für die Kapitalmärkte und erhöht sukzessive die Anforderungen in diesem Zusammenhang an die Unternehmensberichterstattung. Beispiele für diese Bestrebungen auf europäischer Ebene sind die Fair Value-Richtlinie, die IAS-Verordnung und die Modernisierungsrichtlinie sowie auf nationaler Ebene das Bilanzrechtsreformgesetz (BilReG).[8]

Des Weiteren führten der zunehmende Druck der Finanzmärkte nach positiven Ergebniszahlen und die erhöhte Wettbewerbs- und Umfelddynamik auf den Gütermärkten zu spektakulären Bilanzskandalen und Unternehmenspleiten, die auch hierzulande die Diskussion über die Ordnungsmäßigkeit der Corporate Governance wieder neu angeheizt und den Gesetzgeber zum Handeln gezwungen haben.[9] So stellte dieser bspw. im Zuge des Gesetzes zur Kontrolle und Transparenz im Unternehmensbereich (KonTraG) klar, dass die gesetzlichen Vertreter von Aktiengesellschaften ein Risikofrüherkennungssystem einzurichten haben, nachdem der Gesetzgeber in den 90er Jahren des letzten Jahrhunderts hier Mängel in den Steuerungs- und Überwachungssystemen deutscher Unternehmen festgestellt hat.[10, 11]

1.1 Problemstellung und Zielsetzung

Diese Entwicklungen gingen auch am Berufsstand der Wirtschaftsprüfer nicht spurlos vorbei. Neben der Chance, wie z.B. im Rahmen des Value Reporting zusätzlich beratend tätig zu werden, sind die Anforderungen an die Jahresabschluss-

---

6 Die Wichtigkeit dieser Informationen für den Bilanzadressaten hat bereits eine im Jahr 1991 durch den AICPA durchgeführte Studie belegt, vgl. *AICPA*, Improving Business Reporting, 1994, o.S. Auf die diesbezüglich bestehenden Informationsdefizite in der derzeitigen externen Unternehmensberichterstattung weisen auch *Günther/ Beyer*, Value Based Reporting, 2001, S. 1623 ff., hin und geben für deren Behebung konkrete Lösungshinweise. Ein Überblick über weitere Studien, deren Untersuchungsgegenstand der Informationsbedarf der Kapitalmarktanleger ist, findet sich bei *Fey*, Unternehmensberichte, 2000, S. 1099 f.

7 Einen Überblick über die Elemente des Value Reporting geben *Fischer/ Wenzel*, Value Reporting, 2002, S. 327 ff.

8 Zum Überblick über die Regelungen auf europäischer Ebene *Pfitzer/Oser/Orth*, Reformgesetze, 2005, S. 16 ff.

9 Bei uns etwa sind die Fälle Comroad AG, Flowtex AG, Zapf Creation AG, international der Fall der italienischen Parmalat SPA und insbesondere in den USA sind die Fälle von Enron/Arthur Anderson, WorldCom. Corp. und Xerox Corp. bekannt.

10 Auch *Pfitzer/ Oser/ Orth*, Reformgesetze, 2005, S. 35, begreifen die Regelungen des KonTraG als weitreichende Maßnahmen zur Verbesserung der Unternehmensführung und -überwachung.

11 Hintergrund für das KonTraG waren insbesondere spektakuläre Unternehmenskrisen in Deutschland, wie Balsam, Schneider, Sachsenmilch, Metallgesellschaft, Holzmann u.a.

prüfung in den letzten Jahren signifikant gestiegen.[12] Die Initiativen des Gesetzgebers im Zuge des KonTraG und des BilReG, die Lageberichterstattung gem. § 289 HGB um die Risiken bzw. die Chancen der künftigen Entwicklung zu erweitern sowie die mittlerweile gem. § 315a HGB bestehende Pflicht für kapitalmarktorientierte Mutterunternehmen ihren Konzernabschluss nach den International Financial Reporting Standards (IFRS) zu erstellen, haben bspw. dazu geführt, dass sich der Prüfer im Rahmen der Jahresabschlussprüfung in verstärktem Maße auch mit prognostischen Daten sowie Zeit- und Schätzwerten auseinandersetzen muss.[13] Neben diesen Veränderungen im Bereich der Rechnungslegungsnormen wurde außerdem durch das KonTraG und das Transparenz- und Publizitätsgesetz (TransPuG) der Prüfungsauftrag für die Jahresabschlussprüfung dahingehend erweitert, dass bei börsennotierten Aktiengesellschaften gem. § 317 Abs. 4 HGB auch die Angemessenheit und Funktionsfähigkeit des verpflichtend einzurichtenden Risikofrüherkennungssystems zu prüfen ist. Weiteren Einfluss auf den nationalen Berufstand hat darüber hinaus auch die Entwicklung auf internationaler Ebene, insbesondere die bereits oben erwähnten Bilanzskandale, und der hierdurch verursachte Druck der Öffentlichkeit, genauso wie die daraufhin eingeleiteten Initiativen seitens der Kapitalmarktüberwachung genommen.[14] Denn nachdem in diesem Zusammenhang erhebliche Bedenken an den Prüfungsansätzen der Wirtschaftsprüfungsgesellschaften geäußert wurden, hat dies dazu geführt, dass die Prüfungsstandards auf internationaler Ebene, die sog. International Standards on Auditing (ISAs), welche durch das *International Auditing and Assurance Standards Board* (*IAASB*) der *International Federations of Accountants* (*IFAC*) erlassen werden, im Rahmen verschiedener Projekte[15] mitunter grundlegend überarbeitet wurden.[16, 17] Die Prüfungsgesellschaften haben hierauf ebenfalls reagiert und

---

12 Vgl. *Toso*, Prüfungskomplexität, 2000, o.S.

13 Vgl. hierzu bereits *Freiling/ Lück*, Jahresabschlussprüfung, 1994, S. 1252; *Fey*, Unternehmensberichte, 2000, S. 1097 ff.; *Schmidt*, Risikobeurteilungen, 2005, S. 874.

14 In diesem Zusammenhang wurde bspw. auf Drängen der SEC das „Panel on Audit Effectiveness „eingerichtet, welches eine umfassende Studie zur Qualität der Abschlussprüfung auf dem amerikanischen Kapitalmarkt durchgeführt und Verbesserungsvorschläge entwickelt hat. Zu den Empfehlung im Einzelnen vgl. auch *Schmidt*, Panel on Audit Effectiveness, 2000, S. 793.

15 Wichtigstes Projekt in diesem Zusammenhang war das „Audit Risk Model"-Projekt, welches u.a. auf den Ergebnissen des Berichts des „Panels in Audit Effectiveness" (vgl. *POB*, Effectiveness, 2000, o.S.) und denen des Berichts „Recommendations Arising from a Study of Recent Developements in the Audit Methodologies of the Largest Accounting Firms" (vgl. *Joint Working Group*, Recommendations, 2000, o.S.) der Joint Working Group, die sich aus Vertretern der großen Prüfungsgesellschaften, Mitgliedern von Berufsverbänden und Vertretern der Wissenschaft zusammensetzte, aufbaute. Das Projekt führte dazu, dass grundlegende ISAs überarbeitet und 2002 als „exposure draft" veröffentlicht wurden. Zur Fortentwicklung des ISAs vgl. *Mertin*, ISA, 2003, o.S.

16 Vgl. *Schmidt*, Panel on Audit Effectiveness, 2000, S. 793.

17 Zur Bindungswirkung der ISA für den deutschen Berufstand vgl. die Ausführungen unter Kapitel 3.3: Verantwortung des Abschlussprüfers für die Zielerreichung, S. 154.

ihre Prüfungsansätze entsprechend angepasst. Ausgangspunkt dieser Prüfungsansätze sind nunmehr die Geschäftsrisiken des Mandanten.[18] Aufbauend auf einem umfangreichen Verständnis für die Geschäftsrisiken des Mandanten soll anschließend Sicherheit für den externen Abschluss mitunter auch dadurch gewonnen werden, dass sich der Prüfer mit den Systemen beschäftigt, die die Unternehmensleitung eingerichtet hat, um diesen Risiken zu begegnen und das betriebliche Geschehen zu steuern und zu überwachen.[19] Mit anderen Worten, Ziel des Prüfers ist es, die Systeme für die Zwecke seiner Abschlussprüfung zu instrumentalisieren, die das Management nutzt, um seiner Führungsverantwortung für das Unternehmen nachzukommen.[20]

Für den Prüfer in der Praxis ergeben sich hieraus folgende Problempunkte, die bis dato durch die Theorie noch nicht zufrieden stellend gelöst wurden:

1. Der Prüfer benötigt ein grundlegendes Verständnis darüber, welche Systeme die Unternehmensleitung nutzt, um ihrer Führungsverantwortung nachzukommen. Hierbei wird eine einheitliche begriffliche Notation für die Systeme benötigt, die sich zudem in den durch die Prüfungsstandards vorgegebenen konzeptionellen Rahmen und in das dort geprägte Systemverständnis einfügt.[21, 22]
2. Sofern der Prüfer, ausgehend von den Systemen, die das Management nutzt, um seiner Verantwortung für die Steuerung und Überwachung des Unternehmens nachzukommen, Sicherheit für die Prüfung generieren soll, benötigt er auch Kriterien, die es ihm im Rahmen der Prüfung ermöglichen zu beurteilen,

---

18 Vgl. *Marten/Quick/Ruhnke*, Lexikon, 2006, S. 330.

19 Vgl. hierzu *Dörner*, Wirtschaftsprüfung, 1998, S. 308 ff.; *Justenhoven/Krawietz*, Prüfungsansatz, 2006, S. 62 ff. Diese verlangen in erster Linie eine Prüfung dieser Systeme auf operativer Ebene. *Link*, Abschlussprüfung, 2006, S. 194 ff.; *Orth*, Prüfungsansatz, 1999, S. 581; *Ruhnke*, Abschlussprüfung, 2002, 438 ff.; *Wiedmann*, Fortentwicklung, 1998, S. 346 ff. sprechen im Gegensatz zu diesen Low-Level Controls zusätzlich auch von High-Level Control, die der Prüfer für die Zwecke der Jahresabschlussprüfung nutzen soll. Eine weiterführende Analyse, welche systematisch alle zur Steuerung und Überwachung der Geschäftsrisiken im Unternehmen genutzten Systeme einbezieht, verlangt dagegen *Heese*, Prüfungsansatz, 2003, S. 227 f.

20 *Heese*, Prüfungsansatz, 2003, S. 223 ff., stellt in seinem Aufsatz dar, wie wichtig leistungsfähige Systeme zur Steuerung und Überwachung der Unternehmen sind und unterstreicht in diesem Zusammenhang auch, dass die Prüfung des Management-Informationssystems, welches die Grundlage für unternehmerische Entscheidungen darstellt, in diesem Zusammenhang zunehmend an Bedeutung gewinnt.

21 Zum geschlossenen System der IDW Prüfungsstandards und der hierdurch bedingten Forderung nach einer einheitlichen Notation vgl. *Jacob*, Transformation, 2001, S. 242.

22 *Horvath*, Modernes IKS, 2003, S. 211 ff., weist in diesem Zusammenhang zwar zu Recht darauf hin, dass der Prüfer die geänderten Anforderungen an das Management erkennen und die neuen Steuerungsinstrumente akzeptieren und sich mit diesen auseinandersetzen muss, liefert aber ebenso keinen Vorschlag, wie diese neue Methoden, Konzept und Instrumente des Controlling und der Unternehmensführung in die bereits bestehende Systemlogik des Prüfers und der Prüfungsstandards integriert werden können.

ob die betrachteten Ist-Systeme angemessen ausgestaltet sind. Mit anderen Worten benötigt der Prüfer grundlegende Kriterien für ein Soll-Objekt.[23]

3. Des Weiteren gibt es keine umfassende Analyse auf Basis der gesetzlichen und berufständischen Anforderungen, die dem Prüfer Anhaltspunkte dafür liefert, in welchem Umfang er sich mit den Systemen beschäftigen muss, die die Unternehmensleitung zur Steuerung und Überwachung eingerichtet hat. Dies ist jedoch eine notwendige Voraussetzung, um die diesbezüglich bestehenden Systemprüfungspflichten des Prüfers zur Abgabe eines hinreichend sicheren Urteils über die Prüfungsgegenstände gem. § 317 HGB klar abzugrenzen und ihm so eine sorgfältige und effiziente prüferische Adressierung dieser Systeme zu ermöglichen.
4. Und schließlich benötigt der Prüfer in der Praxis einen integrierten Vorschlag eines geschäftsrisikoorientierten Prüfungsansatzes, welcher auf Basis der Grundkonzeption eines geschäftsrisikoorientierten Prüfungsvorgehens vorgibt, zu welcher Phase der Prüfung er sich in welchem Umfang mit den Systemen beschäftigen muss, die die Unternehmensleitung zur Steuerung und Überwachung einsetzt. Andernfalls würde der Prüfer nicht nur Gefahr laufen, die Anforderungen an die Prüfung nicht vollumfänglich zu erfüllen, was direkt sein eigenes Haftungsrisiko erhöht, sondern auch Ineffizienz durch Doppelarbeit verursachen und damit unnötigerweise sein Prüfungsbudget belasten. Kurzum, der Prüfer in der Praxis sieht sich hier mit dem Problem konfrontiert, die gestiegenen Anforderungen an die Prüfung möglichst effizient zu erfüllen.

Das Ziel bzw. die Motivation dieser Arbeit ist es daher, zunächst zu untersuchen, welche Systeme die Unternehmensleitung einsetzt, um ihrer Verantwortung für die Unternehmensführung nachzukommen, um dann aufbauend auf den bereits in der Praxis etablierten Rahmenkonzepten des *Committee of Sponsoring Organisations of the Treadway Commission* (*COSO*) ein erweitertes Rahmenkonzept zu definieren, welches alle Systeme, die die Unternehmensleitung zur Steuerung und Überwachung nutzt, integriert und ebenfalls grundlegende Kriterien für ein Soll-Objekt bereitstellt. Außerdem soll untersucht werden, in welchem Umfang die Systeme, die das Management zur Steuerung und Überwachung seines Unternehmens nutzt, im Rahmen der Jahresabschlussprüfung zu beurteilen sind. Hierfür gilt es zunächst festzustellen, welche Systeme aufgrund gesetzlicher oder berufsständischer Anforderungen Gegenstand der Jahresabschlussprüfung sind und in welchem Umfang sich der Prüfer mit diesen Systemen zu beschäftigen hat. Auf-

23 Für das Gebiet der internen Planung weisen bereits *Freiling/Lück*, Jahresabschlussprüfung, 1994, S. 1250, darauf hin, dass es in diesem Bereich keine Kriterien gibt, die der Abschlussprüfer zur Beurteilung der Angemessenheit dieser Systeme im „Ist" heranziehen kann. *Lachnit/Müller*, Risikomanagement, 2001, S. 387, weisen auf diese Problematik in Bezug auf ausreichend definierte Sollvorstellungen im Zusammenhang mit dem Risikomanagementsystem hin.

bauend auf diesen Erkenntnissen wird ein Vorschlag erarbeitet, wie diese Anforderungen an die Prüfung am effizientesten in einen geschäftsrisikoorientierten Prüfungsansatz mit dem Ziel der Gewinnung von Prüfungssicherheit für die Prüfungsaussagen über die gesetzlichen Prüfungsgegenstände zu integrieren sind. Es wird folglich ein eigener Vorschlag erarbeitet, der aufzeigen soll, zu welchen Phasen einer auf einen geschäftsrisikoorientierten Prüfungsansatz basierenden Jahresabschlussprüfung sich der Prüfer in welchem Umfang mit den von der Unternehmensleitung eingerichteten Steuerungs- und Überwachungssystemen des Unternehmens auseinandersetzen soll. Hierdurch wird implizit auch die Bedeutung der Steuerungs- und Überwachungssysteme für die einzelnen Phasen des geschäftsrisikoorientierten Prüfungsansatzes unter Beweis gestellt.

1.2 Gang der Untersuchung

Für den Gang der Untersuchung wurde die Arbeit wie folgt aufgebaut:

Abb. 1-1: Aufbau der Arbeit

<table>
<tr><th colspan="4">Die Bedeutung von Internem Kontrollsystem und Management-Informationssystem für die Jahresabschlussprüfung</th></tr>
<tr><td colspan="3">Kapitel 1:
Problemstellung und Zielsetzung</td><td rowspan="4">Kapitel 6:
Zusammenfassung und Ausblick</td></tr>
<tr><td colspan="3">Kapitel 2:
Erarbeitung eines erweiterten Rahmenkonzepts[1]</td></tr>
<tr><td>Kapitel 3[2]:
Analyse der Prüfungserfordernisse des erweiterten Rahmenkonzepts</td><td rowspan="2">}</td><td rowspan="2">Kapitel 5[2]:
Einordnung der prüfungsrelevanten Systemkomponenten in den durch die Prüfungsstandards vorgegebenen geschäftsrisiko-orientierten Prüfungsprozess</td></tr>
<tr><td>Kapitel 4[2]:
Kritische Würdigung der in der Prüfungstheorie beschriebenen Prüfungsansätze zur Umsetzung der Anforderungen von Kapitel 3.</td></tr>
</table>

1 Analyse vor dem Hintergrund des Verantwortungsbereichs der Unternehmensleitung

2 Analyse vor dem Hintergrund des Verantwortungsbereichs des Abschlussprüfers

Gegenstand des *Kapitels 2* ist zunächst die Erarbeitung eines konzeptionellen Rahmens, der es ermöglicht, alle Systeme zu integrieren, die die Unternehmensleitung nutzt, um ihrer Verantwortung für die sorgfältige Leitung des Unternehmens nachzukommen. Insbesondere wird gezeigt, dass das in der Prüfungspraxis verbreitete Rahmenkonzept des COSO I zum Internen Kontrollsystem diese Anforderungen nicht vollständig erfüllt. Dieser konzeptionelle Rahmen ist daher noch um die Anforderungen zu ergänzen, die an das Management zur sorgfältigen Ausgestaltung des Management-Informationssystems zu stellen sind. Zu diesem Zweck wird, ausgehend von den gesetzlichen Anforderungen an die sorgfältige Ausgestaltung der durch die Unternehmensleitung verpflichtend einzurichtenden Systeme, ein Anforderungsrahmen an diese Systeme und deren Ziele erarbeitet, der dann mit grundlegenden, aus der betriebswirtschaftlichen Literatur abgeleiteten Kriterien und Grundsätzen ausgefüllt wird, die eine Beurteilung der Systemeffektivität ermöglichen sollen. Am Ende des Kapitels steht somit ein auf dem COSO I aufbauendes erweitertes Rahmenkonzept, welches gleichzeitig grundlegende Anforderungen an ein Soll-Objekt erfüllt und Gegenstand der weiteren Untersuchung ist.

In *Kapitel 3* rückt der Verantwortungsbereich des Prüfers in den Mittelpunkt der Untersuchung. Dieser wird zunächst grundlegend dargestellt und von dem der Unternehmensleitung abgegrenzt. Anschließend wird analysiert, in welchem Umfang sich der Prüfer mit den durch das erweiterte Rahmenkonzept repräsentierten Systemen im Rahmen der Jahresabschlussprüfung aufgrund gesetzlicher und berufständischer Normen auseinandersetzen muss, um ein ausreichend sicheres Urteil über die Prüfungsgegenstände gem. § 317 HGB abgeben zu können.

Anschließend wird in *Kapitel 4* aufgezeigt, dass die in Kapitel 3 abgeleiteten Prüfungspflichten für Teilsysteme/ Komponenten des erweiterten Rahmenkonzepts und die gestiegenen Anforderungen an die Jahresabschlussprüfung im Allgemeinen nur mit Hilfe eines geschäftsrisikoorientierten Prüfungsansatzes prüferisch effektiv umgesetzt werden können. Hierfür werden der ausschließlich abschlusspostenorientierte, tätigkeitskreisorientierte und geschäftsrisikoorientierte Prüfungsansatz in der Grundkonzept kurz vorgestellt und vor dem Hintergrund der Ergebnisse aus Kapitel 3 kritisch gewürdigt.

Aufgabe des *Kapitels 5* ist es, daraufhin aufzuzeigen, zu welchen Phasen eines geschäftsrisikoorientiert ausgestalteten Prüfungsansatzes sich der Prüfer mit den einzelnen Komponenten des erweiterten Rahmenkonzepts in welchem Umfang auseinandersetzen muss, um zum einen ein ausreichend sicheres Urteil über die in Kapitel 3 dargestellten Prüfungsgegenstände abgeben zu können und zum anderen die im Rahmen des „Audit Risk Model"-Projekts weiterentwickelten Anforderungen der ISAs an einen geschäftrisikoorientierten Prüfungsansatz erfüllen zu können. Hierfür wird ein eigener Vorschlag eines geschäftsrisikoorientierten Prüfungsansatzes unterbreitet, der eine Ausrichtung der Prüfung an den Steuerungs- und Überwachungsstrukturen der Unternehmensleitung vorsieht. Dabei wird auch aufgezeigt, wie der Prüfer vorgehen muss, um aus einem vorhandenen, angemessen ausgestalteten und funktionsfähigen Management-Informationssystem bzw. Internen Kontrollsystem Sicherheit für die Abgabe seines Prüfungsurteils generieren zu können.

Das *Kapitel 6* schließt die Arbeit mit einer Zusammenfassung der wichtigsten Ergebnisse ab und gibt einen Ausblick auf die künftige Entwicklung sowie Hinweise für weitere Forschungsbedarfe.

2. Verantwortung der Unternehmensleitung in Bezug auf Internes Kontrollsystem und Management-Informationssystem

Im folgenden Kapitel stehen zunächst die Verantwortungsbereiche des Managements im Vordergrund der Untersuchung. Ausgehend von diesen soll untersucht werden, welche Systemunterstützung das Management benötigt, um seiner gesetzlichen Leitungsverantwortung ausreichend nachkommen zu können und welche grundlegenden inhaltlichen Anforderungen an die Systemausgestaltung zu stellen sind, damit der Unternehmensleitung in Form von Vorstand bzw. Geschäftsführer hinsichtlich dieser Systemausgestaltung keine Sorgfaltspflichtverletzung im juristischen Sinne zum Vorwurf gemacht werden kann. Hierdurch werden Anforderungen an die durch das Management verpflichtend einzurichtenden Systeme definiert, die abschließend in einen geeigneten konzeptionellen Rahmen integriert werden sollen. Dieser fungiert dann als Bezugspunkt für den weiteren Verlauf der Untersuchung, indem er eine einheitliche Notation und ein einheitliches Systemverständnis repräsentiert sowie grundlegende Kriterien für ein Soll-Objekt beinhaltet.

2.1 Verantwortungsbereiche des Managements

Im deutschen Sprachgebrauch hat sich für den dispositiven Faktor „Arbeit“, der für die Gesamtheit aller Führungsorgane im Unternehmen steht, zunehmend der Begriff „Management“ herausgebildet.[1] Die Aufgabe des Managements ist es, das Sozialsystem „Unternehmen“ zielgerichtet in Bezug auf die Unternehmensziele zu leiten.[2] Ein Ziel kann dabei allgemein „als eine normative Aussage eines Entscheidungsträgers definiert werden, die einen gewünschten von ihm oder anderen anzustrebenden, zukünftigen Zustand der Realität beschreibt.“[3]

In der Literatur werden verschiedene Kategorisierungen von Zielen benutzt. Als Kriterium der Einteilung wird häufig die Zeit verwendet. Demnach wird dann zwischen strategischen und operativen Zielen unterschieden. Dabei bestehen zwischen den einzelnen Zielen zumeist Interdependenzen, die das Management dazu zwingen, eine prinzipielle Priorisierung der Ziele zu bestimmen. Dadurch ergibt sich eine Zielhierarchie, bei der zwischen horizontalen und vertikalen Zielen unterschieden werden kann.

---

1 Vgl. hierzu bereits *Wöhe*, Betriebswirtschaftslehre, 1978, S. 110.
2 Vgl. *Huch/Behme/Ohlendorf*, Controlling, 1997, S. 217.
3 *Huch/Behme/Ohlendorf*, Controlling, 1997, S. 301.

Aufgabe der horizontalen Ordnung ist es, die Verhältnisse zwischen gleichrangigen Zielen zu klären. Eine Konkurrenz zwischen zwei gleichrangigen Zielen wird gelöst, indem ein Ziel als Nebenziel mit einem bestimmten Anspruchsniveau festgelegt und das andere Ziel (Hauptziel) unbegrenzt angestrebt wird.[4]

Abb. 2-1: Kategorisierung der Unternehmensziele auf operativer Ebene

Wirksamkeit und Wirtschaftlichkeit der Geschäftstätigkeit	**Einhaltung juristischer Normen und sonstiger Vorschriften**

In der obigen Darstellung (Abb. 2-1) ist demnach auf operativer Ebene der Zielkategorie „Wirksamkeit und Wirtschaftlichkeit der Geschäftstätigkeit" Priorität einzuräumen, da diese in direktem Zusammenhang mit dem Hauptziel betriebswirtschaftlichen Handelns, der Maximierung des Gewinns, steht.[5] Bei deren Umsetzung sind jedoch juristische Normen und sonstige Vorschriften zwingend zu beachten, die in dem Fall als Nebenziel mit einem bestimmten, vom Gesetzgeber fixierten Anspruchsniveau eingehalten werden müssen.

Vertikal ergibt sich eine Zielhierarchie durch die Unterscheidung zwischen Oberzielen und Unterzielen. Unterziele sind dabei so zu verstehen, dass sie der Erfüllung eines Oberziels dienen und mit diesem harmonieren (vgl. Abb. 2-2).

Abb. 2-2: Kategorisierung der Unternehmensziele[6]

Strategische Ziele		
Wirksamkeit und Wirtschaftlichkeit der Geschäftstätigkeit	**Verlässlichkeit und Ordnungsmäßigkeit der internen und externen Berichterstattung**	**Einhaltung von Gesetzen und Vorschriften**

Aufgrund ihrer Langfristigkeit und Bedeutung für das Unternehmen stellen die Ziele der Zielkategorie der strategischen Ziele die Oberziele für die Zielkategorie der operativen Ziele dar. Denn die ersteren können nur umgesetzt werden, wenn die operativen aus den strategischen Zielen abgeleitet wurden und mit diesen konsistent sind.

Von einem Zielsystem kann allerdings erst dann gesprochen werden, wenn darüber hinaus auch alle Zielbeziehungen und Zieldimensionen eindeutig festgelegt sind.[7]

---

4 Vgl. *Huch/Behme/Ohlendorf*, Controlling, 1997, S. 305.

5 Vgl. *Wöhe*, Betriebswirtschaftslehre, 1978, S. 30 ff.

6 Eigene Darstellung in Anlehnung an die Zielkategorien des „Enterprise Risk Management – Integrated Frameworks" des *Committee of Sponsoring Organizations of the Treadway Commission (COSO)*; *COSO*, ERM, 2004, S. 20-21.

7 Vgl. *Neubeck*, Risikomanagementsysteme, 2003, S. 70 f.; zur Definition des Begriffs „System" und zur weiteren Einbindung des Zielsystems in ein Supra-System vgl. Kapitel 2.2.2: Das Unternehmen als Organisation, S. 62.

Vor dem Hintergrund der aktuellen Corporate Governance-Diskussion soll die oben verwendete Zielkategorisierung weiter analysiert und konkretisiert werden. Corporate Governance ist dabei zu verstehen als „die Gesamtheit der Regelungen, die den rechtlichen und faktischen Ordnungsrahmen für die Leitung und Überwachung eines Unternehmens bilden".[8] Unter diesem Fokus ist daher relevant, welche Zielkategorien aufgrund gesetzlicher Normen in den Verantwortungsbereich der Unternehmensleitung einer Kapitalgesellschaft fallen. Darüber hinaus ist es in diesem Zusammenhang auch wichtig, die Zielkategorien inhaltlich näher zu bestimmen, um dadurch einen gesetzlich determinierten Minimalkonsens für die jeweilige Zielkategorie zu erhalten.

Im Vordergrund der folgenden Analyse stehen daher die aus dem Gesetz ableitbaren Aufgaben[9] und Verantwortlichkeiten[10] der Unternehmensleitung einer Kapitalgesellschaft. Insbesondere wird deutlich werden, dass die zur Erreichung einzelner Unternehmensziele notwendigen Aufgaben aufgrund gesetzlicher Normen in den Verantwortungsbereich unterschiedlicher Managementebenen im Unternehmen fallen. Zur Strukturierung der Analyse dient die Zielkategorisierung der Abb. 2-2. Diese ist angelehnt an die Zielkategorien des neuen „Enterprise Risk Management – Integrated Frameworks" des *Committee of Sponsoring Organisations of the Treadway Commission.* Da dieses erwartungsgemäß eine weltweite Verbreitung und Bedeutung für Unternehmen und den Berufsstand der Wirtschaftsprüfer finden wird,[11] wird durch die folgende Analyse nicht nur ein inhalt-

---

8 *Ringleb/Kremer/Lutter/v. Werder*, Corporate Governance, 2005, Vorbemerkung Rn. 1.

9 Aufgaben sind dabei zu verstehen als alle auf das Ziel der Unternehmung gerichteten Tätigkeit der Mitarbeiter; vgl. *Kosiol*, Organisation, 1976, S. 43; *Hill/Fehlbaum/Ulrich*, Organisationslehre, 1994, S. 122 f.

10 Verantwortlichkeit bezeichnet in diesem Zusammenhang die gesetzliche Pflicht eine bzw. mehrere Aufgaben zielentsprechend zu erfüllen; vgl. auch *Vahs*, Organisation, 2001, S. 61.

11 Die große Bedeutung des COSO-Report zum „Internal Control – Integrated Framework", der integraler Bestandteil des COSO-Report zum „Enterprise Risk Management – Integrated Framework" ist, wird durch den Sarbanes Oxley Act of 2002 (SOA) unterstrichen, der die Beurteilung des von der Unternehmensleitung eingerichteten Internen Überwachungssystems zur Sicherstellung der Ordnungsmäßigkeit und Verlässlichkeit der Finanzberichterstattung vorsieht. Die Ergebnisse dieser Beurteilung sind in einem Bericht zusammenzufassen, der wiederum durch den Wirtschaftsprüfer zu testieren ist. Als Grundlage für diese Beurteilung fordern der SOA und die Ausführungsbestimmungen der SEC die Anwendung eines allgemeinen anerkannten Konzepts, wobei die SEC in diesem Zusammenhang COSO explizit erwähnt. Daher wird erwartet, dass das ERM insbesondere bei den Unternehmen, die dem SOA unterliegen, Einzug erhält und als Rahmenkonzept internationale Bedeutung erlangt. I.d.S. auch *Eichler/Bungartz*, ERM, 2004, S. 108; *Chapman*, ERM, 2003, S. 33. Diese Entwicklung wird meines Erachtens auch dadurch begünstigt, dass das ERM das erste umfassende Rahmenkonzept im Bereich des Risikomanagements darstellt, welche in Zusammenarbeit mit erfahrenen Vertretern der Praxis und der Wissenschaft entwickelt wurde. Ziel des ERM ist es somit auch, eine Verbindung von wissenschaftlicher Theorie und betrieblicher Best Practice darzustellen. Vgl. *COSO*, ERM, 2003, Appendix A.

licher Minimalkonsens für dessen Zielkategorien aus dem Gesetz abgeleitet, sondern auch deren Relevanz und Gültigkeit für die Wirtschaftspraxis verdeutlicht.

2.1.1 Grundsätzliche Führungsaufgaben der Unternehmensleitung einer Kapitalgesellschaft

Bevor die einzelnen Zielkategorien näher analysiert werden, ist zunächst grundsätzlich zu klären, wer die Leitung einer Kapitalgesellschaft wahrnimmt und welche Aufgaben der Gesetzgeber grundlegend in diesen Verantwortungsbereich subsumiert. Aufgrund der unterschiedlichen Struktur der beiden Gesellschaftsformen wird daher zwischen der Aktiengesellschaft (AG) und der Gesellschaft mit beschränkter Haftung (GmbH) unterschieden.

Bei der AG ist grundsätzlich deren Vorstand das zur Geschäftsführung berufene Organ. Hierzu ist er gem. § 77 AktG nicht nur berechtigt, sondern gem. § 76 Abs. 1 AktG auch verpflichtet.[12] Denn gem. § 76 Abs. 1 AktG hat dieser die AG in eigener Verantwortung und eigener Initiative zu führen. Selbst eine Geschäftsverteilung unter den Mitgliedern des Vorstands hebt diese Gesamtverantwortung nicht auf.[13] Der Aufsichtsrat kommt als Instanz der Unternehmensführung nicht in Frage, weil diesem gem. § 111 Abs. 4 Satz 1 AktG keine Maßnahmen der Geschäftsführung übertragen werden dürfen.[14] Ebenso wenig kommt die Hauptversammlung in der Praxis hierfür in Betracht, da diese gem. § 119 Abs. 2 AktG über Fragen der Geschäftsführung nur entscheiden darf, wenn, was in der Regel nicht geschieht, der Vorstand dies wünscht.[15]

Zur weiteren Eingrenzung der Führungsaufgabe des Vorstands bedient sich die h.M. der Literatur einer sachbezogenen Sichtweise der Führungsaufgabe und konkretisiert folgende originäre Führungsaufgaben:[16]

- Bestimmung der Unternehmenspolitik
- Durchführung der Unternehmensplanung[17]
- Koordination der untergeordneten Führungsebenen
- Einrichten der Unternehmenskontrolle
- Besetzung von Führungsstellen im Unternehmen.

---

[12] Vgl. *Semler*, Unternehmensplanung, 1983, S. 12; *Mertens*, Kommentar, 1996, Tz. 4 zu § 76 AktG.

[13] Vgl. *Hüffer*, Aktiengesetz, 2002, Tz. 2 zu § 76 AktG, S. 19.

[14] Vgl. *Hüffer*, Aktiengesetz, 2002, Tz. 18 zu § 111 AktG, S. 19.

[15] Vgl. *Fuhr*, Unternehmensplanung, 2003, S. 87.

[16] Vgl. *Brebeck/Herrmann*, KonTraG, 1997, S. 382; *Henze*, Leitungsverantwortung, 2000, S. 210; *Mertens*, Kommentar, 1996, Tz. 5 zu § 76 AktG; *Semler*, Unternehmensplanung, 1983, S. 12.

[17] *Fuhr* stellt in ihrer Dissertation ausführlich dar, dass die Planung in den Verantwortungsbereich eines sorgfältigen Vorstands/Geschäftsführers fällt (vgl. *Fuhr*, Unternehmensplanung, 2003, S. 87 ff.).

Diese Aufgaben haben aufgrund ihrer Bedeutung für die erfolgreiche Weiterentwicklung des Unternehmens gleiche Priorität, auch wenn die Ausgestaltung der Aufgaben in der Praxis natürlich kontextfaktorenabhängig (z.B. Größe und Branche) erfolgt.[18] Eine Vernachlässigung bzw. Nicht-Wahrnehmung dieser Aufgaben würde zugleich bedeuten, dass der Vorstand seiner Leitungsaufgabe des § 76 Abs. 1 AktG nicht nachkommt und somit gegen die ihm auferlegte Sorgfaltspflicht des § 93 Abs. 1 AktG verstößt, der die Haftung der Vorstandsmitglieder gegenüber der Gesellschaft regelt.[19] In gleicher Weise würde der Vorstand seine Sorgfaltspflicht vernachlässigen, wenn die Wahrnehmung der Aufgaben der Erreichung bestimmter Zielsetzungen dienen soll, die aufgrund gesicherter und praktisch bewährter betriebswirtschaftlicher Erkenntnisse und unter Beachtung der maßgeblichen Rechtsvorschriften geboten sind, der Vorstand allerdings davon abweichende Ziele verfolgt.[20] Auf Grundlage dieser Argumentation wird in den folgenden Kapiteln analysiert, für welche Ziele der Vorstand einer AG bzw. die Geschäftsführer einer GmbH verantwortlich sind. Da dies auf Grundlage der unter Abb. 2-2 dargestellten Zielkategorisierung erfolgen soll, entspricht die Gliederung der nachfolgenden Kapitel dieser. Zunächst muss allerdings erst die Führungsfunktion der GmbH näher betrachtet werden.

Besonderheiten ergeben sich bei der GmbH weniger in Bezug auf die Sorgfaltspflicht, da der § 43 Abs. 1 GmbHG genauso auszulegen ist wie der § 93 Abs. 1 AktG.[21] Unterschiede resultieren im Folgenden jedoch aus dem speziellen hierarchischen Aufbau der GmbH. So sind die Geschäftsführer der GmbH nicht in eigener Verantwortung und eigener Initiative tätig wie die Mitglieder des Vorstands einer AG, sondern sie vertreten die GmbH gem. § 35 Abs. 1 GmbHG lediglich gerichtlich und außergerichtlich. Gemäß § 37 Abs. 1 GmbHG sind die Geschäftsführer dazu verpflichtet, die Beschränkungen einzuhalten, welche bzgl. der Vertretungsmacht durch den Gesellschaftsvertrag oder durch Beschlüsse bzw. Weisungen der Gesellschafter festgesetzt sind.[22] Gesetz und Gesellschaftervertrag stecken somit den Handlungsspielraum ab, in dem die Geschäftsführer berechtigt oder verpflichtet sind, die originäre Führungsfunktion auf dem Gebiet der Unternehmensplanung, -koordinierung und -kontrolle sowie der Besetzung der Leitungsstellen im Unternehmen durchzuführen.[23]

Die Festlegung der Grundsätze der Unternehmenspolitik liegt heute nach h.M. im Verantwortungsbereich der Gesellschafterversammlung und nicht im Verantwor-

---

18 Vgl. *Mertens*, Kommentar, 1996, Tz. 5 zu § 76 AktG.

19 Zur Haftung des Vorstands aufgrund eines Verstoßes gegen die allgemeine Sorgfaltspflicht des § 93 Abs. 1 AktG vgl. *Mertens*, Kommentar, 1996, Tz. 5 zu § 93 AktG.

20 I.d.S. auch *Mertens*, Kommentar, 1996, Tz. 45 zu § 93 AktG.

21 Vgl. *Zöllner*, Kommentar, 2000, Tz. 7 zu § 43 GmbHG, S. 913.

22 Vgl. *Fuhr*, Unternehmensplanung, 2003, S. 90.

23 Vgl. *Lutter/Hommelhoff*, Kommentar, 2000, Tz. 4 zu § 37 GmbHG, S. 541 i.V.m. *Semler*, Überwachung, 1996, Tz. 11, S. 10 f.

tungsbereich der Geschäftsführer.[24] Dabei handelt es sich jedoch nur um eine abschließende Entscheidungsbefugnis auf Seiten der Gesellschafterversammlung, d.h. die Vorbereitung der Entscheidung – insbesondere das Zusammenstellen der notwendigen Informationen – ist, ebenso wie die Koordination der untergeordneten Führungsebenen, die Einrichtung der Unternehmenskontrolle und die Besetzung von Führungsstellen im Unternehmen, Aufgabe der Geschäftsführer[25] und obliegt deren Sorgfaltspflicht.

Abschließend kann somit festgestellt werden, dass nicht nur die Sorgfaltspflicht von Vorstand und Geschäftsführer in gleicher Weise zu interpretieren sind, sondern dass auch die zu verantwortenden Aufgabenspektren nahezu identisch sind.

2.1.2 Sicherung und Ausbau der langfristigen Erfolgspotenziale

Entsprechend der Priorisierung der Zielkategorien soll zunächst untersucht werden, welche strategischen Ziele aufgrund der Sorgfaltspflicht der § 93 Abs. 1 AktG bzw. § 43 Abs. 1 GmbHG die Unternehmensleitung bei der Wahrnehmung ihrer Führungsaufgaben zu verfolgen hat und somit auch die Verantwortung dafür trägt, dass diese aus dem Gesetz ableitbaren langfristigen Ziele in das Zielsystem des Unternehmens integriert werden.

Bei der AG konkretisierte der Gesetzgeber die Sorgfaltspflicht des § 93 Abs. 1 AktG im Zuge des Gesetzes zur Kontrolle und Transparenz im Unternehmensbereich (KonTraG) und stellte gleichzeitig die allgemeine Leitungsaufgabe des Vorstands (§ 76 Abs. 1 AktG) explizit hervor.[26] Gem. § 91 Abs. 2 AktG ist der Vorstand verpflichtet, „geeignete Maßnahmen zu treffen, insbesondere ein Überwachungssystem einzurichten, damit den Fortbestand der Gesellschaft gefährdende Entwicklungen früh erkannt werden." In der Begründung zu dieser Gesetzesänderung geht der Gesetzgeber explizit darauf ein, was er unter frühzeitig versteht. Demnach sollen die den Fortbestand der Gesellschaft gefährdenden Entwicklungen „frühzeitig, also zu einem Zeitpunkt bekannt werden, in dem noch geeignete Maßnahmen [mit dem Ziel, Anm. d. Verf.] zur Sicherung des Fortbestands der Gesellschaft ergriffen werden können."[27] Des Weiteren geht der Gesetzgeber in seiner Gesetzesbegründung auch davon aus, dass in Abhängigkeit von Größe, Komplexität und Struktur einer GmbH nichts anderes gilt und diese Regelung eine Ausstrahlungswirkung auch auf den Pflichtrahmen der Geschäftsführer anderer Gesellschaftsformen hat.[28]

---

24 Vgl. *Altmeppen*, Kommentar, 2005, Tz. 22 zu § 37 GmbHG; *Lutter/Hommelhoff*, Kommentar, 2000, Tz. 8 ff. zu § 37 GmbHG; *Lutter/Krieger*, Aufsichtsrat, 1993, Tz. 332.

25 Vgl. *Fuhr*, Unternehmensplanung, 2003, S. 91.

26 Vgl. *Bitz*, Risiko-Frühwarnsystem, 2000, S. 232.

27 *Bundesministerium der Justiz (BMJ)*, Begründung, 1998, zu § 91 AktG.

28 Vgl. *Bundesministerium der Justiz (BMJ)*, Begründung, 1998, zu § 91 AktG.

Der Gesetzgeber hat mit dem KonTraG somit ausdrücklich festgelegt, dass das Fundamentalziel unternehmerischen Handelns,[29] den Fortbestand des Unternehmens zu sichern (Going-Concern-Prinzip), in den Verantwortungsbereich der Unternehmensleitung einer Kapitalgesellschaft fällt. Dieses Nebenziel ist somit unabhängig von den Hauptzielen des Unternehmens sicherzustellen.

Das Nebenziel „Bestandssicherung" kann seinerseits wiederum in Unterziele zerlegt werden. Wichtigstes Unterziel zur Erreichung des Oberziels der „Bestandssicherung" ist das *Liquiditätsziel*, gefolgt vom *Vermögenserhaltungsziel*.[30]

Die Aufrechterhaltung der Liquidität bedeutet, dass die jederzeitige Zahlungsfähigkeit des Unternehmens aufrechterhalten bleibt, um die betriebszwecknotwendigen Ausgaben zu tätigen.[31] Das Liquiditätsziel fällt somit in den Verantwortungsbereich eines ordentlichen und gewissenhaften Managers, da eine bestehende bzw. drohende Zahlungsunfähigkeit gem. § 17 Abs. 2 Satz 2 InsO einen Insolvenzgrund darstellt.[32]

Neben der Zahlungsunfähigkeit führt auch eine festgestellte Überschuldung gem. § 19 Abs. 2 Satz 1 InsO zur Insolvenz. Diese konkursrechtliche Überschuldung liegt dann vor, wenn das Vermögen des Schuldners im Überschuldungsstatus[33] nicht mehr die bestehenden Verbindlichkeiten deckt.[34] Folgende nachteilige Veränderungen in der Vermögenslage, die im schlimmsten Fall zu einer Überschuldung führen können, sind beispielhaft im WP-Handbuch aufgeführt:[35]

- negative Entwicklungen im Vermögens- und Kapitalaufbau;
- starke Verringerung der Eigenkapitalquote;
- hohe außerplanmäßige Abschreibungen aufgrund eingetretener Wertverluste oder Fehlinvestitionen;
- negative Entwicklungen der Konzernverflechtungen;
- starker Anstieg der Belastungen von Vermögenswerten zur Sicherung von Verbindlichkeiten.

---

29 Vgl. auch *Sauerwein/Thurner*, Risikomanagement-Prozeß, 1998, S. 28.

30 Vgl. *Neubeck*, Risikomanagementsysteme, 2003, S. 70.

31 Vgl. *Neubeck*, Risikomanagementsysteme, 2003, S. 70.

32 Vgl. *Fuhr*, Unternehmensplanung, 2003, S. 90.

33 Beim Überschuldungsstatus handelt es sich um eine Vermögensbilanz, für die die Ansatz- und Bewertungsvorschriften der §§ 246 ff., 252 ff., 264 ff. HGB nicht zur Anwendung kommen. Vielmehr ist in diesem Fall für Ansatz und Bewertung des Vermögens entscheidend, ob Fortführungs- oder Liquidationsgesichtspunkte zum Tragen kommen. Daher erfolgt in einem 1. Schritt eine Fortbestehensprognose. Im 2. Schritt erfolgt dann auf Grundlage der jeweils wahrscheinlichen Annahme einer Fortführung oder Liquidation des Unternehmens die Erstellung des Status, vgl. *IDW*, WP-Handbuch, 2000, V11 ff.

34 Bei Kapitalgesellschaften wird das Insolvenzverfahren auch im Fall der Überschuldung eröffnet (§ 19 Abs. 1 InsO). Zu weiteren Einzelheiten bzgl. der Feststellung der Insolvenzreife vgl. *Weber/Brügel*, Haftung, 2004, S. 1923 f., bzw. bzgl. der Eröffnung des Insolvenzverfahrens, vgl. *IDW*, WP-Handbuch, 2000, V1 ff.

35 *IDW*, WP-Handbuch, 2000, Q 215.

Neben dem *Liquiditätsziel* fällt daher auch das *Vermögenserhaltungsziel* aufgrund gesetzlicher Vorschriften in den Verantwortungsbereich eines sorgfältigen Managers.[36]

Letzteres konkretisiert sich auch in der Pflicht der Unternehmensleitung zur Kapitalerhaltung des § 57 AktG.[37] Demnach dürfen die Einlagen der Aktionäre bei der AG weder zurückgezahlt noch verzinst werden. Der Begriff „Einlagen" ist hier weit zu fassen, da § 57 Abs. 1 Satz 1 AktG das gesamte Vermögen der AG schützt, denn mit Ausnahme des Bilanzgewinns oder einer Abschlagszahlung auf diesen darf, abgesehen von einigen Ausnahmen,[38] kein Vermögen an die Aktionäre verteilt werden.[39] Erbringt der Vorstand – entgegen dem Verbot des § 57 AktG – Leistungen an die Aktionäre, so verstößt er gegen seine Sorgfaltspflicht i.S.d. § 93 Abs. 1 AktG und schuldet der Gesellschaft Schadensersatz in Höhe der zurückgewährten Einlagen.[40]

In ähnlicher Weise erfolgt auch bei der GmbH, wie bei der AG, eine Konkretisierung des Nebenziels „Bestandssicherung" über die Pflicht der Unternehmensleitung der GmbH zur Kapitalerhaltung, die in den §§ 30-32 GmbHG normiert ist. Die Schutzvorschriften des GmbH-Gesetzes schützen gem. §§ 30 ff. GmbHG das zur Erhaltung des Stammkapitals erforderliche Vermögen der Gesellschaft. Diese Schutzvorschriften verbieten die Vermögensübertragung an die Gesellschafter, soweit hierdurch das Stammkapital berührt wird und regeln diesbezüglich evtl. entstehende Rückerstattungsansprüche gegenüber den Gesellschaftern (§ 31 Abs. 1 und Abs. 2 GmbHG) bzw. Regressansprüche gegenüber den Geschäftsführern (§ 31 Abs. 6 GmbHG). Denn eine Gewährung oder Nicht-Verhinderung einer solchen Auszahlung stellt einen Verstoß gegen die Sorgfaltspflichten des § 43 Abs. 1 GmbHG dar. Dies gilt auch dann, wenn der Geschäftsführer auf Grundlage einer entsprechenden Weisung der Gesellschafterversammlung gehandelt hat.[41]

Weitere konkrete Handlungspflichten in Bezug auf die Sorgfaltspflicht, die Rückschluss geben auf die im Verantwortungsbereich der Unternehmensleitung einer Kapitalgesellschaft liegenden Ziele, gibt der Gesetzgeber nicht. Durch diesen Verzicht einer weiteren Konkretisierung bzw. Kodifizierung einzelner Handlungspflichten des § 93 Abs. 1 Satz 1 AktG bzw. des § 43 Abs. 1 GmbHG trägt der Gesetzgeber den unternehmensindividuellen und situationsbedingten Erfordernissen

---

36 Beim Vorliegen der oben genannten Insolvenztatbestände ist er gem. § 92 Abs. 2 AktG verpflichtet, ohne schuldhaftes Zögern, spätestens aber nach drei Wochen, einen Insolvenzantrag zu stellen.

37 Vgl. *Lück*, Managementrisiken, 2003, S. 1474.

38 Der Erwerb eigener Aktien stellt bspw. einen Ausnahmetatbestand dar, zu weiteren Ausnahmen vgl. *Lutter*, Kommentar, 1996, Rn. 47 zu § 57 AktG.

39 Vgl. *Lutter*, Kommentar, 1996, Rn. 5 zu § 57 AktG.

40 Vgl. *Weber/Brügel*, Haftung, 2004, S. 1927.

41 Vgl. *Weber/Brügel*, Haftung, 2004, S. 1926.

Rechnung.[42] Dies führt dazu, dass bei der Abgrenzung der Sorgfaltspflicht der wirtschaftliche Fortschritt und die damit verbundenen Änderungen/ Ausweitungen der konkreten Handlungen zu berücksichtigen sind, denn maßgebend ist nicht „die Handlungsweise eines beliebigen Kaufmanns, sondern die eines in Bezug auf ein bestimmtes Unternehmen in verantwortlicher Stellung tätigen“[43], der fremden Vermögensinteressen verpflichtet ist.[44] Demzufolge muss der Vorstand bzw. müssen die Geschäftsführer „selbstständig und umfassend alles [...] tun, was erforderlich ist, um eine erfolgreiche Entwicklung des Unternehmens herbeizuführen.“[45] Die erfolgreiche Entwicklung des Unternehmens geht somit über das Ziel der Bestandssicherung hinaus.[46] Die Auslegung der Gesetzesbestimmung des § 76 Abs. 1 AktG muss daher unter Zuhilfenahme der Betriebswirtschaftlehre erfolgen. „Die Vorstandsmitglieder haben demnach das Unternehmen unter Berücksichtigung gesicherter und praktisch bewährter betriebswirtschaftlicher Erkenntnisse [...] zu leiten.“[47] In ähnlicher Weise haben auch die Geschäftsführer der GmbH die Gesellschaft nach anerkannten betriebswirtschaftlichen Grundsätzen zu führen.[48]

Zunächst ist aus ökonomischer Sicht an dieser Stelle vorwegzunehmen, dass sich das gesellschaftliche, politische, wirtschaftliche und technische Umfeld vieler Unternehmen in den letzten Jahren stark verändert hat.[49] Der steigende Wettbewerb auf den globalen Märkten, der sich in rapide verändernden Marktsituationen und gesunkenen Produktlebenszyklen widerspiegelt, hat zu einer deutlichen Zunahme an Unsicherheit für die strategische Unternehmensführung geführt. Diese spiegelt sich nicht zuletzt in gestiegenen Insolvenzzahlen und spektakulären Unternehmenszusammenbrüchen wider.[50]

Die Aufgabe der strategischen Unternehmensführung aus Sicht der betriebswirtschaftlichen Literatur ist daher die langfristige Anpassung des Unternehmens an veränderte Umfeldbedingungen zur Gewährleistung der nachhaltigen Existenzsicherung des Unternehmens und nicht die kurzfristige Erfolgserzielung.[51] Dies wird erreicht durch den Aufbau und die Erhaltung der *langfristigen Erfolgspotenziale*

---

42 Vgl. *Brebeck/Herrmann*, KonTraG, 1997, S. 382.

43 *Geßler*, Aktiengesetz, 1996, § 93 Rn. 1.

44 Vgl. *Brebeck/Herrmann*, KonTraG, 1997, S. 382.

45 *Semler*, Unternehmensplanung, 1983, S. 12.

46 I.d.S. auch *Neubeck*, Risikomanagementsysteme, 2003, S. 71.

47 *Mertens*, Kommentar, 1996, Tz. 45 zu § 93 AktG.

48 Vgl. *Lutter/Hommelhoff*, Kommentar, 2000, Tz. 6 zu § 43 GmbHG, S. 677.

49 Vgl. *Reichmann*, Controlling, 2000, S. 539; *Weiss*, Konzernsteuerung, 2004, S. 15 ff.; *Wiedmann*, Fortentwicklung, 1998, S. 339.

50 In Deutschland führte diese Entwicklung zu stetig steigenden Insolvenzzahlen, die nicht zuletzt mit den spektakulären Bilanzskandalen, zu nennen wären hier bspw. die Fälle „Schneider“ und „FlowTex“, den Gesetzgeber dazu veranlassten, mit dem KonTraG in den Bereich der deutschen Corporate Governance regulierend einzugreifen (vgl. *Bitz*, Risiko-Frühwarnsystem, 2000, S. 231).

51 Vgl. *Graumann*, Controlling, 2003, S. 42 f.; *Horvath*, Controlling, 2002, S. 254 f.; *Müller*, Management, 2003, S. 23; *Reichmann*, Controlling, 2000, S. 541.

unter Berücksichtigung der bestehenden *Chancen und Risiken*, die mit der Unsicherheit des künftigen Handelns verbunden sind. Erfolgspotenziale sind komparative Konkurrenzvorteile im Bereich einzelner Erfolgsfaktoren.[52] Erfolgsfaktoren können als Parameter aufgefasst werden, die die aktuelle und zukünftige Erfolgs- und Finanzlage sowie die wertmäßig erfassten Größen des Rechnungswesens, wie in nachfolgender Abb. 2-3 dargestellt, direkt oder indirekt beeinflussen.[53]

Abb. 2-3: Zielsystematik[54]

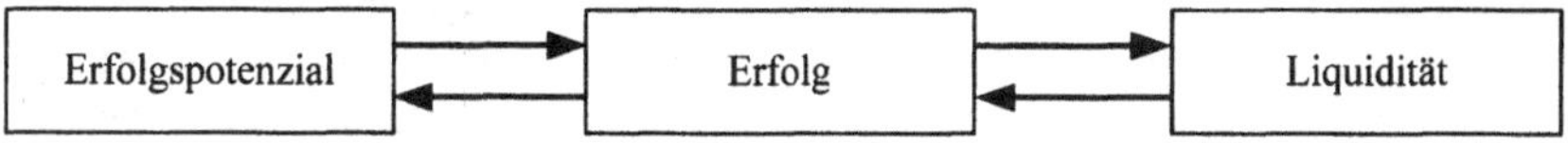

Sie sind somit als Vorsteuergröße für zukünftigen Erfolg und die zukünftige Liquidität anzusehen. Durch den Aufbau und die Sicherung von Erfolgspotenzialen in strategischen Geschäftsfeldern verfolgt die Unternehmensleitung nicht nur das Ziel, das langfristige Überleben des Unternehmens zu gewährleisten, sondern auch den Unternehmenswert langfristig zu steigern.[55] Strategische Geschäftseinheiten sind dabei als klar abgrenzbare und voneinander unabhängige Marktsegmente zu verstehen, die wettbewerbsorientiert gesteuert werden.[56] Die Sicherung und der Ausbau der Erfolgspotenziale strategischer Geschäftseinheiten gehen somit über die Sicherung des Unternehmensfortbestands hinaus und liegen aufgrund ihrer Bedeutung für das Unternehmen im Verantwortungsbereich der obersten Unternehmensführung. Eine Delegation auf hierarchisch nachgelagerte Instanzen ist heute aus Sicht der betriebswirtschaftlichen Literatur nicht möglich.[57] Daher müssen auch die den Sorgfaltspflichten unterliegenden Führungsaufgaben des Vorstands bzw. der Geschäftsführer, die einer sachbezogenen Sichtweise entsprechen und zu denen, wie bereits oben erwähnt, die Bestimmung der Unternehmenspolitik, die Unternehmensplanung,[58] die Koordination der untergeordneten Führungsebenen, die funktionsfähige Unternehmenskontrolle[59] und die Besetzung von Führungsstellen

52 Vgl. *Müller*, Management, 2003, S. 356.
53 Vgl. *Müller*, Management, 2003, S. 332.
54 *Grüning*, Performance Measurement, 2001, S. 5.
55 Vgl. *Horvath*, Controlling, 2001, S. 504 f.
56 Vgl. *Huch/Behme/Ohlendorf*, Controlling, 1997, S. 376.
57 Vgl. *Graumann*, Controlling, 2003, S. 43; *Huch/ Behme/ Ohlendorf*, Controlling, 1997, S. 375; *Servatius*, Strategie, 2003, S. 185 f.
58 Fuhr stellt in ihrer Dissertation ausführlich dar, dass die Planung in den Verantwortungsbereich eines sorgfältigen Vorstands/Geschäftsführers fällt (vgl. *Fuhr*, Unternehmensplanung, 2003, S. 87 ff.).
59 Vgl. *Brebeck/Herrmann*, KonTraG, 1997, S. 382.

zählen, dem Hauptziel der strategischen Unternehmensführung „der Sicherung und dem Ausbau der langfristigen Erfolgspotenziale" zuträglich sein.[60]

2.1.3 Wirksamkeit und Wirtschaftlichkeit der Geschäftstätigkeit

Auf operativer Ebene erfolgte die Umsetzung[61] der strategischen Ziele, die aufgrund von Entscheidungen der obersten Unternehmensführung bzw. bei der GmbH evtl. durch die Gesellschafterversammlung[62] getroffen wurden, in erster Linie durch organisatorische Maßnahmen, d.h. durch Delegation von Verantwortlichkeit und Kompetenz[63] auf nachgelagerte Ebenen der Unternehmensführung, insbesondere auf die mittlere Führungsebene nach den Grundsätzen des Management-by-Objectives bzw. Management-by-Delegation.[64] Dazu müssen Zielvorgaben bestimmt, weitervermittelt und auf Bereichs-, Stellen- sowie Gesamtunternehmensebene koordiniert werden.[65] In der Unternehmenspraxis hat sich hierbei eine nach funktionalen Kriterien (Beschaffung, Produktion, Vertrieb, Verwaltung) oder nach divisionalen Kriterien (Produktgruppen, Märkte) gestaltete Aufbauorganisation als nützlich erwiesen.[66] Aufgabe dieser eigenständig gesteuerten Geschäftsbereiche ist somit der unternehmenszielgemäße und optimierte Einsatz der vorgegebenen Potenziale[67], oder anders ausgedrückt es ist deren Ziel, die *Wirksamkeit und Wirtschaftlichkeit der Geschäftstätigkeit* auf operativer Ebene sicherzustellen. Durch die Wirksamkeit kommt die Unternehmenszielorientierung zum Ausdruck und damit die Forderung nach der Effektivität der Unternehmensführung („die richtigen Dinge tun"). Grundvoraussetzung hierfür ist, dass die

---

60 *Reichmann* rechnet diese Aufgaben der strategischen Führungsaufgabe zu, deren Ziel die Erhaltung und der Aufbau der strategischen Erfolgspotenziale ist (vgl. *Reichmann*, Controlling, 2000, S. 541 ff.).

61 Der *IDW PS 261*, Beurteilung von Fehlerrisiken, 2006, Tz. 19, spricht von der organisatorischen Umsetzung der Entscheidung der Unternehmensleitung. In der Controlling-Literatur wird in diesem Zusammenhang auch häufig von der Durchsetzung von Entscheidungen gesprochen (vgl. *Horvath*, Controlling, 2001, S. 208; *Müller*, Management, 2003, S. 24).

62 Vgl. die Ausführungen unter Kapitel 2.1.1: Grundsätzliche Führungsaufgaben der Unternehmensleitung einer Kapitalgesellschaft, S. 39.

63 Als Kompetenz werden die einem Stelleninhaber übertragen formalen Rechte und Befugnisse bezeichnet; vgl. *Vahs*, Organisation, 2001, S. 59 f.

64 Diese beiden Management-by-Konzepte sind Ausprägung des kooperativen Führungsstils. Charakterisierend für diesen Führungsstil ist, dass die Mitarbeiter und ihr Know-how in die Führungsentscheidung mit einbezogen werden und die Unternehmensleitung durch Delegation mehr Zeit für ihre eigentlichen Führungsaufgaben hat. Einen Überblick über die Management-by-Konzepte gibt z.B. *Korndörfer*, Unternehmensführungslehre, 1989, S. 199-220.

65 Vgl. *Semler*, Unternehmensplanung, 1983, S. 7.

66 Vgl. *Huch/Behme/Ohlendorf*, Controlling, 1997, S. 280.

67 Vgl. *Huch/ Behme/ Ohlendorf*, Controlling, 1997; S. 279; *Müller*, Management, 2003, S. 24; *Reichmann*, Controlling, 2000, S. 543.

Zielvorgaben konkret und messbar sind, damit der Zielerreichungsgrad laufend verfolgt und von der Stelle kontrolliert werden kann, die die jeweiligen Aufgaben zur Ausführung an nachgelagerte Stellen übertragen hat.[68] Die Wirtschaftlichkeit ist gleichbedeutend mit der Forderung nach Effizienz („die Dinge richtig tun"); hierin spiegelt sich das Rationalprinzip wirtschaftlichen Handelns wider, dass entweder mit minimalem Mitteleinsatz ein vorgegebenes Ergebnis (Minimumprinzip) oder mit gegebenen Mitteln ein maximales Ergebnis (Maximumprinzip) erzielt werden kann. Obwohl auch beide Prinzipien losgelöst voneinander verfolgt werden können, kann nur eine gleichzeitige effektive und effiziente Leistungserstellung („die richtigen Dinge richtig tun") die Überlebensfähigkeit eines Unternehmens langfristig sichern[69] und dem *Oberziel* (Sicherung und Ausbau der langfristigen Erfolgspotenziale) zuträglich sein.[70] Das *IDW* konkretisiert in diesem Zusammenhang auch die Bedeutung von Wirksamkeit und Wirtschaftlichkeit für das Ziel der Vermögenserhaltung und weist in seinem PS 261 darauf hin, dass auch der Schutz des Vermögens, einschließlich der Verhinderung und Aufdeckung von Vermögensschädigungen, hierunter zu subsumieren sind.[71]

Die oberste Geschäftsführung kann – von kleinen Gesellschaften abgesehen – nicht alle Aufgaben selbst wahrnehmen. Die Sorge um das operative Geschäft darf diese daher weitgehend nachgeordneten Führungsebenen überlassen.[72] Die Verantwortung für das Erreichen der vorgegebenen Zielgrößen auf operativer Ebene (*Unterziele*) und die Ausgestaltung des jeweiligen Handlungsrahmens zur wirtschaftlichen bzw. effizienten Umsetzung der übertragenen Aufgaben werden somit auf nachgelagerte Führungsebenen delegiert.[73]

Zu den nicht delegierbaren Aufgaben der Unternehmensleitung gehört es jedoch nach wie vor, ihrer Leitungsaufgabe nachzukommen und das Unternehmen zielgerichtet (effektiv) zu führen.[74] Auf operativer Ebene zählen daher zu den Führungsaufgaben insbesondere die Koordination der untergeordneten Führungsebenen, die funktionsfähige Unternehmenskontrolle[75] sowie die Besetzung der Leitungsstellen im Unternehmen[76]. Für diese Aufgaben trägt die Unternehmensleitung nach wie vor die ungeteilte Verantwortung. Die Nicht-Wahrnehmung bzw. Delegation würde eine Vernachlässigung der Sorgfaltspflicht i.S.d. § 93 Abs. 1

68 Vgl. *Semler*, Unternehmensplanung, 1983, S. 8.

69 Vgl. *Bogaschewsky/Rollberg*, Management, 1998, S. 6 f.

70 Hinsichtlich der Einordnung dieses Ziels in das Zielsystem des Unternehmens, wird auf die Ausführungen unter Kapitel 2.1.1 verwiesen.

71 Vgl. *IDW PS 261*, Beurteilung von Fehlerrisiken, 2006, Tz. 19.

72 Vgl. *Semler*, Unternehmensplanung, 1983, S. 12; *Mertens*, Kommentar, 1996, Tz. 5 zu § 76 AktG.

73 Vgl. *Müller*, Management, 2003, S. 25.

74 Vgl. *Semler*, Unternehmensplanung, 1983, S. 12.

75 Vgl. *Brebeck/Herrmann*, KonTraG, 1997, S. 382.

76 Vgl. *Lutter/Hommelhoff*, Kommentar, 2000, Tz. 4 zu § 37 GmbHG, S. 541 i.V.m. *Semler*, Überwachung, 1996, Tz. 11, S. 10 f.

Satz 1 AktG bzw. § 43 Abs. 1 GmbHG[77] bedeuten. Demnach trägt der Vorstand einer AG bzw. tragen die Geschäftsführer einer GmbH die Koordinationsverantwortung[78] dafür, dass innerhalb der von ihm bzw. ihnen festgelegten Organisationsstruktur aus den *Oberzielen* operationale *Unterziele*, d.h. konkrete, möglichst quantifizierbare Unterziele als Führungsgrößen abgeleitet werden,[79] um über den Erfolg der Unternehmensteile zum Gesamterfolg zu kommen. Insofern liegt es natürlich auch in seinem bzw. ihrem Aufgabenbereich, die Zielerreichung der nachgelagerten Führungsebenen zu kontrollieren und dafür Sorge zu tragen, dass die Kompetenzabgrenzung, Aufgabe und Befähigung des Mitarbeiters nicht diametral zueinander stehen.[80] Die Erreichung der jeweiligen *Unterziele* liegt jedoch im Verantwortungsbereich der nachgelagerten Stufen.[81]

2.1.4 Verlässlichkeit und Ordnungsmäßigkeit der internen und externen Berichterstattung

Koordination und Kontrolle zur Sicherstellung der Wirksamkeit und Wirtschaftlichkeit der Geschäftstätigkeit auf operativer Ebene können jedoch nur sachgerecht durchgeführt werden, wenn leitende und ausführende Stellen in Interaktion miteinander stehen. D.h. zwischen den verschiedenen Hierarchiestufen müssen die Informationen ausgetauscht werden, die es den jeweiligen Verantwortungsträgern ermöglichen, ihrer Verantwortung nachzukommen. Information ist in diesem Zusammenhang als zweckorientiertes Wissen zu verstehen.[82] Der Zweck von Steuerungsinformationen ist demzufolge die Weitergabe von genau definierten und größenmäßig festgelegten Zielvorgaben an hierarchisch nachgelagerte Führungsebenen, die es ermöglichen, einzelne unternehmerische Einheiten so zu koordinieren, dass es zu keinen Zielkonflikten in der Zielhierarchie kommt. Da die Verantwortung für das Erreichen der Ziele durch die Unternehmensleitung delegiert wurde, müssen die jeweiligen Mitarbeiter dieser über den Grad der Zielerreichung Rechenschaft ablegen. Zu diesem Zweck nutzen Führungsinstanzen Kontrollinformationen. Diese geben Aufschluss über den Zielereichungsgrad, indem die Abweichungen zwischen Soll- (gesetzte Zielgröße) und Ist-Größen (Durchführungsergebnisse) aufgezeigt werden.[83] Zwischen den Stellen der Informationsentstehung und der Informationsverwendung müssen deshalb die Informations-

---

77 Bzgl. der Verantwortlichkeit zur Unternehmensführung bei einer Kapitalgesellschaft wird auf die Ausführung im Kapitel 2.1.1: Grundsätzliche Führungsaufgaben der Unternehmensleitung einer Kapitalgesellschaft, S. 39.

78 In diesem Sinne auch *Mertens*, Kommentar, 1996, Tz. 46 zu § 93 AktG.

79 Die vertikale Ordnung der Interdependenzen eines Zielsystems unterscheidet nach Oberzielen und Unterzielen (vgl. *Huch/Behme/Ohlendorf*, Controlling, 1997, S. 305).

80 Vgl. *Horvath*, Controlling, 2001, S. 851.

81 I.d.S. auch *Rodewald/Unger*, Corporate Compliance, 2006, S. 115.

82 Vgl. *Müller*, Management, 2003, S. 26.

83 Vgl. *Schreyögg*, Planung, 1994, S. 346.

übermittlungsvorgänge stattfinden. Diese werden als „Betriebliches Berichtswesen“ bezeichnet.[84] Die Datenbasis für diese Berichtsinhalte bildet das betriebliche Rechnungswesen. Der Begriff „betriebswirtschaftliches Rechnungswesen“ umfasst dabei alle Konzepte und Verfahren, die eine zielgerichtete, quantitative Erfassung, Dokumentation, Aufbereitung und Auswertung innerbetrieblicher ökonomischer Prozesse und wirtschaftlich relevanter Beziehungen des Unternehmens zu seiner Umwelt ermöglichen.[85] In diesem Fall trägt das betriebliche Rechnungswesen dazu bei, Informationsasymmetrien zwischen dem Prinzipal (Unternehmensleitung) und dem Agenten (Mitarbeiter) abzubauen.[86] Diese auch als Principal-Agency-Theorie bekannte Problematik beschäftigt sich mit arbeitsteiligen Auftraggeber-Auftragnehmer-Beziehungen, die durch asymmetrisch verteilte Informationen gekennzeichnet sind.[87] Im vorliegenden Fall werden die Verhaltensrisiken durch die von der Unternehmensleitung dem mittleren und unteren Management eingeräumten Handlungsspielräume verursacht.[88] Die Informationsasymmetrie zwischen Prinzipal und Agent kann hier jedoch nur abgebaut werden, wenn sichergestellt ist, dass die Informationen auch verlässlich sind und bspw. keine Manipulation seitens des Agenten erfolgte.

Aus diesen Gründen schließt aus betriebswirtschaftlicher Sicht die Verantwortung für die Koordination der untergeordneten Führungsebenen und eine funktionsfähige Unternehmenskontrolle auch mit ein, die Verlässlichkeit der hierfür benötigten Informationen sicherzustellen. Da beide Aufgaben unter die allgemeine Sorgfaltspflicht des Vorstands i.S.d § 93 Abs. 1 AktG bzw. der Geschäftsführer i.S.d § 43 Abs. 1 GmbHG zu subsumieren sind, würde eine nicht sachgerechte Ausführung, für die die Verlässlichkeit der Daten eine Grundvoraussetzung ist, einen Verstoß gegen die selbige darstellen.[89] Die Verlässlichkeit der internen Berichterstattung ist somit ein *Nebenziel* zur Erreichung des *Hauptziels* (Wirksamkeit und Wirtschaftlichkeit) auf operativer Ebene.

Darüber hinaus kann die Pflicht zur Sicherstellung der Verlässlichkeit der Daten bei der AG aus der Berichtspflicht des Vorstands an den Aufsichtsrat abgeleitet werden. Gemäß § 90 Abs. 1 AktG ist der Vorstand u.a. verpflichtet, dem Aufsichtsrat

> „zu berichten über [...]
> - die Rentabilität der Gesellschaft, insbesondere die Rentabilität des Eigenkapitals;

84 Vgl. *Horvath*, Controlling, 2001, S. 605.
85 Vgl. *Eisele*, Betriebliches Rechnungswesen, 1990, S. 1.
86 Vgl. *Müller*, Management, 2003, S. 39.
87 Vgl. *Ross*, Agency, 1973, S. 134-139; *Holmström*, Agency, 1979, S. 74-91; *Picot/Reichwald/Wiegand*, Unternehmung, 2001.
88 Vgl. *Horvath*, Controlling, 2001, S. 143.
89 Vgl. *Semler*, Unternehmensplanung, 1983, S. 13.

- den Gang der Geschäfte, insbesondere den Umsatz und die Lage der Gesellschaft;
- Geschäfte, die für die Rentabilität oder Liquidität der Gesellschaft von erheblicher Bedeutung sein können."

Der Vorstand ist insofern auch aufgrund der ihm durch den Aufsichtsrat gem. § 76 Abs. 1 AktG i.V.m. § 84 Abs. 1 AktG übertragenen Kompetenz gesetzlich dazu verpflichtet, diesem Rechenschaft abzulegen. Zu diesem Zweck werden ebenfalls Informationen aus dem betrieblichen Rechnungswesen genutzt. Insbesondere die Dokumentationsaufgabe des Rechnungswesens, die aus der Erfassung, Aufbereitung und Abbildung vergangener sowie z.T. auch künftiger Wirtschaftsvorgänge besteht, ermöglicht es dem Vorstand, Rechenschaft abzulegen und dem Aufsichtsrat über die Vermögens-, Finanz- und Ertragslage des Unternehmens zu berichten. Der Aufsichtsrat erhält diese Berichte nach § 90 Abs. 1 AktG, damit er seiner Überwachungsaufgabe in Bezug auf die Geschäftsführung gem. § 111 Abs. 1 AktG nachkommen kann.[90] Das Rechnungswesen liefert in diesem Zusammenhang Kontrollinformationen, die der Überwachung der Wirtschaftlichkeit, Produktivität, Rentabilität und Liquidität der Geschäftsleitung durch den Aufsichtsrat dienen und diesem weitergehende Soll-Ist-Analysen und Abweichungsanalysen ermöglichen.[91] Die Berichts- und Rechenschaftspflicht gem. § 90 Abs. 1 AktG fällt natürlich auch unter die allgemeine Sorgfaltspflicht des § 93 Abs. 1 AktG. Eine sorgfältige Berichterstattung schließt dabei freilich mit ein, dass die *Verlässlichkeit* der den Berichten zugrunde liegenden Daten sichergestellt ist.

In Bezug auf die Überwachungstätigkeit des fakultativen GmbH-Aufsichtsrats nach § 3 KAGG, § 25 Abs. 1 Satz 1 Nr. 2 MitbestG oder des obligatorischen nach § 77 Abs. 1 Satz 2 BetrVG 1952 differenziert der Gesetzgeber nicht zwischen der AG und der GmbH, vielmehr ist die grundlegende Norm des § 111 Abs. 1 AktG auf die GmbH übertragbar. Auf eine explizite Übertragung von Berichtspflichten gem. § 90 Abs. 1 AktG hat der Gesetzgeber dabei verzichtet. Die wesentliche Funktion aller in § 90 AktG kodifizierten Informationspflichten der Unternehmensleitung ist nach h.M. in der Konkretisierung der allgemeinen Überwachungsaufgabe des Aufsichtsrats i.S.d. § 111 Abs. 1 AktG zu sehen.[92] Da diese kodifizierten Informationsrechte des Aufsichtsrats wesentliche Voraussetzung für die Wahrnehmung seiner Überwachungsaufgabe sind, ist davon auszugehen, dass aufgrund betriebswirtschaftlicher und rechtlicher Notwendigkeit der GmbH-Aufsichtsrat seine Informationsrechte gegenüber den Geschäftsführern nicht min-

---

90 Vgl. *Semler*, Unternehmensplanung, 1983, S. 17.

91 Bzgl. der Dokumentationsaufgabe und Kontrollaufgabe des Rechnungswesens vgl. *Graumann*, Controlling, 2003, S. 156.

92 Vgl. *Hüffer*, Aktiengesetz, 2002, Tz. 3 zu § 111 AktG, S. 532; *Semler*, Überwachung, 1996, Tz. 90, S. 55; *Lutter/Krieger*, Aufsichtsrat, 1993, Tz. 18 und 57, S. 36 und 63; *Semler*, Unternehmensplanung, 1983, S. 18.

der wahrnimmt als der Aufsichtsrat der AG. Insbesondere, weil der GmbH-Aufsichtsrat gem. § 90 Abs. 3 AktG jederzeit einen Bericht „über die Angelegenheiten der Gesellschaft" verlangen kann und es sich bei den oben genannten Berichtspflichten ohne Zweifel um Angelegenheiten der Gesellschaft handelt.

Kommt die Unternehmensleitung der GmbH ihren Berichtspflichten nicht nach, bzw. ist die *Verlässlichkeit* der Berichtsinhalte nicht gegeben, liegt demzufolge auch hier eine Verletzung der Sorgfaltspflicht i.S.d. § 43 Abs.1 GmbHG vor.

Nachdem sich die bisherigen Ausführungen trotz der oben eingeführten und weit gefassten Definition des „betrieblichen Rechnungswesens"[93] nur auf das interne Rechnungswesen bezogen, wird im Folgenden das externe Rechnungswesen in die Betrachtung mit einbezogen. Für die hier verwendete Differenzierung und Systematisierung des Rechnungswesens dient folglich der Adressat der jeweiligen Information als Einteilungskriterium. Primär lag daher bis jetzt der Fokus auf den Informationsbedürfnissen interner Adressaten. Infolgedessen wurde auch nur der Verantwortungsbereich von Vorstand und Geschäftsführer für die Verlässlichkeit des internen Rechnungswesens analysiert. Im Folgenden rücken daher die Informationsbedürfnisse der externen Adressaten des Rechnungswesens in den Vordergrund, die durch die externe Rechnungslegung gedeckt werden sollen.

Als externe Rechnungslegung werden die Buchführung und die Bilanzierung bezeichnet.[94] Beide nutzen ebenfalls das betriebliche Rechnungswesen als Datenbasis und dienen dazu, Rechenschaft gegenüber externen Informationsadressaten abzulegen und branchenübergreifende Vergleichbarkeit herzustellen.[95] Dies soll durch Standardisierung gewährleistet werden. Daher ist der Informationsbedarf der unterschiedlichen Anspruchsgruppen zumeist auf gesetzlicher Basis abgesichert. Die Normen der externen Rechnungslegung stellen eine Normierung des Informationsflusses zwischen dem Management und den Bilanzadressaten dar.[96] Damit verfolgt der Gesetzgeber das Ziel, einen verlässlichen Einblick in die tatsächliche Vermögens-, Finanz- und Ertragslage des Unternehmens zu gewähren, um dadurch bestehende Informationsasymmetrien im Außenverhältnis zwischen Prinzipal (Eigner/ Stakeholder) und Agent (Manager) abzubauen. Dieses auch als Generalnorm des § 264 Abs. 2 HGB bzw. § 297 Abs. 2 HGB bekanntes Informationsziel der Rechnungslegung nach HGB kann jedoch nur erfüllt sein, wenn die Rechnungslegung unter Einhaltung der Einzelnormen und somit ordnungsgemäß erfolgte.[97] Somit ist auch die *Ordnungsmäßigkeit der externen Berichterstattung* als Nebenziel auf operativer Ebene zu

93 Vgl. Definition Kapitel 2.1.4: Verlässlichkeit und Ordnungsmäßigkeit der internen und externen Berichterstattung, S. 48.

94 Vgl. *ADS*, Kommentar, 2000, Tz. 1. zu § 91 AktG.

95 Vgl. *Labhart/Volkart*, Reporting, 2001, S. 116.

96 Vgl. *Marten/Quick/Ruhnke*, Wirtschaftsprüfung, 2001, S. 27.

97 Vgl. *Müller*, Management, 2003, S. 114.

verfolgen. Im Folgenden muss allerdings noch analysiert werden, wer die Verantwortung für die Einhaltung der gesetzlichen Normen trägt und somit auch dafür verantwortlich ist, dass dieses Nebenziel im Zielsystem des Unternehmens auf operativer Ebene integriert wird.

Die Grundlage für die externe Berichterstattung bildet die Buchführung. Diese stellt alle Aufzeichnungen zur Verfügung, die zur Aufstellung des Jahresabschlusses benötigt werden.[98] Gem. §§ 238 ff. HGB ist jeder Kaufmann verpflichtet, Handelsbücher zu führen. Bei einer juristischen Person des Handelsrechts sind die Mitglieder der Geschäftsführungsorgane (§ 91 AktG bzw. § 41 GmbHG) für die Buchführung verantwortlich.[99] Dabei gelten unabhängig vom Gegenstand des Unternehmens sowohl die AG i.S.d § 4 AktG als auch die GmbH i.S.d § 13 Abs.1 GmbHG als Handelsgesellschaft. In Abhängigkeit von der Eigenart, der Tätigkeit und der Größe der Kapitalgesellschaft sind für die Führung der erforderlichen Handelsbücher weitere Vorschriften maßgeblich. Neben einer ganzen Reihe spezialgesetzlicher Vorschriften,[100] die für die Buchführung einer AG zu beachten sind, wenn sie ein entsprechendes Unternehmen betreibt, sind dies vor allem die gesetzlich normierten Grundsätze ordnungsmäßiger Buchführung, die durch nicht gesetzlich festgeschriebene GoB ergänzt werden. Durch die explizite Verweisung in § 238 HGB auf die Letzteren erhalten diese für die Buchführung den Rang gesetzlicher Vorschrift.[101] Des Weiteren sind die steuerrechtlichen Vorschriften der §§ 140 ff. AO maßgeblich. Die Einhaltung dieser steuerlichen Vorschriften obliegt gem. § 34 Abs. 1 AO in Parallelität zu § 91 AktG bzw. § 41 GmbHG ebenfalls den gesetzlichen Vertretern juristischer Personen. Darüber hinaus können sich weitere Bedingungen bzgl. der inhaltlichen Ausgestaltung bzw. der Art, in der die gesetzliche Verpflichtung zur Buchführung durch die gesetzlichen Vertreter erfüllt werden soll, aus dem Gesellschaftsvertrag sowie der Satzung der Kapitalgesellschaft ergeben.[102]

Die gesetzlichen Vertreter der Kapitalgesellschaft (Vorstand bzw. Geschäftsführer) haben gem. § 91 AktG bzw. § 41 GmbHG für die Führung der erforderlichen Bücher zu sorgen und sind dafür verantwortlich, die Ordnungsmäßigkeit der Buchführung sicherzustellen. Dies bedeutet nicht implizit, dass sie die Buchführung selbst erledigen müssen. Ihre Aufgabe ist es vielmehr, durch *geeignete*

---

98 Vgl. *ADS*, Kommentar; 2000, Tz. 1 zu § 91 AktG.

99 Vgl. *ADS*, Kommentar; 2000, Tz. 11 zu § 238 HGB.

100 Für die spezialgesetzlichen Vorschriften, die für die Rechnungslegung bestimmter Arten von Unternehmen anzuwenden sind und daher auch für die Buchführung der AG zu beachten sind, sofern ein derartiges Unternehmen betrieben wird, vgl. *ADS*, Kommentar, 2000, Tz. 11-12 zu § 330 HGB und *Tipke/Kruse*, Kommentar, 2005, Tz. 7 zu § 140 AO.

101 Vgl. *IDW PS 201*, Grundsätze, 2006, Tz. 7.

102 Vgl. *ADS*, Kommentar, 2000, Tz. 4 zu § 91 AktG.

personelle und organisatorische Maßnahmen ein angemessenes Buchführungssystem einzurichten und zu überwachen.[103]

Die Pflicht zur Bilanzierung (§ 242 HGB) schließt sich an die Buchführungspflicht an, wobei Buchführung und Bilanzierung, wie bereits oben erwähnt, auch als Rechnungslegung bezeichnet werden können. Die Ordnungsmäßigkeit der Rechnungslegung bedingt somit die der Buchführung und der Bilanzierung.[104] Gem. § 242 Abs. 1 HGB ist jeder Kaufmann zur Aufstellung einer Bilanz unter Beachtung der Bilanzierungsnormen der §§ 242-263 HGB verpflichtet. Demzufolge sind bei der AG bzw. der GmbH, die gem. § 3 AktG bzw. § 13 GmbHG i.V.m. § 6 Abs. 1 HGB Formkaufleute sind, der Vorstand bzw. die Geschäftsführer für die Aufstellung der Bilanz verantwortlich, weil ihnen gem. § 91 AktG bzw. § 41 GmbHG die Verantwortung für Buchführung und Rechnungslegung übertragen wurde.[105]

Neben den für alle Kaufleute geltenden Bilanzierungsvorschriften gibt es auch Normen, die rechtsform- und größenabhängig sind. Die für die Rechtsform der Kapitalgesellschaft abgestuft nach der Größe (§ 267 HGB) ergänzend zu beachtenden Bestimmungen der §§ 264-289 HGB übertragen die Pflicht zur Aufstellung des Jahresabschlusses und sofern erforderlich des Lageberichts (§ 264 Abs. 1 Satz 1 HGB) direkt der Verantwortung der gesetzlichen Vertreter einer Kapitalgesellschaft. Nach § 264 Abs. 1 Satz 1 HGB haben daher „die gesetzlichen Vertreter einer Kapitalgesellschaft den Jahresabschluss (§ 242 HGB) um einen Anhang zu erweitern, [...], sowie einen Lagebericht aufzustellen." Dabei sind, soweit für das jeweilige Unternehmen einschlägig, weitere wirtschaftszweigspezifische (z.B. §§ 340 ff. und §§ 341 ff. HGB) sowie rechtsformbezogene (z.B. §§ 150-160 AktG) und gesellschafterbezogene (z.B. § 42 Abs. 3 GmbHG) Vorschriften zu beachten.[106]

Demzufolge ist die Unternehmensleitung verantwortlich für die wahrheitsgetreue und ordnungsmäßige Darstellung von Informationen im Jahresabschluss und im Lagebericht. In der Rechnungslegung enthaltene Angaben stellen somit ausdrücklich abgegebene bzw. implizit enthaltene Erklärungen und Einschätzungen der Unternehmensleitung dar.[107]

Falls es sich darüber hinaus bei der Kapitalgesellschaft um eine inländische handelt, die zugleich Mutterunternehmen eines Konzerns ist und weder in einen befreienden Konzernabschluss nach § 291 HGB mit einbezogen wird, noch die Befreiungstatbestandsmerkmale des § 293 HGB greifen, so haben die gesetzli-

---

103 Vgl. *ADS*, Kommentar, 2000, Tz. 8 zu § 91 AktG.

104 In diesem Zusammenhang werden die GoB auch als Grundsätze ordnungsmäßiger Buchführung und Bilanzierung bezeichnet (vgl. *Eisele*, Rechnungswesen, 1999, S. 24).

105 Vgl. *ADS*, Kommentar, 2000, Tz. 12 zu § 245 HGB.

106 Vgl. *IDW PS 201*, Grundsätze, 2006, Tz. 6.

107 Vgl. *IDW PS 300*, Prüfungsnachweise, 2006, Tz. 7.

chen Vertreter des Mutterunternehmens gem. § 290 Abs. 1 HGB einen Konzernabschluss und einen Konzernlagebericht aufzustellen.

Zusätzlich zu den gesetzlich normierten Grundsätzen ordnungsmäßiger Buchführung bzw. Bilanzierung erhalten auch die nicht gesetzlich festgeschriebenen GoB für den Jahresabschluss und den Konzernabschluss durch die Verweisungen der §§ 243 Abs. 1 bzw. 264 Abs. 2 HGB und § 297 Abs. 2 HGB den Rang gesetzlicher Vorschriften.[108]

Für die Konzernrechnungslegung erlangen außerdem die vom *Deutschen Rechnungslegungs Standards Committee* (*DRSC*) verabschiedeten Empfehlungen für die gesetzlichen Vertreter Bedeutung, da hierbei vermutet wird, dass es sich um die Konzernrechnungslegung betreffende GoB handelt, wenn diese Empfehlungen vom *Bundesministerium der Justiz* (*BMJ*) bekannt gemacht worden sind (vgl. § 342 Abs. 2 HGB).[109]

Neben den bereits dargestellten Verpflichtungen enthält das HGB noch weitere Pflichten, die teilweise aufgrund ausdrücklicher Kompetenzzuweisung, teilweise aufgrund der Übertragung der Buchführungs- bzw. Rechnungslegungsverantwortlichkeit der §§ 91 AktG bzw. 41 GmbHG, in den Verantwortungsbereich der gesetzlichen Vertreter einer Kapitalgesellschaft fallen.[110] Dazu zählen die Unterzeichnung des Jahresabschlusses (§ 245 HGB), die Erteilung des Prüfungsauftrags an den gewählten Abschlussprüfer (§ 318 Abs. 1 Satz 4 HGB),[111] die Offenlegung des Jahresabschlusses (§ 325 Abs. 1 HGB), die Errichtung des Inventars (§ 240 HGB) und die Aufbewahrung von Unterlagen (§ 257 HGB). Somit kann abschließend festgehalten werden, dass alle Pflichten, die zu den Buchführungs- oder Rechnungslegungspflichten i.w.S. zu zählen sind und deren Ziel es ist, die Ordnungsmäßigkeit der externen Berichterstattung zu gewährleisten, der Verantwortung der gesetzlichen Vertreter einer Kapitalgesellschaft obliegen.

Die dargestellten Vorschriften des HGB stellen lediglich die Mindestvorschriften für die externe Berichterstattung dar.[112] Die Informationsbedürfnisse institutioneller Anleger, aber auch sonstiger am Unternehmen interessierter Interessensgruppen, gehen hingegen weiter. Wegweisend ist in diesem Zusammenhang die Studie des AICPA von 1994, die eindeutig belegt, dass diese Finanzberichtsadressaten an weiterführenden Informationen interessiert sind und nennt in diesem Zusammenhang u.a. nichtfinanzielle Kennzahlen, zukunftsorientierte Informationen (insbesondere Aussagen zur Unternehmensstrategie), Informationen der internen Steuerung und die Berichterstattung über die langfristigen Erfolgspotenziale, mit denen

---

108 Vgl. *IDW PS 201*, Grundsätze, 2006, Tz. 7.

109 Vgl. *IDW PS 201*, Grundsätze, 2006, Tz. 12.

110 Vgl. *ADS*, Kommentar, 2000, Tz. 19 zu § 91 AktG.

111 Bei der AG ist gem. § 318 Abs. 1 S. 4 der Aufsichtsrat für die Bestellung des durch die Hauptversammlung gewählten Abschlussprüfers zuständig.

112 Vgl. *Seeberg*, Erweiterte Berichterstattung, 1997, S. 155.

das Unternehmen versucht, nachhaltige Gewinne zu erwirtschaften und den Unternehmenswert zu steigern.[113] Die Unternehmen haben unterdessen die Wichtigkeit dieser Informationsvermittlung erkannt. Grund hierfür ist deren Erkenntnis, dass durch diese umfassende Informationsbereitstellung, die nicht selten mit einer marktwertorientierten Unternehmensstrategie verbunden ist, und der damit erzielten Transparenz die Kapitalkosten für das Unternehmen gesenkt werden können.[114] Letzteres wird dadurch erreicht, dass die Anleger, sofern sie auf die veröffentlichten Zahlen vertrauen können und von deren Verlässlichkeit überzeugt sind, eine geringere Risikoprämie einfordern.[115] Darüber hinaus wird eine verlässliche Transparenz der Unternehmensperformance häufig durch eine stabilere Aktienkursentwicklung am Kapitalmarkt honoriert, was seinerseits aufgrund der reduzierten Aktienvolatilität auch zu einer Senkung der Kapitalkosten des Unternehmens beiträgt.[116] Da inländische und ausländische Kapitalgesellschaften bei der Nachfrage nach Risikokapital im Wettbewerb miteinander stehen, wird durch eine erweiterte und verlässliche Unternehmenspublizität die Konkurrenzfähigkeit des Unternehmens erhöht.[117] Dass ein Bumerang-Effekt ausgelöst wird für den Fall, dass die Unternehmensleitung dieses erweiterte Berichtsinstrument missbraucht, sollte ebenfalls klar sein, genauso wie die Konsequenzen, die der Verlust des Kapitalmarktvertrauens mit sich bringt. Letzteres kann bspw. zu einem Fremdkapitalentzug führen, der bei fehlender Neuverschuldungsmöglichkeit den Fortbestand des Unternehmens und somit das Fundamentalziel des unternehmerischen Handelns bedroht.[118]

Daher sollte es gem. § 93 Abs. 1 AktG bzw. § 43 Abs. 1 GmbHG ebenfalls Ziel einer sorgfältigen Unternehmensleitung im Zusammenhang mit der externen Berichterstattung sein, sofern zusätzliche Informationen zum Jahresabschluss und Lagebericht veröffentlicht werden, deren Verlässlichkeit sicherzustellen.

2.1.5 Einhaltung von sonstigen Gesetzen und Vorschriften

Die für Kapitalgesellschaften und ihre gesetzlichen Vertreter bei der Ausübung der Geschäftstätigkeit relevanten Normen beschränken sich mittlerweile nicht mehr nur auf das Gesellschaftsrecht. Vielmehr wird dies in zunehmendem Maße durch das öffentliche Recht, das Wirtschaftsaufsichts- und das Kapitalmarktrecht, durch das Umweltrecht, das Recht der Arbeitssicherheit, das Steuer- und Sozial-

113 Vgl. *AICPA*, Improving Business Reporting, 1994, S. 136 f.
114 Vgl. *Klingebiel*, Impulsgeber, 2001, S. 7; *Labhart/Volkart*, Reporting, 2001, S. 118 f.
115 Eine ausführliche Begründung findet sich bei *Labhart/Volkart*, Reporting, 2001, S. 118 f.
116 Vgl. *Klingebiel*, Impulsgeber, 2001, S. 7.
117 Vgl. *Bundesregierung*, Allgemeine Begründung, 1998.
118 Zu einer Auflistung der den Fortbestand des Unternehmens gefährdende Risiken vgl. *Brebeck/Herrmann*, KonTraG, 1997, S. 383.

versicherungsrecht, das Kartellrecht und das Außenwirtschaftsrecht überlagert.[119] Diese zunehmende Komplexität birgt Risiken in sich, die von Reputationsschädigungen aufgrund von Negativschlagzeilen bis hin zu teueren Gerichtsprozessen[120] führen.[121] Diesen Risiken sind mittlerweile jedoch nicht nur die Unternehmen und Organmitglieder ausgesetzt, die in Kenntnis des Risikos aus Vorsatz handeln, um sich bzw. dem Unternehmen auf unlautere Weise einen Vorteil zu verschaffen, sondern auch „gutwillige" Unternehmen und Organmitglieder. Bei Letzteren führen eine falsche Risikoeinschätzung oder unzureichende Tatsachenfeststellungen sowie schlichte Rechtsunkenntnis oder falsche Rechtsanwendung zu Haftungssachverhalten.[122] Daher sollte die Einhaltung von sonstigen Gesetzen und Vorschriften als *Nebenziel* auf operativer Ebene verfolgt werden. Denn völlig unbestritten ist, dass Unternehmen und ihre Organmitglieder in Übereinstimmung mit geltendem Recht zu handeln haben.[123] Die Pflicht zur sorgfältigen Wahrnehmung der Organfunktion i.S.d. § 93 Abs. 1 AktG verlangt bspw. von den Vorstandsmitgliedern einer AG, „im Rahmen des *Gesetzes* und der *Satzung* [...] den Unternehmenserfolg zu fördern und Schaden von der Gesellschaft abzuhalten."[124] Dabei hat der Vorstand jedoch nicht nur für ein gesetzmäßiges Verhalten im Innenverhältnis zu sorgen, sondern ist auch für ein den rechtmäßigen und anerkannten Grundsätzen der Geschäftsmoral entsprechendes Verhalten der Gesellschaft nach außen verantwortlich.[125] Daher müssen die Vorstandsmitglieder z.B. bei der Inanspruchnahme von Vergünstigungen und Steuervorteilen darauf bedacht sein, dass die geltenden gesetzlichen Voraussetzungen eingehalten werden.[126] Darüber hinaus sind diese auch zur Einhaltung ausländischen Rechts verpflichtet, sofern das Handeln der Gesellschaft ausländischem Recht unterworfen ist und dies nicht im Widerspruch zum deutschen Recht steht.[127] Neben den der Gesellschaft auferlegten Pflichten ist der Vorstand natürlich auch zur Einhaltung der im Verhältnis

119 Vgl. *Schneider*, Konzern-Compliance, 1996, S. 225. Beispiele für eine derartige Überlagerung finden sich ebenfalls bei *Schneider*; Compliance; 2003, S. 647. Insbesondere verlangt das Wirtschaftsrecht die Einzelzuständigkeit und Einzelverantwortung, obwohl bspw. gesellschaftsrechtlich der Vorstand die Gesamtzuständigkeit und Gesamtverantwortung trägt.

120 Im Jahre 2001 wurden von der EG-Kommission bspw. wegen Kartellverstößen Bußgelder in Höhe 1837 Mio. Euro verhängt. Ebenso wurden 2002 durch das Bundeskartellamt gegen sechs Zementhersteller Bußgelder in Höhe von 661 Mio. Euro erlassen und diesen von den vorgeblich Geschädigten Schadensersatzansprüche in Höhe von über 1 Mrd. Euro angedroht (vgl. *Hauschka*, Compliance, 2004, S. 258).

121 Vgl. *Geißler*, Compliance, 2004, S. 17.

122 Zu den fehlerträchtigsten Bereichen zählen neben dem Gesellschaftsrecht insbesondere das Kartellrecht, Umweltrecht, Arbeitsrecht und Insolvenzrecht (vgl. *Hauschka*, Compliance, 2004, S. 260).

123 Vgl. *Schneider*, Compliance, 2003, S. 646.

124 *Mertens*, Kommentar, 1996, Tz. 29 zu § 93 AktG.

125 Vgl. *Mertens*, Kommentar, 1996, Tz. 34 zu § 93 AktG; *Rodewald/ Unger*, Corporate Compliance, 2006, S. 113.

126 Vgl. *Mertens*, Kommentar, 1996, Tz. 35 zu § 93 AktG.

127 Vgl. *Mertens*, Kommentar, 1996, Tz. 36 zu § 93 AktG.

zu Dritten persönlich auferlegten öffentlichrechtlichen bzw. privatrechtlichen Normen verantwortlich. Gemäß § 130 OWiG sind die Vorstandsmitglieder daher auch verantwortlich, für Aufsichtsmaßnahmen zu sorgen, „um im Betrieb oder Unternehmen der Gesellschaft Zuwiderhandlungen gegen die Pflichten zu verhindern, die ihnen in ihrer Eigenschaft als Vorstand auferlegt sind.“[128]

Da der Sorgfaltsmaßstab der GmbH-Geschäftsführer i.S.d. § 43 Abs. 1 GmbHG sachlich genauso zu interpretieren ist wie jener i.S.d. § 93 Abs. 1 Satz 1 AktG[129], kann bzgl. der Sorgfaltspflichten und der Verantwortungsbereiche der Geschäftsführer auf die obigen Ausführungen verwiesen werden.

In den Verantwortungsbereich eines „ordentlichen und gewissenhaften Geschäftsleiters“ gehört es daher auch, durch *organisatorische Maßnahmen* vorbeugend dafür zu sorgen,[130] dass die normativen Vorgaben eingehalten werden und die Rechtmäßigkeit der Organisation und der Entscheidungsprozesse innerhalb der Gesellschaft sichergestellt sind.[131] Denn dadurch reduziert er nicht nur die Haftungsrisiken für das Unternehmen, sondern auch sein eigenes, da eine Verletzung der Sorgfaltspflicht den betroffenen Manager nach Bestimmungen des § 93 Abs. 2 AktG bzw. des § 43 Abs. 2 GmbHG schadensersatzpflichtig macht.[132]

Sind die Manager gleichzeitig geschäftsführende Mitglieder eines herrschenden Konzernunternehmens, so erstreckt sich diese Organisationspflicht auch auf die Tochtergesellschaften. Demnach haben sie für die Bestellung der Organmitglieder bei den Tochterunternehmen zu sorgen und zu überwachen, dass die Tochtergesellschaften für eine angemessene Organisation gesorgt haben. Dies bedeutet allerdings nicht, dass die Organmitglieder der beherrschten Gesellschaft von ihrer Handlungsverantwortung entbunden werden. Vielmehr wurde die Aufgabe zur Einhaltung der öffentlichrechtlichen Gebote und Verbote auf Ebene der Tochtergesellschaft an diese delegiert und damit auch die Pflicht, in ihrem Verantwortungsbereich durch entsprechende organisatorische Maßnahmen für ein rechtmäßiges Verhalten und für die Erfüllung der Pflichten zu sorgen.[133]

In den angelsächsischen Ländern hat sich hierfür der Begriff „Compliance“ herausgebildet. Dieser „umfasst die Gesamtheit aller Maßnahmen, mit dem Oberziel das rechtmäßige Verhalten der Unternehmen, der Organmitglieder und der

---

128 *Mertens*, Kommentar, 1996, Tz. 40 zu § 93 AktG.

129 Vgl. *Zöllner*, Kommentar, 2000, Tz. 7 zu § 43 GmbHG, S. 913.

130 Diese Organisationspflichten ergeben sich zum einen direkt aus dem Gesellschaftsrecht, zum anderen mittelbar aus dem oben genannten § 130 OWiG und aus einer Reihe von Spezialnormen. Eine Zusammenstellung aller öffentlichrechtlichen und zivilrechtlichen Unternehmensorganisationspflichten findet sich bei *Spindler*, Unternehmensorganisationspflichten, 2001, o.S.

131 Vgl. *Mertens*, Kommentar, 1996, Tz. 30 zu § 93 AktG; *Rodewald/ Unger*, Corporate Compliance, 2006, S. 113.

132 Vgl. *Thümmel*, Managerhaftung, 1997, S. 261.

133 Vgl. *Schneider*, Konzern-Compliance, 1996, S. 244.

Mitarbeiter im Blick auf alle gesetzlichen Gebote und Verbote zu gewährleisten."[134] Dadurch wird nicht nur das Unterziel verfolgt, die Haftungsrisiken für Leitungsorgane und Unternehmen zu minimieren, sondern auch das Vertrauen der Geschäftspartner und des Kapitalmarkts in das Unternehmen gestärkt.[135]

2.1.6 Zu verantwortende Zielkategorien des Managements im Überblick

Vor dem Hintergrund der aktuellen Corporate Governance-Diskussion und unter Maßgabe der eingangs erwähnten Absicht, Zielkategorien zu definieren, die inhaltlich durch einen gesetzlich normierten Minimalkonsens konkretisiert werden können,[136] werden, aufbauend auf den obigen Ausführungen des Kapitels 2.1, die Ziele des Unternehmens den folgenden, in den Verantwortungsbereich der Unternehmensleitung fallenden Oberzielen als Zielkategorien (vgl. Tab. 2-1) zugeordnet. In Abhängigkeit der Eingruppierung von Unterzielen in die jeweiligen Zielkategorien ist es außerdem möglich, eine grundlegende Aussage darüber zu treffen, ob deren Zielerreichung ausschließlich in den Aufgaben- und Verantwortungsbereich der Unternehmensleitung fällt oder grundsätzlich auch eine Delegation auf nachgelagerte Managementebenen möglich ist.

An dieser Stelle sei jedoch auch darauf hingewiesen, dass die jeweiligen Zielkategorien inhaltlich nicht unabhängig voneinander sind. Vielmehr können sie sich, im Rahmen einer horizontalen Ordnung betrachtet, gegenseitig überlappen bzw. im Rahmen einer vertikalen Ordnung gegenseitig beeinflussen.

---

134 Vgl. *Schneider*, Compliance, 2003, S. 645.

135 Vgl. *Schneider*, Compliance, 2003, S. 648.

136 Vgl. hierzu die Ausführungen unter Kapitel 2.1: Verantwortungsbereiche des Managements, S. 36 f.

Tab. 2-1: Zielkategorien im Überblick

Zielkategorien			
Sicherung und Ausbau der langfristigen Erfolgspotenziale	**Wirksamkeit und Wirtschaftlichkeit der Geschäftstätigkeit**	**Verlässlichkeit und Ordnungsmäßigkeit der internen und externen Berichterstattung**	**Einhaltung von sonstigen Gesetzen und Vorschriften**
• Unternehmensspezifische, mit der Vision und Mission zusammenhängende Ziele • langfristig • hoher Abstraktionsgrad • steht im Brennpunkt verschiedener interner und externer Interessenssphären • ausschließlicher Verantwortungsbereich der Unternehmensleitung	• Unternehmensspezifische Ziele, die den unternehmenszielorientierten und optimierten Einsatz der vorgegebenen Potenziale unter Restriktion gesetzlicher Normen und sonstiger Vorschriften zur Aufgabe haben • kurzfristig • hoher Konkretisierungsgrad • zum Teil monetär messbar • Verantwortungsbereich der Unternehmensleitung (Oberziele) und nachgelagerter Managementebenen (Unterziele)	• Ziele im Zusammenhang mit einer verlässlichen und ordnungsgemäßen Berichterstattung • Ziele werden zum Großteil von Außenstehenden determiniert • hoher Konkretisierungsgrad • Ziele im Zusammenhang mit einer verlässlichen Kapitalmarktkommunikation • Verantwortungsbereich der Unternehmensleitung (Oberziele) und nachgelagerter Managementebenen (Unterziele)	• Ziele werden in Form von Normen und Vorschriften dem Unternehmen vorgegeben • hoher Konkretisierungsgrad • Verantwortungsbereich der Unternehmensleitung (Oberziele) und nachgelagerter Managementebenen (Unterziele)

2.2 Abgrenzung der Verantwortungsbereiche nachgelagerter Führungsebenen mit Hilfe der Organisationstheorie

Ausgehend von der weit gefassten Definition des Begriffs „Management" in Kapitel 2.1[137] stand bisher nur die oberste Führungsebene im Mittelpunkt der Betrachtung. Aufgrund deren Bedeutung für das Unternehmen bzw. für eine Kapitalgesellschaft im Speziellen unterliegt die Erfüllung dieser Führungsaufgaben, wie gezeigt wurde, einem durch Normen aufgespannten, institutionellen Rahmen. Im Folgenden soll die Betrachtung mit Hilfe der betriebswirtschaftlichen Organisationslehre ausgeweitet werden, um die Träger des Managements auf nachgela-

[137] Vgl. Kapitel 2.1: Verantwortungsbereiche des Managements, S. 36 f.

gerten Führungsebenen mit einzubeziehen und deren Aufgaben bzw. Verantwortungsbereiche näher zu spezifizieren.

2.2.1 Organisation als Voraussetzung der Aufgabenerfüllung der Unternehmensführung

Die in Kapitel 2.1.6 dargestellten Zielkategorien geben einen Überblick über die Vielschichtigkeit und Vielartigkeit der unternehmerischen Ziele und lassen die Komplexität eines Zielsystems erahnen, das der Koordination der jeweiligen Teilziele dient.[138] Bisher führte die sachbezogene Sichtweise des Managements zu einer Konkretisierung von Aufgaben der Unternehmensleitung, die der Erreichung der jeweiligen Ziele dienen. Die Auflistung[139] dieser Aufgaben macht deutlich, dass auch der Gesetzgeber aufgrund der Komplexität der vom Unternehmen zu leistenden Gesamtaufgabe nicht davon ausgeht, dass dies ausschließlich durch die Unternehmensleitung erfolgen kann, sondern vielmehr arbeitsteilig erfolgen muss. Dies stellt keine Verletzung der Sorgfaltspflicht dar, solange die Unternehmensleitung dafür sorgt, dass die Tätigkeiten, die sie aufgrund einer gesetzlichen Verpflichtung nicht ohnehin selber ausführen muss, sorgfältig und zielgerichtet ausgeführt werden. Dies ist auch der Grund dafür, dass die Teilaufgaben Koordination, Kontrolle auf operativer Ebene und Besetzung von Führungsstellen im Unternehmen explizit zu dem Aufgabenbereich der Unternehmensleitung zählen und ebenso wenig durch diese delegierbar sind wie die strategische Unternehmensführung.

Das Zerlegen der Gesamtaufgaben in Elementaraufgaben, um diese anschließend nach bestimmten Prinzipien zu Teilaufgaben[140] zu bündeln, einzelnen Aufgabenträgern bzw. Stellen, sofern gesetzlich zulässig, zuzuordnen und deren zielorientierte Abstimmung vorzunehmen, bildet den Ausgangspunkt des Organisationsproblems.[141] Damit derart interdependente organisatorische Teilbereiche nicht Gefahr laufen, durch die Verfolgung ihrer Bereichsziele die anzustrebenden Unternehmensziele aus den Augen zu verlieren, bedürfen sie daher der Koordination, d.h. der sachlichen, zeitlichen und personellen Abstimmung.[142] Die Koordination wird allerdings dadurch erschwert, dass die Beteiligten als Individuen jeweils eigene Ziele verfolgen, die zum Teil in Konflikt zum jeweiligen

---

138 Vgl. Kapitel 2.1.6: Zu verantwortende Zielkategorien des Managements im Überblick, S. 58.

139 Vgl. Auflistung unter Kapitel 2.1.1: Grundsätzliche Führungsaufgaben der Unternehmensleitung einer Kapitalgesellschaft, S. 39.

140 Zur Bildung von Teilaufgaben vgl. *Picot/ Dietl/ Franck*, Organisation, 2002, S. 239 ff.; *Vahs*, Organisation, 2001, S. 47 ff.

141 Vgl. *Picot*, Organisation, 1993, S. 103.

142 Vgl. *Bogaschewsky/Rollberg*, Management, 1998, S. 19.

Bereichs- bzw. Unternehmensziel stehen können.[143] Das Problem der individuellen Nutzenmaximierung und des opportunistischen Verhaltens sind daher dem Organisationsproblem hinzuzurechnen.

Dem instrumentalen Organisationsbegriff folgend, ist die Organisation daher das Mittel der Unternehmensleitung, das dem Zweck der Zielerreichung in arbeitsteiligen Strukturen dient und als die Summe aller strukturellen Regelungen (= Organisationsstruktur) aufgefasst werden kann.[144] Die Organisation ist sozusagen das Instrument der obersten Unternehmensleitung, um insbesondere auf *operativer Ebene* die Aktivitäten der Mitarbeiter durch dauerhafte, generelle Regelungen auf die Ziele des Unternehmens auszurichten.[145] Diese Betrachtungsweise geht demzufolge davon aus, dass die Unternehmung bereits eine Organisation hat.[146, 147] Auf den funktionalen Organisationsbegriff, der die Tätigkeit des Schaffens dieser Ordnung als Organisation auffasst, soll an dieser Stelle nicht weiter eingegangen werden, weil diese Sichtweise unter dem Fokus der Jahresabschlussprüfung von nachrangiger Bedeutung ist, denn der Prüfer wird zum Zeitpunkt der Prüfung eine Organisation vorfinden. Diese tatsächlich vorgefundene Organisationsstruktur wird allerdings durch bewusstes oder unbewusstes Eingreifen von den Mitarbeitern beeinflusst und kann daher von der durch die Unternehmungsleitung geplanten, als zweckmäßig empfundenen und offiziell verabschiedeten Struktur abweichen. Daher muss der Prüfer zwischen einer formalen Organisationsstruktur (Soll-Objekt) und einer informalen bzw. faktischen (Ist-Objekt) trennen.[148]

Zum Zwecke der Komplexitätsreduktion wird die formale Organisationsstruktur in der deutschen Literatur zur betriebswirtschaftlichen Organisationslehre ein weiteres Mal differenziert.[149] Dabei handelt es sich um eine gedankliche Abstraktion, wonach der statische Aufbau des Unternehmensgebildes (Aufbaustruktur) vom dynamischen Ablauf der betrieblichen Prozesse (Ablaufstruktur) unterschieden wird.[150]

Die Aufbauorganisation ist das Beziehungsgefüge zwischen organisatorischen Einheiten zu einer relativ dauerhaften Beziehungsstruktur, wobei die organisatori-

---

143 Bzgl. der Motivation von Mitarbeitern zu unternehmenszielkonformem Verhalten vgl. *Frese*, Organisation, 2000, S. 155 ff.; *Picot*, Organisation, 1993, S. 104.

144 Vgl. *Picot*, Organisation, 1993, S. 104.

145 Vgl. *Vahs*, Organisation, 2001, S. 13.

146 Zum instrumentalen Organisationsbegriff vgl. *Picot*, Organisation, 1993, S. 104; *Vahs*, Organisation, 2001, S. 13; *Picot/Dietl/Franck*, Organisation, 2002, S. 28.

147 Da die Unternehmung von Natur aus keine Organisationsstrukturen hat, muss diese Ordnung erst geschaffen werden. Diese Tätigkeit des Ordnens und Regelns der Arbeitsabläufe, Zuständigkeiten und dergleichen in allen Bereichen des Unternehmens wird als „organisieren" bezeichnet, Vgl. *Vahs*, Organisation, 2001, S. 8.

148 Vgl. *Picot*, Organisation, 1993, S. 115; *Picot/Dietl/Franck*, Organisation, 2002, S. 29.

149 Vgl. *Döring/Wöhe*, Betriebswirtschaftslehre, 2002, S. 145.

150 Vgl. *Bogaschewsky/Rollberg*, Management, 1998, S. 20; *Frese*, Organisation, 2000, S. 5; *Picot*, Organisation, 1993, S. 105; *Picot/Dietl/Franck*, Organisation, 2002, S. 29.

sche Einheit als Träger von Teilaufgaben zu verstehen ist und in erster Linie nach Arbeitsgängen bzw. Arbeitsinhalten strukturierte Aufgabeninhalte aufweist. Die kleinste organisatorische Einheit bildet in diesem Zusammenhang die „Stelle“. Diese stellt die Zusammenfassung von Teilaufgaben zum Arbeitsbereich und Aufgabenbereich einer dafür qualifizierten Person dar, die unter normalen Umständen bewältigt werden kann.[151] Entsprechend der Stellenaufgabe erhält der Mitarbeiter Kompetenzen, womit dem Stelleninhaber obliegende Rechte gemeint sind.[152] Dem Handlungsgrundsatz Kongruenz von Aufgabe, Kompetenz und Verantwortung folgend, steckt dies zugleich dessen Verantwortungsbereich ab.[153]

Im Gegensatz zu dieser Betrachtungsweise, die die Organisation als ein Bestandsphänomen auffasst, steht bei der Ablauforganisation die inhaltliche, räumliche und zeitliche Folge der Arbeitsprozesse, also das raumzeitliche Prozessphänomen, im Vordergrund der Betrachtung.[154] Auf dieser Unterteilung wird auch im weiteren Verlauf der Arbeit Bezug genommen, wobei zur Abgrenzung der Aufgaben- und Verantwortungsbereiche der der Unternehmungsleitung nachfolgenden Führungsebenen die aufbauorganisatorische Perspektive dominiert.[155]

An dieser Stelle sei jedoch nochmals darauf hingewiesen, dass in der Realität der organisatorische Aufbau und die darin vollzogenen Abläufe untrennbar miteinander verbunden sind.[156] Im Wettbewerb müssen bspw. die Unternehmen insbesondere ihre Kernprozesse[157] unter zeitlichen, kosten- und qualitätsmäßigen Kriterien gestalten und beherrschen. Herausforderung in der Praxis ist es dann, zur Steuerung und Unterstützung der Prozesse die angemessenen aufbauorganisatorischen Regelungen zu finden.[158] Die Aufbau- und die Ablauforganisation stellen somit zusammen die formale Organisationsstruktur (Soll-Objekt) des Unternehmens dar, die das betriebliche Geschehen zu einer auf die Unternehmensziele ausgerichteten Einheit zusammenfasst.

2.2.2 Unternehmen als Organisation

Die bisherigen Ausführungen haben verdeutlicht, dass das Unternehmen eine Organisation im Sinne zielgerichteter Regeln besitzt. Dies führt allerdings auch

---

151 Vgl. *Picot/Dietl/Franck*, Organisation, 2002, S. 241.

152 Vgl. *Vahs*, Organisation, 2001, S. 59; *Picot*, Organisation, 1993, S. 126.

153 Vgl. *Picot*, Organisation, 1993, S. 126.

154 Vgl. *Kosiol*, Organisation, 1962, S. 187 f.

155 Vgl. Kapitel 2.2.3: Abgrenzung der Managementebenen, S. 64.

156 Vgl. *Vahs*, Organisation, 2001, S. 59.

157 Gemeint sind damit die Prozesse, die wettbewerbsstrategische Bedeutung für das Unternehmen haben; vgl. *Bogaschewsky/Rollberg*, Management, 1998, S. 202.

158 Dem instrumental-funktionalen Organisationsbegriff folgend, zeigen bspw. *Bogaschewsky/Rollberg*, Management, 1998, S. 185 ff., auf, wie mit Hilfe des Prozessmanagements Organisationsstrukturen prozessorientiert auszugestalten sind, um die Wettbewerbsposition des Unternehmens langfristig zu festigen.

dazu, dass das Unternehmen selbst als Organisation bezeichnet werden kann; in diesem Fall wird der Begriff „Organisation" institutional verwendet.[159] Das Unternehmen wird somit als ein zielgerichtetes, sozio-technisches Gebilde (System) mit interpersoneller Arbeitsteilung verstanden, das bestimmten Regeln unterworfen ist.[160] Die betriebswirtschaftliche Systemtheorie versteht unter einem System die Gesamtheit von Elementen, zwischen denen irgendwelche Beziehungen bestehen oder hergestellt werden können. Die Elemente wiederum stellen die kleinsten Teile des Systems dar.[161] Das Netzwerk, das sich für einen gegebenen Augenblick zwischen den Elementen ergibt, wenn diese als Punkte und die Beziehungen zwischen diesen als Linien aufgefasst werden, wird als Struktur bezeichnet.[162] Übertragen auf den Organisationsbegriff im institutionellen Sinne entspricht die Gesamtstruktur des Unternehmens der Stellengliederung, die sich aus hierarchisch angeordneten Stellengruppen zusammensetzt. In weiterer Untergliederung ist jede Gruppe aus Elementen, d.h. Stellen, aufgebaut.[163] Die Gesamtheit aller zwischen diesen bestehenden organisatorischen Regeln eines Unternehmens, also die Organisationsstruktur, stellt im institutionellen Sinne ein System von Institutionen dar.[164] Institutionen sind dabei zu verstehen als „sanktionierbare Erwartungen, die sich auf die Verhaltensweisen eines oder mehrerer Individuen beziehen".[165] Sie können Wegweiser bei der Aufstellung und Realisierung von Handlungsplänen sein, aber auch über die eigenen Handlungsmöglichkeiten und -grenzen informieren sowie über an andere zu stellende Erwartungen.[166]

Als ein Subsystem des sozio-technischen Systems „Unternehmen" kann nun jedes System aufgefasst werden, das sich als Teil dieses betrachteten Systems darstellt und auf das selbst die allgemeinen Merkmale des Systembegriffs zutreffen. Im Wege der isolierenden Abstraktion kann ein Teilsystem z.B. dadurch abgegrenzt werden, dass die Betrachtung auf die normativen Aussagen aller mit Entscheidungskompetenzen ausgestatteten Individuen der Organisation beschränkt wird, die einen von ihm oder anderen anzustrebenden zukünftigen Zustand der Realität beschreiben.[167] Das bedeutet kurz ausgedrückt, dass der Fokus auf die Ziele, deren eindeutig festgelegte Dimensionen und die Beziehungen zwischen

159 Vgl. *Picot*, Organisation, 1993, S. 105.

160 Vgl. *Picot*, Organisation, 1993, S. 104; i.d.S. auch *Picot/ Dietl/ Franck*, Organisation, 2002, S. 28; *Vahs*, Organisation, 2001, S. 15.

161 Vgl. *Ulrich*, Grundlagen, 1970, S. 107.

162 Vgl. *Ulrich*, Grundlagen, 1970, S. 110.

163 Vgl. *Schnider*, Interne Kontrolle, 1973, S. 19.

164 Vgl. *Picot/Dietl/Franck*, Organisation, 2002, S. 31.

165 *Picot/Dietl/Franck*, Organisation, 2002, S. 11.

166 Der Begriff „Institution" umfasst daher neben Regeln bzw. Normen (Gesetze, Sprache etc.) auch korporative Gebilde (Unternehmen, Statt etc.), vgl. *Picot/ Dietl/ Franck*, Organisation, 2002, S. 11.

167 Zieldefinition nach *Huch/Behme/Ohlendorf*, Controlling, 1997, S. 301.

diesen gelegt wird. Somit kann das Zielsystem als Teilsystem des Systems Unternehmen im oben definierten Sinne abgegrenzt werden.

Darüber hinaus tritt ein System zu seiner Umwelt in Beziehungen und ist bspw. ein Teil eines umfassenderen Suprasystems.[168] Insofern kann das Unternehmen als ein offenes System aufgefasst werden, das seinerseits in das marktwirtschaftliche Wirtschaftssystem eingebettet ist.[169]

2.2.3 Abgrenzung der Managementebenen

Die Definition, das Unternehmen als sozio-technisches Gebilde zu betrachten, ist sehr weit gefasst und schließt in die Betrachtung alle Formen von Einzelunternehmen bzw. alle Möglichkeiten des abgestimmten Handelns zwischen Einzelunternehmen (z.B. Kartelle, personelle Verflechtungen, Arbeitsgemeinschaften, strategische Allianzen, strategische Netzwerke und Value Added Partnerships)[170] in die Betrachtung mit ein. Eine Kontur bekommt das zu betrachtende System erst, wenn es durch eine „Hülse" klar vom Umsystem abgegrenzt wird. Im Folgenden soll das System „Unternehmen" unter den für die Jahresabschlussprüfung relevanten Fokus umspannt werden. Die klare Trennlinie des Aktionszentrums „Unternehmen" zu seinem Umsystem soll daher durch eine rechtliche Hülse einer Kapitalgesellschaft gezogen werden. Dies ermöglicht es, die weiteren Ausführungen auf die *Rechtsformen der AG bzw. GmbH* zu beschränken. Darüber hinaus regelt diese juristische Fassbarkeit nicht nur die Rechte und Pflichten der Unternehmen zu ihrer Umwelt, sondern schlägt sich auch im Unternehmen selbst nieder. Des Weiteren beschränken sich die folgenden Ausführungen auf die Institution des Managements, also auf die Institution des Institutionensystems „Unternehmung", die mit den Kompetenzen zur Anordnung und Entscheidung ausgestattet ist.[171] Die Abgrenzung bzw. Differenzierung der Managementebenen soll im Folgenden über die unterschiedlichen Verantwortungsbereiche erfolgen, die sich insbesondere hinsichtlich der übertragenen Kompetenzen zur Erfüllung der zugeordneten Aufgaben unterscheiden. Beim Management handelt es sich dabei in erster Linie um Unterschiede in den eingeräumten Entscheidungs- und Anordnungskompetenzen.[172] Ersteres bezieht sich darauf, die Aufgabenerfüllung im Unternehmen inhaltlich auszugestalten, Letzteres soll die Aufgabenerfüllung in den Organisationseinheiten sicherstellen und zu einer möglichst reibungslosen Abstimmung

---

168 Vgl. *Ulrich*, Grundlagen, 1970, S. 107.

169 Vgl. *Müller*, Management, 2003, S. 12.

170 Vgl. *Müller*, Management, 2003, S. 13.

171 I.d.S. auch *Huch/Behme/Ohlendorf*, Controlling, 1997, S. 217.

172 Weitere Erläuterungen zur Entscheidungs- bzw. Anordnungskompetenz finden sich bei *Picot/ Dietl/ Franck*, Organisation, 2002, S. 241 f.; *Picot*, Organisation, 1993, S. 126; *Vahs*, Organisation, 2001, S. 59 f.

zwischen diesen beitragen.[173] Die mit diesen Rechten ausgestatteten Stellen werden als Leitungsstellen oder Instanzen bezeichnet. Entsprechend ihrer Ausgestaltung ergibt sich somit eine hierarchische Struktur, die es ermöglicht, zwischen oberer, mittlerer und unterer Instanz zu unterscheiden.[174]

2.2.3.1 Ebene des oberen Managements

Die erste Managementebene, deren Führungsaufgaben und Verantwortungsbereiche[175] die Kapitalgesellschaft insgesamt betreffen, sind aufgrund der Bedeutung für das Unternehmen explizit gesetzlich kodifiziert und obliegen dem Vorstand bei der AG bzw. den Geschäftsführern bei der GmbH. Die mit diesen Aufgaben verbundenen Entscheidungs- und Weisungsrechte sind für den erfolgreichen Fortbestand des Unternehmens von großer Bedeutung und können daher nicht delegiert werden. Die Entscheidungsrechte umfassen u.a. die Unternehmensziele und -strategie, die Gestaltung der Unternehmensorganisation, die Koordination der großen betrieblichen Teilbereiche durch Plan- bzw. Zielvorgaben und die Besetzung der nachgelagerten Führungsebene. Aufgrund dieser Kompetenzausstattung stellen Vorstand bzw. Geschäftsführer auf Ebene des *Unternehmens* die höchste Instanz dar.

Diese Abgrenzung kann jedoch auch weiter bzw. muss auch weiter gefasst werden, wenn diese juristische Grenze zu eng ist und das durch das Management zu führende Objekt über die juristischen Grenzen des Einzelunternehmens hinausreicht. Das betrachtete System umfasst demzufolge das abgestimmte und zielorientierte Handeln einer Kapitalgesellschaft mit anderen Einzelunternehmen. Verbindungen dieser Art werden im Aktiengesetz (§ 15 AktG) unter dem Oberbegriff „verbundene Unternehmen" zusammengefasst. Das charakterisierende Kriterium für diese Verbindungen ist die wirtschaftliche Unselbstständigkeit bei rechtlicher Selbstständigkeit. Eine weiter gefasste konkrete gesetzliche Regelung für die Führung derartiger Gebilde existiert für Konzernunternehmen. Konstituierendes Merkmal für das Vorliegen eines Konzernverhältnisses ist zum einen ein Über-/Unterordnungsverhältnis bei gleichzeitigem Kapitalanteil (§ 271 HGB) und zum anderen die tatsächliche (§ 290 Abs. 1 HGB) oder mögliche (§ 290 Abs. 2 HGB) Ausübung der einheitlichen Leitung. Die Führung dieser Konzerne fällt in den Aufgabenbereich der Unternehmensleitung des Mutterunternehmens, der im Vergleich zum Einzelunternehmen daher auch die Pflicht zur Konzernrechnungslegung umfasst.[176] Da die gesetzlichen Vertreter des Mutterunternehmens beim Ausüben ihrer Tätigkeit keinen minderen Sorgfaltspflichten als denen bei Führung eines Einzelunternehmens unterliegen, ihr Aufgabenbereich jedoch auf den Kon-

173 Vgl. *Picot/Dietl/Franck*, Organisation, 2002, S. 245 ff.

174 Vgl. *Vahs*, Organisation, 2001, S. 70.

175 Vgl. Ausführungen zu Kapitel 2.1: Verantwortungsbereiche des Managements, S. 36.

176 Bzgl. der Erweiterung der Pflichten im Bereich der Rechnungslegung bei der Erstellung eines Konzernabschlusses vgl. Kapitel 2.1.4: Verlässlichkeit und Ordnungsmäßigkeit der internen und externen Berichterstattung, S. 48.

zern ausgeweitet wurde, erstreckt sich auch deren Verantwortungsbereich auf den *Gesamtkonzern*, der in diesem Falle die höchste Instanz darstellt.

Beim Vorliegen eines Konzernverhältnisses lassen sich die hierarchischen Beziehungen unter Zugrundelegung einer aufbauorganisatorischen Sichtweise zwischen den Verantwortungsbereichen des Managements bzw. den unterschiedlichen Managementebenen wie folgt darstellen:

Abb. 2-4: Beispiel für Aufbauorganisation im Konzern

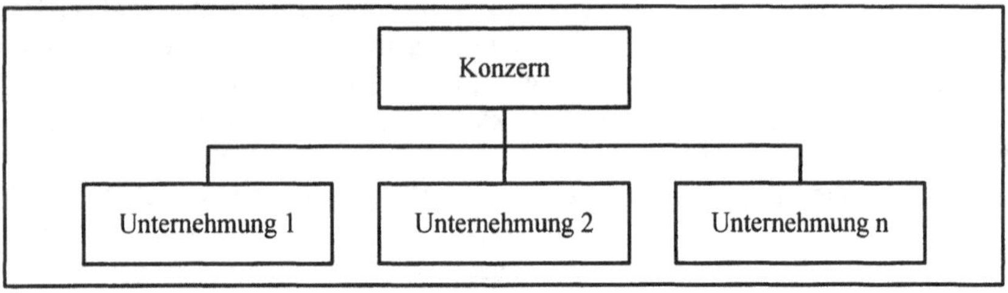

Hier stellen die Einzelunternehmen bereits die zweite Hierarchieebene dar. Dies ist bspw. bei den Konzernorganisationsformen der Managementholding bzw. dem Stammhauskonzern der Fall. Hier bestimmt die Unternehmensleitung die strategische Ausrichtung des Konzerns mit, bzw. gibt diese vor und trägt die gesamtunternehmerische Verantwortung.[177] Eine weitestgehende wirtschaftliche Selbstständigkeit der Tochterunternehmen ist dagegen bei der Finanzholding gegeben.[178]

2.2.3.2 Ebene des mittleren Managements

Auf der zweiten Hierarchieebene, die sich direkt an die Unternehmensleitung anschließt, erfolgt die vertikale, organisatorische Aufgabenteilung des Unternehmens entweder verrichtungsorientiert (funktionsorientierte Organisation) oder objektorientiert (Geschäftsbereichsorganisation).[179] Die nach Funktionen wie Beschaffung, Produktion und Absatz gegliederte Organisationsstruktur ist mit Zunahme der Produktvielfalt sowie einer Internationalisierung der Märkte und der fehlenden Produkt-/ Marktverantwortung mit zunehmender Größe zu schwerfällig. Deshalb weist ein Großteil der Kapitalgesellschaften eine Geschäftsbereichsorganisation (divisionale oder Spartenorganisation) auf, um die Flexibilität des Unternehmens zu erhöhen und die Belastung der Unternehmensleitung mit Abstimmungsaufgaben bei zunehmender Größe und verrichtungsorientierter Organisation zu reduzieren.[180] Die Einteilung der Geschäftsbereiche erfolgt nach unterschiedlichen Kriterien; zu nennen sind z.B. Produkte, Produktionstechnologien,

[177] Vgl. *Picot/Dietl/Franck*, Organisation, 2002, S. 326.
[178] Vgl. *Müller*, Management, 2003, S. 14.
[179] Vgl. *Picot/Dietl/Franck*, Organisation, 2002, S. 243.
[180] Vgl. *Picot/Dietl/Franck*, Organisation, 2002, S. 243.

Absatzgebiete oder Kundengruppen. Geschäftsbereiche können rechtlich selbstständig in Form von Tochtergesellschaften geführt werden oder auch rechtlich unselbstständig sein. In vielen Unternehmen weicht sogar die vertikale Organisationsstruktur von der rechtlichen Struktur ab. Wie in der folgenden Abb. 2-5 zu sehen ist, bestehen in Unternehmenseinheiten übergreifende Geschäftsbereiche, die einen gemeinsamen Markt bearbeiten, wobei unternehmensübergreifende Aufgaben wie das Rechnungswesen, Cash Management und IT zu sog. Zentralbereichen zusammengefasst werden.[181]

Abb. 2-5: Rechtliche Struktur und Organisationsstruktur

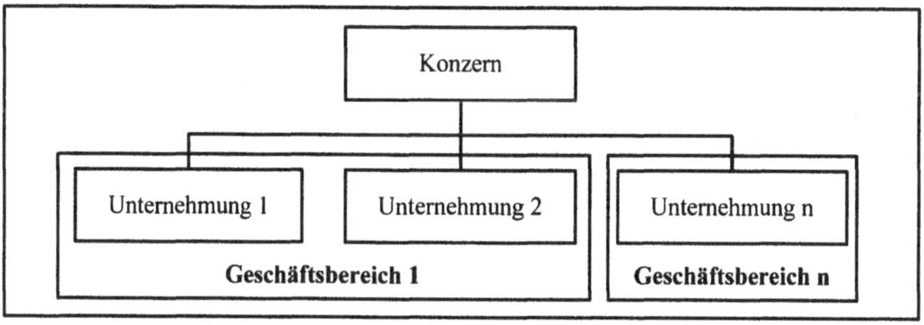

Da zunächst alle Entscheidungs- und Weisungsbefugnisse der Unternehmensleitung vorbehalten sind, leitet diese im Rahmen der Delegation die Entscheidungsrechte an das Bereichsmanagement weiter[182] und erteilt diesem Weisungsbefugnisse gegenüber den untergeordneten Instanzen. Somit entstehen zusätzliche, mit *Leitungskompetenzen* ausgestatte Einheiten mit definierten Aufgaben und Verantwortungsbereichen.[183] Die Hauptaufgaben des mittleren Managements bestehen in der Umsetzung der von der Unternehmensleitung zumeist in Form von Zielvorgaben bzw. Zielvereinbarungen vorgegebenen Entscheidungsergebnissen. Je nach Inhalt und Umfang der übertragenen Verantwortung auf diese dezentralen operativen Einheiten unterscheidet die Theorie zwischen:[184]

- Cost-Center (Bereiche mit Kosten- oder Budgetverantwortung)
- Revenue-Center (Bereiche mit Erlösverantwortung)
- Profit-Center (Bereiche mit Erfolgsverantwortung)
- Investment-Center (Bereiche mit Erfolgs- und Finanzierungsverantwortung).

In diesem vorgegebenen Rahmen hat das Bereichsmanagement sowohl das Entscheidungsrecht über die detaillierte Festlegung der Grundsätze, Verfahren, Maß-

181 Vgl. *Huch/Behme/Ohlendorf*, Controlling, 1997, S. 296.
182 Vgl. *Picot/Dietl/Franck*, Organisation, 2002, S. 245.
183 Vgl. *Vahs*, Organisation, 2001, S. 90.
184 *Müller*, Management, 2003, S. 316.

nahmen und Regelungen zur Zielerreichung zu bestimmen als auch die Weisungsrechte, um das betriebliche Geschehen zu veranlassen und zu koordinieren.[185] Die Kompetenzen des mittleren Managements dienen somit der Steuerung, d.h. der Festsetzung von konkreten Sollvorgaben für die Ausführungsstellen. Lediglich bei außergewöhnlichen Entscheidungsgegenständen muss die Steuerung intensiver von der Unternehmensleitung durchgeführt werden.[186] Bei Aufgaben, die dagegen einen hohen Grad an Gleichartigkeit aufweisen und sich häufig wiederholen, kann eine Steuerung durch organisatorische Programmierung (Standardisierung) erfolgen. Diese Programme werden in der Regel schriftlich in Form von Verfahrensrichtlinien oder Handbüchern fixiert und enthalten generelle Vorschriften, die den Koordinationsaufwand durch persönliche Weisungen reduzieren und die Instanzen entlasten.[187]

Insofern lässt sich auf Ebene der *Geschäftsbereiche* eine weitere Instanz mit Entscheidungs- und Weisungskompetenz identifizieren, die eine Mittlerfunktion zwischen den Entscheidungen auf Ebene der Unternehmensleitung und deren Realisation auf der Ausführungsebene hat.[188]

2.2.3.3 Ebene des unteren Managements

Die Aufgabe des unteren Managements ist es schließlich, die Pläne und Anordnungen der vorgesetzten Instanzen für die Ausführungsebene verständlich zu übermitteln, die operativen Maßnahmen zu planen und die ausführenden Stellen unmittelbar zu unterstützen und zu beaufsichtigen. Hierfür wurden diesen lediglich Weisungsbefugnisse gegenüber den ihnen unterstellten Ausführungsstellen übertragen.[189] Die Ebene des Verantwortungsbereichs dieser Instanz wird als *Abteilung* bezeichnet, wobei in einer Abteilung mehrere Stellen nach einem Kriterium dauerhaft zusammengefasst wurden und von einer Instanz geleitet werden.[190]

2.3 Zusammenfassung der bisherigen Ausführungen

Die zur Erreichung der Ziele des Unternehmens notwendigen Aufgaben fallen nicht alle unmittelbar in den Verantwortungsbereich der Unternehmensleitung. Vielmehr hängt es von der Einordnung der Ziele in die obigen Zielkategorien ab (vgl. Abb. 2-6), ob die Unternehmensleitung die Aufgaben und somit die Verantwortung für das Erreichen bestimmter Ziele delegieren kann. Mit Ausnahme

---

185 Vgl. *Vahs*, Organisation, 2001, S. 71.
186 Vgl. *Müller*, Management, 2003, S. 25.
187 Vgl. *Picot/Dietl/Franck*, Organisation, 2002, S. 256 f.; *Vahs*, Organisation, 2001, S. 112 f.
188 Vgl. *Vahs*, Organisation, 2001, S. 71.
189 Vgl. *Vahs*, Organisation, 2001, S. 70.
190 Vgl. *Picot*, Organisation, 1993, S. 127.

der Zielkategorie „Sicherung und Ausbau der langfristigen Erfolgspotenziale" kann die Unternehmensleitung entscheiden, wenn sie dies durch organisatorische Maßnahmen sicherstellt, dass die Aufgaben zur Realisierung der Ziele auf anderen Ebenen im Unternehmen wahrgenommen werden. Die hierfür von der Unternehmensleitung festgesetzten organisatorischen Regelungen (Organisationsstruktur) sollen dabei helfen, den Handlungsspielraum der Organisationsmitglieder abzugrenzen und damit deren Verhalten aufgabengerecht zu steuern. Eine besondere Rolle kommt dabei dem Management zu, das in institutionaler Sicht alle leitenden Instanzen des Unternehmens umfasst und aufgrund seiner Kompetenz (Entscheidungs- bzw. Weisungsbefugnis) eine zielorientierte Aufgabenerfüllung erst ermöglicht. Insbesondere die unterschiedliche Ausgestaltung von Entscheidungs- und Weisungsbefugnissen führt nicht nur zu einer Hierarchisierung des Managements, sondern auch zu einer zunehmenden Ausdifferenzierung der Zielvorgaben bis hin zu konkreten Handlungsanweisungen auf der Ausführungsebene. Die Organisation trägt somit maßgeblich zur *Koordination der nachgelagerten Führungsebenen* bei und unterstützt hierdurch die Unternehmensleitung bei der Erfüllung ihrer Führungsaufgaben. Als weitere Führungsaufgabe wurde unter Kapitel 2.1.1 die Einrichtung der Unternehmenskontrolle konkretisiert,[191] die sich sachlogisch an die Koordination anschließt und sich mit der Frage beschäftigt, wie die Unternehmensleitung bzw. das Management sicherstellt, dass die von ihr getroffenen Entscheidungen auf nachgelagerter Unternehmensebene auch tatsächlich umgesetzt werden. Dieser Fragestellung wird sich das nächste Kapitel widmen.

---

191 Vgl. Hierzu die Ausführungen unter Kapitel 2.1.1: Grundsätzliche Führungsaufgaben der Unternehmensleitung einer Kapitalgesellschaft, S. 39.

Abb. 2-6: Zusammenfassende Darstellung

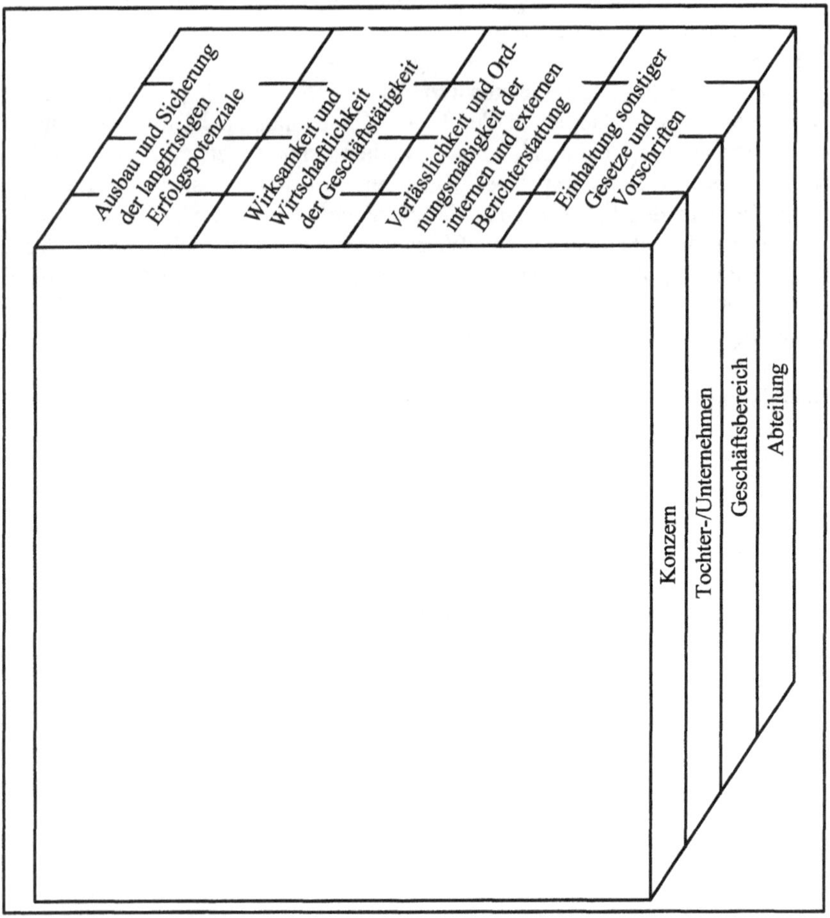

2.4 Sicherstellung der Zielerreichung auf operativer Ebene

Neben dem Koordinationsproblem der Arbeitsteilung, das mit Hilfe der Organisationstheorie auf operativer Ebene bereits gelöst wurde, besteht bei arbeitsteiliger Umsetzung der Gesamtaufgabe des Weiteren das Problem, dass Individuen eigene Ziele verfolgen und somit nach der Maximierung des individuellen Nutzens streben bzw. sich opportunistisch verhalten[192]. Die Leistung und das Verhalten von Individuen sind daher mit Unsicherheit behaftet, was sich wiederum auf die Zielerreichung auf operativer Ebene auswirken kann, sobald die an die Mitarbeiter gestellte und zur Zielerreichung notwendige (Leistungs-, Verhaltens- bzw. Arbeits-) Norm als nicht erfüllt gilt. Neben diesen bewussten Abweichungen von der Norm kann es jedoch auch zu unbewussten Fehlern bei der Arbeitsdurchführung kommen, die bspw. darin begründet sind, dass der Arbeitnehmer über seinen Aufgaben- und Verantwortungsbereich bzw. die Qualitätsgrundsätze des Unternehmens nicht oder nicht ausreichend informiert wurde. Eine Zielerreichung auf operativer Ebene kann daher nur gewährleistet werden, wenn menschliche Unzulänglichkeiten bei der Aufgabenerfüllung verhindert bzw. aufgedeckt und die von der Unternehmensleitung getroffenen Entscheidungen auch organisatorisch umgesetzt werden. Die Gesamtheit aller in diesem Zusammenhang eingeführten „Grundsätze, Verfahren und Maßnahmen (Regelungen)", die

- der Sicherung der Wirksamkeit und Wirtschaftlichkeit der Geschäftstätigkeit
- der Ordnungsmäßigkeit und Verlässlichkeit der internen und externen Berichterstattung
- der Einhaltung sonstiger Gesetze und Vorschriften

dienen, bezeichnet das *Institut der Wirtschaftsprüfer in Deutschland e.V.* (*IDW*) als „internes Kontrollsystem".[193] Dieses wiederum besteht aus Regelungen zur Steuerung der Unternehmensaktivitäten (Internes Steuerungssystem) und Regelungen zur Überwachung der Einhaltung dieser Regelungen (Internes Überwachungssystem).[194]

2.4.1 Aufgabenbereiche des Internen Kontrollsystems

Die Regelungen zur *Steuerung* dienen der detaillierten Festlegung, Veranlassung sowie Koordination bei der *Durchführung des Entscheidungsergebnisses* der Unternehmensleitung[195] und somit der organisatorischen Umsetzung der Entscheidung[196]. Sie helfen dabei, den Handlungsspielraum der Organisationsmitglieder abzugrenzen und deren Verhalten sachgerecht und zielorientiert zu steuern. Diese zielgerichtete Beeinflussung von Verhaltensweisen erfolgt durch interne und un-

---

192 Vgl. hierzu auch die Ausführungen in Kapitel 2.1.4: Verlässlichkeit und Ordnungsmäßigkeit der internen und externen Berichterstattung, S. 48, zu den Verhaltensrisiken, die die Prinzipal/Agenten-Problematik mit sich bringt.

193 Vgl. *IDW PS 260*, IKS, 2001, Tz. 5; *IDW PS 261*, Beurteilung von Fehlerrisiken, 2006, Tz. 19.

194 Vgl. *IDW PS 260*, IKS, 2001, Tz. 6; *IDW PS 261*, Beurteilung von Fehlerrisiken, 2006, Tz. 20.

195 Vgl. *Müller*, Management, 2003, S. 24.

196 Vgl. *IDW PS 260*, IKS, 2001, Tz. 5; *IDW PS 261*, Beurteilung von Fehlerrisiken, 2006, Tz. 19.

ter Berücksichtigung externer Institutionen. Intern erfolgt dies in erster Linie durch die Institution des Managements[197], unterstützt durch die Informations- und Koordinationsfunktion des Controlling[198] in Form von:

- vereinbarten bzw. gesetzten Zielvorgaben (z.B. Budgets) für hierarchisch nachgelagerte Ebenen
- organisatorischer Programmierung (Vorgabe von generellen ablaufsteuernden Instruktionen für in gleicher Form wiederkehrende Tätigkeiten bzw. Routinevorgänge)[199]
- Richtlinien und Arbeitsanweisungen (z.B. Kontierungs- und Bilanzierungsrichtlinie)[200]
- Verfahrensvorschriften (z.B. Formulare)[201].

Zusammenfassend und verallgemeinernd kann festgehalten werden, dass zur Realisation der im Unternehmen getroffenen Entscheidungen durch die aufgelisteten Regelungen den hierarchisch nachgelagerten Ebenen Soll-Objekte vorgegeben werden.[202] Aus externer Sicht stellen insbesondere rechtliche Regelungen eine zu berücksichtigende Institution dar, die wiederum in Form von Geboten und Verboten auf die im Unternehmen zu treffenden Entscheidungen direkt beeinflussend wirkt, weil ihre Missachtung sanktionierbar ist und damit indirekt auch auf die Organisation als Ganzes Einfluss nimmt. Zu diesen extern vorgegebenen Soll-Objekten, die auch als Normen bezeichnet werden können, zählen Gesetze, Satzungen und Verträge.[203] Die Gesamtheit aller Elemente des Gesamtsystems Unternehmen, die Steuerungsfunktionen übernehmen und der koordinierten Ableitung bzw. Vorgabe eines Soll-Objekts auf operativer Ebene dienen, werden als Steuerungssystem i.S. dieser Arbeit verstanden.

Die Regelungen zur *Überwachung* dienen der Zuverlässigkeit der *Durchsetzung der Entscheidung* der Unternehmensleitung.[204] Dazu muss durch die Überwachung der Handlungsspielraum der Aufgabenträger beeinflusst und das Einhalten von Regeln sowie von Standards festgestellt und gegebenenfalls verbessert werden, um bezüglich der Einhaltung der Regelungen zur Steuerung der Unternehmensaktivität ein vorgegebenes Sicherheitsniveau zu erreichen, welches ge-

---

197 In ähnlicher Weise bezeichnen auch *Marten/ Quick/ Ruhnke*, Wirtschaftsprüfung, 2001, S. 3, das Management als eine Entscheidungsinstitution.

198 Hierbei kann es sich bspw. um eine in Stabs- oder Linienfunktion tätige Controllingabteilung handeln, die das Management bei der zielorientierten Koordination auf operativer Ebene unterstützt.

199 Vgl. *IDW*, WP-Handbuch, 2000, R 185.

200 Vgl. *IDW*, WP-Handbuch, 2000, R 196-200.

201 Vgl. *IDW*, WP-Handbuch, 2000, R 206; *Horvath*, IKS, 1992, S. 885.

202 Vgl. *Baetge*, Überwachung, 1993, S. 179.

203 Vgl. *Baetge*, Überwachung, 1993, S. 179.

204 I.d.S. auch *IDW PS 260*, IKS, 2001, Tz. 6 und *IDW PS 261*, Beurteilung von Fehlerrisiken, 2006, Tz. 20.

währleistet, dass die Unternehmensleitung ihre Bereitschaft, unternehmerische Risiken einzugehen, nicht in unangemessener Weise überspannt.[205] Zum einen muss von der Überwachung daher eine verhaltensbeeinflussende Wirkung ausgehen, die bspw. dadurch erreicht wird, dass eine Abweichung von der Arbeitsfolge bzw. des vorgegebenen „Solls" eine Störmeldung an eine Kontrollinstanz hervorruft; zum anderen muss durch die Überwachung das Verhindern bzw. Korrigieren von Fehlern gewährleistet werden.[206]

Die Überwachung kann daher allgemeiner definiert werden als der Abgleich eines Ist-Objekts mit einem Soll-Objekt bzw. einer Norm, der der Gewinnung von Information über eventuelle Abweichungen zwischen „Soll" und „Ist" dient, die dann zu zusätzlichen Maßnahmen, evtl. auch zu Sanktionen, führen können oder zu einer Anpassungsdisposition im Soll-Bereich.[207] Letzteres zielt auf die Minimierung der Abweichung zwischen geplanten und realisierten Ergebnissen ab, die mittels einer Rückkopplung[208] in Form verlässlicher und zeitnaher Informationen an das Steuerungssystem erreicht werden soll.[209]

Die Überwachungsmaßnahmen werden entsprechend ihrer Prozessabhängigkeit in der betriebswirtschaftlichen Literatur in die prozessunabhängige Überwachung (Prüfung) und die prozessintegrierte Überwachung (Kontrolle) eingeteilt.[210, 211] Während bei Ersteren der Überwachungsträger eine nicht für das Ergebnis des Arbeitsprozesses verantwortliche Person ist, ist dieser bei Letzteren

---

205 Vgl. hierzu auch die Ausführungen in Kapitel 2.1.2: Sicherung und Ausbau der langfristigen Erfolgspotenziale, S. 41 f., dort wurde bereits ausgeführt, dass die Unternehmensleitung den Fortbestand des Unternehmens sicherstellen muss. Ein Überwachungssystem, welches aufgrund von Systemschwächen (z.B. Schutz des vorhanden Vermögens vor Verlust), dazu führt, dass dieses Ziel nicht gewährleistet wird, kann daher nicht das anzustrebende Sicherheitsniveau gewährleisten und daher nicht als angemessen bezeichnet werden.

206 Zur Wirkung der Überwachung vgl. *Schewe/Littkemann/Beckemeier*, IKS, 1999, S. 1484 f.

207 Vgl. *Freiling*, Überwachung, 1978, S. 297; *Baetge*, Überwachung, 1993, S. 179.

208 In der Betrachtungsweise der Kybernetik wird das Unternehmen als ein sich selbst steuerndes System dargestellt, durch Rückkopplung sollen Störungen durch geeignete Maßnahmen nachträglich beseitigt werden. Die Anwendung des Regelkreismodells beschränkt sich zumeist auf routinemäßig anfallende Entscheidungen, meist Korrekturentscheidungen, die bei der Erreichung des Prozessziels auf operativer Ebene anfallen; vgl. *Huch/Behme/Ohlendorf*, Controlling, 1997, S. 230; *Baetge*, Überwachungstheorie, 1992, S. 2038 ff.

209 Vgl. *Marten/Quick/Ruhnke*, Wirtschaftsprüfung, 2001, S. 2 ff.

210 Vgl. *Baetge*, Überwachung, 1993, S. 179; *Lück*, Risikomanagementsystem, 1998, S. 9 f.; *Neubeck*, Risikomanagementsysteme, 2003, S. 48; *Schewe/Littkemann/Beckemeier*, IKS, 1999, S. 1484.

211 Zu den prozessintegrierten Überwachungsmaßnahmen zählen hier auch die Kontrollen der Informationsermittlung sowie die ergebnisorientierten Kontrollen (Soll/Ist-Vergleich von Werten und/oder Mengen), die evtl. auch zu einer Anpassungsdisposition der Soll-Vorgabe führen können. Diese Kontrolltätigkeit fällt in den Aufgabenbereich des Controlling und ist Grundlage für eine funktionsfähige, zielorientierte Steuerung auf operativer Ebene. Zur prozessintegrierten Überwachungsfunktion des Controlling vgl. auch *Lück*, Risikomanagementsystem, 1998, S. 10; *Neubeck*, Risikomanagementsysteme, 2003, S. 56.

in den Prozess involviert.[212] Das *IDW* unterteilt weiterhin die prozessintegrierten Überwachungsmaßnahmen und unterscheidet:[213]

- die *organisatorischen Sicherungsmaßnahmen*, die in die Aufbau- bzw. Ablauforganisation des Unternehmens integriert sind und durch laufende, automatische Einrichtungen vorgenommen werden (z.B. Funktionstrennung) sowie
- die *Kontrollen*, die dem zu kontrollierenden Arbeitsgang vor-, gleich-, bzw. nachgeschaltet sein können und durch einen in den Arbeitsablauf integrierten Überwachungsträger ausgeübt werden, der sowohl für das Ergebnis des Prozesses wie auch für dessen Überwachung verantwortlich ist (z.B. manueller Soll-/Ist-Vergleich, IT-Kontrollen).

Unter den prozessunabhängigen Überwachungsmaßnahmen ist aufgrund ihrer Bedeutung für das Unternehmen in erster Linie die „Interne Revision" zu nennen, die weder in den zu prüfenden Arbeitsablauf einbezogen noch für das Ergebnis des überwachten Prozesses verantwortlich ist. Zum Aufgabenbereich der häufig in einer Stabsstelle angesiedelten Internen Revision zählt daher auch die Untersuchung, Bewertung und Überwachung der Angemessenheit und Wirtschaftlichkeit des im Unternehmen eingerichteten Internen Kontrollsystems.[214]

Diejenigen Elemente eines Unternehmens, die Überwachungsfunktionen übernehmen, sollen daher als Überwachungssystem i.S. dieser Arbeit definiert werden. Bei dem Zusammenwirken dieser Elemente ist allerdings darauf zu achten, dass die optimale Kontrollintensität nicht überschritten wird, da eine Überbetonung der Kontrolle zu dysfunktionalen Wirkungen im Internen Kontrollsystem führen kann.[215]

---

212 Vgl. *Neubeck*, Risikomanagementsysteme, 2003, S. 48.

213 Vgl. *IDW PS 260*, IKS, 2001, Tz. 6; *IDW PS 261*, Beurteilung von Fehlerrisiken, 2006, Tz. 20.

214 Vgl. *IDW PS 321*, Interne Revision, 2002, Tz. 1.

215 Vgl. *Horvath*, Modernes IKS, 2003, S. 215; *Schewe/Littkemann/Beckemeier*, IKS, 1999, S. 1484.

Abb. 2-7: Internes Kontrollsystem und seine Subsysteme i.S. dieser Arbeit

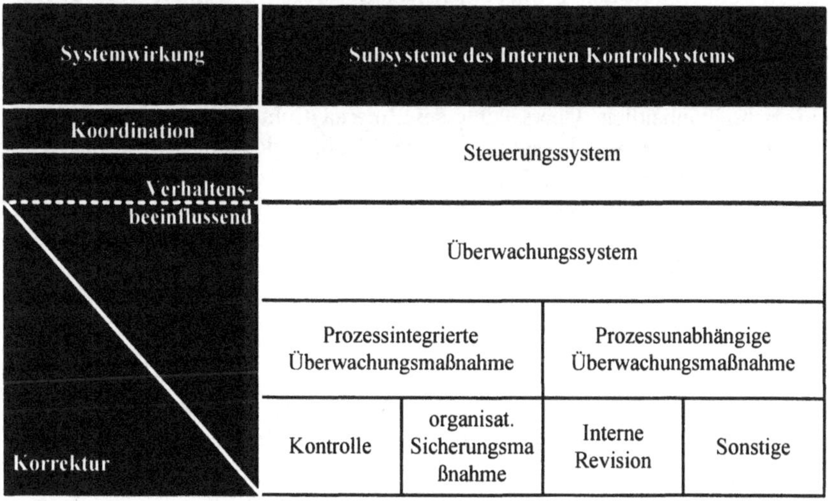

Die Abb. 2-7 gibt nochmals einen zusammenfassenden Überblick über das dieser Arbeit zugrunde liegende Verständnis zum Internen Kontrollsystem und visualisiert gleichzeitig, warum der Begriff „Internes Kontrollsystem“ zu Missverständnissen führen kann und in der deutschen betriebswirtschaftlichen Literatur auch teilweise führt. Dabei ist zu berücksichtigen, dass bis in die 1980er Jahre insbesondere die prozessintegrierten Kontrollmaßnahmen im Mittelpunkt der Literatur zum „Internen Kontrollsystem“ standen.[216] In diesem Zusammenhang wäre die Begrifflichkeit, die dann verstanden werden müsste als „die Gesamtheit aller aufeinander abgestimmter organisatorischer Kontrollmaßnahmen“, inhaltlich und begrifflich richtig.[217] Das heutige Verständnis des „Internen Kontrollsystems“ ist jedoch nachhaltig geprägt vom angloamerikanischen Konzept des „Internal Control“, das nicht zuletzt durch die 1992 herausgegebene Studie „Internal Control – An Integrated Framework“ des *Committee of Sponsoring Organisations of the Treadway Commission* eine einheitliche Definition erhielt und über das bis dato vorherrschende Verständnis hinausging.[218] *Lück* weist darauf hin, dass es falsch sei und schon immer falsch gewesen wäre, das amerikanische „Internal Control“ mit „Internes Kontrollsystem“ zu übersetzen. Seiner Meinung nach müsse die inhaltlich richtige Übersetzung „Internes Überwachungssystem“ lauten, weil nur

216 Vgl. hierzu auch die Ausführung bei *Maul* (*Maul*, IKS, 1977, S. 232 ff.), insbesondere bzgl. Kriterien und Gestaltungsmöglichkeiten eines IKS, die stark auf die Ausgestaltung der prozessintegrierten Kontrollmaßnahmen abzielen.

217 Vgl. *o.V.*, Kontrolle, 1997, S. 2233; *Hömberg*, IKS, 1985, S. 481; *Döring/ Wöhe*, Betriebswirtschaftslehre, 2002, S. 167.

218 Vgl. *COSO*, Internal Control, 1994, o. S.

unter diesem Begriff neben den prozessintegrierten Überwachungsmaßnahmen auch die „Interne Revision“ mit berücksichtigt würde.[219] Dabei lässt er jedoch unberücksichtigt, dass das angloamerikanische „Internal Control“ sich auch auf alle veranlassenden und koordinierenden Aktivitäten zur Zielrealisierung auf operativer Ebene erstreckt und somit auch Controllingtätigkeiten umfasst.[220] Daher kann eine richtige inhaltliche Übersetzung des „Internal Control“ bestenfalls „Internes Steuerungs-/ Überwachungssystem“ lauten.[221] Soll jedoch an dem in der Wirtschaftsprüferpraxis gängigen Begriff „Internes Kontrollsystem“ festgehalten werden, so muss klar sein, dass er ebenfalls i.S. dieser Arbeit zu verstehen ist und das Steuerungs- und Überwachungssystem konzeptionell beinhaltet, weil sich das *IDW* mit seinem Prüfungsstandard 260 „Das interne Kontrollsystem im Rahmen der Abschlussprüfung“ weitgehend an das angloamerikanische Verständnis des „Internal Control“ angenähert hat.[222, 223]

2.4.2 Einrichtung und angemessene Ausgestaltung des Internen Kontrollsystems als originäre Aufgabe des Managements

Der betriebswirtschaftlichen Literatur folgend[224] stellt das *IDW* in seinem Prüfungsstandard 260 fest:

> „Die Verantwortung für die Ausgestaltung, d.h. die Konzeption, Einrichtung, Überwachung, laufende Anpassung und Weiterentwicklung eines angemessenen und wirksamen Internen Kontrollsystems liegen bei der Unternehmensleitung.“[225, 226]

Dies gilt es im Folgenden zu konkretisieren, um Anhaltspunkte dafür zu erhalten, wann die Unternehmensleitung ihrer Verantwortung für die Ausgestaltung des Systems hinreichend gerecht wird, da ein derartiges Soll-System nicht nur für Managementzwecke, sondern auch für Prüfungszwecke nutzbar gemacht werden kann.

2.4.2.1 Konzeption und Einrichtung des Internen Kontrollsystems

Aus Sicht der AG fallen Konzeption und Einrichtung in den Verantwortungsbereich eines sorgfältigen Vorstands i.S.d. § 93 Abs. 1 AktG, der die Gesellschaft

---

219 Vgl. *Lück/Makowski*, Internal Control, 1996, S. 157.

220 I.d.S. auch *Horvath*, IKS, 1992, S. 884.

221 *Horvath*, Modernes IKS, 2003, S. 212, führt dazu aus, dass die Übersetzung von „Control“ mit „Steuerung“ vorgenommen werden kann.

222 Vgl. *Jacob*, Transformation, 2001, S. 241.

223 Dieses Systemverständnis prägt auch den Nachfolgestandard des *IDW PS 260* den *IDW PS 261*.

224 Vgl. *Freiling*, Überwachung, 1978, S. 298; *Graumann*, Controlling, 2003, S. 592; *Horvath*, Controlling, 2002, S. 785.

225 *IDW PS 260*, IKS, 2001, Tz. 12.

226 I.d.S. auch *IDW PS 261*, Beurteilung von Fehlerrisiken, 2006, Tz. 26.

unter eigener Verantwortung (§ 76 Abs. 1 AktG) zu leiten hat und zu dessen originären unternehmerischen Führungsfunktionen die Unternehmenskoordination bzw. die Unternehmenskontrolle zählen. Eine Konkretisierung der Pflicht zur *Einrichtung* eines Internen Kontrollsystems findet sich bspw. in § 91 AktG. Nach h.M. schließt die Aufgabe, gem. § 91 Abs. 1 AktG die erforderlichen Handelsbücher zu führen, auch die Pflicht mit ein, für ein Kontrollsystem zu sorgen.[227] Nach dem Wortlaut des § 91 Abs. 2 AktG wird diese Pflicht seitens des Gesetzgebers konkretisiert und auf das Risikofrüherkennungssystem ausgeweitet.

Bei den Geschäftsführern einer GmbH gelten bzgl. der Wahrnehmung der Führungsfunktion die Einschränkungen, die ihnen durch Gesetz, Gesellschaftervertrag oder durch Gesellschafterbeschluss vorgegeben wurden.[228] Insbesondere für die weisungsgemäß ergriffenen Maßnahmen ist nicht der Geschäftsführer, sondern die Gesellschafterversammlung verantwortlich.[229] Innerhalb dieses institutionellen Rahmens, der seinerseits bereits das Verhalten der Geschäftsführer steuert und überwacht, sind die Geschäftsführer allerdings berechtigt und verpflichtet, die Führungsfunktion der Unternehmenskoordination und -kontrolle auszuführen. Denn hinsichtlich der Sorgfaltspflicht der Geschäftsführer (§ 43 Abs. 1 GmbHG) bestehen keine Unterschiede zum Aktiengesetz.[230] Die Entscheidungen, die der Geschäftsführer in verantwortlich leitender Position bei selbstständiger Wahrnehmung fremder Vermögensinteressen trifft, unterliegen daher seiner Sorgfaltspflicht,[231] d.h., er hat gem. § 43 Abs. 1 GmbHG nicht nur dafür zu sorgen, dass die Entscheidungen auf Grundlage gesicherter Erkenntnisse und bewährter Erfahrungen unternehmerischen Verhaltens getroffen werden, sondern auch dafür, dass deren Um-/Durchsetzung gewährleistet wird.[232]

Insbesondere bei kleineren und mittleren Unternehmen, die häufig mittelständisch geprägt sind, die Rechtsform der GmbH aufweisen und von einem Gesellschafter-Geschäftsführer geleitet werden, wird die *Konzeption* des Internen Kontrollsystems aber i.d.R. weniger stark formalisiert sein als in großen Unternehmen.[233] Der Grund hierfür ist die flache Hierarchie mit zumeist täglichen Kontakten und die Einfachheit und Überschaubarkeit der Geschäftsprozesse. Aufgrund der sehr engen Personalführung werden die Führungsfunktion der Koordination und Kontrolle zumeist von den geschäftsführenden Gesellschaftern persönlich, ohne die Führungsunterstützung von Controlling und Interner Revision, wahrgenommen.[234]

---

227 Vgl. *Hüffer*, Kommentar, 2002, Tz. 3 zu § 91 Abs. 1 AktG; *Mertens*, Kommentar, 1996, Tz. 1 zu § 91 Abs. 1 AktG; *ADS*, Kommentar, 2000, Tz. 10 zu § 91 AktG.
228 Vgl. *Fuhr*, Unternehmensplanung, 2003, S. 90.
229 Vgl. *Ziemons*, Haftung, 1996, S. 137-139.
230 Vgl. *Zöllner*, Kommentar, 2000, Tz. 7 zu § 43 GmbHG, S. 913.
231 Vgl. *Lutter/Hommelhoff*, Kommentar, 2000, Tz. 21 zu § 43 GmbHG.
232 Vgl. *Schneider*, Geschäftsführer, 2000, Tz. 70 zu § 43 GmbHG.
233 Vgl. *COSO*, Guidance for Smaller Public Companies, 2006, S. 2.
234 Vgl. *COSO*, Guidance for Smaller Public Companies, 2006, S. 3.

Auch eine häufig fehlende Funktionstrennung muss aufgrund der engen Personalführung nicht zu einer Verschlechterung der Kontrollintensität führen.[235] Die Konzeption des von der Unternehmensleitung einzurichtenden Systems ist somit unternehmensspezifisch und von Kontextfaktoren abhängig. Ein Rückschluss auf etwaige Mängel bzgl. der Angemessenheit bzw. der Wirksamkeit des Systems,[236] die dann einen Verstoß gegen die Sorgfaltspflichten von Vorstand bzw. Geschäftsführer implizieren, lässt sich daraus nicht ableiten. Das *IDW* zählt bspw. folgende Kontextfaktoren auf, die bei der Konzeption des Systems zu einer unternehmensspezifischen Differenzierung führen:[237]

- Größe und Komplexität des Unternehmens
- Rechtsform und Organisation des Unternehmens
- Komplexität und Diversifikation der Geschäftstätigkeit
- Methoden der Erfassung, Verarbeitung, Aufbewahrung und Sicherung von Informationen
- Art und Umfang der zu beachtenden rechtlichen Vorschriften.

2.4.2.2 Überwachung des Internen Kontrollsystems

Eng mit der konzeptionellen Ausgestaltung des Systems hängt des Weiteren die Frage der Überwachung des Systems und der getroffenen organisatorischen Maßnahmen zusammen. Denn mit zunehmender Komplexität müssen Koordination und Kontrolle in Arbeitsteilung durchgeführt werden. Die nachgelagerten Führungsebenen des mittleren und des unteren Managements erhalten daher entsprechend ihrer Stellung im Liniensystem die Kompetenz zur Wahrnehmung dieser Funktionen. Diese Delegation durch die Unternehmensleitung schließt auch die Verantwortlichkeit mit ein, die Aufgabe bzw. Funktion zu erfüllen und für Fehler zu haften.[238] Somit ist das Management in seinem Verantwortungsbereich auch für die Einrichtung eines angemessenen und wirksamen Internen Kontrollsystems verantwortlich.[239] Träger der Überwachung im Unternehmen sind daher zum einen die Unternehmensleitung (Vorstand bzw. Geschäftsführer), weil sich diese aufgrund ihrer Sorgfaltspflicht nicht durch Delegation ihrer Gesamtverantwortung für die Führungsfunktionen „Koordination“ und „Kontrolle“ entziehen kann, sowie zum anderen die nachgeordneten Instanzen.[240]

---

[235] Vgl. *COSO*, Guidance for Smaller Public Companies, 2006, S. 4.

[236] Vgl. Kapitel 2.4.2.4: Angemessenheit und Wirksamkeit des Internen Kontrollsystems aus juristischer Sicht, S. 84.

[237] *IDW PS 260*, IKS, 2001, Tz. 13; *IDW PS 261*, Beurteilung von Fehlerrisiken, 2006, Tz. 27.

[238] Vgl. *Baetge*, Überwachung, 1993, S. 191

[239] Vgl. *Freiling*, Überwachung, 1978, S. 299.

[240] Vgl. *Peemöller/Richter*, Interne Revision, 2000, S. 51.

In diesem Zusammenhang hat die *Interne Revision* bzgl. des Internen Kontrollsystems besondere Aufgaben wahrzunehmen.[241] Da die Unternehmensleitung in komplexen Unternehmen ihrer Überwachungsaufgabe selber i.d.R. nicht nachkommen kann, wird hiermit die Interne Revision beauftragt. Deren Aufgabe ist es somit sicherzustellen, dass die nachgeordneten Managementebenen ihrer Überwachungsverantwortung nachkommen und ein angemessenes[242] und funktionsfähiges Internes Kontrollsystem eingerichtet haben. Die Interne Revision überprüft zu diesem Zweck die Eignung und die Überwachung der Einhaltung der Regelungen und Anordnungen der gesetzlichen Vertreter und berät diese in hiermit zusammenhängenden Fragestellungen.[243] Die Interne Revision ist somit zumindest in größeren Unternehmen integraler Bestandteil des Internen Überwachungssystems.[244] Die Ziele und die Aufgaben der Internen Revision selbst werden dieser durch die gesetzlichen Vertreter im Rahmen ihrer Geschäftsführungsverantwortung vorgegeben.[245]

Die Pflicht zur Einrichtung einer Internen Revision ergibt sich somit direkt aus der Sorgfaltspflicht eines ordentlichen und gewissenhaften Vorstands (§ 93 Abs. 1 AktG) bzw. eines ordentlichen Geschäftsführers (§ 43 Abs. 1 GmbHG)[246] immer dann, wenn die Unternehmensleitung aufgrund der Besonderheit sowie unter Berücksichtigung der Kontextfaktoren des Einzelfalls ihrer Überwachungspflicht nicht selber nachkommen kann.[247] Die Verantwortung zur Einrichtung einer funktionsfähigen Internen Revision ist allerdings nicht delegierbar.[248] Dies wird auch durch das KonTraG gesetzlich konkretisiert. Denn in der Regierungsbegründung zu § 91 Abs. 2 AktG wird ausdrücklich darauf hingewiesen, dass auch die Pflicht, „für eine angemessene Revision zu sorgen“, zu den Sorgfaltspflichten des Vorstands zählen.[249] Außerdem, heißt es weiter, ist „davon auszugehen, dass für Gesellschaften mit beschränkter Haftung je nach ihrer Größe, Komplexität, ihrer Struktur usw. nichts anderes gilt“ und somit eine Ausstrahlungswirkung besteht.[250, 251]

---

241 Vgl. *Horvath*, IKS, 1992, S. 886.

242 Vgl. Kapitel 2.4.3: Kriterien für eine angemessene Ausgestaltung des Internen Kontrollsystems aus betriebswirtschaftlicher Sicht, S. 91.

243 Vgl. *IDW PS 321*, Interne Revision, 2002, Tz. 8.

244 Vgl. Arbeitskreis ‘Externe und Interne Überwachung der Unternehmung’ der Schmalenbach-Gesellschaft für Betriebswirtschaft e.V., KonTraG, 2000, Tz.45, S. 4.

245 *IDW* PS 321, Interne Revision, 2002, Tz. 10.

246 Ähnlich *Lück*, Interne Revision, 2003, S. 70.

247 Ähnlich *Lück*, Interne Revision, 2003, S. 70.

248 Vgl. Arbeitskreis ‘Externe und Interne Überwachung der Unternehmung’ der Schmalenbach-Gesellschaft für Betriebswirtschaft e.V., KonTraG, 2000, Tz. 35.

249 *Bundesrat*, Begründung, 1997, S. 33.

250 *Bundesrat*, Begründung, 1997, S. 37.

251 Eine genaue Analyse der Ausstrahlungswirkung auf die GmbH ist für die weiteren Zwecke der Arbeit nicht erforderlich und würde an dieser Stelle zu weit führen. Eine komprimierte Analyse befindet sich bei *Hillebrand*, Früherkennungssystem, 2005, S. 124-128.

2.4.2.3 Anpassung und Weiterentwicklung des Internen Kontrollsystems

Durch die Entwicklungstendenzen des gesamtwirtschaftlichen Umfeldes ausgelöst, ergaben sich jedoch noch weitere Implikationen für das Interne Kontrollsystem im Zuge des KonTraG, die dessen Anpassung und Weiterentwicklung durch die Unternehmensleitung erforderlich machten. Die zunehmende Dynamik und Komplexität der betrieblichen Umweltgegebenheiten, deren auslösende Momente nicht zuletzt in der Internationalisierung und Globalisierung des Wettbewerbs auf Güter- und Finanzmärkten und dem Wandel zu einer Informations- bzw. Wissensgesellschaft zu suchen sind, führen zu zunehmender Unsicherheit bei gleichzeitiger Verkürzung der dem Management für Anpassungsvorgänge zur Verfügung stehenden Reaktionszeit.[252] Die Unsicherheit, die seit jeher dem wirtschaftlichen Handeln bzw. jeder unternehmerischen Entscheidung inhärent ist, birgt jedoch die Möglichkeit des Eintretens von Ereignissen in sich, die sich negativ wie positiv auf die Unternehmenszielerreichung auswirken können und daher für Letztere ein Risiko oder eine Chance darstellen.[253] Das Eingehen von Unsicherheit ist daher nicht das primäre Problem, wohl aber geeignete Maßnahmen zu treffen und Strukturen zu schaffen, die der Unternehmensleitung bzw. dem Management die notwendige Reaktionszeit für einen sachgerechten Umgang mit den unternehmerischen Risiken, insbesondere mit den bestandsgefährdenden, gewähren. „Die Gesamtheit aller organisatorischen Maßnahmen bzw. Regelungen zur Risikoerkennung und zum Umgang mit den Risiken unternehmerischer Betätigung“ wird daher als „Risikomanagementsystem“ bezeichnet.[254] Die zunehmende Dynamik und Komplexität des wirtschaftlichen Geschehens verlangen also zur Insolvenzprophylaxe ein professionelles Risikomanagement, welches die Prozessschritte Risikoidentifikation, Risikobeurteilung, Risikokommunikation und Risikosteuerung beinhaltet[255].

Dies war auch der Grund dafür, dass der Gesetzgeber wegen steigender Insolvenzzahlen Handlungsbedarf sah und „zur Vermeidung von Schwächen und Verhaltensfehlsteuerungen im Kontrollsystem deutscher Aktiengesellschaften den § 91 Abs. 2 HGB einfügte.“[256] Diese Norm hat in erster Linie eine klarstellende Funktion und sollte insbesondere die Sorgfaltspflicht des Vorstands (§ 93 Abs. 1 Satz 1 AktG) konkretisieren. Denn das aufgrund der Leitungsaufgabe des § 76 Abs. 1 AktG einzurichtende Überwachungssystem musste schon vor In-Kraft-Treten des KonTraG gewährleisten, dass Fehlentwicklungen dem Vorstand nicht verborgen bleiben dür-

252 Vgl. *Wiedmann*, Fortentwicklung, 1998, S. 339.

253 Bzgl. der diesen Ausführungen zugrunde liegenden Risiko- bzw. Chancendefinition vgl. *IDW*, WP-Handbuch, 2006, P 8.

254 *IDW PS 340*, Risikofrüherkennungssystem, 2000, Tz. 4.

255 Vgl. *Neubeck*, Risikomanagementsysteme, 2003, S. 67 ff.

256 Arbeitskreis ‘Externe und Interne Überwachung der Unternehmung’ der Schmalenbach-Gesellschaft für Betriebswirtschaft e.V., KonTraG, 2000, Tz. 120, S. 8.

fen.[257] Da die bis dato ergriffenen Maßnahmen anscheinend nicht ausreichten bzw. dem veränderten Umfeld nicht gerecht wurden, bedurfte es einer *Weiterentwicklung* bzw. Ergänzung des Internen Kontrollsystems um ein Risikofrüherkennungssystem und einer *Anpassung* des Überwachungssystems. Letzteres war erforderlich, damit auch die Einhaltung der mit der Risikofrüherkennung in Zusammenhang stehenden Grundsätze, Verfahren und Maßnahmen sichergestellt wird (vgl. Abb. 2-8).[258] Der Gesetzgeber stellte dabei unmissverständlich klar, dass dies zu dem Aufgaben- und Verantwortungsbereich eines sorgfältigen Vorstands zählt.[259]

Eine *Weiterentwicklung* des Internen Kontrollsystems ist erforderlich, um eine frühzeitige Identifizierung und Kommunikation der bestandsgefährdenden operativen Risiken (z.B. riskante Spekulationsgeschäfte, schleichende Bestandsgefährdung) sicherzustellen, die zu einer potenziellen Zielverfehlung in einer der drei für das Interne Kontrollsystem relevanten Zielkategorien auf operativer Ebene führen würden. Hierzu ist bspw. eine Integration der notwendigerweise kontinuierlich erfolgenden Aufgabe Risikoidentifikation in das Steuerungssystem nötig.[260] Zum einen sollte das Management in Abstimmung mit seinen Unternehmenszielen und seiner Risikostrategie die Informationsgewinnungsverfahren und Schwellenwerte, hinsichtlich einer Berichtspflicht an die nächsthöhere Instanz, für die zu beurteilenden Risiken vorgeben, zum anderen sind Kompetenz und Verantwortlichkeit für die Risikoidentifikation klar zu delegieren und zu kommunizieren.

---

257 Vgl. *Mertens*, Kommentar, 1996, Tz. 46 zu § 93 AktG.

258 *Dietrichs*, Risikomanagement, 2004, S. 59 ff. weist darauf hin, dass mittlerweile von den meisten Unternehmen die Anforderungen des § 91 Abs. 2 AktG eingehalten werden, was eine Weiterentwicklung und Anpassung der Systeme auch in der Praxis bestätigt. Zu diesem Ergebnis gelangt eine Erhebung, die Ende 2001/Anfang 2002 am Lehrstuhl für Controlling und Unternehmensrechnung der Universität Dortmund durchgeführt wurde.

259 Vgl. *Bundesregierung*, Allgemeine Begründung, 1998, o.S.

260 Vgl. *IDW*, WP-Handbuch, 2000, Tz. P 37.

Abb. 2-8: Anpassung und Weiterentwicklung des Internen Kontrollsystems im Zuge des KonTraG

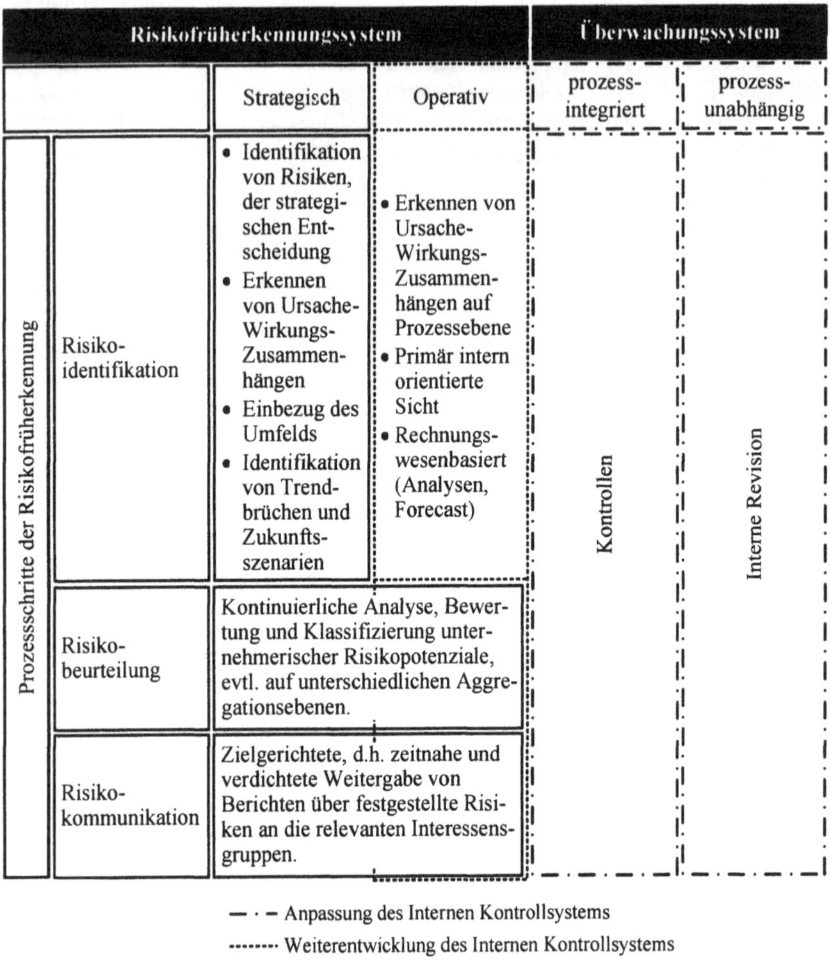

Ergänzender Maßnahmen dahingehend, dass diese über den Funktionsbereich des Internen Kontrollsystems hinausgehen, bedarf es, um eine Risikofrüherkennung auch auf strategischer Ebene sicherzustellen.[261] Denn diese Risiken (z.B. unsystematisch geplante Unternehmensverkäufe, suboptimale Streuung der Geschäfts-

[261] Vgl. Kapitel 2.6.1: Aktivitäten zur Zielerreichung auf strategischer Ebene, S. 100, dort wird das Managen von Chancen und Risiken ausdrücklich als notwendige Aktivität aufgelistet, um die Zielerreichung auf strategischer Ebene sicherzustellen.

aktivitäten) sind aufgrund der Langfristigkeit der dort getroffenen Entscheidungen meistens von größerer Bedeutung für Unternehmenskrisen.[262] Zu ihrer Identifikation werden häufig Methoden und Instrumente eingesetzt, deren Identifikationsspektrum über die des Internen Kontrollsystems hinausgeht. Dazu zählen auch indikatororientierte Methoden zur Frühaufklärung, die darauf ausgerichtet sind, auf Basis gegenwärtiger Informationen Risiken der künftigen Entwicklungen anzuzeigen, im Gegensatz zur Frühaufklärung auf operativer Ebene, die zumeist auf dem Rechnungswesen basiert ist und Abweichungen durch Kennzahlenanalyse oder Hochrechnung identifiziert.[263,264]

Zusammenfassend lässt sich feststellen, dass der Gesetzgeber sein Eingreifen für notwendig erachtete, um eine Anpassung bzw. Weiterentwicklung des Internen Kontrollsystems an die veränderten Umfeldbedingungen zu bewirken. Dabei wird aufgrund des Wortlauts klar, dass der Vorstand hierfür verantwortlich ist und es zu seiner Leitungsaufgabe zählt, ein Risikofrüherkennungs- und Überwachungssystem einzuführen. Daraus kann demzufolge auch geschlossen werden, dass es zu der Sorgfaltspflicht eines ordentlichen Vorstands gehört, das System, welches er eingerichtet hat, um seiner Führungsfunktion gerecht zu werden, so an Veränderungen anzupassen, dass es zur Erfüllung dieser Funktion angemessen aufgebaut und funktionsfähig ist. Ob es sich dabei um Veränderungen im Unternehmen selber bzw. im Umfeld handelt, dürfte demnach keine Rolle spielen. Die Argumentation ist aufgrund der Ausstrahlungswirkung des KonTraG auf die GmbH und der in der Regel deckungsgleichen Interpretation der Sorgfaltspflicht im AktG bzw. GmbHG auf die Geschäftsführer der GmbH übertragbar. Als Faustregel für die Übertragbarkeit der AG-Regelungen könnte daher gelten, dass für die GmbH mit ähnlicher Eigentümer- bzw. Besitzanteilsstruktur und mit ähnlichen Charakteristika in Bezug auf ihre Risikosituation auch gleichwertige Systeme zur Unterstützung der Leitungsfunktion eingerichtet werden müssen, da sich die Unterschiede bzgl. der Ausgestaltung kontextfaktorabhängig (z.B. Größe, Struktur) ergeben sollten und nicht aus der isolierten Betrachtung der Rechtsform.[265]

---

262 Vgl. *Brebeck/Herrmann*, KonTraG, 1997, S. 383.

263 Vgl. *Müller*, Management, 2003, S. 365 f.

264 An dieser Stelle sollen die bisherigen Ausführungen genutzt werden, um auf eine Inkonsistenz im *IDW PS 260*, IKS, 2001 hinzuweisen. Unter Tz. 10 heißt es: „Das Risikomanagementsystem ist ein Teil des internen Kontrollsystems." Gleichzeitig werden unter Tz. 5 die Zielkategorien, die mit Hilfe des internen Kontrollsystems auf operativer Ebene erreicht werden sollen, in gleicher Weise definiert wie in Kapitel 2.4 dieser Arbeit. Demzufolge blieben bei diesem Verständnis des Risikomanagementsystems aus Sicht des *IDW PS 260* die strategischen Risiken völlig unberücksichtigt. Eine derartige Einschränkung der Maßnahmen nach § 91 Abs. 2 HGB ist gesetzlich nicht zulässig, weil sich die Maßnahmen gemäß Gesetzeswortlaut auf alle bestandsgefährdenden Risiken zu erstrecken haben. Dieser konzeptionelle Fehler wurde auch im Nachfolgestandard zum *IDW PS 260* dem *IDW PS 261* nicht behoben (vgl. *IDW PS 261*, Beurteilung von Fehlerrisiken, 2006, Tz. 19 i.V.m. Tz. 24).

265 I.d.S. auch *Saitz*, Risikomanagement, 1999, S. 74.

2.4.2.4 Angemessenheit und Wirksamkeit des Internen Kontrollsystems aus juristischer Sicht

Bei den bisherigen Ausführungen wurde die Frage der Haftung ausgeklammert. Den Attributen „angemessen" und „wirksam" kommt in diesem Zusammenhang eine besondere Bedeutung zu. Denn wenn es strittig ist, ob die Geschäftsleiter die Sorgfalt eines ordentlichen und gewissenhaften Geschäftsleiters angewendet haben, trifft sie gem. § 93 Abs. 2 Satz 2 AktG bzw. § 43 Abs. 2 GmbHG die Beweispflicht.[266] Sowohl Geschäftführer als auch Vorstand haben nach h.M. aufgrund der größeren Nähe zum Geschehen den Nachweis über ihr pflichtgemäßes Verhalten zu erbringen,[267] d.h. auch darüber, dass sie ihrer Verantwortung für

- die Sicherung der Wirksamkeit und Wirtschaftlichkeit der Geschäftstätigkeit
- die Ordnungsmäßigkeit und Verlässlichkeit der internen und externen Berichterstattung
- die Einhaltung sonstiger Gesetze und Vorschriften

sorgfältig nachgekommen sind. Eine Voraussetzung dafür dürfte sein, dass, sofern sie zur Erfüllung der mit diesen Zielkategorien in Zusammenhang stehenden Aufgaben eine Organisation herangezogen haben, die Angemessenheit und Wirksamkeit des Internen Kontrollsystems derart gewährleistet ist, dass dem Vorstand bzw. dem Geschäftsführer kein pflichtwidriges Verhalten zum Schuldvorwurf gemacht werden kann.

Dem § 93 Abs. 1 Satz 1 AktG wie auch dem § 43 Abs. 1 Satz 1 GmbHG kommen in diesem Zusammenhang eine Doppelfunktion zu, da diese nicht nur die Ableitungsbasis für die objektiven Verhaltenspflichten der Geschäftsleiter umschreiben, sondern zugleich den typisierten Verschuldensmaßstab, auf den sich dann die in § 93 Abs. 2 Satz 1 AktG bzw. § 43 Abs. 2 GmbHG enthaltene materielle Anspruchsgrundlage bezieht.[268]

Mit der Neufassung des § 93 Abs. 1 Satz 2 AktG durch das Gesetz zur Unternehmensintegrität und Modernisierung des Anfechtungsrechts (UMAG)[269, 270]

---

266 Vgl. *Brebeck/Herrmann*, KonTraG, 1997, S. 382; *Fleischer*, Business Judgement Rule, 2004, S. 688; *Mertens*, Kommentar, 1996, Tz. 100 zu § 93 AktG; *Rowedder/Schmidt-Leithoff*, Kommentar, 2002, Tz. 36 zu § 43 GmbHG.

267 Vgl. *Altmeppen*, Kommentar, 2005, Tz. 75 zu § 43 GmbHG; *Brebeck/Herrmann*, KonTraG, 1997, S. 382; *Hüffer*, Kommentar, 2002, Tz. 16 zu 93 AktG.

268 Vgl. *Fleischer*, Business Judgement Rule, 2004, S. 688; *Mertens*, Kommentar, 1996, Tz. 98 zu § 93 AktG.

269 Der Gesetzesentwurf geht auf einen Vorschlag der Regierungskommission Corporate Governance (Baums Kommission) zurück, wonach in § 93 Abs. 2 AktG klargestellt werden soll, dass bei Verletzung der allgemeinen Sorgfaltspflicht eine reine Erfolgshaftung der Organmitglieder gegenüber der Gesellschaft ausscheidet, dass also für Fehler im Rahmen des unternehmerischen Ermessens nicht gehaftet wird („business judgement rule"). Dies entspricht auch einem Beschluss des 63. Deutschen Juristentages, der sich insoweit einem Vor-

hielt die aus dem angloamerikanischen Recht bekannte „Business Judgement Rule“ Einzug in das kodifizierte Recht.[271] Im Gegensatz zur bisherigen Auffassung, in der bereits objektiv pflichtwidriges Verhalten, also jede Abweichung von der Sorgfalt eines ordentlichen und gewissenhaften Geschäftsführers in der konkreten Situation, den Verschuldensmaßstab darstellt, wird nun zwischen objektiver und haftungsbegründender Pflichtwidrigkeit unterschieden.[272] Denn eine Pflichtverletzung liegt gem. § 93 Abs. 1 Satz 2 AktG dann nicht vor, „wenn das Vorstandsmitglied bei einer unternehmerischen Entscheidung vernünftigerweise annehmen durfte, auf der Grundlage angemessener Informationen zum Wohle der Gesellschaft zu handeln“.[273] Von der Anwendbarkeit dieser Grundsätze auf die GmbH ist prinzipiell auszugehen[274].

Dieser kodifizierte „sichere Hafen“ legt fest, dass eine haftungsbegründende Pflichtverletzung beim Treffen einer unternehmerischen Entscheidung nicht vorliegt, wenn der Geschäftsleiter ohne grobe Sorgfaltspflichtverletzung folgende Tatbestandsmerkmale als erfüllt ansehen durfte:[275]

- Handeln auf der Grundlage angemessener Informationen
- Handeln zum Wohl der Gesellschaft
- Handeln ohne Sonderinteressen und sachfremde Einflüsse
- Handeln in gutem Glauben.

Die Überprüfung, ob eine haftungsbegründende Pflichtverletzung vorliegt, hat folglich aus Sicht des Geschäftsleiters zu erfolgen,[276] was nach der authentischen Interpretation der Entwurfsverfasser des UMAG zu dessen Lockerung beitragen soll.[277] Als Maßstab für die Überprüfung dient das Merkmal „vernünftigerweise“.[278]

Den Geschäftsleitern einer Kapitalgesellschaft wird somit bei der Leitung und Überwachung der Kapitalgesellschaft ein erheblicher Ermessensspielraum zugebilligt,[279] durch den erreicht werden soll, dass nicht ein überzogener Sorgfaltsmaßstab die Risikoaversion der Manager stärkt und den Kapitalinteressen der Anleger und Gesellschaftsgläubigern, die es eigentlich zu schützen gilt, zuwi-

---

schlag von Prof. Ulmer, Universität Heidelberg, angeschlossen hat. Vgl. *Baums*, Corporate Governance, 2001, S. 70.

270 Vgl. *BMJ*, Referentenentwurf, 2004, o.S.; *Seibert/Schütz*, Referentenentwurf, 2004, S. 252.

271 Erstmals erhielt die „Business Judgement Rule“ über das ARAG/Garmenbeck-Urteil und somit über Richterrecht Einzug in die deutsche Rechtsprechung; vgl. BGH-Urteil vom 21.4.1997 – II ZR 175/95.

272 Vgl. *Roth*, UMAG, 2004, S. 1068.

273 *BMJ*, Regierungsentwurf, 2004, S. 4.

274 Vgl. *Lutter*, Haftung, 2000, S. 308; *Fleischer*, Business Judgement Rule, 2004, S. 692.

275 Vgl. *Fleischer*, Business Judgement Rule, 2004, S. 690.

276 Vgl. *Fleischer*, Business Judgement Rule, 2004, S. 689; *Roth*, UMAG, 2004, S. 1068.

277 Vgl. *Seibert/Schütz*, Referentenentwurf, 2004, S. 253 f.

278 Vgl. *BMJ*, Regierungsentwurf, 2004, S. 22.

279 Vgl. *Lutter*, Haftung, 2000, S. 304; *Fleischer*, Business Judgement Rule, 2004, S. 686.

derläuft.[280] Bei der GmbH kann dieser Spielraum allerdings durch Weisungen der Gesellschafterversammlung begrenzt werden, wobei die Verantwortung insoweit dann auf diese übergeht.[281] Darüber hinaus wird das Ermessen der Geschäftsleitung in Bezug auf die Einhaltung von Normen eingeschränkt, da diese bei der Ausübung der Geschäftstätigkeit grundsätzlich die für die Kapitalgesellschaft und ihre gesetzlichen Vertreter relevanten Normen zu beachten hat.[282]

Durch die Abgrenzung des nicht zu einer Haftung führenden Ermessensspielraums hinsichtlich der auf operativer Ebene relevanten Verantwortungsbereiche des Managements sollen im Folgenden die Mindestanforderungen an die angemessene Ausgestaltung des Internen Kontrollsystems aus juristischer Sicht aufgezeigt werden. Denn wie bereits erwähnt, wird für Fehler im Rahmen des unternehmerischen Ermessens in Anlehnung an die „Business Judgement Rule“ nicht gehaftet.[283]

2.4.2.4.1 Verantwortungsbereiche mit eingeschränktem Ausgestaltungsermessen

In den Verantwortungsbereichen „Ordnungsmäßigkeit der externen Berichterstattung“ und „Einhaltung sonstiger relevanter Gesetze und Vorschriften“ ist die Business Judgement Rule bzgl. der Einhaltung dieser Verpflichtung nicht anwendbar, weil in Bezug auf § 91 Abs. 1 AktG bzw. § 41 GmbHG vielmehr die Pflicht besteht, für eine ordnungsmäßige Buchführung zu sorgen. Über das „Ob“ besteht also keinerlei Ermessensspielraum. Insofern ist auch keine unternehmerische Entscheidung möglich. Ein Verstoß gegen diese Pflicht würde gleichzeitig zu einem Verstoß gegen die allgemeine Sorgfaltspflicht von § 93 Abs. 1 AktG bzw. § 43 Abs. 1 GmbHG führen und wäre mit der Schadensersatzpflicht auf Seiten der Geschäftsleitung verbunden.[284]

Dagegen hat die Unternehmensleitung bspw., soweit sie die Bücher nicht selbst führt, was aus Zeitgründen kaum der Fall sein dürfte, zur Erledigung der Buchführungsaufgaben Mitarbeiter heranzuziehen. In diesem Fall konkretisiert sich ihre Sorgepflicht nach § 91 Abs. 1 AktG bzw. § 43 GmbHG dann in einer Auswahl- und Überwachungspflicht der mit der Buchführung beauftragten Mitarbeiter.[285] Ähnliches gilt natürlich auch für die Einhaltung der sonstigen Gesetze und Vorschriften. Der Geschäftsleiter hat demzufolge sowohl einen Entscheidungsspielraum bei der Auswahl der Mitarbeiter als auch bei der Art der Überwachung, also bei der *Ausgestaltung des Systems*. Solange diesem nicht, sei es durch weitere Gesetze, Satzungen oder höchstrichterliche Entscheidungen Orientierungspunkte

---

280 I.d.S. auch *Fleischer*, Business Judgement Rule, 2004, S. 685 f.

281 Vgl. *Ziemons*, Haftung, 1996, S. 137-165.

282 Vgl. *Fleischer*, Business Judgement Rule, 2004, S. 690; *Schneider*, Compliance, 2003, S. 245.

283 Vgl. *Fleischer*, Business Judgement Rule, 2004, S. 688 f.; *Roth*, UMAG, 2004, S. 1068.

284 Vgl. *ADS*, Kommentar, 2000, Tz. 16 zu § 91 AktG.

285 Vgl. *ADS*, Kommentar, 2000, Tz. 10 zu § 91 AktG.

für eine konkrete Ausgestaltung des Systems[286] vorgegeben wurden, kann er den verbleibenden Ermessensspielraum selbst gestalten. Einen Verstoß gegen die Sorgfaltspflicht kann ihm dabei nur vorgeworfen werden, wenn er unverantwortlich gehandelt oder seine Entscheidung nicht unter Beachtung des Tatmerkmalsausschlussgrundsatzes des § 93 Abs. 1 Satz 2 AktG getroffen hat.[287]

2.4.2.4.2 Verantwortungsbereiche mit Ausgestaltungsermessen

Die Oberziele „Sicherung der Wirksamkeit und Wirtschaftlichkeit der Geschäftstätigkeit“ und „Verlässlichkeit der internen Berichterstattung“ der gleichnamigen Verantwortungsbereiche sind der Unternehmensleitung zuzurechnen.[288] Auf dieser operativen Ebene hat sie sicherzustellen, dass die von ihr getroffenen (strategischen) Entscheidungen durch die nachgelagerten Führungsebenen umgesetzt werden. Auch hier finden sich erneut Ermessensspielräume unternehmerischer Entscheidungen.

Der erste Ermessensspielraum besteht demzufolge im Treffen der strategischen Entscheidung. Diese ist allerdings dem Verantwortungsbereich mit der Zielsetzung „Sicherung und Ausbau der langfristigen Erfolgspotenziale“ zuzuordnen, denn dort wird über das „Was“ entschieden, welches mit Hilfe der nachfolgenden Managementebenen umgesetzt werden soll. Für diese unternehmerische Entscheidung (meist strategischer Art) trägt der Vorstand bzw. die Geschäftsführer die alleinige Verantwortung.[289] Solange allerdings durch diese Entscheidung keine Normen verletzt werden, erfolgt die Haftung für die getroffene Entscheidung nur im Rahmen der Regelung des § 91 Abs. 1 Satz 2 AktG.

Der zweite Ermessensspielraum betrifft die Umsetzung bzw. Durchsetzung der Entscheidung und somit die Frage nach der *Ausgestaltung des Systems* zur Steuerung bzw. Überwachung und Berichterstattung auf operativer Ebene. Dieser ist natürlich insoweit eingeengt, als er der Umsetzung (dem „Wie“) der bereits getroffenen Entscheidung dienen muss und diese nicht erneut in Frage stellen darf.

Den Ermessenspielräumen auf operativer Ebene ist somit gemeinsam, dass sie sich auf die Ausgestaltung des Internen Kontrollsystems zur Erreichung fest vorgegebener Soll-Objekte beziehen. Dabei kann es sich sowohl um im Rahmen

286 Insbesondere für die Buchführung und das Rechnungswesen gibt es eine Reihe gesetzlicher Konkretisierungen bzw. höchstrichterliche Entscheidungen, die den Ermessensspielraum bei der Ausgestaltung des Buchführungssystems bzw. des rechnungslegungsbezogenen Internen Kontrollsystems abstecken. Eine derartige Konkretisierung erfolgte bspw. mit zunehmendem Einsatz von IT in der Buchführung und ihren operativen Vorsystemen durch die GoBS, die die einzuhaltenden Grundsätze der Ordnungsmäßigkeit vor dem Hintergrund des gewandelten IT-Umfelds darlegen. *GoBS*, Grundsätze, 1996, S. 126 ff.; *GoBS*, Richtlinie, 1995, S. 738 ff.

287 I.d.S. auch *Roth*, UMAG, S. 1068.

288 Vgl. Kapitel 2.1.3: Wirksamkeit und Wirtschaftlichkeit der Geschäftstätigkeit, S. 46.

289 Vgl. Kapitel 2.1.2: Sicherung und Ausbau der langfristigen Erfolgspotenziale, S. 41.

eines Entscheidungsprozesses durch das Top-Management getroffene Ziele handeln als auch um gesetzliche Normen.

2.4.2.4.3 *Ausgestaltung des Internen Kontrollsystems unter Berücksichtigung der Tatbestandsausschlussgründe des § 93 Abs. 1 Satz 2 AktG*

Als angemessen aus juristischer Sicht gilt die Ausgestaltung des Systems dann, wenn der Geschäftsleitung bei der Wahrnehmung ihres Ermessenspielraums keine haftungsbegründende Pflichtwidrigkeit[290] vorgeworfen werden kann. Dies ist, wie bereits oben erwähnt wurde, dann der Fall, wenn die Unternehmensleitung vernünftigerweise davon ausgehen durfte, nicht gegen die Tatbestandsmerkmale des § 93 Abs.1 Satz 2 AktG zu verstoßen. Diesen „sicheren Hafen" gilt es im Folgenden zu konkretisieren, um Mindestanforderungen aus juristischer Sicht an die Ausgestaltung des Internen Kontrollsystems ableiten zu können. Denn, falls eine Zielverfehlung auf operativer Ebene vorliegt, fällt diese in den Verantwortungsbereich eines sorgfältigen Geschäftsleiters. Ob sich aus den in der Regel negativen Folgen für die Gesellschaft ein Verschulden ableiten lässt, wird dann unter den genannten fünf Voraussetzungen zu überprüfen sein.[291] In der folgenden Tab. 2-2 sollen daher aus juristischer Sicht die Mindestanforderungen für die gerichtlich zu überprüfenden Tatbestände konkretisiert werden.

Die Analyse der Tatbestandsmerkmale hinsichtlich der Ausgestaltung eines „sicheren Hafens" bzw. eines angemessenen Internen Kontrollsystems, das die Entscheidungsveranwortlichen von der Haftung befreit, wird unter Berücksichtigung der Ausführung von Tab. 2-2 in einem Rechtsstreit entscheidend davon abhängen, ob die Geschäftsleitung vernünftigerweise davon ausgehen konnte, dass das ausgestaltete System *allgemein anerkannten betriebswirtschaftlichen Erkenntnissen* entspricht und seine *Effektivität* mit *hinreichender Sicherheit* gewährleistet wird. Letztere Anforderung kann als Ausfluss des Effizienzgedankens aufgefasst werden, der in Deutschland jedoch immer unter Berücksichtigung der für das Management gesetzlich normierten Risikoscheu interpretiert werden muss.

Lutter stellt in diesem Zusammenhang das Verhältnis zwischen Juristerei und Betriebswirtschaftslehre klar und hebt die Bedeutung der Business Judgement Rule für die Kompetenzabgrenzung beider Disziplinen wie folgt hervor:

> „Unter dem Stichwort von unternehmerischen Ermessen [...] oder Business Judgement Rule [...] zieht sich die Juristerei aus diesem genuin betriebswirtschaftlichen Bereich zurück, besteht aber umso nachdrücklicher auf der Einhaltung ihrer rechtlichen Grund- und Rahmenbedingungen."[292]

---

290 Vgl. *Roth*, UMAG, 2004, S. 1068.

291 Zu den Tatbestandsvoraussetzung des § 93 Abs. 1 Satz 2 AktG vgl. *Fleischer*, Business Judgement Rule, 2004, S. 690.

292 *Lutter*, Corporate Governance, 2001, 225-226.

Unter der Berücksichtigung der in obiger Tabelle abgeleiteten rechtlichen Grund- und Rahmenbedingungen hinsichtlich einer angemessenen Ausgestaltung ist im Folgenden noch zu klären, welche inhaltlichen Anforderungen die Betriebswirtschaftslehre an ein System stellt, um den juristischen Vorgaben zu genügen.

Tab. 2-2: Mindestanforderungen an die Ausgestaltung des Internen Kontrollsystems aus juristischer Sicht

Tatbestandsmerkmale des § 93 Abs. 1 Satz 2 AktG[293]	Internes Kontrollsystem: Sicherung der Wirksamkeit und Wirtschaftlichkeit der Geschäftstätigkeit	Ordnungsmäßigkeit und Verlässlichkeit der internen und externen Berichterstattung	Einhaltung sonstiger Gesetze und Vorschriften
Unternehmerische Entscheidung	Das Vorliegen einer unternehmerischen Entscheidung ist die Anwendungsvoraussetzung für die Business Judgement Rule. Eine unternehmerische Entscheidung i.S.d. § 93 Abs. 1 Satz 2 AktG liegt nicht vor, wenn es sich um Verstöße gegen das Gesetz, die Satzung, Hauptversammlungsbeschlüsse oder die Treuepflicht handelt.[294] Der obigen Argumentation folgend, stellt daher die *Ausgestaltung des Systems* auf operativer Ebene eine solche unternehmerische Entscheidung dar.[295]		
Handeln auf Grundlage angemessener Informationen	Die Geschäftsleiter haben demzufolge ihre Entscheidung sorgfältig vorzubereiten und dabei *anerkannte betriebswirtschaftliche* Verhaltensmaßstäbe bzw. Erkenntnisse zu berücksichtigen.[296] Es wird jedoch nicht verlangt, alle erreichbaren Informationen in Bezug auf die Ausgestaltung des Systems einzuholen. Kosten/Nutzenüberlegung bzgl. der Informationsbeschaffung werden dem Geschäftsleiter zugestanden.[297] Die Entscheidung bzgl. der Ausgestaltung des Systems braucht demzufolge nicht unter Missachtung der Entscheidungseffizienz zu erfolgen. Eine rechtliche Überprüfung dieses Tatbestands darf allerdings nicht die Konsequenzen einer derartigen Entscheidungsvorbereitung außer Acht lassen. Denn an das auf Grundlage dieser Entscheidungsvorbereitung einzurichtende System dürfen keine höheren Sorgfaltserwartungen gestellt werden als an die Entscheidung selbst, wonach dieser *Effizienzgedanke* auch auf die Ausgestaltung des Systems übertragbar sein dürfte, solange der Geschäftsleiter nicht unter bewusster Missachtung anerkannter betriebswirtschaftlicher Erkenntnisse die Entscheidung getroffen hat.		

293 Vgl. *Fleischer*, Business Judgement Rule, 2004, S. 690 f.
294 Vgl. *Roth*, UMAG, 2004, S. 1068.
295 I.d.S. auch *Lutter*, Haftung, 2000, S. 306-307.
296 Vgl. *Fleischer*, Business Judgement Rule, 2004, S. 690.
297 I.d.S. auch *Fleischer*, Business Judgement Rule, 2004, S. 691; *Roth*, UMAG, 2004, S. 1067.

<table>
<tr><th rowspan="2">Tatbestandsmerkmale des § 93 Abs. 1 Satz 2 AktG[293]</th><th colspan="3">Internes Kontrollsystem</th></tr>
<tr><th>Sicherung der Wirksamkeit und Wirtschaftlichkeit der Geschäftstätigkeit</th><th>Ordnungsmäßigkeit und Verlässlichkeit der internen und externen Berichterstattung</th><th>Einhaltung sonstiger Gesetze und Vorschriften</th></tr>
<tr><td rowspan="3">Handeln zum Wohle der Gesellschaft</td><td colspan="3">Die Geschäftsleitung muss annehmen dürfen, bei der Umsetzung der Entscheidung zum Wohle der Gesellschaft zu handeln.[298]</td></tr>
<tr><td>Unter der Voraussetzung, dass die Entscheidung auf strategischer Ebene zum Wohle der Gesellschaft getroffen wurde. Davon ist bspw. auszugehen, wenn die getroffenen Entscheidungen der langfristigen Stärkung des Ertrags und der Wettbewerbsfähigkeit des Unternehmens dienen.[299] Diese Voraussetzung ist auf operativer Ebene dann als erfüllt anzusehen, wenn die Regelungen zur Steuerung und Überwachung die zielorientierte Umsetzung dieser strategischen Entscheidung ermöglichen – kurz: wenn die Effektivität der ergriffenen Regelungen sichergestellt ist und diese daher als angemessen und wirksam bezeichnet werden können.</td><td colspan="2">Handeln zum Wohle der Gesellschaft hängt auch in Bezug auf die Zielkategorien, die der Einhaltung gesetzlicher Normen und sonstiger Vorschriften dienen, von der Effektivität (Angemessenheit und Wirksamkeit) der eingerichteten Verfahren, Maßnahmen und Regelungen ab. Denn Verstöße gegen eine ordnungsmäßige Rechnungslegung haben nicht selten weit reichende Konsequenzen für das Unternehmen und werden z.B. mit einem Vertrauensentzug seitens der Kapitalmärkte bestraft.[300] Ferner sollte zum Wohle der Gesellschaft die Einhaltung sonstiger gesetzlicher Regelungen geboten sein, um die Gesellschaft vor einem Imageschaden und Vermögensabfluss in Form von Bußgeldern zu bewahren.[301]</td></tr>
<tr><td colspan="3">Bei diesem Punkt dürfte außerdem der bereits angesprochene Effizienzgedanke nicht unwichtig sein, denn bei der Ausgestaltung des Systems sollten wohl auch die Kosten und Nutzen der Ausgestaltung berücksichtigt werden,[302] zumal eine absolute Sicherheit bei der Erreichung der Zielkriterien das System ohnehin nicht gewährleistet werden kann, sondern allenfalls eine hinreichende und mit zunehmender Kontrollintensität nicht nur die Kosten der Überwachung steigen, sondern auch gleichzeitig die Gefahr ihrer Dysfunktionalität steigt.[303] Die Orientierung am Unternehmensinteresse darf die Effizienz des Systems daher nicht außer Acht lassen. Die Effektivität hat aufgrund der durch die deutsche Rechtsprechung normierten Risikoscheu immer dann Vorrang, wenn eine übertriebene Effizienzorientierung berechtigte Zweifel an der Effektivität aufkommen ließe. Aus Sicht der deutschen Rechtsprechung würde dann die Risikobereitschaft durch die Unternehmensleitung in unverantwortlicher Weise überspannt.[304]</td></tr>
</table>

298 Vgl. *Fleischer*, Business Judgement Rule, 2004, S. 690.

299 Vgl. *BMJ*, Referentenentwurf, 2004, S. 18 (Fußn.6).

300 Ähnlich *Marten/Quick/Ruhnke*, Wirtschaftsprüfung; 2001, S. 15 f.

301 Vgl. Kapitel 2.1.5: Einhaltung von sonstigen Gesetzen und Vorschriften, S. 55.

302 Vgl. *Baetge*, Überwachungstheorie, 1992, S. 2038.

303 Vgl. *Baetge*, Überwachungstheorie, 1992, S. 2039; *Schewe/Littkemann/Beckemeier*, IKS, 1999, S. 1485.

304 Vgl. *Hillebrand*, Früherkennungssystem, 2005, S. 133; diese normierte Risikoscheu kommt auch im ARAG/Garmenbeck-Urteil zum Tragen, denn der BGH ist der Ansicht, dass „die Bereitschaft unternehmerische Risiken einzugehen, [...] (nicht) in unverantwortlicher Weise überspannt" werden darf; BGH-Urteil vom 21.4.1997 – II ZR 175/95.

Tatbestandsmerkmale des § 93 Abs. 1 Satz 2 AktG[293]	Internes Kontrollsystem		
	Sicherung der Wirksamkeit und Wirtschaftlichkeit der Geschäftstätigkeit	Ordnungsmäßigkeit und Verlässlichkeit der internen und externen Berichterstattung	Einhaltung sonstiger Gesetze und Vorschriften
Handeln ohne Sonderinteressen und sachfremde Einflüsse	Die Einhaltung dieser Voraussetzung dürfte in der Praxis wohl kaum Einfluss auf die Ausgestaltung des Systems haben, da die oberste Geschäftsleitung Sonderinteressen oder sachfremde Einflüsse bzgl. des Systems durch das bewusste Umgehen der Kontrollen, dem sog. Management-Override, verfolgen kann. Da sich diese Gefahr jedoch außerhalb des Systems bewegt, wird diese wohl kaum Auswirkungen auf die Ausgestaltung des Systems haben. Denn auch ein Geschäftsleiter, der Kontrollen bewusst umgeht, wird sich nicht einem zusätzlichen Haftungsrisiko aussetzen, indem er das System nur unzureichend ausgestaltet. Hier ist vielmehr der Aufsichtsrat in seiner Überwachungsfunktion eines funktionsfähigen Corporate Governance-Systems gefragt, derartiges zu verhindern. Weitere Anforderungen aus juristischer Sicht hinsichtlich der Ausgestaltung lassen sich aus diesem Tatbestandsmerkmal daher nicht ableiten.		
Handeln in gutem Glauben	Bei der Ausgestaltung des Systems muss die Geschäftsleitung insbesondere hinsichtlich der Effektivität des Systems in gutem Glauben gehandelt haben. Dies dürfte dann der Fall sein, wenn die Unternehmensleitung die gewählte Ausgestaltung und gegebenenfalls den Verzicht auf einen weitergehenden Systemausbau vor dem Hintergrund der zum Zeitpunkt der Entscheidung vorliegenden Informationen hinreichend plausibel begründen kann, da die Bestimmung von Kosten und Nutzen der Systemausgestaltung – noch dazu ex ante – in der Praxis ohnehin nicht zufrieden stellend gelöst werden kann.		

2.4.3 Kriterien für eine angemessene Ausgestaltung des Internen Kontrollsystems aus betriebswirtschaftlicher Sicht

Die Betriebswirtschaftslehre hat in dem Bereich der Internen Kontrolle, nicht zuletzt aufgrund von Unternehmenszusammenbrüchen und Schieflagen, insbesondere in amerikanischen Unternehmen in den 1990er Jahren, Handlungsbedarf gesehen.[305] Daraufhin wurde durch das *Committee of the Sponsoring Organisations of the Treadway Commission* eine Studie „Internal Control – An Integrated Framework" (COSO I) in Auftrag gegeben, deren Ziele darin bestanden, eine einheitliche Definition für den Begriff „Internal Control" zu erarbeiten und ein Rahmenkonzept zu entwickeln, welches strukturelle Zusammenhänge aufzeigt sowie bei der Beurteilung der Angemessenheit des Aufbaus der Internen Kontrollsysteme den Unternehmen als Hilfestellung dienen kann.[306] Dieses Rahmenkonzept hat daraufhin seinen Siegeszug angetreten und darf mittlerweile durch die *Betriebswirtschaftslehre* und die *betriebliche Praxis* als allgemein anerkannt gelten. Dafür spricht seine Verbreitung in wichtigen nationalen und internationalen Prüfungsstandards zur Prüfung des Internen Kontrollsystems (vgl. Tab. 2-3) und den Ausführungsbestimmungen der *Securities Exchange Commission* (*SEC*) zur Section

---

305 Vgl. *Lück/Makowski*, Internal Control, 1996, S. 157.
306 Vgl. *Menzies*, SOA, 2004, S. 76.

404[307] des Sarbanes Oxley Acts (SOA) sowie in dem durch das *Public Company Accounting Oversight Board* (*PCAOB*) erlassenen Prüfungsstandard zur Prüfung und Testierung der Section-404-Bestimmungen.[308, 309]

Tab. 2-3: Nationale und internationale Prüfungsstandards auf Basis des COSO I-Rahmenkonzepts

	Prüfungsstandards	Bezeichnung
National	IDW PS 260[310] IDW PS 261 IDW PS 330	• Das interne Kontrollsystem im Rahmen der Abschlussprüfung • Feststellung und Beurteilung von Fehlerrisiken und Reaktionen des Abschlussprüfers auf die beurteilten Fehlerrisiken • Abschlussprüfung bei Einsatz von Informationstechnologie
International	ISA 315	• Understanding the Entity and its Environment and Assessing the Risks of Material Misstatement

Nicht zuletzt die Anerkennung durch *SEC* und *PCAOB* als geeignetes Rahmenkonzept zur Erfüllung der Anforderungen der Section 404 haben COSO I den Weg in der Praxis geebnet. Mittlerweile haben über 63% der börsennotierten Unternehmen in den USA das COSO-Framework eingeführt.[311] In Deutschland basieren nicht zuletzt aufgrund der SEC-Bestimmungen die Definition und die Aufgabenstellung des Internen Kontrollsystems der DaimlerChrysler AG auf dem weltweit anerkannten COSO-Report.[312] Aber auch auf weniger stark regulierten Kapitalmärkten erhält der COSO-Report Einzug. So nutzt ihn bspw. die schweizerische Post, um das Interne Kontrollsystem des Einkaufsbereichs zu analysieren und dessen Effektivität und Effizienz zu verbessern.[313] Dass es sich bei dem COSO-Konzept um ein allgemein anerkanntes Rahmenkonzept handelt, das aus Sicht der Betriebswirtschaftslehre als ausreichend und vollständig zu bezeichnen ist, dürfte demnach unbestritten feststehen. Es erfüllt somit die erste grundlegende Anforderung an einen „sicheren Hafen".

---

307 Vgl. *Lanfermann/Maul*, SOA, 2003, S. 352.

308 Die Section 404 verpflichtet das Management börsennotierter Unternehmen in USA, interne Kontrollen über die Finanzberichterstattung zu etablieren, um deren Ordnungsmäßigkeit und Verlässlichkeit sicherzustellen. Hierüber hat das Management jährlich, als Teil des Jahresabschlussberichts, Bericht zu erstatten. Der Prüfer hat die Zusicherungen des Managements über die Angemessenheit und Funktionsfähigkeit der eingerichteten Kontrollen in einem eigenen Bericht zu bestätigen; vgl. *Menzies*, SOA, 2004, S. 102 ff.

309 Zum Sarbanes Oxley Act vgl. *Salzberger*, SOA, 2002, S. 165 ff.

310 Der *IDW PS 260* wurde durch den *IDW PS 261* ersetzt (vgl. *IDW PS 261*, Beurteilung von Fehlerrisiken, 2006, Tz. 4).

311 Vgl. *Menzies*, SOA, 2004, S. 81.

312 Vgl. *Buderath*, IKS, 2003, S. 220.

313 Vgl. *Zehnder/Clavien*, COSO, 2004, S. 139 ff.

COSO I definiert „Interne Kontrolle“ als einen Prozess, der vom Aufsichtsrat, vom Management und von anderen Mitarbeitern initiiert wird und darauf abzielt, das Erreichen der folgenden Ziele mit hinreichender Sicherheit zu gewährleisten:

- Sicherung der Wirksamkeit und Wirtschaftlichkeit der Geschäftstätigkeit
- Ordnungsmäßigkeit und Verlässlichkeit der Finanzberichterstattung
- Einhaltung sonstiger Gesetze und Vorschriften.[314]

Hinsichtlich der *Effektivität* scheint COSO I aufgrund der Zielvorgaben die juristischen Anforderungen bezüglich der Effektivität zu erfüllen. Problematisch ist auf den ersten Blick, dass diese Definition der „Internen Kontrolle“ keine Risikodefinition enthält, insbesondere unter dem Aspekt, dass in Deutschland das Interne Kontrollsystem auch Maßnahmen zur Risikofrüherkennung beinhalten muss.[315] Die Zielerreichung wird vielmehr durch Hindernisse gefährdet, die es zu identifizieren und zu umgehen gilt, um die Ziele zu erreichen.[316] Soll ein Risikobegriff mit COSO I in Einklang gebracht werden, so ist das Nichterreichen der Unternehmensziele eine mit COSO I zu vereinbarende Risikodefinition. Dass diese Definition auch die Anforderungen des KonTraG erfüllt, kann der Risikodefinition von *Schulze* entnommen werden. Dieser definiert vor dem Hintergrund des KonTraG das Risiko als die „Möglichkeit einer Zielverfehlung.“[317]

Des Weiteren muss in Zusammenhang mit dem KonTraG überprüft werden, ob der Kontextbezug des Begriffs der *hinreichenden Sicherheit* nach COSO I mit dem Gesetz in Einklang steht. Nach COSO I kann das Interne Kontrollsystem nur dazu beitragen, dass externe Vorschriften und Gesetze und die Ordnungsmäßigkeit und die Verlässlichkeit der externen und internen Berichterstattung mit hinreichender Sicherheit erlangt werden.[318] Absolute Sicherheit kann dagegen deshalb nicht erreicht werden, weil Kontrollen durch das Zusammenwirken von mehreren Mitarbeitern umgangen oder vom Management ausgehebelt werden können und es allein unter Kosten-Erwägung nicht möglich ist, dieses Risiko auf Null zu reduzieren.[319] In Bezug auf die Zielkategorie „Sicherung der Wirksamkeit und Wirtschaftlichkeit der Geschäftstätigkeit“ kann COSO I nur insoweit hinreichende Sicherheit liefern, als das Management annähernd frühzeitig über den Grad der Zielerreichung informiert wird.[320] Da nach deutschem Recht die Geschäftsleitung bei ihren Entscheidungen stets eine gewisse gesetzlich normierte Risikoscheu[321] zu beachten hat und somit durch ihre Entscheidung nicht den Bestand des Unter-

---

314 Übersetzt durch den Verfasser von *COSO*, Internal Control, 1994, S. 3.
315 Vgl. Kapitel 2.4.2.3: Anpassung und Weiterentwicklung, S. 80.
316 Vgl. *Simmons*, Internal Control, 1995, S. 1; *Menzies*, SOA, 2004, S. 77.
317 *Schulze*, KonTraG, 2001, S. 20.
318 Vgl. *Simmons*, Internal Control, 1995, S. 3.
319 Vgl. *COSO*, Executive Summary, 2004, S. 3; *Menzies*, SOA, 2004, S. 78.
320 Vgl. *COSO*, Executive Summary, 2004, S. 1.
321 Vgl. *Hillebrand*, Früherkennungssystem, 2005, S. 133.

nehmens gefährden darf, selbst wenn die Gefährdung mit großen Chancen verbunden ist,[322] muss ein nach den COSO-Kriterien ausgestaltetes Internes Kontrollsystem auch die Anforderung des KonTraG (§ 91 Abs. 2 AktG) erfüllen. Das System muss demnach bestandsgefährdende Risiken so frühzeitig erkennen, dass das Management noch geeignete Maßnahmen zur Risikosteuerung ergreifen kann. Denn ein mit Hilfe des COSO-Report eingerichtetes System kann dem Management nur dabei helfen, im Rahmen seiner Risikoeinstellung die vorgegebenen Ziele mit hinreichender Sicherheit zu erreichen.[323] Das COSO-Modell gibt dem Management also keine Risikoeinstellung vor. Vielmehr ist die Ausgestaltung des Systems eine von der Risikoeinstellung des Managements abhängige Ermessensentscheidung. Die Geschäftsleitung kann sich jedoch nach deutschem Recht nur dann im „sicheren Hafen" befinden, wenn es die in Deutschland gesetzlich normierte Risikoscheu beachtet und das System in Bezug auf bestandsgefährdende Risiken mit Hilfe des COSO-Reports entsprechend sensitiv gestaltet.[324] Die Unternehmensleitung hat dann bspw. dafür zu sorgen, dass die Regelstrecke nach einer durch das Controlling festgestellten Abweichung vom Sollwert in der Zielkategorie „Wirksamkeit und Wirtschaftlichkeit der Geschäftstätigkeit" ausreicht, um die zur Sicherung des Fortbestands des Unternehmens notwendigen Maßnahmen zu ergreifen. In Abhängigkeit von den mit der Zielverfehlung in Verbindung stehenden Risikopotenzialen und unter Kenntnis der hierfür benötigten Regelstrecke sind dann die prozessintegrierten Kontrollmaßnahmen des Controlling hinsichtlich Art, Umfang und Häufigkeit zweckadäquat auszugestalten. Hält sich die Geschäftsleitung bei der Ausgestaltung des Systems nach COSO I an die gesetzlich normierte Risikoscheu, dann erfüllt das Konzept allerdings die juristischen Mindestanforderungen an ein Internes Kontrollsystem hinsichtlich der Effektivität und Effizienz ohne Einschränkungen.

Im Gegensatz zur COSO-Definition, der die „Interne Kontrolle" als einen Prozess auffasst, gehen die deutsche Definition und auch der Gesetzgeber davon aus, dass es sich bei der „Internen Kontrolle" um ein System handelt. *Hillebrand* weist jedoch zu Recht in seiner Arbeit darauf hin, dass die COSO-Definition durchaus eine systemtheoretische Sicht erlaubt und in vollem Umfang mit dem Systemkonzept vereinbar ist, da beide Definitionen auf eine geordnete Gesamtheit von Elementen (Geschäftsleitung, Mitarbeiter) abstellen, zwischen denen irgendwelche Beziehungen hergestellt werden können.[325]

Damit die durch das Interne Kontrollsystem nach COSO I verfolgten Ziele mit hinreichender Sicherheit erreicht werden können, muss das Interne Kontrollsys-

---

322 Vgl. *Lutter*, Haftung, 2000, S. 305.

323 Das Rahmenkonzept des „Enterprise Risk Management – Integrated Frameworks" baut auf COSO I und gibt ebenso wie COSO I keine Risikoeinstellung vor; vgl. COSO, ERM, 2004, S. 19-20.

324 Vgl. *Hillebrand*, Früherkennungssystem, 2005, S. 140.

325 Vgl. *Hillebrand*, Früherkennungssystem, 2005, S. 33 f.

tem folgende fünf in Wechselbeziehung miteinander stehende Bestandteile aufweisen, die auf jeder Managementebene[326] in die Geschäftsabläufe des Unternehmens einzubinden sind.[327]

- *Kontrollumfeld*: Das Kontrollumfeld bestimmt den Charakter des Internen Kontrollsystems, indem es das Kontrollbewusstsein der Mitarbeiter beeinflusst und die Grundlage für die übrigen Bestandteile des Internen Kontrollsystems darstellt. Es setzt sich aus verschiedenen Faktoren zusammen: Integrität, ethisches Bewusstsein, Kompetenz der Mitarbeiter, Managementphilosophie, Führungsstil, Unternehmensweiterbildung, Organisationsstruktur, die Zuordnung von Weisungsrechten und Verantwortung, Personalpolitik sowie die Überwachungstätigkeit der Aufsichtsgremien.[328]
- *Risikobeurteilung*: Jedes Unternehmen ist unterschiedlichen internen und externen Risikoquellen ausgesetzt, die entsprechend der von Seiten des Managements vorgegebenen Risikoeinstellung zu begrenzen sind. Die Risikobeurteilung umfasst daher die Identifikation und die Analyse von Risiken anhand festgelegter Ziele sowie deren Bewertung in Bezug auf Ausmaß und Eintrittswahrscheinlichkeit auf allen Ebenen der Organisation, damit daraus eine Entscheidungsgrundlage für das Management hinsichtlich der Bewältigung der Risiken entwickelt werden kann. Voraussetzung für die Risikobeurteilung ist demzufolge die Festlegung von Zielen, anhand derer mögliche Risiken festgestellt und den Zielkategorien zugeordnet werden können. Auf Ebene des Gesamtunternehmens zählen dazu aber auch Risiken, die sich aus Veränderungen des volkswirtschaftlichen oder gesetzlichen Umfelds ergeben. Insbesondere auf Ebene der betrieblichen Funktionen bzw. Geschäftseinheiten sind auch die kritischen Erfolgsfaktoren zu beurteilen und somit neben den Risiken auch die Chancen in die Analyse mit einzubeziehen. Das Interne Kontrollsystem liefert dem Entscheidungsträger daher nur die Entscheidungsgrundlage zur Risikohandhabung, hat diese selbst jedoch nicht zum Gegenstand.[329, 330]
- *Kontrollaktivitäten*: Bei den Kontrollaktivitäten handelt es sich um Grundsätze, Maßnahmen und Verfahren zur Einhaltung von Management-Entscheidungen und zur Sicherstellung der Anweisungen der Unternehmensleitung zur Risiko-

---

326 Vgl. Kapitel 2.2.3: Abgrenzung der Managementebenen, S. 64.

327 Diese Komponenten sind unabhängig von der Größe des Mandanten. Ihre Ausgestaltung muss allerdings unternehmensspezifisch und unter Berücksichtigung der jeweiligen Kontextfaktoren des Einzelfalls erfolgen, um die Angemessenheit und Wirksamkeit der Konzeption des jeweils eingerichteten Systems zu gewährleisten; vgl. Ausführungen zu Kapitel 2.4.2.1: Konzeption und Einrichtung, S. 76.

328 Vgl. *COSO*, Internal Control, 1994, S. 4, 23-32.

329 Vgl. *COSO*, Internal Control, 1994, S. 4, 33-45.

330 COSO I wird somit auch den Anforderungen nach einem Risikofrüherkennungssystem des Kapitels 2.4.2.3: Anpassung und Weiterentwicklung, S. 80, gerecht.

handhabung.[331] Während Grundsätze die Aufgabe der jeweiligen Kontrolle festlegen, geben Verfahren vor, wie die Kontrolle durchzuführen ist.[332] Eine Implementierung der Kontrollaktivitäten ist auf allen Managementebenen und in allen Abteilungen erforderlich. Die Kontrollen lassen sich einer oder mehreren Zielkategorien zuordnen (z.B. kann die Qualitätskontrolle im Produktionsbereich dazu beitragen, ein konstantes Qualitätsniveau zu gewährleisten, was wiederum das Risiko einer Falschdarstellung im Bereich Reklamationsrückstellung bzw. Vorräte reduziert) und umfassen auch den Bereich der prozessintegrierten Überwachungsmaßnahmen.[333, 334]

- *Information und Kommunikation*: Finanzielle und sonstige Informationen werden auf allen Managementebenen eines Unternehmens benötigt und bilden die Grundlage für die zielorientierte Steuerung und Überwachung der Geschäftstätigkeit. Das betriebliche Informationssystem umfasst daher alle Teilbereiche der Unternehmung und kann formell oder informell ausgestaltet sein. Es liefert dem Management die zur Entscheidungsfindung notwendigen Informationen, indem es die dafür relevanten Informationen nicht nur identifiziert und erfasst, sondern auch rechtzeitig verarbeitet und kommuniziert. Die Kommunikation ist ein Bestandteil der Informationssysteme und sorgt dafür, dass die Mitarbeiter über ihren Aufgaben- und Verantwortungsbereich informiert sind und bzgl. der eingeräumten Kompetenzen keine Missverständnisse bestehen. Wichtige Informationen müssen aufgrund offener Kommunikationswege auch ad hoc an höhere Hierarchiestufen weitergeleitet werden können. Ebenso wichtig ist die Kommunikation mit Dritten, was insbesondere Kunden und Lieferanten sowie die Versorgung Dritter mit Informationen betrifft. Dazu zählen bspw. die Kapitalgeber, Aufsichtsbehörden und Analysten.[335]
- *Überwachung*: Zur Beurteilung der Angemessenheit und Wirksamkeit bei wechselnden Umfeld- und Rahmenbedingungen muss das System schlussendlich auch überwacht und müssen erforderlichenfalls Korrekturmaßnahmen eingeleitet werden.[336] Dafür kommen prozessintegrierte und prozessunabhängige Überwachungsmaßnahmen in Betracht.[337] Prozessintegrierte Überwachungsmaßnahmen sind in die normalen Geschäftsabläufe eingebaut und sollen eine ständige Überwachung gewährleisten. Die prozessintegrierten Maßnahmen der Überwachungskomponente sind häufig identisch mit denen der Komponente „Kon-

---

331 COSO I wird demnach auch den gestiegen Kontrollanforderung des KonTraG auf operativer Ebene gerecht; vgl. Kapitel 2.4.2.3: Anpassung und Weiterentwicklung, S. 80.

332 Vgl. *Menzies*, SOA, 2004, S. 79.

333 Vgl. *COSO*, Internal Control, 1994, S. 4, 49-56.

334 Zur weiteren Unterteilung vgl. die Ausführungen zum Überwachungssystem auf S. 72 ff.

335 Vgl. *COSO*, Internal Control, 1994, S. 4 f., 59-66.

336 Zu diesem Erfordernis vgl. auch Kapitel 2.4.2.3: Anpassung und Weiterentwicklung, S. 80 ff.

337 Vgl. hierzu auch die Ausführungen zum Überwachungssystem auf S. 72 ff.

trollaktivitäten"; lediglich die Zielsetzung ist unterschiedlich.[338, 339] So dienen z.B. die Auswertung und Analyse von betrieblichen Statistiken durch den zuständigen Abteilungsleiter der Risikoerkennung und tragen dazu bei, dass notwendige Maßnahmen zur Risikohandhabung ergriffen werden, unterstützen aber auch gleichzeitig die Überwachung der Plausibilität der enthaltenen Informationen. Art, Umfang und Häufigkeit prozessunabhängiger Überwachungsmaßnahmen hängen vom Ergebnis der prozessintegrierten Überwachungsmaßnahmen ab. Zu den prozessunabhängigen Überwachungsmaßnahmen zählt in erster Linie die Interne Revision.[340] Ziel dieser Maßnahmen ist es, dass insbesondere festgestellte Mängel dokumentiert und in geeigneter Form an die Unternehmensleitung und die zuständigen Mitarbeiter berichtet werden, damit die erforderlichen Reaktionen zur Verbesserung des Systems ergriffen werden können.[341]

Aufgrund der obigen Ausführungen können die genannten fünf Bestandteile als Kriterien für die Beurteilung der Angemessenheit und Wirksamkeit des Internen Kontrollsystems aus betriebswirtschaftlicher Sicht aufgefasst werden. Sie liefern somit der Geschäftsleitung einer Kapitalgesellschaft nicht nur Anhaltspunkte dafür, wann sie ihrer Sorgfaltspflicht im Rahmen ihres unternehmerischen Ermessens gem. § 93 Abs. 1 Satz 2 AktG ausreichend nachgekommen ist, sondern können auch für Prüfungszwecke operationalisiert werden, indem ihnen der Charakter eines Soll-Objekts zukommt.[342, 343] Denn die Komponenten können dem Prüfer immer dann als Kriterium für die Angemessenheit von Steuerungs- und Überwachungsmaßnahmen dienen, wenn dieser aufgrund seines Prüfungsauftrags hinsichtlich der Zielerreichung des Systems gleiche Interessen verfolgt wie die Unternehmensleitung, d.h. eine hinreichend sichere Zielerreichung des Systems auch zum Erreichen seiner eigenen (Prüfungs-)Ziele beiträgt oder diese bestenfalls ebenso hinreichend sicherstellt.

---

338 Vgl. *Hillebrand*, Früherkennungssystem, 2005, S. 37 f.

339 *Hillebrand*, Früherkennungssystem, 2005, S. 33 f., weist außerdem zu Recht darauf hin, dass im deutschsprachigen Schrifttum dieser Unterschied zumeist nicht beachtet wird und die Kontrollaktivitäten dem Überwachungssystem zugeordnet werden, wodurch die Bedeutung der Kontrollaktivitäten im Umgang mit unternehmerischen Risiken vernachlässigt werden.

340 COSO I wird demnach auch der Anforderungen hinsichtlich der Überwachung des Systems gerecht; vgl. Kapitel 2.4.2.2: Überwachung, S. 78.

341 Vgl. *COSO*, Internal Control, 1994, S. 5, 69-76.

342 Vgl. *Lück/Makowski*, Internal Control, 1996, S. 159.

343 Die Komponente „Risikobeurteilung" wird darüber hinaus auch den Anforderungen des Kapitels 2.4.2.1: Konzeption und Einrichtung, S. 76, gerecht, wonach das einzurichtende System auch Maßnahmen zur Steuerung bzw. Koordination umfassen muss.

2.5 Zwischenergebnis und weiteres Vorgehen

Die Abbildung stellt die bisherigen Ergebnisse zusammenfassend dar und verdeutlicht, dass die Geschäftsleitung einer Kapitalgesellschaft die Aufgaben zur Zielerreichung auf operativer Ebene nicht selber wahrnehmen muss und im Regelfall aufgrund des Kontextfaktors „Größe“ und der Komplexität des Unternehmens auch nicht selber wahrnehmen kann.

Abb. 2-9: Grafische Darstellung des Zwischenergebnisses

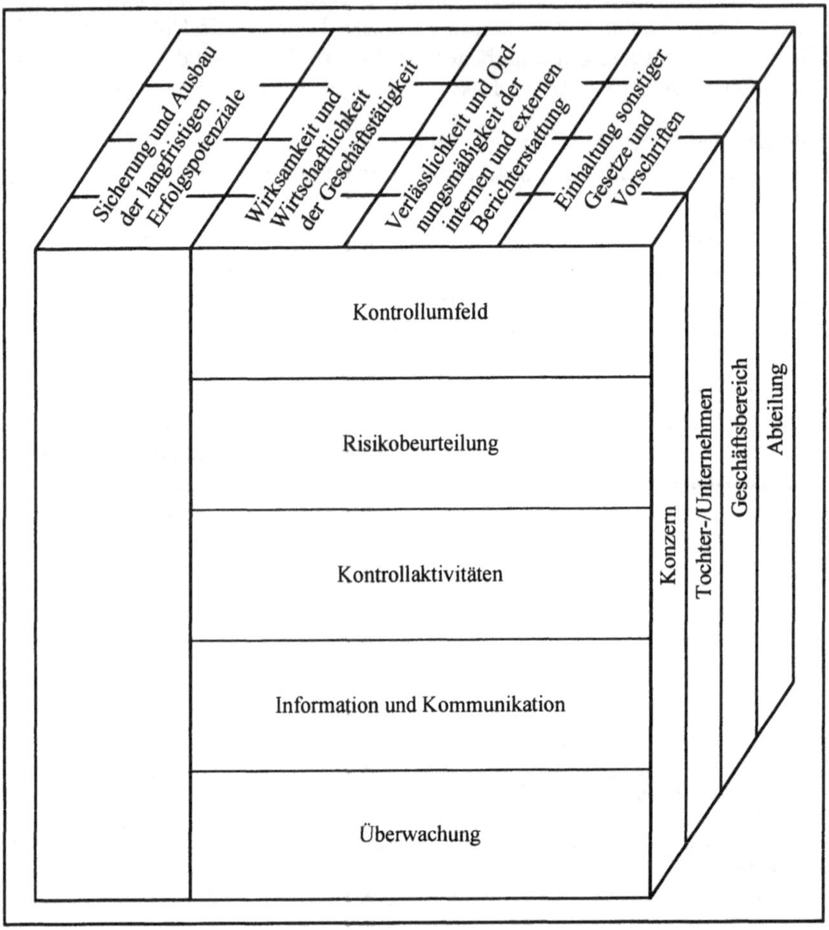

Die Unternehmensleitung nutzt daher die Organisationsstruktur des Unternehmens, um die arbeitsteilige Aufgabenverrichtung auf operativer Ebene zu koordinieren und zu überwachen. Hierfür müssen die nachgelagerten Hierarchieebenen allerdings mit den entsprechenden Kompetenzen ausgestattet werden. Insbesondere das Management erfährt im Unternehmen ein umfangreiches Empowerment durch die Unternehmensleitung, indem es mit Entscheidungs- und Weisungsbefugnissen ausgestattet wird. Die Ziele auf operativer Ebene in konkrete Handlungsanweisungen und Zielvorgaben für das Ausführungssystem umzusetzen sowie die Ausführung zu koordinieren und zu überwachen, ist somit Aufgabe des gesamten Managements. Die Gesamtheit aller Verfahren, Maßnahmen und Regelungen, die das Management in seinem jeweiligen Verantwortungsbereich einführt, um die Um-/Durchsetzung seiner getroffenen Entscheidungen sicherzustellen, wird als „Internes Kontrollsystem" i.S. dieser Arbeit bezeichnet. Die abschließende Verantwortung für die Angemessenheit und Wirksamkeit des Internen Kontrollsystems verbleibt allerdings bei der Unternehmensleitung und kann nicht delegiert werden. Damit das Interne Kontrollsystem die Zielerreichung auf operativer Ebene hinreichend sicherstellt, hat ein sorgfältiger Geschäftsleiter allerdings dafür zu sorgen, dass es die aus der folgenden Abb. 2-9 ersichtlichen fünf Komponenten aufweist, dass diese funktionsfähig sind, miteinander harmonieren und dies auf allen Hierarchiestufen sowie in allen Abteilungen des Unternehmens gewährleistet ist, da er sich andernfalls der Gefahr einer Haftung aussetzt.

2.6 Sicherstellung der Zielerreichung auf strategischer Ebene

Nachdem die Verantwortungsbereiche des Managements auf operativer Ebene und die Mindestanforderungen an die einzurichtenden Systeme dargestellt und analysiert wurden, verbleibt der Verantwortungsbereich des strategischen Managements. Wegen dessen Bedeutung für die erfolgreiche Weiterentwicklung des Unternehmens ist seine Ausgestaltung eine originäre Aufgabe der obersten Unternehmensleitung, die nicht delegiert werden kann.[344] Im Folgenden soll daher untersucht werden, welche Mindestanforderungen in diesem Bereich an eine sorgfältige Geschäftsleitung zu stellen sind. Im Vordergrund stehen dabei im ersten Schritt die Systeme, die die Unternehmensleitung auf strategischer Ebene eingerichtet hat, um ihrer Verantwortung nachzukommen und im zweiten Schritt die Anforderungen, die an diese Systeme zu stellen sind, um sie hinsichtlich ihrer Aufgabenerfüllung als angemessen bezeichnen zu können.

Ziel ist es daher, ein Rahmenkonzept zu erarbeiten, welches die Ebene des strategischen Managements mit umfasst und den gleichen Zweck erfüllt wie das Rahmenkonzept des COSO I auf operativer Ebene. Es sind daher grundsätzliche Kriterien zu erarbeiten, mit deren Hilfe die angemessene Ausgestaltung eines Systems beurteilt werden kann. Dahinter steht der Grundgedanke, dass die Angemessenheit eines Systems nicht primär auf Grundlage einzelner implementier-

---

344 Vgl. Kapitel 2.1.2: Sicherung und Ausbau der langfristigen Erfolgspotenziale, S. 41 ff.

ter Methoden oder Instrumente beurteilt werden kann, sondern nur im Gesamtkontext. D.h., es ist entscheidend, ob der eingesetzte Instrumenten-Mix oder die Methodologie unter Berücksichtigung der unternehmensspezifischen Kontextfaktoren – bestimmte aus den Systemzielen abgeleitete – Kriterien/ Grundsätze erfüllt. Werden die eingesetzten Instrumente und Methoden den an sie gerichteten Kriterien/Grundsätzen gerecht, erfüllt folglich ihre Gesamtheit die Anforderungen an ein hinsichtlich der Systemziele angemessenes System.[345]

Diesen Vorüberlegungen folgend sollen im Folgenden aus den Systemzielen auf strategischer Ebene Kriterien/ Grundsätze abgeleitet werden, deren Einhaltung die begründete Schlussfolgerung zulässt, dass das durch die Unternehmensleitung eingerichtete System angemessen ist, d.h. die Zielerreichung auf strategischer Ebene so unterstützt, dass sich die Unternehmensleitung bzgl. der Ausgestaltung des Systems keinem Haftungsrisiko aussetzt.

Abschließend sollen dann die in diesem Kapitel gewonnenen Erkenntnisse zu einem erweiterten, auf COSO I aufbauenden Rahmenkonzept zusammengefasst und in Form eines Soll-Objekts für Prüfungszwecke zur Verfügung gestellt werden.

2.6.1 Aktivitäten zur Zielerreichung auf strategischer Ebene

Im Folgenden werden zunächst, ausgehend von dem zu erreichenden Ziel „Sicherung und Ausbau der langfristigen Erfolgspotenziale", „Managementaktivitäten" (Tab. 2-4) definiert, die der Umsetzung dieses Ziels dienen sollen, um der ersten Forderung zur Ableitung von Kriterien/ Grundsätzen gerecht zu werden, die eine konsequente Systemzielbezogenheit verlangt. Anschließend sollen diese soweit möglich systematisiert werden, um erste Anhaltspunkte hinsichtlich der Aufbauorganisation des auf strategischer Ebene zur Unterstützung der Unternehmensleitung einzurichtenden Systems zu erlangen.

345 I.d.S. auch *Leffson*, Systemprüfung, 1992, S. 1927.

Tab. 2-4: Managementaktivitäten des Verantwortungsbereichs „Ausbau und Sicherung der langfristigen Erfolgspotenziale“

Management-aktivität	Beschreibung
Vision formulieren und festlegen[346]	Die Unternehmensvision stellt die Leitidee der unternehmerischen Tätigkeit dar und verkörpert das Gedankengut, auf dem die Geschäftspolitik fußt. Durch die Vision wird somit der angestrebte künftige Zustand des Unternehmens beschrieben.[347] Diese Leitbilder des Unternehmens enthalten die schriftliche Fixierung der Unternehmensphilosophie, also der langfristigen Orientierung und Ausrichtung des Unternehmens im Verhältnis zu Externen und Internen. Diese Managementaktivität wurde der Vollständigkeit halber und aufgrund ihrer Bedeutung für die Strategiefestlegung mit aufgenommen. Für die weiteren Zwecke der Arbeit soll jedoch unterstellt werden, dass das Unternehmen über ein derartiges Leitbild bereits verfügt.[348]
Strategie formulieren und festlegen[349]	Durch die Strategie wird der Weg festgelegt, den das Unternehmen vor dem Hintergrund der angestrebten Vision mittel- bis langfristig beschreiten wird. Die Vision des Unternehmens stellt die Grundlage dar für das Ableiten der Unternehmensstrategie, die unter Berücksichtigung der vermuteten Umfeldbedingungen eine Realisierung der Vision erwarten lässt. Unter der Strategie ist daher ein komplexes Maßnahmenbündel zu verstehen.[350] Diese Maßnahmen bzw. Initiativen sind darauf ausgerichtet, dem Unternehmen nachhaltig die Erfolgspotenziale zu sichern bzw. auszubauen. Durch die Strategie wird somit ein langfristiger Handlungsrahmen abgesteckt, der eine angestrebte Marktposition determiniert und die Unternehmensinterne Ressourcenverteilung, insbesondere auf Ebene der strategischen Geschäftseinheiten, regelt und dem Ausbau bzw. der Erhaltung der langfristigen Erfolgspotenziale dienen soll.[351] Erfolgspotenziale sind dabei zu verstehen als bewerteter Vorsprung des Unternehmens bei einzelnen, über Erfolgsparameter gemessenen Erfolgsfaktoren gegenüber der Konkurrenz.[352] Die Erfolgsfaktoren ihrerseits sind als Parameter bzw. Vorsteuerkriterien für den Erfolg und folglich die Liquidität eines Unternehmens zu sehen[353] und können damit einer bspw. auf Unternehmensebene (Konzern, Holding etc.) verfolgten Unternehmenswertsteigerung dienlich sein. Die strategischen Geschäftseinheiten stellen dann, in Anlehnung an die Finanzmarkttheorie, aus der Sicht des Gesamtunternehmens das Portfolio dar,[354] indem durch Investition bzw. Deinvestition ebenfalls strategische Maßnahmen ergriffen werden können.

346 Bzgl. der Verantwortung der Geschäftsleitung für diese Aktivität vgl. die Ausführungen unter Kapitel 2.1.1: Grundsätzliche Führungsaufgaben der Unternehmensleitung einer Kapitalgesellschaft, S. 39.

347 Vgl. *Wolf*, Risikomanagement, 2003, S. 92; *Graumann*, Controlling, 2003, S. 35.

348 Eine Checkliste, mit der ein Unternehmensleitbild im konkreten Fall erarbeitet werden kann, befindet sich bspw. unter *IDW FAR*, Sanierungs-Konzepte, 1991, S. 319 ff.

349 Bzgl. der Verantwortung der Geschäftsleitung für diese Aktivität vgl. die Ausführungen unter Kapitel 2.1.2: Sicherung und Ausbau der langfristigen Erfolgspotenziale, S. 41 ff.

350 Vgl. *Neubeck*, Risikomanagementsysteme, 2003, S. 68.

351 Vgl. *Wolf*, Risikomanagement, 2003, S. 93.

352 Vgl. *Müller*, Management, 2003, S. 357.

353 Vgl. *Müller*, Management, 2003, S. 346.

354 Vgl. *Graumann*, Controlling, 2003, S. 82.

Management-aktivität	Beschreibung
Strategie formulieren und festlegen[355] *(Fortsetzung)*	Beim Bestimmen der Maßnahmen kann bspw. eine marktorientierte Herangehensweise verfolgt werden, die sich an der Wahrnehmung potenzieller Absatzchancen orientiert und auf die strategischen Ergebnisgrößen der Qualität, Zeit bzw. Kosten Einfluss nimmt,[356] um hierüber die Wettbewerbsfähigkeit des Unternehmens zu sichern.[357] Bei der ressourcenorientierten Sichtweise ist das Unternehmen selbst Ausgangspunkt der Wettbewerbsvorteile und versucht, durch eine gezielte Weiterentwicklung seiner Kernkompetenzen die Erfolgsfaktoren direkt zu beeinflussen. Diese setzen daher an der ungleichen Ausstattung von Unternehmen mit Ressourcen an, die mittels Stärken-Schwächen-Analyse identifiziert werden sollen. Durch den Ausbau der unternehmensspezifischen, nicht leicht zu kopierenden Ressourcen sollen somit Erfolgspotenziale geschaffen werden.[358] Die Maßnahmen einer Strategie sind somit in erster Linie sachlogisch in Form von Mittel-Zweck- bzw. Ursache-Wirkungsbeziehungen in Verbindung zu bringen. Eine Operationalisierung der Strategie kann sich daher ebenfalls nur in einem Regelkreis unter Berücksichtigung der beschriebenen Ursache-Wirkungs-Zusammenhänge zwischen den Erfolgsfaktoren vollziehen. Als Teil der Gesamtstrategie ist auch die Risikostrategie festzulegen. Diese bestimmt, wie mit bestandsgefährdenden Risiken umzugehen ist und hat dafür zu sorgen, dass keine anderen, durch die Unternehmensleitung festgelegten Ziele mit diesem in Konflikt stehen.[359]
Ziele setzen und Leistungsindikatoren festlegen[360]	Aus der Vision des Unternehmens (z.B. Marktführerschaft in den Kernbereichen) sind zunächst konkrete strategische Ziele auf Basis einzelner Erfolgsfaktoren abzuleiten (z.B. alte Kunden binden, neue hinzugewinnen), die mittels strategischer Maßnahmen (z.B. neuen Absatzmarkt erschließen) erreicht werden können. Der Erfolgsfaktor soll also in einen Zustand versetzt werden, der der Vision zuträglich ist. Zur Umsetzung der Strategie bzw. zum Erreichen der strategischen Ziele sind letztere daher weiter herunterzubrechen in operative Zielgrößen des Erfolgsfaktors. Diese müssen dann mit konkreten Maßnahmen auf operativer Ebene umsetzbar bzw. erreichbar sein. Voraussetzung hierfür ist es jedoch, dass die abgeleiteten Ziele messbar bzw. transparent sind und einem Verantwortungsbereich für den Planungszeitraum eindeutig zugewiesen wurden. Denn andernfalls wäre es den Verantwortlichen nicht möglich, deren Umsetzung sachgerecht zu steuern bzw. zu überwachen.[361] Sind Erfolgsfaktoren bzw. Zielgrößen nicht direkt messbar (z.B. Qualität der Produkte), so sind ersatzweise messbare Indikatoren (z.B. Reklamationsquote) zu bestimmen und auf dieser Grundlage Zielvorgaben festzulegen, die in einem bestimmten Zeitraum durch die Verantwortungsträger zu erreichen sind.

355 Bzgl. der Verantwortung der Geschäftsleitung für diese Aktivität vgl. die Ausführungen unter Kapitel 2.1.2: Sicherung und Ausbau der langfristigen Erfolgspotenziale, S. 41 ff.

356 Vgl. *Grüning*, Performance Measurement, 2001, S. 121 f.

357 Aufgrund ihrer Bedeutung liegen diese bspw. auch den generischen Wettbewerbsstrategien (Kostenführerschaft, Differenzierungsstrategie und Spezialisierungsstrategie) zugrunde.

358 Vgl. *Grüning*, Performance Measurement, 2001, S. 123 f.

359 Vgl. *Neubeck*, Risikomanagementsysteme, 2003, S. 71.

360 Bzgl. der Verantwortung der Geschäftsleitung für diese Aktivität vgl. die Ausführungen unter Kapitel 2.1.3: Wirksamkeit und Wirtschaftlichkeit der Geschäftstätigkeit, S. 46 ff.

361 Vgl. *Wolf*, Risikomanagement, 2003, S. 93.

Management-aktivität	Beschreibung
Ziele setzen und Leistungsindikatoren festlegen[362] *(Fortsetzung)*	Das weitere Herunterbrechen der so quantifizierten Ziele erfolgt durch die Kommunikation und weitere Präzisierung der zugehörigen Leistungsindikatoren top-down.[363] D.h., auf jeder Unternehmensebene sind aus den jeweiligen Oberzielen entsprechende Unterziele abzuleiten, wobei letztere wiederum die Oberziele für nachgelagerte Unternehmensebenen bilden usw. Die Unternehmensziele sind somit kaskadenförmig entlang der Organisationsstruktur abzuleiten, um die Implementierung der Strategie und die optimale Ausnutzung der vorgegebenen Potenziale durch die Organisation – also die Wirksamkeit und Wirtschaftlichkeit – auf nachgelagerten Ebenen sicherzustellen.[364] Das dadurch entstehende Zielsystem des Unternehmens besteht meist aus qualitativen und quantitativen Elementen und beinhaltet aus zeitlicher Dimension strategische und operative Ziele.[365]
Prozesse der Zielfestlegung einrichten[366]	Sowohl Ableitung als auch Vereinbarung von Zielen muss im Rahmen eines klar definierten und umfassend dokumentierten Prozesses erfolgen. Dies kann top-down, bottom-up oder durch eine Kombination aus beiden Alternativen, dem sog. Gegenstromverfahren, erfolgen.[367]
Kontroll-aktivitäten ausführen[368]	Neben der Ergebnisorientierung, die aus der Gegenüberstellung von Soll-Vorgaben und Ist-Werten Abweichungen identifiziert und zur Klärung von Ursachen beitragen kann, kommt der Kontrolle auch eine Lernfunktion zu. Durch die Überprüfung der Plausibilität der strategischen Ziele und der Aktualität der angenommenen Prämissen, die in Form eines Rückkopplungsprozesses erforderlichenfalls an die geänderten Umfeldbedingungen angepasst werden, kommt ihnen auch eine wichtige Funktion bei der Weiterentwicklung der Strategie zu.[369]

362 Bzgl. der Verantwortung der Geschäftsleitung für diese Aktivität vgl. die Ausführungen unter Kapitel 2.1.3: Wirksamkeit und Wirtschaftlichkeit der Geschäftstätigkeit, S. 46 ff.

363 Vgl. *IDW*, WP-Handbuch, 2000, P 32.

364 Vgl. *Wolf*, Risikomanagement, 2003, S. 85.

365 Vgl. *Boycott*, Interne Kontrollsysteme, 1997, S. 264.

366 Vgl. hierzu auch die Ausführungen des Kapitels 2.2.1: Organisation als Voraussetzung der Aufgabenerfüllung der Unternehmensführung, S. 60 ff.

367 Vgl. *Horvath*, Controlling, 2002, S. 197.

368 Gem. den Ausführungen des Kapitels 2.1.1: Grundsätzliche Führungsaufgaben der Unternehmensleitung einer Kapitalgesellschaft, S. 39, hat die Unternehmensleitung für eine funktionsfähige Unternehmenskontrolle zu sorgen. Den Ausführungen unter Kapitel 2.4: Sicherstellung der Zielerreichung auf operativer Ebene, S. 70, ist zu entnehmen, dass die hier beschriebene Kontrollaktivität nicht Gegenstand des Internen Kontrollsystems ist, weshalb durch die Einrichtung eines angemessenen und wirksamen Internen Kontrollsystems den Anforderungen des Gesetzgebers, für eine angemessene Unternehmenskontrolle zu sorgen, noch nicht hinreichend Rechnung getragen wurde.

369 Vgl. *Horvath*, Modernes IKS, 2003, S. 216.

Management-aktivität	Beschreibung
Risiken und Chancen managen[370]	Die Identifikation und Realisierung von Erfolgspotenzialen im Rahmen des strategischen Managements muss unter Berücksichtigung sich ergebender Chancen und Eingrenzung der damit verbundenen Risiken erfolgen.[371] Denn die sich ergebenden Chancen wirken positiv auf die Einzahlungsüberschüsse, wohingegen Risiken diesen negativ gegenüberstehen. Somit kann das mit unternehmerischen Handlungen und Entscheidungen zusammenhängende Wertschaffungs- bzw. Wertvernichtungspotenzial in Form von Chancen und Risiken letztlich als Ausprägung von Erfolgsfaktoren interpretiert werden.[372] Neben diesen auch als endogen bezeichneten Risiken sind auch alle exogenen Risiken im unternehmensweiten Risiko- und Chancenmanagement zu berücksichtigen.[373] Darüber hinaus muss die Unternehmensleitung durch ein angemessenes Risikomanagement dafür sorgen, dass die festgelegte Risikostrategie eingehalten wird und keine bestandsgefährdenden Risiken eingegangen werden.[374]
Mit Unternehmensexternen kommunizieren[375]	Die Zielerreichungsgrade und sonstige entscheidungsrelevante Informationen sind den wesentlichen und interessierten Stakeholders, insbesondere den Shareholders, mitzuteilen.
Mit Unternehmensinternen kommunizieren[376]	Die Vision, Strategie, Ziele, Aufgaben und Verantwortungsbereiche sind im Unternehmen an die Mitarbeiter weiterzugeben.

370 Bzgl. der Verantwortung der Geschäftsleitung für diese Aktivität vgl. die Ausführungen unter Kapitel 2.1.2: Sicherung und Ausbau der langfristigen Erfolgspotenziale, S. 41 ff. i.V.m. denen des Kapitels 2.4.2.3: Anpassung und Weiterentwicklung, S. 80. Im Letzteren wurde insbesondere dargestellt, dass die Anforderungen des KonTraG hinsichtlich der einzurichtenden Maßnahmen zur Risikofrüherkennung über die derzeit bestehenden Konzepte des Internal Control hinausgehen.

371 Vgl. *Reichmann/Form*, Chance- and Risk Management, 2000, S. 189.

372 Vgl. *Müller*, Management, 2003, S. 332.

373 Vgl. *Reichmann/Form*, Chance- and Risk Management, 2000, S. 192.

374 Vgl. *Neubeck*, Risikomanagementsysteme, 2003, S. 71.

375 Vgl. hierzu auch die Ausführungen unter Kapitel 2.1.4: Verlässlichkeit und Ordnungsmäßigkeit der internen und externen Berichterstattung, S. 48 ff.

376 Vgl. hierzu auch die Ausführungen unter Kapitel 2.1.4: Verlässlichkeit und Ordnungsmäßigkeit der internen und externen Berichterstattung, S. 48 ff.

Management-aktivität	Beschreibung
Internes Umfeld zielorientiert gestalten	Das Lohnsystem des Unternehmens ist so zu gestalten, dass es von den Mitarbeitern als adäquat und gerecht beurteilt wird. Die Verknüpfung von Leistungskennzahlen in Form von verbindlich vorgegeben Zielen mit Anreizen (Incentives) zur Verhaltenssteuerung der Mitarbeiter muss fair sein und darf nicht gegen die ethischen Grundsätze des Unternehmens verstoßen.[377] Weisungsbefugnis, Verantwortung und Verantwortlichkeit sollten klar definiert sein, damit die Entscheidung und Maßnahmen zur Zielerreichung auf der jeweiligen Organisationsebene durch die geeigneten Personen getroffen werden.[378] Die Identifikation mit der Vision ist sicherzustellen, da die darin zum Ausdruck kommenden Führungs- und Unternehmensgrundsätze einen Baustein der Unternehmenskultur darstellen und sich positiv auf Motivation, Kreativität und Verantwortungsbewusstsein der Mitarbeiter auswirken und dazu beitragen, dass eine Atmosphäre des Vertrauens geschaffen wird.[379]
Aktivitäten überwachen	Dies fällt in erster Linie in den Hauptaufgabenbereich der Internen Revision, die nicht mehr nur vergangenheitsorientierte Ordnungsmäßigkeitsprüfung durchführt, sondern vielmehr ihre Prüfung in den Bereichen intensivieren muss, die auf die künftige Wettbewerbsposition entscheidenden Einfluss haben. Hierfür genügt es ebenfalls nicht mehr, nur risikoorientiert vorzugehen, vielmehr muss das Erkennen von Chancen ein gleichrangiges Prüfungsziel sein. Denn das Versäumen von Chancen führt zu einem Wettbewerbsvorsprung bei der Konkurrenz und somit zu den Risiken von morgen.[380]

Die aufgelisteten Aktivitäten durchzuführen bzw. zu veranlassen, fallen in den Verantwortungsbereich der Unternehmensleitung, denn sie dienen nicht nur der „Sicherung und dem Ausbau der langfristigen Erfolgspotenziale", sondern sie setzen auch Rahmenbedingungen für die anderen Verantwortungsbereiche der Unternehmensleitung (Wirksamkeit und Wirtschaftlichkeit der Geschäftstätigkeit, Verlässlichkeit und Ordnungsmäßigkeit der internen und externen Berichterstattung sowie Einhaltung sonstiger Gesetze und Vorschriften). Diese Aktivitäten sind insbesondere in dem Zusammenhang weiter zu analysieren, dass das Ziel, die langfristigen Erfolgspotenziale zu sichern und auszubauen, in erster Linie von *Entscheidungen* abhängt, die durch die Unternehmensleitung zu treffen sind. Auf Grundlage dieser strategischen Entscheidungen werden die Zielvorgaben für nachgelagerte Managementebenen im Rahmen eines Zielsetzungsprozesses mit den jeweiligen Verantwortungsträgern verhandelt und festgelegt. Denn die Umsetzung der Entscheidung der Unternehmensleitung kann nur sichergestellt werden, wenn die nachfolgenden Managementebenen konsistente und umsetzbare Zielvorgaben erhalten, die auf diesem Wege über die Organisationsstruktur an das Ausführungssystem gelangen. Die Gesamtheit der Verfahren, Maßnahmen und Regelungen, die im Verantwortungsbereich der jeweiligen Managementebenen getroffen werden, um ihre Entscheidungen auf operativer Ebene um- bzw. durchzusetzen, wurden als „*Internes Kontrollsystem*" bezeichnet. Für dieses wurden bereits Anforderungen konkre-

377 Vgl. *Boycott*, Interne Kontrollsysteme, 1997, S. 265.
378 Vgl. *Boycott*, Interne Kontrollsysteme, 1997, S. 266.
379 Vgl. *Graumann*, Controlling, 2003, S. 35.
380 Vgl. *Peemöller/Richter*, Interne Revision, 2000, S. 75 ff.

tisiert, die eine hinreichende Sicherstellung der *Um- bzw. Durchsetzung der Entscheidungen* der Unternehmensleitung ermöglichen und deren Haftungsrisiko reduzieren sollen. Das in diesem Zusammenhang vorgestellte Rahmenkonzept des Internal Control steht insofern im Einklang mit den bisherigen Ausführungen dieses Kapitels 2.6 „Sicherstellung der Zielerreichung auf strategischer Ebene". Es ist jedoch konzeptionell zu eng gefasst, um die betriebswirtschaftlichen Konzepte, Methoden, Instrumente und Verfahren, die auf strategischer Ebene zur Sicherung und zum Ausbau der langfristigen Erfolgspotenziale zum Einsatz kommen, zu integrieren. Insofern bedarf es weniger einer konzeptionellen Umgestaltung, sondern vielmehr einer Erweiterung dahingehend, dass die strategische Entscheidung selbst mehr in den Vordergrund tritt, denn der Entscheidungsbezug des COSO I als konzeptioneller Rahmen beinhaltet bei einer im Hinblick auf den Entscheidungsprozess aufgabenbezogenen Sichtweise[381] nur die Führungstätigkeiten Steuerung und Kontrolle. Die Führungstätigkeit der Planung im weiteren Sinne, die die Planaufstellung und Planverabschiedung umfasst und das eigentliche Entscheidungsproblem charakterisiert, ist nicht Gegenstand des durch COSO I aufgespannten konzeptionellen Rahmens, zählt jedoch mit zu den originären Führungsaufgaben eines gem. § 93 Abs. 1 AktG sorgfältigen Vorstands und unter dem Vorbehalt, dass die abschließende Entscheidungsbefugnis bei der GmbH der Gesellschaftsversammlung zusteht, auch zu denen eines gem. § 43 Abs. 1 GmbHG sorgfältigen Geschäftsführers.[382] Es ist daher im Weiteren zu analysieren, welche konzeptionelle Erweiterung vorgenommen werden muss, um die aufgelisteten Aktivitäten betriebswirtschaftlich konsistent in das COSO-Rahmenkonzept zu integrieren und dadurch ein erweitertes Rahmenkonzept zu schaffen, das alle Verantwortungsbereiche der Unternehmensleitung einer Kapitalgesellschaft berücksichtigt.

2.6.2 Systematisierung der Managementaktivitäten

Die Managementaktivitäten sollen im Folgenden weiter systematisiert werden. Dabei stehen insbesondere folgende Aktivitäten im Vordergrund:

- Strategie formulieren und festlegen,
- Ziele setzen und Leistungsindikatoren festlegen,
- Risiken und Chancen managen.

Diese gehen konzeptionell über das bestehende Rahmenkonzept des COSO I hinaus, denn bei diesen Aktivitäten handelt es sich nicht um solche, die der Um-/ Durchsetzung von Entscheidungen dienen,[383] sondern es handelt sich vielmehr

---

381 Zu den Phasen des Entscheidungsprozesses vgl. *Hahn*, Controlling-Konzepte, 1996, S. 46.

382 Vgl. hierzu auch die Ausführungen unter Kapitel 2.1.1: Grundsätzliche Führungsaufgaben der Unternehmensleitung einer Kapitalgesellschaft, S. 39.

383 Das Rahmenkonzept des COSO I, wie es auch in die Prüfungsstandards des *IDW* Einzug erlangte, ist auf die Umsetzung von Entscheidungen der Unternehmensleitung gerichtet und

um das Treffen von Entscheidungen unter Unsicherheit und somit um die originäre Aufgabe des Managements.[384]

Da auf strategischer Ebene aufgrund der Dynamik des wirtschaftlichen Umfeldes und der Unsicherheit des künftigen Handelns die Entscheidungssituation nicht vollständig determiniert ist, hängt die Güte der Entscheidung davon ab, wie transparent die Entscheidungssituation dem Entscheidungsträger gemacht werden kann. Die Bemühungen in diesem Zusammenhang werden auch als Planung bezeichnet, wobei die Planung eine Entscheidungsmethode ist, die alle Vorausüberlegungen einschließt, durch welche die Entscheidung fundiert werden soll.[385]

Ziel der *strategischen Planung* ist daher in einer sorgfältigen Analyse des Marktes, in dem das Unternehmen tätig ist, die Stellung des eigenen Unternehmens im Markt transparent zu machen, um damit die Unternehmensleitung zu befähigen, sachgerechte Entscheidungen hinsichtlich der Festlegung der Unternehmensstrategie zu treffen.[386] Das Ergebnis des strategischen Planungsprozesses ist die Formulierung der Unternehmensstrategie.[387] Deshalb kann auf strategischer Ebene anstelle von strategischer Planung auch von strategischer Entscheidung gesprochen werden.[388]

Zur Implementierung der Strategie bedarf es ebenfalls der Planung. Auf nachgelagerter Ebene sind folglich Ziele zu setzen, die der Strategie zuträglich sind und mittels *operativer Maßnahmen* durch das Ausführungssystem umgesetzt werden können. Die in den Verantwortungsbereichen auf operativer Ebene zu erreichenden Ziele stellen somit einen Bestandteil eines anzustrebenden Zustands dar, der in der Planungsperiode erreicht werden soll.[389] Insofern müssen auch in diesem Zusammenhang Ziele und Maßnahmen geplant werden, was wiederum eine Entscheidung darstellt.[390]

Aufgrund der Komplexität und Unstrukturiertheit, mit der die Planung konfrontiert ist, werden die auf Grundlage der Planung getroffenen Entscheidungen keinen Absolutheitsanspruch erheben dürfen, da dies im Umkehrschluss bedeuten würde, dass durch die Planung jegliche Unsicherheit, die zu unsachgerechten Entscheidungen führen kann, beseitigt werden könnte.[391] Da dem in der Regel nicht so ist, bilden die Unternehmensziele auf den einzelnen Organisationsstufen

---

bleibt somit konzeptionell hinter den Anforderungen auf strategischer Ebene zurück (vgl. *IDW PS 260*, IKS, 2001, Tz. 5; *IDW PS 261*, Beurteilung von Fehlerrisiken, 2006, Tz. 19).

384 Vgl. *v.Werder*, GoU, 1996, S. 43 ff.

385 Vgl. *Mag*, Planung, 1993, S. 4.

386 Vgl. *Reichmann*, Controlling, 2000, S. 544.

387 Vgl. *Reichmann/Form*, Chancen- und Risikomanagement, 2000, S. 192.

388 Vgl. *Schreyögg*, Planung, 1994, S. 349.

389 I.d.S. auch *Grüning*, Performance Measurement, 2001, S. 5.

390 Vgl. *Mag*, Planung, 1993, S. 16.

391 Vgl. *Piser*, Strategisches Performance Measurement, 2004, S. 31 ff.

die originären Ansatzpunkte für die Ableitung von Chancen und Risiken.[392] Eine Aufgabe des *Chancen- und Risikomanagements* ist es daher, die während der Planung aus Vereinfachungs- bzw. Effizienzgründen ausgeklammerten Bereiche zu kontrollieren und zu überwachen,[393] damit die Ereignisse, die zu positiven bzw. negativen Abweichungen des Soll-Zustands führen, frühzeitig erkannt werden und durch die Planung berücksichtigt werden können, d.h. dem Entscheidungsträger zur Kenntnis gelangen. Durch das Chancen- und Risikomanagement wird demzufolge die Planung flexibel gehalten und Ereignisse, die aufgrund der notwendigen Selektivität der Planung ausgeklammert wurden, weil sie nicht wesentlich waren, werden in den Entscheidungsprozess wieder eingesteuert. Demzufolge kann auch das Chancen- und Risikomanagement als Planung bezeichnet werden bzw. die Planung als das Managen von Chancen und Risiken. Der Prozess des Chancen- und Risikomanagements steht daher nicht isoliert neben dem Planungs- bzw. Entscheidungsprozess im Unternehmen, sondern ist vielmehr in alle Entscheidungsprozesse im Unternehmen eingebunden.[394] Das Chancen- und Risikomanagement übernimmt damit auch teilweise die Funktion einer *strategischen Kontrolle*, indem sie flankierend zu den Bereichen der selektierten und vorausgeplanten strategischen Erfolgsfaktoren des Unternehmens ungerichtete Beobachtungsaktivitäten erfüllt.

Neben diesen Aktivitäten, die der Entscheidungsvorbereitung dienen, bedarf es auch Aktivitäten zur Durchsetzung von Entscheidungen. Hierunter fällt vor allem die Managementaktivität „Kontrollaktivitäten ausführen". Auf operativer Ebene dient zur Durchsetzung der Entscheidungen der Unternehmensleitung das Interne Kontrollsystem, für welches COSO I ein geeignetes und betriebswirtschaftlich anerkanntes Rahmenkonzept darstellt.[395] Darüber hinaus müssen Kontrollen allerdings auch auf strategischer Ebene durchgeführt werden, um den Grad der Umsetzung der Strategie aufzuzeigen (*Planergebniskontrolle*) sowie die Gültigkeit der den strategischen Entscheidungen zugrunde liegenden Annahmen zu überwachen (*Prämissenkontrolle*). Ferner dienen sie dazu, Probleme bei der Strategieimplementierung, die auf Störereignisse zurückzuführen sind, hinreichend frühzeitig aufzudecken und veränderte Umweltbedingungen zu erfassen, wodurch ein wichtiger Beitrag zur Aufrechterhaltung der Adaptionsfähigkeit der Planung geleistet wird (Chancen- und Risikomanagement auf strategischer Ebene).[396]

---

392 Vgl. *Wolf*, Risikomanagement, 2003, S. 15.

393 I.d.S. *Schreyögg*, Planung, 1994, S. 349.

394 Vgl. *Wall*, Risikomanagement, 2003, S. 459.

395 Vgl. hierzu die Ausführungen unter Kapitel 2.4.3: Kriterien für eine angemessene Ausgestaltung des Internen Kontrollsystems aus betriebswirtschaftlicher Sicht, S. 91 f.

396 Vgl. *Schreyögg*, Planung, 1994, S. 348 ff.; *Piser*, Strategisches Performance Measurement, 2004, S. 26 ff.

Planung und Kontrolle bedürfen sich somit gegenseitig. Ohne Planung ist keine Kontrolle möglich. Ohne Kontrolle ist Planung sinnlos.[397] Planung und Kontrolle sind daher die Grundvoraussetzung zum Treffen und Durchsetzen von Entscheidungen. Das Phasenschema der Planung und Kontrolle stellt somit eine Sequenzialisierung der Grundbestandteile des Entscheidungsprozesses dar,[398] die in der Praxis nicht nur linear, sondern auch zyklisch sowie in anderer Reihenfolge durchlaufen werden können.[399] Planung, Steuerung und Kontrolle bilden somit einen *Regelkreislauf*,[400] der so zu adjustieren ist, dass alle wesentlichen Zielabweichungen durch die Rückkopplungsfunktion der Kontrolle in einem angemessenen Zeitrahmen wieder eingefangen werden können. Dies kann durch ein *Feedback* an das Steuerungssystem geschehen, das durch die Veranlassung geeigneter Maßnahmen direkt die Ausführungsebene zielgerichtet beeinflusst oder durch ein *Feedforward* an das Planungssystem, welches evtl. notwendig gewordene Anpassungen bei den geplanten Zielvorgaben vornehmen kann.

Die in diesem Teilkapitel aufgelisteten Managementaktivitäten und die hierfür notwendigen Methoden und Instrumente können somit grundlegend in den betriebswirtschaftlichen Entscheidungsprozess eingeordnet und dessen Phasen wie folgt zugeordnet werden.

Die Abbildung (Abb. 2-10) fasst grafisch nochmals zusammen, was durch die obige Diskussion intersubjektiver Nachvollziehbarkeit begründet wurde, nämlich dass einige der wichtigsten Aktivitäten zur Erreichung des Oberziels „Sicherung und Ausbau der langfristigen Erfolgspotenziale" der gleichnamigen Zielkategorie letztlich Entscheidungen darstellen und somit der Entscheidungsprozess deren kleinsten gemeinsamen Nenner darstellt. Des Weiteren sind Entscheidungen auf strategischer sowie auf operativer Ebene zu treffen, wobei die endgültige Umsetzung von Entscheidungen natürlich nur durch das Ausführungssystem auf operativer Ebene erfolgen kann, was wiederum durch ein angemessenes Internes Kontrollsystem hinreichend sichergestellt werden muss.[401]

---

397 Vgl. *Schreyögg*, Planung, 1994, S. 345 ff.

398 I.d.S. auch *Mag*, Planung, 1993, S. 15.

399 Vgl. hierzu die Beschreibung des kybernetischen Controllingprozesses bei *Grüning*, Performance Measurement, 2001, S. 5.

400 Zum Regelkreislauf des kybernetischen Controllingprozesses vgl. *Grüning*, Performance Measurement, 2001, S. 8.

401 Hinsichtlich der Anforderungen an ein angemessenes „Internes Kontrollsystem" vgl. Kapitel 2.4.3: Kriterien für eine angemessene Ausgestaltung des Internen Kontrollsystems aus betriebswirtschaftlicher Sicht, S. 91.

Abb. 2-10: Entscheidungsbezug ausgewählter Managementaktivitäten

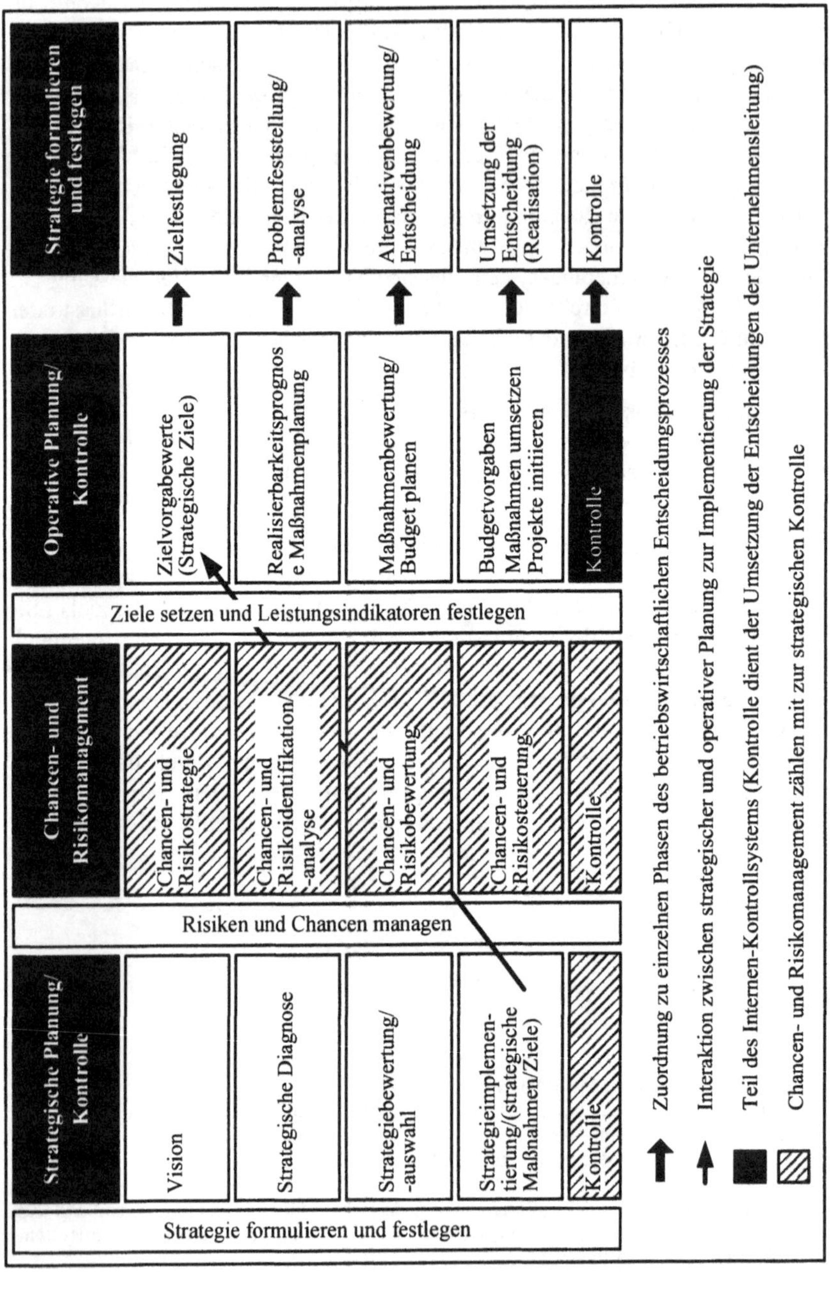

2.6.3 Informationen als Grundlage zur Wahrnehmung der Managementaktivitäten

Die in obiger Tabelle genannten Managementaktivitäten (Tab. 2-4) und mithin der Entscheidungsprozess sind im Gegensatz zu den Führungsproblemen auf operativer Ebene mit in zunehmendem Maße komplexen und, aufgrund der vorliegenden Unsicherheit über die Entwicklungsrichtung des künftigen Handelns, schlecht strukturierten Entscheidungsproblemen konfrontiert.[402] Die Qualität der zu treffenden Entscheidungen wird somit maßgeblich bestimmt durch die Informationen,[403] die dem Entscheidungsträger zur Verfügung stehen. Denn Informationen stellen zweckgerichtetes Wissen dar,[404] welches der Entscheidungsträger benötigt, um sachgerechte Entscheidungen zu treffen, indem sie z.B. komplexen Zusammenhängen Transparenz verleihen oder Aufschluss über die erwarteten Zukunftsentwicklungen bestimmter Einflussfaktoren geben und somit Unsicherheit abbauen.[405] Dabei bleibt zu berücksichtigen, dass jeder, der mit Führungsaufgaben betraut ist, seinen Aufgabenbereich individuell ausfüllt und zweckgerichtetes Wissen natürlich auch aus dem Winkel des Betrachters unterschiedlich aufgefasst wird. Daher benötigt jeder Entscheidungsträger im Unternehmen die Informationen, die seinen individuellen Anforderungen Rechnung tragen und unter objektiven Gesichtspunkten die unternehmenszielgerichtete Ausgestaltung des Aufgabenbereichs hinreichend sicherstellt.

Verallgemeinernd kann daher festgestellt werden, dass, je höher der Aufgaben-/ Verantwortungsbereich in der Hierarchie angesetzt ist, desto komplexer und unstrukturierter werden die Entscheidungen, was nicht zuletzt an der Langfristigkeit der zu treffenden Entscheidungen liegt, und desto wichtiger wird demzufolge auch die Qualität der Informationen zur sachgerechten Aufgabenerfüllung.[406] Des Weiteren verhält sich aber auch die Unstrukturiertheit von Entscheidungsproblemen direkt proportional zur Dynamik des Wettbewerbsumfelds. Dies führt dazu, dass auch auf nachgelagerten Ebenen vermehrt und eigenverantwortlich Entscheidungen zu treffen sind, da eine Steuerung in Form von starren Zielvorgaben oder Handlungsanweisungen und somit eine Überbetonung der Internen Kontrolle unter diesen Kontextfaktoren zu Dysfunktionalitäten und Fehlanreizen führen können, wodurch wiederum die Unternehmenszielerreichung ge-

---

402 Unstrukturierte Entscheidungsprobleme weisen sich dadurch aus, dass ihnen mindestens ein Merkmal wohlstrukturierter Entscheidungsprobleme fehlt. Zu letzteren zählen die abgegrenzte Anzahl von Handlungsalternativen, vollständige Informationen und eine eindeutige Zielfunktion, die die Alternativen hinsichtlich ihres Zielerreichungsgrades zu einer Rangfolge ordnet; vgl. *Reichmann*, Controlling, 2000, S. 10 f.

403 Vgl. *Füser/Gleißner*, Frühwarnsysteme, 2000, S. 3.

404 Vgl. *Müller*, Management, 2003, S. 81.

405 In diesem Zusammenhang konstatiert auch *Reichmann*, Controlling, 2000, S. 550, dass Unsicherheit Informationsbedarf schafft.

406 I.d.S. auch *Füser/Gleißner*, Frühwarnsysteme, 2000, S. 3.

fährdet wird.[407, 408] Das Umsetzen der Strategie wird in einem derartigen Umfeld bspw. nur möglich sein, wenn sich strategisches Denken auf allen Führungsebenen durchsetzt und die täglich zu treffenden Entscheidungen mitbestimmt.[409] Hierdurch wird eine organisatorische Flexibilität in einem dynamischen Umfeld geschaffen, die ihrerseits wieder einen Erfolgsfaktor darstellt und der Schaffung von nachhaltigen Erfolgspotenzialen dienen kann. Zusammenfassend können somit aber auch die Informationen selbst hinsichtlich der sachgerechten Erfüllung der Managementaktivität auf allen Führungsebenen als kritischer Erfolgsfaktor aufgefasst werden.

Die Managementaktivität muss daher mit allen Informationen versorgt werden, die eine sachgerechte Aufgabenerfüllung erfordert. Genau gesagt geht es darum, alle für die Managementaktivitäten benötigten Informationen mit dem notwendigen Genauigkeits- und Verdichtungsgrad am richtigen Ort und zum richtigen Zeitpunkt bereitzustellen.[410] Somit bedürfen die Managementaktivitäten eines parallel ablaufenden Informationsversorgungsprozesses, um ihren Informationsbedarf zu decken.[411]

Der Entscheidungsprozess weist somit Informationszuflüsse, Informationsverarbeitungsprozesse und Informationsabflüsse auf. Zur Informationsverarbeitung können u.a. auch die durch Informationen angestoßenen oder unterstützten Kreativmethoden, wie das Brainstorming, gezählt werden, die das Management bei der Alternativensuche unterstützen.[412] Als Beispiel für Informationsabflüsse kann dagegen die Rückkopplungsfunktion der Kontrolle dienen, die Steuerungs- oder Regelungsinformationen für vor- oder nachgelagerte Instanzen erzeugt und weiterleitet. Hierdurch wird somit auch deutlich, dass das Managen selbst – also die zielgerichtete Leitung des Unternehmens – ein personengebundener Informationsverarbeitungsprozess[413] ist, der sehr stark von persönlichen Erfahrungen, dem Wissen, aber auch von Intuition und unternehmerischem Spürsinn des Managers abhängt.[414]

Die Führungsaktivitäten auf höchster Ebene können daher, nicht zuletzt auch aufgrund dieses Personenbezugs und ihrer Bedeutung für die erfolgreiche Weiterentwicklung des Unternehmens, nur durch die Unternehmensleitung selbst wahr-

---

407 Zur negativen Wirkung Interner Kontrollen vgl. *Schewe/ Littkemann/ Beckemeier*, IKS, 1999, S. 1484.

408 I.d.S. wohl auch *Horvath*, Modernes IKS, 2003, S. 211-218.

409 Zum Problem der Ausgestaltung der Unternehmensorganisation zur Umsetzung der Strategie vgl. *Simons*, Control Systems, 2000, S. 38-59.

410 Vgl. *Horvath,* Controlling, 2002, S. 347.

411 Vgl. *Müller*, Management, 2003, S. 23.

412 Vgl. *Huch/Behme/Ohlendorf*, Controlling, 1997, S. 259.

413 Vgl. *Huch/Behme/Ohlendorf*, Controlling, 1997, S. 217.

414 I.d.S. auch *Klingebiel*, Integriertes Performance Measurement, 2000, S. 174.

genommen und verantwortet werden.[415] Die Aufgaben können insofern nicht delegiert, wohl aber z.B. durch das Controlling informationstechnisch unterstützt werden.[416]

2.6.4 Systemunterstützung des Managements auf strategischer Ebene

Aus den Ausführungen des vorherigen Kapitels 2.6.3 lässt sich somit schlussfolgern, dass dem Führungsproblem auf strategischer Ebene auch das Problem der angemessenen Informationsversorgung hinzugerechnet werden kann. Denn es geht darum, die Infrastruktur für den unternehmerischen Entscheidungsprozess zur Bereitstellung der Management-Informationen zu schaffen. Als *Management-Informationen* i.S. dieser Arbeit sollen dabei alle Informationen verstanden werden, die vom Management zur Durchführung der Managementaktivitäten[417] benötigt werden. Neben internen müssen daher auch externe Informationen bereitgestellt werden. Weiterhin sind die quantitativen und finanziellen Daten des Rechnungswesens mit qualitativen und nichtfinanziellen anzureichern, um Informationen hinsichtlich des Zielerreichungsgrads strategischer Maßnahmen auf nachgelagerten Unternehmensebenen zu erhalten.[418] Bei einer eingeleiteten Qualitätsoffensive wird sich deren Erfolg z.B. in der Regel zuerst in der Reklamationsquote der Kunden niederschlagen, bevor sich die gestiegene Kundenzufriedenheit in den nachlaufenden finanziellen Kennzahlen in Form von höheren Absatzzahlen niederschlägt. Darüber hinaus spielt auch der Zeitbezug von Informationen eine Rolle. So werden bspw. Plan-Daten benötigt, um Informationen über die künftige Entwicklung und somit zur Fundierung der eigentlichen Entscheidung zu erhalten, wohingegen der Abgleich von Ist-Daten mit Plan-Daten Kontrollinformationen liefert.[419]

Neben den unterschiedlichen Datenquellen, die zur Informationsgewinnung herangezogen werden müssen, um die Managementaktivitäten angemessen mit den benötigten Informationen zu versorgen, werden ferner Instrumente und Methoden benötigt, um aus den Datenbasen die relevanten Informationen zu extrahieren oder in geeigneter Weise zu Management-Informationen zu aggregieren.[420]

---

415 An dieser Stelle sei nochmals an die Ausführungen unter Kapitel 2.1.2: Sicherung und Ausbau der langfristigen Erfolgspotenziale, S. 41 ff., verwiesen, wo die Verantwortung der Unternehmensleitung für die strategische Unternehmensführung bereits juristisch begründet wurde.

416 Vgl. *Huch/Behme/Ohlendorf*, Controlling, 1997, S. 220.

417 Vgl. hierzu die unter Kapitel 2.6.1: Aktivitäten zur Zielerreichung auf strategischer Ebene, S. 100, definierten Managementaktivitäten.

418 Zur Bedeutung von nichtfinanziellen Kennzahlen vgl. *Grüning*, Performance Measurement, 2001, S. 97 ff.

419 Vgl. *Müller*, Management, 2003, S. 34.

420 Vgl. *Huch/Behme/Ohlendorf*, Controlling, 1997, S. 228.

Des Weiteren kann die Informationsversorgung formal, also auf eigens hierfür eingerichteten Kommunikationswegen, erfolgen, aber auch informal, wie z.B. durch zufällige persönliche Interaktion.[421] Das geordnete Beziehungsgefüge, das aus den für die Managementaktivitäten bereitgestellten Informationen, der Informationsbeschaffung, -aufbereitung, -weiterleitung, -versorgung und Informationsspeicherung sowie den hierbei interagierenden Personen entsteht, kann somit als Subsystem des Systems Unternehmung abgegrenzt und als „Management-Informationssystem" bezeichnet werden. Das Management-Informationssystem stellt somit auch ein Subsystem des Managementsystems dar, welches dadurch abgegrenzt werden kann, dass alle Elemente betrachtet werden, die mit der zielgerichteten Leitung des Unternehmens in Beziehung stehen.[422] Die Aufgabe des *„Management-Informationssystems"* i.S. dieser Arbeit besteht demzufolge darin, dem Management auf allen Ebenen im Unternehmen rechtzeitig, problemadäquat und in ausreichendem Umfang die Informationen zu liefern, die es benötigt, um im Hinblick auf die Unternehmenszielerreichung sachgerechte Entscheidungen zu treffen und diese um-/durchzusetzen.[423]

Das Management-Informationssystem i.S. dieser Arbeit interagiert zur *Umsetzung der Entscheidung* mit dem *Internen Kontrollsystem*, indem es die Entscheidungsergebnisse in Form von festgesetzten Zielvorgaben zur Realisierung an die ausführenden Bereiche weiterleitet, die dann für die organisatorische Um-/Durchsetzung der Entscheidung auf operativer Ebene verantwortlich sind. Insofern trägt das Management-Informationssystem auch zur *Koordination* des betrieblichen Geschehens, vor allem auf den nachgelagerten Führungsebenen, bei. Im Gegenzug sorgen die Verfahren, Maßnahmen und Regelungen der Internen Kontrolle dafür, dass die Verlässlichkeit der Management-Informationen gewährleistet ist

---

421 Vgl. *Horvath*, Controlling, 2002, S. 350.

422 In der deutschen Literatur zum Controlling finden sich sehr viele Systemabgrenzungen, wobei anstelle des Managementsystems auch von einem Führungssystem gesprochen wird und je nach Ausrichtung und Ausgestaltung das Planungs- und Kontrollsystems sowie des Informationssystems diese als Teilsystem des Führungssystems gesehen werden (vgl. *Horvath*, Controlling, 2002, S. 112 ff). Diese theoretische Diskussion soll an dieser Stelle nicht weiter vertieft werden, da es hier in erster Linie darum geht, eine Systemdefinition zu wählen, deren praktische Ausgestaltung auch hinreichend konkret nachvollzogen werden kann. Denn eine genaue Abgrenzung dieser Teilsysteme ist noch nicht einmal in der Theorie konsistent möglich, da Planungs- und Kontrollinformationen ihrerseits Führungsinformationen darstellen und keine eindeutige Zuordnung zu den Führungsteilsystemen vorgenommen werden kann (i.d.S. auch *Müller*, Management, 2003, S. 31). Für die Praxis, insbesondere die Prüferpraxis, ist in erster Linie das Informationssystem von Relevanz, und zwar nicht nur, weil das externe Rechnungswesen ein Subsystem dessen darstellt, sondern weil dieses System aufgrund der ihm geschaffenen formalen oder sich selbst schaffenden informalen Infrastruktur im Unternehmen für einen Dritten eine Systemaufnahme im „Ist" überhaupt erst sinnvoll ermöglicht.

423 Ähnlich definiert auch *Lück* die Aufgaben des Management-Informationssystems, *Lück*, Chancenmanagement, 2001, S. 2315.

und die hinsichtlich der Aufbereitung und Aggregierung der Informationen vorgegebenen Methoden und Instrumente sachgerecht angewendet werden.

Darüber hinaus deckt das Management-Informationssystem die Anforderungen an das *Chancen- und Risikomanagement* auf strategischer Ebene ab, indem es das Management über die Chancen und Risiken, die mit der jeweiligen Entscheidung verbunden sind, informiert und dafür sorgt, dass die zum Ergreifen von Gegenmaßnahmen verantwortlichen *Risk-Owner* hierüber sachgerecht informiert werden.

Andererseits muss das Management-Informationssystem selbst seinen Beitrag zur *Durchsetzung der Entscheidung* liefern, indem es die Entscheidungsträger darüber informiert, ob die Entscheidungsgrundlage nach wie vor Gültigkeit besitzt. In diesem Zusammenhang muss bspw. überwacht und das Management gegebenenfalls darüber informiert werden, ob die Prämissen der Planung, die der Entscheidungsvorbereitung dienten, Veränderungen erfahren haben, die das Entscheidungsergebnis in Frage stellen. Denn in diesem Fall würde vom Ausführungssystem die Umsetzung einer Entscheidung verlangt, die nicht mehr realisierbar oder im schlimmsten Fall den Unternehmenszielen nicht mehr zuträglich ist. Des Weiteren ist es Aufgabe des Management-Informationssystems, die Managementebenen über den Zielerreichungsgrad der im jeweiligen Verantwortungsbereich zu erreichenden Zielvorgaben zu informieren.

Das Management-Informationssystem deckt somit einen wichtigen Teilbereich der *Unternehmensüberwachung* ab, indem es die Informationen für die strategische Kontrolle[424] sowie das Chancen- und Risikomanagement[425] liefert. Darüber hinaus leistet es auch einen wichtigen Beitrag zur *Steuerung der Unternehmensaktivitäten*, durch die Bereitstellung der Informationen zur Koordination der strategischen Geschäftsbereiche.[426] Beide Funktionen ergänzen somit das Interne Kontrollsystem auf strategischer Ebene.

---

424 Zur Definition der strategischen Kontrollen und ihrer Einordnung in den Entscheidungsprozess vgl. Kapitel 2.6.2: Systematisierung der Managementaktivitäten, S. 106 ff.

425 An dieser Stelle sei auf Kapitel 2.4.2.3: Anpassung und Weiterentwicklung, S. 80, verwiesen, dort wurde konstatiert, dass ein umfangreiches Risikomanagement auch „ergänzender Maßnahmen“ bedarf, die das „Interne Kontrollsystem“ aufgrund seiner konzeptionellen Ausgestaltung nicht leisten kann.

426 Zur Eingruppierung der strategischen Geschäftsbereiche in die Organisationsstruktur des Unternehmens, vgl. Kapitel 2.2.3.2: Ebene des mittleren Managements, S. 66.

2.6.4.1 Einrichtung des Management-Informationssystems als originäre Aufgabe des Managements

Das Vorbereiten, Treffen und Durchsetzen von sachgerechten unternehmerischen Entscheidungen,[427] um die erfolgreiche Entwicklung und somit die Sicherung und den Ausbau der langfristigen Erfolgspotenziale sicherzustellen, fällt auch aus juristischer Sicht in den Verantwortungsbereich eines sorgfältigen *Vorstands* i.S.d. § 93 Abs. 1 AktG, der die Gesellschaft unter eigener Verantwortung (§ 76 Abs. 1 AktG) zu leiten hat. Besonders die für die mittel- und langfristige Entwicklung des Unternehmens erheblichen Entscheidungen werden als Leitungsentscheidungen bezeichnet und sind durch den Vorstand selbst zu treffen und durchzusetzen.[428] Die ablaufbestimmenden Entscheidungen und die Entscheidungen, die im Rahmen des laufenden Geschäfts zu treffen sind, können dagegen unbeschadet seiner eigenen Sorgfaltspflichten auch durch nachgelagerte Managementebenen getroffen und verantwortet werden.[429]

Die Leitungsentscheidungen stellen zumeist schlecht strukturierte Entscheidungsprobleme dar, weil sie auf Zukunftsprognosen basieren und daher ex ante nicht mit absoluter Sicherheit determiniert werden können. Gegenstand dieser oftmals strategischen Entscheidungen ist das Erschließen von Erfolgspotenzialen und das Abwägen von damit verbundenen Chancen und Risiken, sodass die Entscheidung selbst im Kern auch nicht justiziabel ist,[430] weshalb eine Haftung für pflichtwidriges Verhalten aufgrund eines ex post besseren Wissens auch aus juristischer Sicht nicht sachgerecht ist. Denn dies würde allenfalls die Risikoaversion der Unternehmensleitung steigern und damit zugleich die Gewinnchancen der Kapitalgeber, deren Interessen es zu schützen gilt, schmälern.[431] Dies ist auch der Grund dafür, dass die aus dem angloamerikanischen Recht bekannte „Business Judgement Rule" nicht nur in die höchstrichterliche Rechtsprechung Einzug gehalten hat,[432] sondern auch im § 93 Abs. 1 Satz 2 AktG kodifiziert

---

427 In diesem Sinne auch *Brebeck/Herrmann*, KonTraG, 1997, S. 382; *Semler*, Unternehmensplanung, 1983, S. 12; *Mertens*, Kommentar, 1996, Tz. 5 zu § 76 AktG, wobei hier insbesondere eine sachbezogene Sichtweise der Unternehmensführung zugrunde gelegt wird, die aber durchaus mit dem betriebswirtschaftlichen Entscheidungsprozess kompatibel ist. Denn die Durchführung der Unternehmensplanung i.w.S. dient der Entscheidungsvorbereitung und -fällung, wohingegen die Koordination und Überwachung der Entscheidungsdurchsetzung dienen, vgl. *Hahn*, Controlling-Konzepte, 1996, S. 46.

428 Vgl. Arbeitskreis ‘Externe und Interne Überwachung der Unternehmung’ der Schmalenbach-Gesellschaft für Betriebswirtschaft e.V., Unternehmerisches Entscheiden, 2006, S. 2193-2196; *Mertens*, Kommentar, 1996, Tz. 5 zu § 76 AktG.

429 I.d.S. *Mertens*, Kommentar, 1996, Tz. 5 zu § 76 AktG.

430 Vgl. *BMJ*, Regierungsentwurf, 2004, S. 22; *Pfitzer/Oser/Orth*, Reformgesetze, 2005, S. 98.

431 I.d.S. auch *Fleischer*, Business Judgement Rule, 2004, S. 686.

432 Erstmals erhielt die „Business Judgement Rule" über das ARAG/Garmenbeck-Urteil und somit über Richterrecht Einzug in die deutsche Rechtsprechung; vgl. BGH-Urteil vom 21.4.1997 – II ZR 175/95.

wurde.[433] Demzufolge soll eine unternehmerische Entscheidung, die sich erst im Nachhinein für „die Sicherung und den Ausbau der langfristigen Erfolgspotenziale“ schädlich erweist, genau dann kein pflichtwidriges Verhalten begründen, wenn die Entscheidungsträger beim Treffen der Entscheidung „vernünftigerweise annehmen durften, auf Grundlage angemessener Informationen zum Wohle der Gesellschaft zu handeln“.[434] Durch diese Vorschrift wird der unternehmerische Ermessensspielraum aus dem Tatbestand der Sorgfaltspflichtverletzung gem. § 93 Abs. 1 Satz 1 AktG genau dann ausgegrenzt, wenn die bereits unter Kapitel 2.4.2.4 dargestellten Tatbestandsausschlussmerkmale erfüllt sind.[435] Für Entscheidungen, die rechtlich gebunden sind, wird eine derartige haftungstatbestandliche Freistellung allerdings nicht eingeräumt.[436]

Die Beweislast dafür, dass sich die Unternehmensleitung beim Treffen der Entscheidung im „sicheren Hafen“ i.S.d. § 93 Abs. 1 Satz 2 AktG bewegt, liegt, wie bereits unter Kapitel 2.4.2.4 dargestellt,[437] bei der Unternehmensleitung selbst.[438] In diesem Zusammenhang kommt vor allem den Tatbestandsausschlussmerkmalen „Handeln auf Grundlage angemessener Informationen“ und „Handeln zum Wohle der Gesellschaft“ aufgrund ihrer breiten Interpretation[439] grundlegende Bedeutung zu, um keinen Verstoß gegen die Sorgfaltspflicht zu begründen.

„Handeln auf Grundlage *angemessener Informationen*“ unterliegt dabei im Vergleich zum angloamerikanischen Rechtsverständnis nicht einer formellen, sondern einer materiellen Betrachtungsweise.[440] Sorgfältiges unternehmerisches Verhalten kann demzufolge nur vorliegen, wenn auch die Entscheidungsgrundlage sorgfältig ermittelt wurde.[441] Dies schließt natürlich keinesfalls aus, dass bei der Entscheidung selbst nicht auch Instinkt, Erfahrung, Phantasie und Gespür für künftige Entwicklungen zum Tragen kommen.[442] Vielmehr zielt dieses Tatbestandsausschlussmerkmal auf eine vernünftigerweise als angemessen zu erachtende Entscheidungsvorbereitung im Sinne einer Informationsbeschaffung ab und somit darauf, ob das von der Unternehmensleitung zum *Zwecke der Entscheidungsvorbereitung* eingerichtete „Management-Informationssystem“ i.S. dieser

433 Vgl. *BMJ*, Regierungsentwurf, 2004, o.S.

434 Vgl. *BMJ*, Regierungsentwurf, 2004, S. 4.

435 Vgl. zu den Tatbestandsmerkmalen des „sicheren Hafens“ Kapitel 2.4.2.4: Angemessenheit und Wirksamkeit des Internen Kontrollsystems aus juristischer Sicht, S. 84.

436 Vgl. *BMJ*, Regierungsentwurf, 2004, S. 21; *Rodewald/ Unger*, Corporate Compliance, 2006, S. 113.

437 Vgl. Kapitel 2.4.2.4: Angemessenheit und Wirksamkeit des Internen Kontrollsystems aus juristischer Sicht, S. 84.

438 Vgl. *BMJ*, Regierungsentwurf, 2004, S. 24.

439 Vgl. *BMJ*, Regierungsentwurf, 2004, S. 22 ff.

440 Vgl. *Kinzl*, UMAG, 2004, S. 1653.

441 Vgl. BGH-Urteil vom 21.4.1997 – II ZR 175/95.

442 Vgl. *BMJ*, Regierungsentwurf, 2004, S. 23.

Arbeit angemessen ist.[443] Die Häufigkeit, Art und Umfang der bereitzustellenden Informationen und somit die Entscheidung über die Ausgestaltung des Systems, ist jedoch *seinerseits* eine grundlegende unternehmerische Entscheidung, die unter Berücksichtigung anerkannter betriebswirtschaftlicher Verhaltensmaßstäbe zu entscheiden ist.[444] Somit bleibt im ersten Schritt als notwendige Voraussetzung, um der Unternehmensleitung für eine im Nachhinein fehlgeschlagene unternehmerische Entscheidung, die „der Sicherung und dem Ausbau der langfristigen Erfolgspotenziale dienen sollte, keine Sorgfaltspflichtverletzung zum Vorwurf machen zu können, festzuhalten, dass die Unternehmensleitung hierfür ein angemessenes „*Management-Informationssystem*" i.S. dieser Arbeit einzurichten hat, welches sie angemessen mit Informationen zur Entscheidungsvorbereitung versorgt.

Des Weiteren wird eine *Um-/ Durchsetzung von Entscheidungen* und somit eine sorgfältige Wahrnehmung der Leitungsaufgaben gem. § 76 Abs.1 AktG nur möglich sein, wenn aus der Entscheidung Zielvorgaben resultieren, die mit den nachgelagerten Managementebenen sachgerecht abgestimmt und diesen schließlich als konkrete, verbindliche und messbare Zielvorgaben mitgeteilt wurden.[445] Denn andernfalls wird es der Unternehmensleitung kaum möglich sein, die strategischen Ziele/ Maßnahmen ausreichend zu koordinieren und deren Umsetzung hinreichend sicherzustellen.[446] Ferner kann eine Entscheidung, besonders eine, die nicht vollständig determiniert ist, nur dann sachgerecht durchgesetzt werden, wenn sie angemessen überwacht wird.[447] Neben den Kontrollinformationen hinsichtlich des Zielerreichungsgrads auf strategischer Ebene muss die Unternehmensleitung daher außerdem sicherstellen, dass sie darüber informiert wird, falls die der Entscheidung zugrunde liegenden Annahmen und Prämissen nicht mehr gültig oder Ereignisse eingetreten sind, die aus Sicht der strategischen Unternehmensführung Chancen oder Risiken darstellen.[448] Insbesondere das Zuletztgenannte ist aus Sicht des deutschen Gesetzgebers Aufgabe eines sorgfältigen Vorstands, was im Zuge des KonTraG durch die Neueinführung des § 91 Abs. 2 AktG ergänzend

---

443 I.d.S. auch *Rodewald/Unger*, Corporate Compliance, 2006, S. 113.

444 *BMJ*, Regierungsentwurf, 2004, S. 24.

445 Vgl. hierzu die Ausführung zur Managementaktivität „Ziele setzen Leistungsindikatoren festlegen" unter Kapitel 2.6.1: Aktivitäten zur Zielerreichung auf strategischer Ebene, S. 100 ff.

446 Die Unternehmenskoordinierung zählt mit zu den Leitungsaufgaben gem. § 76 Abs. 1 AktG, vgl. hierzu bspw. *Brebeck/Herrmann*, KonTraG, 1997, S. 382; *Semler*, Unternehmensplanung, 1983, S. 12; *Mertens*, Kommentar, 1996, Tz. 5 zu § 76 AktG.

447 I.d.S. wohl auch Arbeitskreis 'Externe und Interne Überwachung der Unternehmung' der Schmalenbach-Gesellschaft für Betriebswirtschaft e.V., Unternehmerisches Entscheiden, 2006, S. 2196.

448 Vgl. hierzu die Ausführungen zu den Managementaktivitäten „Risiken und Chancen managen" sowie „Kontrollaktivitäten ausführen" unter Kapitel 2.6.1: Aktivitäten zur Zielerreichung auf strategischer Ebene, S. 100 ff.

klargestellt wurde.[449, 450] Insofern bedarf die sorgfältige Wahrnehmung der Leitungsaufgaben gem. §§ 76 Abs. 1 i.V.m. 93 Abs. 1 AktG der Einrichtung eines auch im Hinblick auf die *Entscheidungsumsetzung/ -durchsetzung* angemessenen „*Management-Informationssystems*" i.S. dieser Arbeit. Diese Auffassung teilt auch der Gesetzgeber insoweit, als er in seiner Regierungsbegründung explizit darauf hinweist, dass „*handeln zum Wohle der Gesellschaft*" weit zu verstehen ist und „handeln" nicht nur die Entscheidung selbst, sondern auch deren Umsetzung umfasst.[451] Das Treffen einer Entscheidung – auf Ebene der strategischen Unternehmensführung – kann daher nur pflichtgemäß sein, wenn die Umsetzung der Entscheidung nicht zu pflichtwidrigem Verhalten führt. Die Umsetzung der eigentlichen unternehmerischen Entscheidung ist jedoch selbst *wiederum* abhängig von einer grundlegenden unternehmerischen Entscheidung. Diese ist organisatorischer Art und hat die Ausgestaltung des Management-Informationssystems zur Sicherstellung einer angemessenen strategischen Kontrolle, zur angemessenen Kommunikation der Zielvorgaben an das Ausführungssystem und die Einrichtung des Internen Kontrollsystems auf operativer Ebene zum Gegenstand. Für Letzteres wurde der Rahmen einer haftungstatbestandlichen Freistellung hinsichtlich des Ausgestaltungsermessens bereits unter Kapitel 2.4.2.4 dargestellt.

Bei den *Geschäftsführern einer GmbH* gelten bzgl. der Wahrnehmung der Führungsfunktion die Einschränkungen, die ihnen durch Gesetz, Gesellschaftervertrag oder durch Beschluss bzw. Weisung der Gesellschafter vorgegebenen wurden.[452] Dabei geht die h.M. davon aus, dass die endgültige Entscheidungsbefugnis hinsichtlich grundlegender Entscheidungen der Unternehmenspolitik im Verantwortungsbereich der Gesellschafterversammlung und nicht der Geschäftsführer liegt.[453] Dies ändert aber nichts an der Verantwortung der Geschäftsführer, die Entscheidung sachgerecht vorzubereiten, d.h. vor allem, die notwendigen Informationen zusammenzutragen und die Durchsetzung der Entscheidung sicherzustellen. Insofern ist der Geschäftsführer, sofern er nicht auf Grundlage eines Beschlusses oder einer Weisung der Gesellschafter handelt, zur Einrichtung eines angemessenen Management-Informationssystems genauso verpflichtet wie der Vorstand einer AG. Denn hinsichtlich der Sorgfaltspflicht der Geschäftsführer (§ 43 Abs. 1 GmbHG) bestehen keine Unterschiede zum Aktiengesetz.[454] Die Entscheidungen, die der Geschäftsführer in verantwortlich leitender Position bei

---

449 An dieser Stelle sei auch auf die Ausführungen unter Kapitel 2.4.2.3: Anpassung und Weiterentwicklung, S. 80, verwiesen. Dort wurde bereits darauf aufmerksam gemacht, dass die gem. § 91 Abs. 2 AktG geforderten Maßnahmen über die Einrichtung eines „Internen Kontrollsystems" hinausgehen.

450 Vgl. *Bundesregierung*, Allgemeine Begründung, 1998, o.S.

451 Vgl. *BMJ*, Regierungsentwurf, 2004, S. 22.

452 Vgl. *Fuhr*, Unternehmensplanung, 2003, S. 90.

453 Vgl. *Altmeppen*, Kommentar, 2005, Tz. 22 zu § 37 GmbHG; *Lutter/Hommelhoff*, Kommentar, 2000, Tz. 8 ff. zu § 37 GmbHG; *Lutter/Krieger*, Aufsichtsrat, 1993, Tz. 332, S. 254.

454 Vgl. *Zöllner*, Kommentar, 2000, Tz. 7 zu § 43 GmbHG.

selbstständiger Wahrnehmung fremder Vermögensinteressen trifft, unterliegen daher seiner Sorgfaltspflicht,[455] d.h. er hat gem. § 43 Abs. 1 GmbHG nicht nur dafür zu sorgen, dass die Entscheidungen auf Grundlage gesicherter Erkenntnisse und bewährter Erfahrungen unternehmerischen Verhaltens getroffen werden, sondern auch dafür, dass deren Umsetzung gewährleistet wird.[456] In diesem Sinne argumentierte auch der Regierungsentwurf zum UMAG und führte aus, dass der „Grundgedanke des Geschäftsleiterermessens im Bereich unternehmerischer Entscheidungen nicht auf [...] Aktiengesellschaften beschränkt"[457] sei.

Unbeschadet der Verpflichtung, für die *Einrichtung des Systems* zu sorgen, kann die Unternehmensleitung dagegen wohl ohne Verletzung ihrer Sorgfaltspflicht die Ausgestaltung, das Betreiben und die konzeptionelle Weiterentwicklung des Systems delegieren. Denn in Abhängigkeit von Größe und Komplexität des Unternehmens bzw. des Wettbewerbsumfelds wird es der Unternehmensleitung wohl kaum möglich sein, die Informationen selbstständig zusammenzutragen, ohne dabei ihre übrigen Führungsaufgaben zu vernachlässigen. Ferner stellt die Informationsbeschaffung selbst keine Aufgabe dar, die die Unternehmensleitung zwingend selbst wahrzunehmen hat.[458] Es liegt daher in ihrem „Ermessen", diese Aufgabe bspw. an das *Controlling* zu delegieren, das dann systembildende Aufgaben übernimmt und die benötigten Instrumente und Methoden der Führung zur Verfügung stellt und systemkoppelnd dafür Sorge trägt, dass die Entscheidung der Unternehmensleitung auf strategischer Ebene, dem nachgelagerten Management auf operativer Ebene, in Form von konkreten und verbindlichen Zielen vorgegeben werden.[459]

Zusammenfassend lässt sich somit Folgendes festhalten: Die auf strategischer Ebene von den Personen mit Führungsverantwortung zu treffenden unternehmerischen Entscheidungen, die „die Sicherung und den Ausbau der langfristigen Erfolgspotenziale" zum Ziel haben, können sich nur dann in dem von den Tatbestandsausschlussmerkmalen des § 93 Abs. 1 Satz 2 AktG aufgespannten „sicheren Hafen" befinden und somit kein pflichtwidriges Verhalten begründen, wenn die Unternehmensleitung angemessene Systeme zur *Vorbereitung* und zur *Um-/ Durchsetzung* der Entscheidungen eingerichtet hat.[460] Die Ausgestaltung dieser Systeme an sich stellt jedoch selbst wieder eine unternehmerische Entscheidung dar. Dieser Zusammenhang ist in nachfolgender Abb. 2-11 nochmals grafisch verdeutlicht.

---

455 Vgl. *Lutter/Hommelhoff*, Kommentar, 2000, Tz. 21 zu § 43 GmbHG.

456 Vgl. *Schneider*, Geschäftsführer, 2000, Tz. 70 zu § 43 GmbHG.

457 *BMJ*, Regierungsentwurf, 2004, S. 24.

458 Vgl. *Mertens*, Kommentar, 1996, Tz. 46 zu § 76 AktG.

459 Zur systembildenden und systemkoppelnden Koordination des Controlling vgl. *Horvath*, Controlling, 2002, S. 125 ff.

460 I.d.S. auch *Rodewald/Unger*, Corporate Compliance, 2006, S. 113 ff.

Abb. 2-11: Entscheidungen der Unternehmensleitung mit Ermessensspielraum-zugeständnissen im Überblick

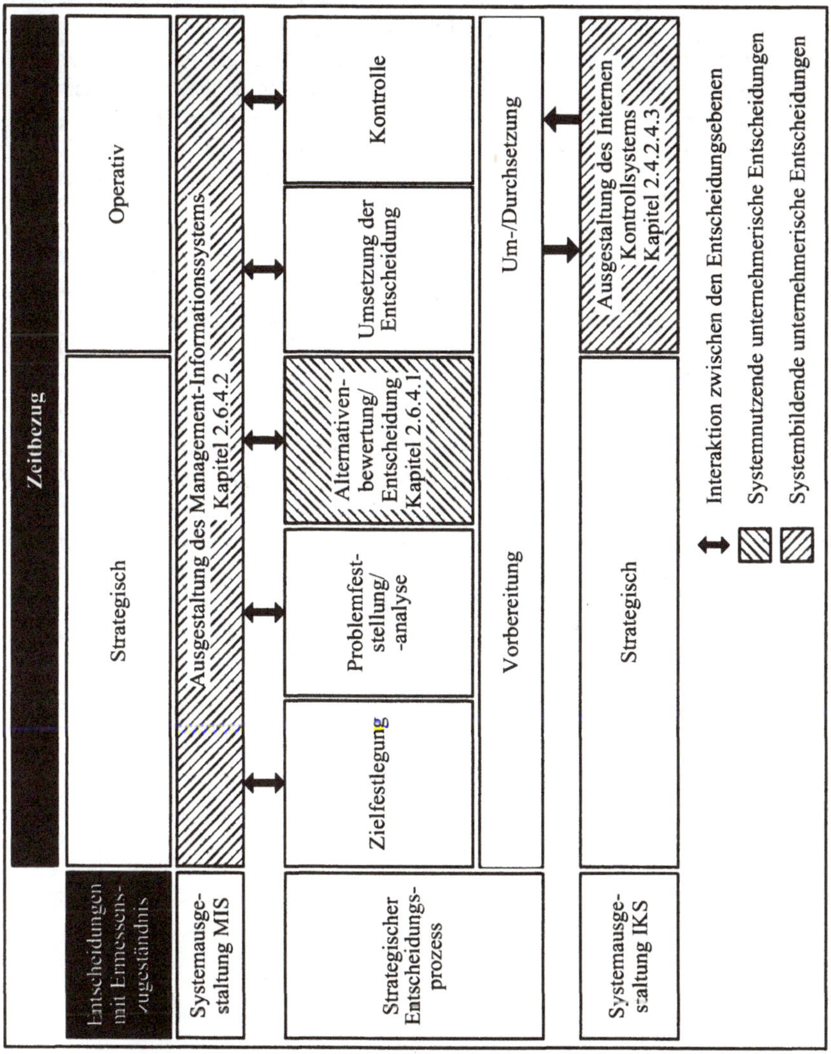

2.6.4.2 Angemessenheit der Ausgestaltung des Management-Informationssystems aus juristischer Sicht

Nachdem im vorherigen Kapitel 2.6.4.1 die Verantwortlichkeit hinsichtlich der Einrichtung des Management-Informationssystems geklärt wurde, stellt sich nunmehr die Frage, wann der Vorstand bzw. die Geschäftsführer ihre Verantwortung als erfüllt ansehen können und somit ihrer Sorgfaltspflicht gem. § 93 Abs. 1 Satz 1 AktG bzw. § 43 Abs. 1 Satz 1 GmbHG dadurch nachgekommen sind, dass sie ein *angemessenes System* eingerichtet haben. Dabei soll das System aus juristischer Sicht dann als angemessen gelten, wenn dem Vorstand bzw. den Geschäftsführern kein pflichtwidriges Verhalten hinsichtlich der Ausgestaltung des Systems zum Vorwurf gemacht werden kann, für das sie der Gesellschaft zum Schadensersatz verpflichtet werden könnten, sofern sie nicht den gem. § 93 Abs. 2 Satz 2 AktG bzw. § 43 Abs. 2 GmbHG geforderten Nachweis zur Exkulpation erbringen können.

Ziel dieses Kapitels ist es somit, hinsichtlich der Erfordernisse an Umfang und Ausgestaltung des Management-Informationssystems einen juristischen Rahmen zu spannen, der unabhängig von der Ausgestaltung des Systems im praktischen Einzelfall die Kriterien für einen Haftungsausschluss wegen pflichtwidrigen Verhaltens aufzeigt und somit ein aus juristischer Sicht angemessenes System spezifiziert.

Da es sich bei der Ausgestaltung des Systems, wie bereits unter Kapitel 2.6.4.1 ausgeführt, um eine unternehmerische Entscheidung i.S.d. § 93 Abs. 1 Satz 2 AktG handelt, gilt dieser Rahmen durch die Unternehmensleitung dann als gesprengt, wenn sie das ihr zugebilligte Ermessen beim Treffen von unternehmerischen Entscheidungen in unverhältnismäßiger Weise überspannt hat und insofern unverantwortlich oder unter Missachtung der Tatmerkmalsausschlussgrundsätze des § 93 Abs. 1 Satz 2 AktG gehandelt hat, von deren Anwendbarkeit auf die GmbH grundsätzlich auszugehen ist.[461]

In folgender Tabelle gilt es daher, diesen „sicheren Hafen" zu konkretisieren, um Mindestanforderungen aus juristischer Sicht hinsichtlich der Ausgestaltung des Management-Informationssystems ableiten zu können.

[461] Vgl. hierzu die Ausführungen unter Kapitel 2.4.2.4: Angemessenheit und Wirksamkeit des Internen Kontrollsystems, S. 84.

Tab. 2-5: Mindestanforderungen an die Ausgestaltung des Management-Informationssystems aus juristischer Sicht

Tatbestandsmerkmale des § 93 Abs. 1 Satz 2 AktG[462]	Management-Informationssystem Sicherung und Ausbau der langfristigen Erfolgspotenziale
Unternehmerische Entscheidung	Das Vorliegen einer unternehmerischen Entscheidung ist die Anwendungsvoraussetzung für die Business Judgement Rule. Eine unternehmerische Entscheidung i.S.d. § 93 Abs. 1 Satz 2 AktG liegt nicht vor, wenn es sich um Verstöße gegen das Gesetz, die Satzung, Hauptversammlungsbeschlüsse oder die Treuepflicht handelt.[463] Der obigen Argumentation und den Ausführungen unter Kapitel 2.6.4.1 folgend, stellt daher die *Ausgestaltung des Systems* auf operativer Ebene eine solche unternehmerische Entscheidung dar.[464]
Handeln auf Grundlage angemessener Informationen	Die Geschäftsleiter haben demzufolge ihre Entscheidung sorgfältig vorzubereiten und dabei *anerkannte betriebswirtschaftliche* Verhaltensmaßstäbe bzw. Erkenntnisse zu berücksichtigen.[465] Es wird jedoch nicht verlangt, alle erreichbaren Informationen in Bezug auf die Ausgestaltung des Systems einzuholen. Kosten-/Nutzenüberlegungen hinsichtlich der Informationsbeschaffung werden der Unternehmensleitung zugestanden.[466] Die Entscheidung bzgl. der Ausgestaltung des Systems braucht demzufolge nicht unter Missachtung der Entscheidungseffizienz zu erfolgen. Eine rechtliche Überprüfung dieses Tatbestands darf allerdings nicht die Konsequenzen einer derartigen Entscheidungsvorbereitung außer Acht lassen. Denn an das auf Grundlage dieser Entscheidungsvorbereitung einzurichtende System dürfen dann auch keine höheren Sorgfaltserwartungen gestellt werden als an die Entscheidung selbst, wonach dieser *Effizienzgedanke* auch auf die Ausgestaltung des Systems übertragbar sein dürfte, solange die Unternehmensleitung nicht unter bewusster Missachtung anerkannter betriebswirtschaftlicher Erkenntnisse die Entscheidung getroffen hat.
Handeln ohne Sonderinteressen und sachfremde Einflüsse	Die Einhaltung dieser Voraussetzung dürfte in der Praxis wohl kaum Einflüsse auf die Ausgestaltung des Systems haben, da die Unternehmensleitung ein Eigeninteresse daran hat, ein angemessenes System auszugestalten, um bei im Nachhinein für den Unternehmenserfolg schädlichen Entscheidungen ihr Haftungsrisiko zu minimieren. Denn selbst eine Unternehmensleitung, die Entscheidungen unter sachfremden Einflüssen getroffen hat, möchte sich wohl kaum dem unnötigen Haftungsrisiko aussetzen, dass ihr der Fehlschlag nur deshalb angelastet werden kann, weil ihr nachgewiesen wurde, für die Entscheidung eine unzureichende Informationsbasis zu nutzen. Weitere Anforderungen aus juristischer Sicht hinsichtlich der Ausgestaltung lassen sich aus diesem Tatbestandsmerkmal daher nicht ableiten.[467]

462 Vgl. *Fleischer*, Business Judgement Rule, 2004, S. 690 f.

463 Vgl. *Roth*, UMAG, 2004, S. 1068.

464 I.d.S. auch *Lutter*, Haftung, 2000, S. 306-307.

465 Vgl. *Fleischer*, Business Judgement Rule, 2004, S. 690.

466 I.d.S. auch Arbeitskreis 'Externe und Interne Überwachung der Unternehmung' der Schmalenbach-Gesellschaft für Betriebswirtschaft e.V., Unternehmerisches Entscheiden, 2006, S. 2192; *Fleischer*, Business Judgement Rule, 2004, S. 691; *Roth*, UMAG, 2004, S. 1067.

467 I.d.S. auch *Hillebrand*, Früherkennungssystem, 2005, S. 138-139.

Tatbestandsmerkmale des § 93 Abs. 1 Satz 2 AktG[462]	Management-Informationssystem **Sicherung und Ausbau der langfristigen Erfolgspotenziale**
Handeln zum Wohle der Gesellschaft	Die Unternehmensleitung muss annehmen dürfen, bei der Umsetzung der Entscheidung zum Wohle der Gesellschaft zu handeln.[468] Ein Handeln zum Wohl der Gesellschaft liegt mit Sicherheit darin, die „Sicherung und den Ausbau der langfristigen Erfolgspotenziale" zu betreiben. Da die Erreichung dieses Zieles jedoch von der Fähigkeit der Unternehmensleitung abhängt, sachgerechte Entscheidungen zu treffen und dies umzusetzen, dürfte eine Unternehmensleitung dieses Kriterium problemlos erfüllen, wenn das eingerichtete System sie hierin unterstützt. Es ist jedoch davon auszugehen, dass eine angemessene Unterstützung durch das System nur dann gegeben sein kann, wenn die bereitgestellten Informationen bestimmten *Qualitätskriterien* genügen, da andernfalls, bspw. bei der Bereitstellung von falschen oder unvollständigen Informationen durch das System, die Wahrscheinlichkeit von Fehlentscheidungen aufgrund von Fehleinschätzungen zu nimmt.[469]
	Bei diesem Punkt dürfte außerdem der bereits angesprochene Effizienzgedanke nicht unwichtig sein, denn bei der Ausgestaltung des Systems sollten wohl auch die Kosten und Nutzen der Ausgestaltung berücksichtigt werden, zumal die Bereitstellung aller Informationen durch ein System ohnehin nicht möglich sein wird oder mit unverhältnismäßig hohen Kosten verbunden ist. Es wird daher genügen, wenn durch das System die *wesentlichen Informationen* bereitgestellt werden.
Handeln in gutem Glauben	Bei der Ausgestaltung des Systems muss die Unternehmensleitung in gutem Glauben gehandelt haben. Dies dürfte dann der Fall sein, wenn die Unternehmensleitung die gewählte Ausgestaltung und gegebenenfalls den Verzicht auf einen weitergehenden Systemausbau vor dem Hintergrund der zum Zeitpunkt der Entscheidung vorliegenden Informationen hinreichend plausibel begründen kann. Dies wird im Besonderen dann eine Rolle spielen, wenn bei Streitfragen in der Praxis zu klären ist, ob die Unternehmensleitung vernünftigerweise davon ausgehen konnte, angemessen informiert gewesen zu sein. Eine Unternehmensleitung, der es nicht möglich ist, die Ausbaustufen des eigenen Systems zu rechtfertigen bzw. die im Bewusstsein von Mängeln auf einen weiteren Ausbau verzichtet hat, dürfte diesen Nachweis wohl kaum erbringen können. Weitere Anforderungen aus juristischer Sicht hinsichtlich der Ausgestaltung des Systems lassen sich aus diesem Tatbestandsmerkmal allerdings nicht ableiten.

Die für die Entscheidung hinsichtlich der Ausgestaltung des Management-Informationssystems Verantwortlichen dürften sich demnach bzgl. der Angemessenheit des Systems dann im „sicheren Hafen" des § 93 Abs. 1 Satz 2 AktG befinden, wenn es ihnen gelingt, unter Berücksichtigung der Ausführung von Tab. 2-5 in einem Rechtsstreit nachzuweisen, dass sie vernünftigerweise davon ausgehen konnten, dass das von ihnen eingerichtete System *allgemein anerkannter betriebswirtschaftlicher Erkenntnis* entspricht und zur Vorbereitung bzw. zur Um-/ Durch-

468 Vgl. *Fleischer*, Business Judgement Rule, 2004, S. 690.

469 Bzgl. des Zusammenhangs zwischen Informations- und Entscheidungsqualität vgl. auch *Mag*, Planung, 1993, S. 33; *Füser/Gleißner*, Frühwarnsysteme, 2000, S. 3.

setzung von unternehmerischen Entscheidungen, die die Sicherung und den Ausbau der langfristigen Erfolgspotenziale zum Ziele haben, *alle wesentlichen Informationen* mit *hinreichender Sicherheit* in einer für sachgerechte Entscheidungen *angemessenen Qualität* zur Verfügung stellt. Hinreichende Sicherheit ist hierbei unter dem Aspekt zu verstehen, dass die Unternehmensleitung „vernünftigerweise (und unter Berücksichtigung des Effizienzgedankens – Anm. d. Verf.) davon ausgehen durfte, auf Grundlage angemessener Informationen [...] zu handeln".[470] Denn selbst bei einem angemessen ausgestalteten System ist dessen Funktionsfähigkeit bspw. davon abhängig, wie sorgfältig die hierin involvierten Mitarbeiter ihre diesbezüglichen Aufgaben wahrnehmen. Die Funktionsfähigkeit kann zwar dann durch Überwachungsmaßnahmen erhöht, jedoch niemals absolut sichergestellt werden.[471]

2.6.4.3 Konkretisierung der angemessenen Ausgestaltung des Management-Informationssystems mit Hilfe der Betriebswirtschaftslehre

Diesen juristischen Rahmen gilt es im Folgenden mit Hilfe der Betriebswirtschaftslehre weiter zu konkretisieren mit dem Ziel, für die Praxis konkrete Kriterien zu erarbeiten, deren Sicherstellung im praktischen Einzelfall durch betriebswirtschaftliche Methoden, Verfahren und Instrumente dazu führen soll, dass das aus diesen Gestaltungselementen für den betrieblichen Einzelfall geschaffene System eines ist, welches i.S. dieser Arbeit als angemessen bezeichnet werden kann und demzufolge ein Management-Informationssystem darstellt, das so ausgestaltet ist, dass der Unternehmensleitung hinsichtlich dessen Ausgestaltung keine Sorgfaltspflichtverstöße zum Vorwurf gemacht werden können.

Das juristische Kriterium allgemein *anerkannte betriebswirtschaftliche Erkenntnis* kann aufgrund der bisherigen Ausführungen dahingehend weiter konkretisiert werden, dass das im Unternehmen einzurichtende System den betriebswirtschaftlichen *Entscheidungsprozess* unterstützen muss, und zwar in der inhaltlichen Breite, wie es unter Kapitel 2.6.2 dargestellt wurde. Weitere Aspekte lassen sich aus den bereits dargestellten und allgemein anerkannten Kriterien des COSO I schlussfolgern.[472] So muss auch hier die Funktionsfähigkeit des Systems und dessen Angemessenheit hinsichtlich sich im Zeitablauf einstellender interner und externer Veränderungen durch *Überwachungsmaßnahmen* sichergestellt werden. Und aus systemtheoretisch geprägter, ganzheitlicher Sicht bleibt (natürlich) auch hier zu konstatieren,

---

470 *BMJ*, Regierungsentwurf, 2004, S. 4.

471 Vgl. hierzu auch die Ausführungen unter Kapitel 2.4: Sicherstellung der Zielerreichung auf operativer Ebene, S. 70, zur optimalen Kontrollintensität und dysfunktionalen Wirkungen von Kontrollen.

472 Zu den Angemessenheitskriterien des COSO I vgl. die Ausführung zu Kapitel 2.4.3: Kriterien für eine angemessene Ausgestaltung des Internen Kontrollsystems aus betriebswirtschaftlicher Sicht, S. 91.

dass das System durch das *Interne Umfeld*[473] geprägt und beeinflusst wird und die weichen Faktoren, wie die Organisations- und Unternehmenskultur, für die Funktionsfähigkeit des Systems eine entscheidende Rolle spielen.

Aus *Effizienzgründen* wird das System den jeweiligen Phasen des Entscheidungsprozesses nicht alle Informationen zu liefern haben, sondern nur die *wesentlichen Informationen*. Als wesentlich soll die Information dann gelten, wenn sie dazu führt, dass der Entscheidungsträger durch deren Kenntnis in seiner zu treffenden Entscheidung beeinflusst wird oder eine bereits getroffenen Entscheidung aufgrund dieser Kenntnis revidiert bzw. an die veränderten Umstände anpasst.[474]

Des Weiteren muss die Informationsverarbeitung und -bereitstellung die folgenden Kriterien erfüllen, um zu gewährleisten, dass die Informationen den jeweiligen Phasen des Entscheidungsprozesses in *angemessener Qualität* zur Verfügung gestellt werden:[475, 476, 477]

- *Vollständigkeit (V)*: Alle wesentlichen Informationen, die auf der jeweiligen Stufe des Entscheidungsprozesses benötigt werden, werden durch das System zur Verfügung gestellt.
- *Richtigkeit (R)*: Die wesentlichen Informationen werden von den implementierten betriebswirtschaftlichen Methoden, Instrumenten und Verfahren richtig aufbereitet und zur Verfügung gestellt.

---

473 Bezieht sich das Interne Umfeld nur auf das Interne Umfeld des Internen Kontrollsystems, wird von dem Kontrollumfeld (vgl. *COSO*, Internal Control, 1994, S. 4, 23-32.) gesprochen. Da in diesem Zusammenhang das Interne Umfeld aber keine Einschränkung erfahren soll, wird hier verallgemeinernd vom Internen Umfeld gesprochen.

474 Vgl. in diesem Zusammenhang die Definition von Wesentlichkeit in *IDW*, WP-Handbuch, 2000, R 62 ff.

475 Die Kriterien sind aus den allgemein anerkannten Zielen der Informationsverarbeitung abgeleitet, die sich aus den Kriterien Vollständigkeit, Richtigkeit, Gültigkeit und Zugriffsbeschränkung zusammensetzen und in der Prüfungspraxis als gängige Kriterien für die Beurteilung der Qualität der Informationsverarbeitung verwendet werden; vgl. *PwC*, Audit Guide, 2003, S. 49.

476 Ähnliche Kriterien finden sich auch bei *Feldt/Olbrich/Wiemeler*, Informationssysteme, 1992, S. 2513. Demnach sind die Richtigkeit, Aktualität, Klarheit und Vollständigkeit Grundanforderung für die Informationen, wobei die Klarheit bei in dieser Arbeit vorgeschlagenen Kriterien unter die Richtigkeit zu subsumieren ist. Denn Klarheit bezieht sich auf die subjektiv richtige Datenaufbereitung, die dem Empfänger deren Verständnis erleichtern soll. *Hillebrand*, Früherkennungssystem, 2005, S. 129-142, definiert vor dem Hintergrund des KonTraG als Anforderungen an das Risikofrüherkennungssystem, welches eine besondere Form eines Informationssystem darstellt, die Kriterien „Vollständigkeit", „Richtigkeit" und „Frühzeitigkeit". Das Kriterium der Frühzeitigkeit lässt sich dabei dem Kriterium der Gültigkeit im obigen Sinne unterordnen, da Ersteres ausschließlich auf die zeitliche Dimension der Abbildungstreue gerichtet ist.

477 In ähnlicher Zusammenfassung wird von *Birk*, Berichtssysteme, 1991, S. 57 – ergänzend – speziell auf den Aspekt der Vertraulichkeit verwiesen. Dieses Kriterium soll hier durch das Kriterium „Zugriffsbeschränkung" zum Ausdruck gebracht werden.

- *Gültigkeit (G)*: Die Abbildungstreue der Informationen, die durch das System bereitgestellt werden, muss gewährleisten, dass die nachgefragten Informationen in der Güte und zu einem Zeitpunkt vorliegen, dass sie dem Informationsempfänger aktuelles sowie zweckgerechtes Wissen vermitteln und diesem so frühzeitig bereitgestellt werden, dass es ihm noch möglich ist, das Wissen auch zweckgerichtet weiter zu verwenden.
- *Zugriffsbeschränkung (Z)*:[478] Auf Ebene des Management-Informationssystems müssen ebenfalls Verfahren und Maßnahmen der Internen Kontrolle implementiert werden, die unauthorisierten Zugriff auf die Informationen, Daten und Programme verhindern und somit deren Vertraulichkeit und Verlässlichkeit sicherstellen.

Da das weitere Ziel darin besteht, konkrete Kriterien für ein Soll-Objekt vorzugeben bzw. erste Vorschläge für Grundsätze zu erarbeiten, die das von der Unternehmensleitung eingerichtete System erfüllen muss, um unter Berücksichtigung der jeweiligen Kontextfaktoren und der Systemausgestaltung im praktischen Einzelfall als angemessen gelten zu können, sollte hierfür jedoch zunächst der konzeptionelle Rahmen gefunden werden, der für die Ableitung derart grundsätzlicher Kriterien geeignet ist.

2.6.5 Integration der Ergebnisse zum Management-Control-Framework

Das Erarbeiten von Grundsätzen hat nach *Leffson* von den Systemzielen ausgehend zu erfolgen.[479] Diese Vorgehensweise ermöglicht, das in der Praxis vorgefundene Ist-Objekt dahingehend zu überprüfen, ob es die definierten Grundsätze erfüllt, was wiederum Rückschlüsse dahingehend zulässt, ob auch das Ist-Objekt die Systemziele des Soll-Objekts, aus denen die Grundsätze abgeleitet wurden, erfüllt und somit selbst als angemessen gelten kann. Im Folgenden ist es daher relevant, Rückschlüsse hinsichtlich der Angemessenheit des „Management-Informationssystems" i.S. dieser Arbeit ziehen zu können. Dessen Aufgabe besteht darin, für die einzelnen Phasen des Entscheidungsprozesses die hierfür benötigten wesentlichen Informationen vollständig, richtig sowie gültig zur Verfügung zu stellen. Das Rahmenkonzept des COSO I ist für dieses Vorhaben zu eng, weil es konzeptionell nur auf die Um-/Durchsetzung der Entscheidung auf operativer Ebene gerichtet ist und es somit nicht möglich ist, entsprechend dem beschriebenen Vorgehen für alle Phasen

---

478 Dieses Kriterium bezieht sich somit nicht auf eine einzelne Phase des Systems, sondern hat eher phasenübergreifenden Charakter. Es verdeutlicht aber, dass das Management-Informationssystem und das Interne Kontrollsystem interagieren, weil bspw. die Methoden, Verfahren und Instrumente auf Ebene des Management-Informationssystems, der Verfahren und Maßnahmen der Internen Kontrolle bedürfen, um ihre ständige Anwendung und Funktionsfähigkeit hinreichend sicherzustellen.

479 Vgl. *Leffson*, Systemprüfung, 1992, S. 1927.

des Entscheidungsprozesses Informationsziele als Grundvoraussetzung für das weitere Ableiten von grundsätzlichen Soll-Kriterien vorzugeben.

Das Rahmenkonzept des COSO I muss daher wie folgt um die Phasen des betriebswirtschaftlichen Entscheidungsprozesses erweitert werden:

Abb. 2-12: Modellhafte Darstellung des Management-Control-Framework

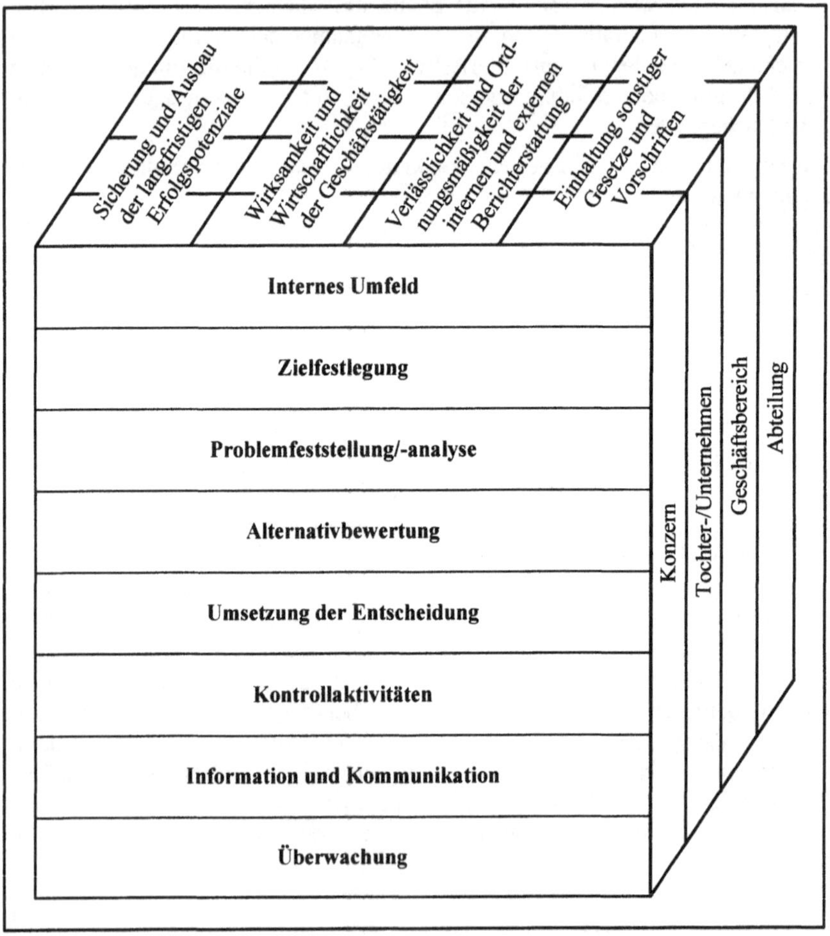

Durch diese konzeptionelle Erweiterung integriert das in (Abb. 2-12) dargestellte Rahmenkonzept alle Systeme, die das Management benötigt, um seiner Verantwortung für die Steuerung und Überwachung des Unternehmens ausreichend nachkommen zu können; es wird daher als „Management-Control-Framework" (MCF) bezeichnet.[480] Das MCF stellt somit den Rahmen dar, der im praktischen Einzelfall mit Konzepten, Instrumenten, Methoden und Verfahren der Betriebswirtschaftslehre so auszugestalten ist, dass die im „Ist" vorgefundenen Systeme als angemessen i.S. dieser Arbeit definiert werden können und demzufolge der Unternehmensleitung hinsichtlich der Ausgestaltung der Systeme keine Sorgfaltspflichtverletzung zum Vorwurf gemacht werden kann. Eine hinreichende Bedingung hierfür ist, dass das im „*Ist*" vorzufindende System die gleiche Zielsetzung und den gleichen Zielerreichungsgrad aufweist wie das fiktive, hier in Form eines Rahmenkonzepts geschaffene, *Soll*-Objekt. Daher sind im Folgenden zunächst die Systemziele der in den Würfel integrierten Systeme zu definieren, bevor hieraus weitere Kriterien bzw. Grundsätze abgeleitet werden können, die dann die Erreichung dieser Ziele gewährleisten sollen und insofern durch die Konzepte, Methoden, Instrumente und Verfahren des Ist-Systems umzusetzen bzw. einzuhalten sind.

Systemziele:

Die Systemziele sind, wie den bisherigen Ausführungen, insbesondere den Ausführungen bzgl. der Verantwortungsbereiche des Managements unter Kapitel 2.1[481] und den Anforderungen bzgl. der angemessenen Ausgestaltung der Systeme aus juristischer Sicht (Kapitel 2.4.2.4.3[482] bzw. Kapitel 2.6.4.2[483]) zu entnehmen ist, nicht absolut deckungsgleich mit den Oberzielen, die die Unternehmensleitung verantworten muss. Anders ausgedrückt, ist die Einrichtung der Systeme zwar eine notwendige, aber keine hinreichende Bedingung dafür, dass die Unternehmensleitung ihre Sorgfaltspflichten im Hinblick auf die unter Kapitel 2.1 definierten Verantwortungsbereiche des Managements erfüllt.[484] Die Systemziele lassen sich aufgrund der bisherigen Ausführungen daher wie folgt definieren:

480 Der Begriff „Control" ist hier in seiner angloamerikanischen Bedeutung zu verstehen und steht daher für Steuerung und Überwachung gleichermaßen. Die korrekte Übersetzung des Begriffs „Management-Control-Framework" wäre daher „Management-Steuerungs/ Überwachungs-Rahmenkonzept".

481 Vgl. Kapitel 2.1: Verantwortungsbereiche des Managements, S. 36.

482 Vgl. Kapitel 2.4.2.4.3: Ausgestaltung des Internen Kontrollsystems unter Berücksichtigung der Tatbestandsausschlussgründe des § 93 Abs. 1 Satz 2 AktG, S. 88.

483 Vgl. Kapitel 2.6.4.2: Angemessenheit der Ausgestaltung des Management-Informationssystems aus juristischer Sicht, S. 121.

484 Vgl. Kapitel 2.1: Verantwortungsbereiche des Managements, S. 36.

Tab. 2-6: Systemziele des Management-Control-Framework

Oberziel des Verantwortungsbereichs	Sicherung und Ausbau der langfristigen Erfolgspotenziale	Wirksamkeit und Wirtschaftlichkeit der Geschäftstätigkeit	Verlässlichkeit und Ordnungsmäßigkeit der internen und externen Berichterstattung	Einhaltung sonstiger Gesetze und Vorschriften
Systemziele des MCF hinsichtlich der Verantwortungsbereiche des Managements	Gewährleistung von hinreichender Sicherheit dahingehend, dass die Unternehmensleitung vollständig, richtig und gültig über den Zielerreichungsgrad der strategischen Ziele und über die diesen beeinflussenden, wesentlichen kritischen Erfolgsfaktoren sowie über die im Zusammenhang mit der Strategie stehenden wesentlichen Chancen und Risiken informiert wird.	Gewährleistung von hinreichender Sicherheit dahingehend, dass die Unternehmensleitung vollständig, richtig und gültig über die Performance, verstanden als umfassendes, die Effektivität und Effizienz beinhaltendes Leitungsmaß des Unternehmens, und über die dieses beeinflussende Chancen und Risiken informiert ist.	Gewährleistung von hinreichender Sicherheit dahingehend, dass die Verlässlichkeit und Ordnungsmäßigkeit der internen und externen Berichterstattung gegeben sind.	Gewährleistung von hinreichender Sicherheit dahingehend, dass die sonstigen Gesetze und Vorschriften eingehalten werden.
Zielerreichung[485]	Die Systemziele können die Verantwortungsbereiche nicht vollständig abdecken, da sie zum einen nur unterstützend tätig sein können und eine angemessene Ausgestaltung der Systeme weder das Management davor bewahrt, letztlich doch falsche Entscheidungen zu treffen, noch die Systeme das Verhalten des Umfelds beeinflussen oder dieses sogar steuern können, um die Zielereichung des Verantwortungsbereichs hinreichend sicherstellen zu können.		Die Systemziele sind deckungsgleich mit den Zielen des Verantwortungsbereichs. Der Grund hierfür ist, dass das Erreichen der Ziele ausschließlich unter der Kotrolle des Unternehmens ist und ausschließlich davon abhängt, wie die zu diesem Ziel im Unternehmen eingeführten Grundsätze, Verfahren und Maßnahmen eingehalten bzw. ausgeführt werden.	
Hinreichende Sicherstellung der Zielerreichung	Auch hinsichtlich der in dieser Tabelle definierten Systemziele kann eine absolute Sicherheit selbst durch ein angemessen ausgestaltetes System daher nicht erreicht werden, weil bspw. dessen Funktionsfähigkeit durch menschliches Fehlverhalten negativ beeinflusst wird oder die Unternehmensleitung unter Kosten/Nutzen-Gesichtspunkten auf einen weiteren Systemausbau verzichtet hat, weil dieser weder betriebswirtschaftlich sinnvoll noch juristisch gefordert war.[486, 487]			
System	Management-Informationssystem	Internes Kontrollsystem		

485 I.d.S. auch *COSO*, ERM, 2004, S. 20-21.

486 Vgl. hierzu auch die Ausführung unter Kapitel 2.4.3: Kriterien für eine angemessene Ausgestaltung des Internen Kontrollsystems aus betriebswirtschaftlicher Sicht, S. 91.

487 Weitere Beispiele dafür, dass Systeme keine absolute Sicherheit gewährleisten können, befinden sich auch im *IDW PS 260*, IKS, Tz. 11 und im *IDW PS 261*, Beurteilung von Fehlerrisiken, 2006, Tz. 25.

Zusammenhang von Systemzielen und Komponenten:

Damit die Zielerreichung der oben aufgeführten Systemziele mit hinreichender Sicherheit gewährleistet werden kann, sind die acht in Wechselbeziehung miteinander stehenden Komponenten des in Abb. 2-12 dargestellten MCF auf jeder Managementebene in die Geschäftsabläufe und Entscheidungsprozesse einzubinden. Hierbei drängt sich allerdings die Frage auf, ob die Komponenten auch für alle Systemziele relevant sind, da die Zielkategorien „Wirksamkeit und Wirtschaftlichkeit der Geschäftstätigkeit", „Verlässlichkeit und Ordnungsmäßigkeit der internen und externen Berichterstattung" und „Einhaltung sonstiger Gesetze und Vorschriften" in Kapitel 2.4.3[488] auch ohne diese zusätzlichen Komponenten auskamen. Zunächst einmal kann diesbezüglich festgehalten werden, dass die *grundlegenden Entscheidungen*, nämlich über das „Was", erreicht werden sollen für die Zielkategorien „Verlässlichkeit und Ordnungsmäßigkeit der internen und externen Berichterstattung" und „Einhaltung von sonstigen Gesetzen und Vorschriften" von externen Institutionen (i.d. Regel der Gesetzgeber) und bei der Zielkategorie „Wirksamkeit und Wirtschaftlichkeit der Geschäftstätigkeit" von einer internen Institution (Unternehmensleitung) bereits getroffen wurden; insofern verbleibt beim Unternehmen bzw. den nachgelagerten Managementebenen selbst nur die Disposition darüber, „Wie" die Entscheidung auf operativer Ebene um-/ durchgesetzt werden soll. Dies stellt zwar selbst wiederum eine Entscheidung dar,[489] jedoch eine *abhängige*, bei der es aus betriebswirtschaftlicher Sicht darum geht, Instrumente, Verfahren und Maßnahmen bereitzustellen, die es ermöglichen, die vorgegebenen Ziele zu erreichen oder die vorgegebenen Ziele mit Hilfe des auf operativer Ebene eingerichteten Internen Kontrollsystems um-/ durchzusetzen. Deshalb müssen bezüglich dieser Zielkategorien dem Management keine betriebswirtschaftlichen Methoden, Verfahren und Instrumente bereitgestellt werden, die es dabei unterstützt, auch die grundlegende Entscheidung über das „Was" zu treffen. Für abhängige Entscheidungen waren aus Sicht des COSO I daher fünf Komponenten konzeptionell ausreichend, wobei die Einordnung der Phasen des Entscheidungsprozesses[490] insbesondere in die Komponenten „Risikobeurteilung" und „Kontrollaktivitäten" erfolgte.[491] Für die Erweiterung dahingehend,

---

488 Vgl. Kapitel 2.4.3: Kriterien für eine angemessene Ausgestaltung des Internen Kontrollsystems aus betriebswirtschaftlicher Sicht, S. 91.

489 Die Gestaltung und Erstellung des Jahresabschlusses verstehen bspw. *Sieben/Haase*, Jahresabschlussrechnung, 1971, S. 53 ff., ebenfalls als Entscheidungsprozess, in den verschiedene interne und externe Institutionen eingebunden sind.

490 Zu den Phasen des Entscheidungsprozesses vgl. Abb. 2-10: Entscheidungsbezug ausgewählter Managementaktivitäten, S. 110.

491 Vgl. hierzu auch die Ausführung unter Kapitel 2.4.3: Kriterien für eine angemessene Ausgestaltung des Internen Kontrollsystems aus betriebswirtschaftlicher Sicht, S. 91, dort wurde bereits darauf hingewiesen, dass die Komponente „Risikobeurteilung", ausgehend von festgelegten Zielen, auch die Phasen Identifikation, Analyse und Bewertung der Risiken umfasst.

dass die Frage über das „Was" vom Management in diesem Fall von der Unternehmensleitung selbst zu treffen ist, sind die betriebswirtschaftlichen Methoden, Instrumente und Verfahren auf operativer Ebene natürlich nicht ausreichend und insoweit das Rahmenkonzept des COSO I auch zu eng. Die hier vorgeschlagene Erweiterung führt daher aus Sicht des COSO I zu einer konsistenten, jedoch nicht notwendigen Erweiterung des Rahmenkonzepts. Die acht Komponenten des MCF (vgl. Abb. 2-12) sind wie folgt zu verstehen:[492]

- *Internes Umfeld*: Das Interne Umfeld steckt die Rahmenbedingungen ab, die alle weiteren Komponenten beeinflussen. Das Interne Umfeld wird in erster Linie durch das Management geprägt und gestaltet. Es beinhaltet die Vision als generelle Leitidee des unternehmerischen Handelns und beeinflusst das Treffen von Entscheidungen und deren Umsetzung im Unternehmen, so z.B. auch die Festlegung der Strategie und deren Umsetzung durch Zielsetzung auf nachgelagerter Ebene sowie die Organisationsstruktur und den organisatorischen Wandel des Unternehmens. Das Interne Umfeld selbst wird geprägt durch die Unternehmensleitung und deren Managementphilosophie, die normativen Charakter hinsichtlich der Grundannahmen und Werte entwickelt, die allen Entscheidungen im Unternehmen zugrunde liegen und sich somit auch auf die Unternehmenskultur auswirkt, die das tägliche Handeln der Mitarbeiter und deren Grundeinstellung zum Unternehmen beeinflusst sowie zu integrem Verhalten beim Umsetzen von Entscheidungen beiträgt. Ferner nimmt es zusammen mit dem externen Umfeld Einfluss auf die Unternehmenspolitik, die den Ausgleich schaffen muss zwischen konfliktären externen und internen Interessen, was sich bspw. auch auf die Bereitschaft zum Nutzen von Chancen und dem Eingehen von Risiken auswirkt. Zu weiteren wichtigen Elementen des Internen Umfelds zählen die Personalpolitik, die Festlegung von Verantwortlichkeit und Autorität, die Kompetenz der Mitarbeiter und die Etablierung von Überwachungsstrukturen.[493]
- *Zielfestlegung*: Die Unternehmensleitung muss, ausgehend von der Vision, der eine selektive Wirkung bzgl. strategischer Entscheidungen, insbesondere hinsichtlich der Festlegung der Strategie und der daraus abgeleiteten strategischen Ziele, zukommt, die strategischen Ziele weiter herunterbrechen, damit diese durch das Ausführungssystem auf operativer Ebene auch umgesetzt werden können. Die strategischen Oberziele sind daher so lange herunterzubrechen, bis sie zu konkreten Zielvorgaben auf operativer Ebene führen, die dann innerhalb

492 Die Definition der Komponenten erfolgte in Ahnlehnung an das „Enterprise Risk Management – Integrated Framework" – kurz COSO II – (vgl. *COSO*, ERM, 2004, S. 22-23), wobei sie teilweise konzeptionell darüber hinausgehen. Eine Abgrenzung zwischen COSO II und dem in dieser Arbeit vorgeschlagenen erweiterten Rahmenkonzept erfolgt unter Kapitel 2.6.6: Zusammenhang von COSO I, COSO II und dem Management-Control-Framework, S. 143.

493 Ähnliche Interpretation des „Internen Umfelds" befindet sich bei *COSO*, ERM, 2004, S. 27-34.

des Planungszeitraums, der der operativen Ebene vorgegeben ist, umgesetzt werden können. Damit auf operativer Ebene bei der Entscheidungsumsetzung keine Zielkonflikte entstehen, sind diese Unterziele zu koordinieren und evtl. Nebenbedingungen, die sich aus den Kategorien „Verlässlichkeit und Ordnungsmäßigkeit der internen und externen Berichterstattung“ sowie „Einhaltung von sonstigen Gesetzen und Vorschriften“ ergeben, als Nebenziele zu berücksichtigen. Die Festlegung der Vision wird konzeptionell aufgrund ihres normativen Charakters dieser Komponente nicht zugeordnet, sondern dem Internen Umfeld. Ebenso wird die Festlegung der Chancen- und Risikostrategie, die den grundlegenden Umgang des Unternehmens mit Chancen und Risiken festlegt, dem Internen Umfeld zugeordnet.[494] Die Zielfestlegung beschränkt sich somit darauf, wie auf Grundlage einer beschlossenen Strategie diese umzusetzen ist. Insofern kommt dieser Komponente eine verknüpfende Wirkung zwischen strategischen und operativen Zielen zu, was auch gleichzeitig die Interaktion von Management-Informationssystem und Internem Kontrollsystem erforderlich macht oder, anders formuliert, deren Systemgrenzen verwischt. Die Zielfestlegung ist des Weiteren auch notwendige Voraussetzung für das Erkennen von Chancen und Risiken nach KonTraG. Denn *Schulze* formuliert vor dem Hintergrund des KonTraG das Risiko als die „Möglichkeit einer Zielverfehlung.“[495]

- *Problemfeststellung/-analyse*: Das Treffen von sachgerechten Entscheidungen auf strategischer Ebene, sprich die Festlegung der Strategie, wird maßgeblich von der Fähigkeit des Unternehmens beeinflusst, die strategische Ausgangssituation sachgerecht zu bestimmen. Insofern muss das Unternehmen eine Unternehmens- und Umweltanalyse betreiben, um die strategischen Erfolgsfaktoren zu analysieren und die eigene Wettbewerbsposition zu ermitteln. Des Weiteren sind die für die Umsetzung einer potenziellen strategischen Alternative kritischen internen und externen Erfolgsfaktoren zu ermitteln sowie durch Prognosen und Analysen die Ereignisse, die sich auf die erfolgreiche Umsetzung der Strategieoption auswirken können und somit aus deren Sicht Chancen oder Risiken darstellen.[496]

---

494 Die dem Entscheidungsprozess aus Abb. 2-10: Entscheidungsbezug ausgewählter Managementaktivitäten, S. 110, in der Phase „Zielfestlegung zugeordneten Managementaktivitäten“ Vision, Risiko-/Chancenstrategie (festlegen), werden somit aufgrund ihres normativen Charakters nicht in die Phase „Zielfestlegung des Rahmenkonzepts“ eingeordnet, weil davon auszugehen ist, dass diese Grundsatzentscheidungen außerhalb des durch das Rahmenkonzept abgegrenzten Systems getroffen werden.

495 *Schulze*, KonTraG, 2001, S. 20.

496 Der Komponente und somit dem erweiterten Rahmenkonzept wird die Risikodefinition des „Enterprise Risk Management – Integrated Frameworks“ zugrunde gelegt, dort werden Risiken definiert als „die Möglichkeit, dass ein Ereignis eintreten und die Zielerreichung negativ beeinflusst wird“ (*COSO*, ERM, 2004, S. 16.) und die Chancen analog umgekehrt. Den Hinweis, dass diese Risikodefinition aufgrund ihres Zielbezugs auch mit dem KonTrag vereinbar ist, gibt *Hillebrand*, Früherkennungssystem, 2005, S. 45-46.

Auf operativer Ebene ist die Umsetzung der Entscheidung maßgeblich davon abhängig, ob in den Geschäftsbereichen und -prozessen alle für die Umsetzung der Strategie kritischen internen Erfolgsfaktoren und Leistungsdeterminanten bekannt sind, damit diese der Steuerung zugänglich gemacht werden können und diejenigen Ereignisse identifiziert werden, die sich positiv wie negativ auf das Erreichen der jeweiligen Zielvorgabewerte auswirken können. Der Grad der durch die Ereignisse eingetretenen Zielverfehlung muss darüber hinaus einer verlässlich Bewertung zugänglich gemacht werden, daher sind die Wechselwirkungen und Beeinflussung der Ereignisse untereinander zu analysieren und die Analyseergebnisse horizontal und vertikal über die Managementebenen hinweg zu kategorisieren sowie zu aggregieren.[497]

- *Alternativenbewertung*: Zur Vorbereitung der Entscheidung auf strategischer Ebene müssen die Strategieoptionen anhand festgelegter Bewertungskriterien hinsichtlich ihres Zielerreichungsgrades bewertet werden, damit so in einem objektiven und selektiven Vergleich eine sachgerechte Entscheidung ermöglicht wird. Neben dem Zielbeitrag zur Erreichung der Vision als Bewertungskriterium bildet die Einhaltung der Risikostrategie ein Ausschlusskriterium für mögliche Strategieoptionen. Daher sind ebenfalls die mit der jeweiligen Strategieoption verbundenen Chancen und Risiken zu bewerten.

  Auf operativer Ebene sind hinsichtlich dieser Komponente die aus einer bereits festgelegten Strategie abgeleiteten strategischen Maßnahmen für den Planungszeitraum auf operativer Ebene zu bewerten, gegebenenfalls zu priorisieren und die hierfür bewilligten oder benötigten Ressourcen in das Budget zu integrieren, um die schrittweise Umsetzung der Strategie zu ermöglichen. Das operative Budget ist daher um ein strategisches zu ergänzen, auf Gesamtunternehmensebene zu konsolidieren und zum Unternehmensgesamtplan zusammenzufassen.

  Darüber hinaus muss beurteilt werden, wie sich mögliche Ereignisse auf die Zielerreichung aller vier Zielkategorien und somit sowohl auf die strategischen als auch auf die operativen Ziele auswirken können. Hierbei ist auch die Wirkung möglicher Chancen/ Risikosteuerungsmaßnahmen, die ergriffen werden könnten, zu bewerten. Die Bewertung zieht dabei deren Wirkung auf Schadenshöhe und Eintrittswahrscheinlichkeit genauso ins Kalkül wie die unternehmensindividuelle Risikobereitschaft und Kosten-/Nutzenüberlegungen. Sofern die Unternehmensleitung bereits Maßnahmen zur Chancen/ Risikosteuerung ergriffen hat, sind nicht mehr die inhärenten Chancen/ Risiken zu beurteilen, sondern die Residualgrößen.[498]

---

497 Zur Ereignisidentifikation vgl. *COSO*, ERM, 2004, S. 41-47.

498 Zur Bewertung der Risiken und der Bewertung der Risikosteuerungsmaßnahmen vgl. *COSO*, ERM, 2004, S. 49-54.

- *Umsetzung der Entscheidung*: Zur Umsetzung der getroffenen Entscheidung auf strategischer Ebene ist die Strategie zu operationalisieren. In einem ersten Schritt sind daher Zwischenziele (Meilensteine) für den Zeitraum der strategischen Planung zu setzen. Des Weiteren sind die strategischen Erfolgsfaktoren, d.h. die für die Umsetzung der Strategie kritischen, aber durch das Unternehmen beeinflussbaren Erfolgsfaktoren, zu analysieren und durch geeignete Messmethoden für die Steuerung zu erschließen. Auf Basis dieser strategischen Erfolgsfaktoren sind dann in der Komponente „Zielfestlegung" unter Berücksichtigung bestehender Ursache-Wirkungs-Ketten die Zielvorgaben für die operative Ebene zu bestimmen. Ferner ist sicherzustellen, dass die für die Umsetzung der strategischen Maßnahmen benötigten Ressourcen in den strategischen Geschäftsfeldern vorhanden sind bzw. diesen zugeteilt wurden und diese die notwendige organisatorische Stimmigkeit aufweisen. Andernfalls ist entsprechend dem Leitsatz „Structur follows Strategy"[499] die Organisationsstruktur entsprechend anzupassen, was wiederum Einfluss nimmt auf die Komponente Internes Umfeld. Insofern bedarf die Umsetzung der Entscheidung nicht nur des Management-Informationssystems, um die in diesem Zusammenhang zu kommunizierenden Informationen und Verantwortlichkeiten weiterzuleiten, sondern auch der Steuerung der Ausführungsaktivitäten für strategische Maßnahmen, was eigentlich in den Aufgabenbereich des Internen Kontrollsystems fällt. Die Schnittstelle zwischen strategischer und operativer Ebene bedarf daher der Interaktion von beiden Systemen zur Wahrnehmung der gemeinsamen Aufgabe und zur Sicherstellung der Um-/Durchsetzung der Entscheidung.[500]

  Auf operativer Ebene bedarf es zur Umsetzung der von der Unternehmensleitung getroffenen Entscheidungen deren Steuerung, d.h. der detaillierten Festlegung, Veranlassung sowie Koordination des Entscheidungsergebnisses. Dies erfolgt durch die Vorgabe der festgelegten Budgets, die auch die umzusetzenden strategischen und operativen Maßnahmen beinhalten.

  Ferner sind auch die beschlossenen Maßnahmen zur Steuerung von Chancen und Risiken, die grundsätzlich deren Vermeidung, Reduktion, Überwalzung oder Eingehen bedeuten, umzusetzen.[501]

---

499 *Chandler*, Strategy, 1969, S. 15 f.

500 Dieses Problem soll konzeptionell durch die Integration beider Systeme in das erweiterte Rahmenkonzept als gelöst gelten. Für die praktische Umsetzung würde eine hier ansetzende theoretische Diskussion ohnehin keine Abhilfe schaffen, weil die in dieser Komponente beschriebenen Aufgaben erfüllt werden müssen, um die getroffene Entscheidung sachgerecht umsetzen zu können. Die Implikationen für die weitere Arbeit liegen allerdings darin, dass für diese Aufgaben ebenfalls Grundsätze zu formulieren sind, um sicherstellen zu können, dass das hier vorgeschlagene erweiterte Rahmenkonzept als angemessen i.S. dieser Arbeit gelten kann.

501 Zur Risikosteuerung vgl. *COSO*, ERM, 2004, S. 55-60.

- *Kontrollaktivitäten*: Kontrollaktivitäten müssen durchgeführt werden, um sicherzustellen, dass die Entscheidungsergebnisse auch tatsächlich umgesetzt wurden. Die Aufgaben der Kontrollaktivitäten bestehen daher zum einen darin, die Abweichung zwischen Soll-Größen (Entscheidungsergebnis/Zielvorgabewert) und Ist-Größen (Durchführungsergebnis) zu ermitteln. Auf strategischer Ebene zählt hierzu die strategische Durchführungskontrolle, die den Umsetzungsgrad der strategischen Zwischenziele zum Kontrollgegenstand hat. Ferner zählen hierzu die strategische Prämissenkontrolle, deren Aufgabe darin besteht zu kontrollieren, ob die der strategischen Planung zugrunde liegenden Prämissen, die bspw. Grundlage für Prognosen bei den Komponenten Problemfeststellungs/-analysephase und Alternativenbeurteilung waren, nach wie vor gültig sind. Außerdem ist auch ein Soll-/Ist-Abgleich zwischen der tatsächlichen Risikosituation des Unternehmens und der Risikostrategie vorzunehmen.

  In ähnlicher Weise sind auch auf operativer Ebene Abweichungsanalysen, sog. Business Performance Reviews, durchzuführen, um die Abweichung der eigentlichen Performance der Geschäftsprozesse von der geplanten zu analysieren. Neben der Ermittlung der Abweichungen kommt der Kontrolle auch eine Rückkopplungsfunktion zu, um durch geeignete Gegenmaßnahmen die Soll/Ist-Abweichung zu reduzieren.

  Daneben bestehen aber auch auf allen Ebenen Kontrollen, die sicherstellen sollen, dass die Anweisungen der Unternehmensleitung zu Risikohandhabungen hinsichtlich einer oder mehrerer Zielkategorien richtig ausgeführt werden. Letztere sind somit konzeptionell gleichbedeutend mit der Komponente „Kontrollaktivitäten" des COSO I.[502]
- *Information und Kommunikation*: Die Komponente ist grundsätzlich so zu interpretieren wie bei COSO I.[503] Eine inhaltliche Erweiterung ist aus Sicht des MCF nicht nötig.[504]
- *Überwachung*: Mit Ausnahme der durch die Erweiterung des Rahmenskonzepts begründeten Ausdehnung der Überwachungsaktivitäten über das Interne Kontrollsystem hinaus ist keine grundsätzliche konzeptionelle Erweiterung im Vergleich zu COSO I nötig.[505]

---

502 Hinsichtlich der Komponente „Kontrollaktivitäten" bei COSO I vgl. die Ausführungen unter Kapitel 2.4.3: Kriterien für eine angemessene Ausgestaltung des Internen Kontrollsystems aus betriebswirtschaftlicher Sicht, S. 91.

503 I.d.S. auch *COSO*, ERM, 2004, S. 67-73, allerdings ausschließlich aus Sicht des Risikomanagements.

504 Vgl. hierzu ausführlich die Ausführungen unter Kapitel 2.4.3: Kriterien für eine angemessene Ausgestaltung des Internen Kontrollsystems aus betriebswirtschaftlicher Sicht, S. 91.

505 Vgl. hierzu ausführlich die Ausführungen unter Kapitel 2.4.3: Kriterien für eine angemessene Ausgestaltung des Internen Kontrollsystems aus betriebswirtschaftlicher Sicht, S. 91.

Abschließend ist noch zu ergänzen, dass die Komponenten, die den Entscheidungsprozess[506] widerspiegeln, zwar in einem sachlogischen Zusammenhang stehen, was jedoch nicht zwangsläufig bedeutet, dass diese in Form eines Prozesses immer so zu durchlaufen sind. Die Prozessstufen können im Gegenteil teilweise sogar mehrmals oder auch in anderer Reihenfolge durchlaufen werden.

Ableitung von Grundsätzen:

Zur Sicherstellung, dass die Komponenten im jeweiligen betrieblichen Einzelfall angemessen ausgestaltet sind und somit hinreichend sichergestellt wird, dass die jeweiligen Systemziele erreicht werden, sind Grundsätze für die jeweiligen Komponenten zu erarbeiten, deren Einhaltung im „Ist" gewährleisten soll, dass die jeweiligen Komponenten und somit schließlich auch das durch das MCF repräsentierte System im „Ist" angemessen sind.[507] Die Ableitung derartiger Grundsätze ist dabei nicht nur für ein haftungsscheues Management von Interesse, sondern insbesondere auch für die prüferische Praxis, sofern die Systemzielerreichung für das prüferische Urteil bzw. die Erlangung von Sicherheit für die Jahresabschlussprüfung von Relevanz ist. Diesbezüglich kann in Anlehnung an den *IDW PS 260* bzw. dessen Nachfolger, den *IDW PS 261*, ausgesagt werden, dass „die auf die Sicherung der Ordnungsmäßigkeit und Verlässlichkeit der Rechnungslegung [gemeint ist die interne und externe Berichterstattung – Anm. d. Verf.] gerichteten Teile des Systems sämtlich für die Abschlussprüfung von Bedeutung sind".[508] Demgegenüber sind die auf die Geschäftstätigkeit des Unternehmens gerichteten Teile des Systems, hier also gleichbedeutend mit den Zielkategorien „Sicherung und Ausbau der langfristigen Erfolgspotenziale" und Wirksamkeit und Wirtschaftlichkeit der Geschäftstätigkeit", zum Teil Gegenstand der Abschlussprüfung[509] und die auf die „Einhaltung sonstiger Gesetze und Vorschriften" gerichteten Teile nur insoweit, als sich hierüber Rückwirkungen auf den geprüften Jahresabschluss oder Lagebericht ergeben.[510, 511] Daraus folgt, dass die auf die verschiedenen Zielkategorien gerichteten Komponenten des MCF von unterschiedlicher Relevanz für die Jahresabschlussprüfung sind, wobei bzgl. der Einhaltung von sonstigen Gesetzen

506 Gemeint sind die Komponenten „Zielfestlegung", „Problemfeststellung/-analyse", „Alternativenbewertung", „Umsetzung der Entscheidung und Kontrollaktivitäten".

507 In diesem Zusammenhang natürlich zu verstehen als Management-Informationssystem und Internes Kontrollsystem.

508 *IDW PS 260*, IKS, Tz. 8; *IDW PS 261*, Beurteilung von Fehlerrisiken, 2006, Tz. 22.

509 In diesem Sinne allerdings konzeptionell auf das Interne Kontrollsystem beschränkt *IDW PS 260*, IKS, Tz. 7.

510 *IDW PS 260*, IKS, Tz. 9; *IDW PS 261*, Beurteilung von Fehlerrisiken, 2006, Tz. 23.

511 Eine genaue Analyse, welche Systemzielerreichung und insofern in welchem inhaltlichen Umfang die Komponenten für die Jahresabschlussprüfung relevant sind, wird in Kapitel 3.4: Abgrenzung der Verantwortungsbereiche von Management und Abschlussprüfer, S. 159ff., analysiert. Hier werden demzufolge Ergebnisse vorweggenommen, damit die Grundsätze nur in dem Umfang definiert werden müssen, die auch für die Jahresabschlussprüfung von Interesse sind.

und Vorschriften ohnehin die Frage gestellt werden kann, ob deren Einhaltung aus Gründen der Prüfungseffizienz nicht ohnehin in Form von Einzelfallprüfungen geprüft werden sollte. Ohne dieses Thema hier abschließend klären zu wollen, werden aufgrund dieser Überlegungen für die Zielkategorie „Einhaltung von sonstigen Gesetzen und Vorschriften" keine Grundsätze abgeleitet.

Darüber hinaus wurde aus Effizienzgründen für diese Arbeit auf die Darstellung von Grundsätzen für den Bereich „Verlässlichkeit und Ordnungsmäßigkeit der internen und externen Berichterstattung" verzichtet, da diese in Form der GoB, GoK, GoL, GoBS[512] und GoDV[513] bereits existieren und hinlänglich bekannt sind. Somit beschränkt sich die Darstellung der erarbeiteten Grundsätze auf die Systemziele der Zielkategorien „Sicherung und Ausbau der langfristigen Erfolgspotenziale" und „Wirksamkeit und Wirtschaftlichkeit der Geschäftstätigkeit", wobei für die Komponenten Problemfeststellung, Alternativenbewertung und Information und Kommunikation im Bereich der Risikofrüherkennung auf die Vorarbeiten von *Hillebrand* zugegriffen werden konnte.[514]

Für alle anderen Komponenten wurde jedoch erstmals im Rahmen dieser Arbeit der Versuch unternommen, für die Prüfungspraxis und mit Sicherheit auch für die Managementpraxis relevante Grundsätze abzuleiten, die Rückschlüsse auf die Angemessenheit des im „Ist" vorgefundenen Management-Informationssystems sowie des Internen Kontrollsystems hinsichtlich der Zielkategorien „Sicherung und Ausbau der langfristigen Erfolgspotenziale" und „Wirksamkeit und Wirtschaftlichkeit der Geschäftstätigkeit" erlauben sollen.[515] Dies erfolgte durch Sichtung der betriebswirtschaftlichen Literatur im Bereich des Controlling[516], Managements[517], Performance Measurement[518], weiterer, mitunter auch kaum bekann-

---

512 Vgl. *GoBS*, Richtlinie, 1995, o.S.

513 Vgl. *Schuppenhauer*, GoDV-Handbuch, 2006, o.S.

514 *Hillebrand*, Früherkennungssystem, 2005, S. 149-281.

515 Das Fehlen derartiger Grundsätze wird auch an den Arbeiten von *Neubeck*, Risikomanagementsysteme, 2003, o.S., und *Fuhr*, Unternehmensplanung, 2003, o.S., deutlich. Beide beschäftigen sich mit der Prüfung von Systemen, für deren Beurteilung der Angemessenheit Grundsätze bzw. Kriterien benötigt werden. Die Autoren gehen dabei den Weg, dass sie ihren Arbeiten komplette Controlling-Konzepte als Kriterien bzw. Soll-Objekte zugrunde legen. Dies führt in der Prüfungspraxis jedoch dazu, dass aufgrund des anzutreffenden Methodenmixes diese zwar aus theoretischer Sicht vollständige Konzepte darstellen, als Soll-Objekt für die Praxis jedoch ungeeignet sind, weil hier das Abstraktionsniveau zu niedrig angesetzt wurde. Ferner ist Effizienz ein wichtiger Grundsatz für die Abschlussprüfung. Ein Kriterienkatalog, der 100 Seiten übersteigt, dürfte nicht nur zu Ineffizienz in der Prüfungsdurchführung, sondern auch zur Nichtakzeptanz beim Praktiker führen.

516 *Graumann*, Controlling, 2003, o.S.; *Horvath*, Controlling, 2002, o.S.; *Reichmann*, Controlling, 2000, o.S.; *Weiss*, Konzernsteuerung, 2004, o.S.; *Wolf*, Risikomanagement, 2003, o.S.

517 *Bleicher*, Management, 2004, o.S.; *Bogaschewsky/ Rollberg*, Management, 1998, o.S.; *Müller*, Management, 2003, o.S.

518 *Grüning*, Performance Measurement, 2001, o.S.; *Klingebiel*, Integriertes Performance Measurement, 2000, o.S.; *Klingebiel*, Integriertes Performance Measurement, 1999, o.S.

ter Rahmenkonzepte[519] sowie durch den Rückgriff auf eigene praktische Erfahrungen aus der Wirtschaftsprüfung. Die so erarbeiteten Grundsätze sind jedoch nicht als normative Vorgaben zu verstehen, sie sollen vielmehr als ein erster Vorschlag für mögliche Systemgrundsätze aufgefasst werden. Die im Rahmen dieser Arbeit dargestellten Grundsätze verfolgen damit folgende Zwecke: zum einen sollen sie als Soll-Kriterien den Anforderungsrahmen an eine angemessene Ausgestaltung des MCF so weit konkretisieren, dass sie dem Prüfer in der Praxis eine Hilfestellung für die Systemprüfung bieten. Zum anderen sollen sie der Wissenschaft als Diskussionsgrundlage dienen, damit aufbauend auf diesen verbindliche Grundsätze, für die Ausgestaltung der durch das MCF repräsentierten Systeme, erarbeitet werden können. Letzteres könnte auch einen wichtigen Beitrag zur Corporate Governance-Diskussion liefern, da derart verbindliche und allgemein anerkannte Grundsätze dazu beitragen würden, die Sorgfaltspflichten der Unternehmensleitung weiter zu konkretisieren.

Aufgrund des Umfangs der erarbeiteten Grundsätze erfolgt deren Darstellung in Anhang I. Die Ableitung der dort dargestellten Grundsätze erfolgte retrograd aus den Systemzielen des MCF (Soll-Objekt) auf Ebene der oben definierten Komponenten. Somit soll durch die Einhaltung dieser Grundsätze bei dem in der Praxis, unter Berücksichtigung der jeweiligen Kontextfaktoren (z.B. Größe, Komplexität und Dynamik der Geschäftstätigkeit etc.) des betrieblichen Einzelfalls, auszugestaltenden System gewährleistet werden, dass die oben definierten Komponenten nicht nur vorhanden, sondern auch angemessen ausgestaltet sind. Dies wiederum bedeutet dann im Umkehrschluss, dass auch das Ist-System die Erreichung der definierten Systemziele hinreichend sicherstellt und seinerseits das gesamte System als angemessen bezeichnet werden kann.

Während die Grundsätze für die Komponenten Internes Umfeld und Überwachung grundlegende Rahmenbedingung für das System schaffen, sind die anderen Grundsätze darauf ausgerichtet zu gewährleisten, dass durch die übrigen Komponenten spezifische, aus den Kriterien der Informationsverarbeitung abgeleitete Effektivitätskriterien erfüllt werden. Durch diese Effektivitätskriterien wird somit ein klarer Systemzielbezug zwischen den einzelnen Komponenten, den in Anhang I dargestellten Grundsätzen und den Systemzielen geschaffen, der diesen Zusammenhang auch intersubjektiv nachvollziehbar machen soll. Die Effektivitätskriterien für die jeweiligen Komponenten werden daher unter Beachtung der Kriterien für die Informationsverarbeitung[520] wie folgt festgelegt:

---

519 *BaFin*, MaRisk, 2005, o.S.; *Boycott*, Interne Kontrollsysteme, 1997, o.S.; *Root*, Beyond COSO, 1998, o.S.

520 Die Kriterien der Informationsverarbeitung wurden unter Kapitel 2.6.4.3: Konkretisierung der angemessenen Ausgestaltung des Management-Informationssystems mit Hilfe der Betriebswirtschaftslehre, S. 125, wie folgt definiert: Vollständigkeit (V), Richtigkeit (R), Gültigkeit (G) und Zugriffsbeschränkung (Z).

Tab. 2-7: Effektivitätskriterien für die Komponenten des Management-Control-Framework

Systemziele	Gewährleistung von hinreichender Sicherheit dahingehend, dass die Unternehmensleitung vollständig, richtig und gültig über den Zielerreichungsgrad der strategischen Ziele und über die diesen beeinflussenden, wesentlichen kritischen Erfolgsfaktoren sowie über die im Zusammenhang mit der Strategie stehenden wesentlichen Chancen und Risiken informiert wird.		Gewährleistung von hinreichender Sicherheit dahingehend, dass die Unternehmensleitung vollständig, richtig und gültig über die Performance, verstanden als umfassendes, die Effektivität und Effizienz beinhaltendes Leitungsmaß des Unternehmens, und über die dieses beeinflussende Chancen und Risiken informiert ist.
	Strategische Planung/ Kontrolle	**Chancen-/Risiko-management**	**Operative Planung/ Kontrolle**
Zielfestlegung	Die Festlegung der Vision erfolgt außerhalb des Systems und wird als gegeben angenommen (vgl. Komponente Internes Umfeld).	Die Festlegung der Risiko- und Chancenstrategie erfolgt außerhalb des Systems und wird als gegeben angenommen (vgl. Komponente Internes Umfeld).	*V:* Für alle von den strategischen Maßnahmen betroffenen Unternehmensbereiche müssen die strategischen Ziele heruntergebrochen werden. *R:* Für die strategischen Zielvorgaben müssen die Messgrößen auf Basis der Leistungsindikatoren richtig festgelegt werden. *G:* Die den Messgrößen zugrunde liegenden Leistungsindikatoren müssen eine zuverlässige Messung der strategischen Zielvorgaben ermöglichen.
Problemfeststellung	*V:* Alle wesentlichen internen und externen Erfolgsfaktoren müssen identifiziert werden. *R:* Die gegenwärtige und künftige Wettbewerbsposition muss methodisch richtig ermittelt werden. *G:* Die angewendete Methodologie muss eine zuverlässige Bestimmung der Wettbewerbsposition ermöglichen.	*V:* Alle Ereignisse, die zu einer wesentlichen Zielverfehlung führen können, müssen identifiziert werden. *R:* Die Ereignisse müssen methodisch richtig identifiziert werden. *G:* Die angewandte Methodologie muss alle wesentlichen Ereignisse zuverlässig und frühzeitig identifizieren.	*V:* Alle wesentlichen kritischen Erfolgsfaktoren, Leistungsdeterminanten und durchzuführenden Maßnahmen auf operativer Ebene müssen identifiziert werden. *R:* Die kritischen Erfolgsfaktoren, Leistungsdeterminanten und durchzuführenden Maßnahmen müssen methodisch richtig analysiert werden. *G:* Die Methodik muss den Einflussgrad von kritischen Erfolgsfaktoren, Leistungsdeterminanten und durchzuführenden Maßnahmen auf die Zielerreichung zuverlässig abbilden.

	Strategische Planung/ Kontrolle	Chancen-/Risiko-management	Operative Planung/ Kontrolle
Systemziele	Gewährleistung von hinreichender Sicherheit dahingehend, dass die Unternehmensleitung vollständig, richtig und gültig über den Zielerreichungsgrad der strategischen Ziele und über die diesen beeinflussenden, wesentlichen kritischen Erfolgsfaktoren sowie über die im Zusammenhang mit der Strategie stehenden wesentlichen Chancen und Risiken informiert wird.		Gewährleistung von hinreichender Sicherheit dahingehend, dass die Unternehmensleitung vollständig, richtig und gültig über die Performance, verstanden als umfassendes, die Effektivität und Effizienz beinhaltendes Leitungsmaß des Unternehmens, und über die dieses beeinflussende Chancen und Risiken informiert ist.
Alternativenbewertung	*V:* Alle zur Disposition stehenden strategischen Alternativen müssen bewertet werden. *R:* Die Bewertung der strategischen Alternativen muss methodisch richtig ermittelt werden. *G:* Die angewandte Methodologie der Alternativenbewertung muss eine zuverlässige Bewertung des Strategiebeitrags hinsichtlich der Vision ermöglichen.	*V:* Alle wesentlichen Ereignisse müssen hinsichtlich ihres Zielverfehlungsgrads bewertet werden. Alle diesbezüglich identifizierten Chancen-/Risikosteuerungsmaßnahmen sind zu bewerten. *R:* Die Zielabweichungsgrade der Ereignisse müssen methodisch richtig und unter Berücksichtigung von Chancen-/Risikosteuerungsmaßnahmen ermittelt werden. *G:* Die Methodologie der Ereignis- und Chancen-/Risikosteuerungsmaßnahmenbewertung muss eine zuverlässige Bewertung hinsichtlich Eintrittswahrscheinlichkeit und Schadenshöhe ermöglichen.	*V:* Die Budgets müssen für alle Entscheidungseinheiten über den gesamten Planungszeitraum und unter Berücksichtigung aller wesentlichen umzusetzenden Maßnahmen geplant werden. *R:* Die Budgets müssen methodisch und formal richtig ermittelt und festgelegt werden. *G:* Die Budgetierungsmethodik muss zu aktuellen und fairen Budgets führen, die das Zielsystem auf operativer Ebene verlässlich abbilden.
Umsetzung der Entscheidung	*V:* Alle strategischen Maßnahmen müssen für den gesamten Planungszeitraum beplant werden. *R:* Für die strategischen Maßnahmen müssen die Zwischenziele richtig ermittelt und für den Planungszeitraum festgelegt werden. *G:* Die aus der Planung der strategischen Maßnahmen resultierenden Zwischenziele müssen deren Umsetzungsgrad zuverlässig bestimmbar machen.	*V:* Alle beschlossenen Chancen-/Risikosteuerungsmaßnahmen müssen umgesetzt werden. *R:* Die beschlossenen Maßnahmen müssen richtig umgesetzt werden. *G:* Die Risikoverantwortlichen müssen frühzeitig über die Chancen-/Risikosteuerungsmaßnahmen informiert werden.	*V:* Alle im Planungszeitraum zu erreichenden Zielvorgaben und umzusetzenden Maßnahmen müssen den Entscheidungseinheiten vorgegeben werden. *R:* Die Zielvorgaben müssen methodisch richtig ermittelt und formal richtig vorgegeben werden. *G:* Die Budgetierungsmethodik muss zu fairen, hinreichend konkreten und anreizkompatiblen Zielvorgaben führen.

Systemziele	Gewährleistung von hinreichender Sicherheit dahingehend, dass die Unternehmensleitung vollständig, richtig und gültig über den Zielerreichungsgrad der strategischen Ziele und über die diesen beeinflussenden, wesentlichen kritischen Erfolgsfaktoren sowie über die im Zusammenhang mit der Strategie stehenden wesentlichen Chancen und Risiken informiert wird.		Gewährleistung von hinreichender Sicherheit dahingehend, dass die Unternehmensleitung vollständig, richtig und gültig über die Performance, verstanden als umfassendes, die Effektivität und Effizienz beinhaltendes Leitungsmaß des Unternehmens, und über die dieses beeinflussende Chancen und Risiken informiert ist.
	Strategische Planung/ Kontrolle	**Chancen-/Risikomanagement**	**Operative Planung/ Kontrolle**
Kontrollaktivitäten	*V:* Für alle wesentlichen strategischen Ziele müssen die relevanten Abweichungen ermittelt werden. *R:* Die Abweichungen müssen methodisch richtig ermittelt und sachgerecht weiterverarbeitet werden. *G:* Die Methodik zur Abweichungsermittlung muss die wesentlichen Ursachen für die Abweichungen verlässlich und rechtzeitig ermitteln.	*V:* Die tatsächliche Risikosituation muss in allen wesentlichen Determinanten mit der Risikostrategie abgestimmt werden. *R:* Die Abweichungen zwischen tatsächlicher Risikosituation und Risikostrategie müssen methodisch richtig bestimmt und sachgerecht weiterverarbeitet werden. *G:* Die Methodik zur Abweichungsermittlung muss die wesentlichen Abweichungen und deren Ursachen verlässlich ermitteln.	*V:* Für alle wesentlichen (Performance-)Zielvorgaben müssen die relevanten Abweichungen ermittelt werden. *R:* Die Abweichungen müssen methodisch richtig ermittelt und sachgerecht weiterverarbeitet werden. *G:* Die Methodik zur Abweichungsermittlung muss die wesentlichen Ursachen für die Abweichungen verlässlich und rechtzeitig ermitteln.
Information und Kommunikation	*V:* Alle strategischen Ziele/ Maßnahmen müssen dem jeweiligen Verantwortungsträger mitgeteilt werden. Die Entscheidungsträger müssen über die strategischen Zielerreichungsgrade und die Erfolgsfaktoren vollständig informiert werden. *R:* Die strategischen Ziele/ Maßnahmen müssen an die Verantwortungsträger richtig weitergegeben werden. Die Entscheidungsträger müssen über die strategischen Zielerreichungsgrade und Erfolgsfaktoren richtig informiert werden.	*V:* Alle Mitarbeiter müssen über den Umgang mit Chancen und Risiken informiert sein. Alle wesentlichen Risiken müssen den jeweiligen Entscheidungsträgern mitgeteilt werden. *R:* Die Mitarbeiter müssen über den Umgang mit Chancen und Risiken richtig informiert sein. Den Entscheidungsträgern müssen die Chancen und Risiken verständlich, eindeutig und in aggregierter Form weitergegeben werden.	*V:* Alle Zielvorgabewerte müssen dem jeweiligen Verantwortungsträger mitgeteilt werden. Die Entscheidungsträger müssen über die Zielerreichungsgrade, die für die Einschätzung der Performance des Unternehmens relevant sind, vollständig informiert werden. *R:* Die Zielvorgaben sind den Verantwortungsträgern richtig weiterzugeben. Die Entscheidungsträger müssen über die Zielerreichungsgrade, die für die Einschätzung der Performance des Unternehmens relevant sind, richtig informiert werden.

Systemziele	Gewährleistung von hinreichender Sicherheit dahingehend, dass die Unternehmensleitung vollständig, richtig und gültig über den Zielerreichungsgrad der strategischen Ziele und über die diesen beeinflussenden, wesentlichen kritischen Erfolgsfaktoren sowie über die im Zusammenhang mit der Strategie stehenden wesentlichen Chancen und Risiken informiert wird.	Gewährleistung von hinreichender Sicherheit dahingehend, dass die Unternehmensleitung vollständig, richtig und gültig über die Performance, verstanden als umfassendes, die Effektivität und Effizienz beinhaltendes Leitungsmaß des Unternehmens, und über die dieses beeinflussende Chancen und Risiken informiert ist.

	Strategische Planung/ Kontrolle	**Chancen-/Risikomanagement**	**Operative Planung/ Kontrolle**
Information und Kommunikation *(Forts.)*	*G:* Den Verantwortungsträgern müssen aktuelle Zielvorgaben, die die gegenwärtige Strategie verlässlich abbilden, mitgeteilt werden. Die Entscheidungsträger müssen über die strategischen Zielerreichungsgrade und Erfolgsfaktoren in zweckmäßigen Abständen und Formaten informiert werden.	*G:* Die Mitarbeiter müssen über die von ihnen erwarteten Verhaltensweisen frühzeitig und verständlich informiert werden. Den Entscheidungsträgern müssen die Chancen und Risiken so frühzeitig mitgeteilt werden, dass diese sachgerecht darauf reagieren können.	*G:* Es müssen aktuelle Zielvorgaben, die das gegenwärtige Zielsystem richtig abbilden, mitgeteilt werden. Die Entscheidungsträger müssen über die Zielerreichungsgrade, die für die Einschätzung der Performance des Unternehmens relevant sind, in zweckmäßigen Abständen und Formaten informiert werden.

Ein weiterer Vorteil dieser Effektivitätskriterien auf Ebene der Komponenten besteht darin, dass sie eine differenzierte Beurteilung der Angemessenheit der Ausgestaltung des Systems ermöglichen. Diese differenzierte Beurteilung der Angemessenheit des Systems auf Komponentenebene ist besonders dann wichtig, wenn nicht alle Komponenten des MCF auf ihre angemessene Ausgestaltung beurteilt werden sollen, sondern nur Teile. Des Weiteren ermöglichen die Effektivitätskriterien eine bessere Differenzierung der Angemessenheit des Rahmenkonzepts selbst, indem bspw. ein eingeschränktes Urteil hinsichtlich der Angemessenheit gegeben werden kann und nicht das gesamte System als unangemessen eingestuft werden muss, sobald einzelne komponentenbezogene Grundsätze als nicht erfüllt gelten.

2.6.6 Zusammenhang von COSO I, COSO II und dem Management-Control-Framework

Das im vorherigen Kapitel dargestellte MCF bildet somit die Grundlage dafür, die wichtigsten, für die Unternehmensführung bzw. das Management bei der Wahrnehmung ihrer Führungsaufgaben unterstützenden Systeme hinsichtlich ihrer Angemessenheit zu beurteilen. Im Folgenden ist allerdings noch vor dem Hintergrund der inhaltlichen Breite des Entscheidungsprozesses (vgl. Abb. 2-10), die dem MCF zugrunde liegt, darzustellen, welcher Zusammenhang zwischen diesem und den bereits durch die Betriebswirtschaftslehre anerkannten Rahmenkonzepten des *Committee of Sponsoring Organisations of the Treadway Commission* besteht.[521, 522]

Nach COSO I wird Interne Kontrolle als Prozess definiert, der von den Überwachungsgremien, von der Geschäftsleitung und von den anderen Mitarbeitern im Unternehmen bewirkt und so gestaltet wird, dass die folgenden Kategorien mit hinreichender Sicherheit erreicht werden können:

- Effektivität und Effizienz der Geschäftstätigkeit,
- Verlässlichkeit und Ordnungsmäßigkeit der internen und externen Berichterstattung,
- Einhaltung sonstiger Gesetze und Vorschriften.[523]

Die strategischen Ziele sind demzufolge nicht Gegenstand von COSO I und somit auch nicht die entsprechenden Chancen und Risiken. Die unternehmensspezifischen Ziele und die Risikoeinstellung werden von Seiten des Managements als vorgegeben erachtet.[524] Die Zielbildung und -ableitung ist somit nicht Gegenstand der Internen Kontrolle, ebenso wenig wie die Identifizierung und Bewertung von Chancen-/Risikosteuerungsmaßnahmen. Die Interne Kontrolle unterstützt daher ausschließlich die in nachfolgender Abb. 2-13 hervorgehobenen Phasen des Entscheidungsprozesses auf operativer Ebene:

---

521 Zur betriebswirtschaftlichen Anerkennung des COSO I vgl. die Ausführungen unter Kapitel 2.4.3: Kriterien für eine angemessene Ausgestaltung des Internen Kontrollsystems aus betriebswirtschaftlicher Sicht, S. 91.

522 Die große Bedeutung des COSO-Reports zum „Internal Control – Integrated Framework", der integraler Bestandteil des COSO-Reports zum „Enterprise Risk Management – Integrated Framework" ist, wird durch den erlassenen Sarbanes Oxley Act of 2002 (SOA) unterstrichen, der die Beurteilung des von der Unternehmensleitung eingerichteten Internen Überwachungssystems zur Sicherstellung der Ordnungsmäßigkeit und Verlässlichkeit der Finanzberichterstattung vorsieht. Als Grundlage für diese Beurteilung fordern der SOA und die Ausführungsbestimmungen der SEC die Anwendung eines allgemeinen anerkannten Konzepts, wobei die SEC in diesem Zusammenhang COSO I explizit erwähnt. Daher wird erwartet, dass COSO II gerade bei den Unternehmen, die dem SOA unterliegen, Einzug erhält und als Rahmenkonzept internationale Bedeutung erlangt. I.d.S. auch *Chapman*, ERM, 2003, S. 33; *Eichler/Bungartz*, ERM, 2004, S. 108; *Menzies*, SOA, 2004, S. 118.

523 Vgl. *COSO*, Internal Control, 1994, S. 3.

524 So auch *Hillebrand*, Früherkennungssystem, 2005, S. 39.

Abb. 2-13: Unterstützung der Phasen des Entscheidungsprozesses durch COSO I

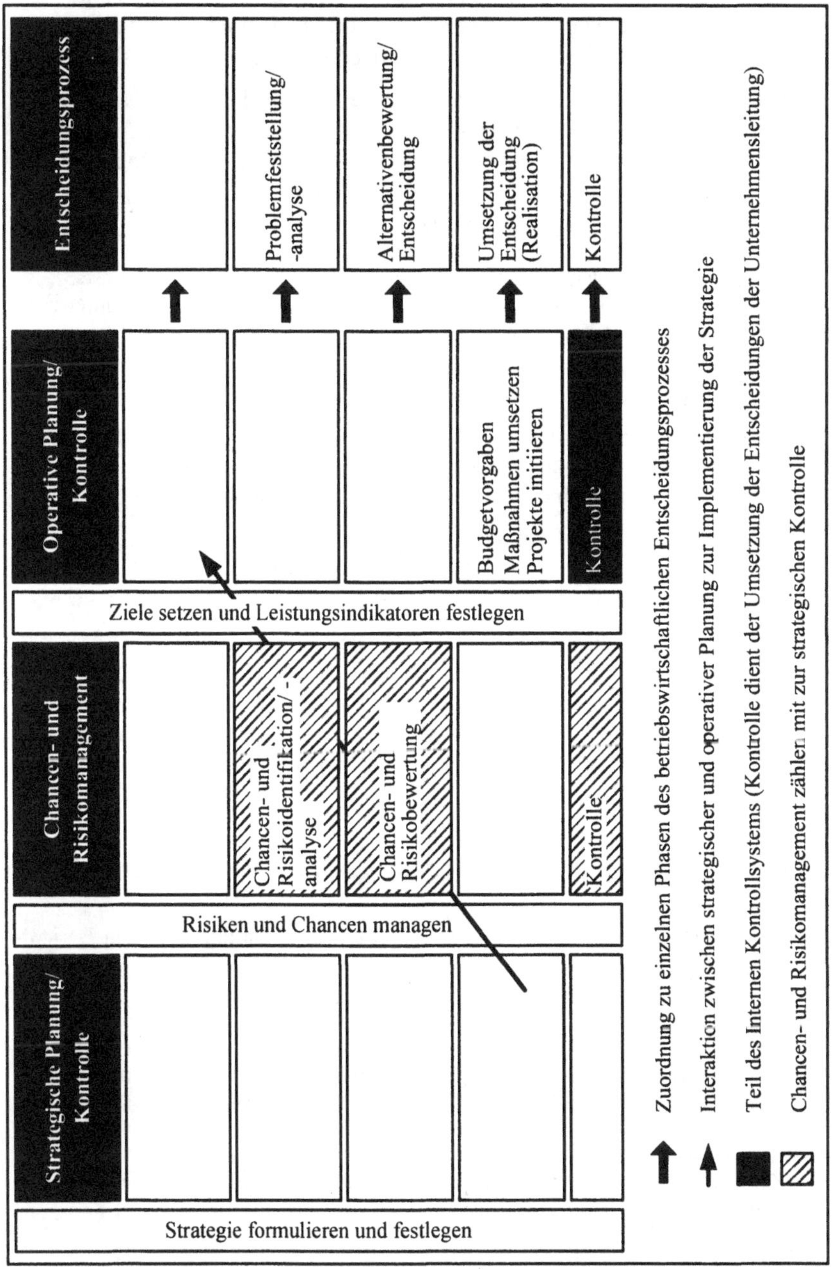

Das Interne Kontrollsystem nach COSO I ist somit ein integraler Bestandteil des MCF und erfüllt insoweit eine Servicefunktion, als es dazu beiträgt, die Verlässlichkeit der zur Entscheidungsfindung benötigten Informationen und schließlich auch die Um-/Durchsetzung der Entscheidung auf operativer Ebene sicherzustellen.

Als ein auf COSO I aufbauendes Rahmenkonzept wurde das ebenfalls von *COSO* entwickelte „Enterprise Risk Management – Integrated Framework" veröffentlicht (COSO II). Dieses definiert das unternehmensweite Risikomanagement als

> „einen Prozess, der von den Überwachungsorganen, der Geschäftsleitung, dem operativen Management und den Mitarbeitern im Unternehmen bewirkt wird und dazu bestimmt ist, mögliche Ereignisse mit Einfluss auf das Unternehmen zu identifizieren und Risiken im Rahmen der Risikoeinstellung zu handhaben, um das Erreichen der Unternehmensziele mit hinreichender Sicherheit zu unterstützen".[525]

COSO II definiert somit Risikomanagement als einen Prozess. Trotz dieser Definition kann Risikomanagement nach COSO II unbeschadet in das in dieser Arbeit verwendete Systemkonzept integriert werden. In Analogie zum Entscheidungsprozess muss dann der Risikomanagementprozess als ein Prozess aufgefasst werden, der innerhalb dieses erweiterten Systems abläuft.

Durch das Abstellen der Risikodefinition auf Ereignisse, die eintreten können und die Zielerreichung positiv oder negativ beeinflussen, nimmt COSO II ausdrücklich Bezug auf Chancen und Risiken.[526]

Darüber hinaus sieht der COSO II die Zielfestlegung als wesentliche Voraussetzung für die Identifizierung von Ereignissen und insbesondere für die Bewertung von Chancen oder Risiken, da diese nur relativ zu den Zielen als Positiv- oder Negativabweichung bewertet werden können. Die durch das Unternehmen festgelegten Ziele lassen sich in folgende Kategorien einteilen:[527]

- *Strategisch* – mit der Vision des Unternehmens in Zusammenhang stehende und diese unterstützende Ziele,
- *Operativ* – auf einen effektiven und effizienten Ressourceneinsatz gerichtete Ziele,
- *Berichterstattung* – auf die Verlässlichkeit der internen und externen Berichterstattung gerichtete Ziele,
- *Normbefolgung* – auf die Einhaltung von Gesetzen und sonstigen Vorschriften gerichtete Ziele.

Durch die Ausweitung der Zielkategorien bezieht COSO II hinsichtlich der Erkennung von Chancen und Risiken die strategische Ebene mit in die Analyse

---

525 *COSO*, ERM, 2004, S. 16; Übersetzung gemäß *Hillebrand*, Früherkennungssystem, 2005, S. 46-47.

526 Vgl. *COSO*, ERM, 2004, S. 16.

527 *COSO*, ERM, 2004, S. 21.

ein, was vor allem deshalb erforderlich ist, weil die zum Erkennen von Chancen und Risiken auf strategischer Ebene eingesetzten Instrumente und Methoden sich zum Teil erheblich von denen auf operativer Ebene unterscheiden.[528]

Ferner gibt COSO II den Hinweis, dass die erkannten Chancen in der Strategiefestlegung zu berücksichtigen sind, ohne jedoch weiter auf den Prozess der Strategiefestlegung und -umsetzung einzugehen.[529] Hinsichtlich des weiteren Umgangs mit Risiken – auch bezüglich der Anforderungen an deren Steuerung – kann COSO II allerdings als ein vollständiges Rahmenkonzept angesehen werden[530].

Als Erweiterung zum COSO I stellt COSO II auch die Bedeutung des Internen Umfelds für die Effektivität des Risikomanagements dar und konkretisiert in diesem Zusammenhang das Konzept der Risikobereitschaft,[531] welche u.a. durch externe Faktoren beeinflusst wird und sich in der Unternehmensstrategie, insbesondere jedoch in der Risikostrategie, niederschlägt.

Das „Enterprise Risk Management – Integrated Framework“ unterstützt daher die in nachfolgender Abb. 2-14 hervorgehobenen Phasen des Entscheidungsprozesses auf strategischer und operativer Ebene.

Insofern zählt das Risikomanagement mit zu den Führungsaufgaben auf strategischer und operativer Ebene und der Prozess des Risikomanagements i.S.d. COSO II steht demzufolge nicht isoliert neben dem Entscheidungsprozess i.S. dieser Arbeit, sondern ist vielmehr ebenfalls integraler Bestandteil dessen. Somit stellt das hier vorgestellte MCF auch eine konsistente Erweiterung zum COSO II dar.

---

528 Einen sehr guten Überblick über die Instrumente gibt *Diederichs*, Risikomanagement, 2004, S. 106-139.

529 *COSO*, ERM, 2004, S. 16. 35-40.

530 Diese Auffassung vertritt auch *Hillebrand*, Früherkennungssystem, 2005, S. 46-47.

531 COSO II spricht in diesem Zusammenhang vom Konzept der Risikoeinstellung und konkretisiert diese durch die Risikotoleranz, verstanden als Ausmaß der akzeptablen Zielabweichung, vgl. *COSO*, ERM, 2004, S. 27-28. 40. In der deutschen Controlling-Literatur zum Risikomanagement hat sich hierfür allerdings der Begriff „Risikobereitschaft“ geprägt; vgl. *Eichler/Bungartz*, ERM, 2004, S. 108; *Lück*, Risikomanagement, 1998, S. 1926; *Wolf*, Risikomanagement, 2003, S. 126.

Abb. 2-14: Unterstützung der Phasen des Entscheidungsprozesses durch COSO II

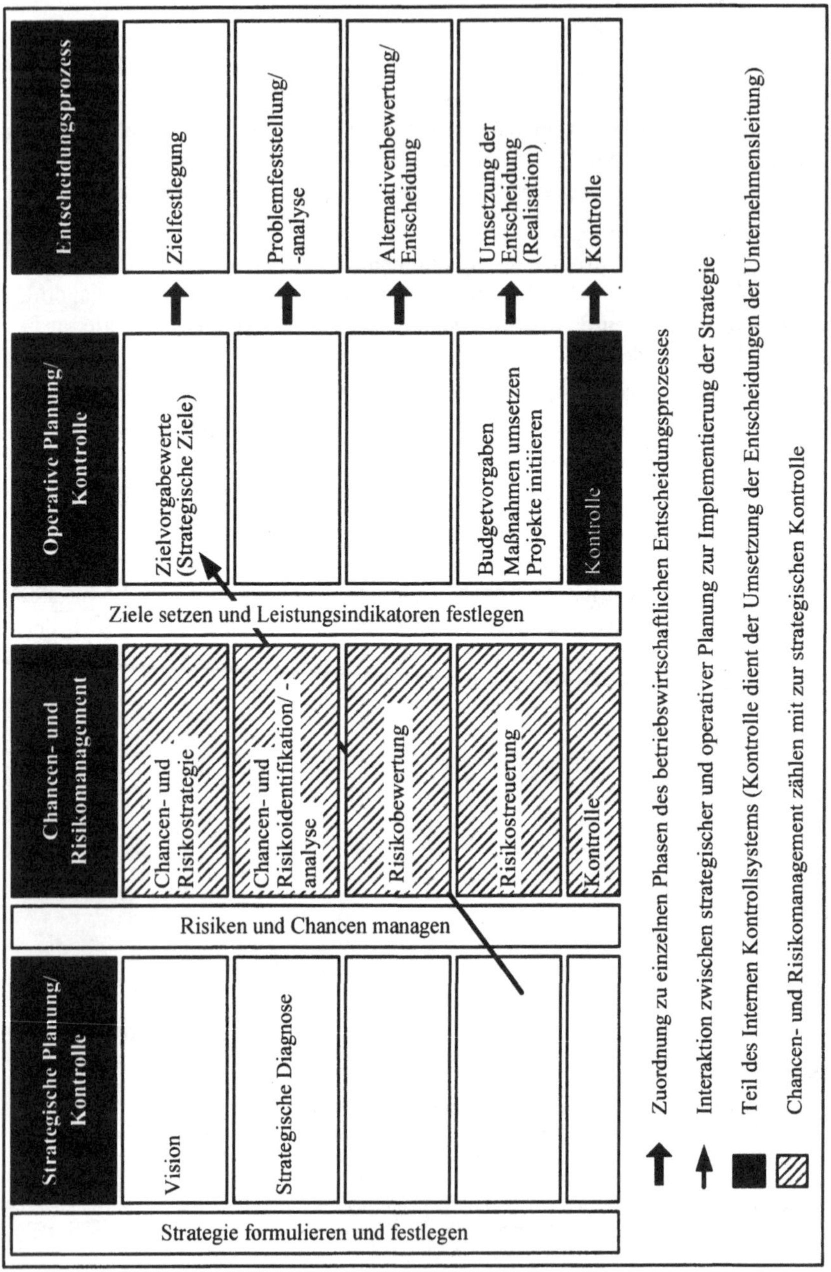

2.7 Zusammenfassung der Ergebnisse des Kapitels 2 und Bestimmung des weiteren Vorgehens

In Kapitel 2 wurde sukzessive ein Rahmenkonzept erarbeitet, das über die bisherigen COSO-Framework hinausgeht und die Management-Informationssysteme in die Betrachtung mit einschließt. Die Erweiterung erfolgte dadurch, dass neben dem Internen Kontrollsystem auch das Management-Informationssystem und somit ein weiteres System, das die Unternehmensleitung nutzt, um ihrer Führungsverantwortung nachzukommen, in die Betrachtung mit einbezogen wurden. Während die Kontrollmaßnahmen des Internen Kontrollsystems den ordnungsorientierten Rahmen aufspannen und die Um-/Durchsetzung der Entscheidung der Unternehmensleitung auf operativer Ebene gewährleisten sollen, ist es die Aufgabe des Management-Informationssystems, die Unternehmensleitung bei der Vorbereitung von Entscheidungen und deren Um-/Durchsetzung dahingehend zu unterstützen, dass diese z.B. auch über den Zielerreichungsgrad der strategischen Ziele und über Störereignisse aus dem dynamischen Wettbewerbsumfeld, welche das Erreichen der Ziele gefährden, so informiert wird, dass die Unternehmensleitung angemessen hierauf reagieren kann. Kontrollgrund zur Sicherstellung der Zielerreichung auf strategischer Ebene ist somit die Ungewissheit über das Eintreten von Prognosen und künftigen Umweltzuständen. Ziel der Kontrolle ist die ständige Rückkopplung, die der Aufrechterhaltung der Adaptionsfähigkeit des Unternehmens dient und eine strategische bzw. operative Anpassung an veränderte Gegebenheiten bewirkt. Die Kontrolle erfolgt dabei in der Regel nicht durch physische Kontrollen bzw. durch ortsgebundene Kontrollhandlungen, sondern durch ein Berichtswesen, in dem „Plan“ und „Ist“ gegenübergestellt und zielorientiert analysiert werden. Aber auch zukunftsbezogen (proaktiv) sich abzeichnende Chancen und Risiken müssen durch die strategische Überwachung frühzeitig aufgegriffen und gesteuert werden. Die Aufgabe dieses als *Management-Informationssystems* i.S. dieser Arbeit definierten Systems besteht demzufolge darin, dem Management auf allen Ebenen im Unternehmen rechtzeitig, problemadäquat und in ausreichendem Umfang die Informationen zu liefern, die es benötigt, um im Hinblick auf die Unternehmenszielerreichung sachgerechte Entscheidungen zu treffen und diese um-/durchzusetzen.

Ein Rahmenkonzept, wie es COSO I für das Interne Kontrollsystem auf operativer Ebene darstellt und Kriterien für dessen angemessene Ausgestaltung dahingehend liefert, dass der Unternehmensleitung kein pflichtwidriges Verhalten aus juristischer Sicht zum Vorwurf gemacht werden kann, wenn sie das System unter Beachtung dieser Kriterien ausgestaltet hat, existierte hierfür nicht.

Unter der Voraussetzung, dass das Management seiner Sorgfaltspflicht auch auf strategischer Ebene nachkommt und somit gewisse Mindestanforderungen hinsichtlich der Systemausgestaltung auch auf strategischer Ebene erfüllt, ist die Effektivität der Untersuchung, inwieweit die vom Management eingerichteten

Systeme für die Jahresabschlussprüfung von Bedeutung sind, jedoch entscheidend davon abhängig, ob es gelingt, das bereits bestehende Rahmenkonzept des COSO I, welches auf internationaler Ebene durch den Berufsstand der Wirtschaftsprüfer allgemein anerkannt ist, um diese Methoden und Instrumente zu erweitern. Erst eine derart erweiterte Systemsicht erlaubt es, alle Systeme, die die Unternehmensleitung nutzt, um in ihren Verantwortungsbereichen Entscheidungen vorzubereiten und die Entscheidungsergebnisse zu steuern und zu überwachen, systematisch und unter Bezugnahme auf bestehende Prüfungsstandards in die Prüfung einzubeziehen.

Daher wurde das COSO I Framework, unter Berücksichtigung betriebswirtschaftlich fundierter und in der Praxis eingesetzter Management- bzw. Controlling-Konzepte, erweitert und ergänzt. Im Wesentlichen erfolgte dies durch die inhaltliche Erweiterung des COSO I Framework um den betriebswirtschaftlichen Entscheidungsprozess bzw. durch eine weitere inhaltliche Ergänzung der jeweiligen Komponenten. Für die Elemente des MCF wurden dann entsprechend dem Ansatz von *Leffson* zur Systemprüfung, ausgehend von den Zielen des Systems, Grundsätze definiert, die der Erreichung dieser Ziele dienen sollen[532] und somit ein für praktische Zwecke nutzbares Soll-Objekt entwickelt, welches für die weiteren Zwecke der Arbeit dahingehend genutzt wird, dass untersucht wird, welche Bedeutung diesem erweiterten Rahmenkonzept für die Jahresabschlussprüfung zukommt.

Im folgenden Kapitel wird daher analysiert, welche Teilsysteme bzw. Komponenten dieses Framework aufgrund welcher gesetzlichen bzw. berufsständischen Anforderungen direkt und in welchen Umfang Gegenstand der Jahresabschlussprüfung sind.

532 Vgl. *Leffson*, Systemprüfung, 1992, S. 1927.

3. Verantwortung des Prüfers in Bezug auf Internes Kontrollsystem und Management-Informationssystem

Im folgenden Kapitel sollen die Verantwortungsbereiche des Prüfers hinsichtlich des MCF analysiert werden. Daher stehen zunächst die aus dem Gesetz ableitbaren Aufgaben des Prüfers, die mit diesen verbundene Zielsetzung der Prüfung sowie die Verantwortlichkeit des Prüfers bzgl. der Zielerreichung/ Aufgabenerfüllung im Mittelpunkt der Analyse.

Darauf aufbauend wird untersucht, welche Systemziele des MCF aus Kapitel 2, deren Zielerreichung in erster Linie durch die Unternehmensleitung zu verantworten ist, auch für den Prüfer von Bedeutung sind, weil er eine Aussage über deren Zielerreichung treffen muss oder weil durch den Nachweis der Zielerreichung Prüfungsnachweise für die Prüfungsgegenstände der gesetzlichen Jahresabschlussprüfung generiert werden können oder müssen.

Im letzten Schritt der Analyse ist dann zu untersuchen, mit welchen Teilsystemen/ Komponenten des MCF sich der Prüfer im Rahmen der Jahresabschlussprüfung auseinandersetzen muss, um seiner Verantwortung hinsichtlich einer gewissenhaften Prüfung nachzukommen. Hier ist insbesondere von Interesse, welche Komponenten des MCF aufgrund berufsständischer Anforderungen Gegenstand einer gesetzlichen Abschlussprüfung gem. §§ 316 ff. HGB sind oder sein können, und in welchem Umfang sich der Prüfer dann mit diesen beschäftigen muss.

3.1 Grundsätzliche Aufgabe und Ziel einer Prüfung

Die grundsätzliche Aufgabe der Prüfung kommt in der Definition von *Leffson* zum Ausdruck. Dieser definiert die Prüfung als einen

> „Prozess zur Gewinnung eines vertrauenswürdigen Urteils durch den Vergleich eines vom Prüfer nicht selbst herbeigeführten Ist-Objektes mit einem vorgegebenen oder zu ermittelnden Soll-Objekt und anschließender Urteilsbildung und der Urteilsmitteilung an diejenigen, die auf Grund der Prüfung Entscheidungen fällen.“[1]

Aus dieser Definition lässt sich auch gleichzeitig das Ziel der Prüfung als die Abgabe eines vertrauenswürdigen Urteils über das Prüfungsobjekt ableiten.

1 *Leffson*, Wirtschaftsprüfung, 1988, S. 13.

3.2 Aufgabe des Abschlussprüfers und Zielsetzung der Abschlussprüfung

Aufbauend auf der unter Kapitel 3.1 dargestellten grundlegenden Definition der Prüfung kann die *Aufgabe der Abschlussprüfung* wie folgt konkretisiert werden:[2] Die Aufgabe der Abschlussprüfung ist es, zunächst festzustellen, ob das Prüfungsobjekt (Prüfungsgegenstand) in allen wesentlichen Punkten den maßgeblichen Normen entspricht; anschließend ist hierüber Bericht zu erstatten.[3] Bei der gem. §§ 316 ff. HGB durchzuführenden gesetzlichen Abschlussprüfung ist dies die Vorbehaltsaufgabe eines Abschlussprüfers in Form eines Wirtschaftsprüfers oder einer Wirtschaftsprüfungsgesellschaft.[4, 5]

Gegenstand und Umfang der gesetzlichen Abschlussprüfung sind in § 317 HGB geregelt. Demnach sind der Jahres-/Konzernabschluss, der Lagebericht/Konzernlagebericht, die Buchführung und bei börsennotierten Aktiengesellschaften gem. § 317 Abs. 4 HGB die Prüfung des nach § 91 Abs. 2 AktG einzurichtenden Risikofrüherkennungssystems Gegenstand der Prüfung. Die Abschlussprüfung ist in erster Linie eine Gesetz- und Ordnungsmäßigkeitsprüfung,[6] weshalb die Prüfungsgegenstände dahingehend zu beurteilen sind, ob die gesetzlichen Vorschriften[7] und die sie ergänzenden Bestimmungen des Gesellschaftsvertrags oder der Satzung[8] beachtet worden sind. Dazu zählen u.a. auch die nicht gesetzlich festgeschriebenen GoB sowie Verlautbarungen von Fachgremien.[9] Dieser in § 317 HGB gesetzlich festgelegte Umfang kann nicht eingeschränkt, jedoch in bestimmte Richtungen oder auf bestimmte Sachverhalte durch die Auftraggeber der Abschlussprüfung erweitert werden.[10]

Die Ergebnisse der Abschlussprüfung hat der Abschlussprüfer dann im Bestätigungsvermerk gem. § 322 HGB zusammenzufassen, problemorientiert zu beurteilen und in Form eines schriftlich zu formulierenden Gesamturteils darzustellen.[11] Hierbei wird die Übereinstimmung der Buchführung/ Konzernbuchführung, des Jahresabschlusses/Konzernabschlusses und des Lageberichts/ Konzernlageberichts mit den jeweiligen für das Unternehmen geltenden Vorschriften gewürdigt.[12] Dar-

2 Vgl. hierzu die Ausführungen unter Kapitel 3.1: Grundsätzliche Aufgabe und Ziel einer Prüfung, S. 151.

3 Vgl. *Marten/Quick/Ruhnke*, Wirtschaftsprüfung, 2001, S. 141.

4 Vgl. *ADS*, Kommentar, 2000, Tz. 62 zu § 316 HGB.

5 Unter bestimmten, in § 319 HGB genannten Bedingungen kann diese Aufgabe auch von vereidigten Buchprüfern durchgeführt werden. Dieser Unterschied soll allerdings im Folgenden nicht näher konkretisiert werden.

6 Vgl. *IDW*, WP-Handbuch, 2000, R 1.

7 Im Detail siehe *ADS*, Kommentar, 2000, Tz. 24-110 zu § 317 HGB.

8 Im Detail siehe *ADS*, Kommentar, 2000, Tz. 111 zu § 317 HGB.

9 Im Detail siehe *ADS*, Kommentar, 2000, Tz. 112 f. zu § 317 HGB.

10 Vgl. *IDW*, WP-Handbuch, 2000, R 12.

11 Vgl. *IDW PS 400*, Bestätigungsvermerk, 2005, Tz. 11 ff.

12 *IDW PS 400*, Bestätigungsvermerk, 2005, Tz. 8.

über hinaus soll der Abschlussprüfer erklären, ob die Prüfung zu Einwendungen geführt hat, und ob der Abschluss ein den tatsächlichen Verhältnissen entsprechendes Bild der Vermögens-, Finanz- und Ertragslage vermittelt.[13] Auf bestandsgefährdende Risiken hat er hierbei gesondert einzugehen.[14] Ferner hat der Abschlussprüfer sich zu äußern, ob der Lagebericht insgesamt die Lage des Unternehmens sowie die Risiken und Chancen der künftigen Entwicklung zutreffend darstellt.[15]

Dieses prüferische Gesamturteil hat er dann wiederum in den Prüfungsbericht gem. § 321 HGB aufzunehmen, der Gegenstand, Art und Umfang, Feststellungen und Ergebnisse der Prüfung insbesondere für jene Organe enthält, denen die Aufsicht der Kapitalgesellschaft obliegt.[16] Im Prüfungsbericht gem. § 321 HGB hat der Abschlussprüfer dann u.a. Aussagen zu treffen

- zur Lagebeurteilung der gesetzlichen Vertreter,[17]
- zu Unrichtigkeiten und Gesetzesverstößen (Unregelmäßigkeiten),[18]
- zur Übereinstimmung der Rechnungslegung mit den gesetzlichen, gesellschaftsvertraglichen oder satzungsmäßigen Bestimmungen,[19]
- zu Beanstandungen, die nicht zur Einschränkung des Bestätigungsvermerks geführt haben, soweit sie für die Überwachung der Geschäftsführung und des geprüften Unternehmens von Bedeutung sind,[20]
- zur Vermittlung eines den tatsächlichen Verhältnissen entsprechenden Bildes der Vermögens-, Finanz- und Ertragslage durch den Abschluss,[21]
- zu wesentlichen Bewertungsgrundlagen, zum Einfluss von Änderungen in den Bewertungsgrundlagen einschließlich der Ausübung von Bilanzierungs- und Bewertungswahlrechten und der Ausnutzung von Ermessensspielräumen,[22]
- zu den Auswirkungen von besonderen sachverhaltsgestaltenden Maßnahmen der Unternehmensleitung auf das durch den Abschluss vermittelte Bild der Vermögens-, Finanz- und Ertragslage sowie[23]
- zu Feststellungen hinsichtlich der Angemessenheit und Wirksamkeit des gem. § 317 Abs. 4 HGB zu prüfenden Risikofrüherkennungssystems.[24]

Bei börsennotierten Kapitalgesellschaften hat er den Bericht um die Abschnitte „Feststellungen zum Risikofrüherkennungssystem" und „Feststellungen aus Er-

13 Vgl. *IDW PS 400*, Bestätigungsvermerk, 2005, Tz. 41 ff.
14 Vgl. *IDW PS 400*, Bestätigungsvermerk, 2005, Tz. 77 ff.
15 Vgl. *IDW PS 400*, Bestätigungsvermerk, 2005, Tz. 49.
16 *IDW PS 450*, Prüfungsbericht, 2006, Tz. 1.
17 *IDW PS 450*, Prüfungsbericht, 2006, Tz. 28 ff.
18 *IDW PS 450*, Prüfungsbericht, 2006, Tz. 42 ff.
19 *IDW PS 450*, Prüfungsbericht, 2006, Tz. 61 ff.
20 *IDW PS 450*, Prüfungsbericht, 2006, Tz. 62.
21 *IDW PS 450*, Prüfungsbericht, 2006, Tz. 72 ff.
22 *IDW PS 450*, Prüfungsbericht, 2006, Tz. 78 ff.
23 *IDW PS 450*, Prüfungsbericht, 2006, Tz. 94 ff.
24 *IDW PS 450*, Prüfungsbericht, 2006, Tz. 104 ff.

weiterungen des Prüfungsauftrags" zu erweitern, weil der Abschlussprüfer gem. § 317 Abs. 4 HGB auch dazu Stellung nehmen muss, ob die vom Vorstand gem. § 91 Abs. 2 AktG zu ergreifenden Maßnahmen nicht nur ergriffen wurden, sondern auch während der Berichtsperiode wirksam waren.

Ziel des Abschlussprüfers bei der Durchführung der in den §§ 316 ff. HGB geregelten Aufgaben ist somit, die im Bestätigungsvermerk und im Prüfungsbericht geforderten Aussagen mit ausreichender Urteilssicherheit treffen zu können, und zwar in dem Sinne, dass dem Prüfer keine haftungsbegründende Pflichtverletzung gem. § 323 HGB zum Vorwurf gemacht werden kann.[25] Aus diesem Zweck ergibt sich als erste Zielgröße des Prüfungsprozesses dessen *Wirksamkeit (Effektivität)*, d.h. die Erlangung eines Urteils mit ausreichender Urteilssicherheit.[26] Das auf dieser Basis abgegebene Urteil soll dann zum einen die Verlässlichkeit der im Jahresabschluss und Lagebericht enthaltenen Informationen erhöhen (Kontrollfunktion der Abschlussprüfung[27]) und zum anderen die gesetzlichen Vertreter und die Aufsichtsorgane bei deren Überwachungspflichten unterstützen (Informationsfunktion der Abschlussprüfung[28]). Als Beispiel für letztere kann die Prüfung des Risikofrüherkennungssystems gem. § 317 Abs. 4 HGB aufgefasst werden, deren Ergebnis zwar keinen direkten Niederschlag im Bestätigungsvermerk jedoch im Prüfungsbericht findet, zu dessen Adressaten insbesondere die Aufsichtsgremien einer Kapitalgesellschaft zählen.

3.3 Verantwortung des Abschlussprüfers für die Zielerreichung der Abschlussprüfung

Der Prüfer trägt für die in Kapitel 3.2 beschriebene Zielerreichung und für die mit ihr verbundenen Aufgaben die Verantwortung;[29] insbesondere hat er gem. § 317 Abs. 1 Satz 3 HGB

> „die Prüfung so anzulegen, dass *Unrichtigkeiten und Verstöße*, die sich auf die Darstellung des sich nach § 264 Abs. 2 HGB ergebenden Bildes der Vermögens-, Finanz- und Ertragslage des Unternehmens *wesentlich* auswirken, bei *gewissenhafter Berufsausübung* erkannt werden [und er selbst hierüber ein ausreichend verlässliches Urteil abgeben kann – Anm. d. Verf.]."

Denn gem. § 323 HGB haftet er, sofern er seine Pflichten vorsätzlich oder fahrlässig verletzt. Aufgrund der Zielsetzung der Prüfung liegt eine derartige schadenser-

---

25 I.d.S. auch *IDW PS 200*, Grundsätze, 2000, Tz. 8 ff.; *IDW*, WP-Handbuch, 2000, R 1.
26 Vgl. *Marten/Quick/Ruhnke*, Wirtschaftsprüfung, 2001, S. 141.
27 Vgl. *ADS*, Kommentar, 2000, Tz. 17 f. zu § 316 HGB.
28 Vgl. *ADS*, Kommentar, 2000, Tz. 19 ff. zu § 316 HGB.
29 Vgl. Kapitel 3.2: Aufgabe des Abschlussprüfers und Zielsetzung der Abschlussprüfung, S. 152.

satzbegründende Pflichtverletzung insbesondere dann vor, wenn der Prüfer ein falsches Urteil über die in § 317 HGB dargestellten Prüfungsgegenstände abgibt.[30]

Es ist daher zu klären, wann der Prüfer ausreichende und angemessene Prüfungsnachweise eingeholt hat, um aus seiner Perspektive ein ausreichend sicheres Urteil zu treffen, d.h. ein Urteil, für das ihm keine haftungsbegründende Pflichtverletzung zum Vorwurf gemacht werden kann. Diese Frage zielt daher auf den vom Abschlussprüfer zu vertretenden Prüfungsumfang und insbesondere auf *Art und Umfang der Prüfungshandlungen* ab.

Hierfür enthält der im Zuge des KonTraG eingeführte Satz 3 in § 317 Abs. 1 HGB erste Konkretisierungen. Demnach hat der Prüfer „Unrichtigkeiten und Verstöße", die sich auf den „True and Fair View" des § 264 HGB wesentlich auswirken, zu entdecken. Während es sich bei den Unrichtigkeiten um unbeabsichtigte falsche Angaben handelt, stellen Verstöße falsche Angaben in der Rechnungslegung dar, die auf einen beabsichtigten Verstoß gegen geltende gesetzliche Vorschriften zurückzuführen sind.[31] Hierbei ist sich allerdings die h.M. einig, dass es ausreicht, die Prüfung auf Basis einer *kritischen Grundhaltung* zu planen und durchzuführen.[32] Ein darüber hinausgehendes Misstrauen ist hierfür nicht erforderlich, sofern sich nicht im Verlauf der Prüfung dringende Verdachtsmomente einstellen, die an der Integrität der Unternehmensleitung Zweifel aufkommen lassen.[33] Der Prüfer hat daher alle vom Mandanten erhaltenen Informationen bzw. Prüfungsnachweise hinsichtlich ihrer Überzeugskraft, d.h. hinsichtlich der durch sie hinzugewonnenen *Urteilssicherheit* zu würdigen und kann nicht ohne weiteres auf diese vertrauen.[34]

Ferner relativiert der Gesetzgeber im § 317 Abs. 1 Satz 3 HGB die Verantwortlichkeit des Prüfers dahingehend, dass dieser nur Vorgänge von wesentlicher Auswirkung auf die Rechnungslegung zu erkennen und aufzudecken hat. Was im Einzelnen als wesentlich gilt, überlässt der Gesetzgeber allerdings dem pflichtgemäßen Ermessen des Abschlussprüfers.[35] Der Grundsatz der *Wesentlichkeit* beeinflusst wiederum die Festlegung von Art, zeitlichem Ablauf und Umfang der durchzuführenden Prüfungshandlungen.[36] Dabei wird der Grundsatz der Wesentlichkeit der Abschlussprüfung um den der *Wirtschaftlichkeit* ergänzt.[37] Daraus resultiert folglich als weitere Zielgröße für den durch den Abschlussprüfer zu verantwortenden Prüfungsprozess, die Prüfungshandlungen so auszuwählen und

---

30 Vgl. *Beck*, Kommentar, 2003, Tz. 102 zu § 323 HGB.

31 Zur genaueren Unterscheidung zwischen Unrichtigkeiten und Verstößen vgl. *IDW PS 210*, Unregelmäßigkeiten, 2006, Tz. 7; *IDW PS 210*, Unregelmäßigkeiten, 2006, Tz. 7.

32 Vgl. *ADS*, Kommentar, 2000, Tz. 137 zu § 317 HGB; *IDW*, WP-Handbuch, 2000, R 2; *IDW PS 200*, Grundsätze, 2000, Tz. 17.

33 Vgl. *IDW PS 200*, Grundsätze, 2000, Tz. 17.

34 Vgl. *IDW PS 200*, Grundsätze, 2000, Tz. 17.

35 Vgl. *ADS*, Kommentar, 2000, Tz. 143 zu § 317 HGB.

36 Vgl. *IDW*, WP-Handbuch, 2000, R 16.

37 Zum Grundsatz der Wirtschaftlichkeit als einen maßgeblichen Grundsatz ordnungsmäßiger Abschlussprüfung (GoA) vgl. *Rückle*, GoA, 1992, S. 754.

durchzuführen, dass der Prüfungsprozess den *geringstmöglichen Aufwand* (*Effizienz*) verursacht.[38] Diese Zielgröße tritt somit zu der in Kapitel 3.1 abgeleiteten Zielgröße des Prüfungsprozesses hinzu, die als Soll-Vorgabe für dessen Wirksamkeit (Effektivität) dient.[39]

Die Bestimmung von Art und Umfang der während der Prüfung durchzuführenden Prüfungshandlungen, die sich wiederum auf die Effektivität und Effizienz des Prüfungsprozesses auswirken, erfolgt im Rahmen der Eigenverantwortlichkeit und unterliegt grundsätzlich dem pflichtgemäßen Ermessen des Abschlussprüfers.[40] Die Umsetzung beider Zielgrößen im Prüfungsprozess ist allerdings ohne *Zielkonflikte* und somit, ohne die Pflichten des Prüfers zu verletzen, nur möglich, indem bei einem vorgegebenen Anspruchsniveau der einen Zielgröße die andere uneingeschränkt verfolgt wird. Die Lösung dieses modellhaften Optimierungsproblems ist somit ausschließlich mittels einer *Zielfunktion* möglich, sobald für eine Zielgröße ein vorgegebenes Anspruchsniveau existiert. Aus Rationalitätsüberlegungen wird der risikoaverse Prüfer der Zielgröße ein festes Anspruchsniveau zuordnen, die sich unmittelbar auf sein Haftungsrisiko bezieht, somit also der Effektivität des Prüfungsprozesses. Daher muss die Optimierung des Prüfungsprozesses unter der Nebenbedingung erfolgen, dass der Prüfer ein ausreichend sicheres Urteil abgeben kann, welches nicht zu einer haftungsbegründenden Pflichtverletzung führt.

Diesbezüglich merkt der Gesetzgeber zur Klarstellung der Verantwortlichkeit des Abschlussprüfers in § 317 Abs. 1 Satz 3 HGB weiter an, dass Art und Umfang der durchzuführenden Prüfungshandlungen der *gewissenhaften Berufsausübung* entsprechen müssen, da andernfalls eine Verletzung der Pflichten nach § 323 Abs. 1 Satz 1 und 2 HGB (z.B. Fehlurteil) bei gleichzeitiger Missachtung der berufsüblichen Methoden eine haftungsbegründende Pflichtverletzung gem. § 323 Abs. Satz 3 HGB darstellt.[41] Hieraus ergibt sich für den Prüfer die Pflicht zur Integration der Berufs- und Prüfungsgrundsätze – kurz GoA – als Nebenbedingung mit festgelegtem *Anspruchsniveau* in seine *Zielfunktion*, um ein ausreichend sicheres Urteil fällen zu können.

Der § 4 der Berufssatzung verpflichtet den Abschlussprüfer bei der Abgrenzung des Prüfungsumfangs und der Bestimmung von Art und Umfang der Prüfungshandlungen zur Einhaltung aller hierfür relevanten fachlichen Regelungen, die gleichzeitig GoA-Quellen darstellen. Hierzu zählen insbesondere

- die berufständischen Verlautbarungen des *IDW* zur Abschlussprüfung (IDW-Prüfungsstandards, IDW-Prüfungshinweise, IDW-Prüfungsstandards zur ISA Ergänzung)[42],

---

38 Vgl. *Marten/Quick/Ruhnke*, Wirtschaftsprüfung, 2001, S. 141.
39 Vgl. Kapitel 3.1: Grundsätzliche Aufgabe und Ziel einer Prüfung, S. 151.
40 Vgl. *IDW PS 200*, Grundsätze, 2000, Tz. 18.
41 Vgl. *Beck*, Kommentar, 2003, Tz. 100 ff. zu § 323 HGB.
42 Vgl. *Beck*, Kommentar, 2003, Tz. 14 zu § 323 HGB.

- die sonstigen Verlautbarungen des *IDW* (IDW-Stellungnahmen zur Rechnungslegung, IDW-Rechnungslegungshinweise)[43],
- die Verlautbarungen des *DRSC*[44] sowie
- die internationalen Rechnungslegungs-/Prüfungsstandards[45].

Für die Bestimmung von Art und Umfang der Prüfungshandlungen zur Erlangung eines Prüfungsurteils mit festgelegtem *Anspruchsniveau* sind dabei insbesondere die durch das *IDW* erlassenen deutschen Grundsätze ordnungsmäßiger Abschlussprüfung (GoA) relevant, weil diese nicht nur zum Teil eine Konkretisierung der §§ 316 ff. und §§ 322 ff. HGB darstellen, sondern auch das Verhalten besonnener und gewissenhafter Berufsangehöriger widerspiegeln sollen,[46] welches im Rechtsstreit als Überprüfungsmaßstab für das Vorliegen einer haftungsbegründenden Pflichtverletzung dient.[47] Hierbei sind auch die ISAs von besonderer Relevanz für die Abschlussprüfung, wobei vorzugsweise die nationalen Normen (IDW PS) anzuwenden sind, da es sich hierbei „um eine mit den deutschen gesetzlichen Vorschriften der Jahresabschlussprüfung konforme Transformation der ISAs handelt“, so das *IDW*.[48] Ein Rückgriff auf die ISAs sollte daher nur dann erfolgen, wenn es sich bei den IDW PS um eine nicht sachgerechte Transformation der internationalen Prüfungsnormen handelt oder aufgrund des natürlichen „time-lag“ die Transformation des jeweiligen ISA noch nicht erfolgte.[49] Künftig wird die Bedeutung der ISAs in diesem Zusammenhang weiter zunehmen, weil durch die Neufassung der 8. EU-Richtlinie die Anwendungen der ISAs, die ein bestimmtes Komitologieverfahren (sog. „adoption“) durchlaufen haben, in der EU für die Durchführung von gesetzlichen Abschlussprüfungen verbindlich vorgeschrieben werden soll.[50] Die so anerkannten ISAs erlangen hierdurch den gesetzlichen Rang von GoA und entwickeln daher einen höheren Verbindlichkeitsgrad[51] als die derzeit durch das *IDW* erlassenen deutschen GoA.[52] Aufgrund dieser Entwicklung ist davon auszugehen, dass eine *gewissenhafte Be-*

---

43 Vgl. *Beck*, Kommentar, 2003, Tz. 15 f. zu § 323 HGB.

44 Vgl. *Beck*, Kommentar, 2003, Tz. 17 zu § 323 HGB.

45 Vgl. *Beck*, Kommentar, 2003, Tz. 18 zu § 323 HGB.

46 Vgl. *Beck*, Kommentar, 2003, Tz. 11 ff. zu § 323 HGB.

47 I.d.S. *Beck*, Kommentar, 2003, Tz. 16 zu § 323 HGB.

48 Vgl. *IDW*, ISA Anwendung, 2004, S. 1281.

49 Vgl. *Ruhnke*, Internationale Prüfungsnormen, 2006, S. 1171.

50 Vgl. *Brinkmann/Spieß*, ISA, 2006, S. 401 ff.; *IDW*, ISA Anwendung, 2004, S. 1281; *Lanfermann*, Internationale Abschlussprüfungsstandards, 2005, S. 110; *Naumann/Feld*, Abschlussprüferrichtlinie, 2006, S. 883 f.; *Ruhnke*, Internationale Prüfungsnormen, 2006, S. 1171 f.

51 Vgl. *IDW*, ISA Anwendung, 2004, S. 1281.

52 Daher erübrigt sich künftig die bisherige Transformation der ISAs, und das *IDW* wird sich ausschließlich darauf beschränken, eine fachgerechte Übersetzung der bestehenden ISAs vorzunehmen und soweit das deutsche Recht über die Anforderungen der ISAs hinausgeht, hierfür Prüfungsstandards zur ISA-Ergänzung (IDW IPS) zu erarbeiten.

rufsausübung bereits jetzt die Einhaltung der ISAs verlangt, die vom Anspruchsniveau über den IDW-Prüfungsstandards liegen, um sich keinem zusätzlichen Haftungsrisiko auszusetzen.[53]

Das *Optimierungsproblem der obigen Zielfunktion* kann somit beschrieben werden als „die Einhaltung des durch die Prüfungsstandards an die Abschlussprüfung begründeten Anspruchsniveaus mit geringstmöglichen Kosten". Dieses Optimierungsproblem wird in der Prüfungspraxis mit Hilfe des wirtschaftsprüfer-/ wirtschaftsprüfungs-gesellschaftspezifischen Prüfungsansatzes bzw. der Prüfungsrichtlinien zu lösen sein, der/ die so auszugestalten ist/ sind, dass es dem Prüfer ermöglicht wird, auf möglichst effiziente Weise die Anforderungen der Prüfungsstandards umzusetzen.

Für die zu *verantwortende Zielfunktion* des jeweiligen Prüfers lässt sich das Optimierungsproblem beschreiben als „die Abgabe eines hinreichend sicheren Prüfungsurteils über die in Kapitel 3.1 dargestellten Prüfungsaussagen bei minimalen Prüfungskosten".[54] Die durch die Prüfungsstandards determinierte feste Zielgröße (Anspruchsniveau) ist somit die Abgabe eines *hinreichend sicheren* Prüfungsurteils über die Prüfungsaussagen.[55] Grund hierfür sind die konzeptionellen Grenzen der Prüfungsstandards in Bezug auf die Erlangung von Prüfungssicherheit. Denn die für deren Gewinnung erforderlichen Nachweise und die hieraus zu ziehenden Erkenntnismöglichkeiten des Prüfers werden selbst bei gewissenhafter Berufsausübung begrenzt durch:[56]

- die Prüfung in Stichproben
- die immanenten Grenzen von Systemen, die das Management nutzt, um seiner Führungsaufgabe nachzukommen[57]
- den Umstand, dass Prüfungsnachweise ggf. nicht den Tatsachen entsprechen (z.B. bei kollusivem Verhalten)
- die Tatsache, dass in den meisten Fällen die Prüfungsnachweise eher sachlogische als formal-logische Schlussfolgerungen nahe legen, ohne den endgültigen Beweis zu liefern.

Zusammenfassend lässt sich somit festhalten, dass der Abschlussprüfer verantwortlich die Übereinstimmung der Buchführung, des Jahres-/Konzernabschlusses

---

53 I.d.S auch *Beck*, Kommentar, 2003, Tz. 18 zu § 323 HGB, allerdings ohne Berücksichtigung der Entwicklung auf europäischer Ebene ab 2004, die den Verbindlichkeitsgrad der ISAs noch erhöht hat.

54 Ähnlich auch *Marten/Quick/Ruhnke*, Wirtschaftsprüfung, 2001, S. 141.

55 Vgl. *IDW PS 200*, Grundsätze, 2000, Tz. 9.

56 *IDW PS 200*, Grundsätze, 2000, Tz. 26.

57 Vgl. hierzu die Ausführungen unter Kapitel 2.4.3: Kriterien für eine angemessene Ausgestaltung des Internen Kontrollsystems aus betriebswirtschaftlicher Sicht, S. 91 ff., Kapitel 2.6.4.3: Konkretisierung der angemessenen Ausgestaltung des Management-Informationssystems mit Hilfe der Betriebswirtschaftslehre, S. 125 ff.

und des Lageberichts/ Konzernlageberichts mit den jeweiligen für das geprüfte Unternehmen geltenden Vorschriften zu beurteilen hat.[58] Bei börsennotierten Aktiengesellschaften hat er darüber hinaus noch zu beurteilen, ob die Unternehmensführung ihrer Verpflichtung zur Einrichtung eines Risikofrüherkennungssystems gem. § 91 Abs. 2 AktG nachgekommen ist. Er hat dabei den effizientesten Weg zu wählen, um die Prüfungsstandards umzusetzen und unter deren Berücksichtigung ausreichende und angemessene Prüfungsnachweise einzuholen mit dem Ziel, die Aussagen über das Prüfungsergebnis mit hinreichender Sicherheit treffen zu können, um sich keiner haftungsbegründenden Pflichtverletzung gem. § 323 Abs. 1 Satz 3 HGB auszusetzen.

3.4 Abgrenzung der Verantwortungsbereiche von Management und Abschlussprüfer

Unter Verweis auf die Ausführungen in Kapitel 2.1.4[59] ist es nunmehr möglich, die Verantwortungsbereiche von Unternehmensleitung und Abschlussprüfer abzugrenzen.

Demnach ist das obere Management für die Verlässlichkeit und Ordnungsmäßigkeit der externen Berichterstattung verantwortlich. Die Aufstellung des (vorläufigen) Jahresabschlusses/Konzernabschlusses sowie des Lageberichts/Konzernlageberichts liegt daher in deren alleiniger Verantwortung.[60] In der Rechnungslegung sind hierbei Angaben der Unternehmensleitung zur Abbildung der ökonomischen Realität in Form von ausdrücklich abgegebenen oder implizit enthaltenen Erklärungen und Einschätzungen enthalten.[61] Diese Angaben werden auch als *„Aussagen in der Rechnungslegung"* bezeichnet und stellen eine Behauptung der Unternehmensleitung dahingehend dar, dass die Abbildung der Realität in der Rechnungslegung den Erfordernissen der angegebenen Rechnungslegungsnormen entspricht.[62] Die Aussagen können in drei Kategorien systematisiert werden, wobei die Kategorien folgende Aussagen umfassen:[63, 64]

---

58 Vgl. *IDW PS 400*, Bestätigungsvermerk, 2005, Tz. 8.

59 Vgl. die Ausführungen unter Kapitel 2.1.4: Verlässlichkeit und Ordnungsmäßigkeit der internen und externen Berichterstattung, S. 48 ff.

60 Vgl. *IDW PS 400*, Bestätigungsvermerk, 2005, Tz. 25; *IDW*, WP-Handbuch, 2000, Q 402.

61 Vgl. *IDW PS 300*, Prüfungsnachweise, 2006, Tz. 7.

62 Ähnlich auch *Marten/Quick/Ruhnke*, Wirtschaftsprüfung, 2001, S. 63.

63 *ISA 500*, Audit Evidence, 2007, Tz. 15-18; *IDW PS 300*, Prüfungsnachweise, 2006, Tz. 7; *Marten/Quick/Ruhnke*, Lexikon, 2006, S. 4 f.

64 Zum neuen Aussagenkonzept der ISA vgl. *Ruhnke/Lubitzsch*, Aussagen-Konzept, 2006, S. 366 ff.

Tab. 3-1: Behauptungen des Managements in Form von Aussagen in der Rechnungslegung

Aussagen in der Rechnungslegung (Assertions)	Behauptung
Arten von Geschäftsvorfällen und Ereignisse	
Eintritt (Occurrence)	Die erfassten Geschäftsvorfälle und Ereignisse haben stattgefunden und sind der zu prüfenden Einheit zuzurechnen.
Vollständigkeit (Completeness)	Alle Geschäftsvorfälle oder Ereignisse, die erfasst werden müssen, wurden erfasst.
Betragsmäßig richtige Erfassung (Accuracy)	Beträge und sonstige Werte, die sich auf erfasste Geschäftsvorfälle und Ereignisse beziehen, wurden zutreffend erfasst.
Periodenabgrenzung (Cut-Off)	Geschäftsvorfälle und Ereignisse wurden in der richtigen Berichtsperiode erfasst.
Kontenzuordnung (Classification)	Geschäftsvorfälle und Ereignisse wurden auf den richtigen Konten erfasst.
Kontensalden am Periodenende	
Vorhandensein (Existence)	Die ausgewiesenen Vermögensgegenstände, Schulden und Eigenkapital sind tatsächlich vorhanden.
Rechte und Verpflichtungen (Rights and Obligations)	Die bilanzierten Vermögensgegenstände und Verpflichtungen stehen im wirtschaftlichen Eigentum des Unternehmens.
Vollständigkeit (Completeness)	Sämtliche Vermögensgegenstände, Schulden und Eigenkapital, die erfasst werden mussten, wurden erfasst.
Bewertung und Zuordnung (Valuation and Allocation)	Vermögensgegenstände, Schulden und Eigenkapital sind im Abschluss mit den zutreffenden Beträgen enthalten und damit verbundene Anpassungen der Bewertung oder Zuordnung wurden angemessen vorgenommen.
Ausweis und Angaben der Abschlussinformationen	
Eintritt, Rechte und Verpflichtungen (Occurence, Rights and Obligations)	Die dargestellten Ereignisse, Geschäftsvorfälle und andere Sachverhalte haben stattgefunden oder bestehen und sind der zu prüfenden Einheit zuzurechnen.
Vollständigkeit (Completeness)	Alle Angaben, die in der Rechnungslegung enthalten sein müssen, sind enthalten.
Kontenzuordnung und Verständlichkeit (Classification and Understandability)	Die Rechnungslegungsinformationen sind angemessen dargestellt und erläutert und die Angaben sind deutlich formuliert.
Betragsmäßige richtige Erfassung und Bewertung (Accuracy and Valuation)	Die Rechnungslegungsinformationen sowie die anderen Informationen sind angemessen und mit den richtigen Beträgen angegeben.

Die Aufgabe des Abschlussprüfers ist es dagegen zu beurteilen, ob der Jahres-/ Konzernabschluss sowie Lagebericht/ Konzernlagebericht den für das geprüfte Unternehmen geltenden Vorschriften entspricht und anschließend über die Ergebnisse dieser Prüfung Bericht zu erstatten,[65] wodurch die im Jahresabschluss und Lagebericht enthaltenen und durch die Unternehmensleitung abgegebenen Behauptungen objektiviert werden sollen. Dies erfolgt letztlich dadurch, dass geprüft wird, ob die in der Rechnungslegung enthaltenen Aussagen die Unternehmensrealität und

65 Vgl. *IDW PS 400*, Bestätigungsvermerk, 2005, Tz. 8.

das betriebliche Geschehen so abbilden, dass es als konform mit den einzuhaltenden Rechnungslegungsnormen bezeichnet werden kann.[66] Diese Normenkonformität hat der Abschlussprüfer zu bestätigen. Hierzu zählt auch bei ermessensbehafteten Einschätzungen der Unternehmensleitung, dass der Prüfer – unabhängig von seiner eigenen subjektiven Einschätzung – zu beurteilen hat, ob sich die Einschätzungen der Geschäftsleitung im vertretbaren Rahmen der Rechnungslegungsvorschriften befinden.[67] Für die Richtigkeit seiner getroffenen Aussagen haftet er entsprechend den obigen Ausführungen.[68] Einen zusammenfassenden Überblick über die Abgrenzung der beiden Verantwortungsbereiche hinsichtlich der Ordnungsmäßigkeit der Rechnungslegung gibt die nachfolgende Abb. 3-1.

Abb. 3-1: Abgrenzung der Verantwortungsbereiche im Überblick

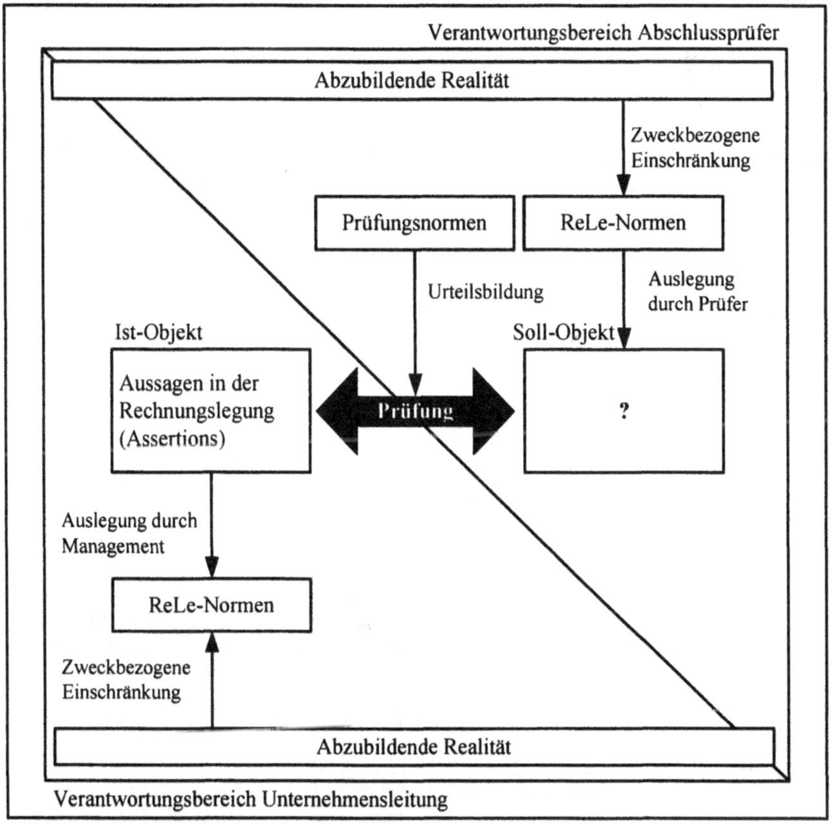

66 Vgl. *Sieben/Gatzen/Husemann*, Unternehmensanalyse, 1988, S. 606.
67 Vgl. *IDW*, WP-Handbuch, 2000, Q 491 ff.
68 Vgl. *IDW*, WP-Handbuch, 2000, Q 406.

Ein uneingeschränkt positives Gesamturteil in Form des Bestätigungsvermerks gem. § 322 HGB durch den Abschlussprüfer kann daher auch so interpretiert werden: Die Unternehmensleitung ist aus Sicht des Prüfers ihrer Verantwortung für die Ordnungsmäßigkeit der externen Berichterstattung ausreichend nachgekommen. Insofern hat der Prüfer im Rahmen seiner Prüfung ein Urteil darüber abzugeben, ob die Unternehmensleitung die damit in Zusammenhang stehenden Ziele der Zielkategorie „Verlässlichkeit und Ordnungsmäßigkeit der internen und externen Berichterstattung" erreicht hat.[69]

Bei börsennotierten Aktiengesellschaften geht die Verantwortung des Abschlussprüfers weiter. Denn hier hat er gem. § 317 Abs. 4 HGB auch zu prüfen, ob die Unternehmensleitung ein Früherkennung- und Überwachungssystem gem. § 91 Abs. 2 AktG eingeführt hat, mit dem Ziel, bestandsgefährdende Entwicklungen frühzeitig zu erkennen. Letztere können dabei durch Zielverfehlungen in allen durch das Management zu verantwortenden Zielkategorien verursacht sein und sind nicht auf den Verantwortungsbereich der „Verlässlichkeit und Ordnungsmäßigkeit der internen und externen Berichterstattung" beschränkt.[70] Die Verantwortung des Prüfers bei der Beurteilung der Maßnahmen gem. § 91 Abs. 2 AktG geht über den oben dargestellten Rahmen hinaus, da sich die geforderten Maßnahmen auch auf betriebliche Teilbereiche, die außerhalb des Finanz- und Rechnungswesens liegen, erstrecken.[71] Die Verantwortung für die Einrichtung des gem. § 91 Abs. 2 AktG geforderten Früherkennungs- und Überwachungssystems liegt bei der Unternehmensleitung der Kapitalgesellschaft.[72] Diese geht demnach davon aus, dass das von ihr eingerichtete System die gesetzlichen Anforderungen erfüllt und die folgenden drei Effektivitätskriterien, welche als Maßgröße[73] für die Angemessenheit und Funktionsfähigkeit des Systems im gesetzgeberischen Sinne aufgefasst werden können, erfüllt sind.[74]

In der Verantwortung des Prüfers liegt es, hinsichtlich der Einhaltung dieser Effektivitätskriterien im Prüfungsbericht nach § 321 Abs. 4 HGB ein Urteil darüber

---

69 Zur Verantwortung der Unternehmensleitung für die Zielerreichung „Verlässlichkeit und Ordnungsmäßigkeit der internen und externen Berichterstattung" vgl. die Ausführungen unter Kapitel 2.1.4: Verlässlichkeit und Ordnungsmäßigkeit der internen und externen Berichterstattung, S. 48 ff.

70 I.d.S. *Brebeck/Herrmann*, KonTraG, 1997, S. 383.

71 Vgl. *Eggemann/ Konradt*, Risikomanagement, 2000, S. 508; *IDW*, WP-Handbuch, 2000, P 3 ff.

72 Vgl. *IDW PS 340*, Risikomanagement, 2000, Tz 1.

73 „Maßgröße" bezieht sich auf die Effektivitätskriterien, die in Kapitel 2.6.5: Integration der Ergebnisse zum Management-Control-Framework, S. 127 ff., auf Ebene der einzelnen Komponenten des erweiterten Rahmenkonzepts definiert wurden und soll zum Ausdruck bringen, dass die Sicherstellung der Effektivitätskriterien auf Ebene der einzelnen Komponenten zu einer Systemeffektivität führt, wie sie vom Gesetzgeber verlangt wird.

74 Bzgl. der Definition und Ableitung der Effektivitätskriterien vgl. Kapitel 2.6.5: Integration der Ergebnisse zum Management-Control-Framework, S. 127 ff.

abzugeben, ob die Unternehmensleitung ihrer Verantwortung entsprechend den gesetzlichen Anforderungen nachgekommen ist. D.h., er hat ein Urteil über die Ausgestaltung eines Systems abzugeben, welches nicht ausschließlich oder unmittelbar auf die Ordnungsmäßigkeit der externen Berichterstattung gerichtet ist, sondern vielmehr die Unternehmensleitung bei ihrer umfassenden Führungsaufgabe unterstützen soll.[75]

Tab. 3-2: Behauptungen des Managements bzgl. der Effektivität der gem. § 91 Abs. 2 AktG ergriffenen Maßnahmen

Effektivitätskriterien	Behauptung
Vollständigkeit	Alle Risiken, die einzeln, kumulativ oder in Wechselwirkung mit anderen Risiken zu einer Bestandsgefährdung des Unternehmens oder des Konzerns führen, werden erkannt.
Richtigkeit	Die Risiken werden methodisch richtig erfasst.
Gültigkeit	Die eingesetzte Methodologie erkennt die Risiken frühzeitig und mit ihren wesentlichen Eigenschaften.

Zusammenfassend lassen sich die Verantwortungsbereiche von Prüfer und Unternehmensleitung vor dem Hintergrund der in Kapitel 2.1 Zielkategorien wie folgt abgrenzen:[76] Zur Beurteilung der Ordnungsmäßigkeit der externen Berichterstattung hat der Prüfer in Gänze ein Urteil darüber abzugeben, ob die Unternehmensleitung ihrer Verpflichtung zur Zielerreichung der der Zielkategorie „Verlässlichkeit und Ordnungsmäßigkeit der internen und externen Berichterstattung" zuzuordnenden Ziele nachgekommen ist. In den übrigen Zielkategorien hat der Prüfer zunächst nur ein Urteil darüber abzugeben, ob die von der Unternehmensleitung genutzten Systeme zur Sicherstellung der Unternehmenszielerreichung bestimmte Soll-Anforderungen erfüllen.[77] Dies kann zum einen aufgrund einer gesetzlichen Verpflichtung gefordert sein, weil der Prüfer wie im Fall der nach § 91 Abs. 2 AktG zu ergreifenden Maßnahmen gem. § 317 Abs. 4 HGB zu prüfen hat, ob die gesetzlichen Mindestanforderungen erfüllt sind; zum anderen kann dies aufgrund berufsständischer Vorgaben an die Jahresabschlussprüfung von Nöten sein, um ausreichende und angemessene Prüfungsnachweise für das Prüferurteil über ein Prüfungsobjekt (in erster Linie die Prüfungsgegenstände gem. § 317 HGB) zu erlangen.

75 I.d.S. *Müller*, Management, 2003, S. 362 f.

76 Bzgl. der definierten Zielkategorien vgl. Kapitel 2.1: Verantwortungsbereiche des Managements, S. 36.

77 Zur Unterscheidung des Umfangs von Systemzielen und von der Unternehmensleitung zu verantwortenden Unternehmenszielen pro Zielkategorie vgl. Kapitel 2.6.5. „Integration der Ergebnisse zum Management-Control-Framework", S. 127.

3.5 Bedeutung des Management-Control-Framework für die Effektivitätszielerreichung der Abschlussprüfung

Ausgehend von den obigen Überlegungen kann festgehalten werden, dass die vom Management verantwortlich eingerichteten und durch das MCF repräsentierten Systeme auf jeden Fall für die Abgabe eines ausreichend sicheren Prüfungsurteils von Bedeutung sind, wenn diese direkt gem. § 317 HGB Gegenstand der Jahresabschlussprüfung sind. Darüber hinaus können die vom Management eingerichteten Systeme, selbst wenn diese nicht direkt aufgrund gesetzlicher Erfordernisse Gegenstand der Jahresabschlussprüfung sind, für die Abgabe eines ausreichend sicheren Urteils von Bedeutung sein. Dahinter steht folgende Überlegung: Wenn der Prüfer mit hinreichender Sicherheit beurteilen soll, ob die Unternehmensleitung ihrer Verantwortung für die Ordnungsmäßigkeit der externen Berichterstattung sachgerecht nachgekommen ist, kann es auch für den Prüfer zur Erfüllung seiner Aufgaben hilfreich oder evtl. sogar notwendig sein, sich mit den Systemen zu beschäftigen, die die Unternehmensleitung zu diesem Zwecke nutzt. Denn die Beurteilung, ob bspw. der Prüfungsgegenstand „Rechnungslegung" den Soll-Anforderungen genügt, kann auch unter Rückgriff auf die Beurteilung der Angemessenheit und Wirksamkeit der vom Mandanten diesbezüglich eingerichteten Systeme in indirekter Form erfolgen.[78] Ziel derartiger indirekter Prüfungshandlungen in Form einer Systemprüfung ist es, durch die Prüfung der Qualität eines Ersatzgegenstands auf die Qualität des Prüfungsgegenstands zu schließen.[79]

Im Folgenden soll daher untersucht werden, mit welchen von der Unternehmensleitung bzw. dem Management eingerichteten Verfahren, Maßnahmen, Regelungen, Methoden und Instrumenten sich der Prüfer beschäftigen muss, um sein Urteil über die gem. § 317 HGB prüfungspflichtigen Gegenstände auf eine ausreichend sichere Urteilsbasis stützen zu können.

Es sind deshalb die durch gesetzliche Regelungen und Verordnungen sowie durch die Prüfungsstandards gesetzten Ermessensgrenzen des Prüfers hinsichtlich Art und Umfang der prüferischen Adressierung der vom Management verantwortlichen eingerichteten Systeme zu analysieren. Denn um gewissenhaft i.S.d. § 323 HGB beurteilen zu können, ob die Prüfungsgegenstände des § 317 HGB den Soll-Anforderungen entsprechen, muss sich der Prüfer mindestens in dem durch das Gesetz bzw. die Prüfungsstandards vorgegebenen Rahmen mit den vom Mandanten eingerichteten Systemen beschäftigen, da er andernfalls sein Urteil nicht auf eine ausreichend sichere Urteilsbasis stützen kann.

Nachfolgend wird daher unter Rückgriff auf die Prüfungsgegenstände gem. § 317 HGB (Buchführung, Risikofrüherkennungssystem gem. § 91 Abs. 2 AktG, Lagebericht/ Konzernlagebericht, Jahres-/ Konzernabschluss), den diesbezüglich ge-

---

78 Zur Wirkung der Systemprüfung vgl. *Marten/Quick/Ruhnke*, Lexikon, 2006, S. 776.

79 *Peemöller*, Direkte/Indirekte Prüfung, 1992, S. 344.

forderten Prüfungsumfängen und den sich daraus ableitbaren Anforderungen hinsichtlich Art und Umfang der Prüfungshandlungen untersucht, welche Komponenten des MCF in welchem Umfang für die Abschlussprüfung relevant sind.

Im Mittelpunkt der Analyse stehen dabei in erster Linie die Prüfungsstandards und fachlichen Verlautbarungen des Berufstandes, die den Ermessensspielraum des Prüfers hinsichtlich Art und Umfang der durchzuführenden Prüfungshandlungen zur Abgabe eines hinreichend sicheren Urteils über die Prüfungsgegenstände gem. § 317 HGB abgrenzen, indem sie eine prüferische Auseinandersetzung mit Teilsystemen, bzw. vom Management eingerichteten Verfahren, Maßnahmen, Regelungen, Methoden und Instrumenten, verlangen, für deren Angemessenheit das MCF ein Soll-Objekt darstellt.[80]

3.5.1 Prüfungsrelevante Komponenten zur Beurteilung der Ordnungsmäßigkeit der Buchführung

Im Folgenden wird analysiert, welche Komponenten des MCF prüfungsrelevant sind, um ein ausreichend sicheres Urteil über den Prüfungsgegenstand „Buchführung" abgeben zu können.[81]

3.5.1.1 Ordnungsmäßigkeit der Buchführung als Prüfungsgegenstand

Gem. § 317 HGB ist die Buchführung Gegenstand der Jahresabschlussprüfung.

> „Der Abschlussprüfer hat daher das Buchführungssystem daraufhin zu beurteilen, ob es den gesetzlichen Anforderungen entspricht, um die nach § 322 Abs. 1 Satz 1 HGB i.V.m. § 317 Abs. 1 Satz 1 HGB und § 321 Abs. 2 Satz 2 HGB geforderten Prüfungsaussagen über die Ordnungsmäßigkeit der Buchführung treffen zu können."[82]

3.5.1.2 Konkretisierung der Ordnungsmäßigkeit der Buchführung und Bestimmung des Prüfungsumfangs

Damit die Buchführung bzw. das Buchführungssystem als ordnungsgemäß i.S. des Gesetzes bezeichnet werden können, sind spezifische, aus dem Ziel des Gesetzes abgeleitete Grundsätze einzuhalten, die sicherstellen sollen, dass die

---

80 Die Prüfungsstandards, die in erster Linie konzeptionelle Anforderung an den Prüfungsansatz stellen, werden erst in Kapitel 5: Umsetzung der Prüferverantwortung mit Hilfe eines system- und geschäftsrisikoorientierten Prüfungsansatzes, S. 255 ff., in die Analyse mit einbezogen, wenn es darum geht zu analysieren, mit welchen Komponenten des erweiterten Rahmenkonzepts sich der Prüfer zu welchen Phasen einer Jahresabschlussprüfung auseinandersetzen muss, die dem Konzept des geschäftsrisikoorientierten Prüfungsansatzes folgt.

81 Bzgl. der Verantwortung des Prüfers zur Abgabe eines ausreichend sicheren Urteils vgl. die Ausführungen unter Kapitel 3.3: Verantwortung des Abschlussprüfers für die Zielerreichung, S. 154.

82 *IDW PS 261*, Beurteilung von Fehlerrisiken, 2006, Tz. 36.

Buchführung i.S. des Gesetzes ordnungsgemäß ist. Zur Sicherstellung der Ordnungsmäßigkeit der Buchführung ist daher die Einhaltung der *formalen GoB* zu gewährleisten.[83] Hierzu muss das System die gesetzlich kodifizierten Ordnungsmäßigkeitsanforderungen erfüllen, insbesondere die Regelungen der §§ 238 f. und 257 HGB sowie die §§ 145, 146 und 147 AO.[84] Die Ordnungsmäßigkeit des Buchführungssystems, welches Bestandteil der betrieblichen Informationssysteme des Mandanten ist, kann demnach nur erfüllt sein, wenn bei der Erfassung, Verarbeitung, Ausgabe und Aufbewahrung der rechnungslegungsrelevanten Daten über Geschäftsvorfälle folgendes sichergestellt ist:[85]

- Die Geschäftsvorfälle müssen sich in ihrer Entstehung und Abwicklung verfolgen lassen (§ 238 Abs. 1 Satz 3 HGB), sodass für einen sachverständigen Dritten die
- Geschäftsvorfälle nachprüfbar sind (§ 238 Abs. 1 Satz 2 HGB). Dazu müssen die
- Geschäftsvorfälle vollständig, richtig, zeitgerecht und geordnet aufgezeichnet werden (§ 239 Abs. 2 HGB) und
- die Aufzeichnungen der Geschäftsvorfälle jederzeit lesbar gemacht werden können (§ 239 Abs. 4 Satz 2 HGB). Darüber hinaus müssen
- Geschäftsvorfälle unveränderlich aufgezeichnet werden (§ 239 Abs. 3 HGB „Radierverbot“).

Diese GoB gelten für jede Buchführung und sind unabhängig von der Organisation der Buchführung einzuhalten.[86] Problematisch bei der Sicherstellung dieser allgemeinen Ordnungsmäßigkeitskriterien ist, dass sich die Unternehmensfunktion „Buchführung“, aufgrund der zunehmenden Prozessorientierung in den Unternehmen und verstärkt durch den hohen Integrationsgrad der IT, nicht mehr eindeutig abgrenzen lässt.[87]

Die GoB sind daher regelmäßig auszulegen und hinsichtlich ihrer praktischen Erfüllung bei sich ändernden sozio-technischen Rahmenbedingungen zu präzisieren.[88] Dies erfolgt in Form von fachlichen Stellungnahmen der *Arbeitsgemeinschaft für wirtschaftliche Verwaltung e.V.* (*AWV*), des *Fachausschusses für Informationstechnologie des Instituts der Wirtschaftsprüfer* (*FAIT*) und durch steuerrechtliche Richtlinien.[89]

Zu den steuerrechtlichen Richtlinien zählen die GoBS (Grundsätze ordnungsmäßiger DV-gestützter Buchführungssysteme). Diese fordern als Präzisierung zu den

---

83 Vgl. *Wanik*, EDV-Buchführung, 1992, S. 377.
84 Vgl. *AWV*, Positionspapier, 2000, S. 12.
85 Vgl. *IDW RS FAIT*, FAIT 1, 2002, Tz. 25.
86 Vgl. *Wanik*, EDV-Buchführung, 1992, S. 379.
87 o.V., *GoBS*, 1996, S. 4
88 Vgl. *Philip*, Prüfung von Geschäftsprozessen, 2000, S. 140; *Wanik*, EDV-Buchführung, 1992, S. 379.
89 Vgl. *Philip*, Umsetzung der GoBS, 1998, S. 313.

GoB aufgrund der veränderten Rahmenbedingungen erstmals spezifische *Kontrollen, Regelungen und Maßnahmen*, die der Buchführungspflichtige vorsehen muss, um den GoB-konformen Einsatz von DV-Systemen zu gewährleisten.[90]

Eine weitere Konkretisierung aufgrund der in zunehmendem Maße eingesetzten integrierten IT-Systeme erhalten die GoB durch die FAIT 1-Stellungnahme zur Rechnungslegung des *IDW*.[91] Gegenstand der Stellungnahme sind in erster Linie hochintegrative IT-Systeme, wie sie bspw. durch ERP (Enterprise Resource Planning)- Systeme repräsentiert werden, die sich dadurch auszeichnen, dass sie neben dem Kernmodul Rechnungswesen auch weitere Module, bspw. im Bereich Materialwirtschaft, umfassen. FAIT 1 stellt hierbei fest, dass es aufgrund des hohen Integrationsgrads dieser im Einsatz befindlichen IT-Systeme zu spezifischen Risiken für die GoB-Konformität kommen kann. Diese Risiken werden als IT-Fehlerrisiken bezeichnet. Als Ursachenquelle für diese IT-Fehlerrisiken nennt FAIT 1 bei IT-Systemen die IT-Anwendungsebene, die IT-Infrastrukturebene und die IT-Geschäftsprozessebene.[92] Zur Bewältigung dieser IT-Fehlerrisiken präzisiert FAIT 1 ebenfalls Anforderungen an das Kontrollsystem, welches demnach auch Verfahren, Maßnahmen und Regelungen beinhalten muss, die das fehlerfreie Zusammenwirken der drei Komponenten sicherstellen, um dadurch die Ordnungsmäßigkeit der rechnungslegungsrelevanten Teile des IT-Systems zu gewährleisten.[93] Insbesondere auf Ebene der IT-Infrastruktur und IT-Anwendung kann gem. FAIT 1 die GoB-Konformität nur gegeben sein, wenn die *Sicherheit* der Daten durch technologische und organisatorische Maßnahmen gewährleistet ist.[94]

Ergänzend zu FAIT 1 präzisiert FAIT 2 weitere Anforderungen an das Kontrollsystem, um den besonderen Risiken des E-Commerce für die GoB zu begegnen,[95] während der im Entwurf vorliegende FAIT 3 zusätzliche Anforderungen an die Aufbewahrungspflichten, insbesondere vor dem Hintergrund des in Kraft getretenen GDPdU, enthält.[96]

Die Verantwortlichkeit dafür, dass die Buchführung den GoB und den Anforderungen der fachlichen Stellungnahmen entspricht, liegt bei der Unternehmensleitung. Diese hat die entsprechenden Verfahren und Maßnahmen in das Interne Kontrollsystem auf operativer Ebene zu integrieren.[97]

Aus Sicht des Prüfers stellen diese Stellungnahmen und Richtlinien „fachliche Regelungen" i.S.d. § 4 Abs. 1 der Berufssatzung (festgestellt durch die WPK) dar,

90 Vgl. *o.V.*, GoBS, 1996, S. 2.
91 Vgl. *IDW RS FAIT*, FAIT 1, 2002, o.S.
92 Vgl. *IDW RS FAIT*, FAIT 1, 2002, Tz. 6 ff.
93 Vgl. *IDW RS FAIT*, FAIT 1, 2002, Tz. 6 ff.
94 Vgl. *IDW RS FAIT*, FAIT 1, 2002, Tz. 19 ff.
95 Vgl. *IDW RS FAIT*, FAIT 2, 2003, o.S.
96 Vgl. *IDW RS FAIT*, FAIT 3, 2006, o.S.
97 Vgl. Kapitel 2.1.4: Verlässlichkeit und Ordnungsmäßigkeit der internen und externen Berichterstattung, S. 48 f.

die der Abschlussprüfer bei gewissenhafter Berufsausübung (§ 43 Abs. 1 WPO) ebenfalls bei der Prüfung zu beachten hat.[98]

Die Grundsätze ordnungsmäßiger Buchführung und deren Präzisierung durch die fachlichen Stellungnahmen umreißen daher das aus dem gesetzlich normierten Ziel einer ordnungsmäßigen Berichterstattung abgeleitete Soll-Objekt. In diesem Zusammenhang kommt ihnen daher eine Doppelfunktion zu. Zum einen stellen sie den Anforderungskatalog an das von einer sorgfältigen Unternehmensleitung i.S.d. § 93 AktG bzw. § 43 GmbHG einzurichtende Buchführungssystem dar, zum anderen umgrenzen sie das prüferische Soll-Objekt und damit den Prüfungsumfang für einen gewissenhaften Prüfer i.S.d § 323 HGB.

3.5.1.3 Art und Umfang der geforderten prüferischen Adressierung des Management-Control-Framework

Entsprechend den Auslegungen der im vorherigen Kapitel dargestellten fachlichen Stellungnahmen kann die Einhaltung der GoB nur dann als gewährleistet angesehen werden, wenn die Unternehmensleitung in die Prozessabläufe angemessene und wirksame Kontrollen eingebaut hat. Folglich bedingt die Ordnungsmäßigkeit des Buchführungssystems ein vermaschtes System zur Steuerung und Überwachung der im Zusammenhang mit der Buchführung stehenden Unternehmensaktivitäten.[99] Hierdurch soll dann nicht nur die GoB konforme Erfassung und Verarbeitung bspw. in Form von Kontierungs-/ Bilanzierungsrichtlinien koordiniert oder veranlasst, sondern auch deren ordnungsmäßige Umsetzung durch prozessintegrierte und -unabhängige Überwachungsmaßnahmen sichergestellt werden. Das Buchführungssystem ist somit, um dessen Ordnungsmäßigkeit sicherzustellen, eng vermascht mit dem Internen Kontrollsystem oder, anders ausgedrückt, die auf das Buchführungssystem bezogenen Teile des Internen Kontrollsystems sollen dessen Ordnungsmäßigkeit sicherstellen.

3.5.1.3.1 Bestimmung der prüfungsrelevanten Komponenten

Diese auf die Sicherung der Ordnungsmäßigkeit und Verlässlichkeit der externen Rechnungslegung gerichteten Teile des Internen Kontrollsystems sind daher gem. IDW PS 261 in Gänze auch für die Abschlussprüfung von Bedeutung.[100] Der Abschlussprüfer hat diesbezüglich festzustellen, ob das Unternehmen durch die Einrichtung eines angemessenen und wirksamen Internen Kontrollsystems auf die festgestellten inhärenten Risiken, die zu einer Nichteinhaltung der GoB führen können, reagiert hat und somit die Ordnungsmäßigkeit der Buchführung sichergestellt wird.[101] Der Prüfer hat daher, um den Anforderungen an eine gewissenhafte

---

98 Vgl. *ADS*, Kommentar, 2000, Tz. 112 zu § 317 HGB.

99 I.d.S. auch *Leffson*, Systemprüfung, 1992, S. 1926.

100 Vgl. *IDW PS 261*, Beurteilung von Fehlerrisiken, 2006, Tz. 21.

101 Vgl. *IDW PS 260*, IKS, 2001, Tz. 30.

Prüfung des Prüfungsgegenstands Buchführung nachzukommen, Prüfungshandlungen im Umfang von *Aufbauprüfungen* und – soweit aufgrund der Ergebnisse der Aufbauprüfung sinnvoll – zur Generierung von Prüfungsnachweisen über die Wirksamkeit des Systems *Funktionsprüfungen*[102] bei den buchführungsrelevanten Teilen des Internen Kontrollsystems durchzuführen.[103]

Hinsichtlich des Aufbaus des Internen Kontrollsystems, mit dem sich der Prüfer verantwortlich auseinandersetzen muss, konkretisiert der IDW PS 261, dass das Interne Kontrollsystem aus folgenden Komponenten besteht:[104]

- Kontrollumfeld,
- Risikobeurteilungen,
- Kontrollaktivitäten,
- Information und Kommunikation,
- Überwachung des Internen Kontrollsystems.

Diese in wechselseitiger Beziehung zueinander stehenden Komponenten sind dabei analog dem in dieser Arbeit zugrunde liegenden Verständnis zum Internen Kontrollsystem zu interpretieren.[105] Bei der Aufbauprüfung des Internen Kontrollsystems sollte sich der Prüfer laut IDW PS 261 an der konkreten Ausgestaltung des Internen Kontrollsystems durch die Unternehmensleitung orientieren und prüfen, ob die fünf Komponenten angemessen ausgestaltet sind.[106] Hierfür ist insbesondere die Geeignetheit der von der Unternehmensleitung ergriffenen Maßnahmen zur Sicherstellung der GoB zu beurteilen.[107] Zu Letzteren zählen auch die organisatorischen Maßnahmen, die die Unternehmensleitung zur Aufdeckung von Unregelmäßigkeiten und Verstößen ergriffen hat.[108] Kommt der Prüfer im Rahmen der Aufbauprüfung zu dem Ergebnis, dass die ergriffenen Verfahren und Maßnahmen zur Sicherstellung der GoB geeignet sind, stützt dies die Vermutung, dass die Erfassung der Geschäftsvorfälle, deren Verarbeitung, Aufbewahrung und Dokumentation des Buchungsstoffs ordnungsgemäß sind und der Buchungsstoff gegen nachträgliche Änderungen gesichert ist.[109] Die Sicherstellung der ordnungsgemäßen und kontinuierlichen Anwendung der Verfahren und Maßnahmen muss der Prüfer durch die Einholung von ausreichenden

---

102 Vgl. *IDW PS 260*, IKS, 2001, Tz. 32.

103 Vgl. *IDW PS 260*, IKS, 2001, Tz. 31; *IDW PS 261*, Beurteilung von Fehlerrisiken, 2006, Tz. 74.

104 Vgl. *IDW PS 261*, Beurteilung von Fehlerrisiken, 2006, Tz. 29; *ISA 315*, Risk Assessment, 2007, Tz. 43.

105 Vgl. hierzu die Ausführungen unter Kapitel 2.4.2: Einrichtung und angemessene Ausgestaltung des Internen Kontrollsystems als originäre Aufgabe des Managements, S. 75ff.

106 Vgl. *IDW PS 261*, Beurteilung von Fehlerrisiken, 2006, Tz. 40.

107 Vgl. *IDW PS 261*, Beurteilung von Fehlerrisiken, 2006, Tz. 43-60.

108 Vgl. *IDW PS 210*, Unregelmäßigkeiten, 2006, Tz. 53; *IDW*, ISA 240 Übersetzung, 2004, Tz. 33 ff.

109 *IDW*, WP-Handbuch, 2000, R 182.

und angemessenen Prüfungsnachweisen in Form von Funktionstests des Internen Kontrollsystems belegen, damit diese eine geeignete Basis für sein Prüfungsurteil über das Buchführungssystem bilden.[110]

3.5.1.3.2 Besonderheiten der prüferischen Adressierung der Komponenten beim Einsatz von IT

Bei der Beurteilung der Angemessenheit der Komponenten Information und Kommunikation können, je nach Komplexität des eingesetzten Buchführungssystems, weitere Prüfungshandlungen notwendig sein.[111] Der Prüfer hat dabei zu beurteilen, wie die Unternehmensleitung auf die IT-Fehlerrisiken, die sich auf die Komponenten IT-Anwendungen, IT-Infrastruktur und IT-Geschäftsprozesse des IT-Systems beziehen und zu einer Nichteinhaltung der GoB führen, reagiert hat.[112] Insbesondere hat der Prüfer zu beurteilen, ob die von der Unternehmensleitung ergriffenen Verfahren, Maßnahmen und Regelungen ein fehlerfreies Zusammenwirken dieser Komponenten ermöglichen und insofern das IT-Kontrollsystem als angemessen bezeichnet werden kann. Diese Beurteilung schließt das IT-Umfeld und die IT-Organisation mit ein (vgl. nachfolgende Abb. 3-2).

Als IT-Kontrollsystem kann dabei der Teil des Internen Kontrollsystems bezeichnet werden, dessen Aufgabe die organisatorische Umsetzung der Entscheidung der Unternehmensleitung im Hinblick auf den Umgang mit den IT-Risiken ist. Insofern hat der Prüfer zur Beurteilung der Ordnungsmäßigkeit der Buchführung beim Einsatz von Informationstechnologie auch das rechnungslegungsbezogene IT-Kontrollsystem zu prüfen. Prüfungsgegenstand sind dabei die Komponenten IT-Infrastruktur, IT-Anwendung und IT-Geschäftsprozesse des IT-Systems.[113] Der Prüfer hat in diesen Prüfgebieten gem. IDW PS 330 ebenfalls *Aufbau- und Funktionsprüfungen* des buchführungsrelevanten IT-Kontrollsystems durchzuführen.[114] Im Rahmen der Aufbauprüfung hat er hierbei insbesondere zu prüfen, ob das IT-Kontrollsystem den Anforderungen der fachlichen Stellungnahme gerecht wird, damit das IT-System als GoB-konform bezeichnet werden kann. Die IT-Systemprüfung stellt somit insgesamt einen Teilausschnitt der Prüfung des Internen Kontrollsystems dar mit speziellen Anforderungen an Art und Umfang der Prüfungshandlungen.[115]

---

110 Vgl. *IDW PS 261*, Beurteilung von Fehlerrisiken, 2006, Tz. 73-74 i.V.m. *IDW PS 300*, Prüfungsnachweise, 2006, Tz. 15-20.

111 I.d.S. *IDW PS 330*, Informationstechnologie, 2002, Tz. 12.

112 I.d.S. *IDW PS 330*, Informationstechnologie, 2002, Tz. 25-41.

113 Vgl. *IDW PS 330*, Informationstechnologie, 2002, Tz. 10.

114 Vgl. *IDW PS 330*, Informationstechnologie, 2002, Tz. 29 ff.

115 Vgl. *IDW PS 330*, Informationstechnologie, 2002, Tz. 9.

Abb. 3-2: Umfang der IT-Systemprüfung[116]

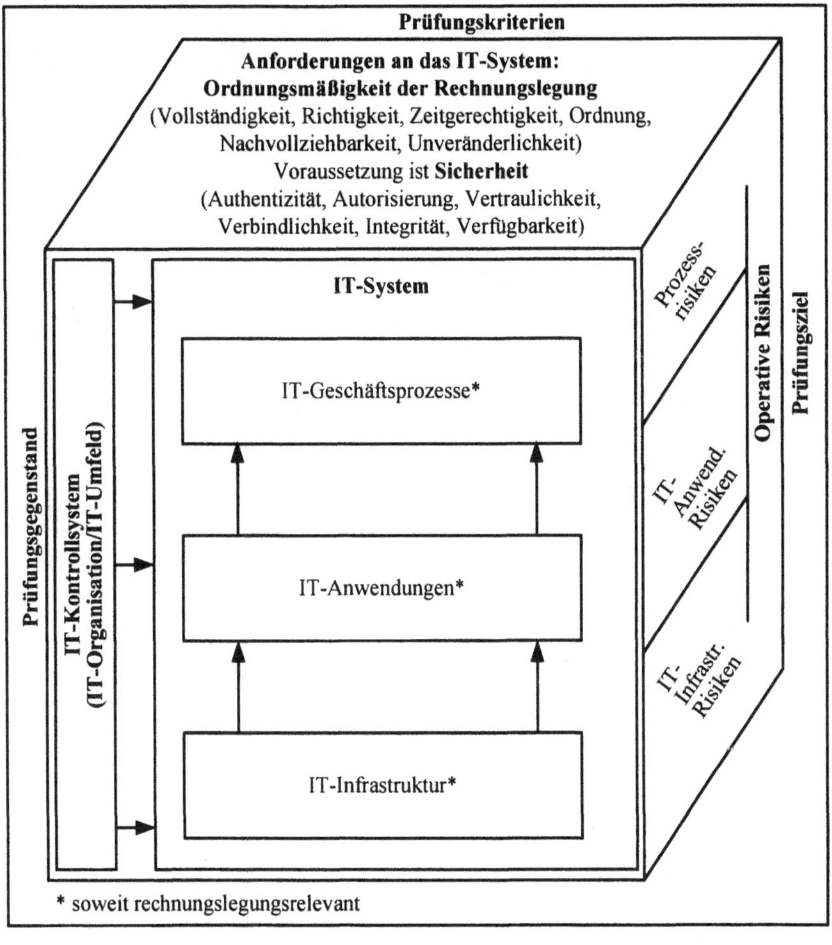

3.5.1.4 Zwischenergebnis und prüfungsrelevante Komponenten im Überblick

Während die angemessene Ausgestaltung des Internen Kontrollsystems zur Sicherstellung der Ordnungsmäßigkeitsanforderungen an die Buchführung in den Verantwortungsbereich eines sorgfältigen Geschäftsführers bzw. Vorstands fällt, ist der gewissenhafte Prüfer verantwortlich, unter Berücksichtigung der Prüfungsstandards ausreichende und angemessene Prüfungsnachweise zur Beurteilung der Ordnungsmäßigkeit der Buchführung einzuholen.

---

116 Vgl. *IDW PS 330*, Informationstechnologie, 2002, Tz. 8.

Abb. 3-3: Prüfungsumfang der IKS-Prüfung zur Beurteilung der Ordnungsmäßigkeit der BuFü

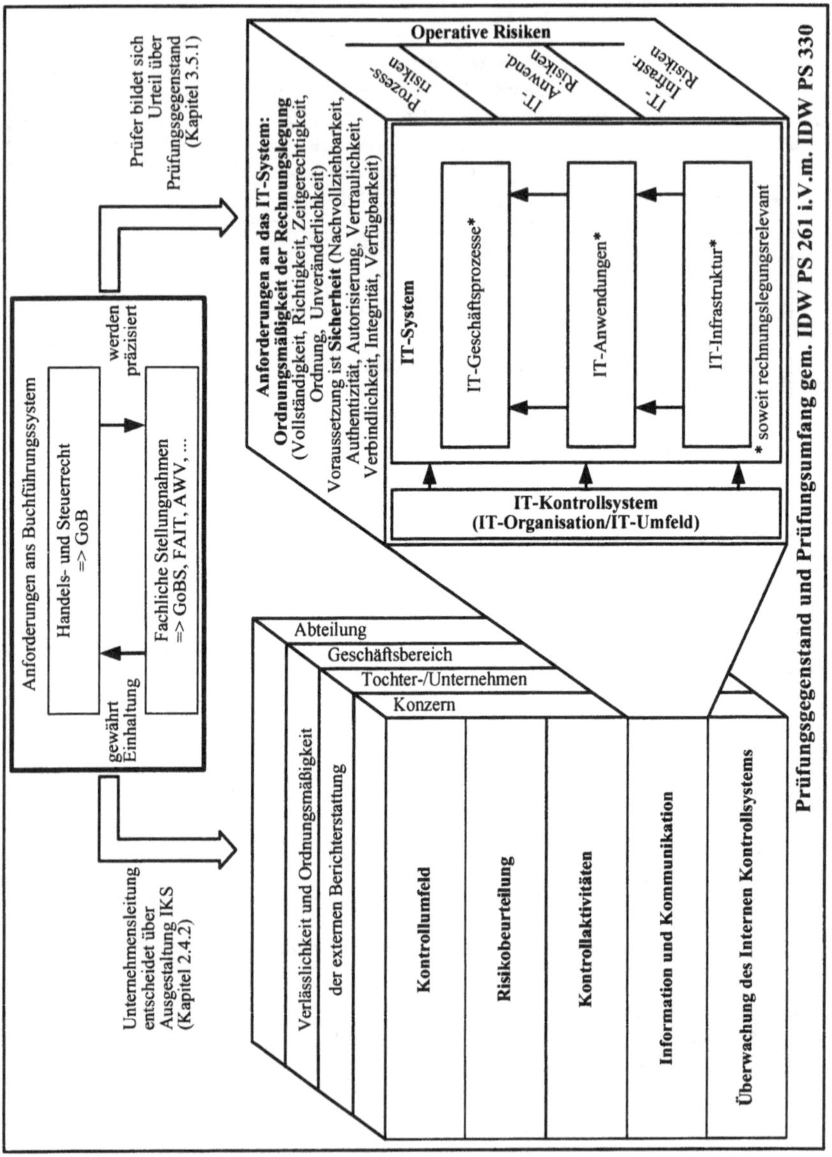

Aufgrund der Ausführungen unter Kapitel 3.5.1 lässt sich diesbezüglich zusammenfassend festhalten, dass die auf die Zielkategorie „Verlässlichkeit und Ordnungsmäßigkeit der externen Berichterstattung“ gerichteten Teile des von der Unternehmensleitung verantwortlich eingerichteten Internen Kontrollsystems gänzlich für die Jahresabschlussprüfung relevant sind. Der Prüfer muss, um seine Prüfungsaussagen über die Ordnungsmäßigkeit der Buchführung auf einer ausreichend sicheren Urteilsbasis treffen zu können, grundsätzlich entsprechend den obigen Ausführungen eine Aufbau- und Funktionsprüfung des von der Unternehmensleitung zur Sicherstellung der Ordnungsmäßigkeit der Buchführung eingerichteten Internen Kontrollsystems durchführen. Die Prüfungshandlungen umfassen dabei alle fünf Komponenten des Internen Kontrollsystems. Sofern die Unternehmensleitung in der Rechnungslegung IT einsetzt, ist darüber hinaus das IT-Kontrollsystem in die Aufbau- und Funktionsprüfung mit einzubeziehen. Die nachfolgende Abb. 3-3 gibt abschließend einen Überblick über die prüfungsrelevanten Komponenten des Internen Kontrollsystems mit Zielbezug Sicherstellung der „Verlässlichkeit und Ordnungsmäßigkeit der externen Berichterstattung“.

Zusammenfassend sind die prüfungsrelevanten Komponenten des MCF aufgrund der Pflicht zur gewissenhaften Prüfung der Ordnungsmäßigkeit der Buchführung gem. § 317 Abs. 1 HGB überblicksartig in nachfolgender Relevanzcheckliste (Tab. 3-3) gekennzeichnet:

Tab. 3-3: Relevante Komponenten zur Prüfung des Buchführungssystems

	Sicherung und Ausbau der langfristigen Erfolgspotenziale	**Wirksamkeit und Wirtschaftlichkeit der Geschäftstätigkeit**	**Verlässlichkeit und Ordnungsmäßigkeit der (internen) und externen Berichterstattung**	**Einhaltung von sonstigen Gesetzen und Vorschriften**
Internes Umfeld (Kontrollumfeld)			✓	
Zielfestlegung	▨		▨	▨
Problemfeststellung/-analyse			(✓)	
Alternativenbewertung			(✓)	
Umsetzung der Entscheidung				
Kontrollaktivitäten			✓	
Information und Kommunikation			✓	
Überwachung			✓	

▨	Ziele sind durch externe Institutionen vorgegeben und somit durch das Management nicht oder nur bedingt beeinflussbar.
✓	Zur Beurteilung des Prüfungsgegenstands ist die Angemessenheit und Wirksamkeit der jeweiligen System-Komponente hinsichtlich der zugeordneten betrieblichen Ziele gänzlich für die Prüfung relevant.
(✓)	Zur Beurteilung des Prüfungsgegenstands ist die Angemessenheit und Wirksamkeit der jeweiligen System-Komponente hinsichtlich der zugeordneten betrieblichen Ziele nur hinsichtlich der auf das Risikomanagement gerichteten Teile für die Prüfung relevant.

3.5.2 Prüfungsrelevante Komponenten zur Beurteilung der gem. § 91 Abs. 2 AktG ergriffenen Maßnahmen

Zur Abgrenzung weiterer prüfungsrelevanter Komponenten des MCF wird im Folgenden analysiert, welche Komponenten zur Abgabe eines ausreichend sicheren Urteils über die „Maßnahmen gem. § 91 Abs. 2 AktG" Gegenstand der Abschlussprüfung sind.[117]

3.5.2.1 Konkretisierung der Maßnahmen gem. § 91 Abs. 2 AktG und Abgrenzung des Prüfungsgegenstands

Der Abschlussprüfer hat gem. § 317 Abs. 4 HGB im Rahmen der Jahresabschlussprüfung zu beurteilen, ob der Vorstand die ihm nach § 91 Abs. 2 AktG obliegenden Maßnahmen in geeigneter Form getroffen hat und das danach einzurichtende Überwachungssystem seine Aufgaben erfüllt. Aufbauend auf den Ergebnissen dieser Prüfung hat der Prüfer dann laut § 321 Abs. 4 HGB darzustellen, ob das einzurichtende System angemessen und wirksam ist oder ob Maßnahmen zu dessen Verbesserung bzw. Ausbau erforderlich sind.[118] Da von den Maßnahmen des § 91 Abs. 2 AktG unter bestimmten Kontextfaktoren auch von einer Ausstrahlungswirkung auf andere Gesellschaftsformen auszugehen ist,[119] kann auch bei nicht börsennotierten Kapitalgesellschaften eine durch Satzung oder Gesellschaftsvertrag bedingte Erweiterung des Prüfungsumfangs gegeben sein.[120] Bei diesen freiwilligen Prüfungen findet § 317 Abs. 4 HGB analoge Anwendung, weshalb die Prüfung nach den Grundsätzen und Anforderungen der Pflichtprüfung durchgeführt werden muss.[121]

Aus dem Gesetzestext und der dazugehörenden amtlichen Begründung des § 91 Abs. 2 AktG lässt sich ableiten, dass die vom Vorstand zu ergreifenden Maßnahmen sowohl Maßnahmen umfassen, die der frühzeitigen Erkennung bestandsgefährdender Entwicklungen dienen sollen, als auch Maßnahmen zu deren Überwachung.[122]

---

117 Bzgl. der Verantwortung des Prüfers zur Abgabe eines ausreichend sicheren Urteils vgl. die Ausführungen unter Kapitel 3.3: Verantwortung des Abschlussprüfers für die Zielerreichung, S. 154.

118 Vgl. *IDW PS 340*, Risikomanagement, 2000, Tz. 2.

119 Eine Analyse hinsichtlich bestimmter Kontextfaktoren, bei denen von einer Ausstrahlungswirkung auch auf andere Gesellschaftsformen auszugehen ist, befindet sich bei *Hillebrand*, Früherkennungssystem, 2005, S. 124-128.

120 *Eggemann/Konradt*, Risikomanagement, 2000, S. 507, weisen auf die hohe Bedeutung hin, die einer freiwilligen Prüfung der Maßnahmen gem. § 91 Abs. 2 AktG zukommt, die bspw. im Interesse von Aufsichtsräten, Konzernmuttergesellschaften oder Banken durchgeführt wird.

121 Vgl. *IDW*, WP-Handbuch, 2000, P 68 ff.; *Giese*, Risikomanagementsystemprüfung, 1998, S. 452.

122 Vgl. *BMJ*, Begründung, 1998, zu § 91 AktG.

Als bestandsgefährdend sind Entwicklungen i.S.d. § 91 Abs. 2 AktG dann zu bezeichnen, wenn sie die wirtschaftliche Lage des Unternehmens so beeinflussen können, dass es zur Illiquidität oder Überschuldung kommen kann und somit zu einer Gefährdung des Fundamentalziels der Bestandssicherung.[123] Diese Möglichkeit des Eintretens ungünstiger künftiger Entwicklungen definiert das *IDW* in seinem Prüfungsstandard 340 als Risiko.[124] *Hillebrand* weist in seiner Arbeit vor dem Hintergrund des KonTraG darauf hin, dass das Nichtergreifen von Chancen und somit das Versäumnis, langfristig das Ziel, die Erfolgspotenziale zu sichern und auszubauen, zu verfehlen, ebenfalls Gefahren für den Fortbestand des Unternehmens mit sich bringt. Der Begriff der bestandsgefährdenden Entwicklung umfasst demnach auch das „Unvermögen, frühzeitig die für die Bestandsicherung wahrzunehmenden Chancen zu identifizieren".[125] Des Weiteren stellt das *IDW* in der neuesten Auflage des WP-Handbuchs selbst klar, dass in Folge der zunehmenden Integration des Risikofrüherkennungssystems in die Steuerungs- und Planungsprozesse der Unternehmen eine zielorientierte Risikodefinition notwendig ist. Das Risiko wird daher definiert als „mögliches Ereignis oder mögliche Entwicklung, das/ die sich negativ auf die Erreichung der Unternehmensziele auswirkt".[126, 127] Als logische Konsequenz aus dieser Definition ergibt sich somit die Definition der Chance als eine positive Zielabweichung. Die Definition des Risikos als Nichterreichen der Unternehmensziele, wie sie dieser Arbeit zugrunde liegt, ist somit eine zum *IDW* und dessen Prüfungsstandards konforme Sichtweise.

Aufgabe der gem. § 91 Abs. 2 AktG geforderten Maßnahmen zur Früherkennung bestandsgefährdender Entwicklungen ist folglich nicht nur die Identifikation von Risiken und somit von Ereignissen, deren Eintritt zu einer negativen Beeinflussung der Zielerreichung des Unternehmens führen können, sondern auch die Identifikation von Chancen und somit von positiv wirkenden Ereignissen.[128] Ferner müssen die Maßnahmen gewährleisten, dass die so identifizierten Ereignisse hinsichtlich ihrer bestandsbedrohenden Wirkung analysiert und bewertet sowie die relevanten risikobezogenen Informationen in systematischer Weise an

---

123 I.d.S. *Eggemann/ Konradt*, Risikomanagement, 2000, S. 505; *Hillebrand*, Früherkennungssystem, 2005, S. 22-23.

124 Vgl. *IDW PS 340*, Risikomanagement, 2000, Tz. 3.

125 *Hillebrand*, Früherkennungssystem, 2005, S. 18-19.

126 *IDW*, WP-Handbuch, 2006, P 8.

127 Die Definition des Risikos als Nichterreichen der Unternehmensziele stellt somit eine zu *COSO*, ERM, 2004, S. 16, und damit auch zu dieser Arbeit und den Ausführungen unter Kapitel 2.6.5: Integration der Ergebnisse zum Management-Control-Framework, S. 127 ff., konsistente Risikodefinition dar.

128 Diese Definition des Risikos erfolgt somit entsprechend dem *COSO*, ERM, 2004, S. 16. Im Gegensatz zur Definition des IDW, ermöglicht diese Definition nicht nur, eine sachlogische Verknüpfung zu den Unternehmenszielen darzustellen, sondern ermöglicht auch Chancen und Risiken als Ausgangspunkt einer bestandsgefährdenden Entwicklung zu analysieren.

die zuständigen Entscheidungsträger weitergeleitet werden.[129] Letzteres zielt insbesondere darauf ab, dass Risiken, denen auf unteren Entscheidungsebenen nicht wirksam begegnet werden kann, mit zeitlich ausreichendem Vorlauf direkt bis an den Vorstand weitergeleitet werden müssen.[130] Insofern konkretisieren die gem. § 91 Abs. 2 AktG geforderten Maßnahmen einen wichtigen *Aufgabenbereich des Management-Informationssystems* i.S. dieser Arbeit, weil durch sie sichergestellt werden muss, dass das Management frühzeitig mit den Informationen versorgt wird, die es benötigt, um im Hinblick auf den Umgang mit bestandsgefährdenden Entwicklungen sachgerechte Entscheidungen zu treffen.[131] Ziel dieser Maßnahmen muss es daher sein, geeignete Instrumente und Methoden der Informationsaufbereitung, -versorgung, -weiterleitung und -speicherung zu implementieren, damit das Management-Informationssystem den Anforderungen des § 91 Abs. 2 AktG gerecht wird.[132] Neben der Bereitstellung der geeigneten Methoden und Instrumente zur Früherkennung bestandsgefährdender Entwicklungen bedarf es allerdings auch organisatorischer Maßnahmen. Denn die Früherkennung bestandsgefährdender Entwicklungen stellt eine Aufgabe der gesamten Organisation dar, weshalb die Früherkennungsaktivitäten angemessen in die Organisationsstruktur des Unternehmens eingebettet werden müssen. Andernfalls wäre bspw. die richtige und verlässliche Umsetzung der geforderten Maßnahmen in allen Unternehmensbereichen nicht ausreichend sichergestellt. Dies stellt auch der Gesetzgeber insofern klar, als er diese Neuregelung, die gleichzeitig eine Konkretisierung der Leitungsaufgaben des Vorstands darstellt, in den § 91 AktG, der die Überschrift „Organisation; Buchführung" trägt, einordnet und in der Gesetzbegründung explizit auf die Verantwortung des Vorstands für die organisatorische Umsetzung der zu ergreifenden Maßnahmen hinweist.[133] Der Vorstand trägt daher die Verantwortung, dass die Ereignisidentifikation sowie die Risikoanalyse und -kommunikation frühzeitig auf nachgelagerten Managementebenen veranlasst werden. Dies hat die Unternehmensleitung durch geeignete Verfahren und Regelungen der Internen Steuerung sicherzustellen.[134] Insofern sind durch die geforderten Maßnahmen auch die auf die Aktivitäten der Risikofrüherkennung bezogenen Teile des *Internen Steuerungssystems* i.S. die-

---

[129] I.d.S. auch *Lachnit/Müller*, Risikomanagement, 2001, S. 373; *Giese*, Risikomanagementsystemprüfung, 1998, S. 453.

[130] I.d.S. *IDW PS 340*, Risikomanagement, 2000, Tz. 4.

[131] Vgl. hierzu die Ausführungen unter Kapitel 2.6.4: Systemunterstützung des Managements auf strategischer Ebene, S. 113 ff. Dort wurde definiert, dass die Aufgabe des „Management-Informationssystems" i.S. dieser Arbeit darin besteht, dem Management auf allen Ebenen im Unternehmen rechtzeitig, problemadäquat und in ausreichendem Umfang die Informationen zu liefern, die es benötigt, um im Hinblick auf die Unternehmenszielerreichung sachgerechte Entscheidungen zu treffen und diese um-/durchzusetzen.

[132] I.d.S. auch *Giese*, Risikomanagementsystemprüfung, 1998, S. 457.

[133] Vgl. *BMJ*, Begründung, 1998, zu § 91 AktG.

[134] I.d.S. auch *ADS*, Kommentar, 2000, Tz. 224 zu § 317 HGB.

ser Arbeit betroffen. Die vom Gesetzgeber gem. § 91 Abs. 2 AktG geforderten Maßnahmen zur Früherkennung bestandsgefährdender Entwicklungen lassen sich daher als Subsystem des in Kapitel 2 definierten Management-Informationssystems und des Internen Steuerungssystems abgrenzen.

Zur Sicherstellung der Einhaltung der getroffenen Maßnahmen zur Früherkennung bestandsgefährdender Entwicklungen fordert der Gesetzgeber außerdem Maßnahmen zu deren Überwachung. Diese Maßnahmen sind somit auf die organisatorische Durchsetzung der von der Unternehmensleitung auf Ebene des Management-Informationssystems und des Internen Steuerungssystems ergriffenen Maßnahmen gerichtet[135] und können daher auch als auf die Aktivitäten der Risikofrüherkennung bezogenes Internes Überwachungssystem i.S. dieser Arbeit abgegrenzt werden.

Zusammenfassend können die gem. § 91 Abs. 2 AktG geforderten Maßnahmen als die auf die Früherkennung bestandsgefährdender Risiken gerichteten Teile des Management-Informationssystems sowie des Internen Kontrollsystems i.S. dieser Arbeit abgegrenzt werden. Alle im Zusammenhang mit den Maßnahmen nach § 91 Abs. 2 AktG stehenden Elemente des Management-Informationssystems und des Internen Kontrollsystems i.S. dieser Arbeit bilden daher das Risikofrüherkennungssystem, welches der gängige Begriff in der betriebswirtschaftlichen Literatur zum KonTraG für die gem. § 91 Abs. 2 AktG einzurichtenden Maßnahmen ist.[136] Hieraus kann schlussendlich gefolgert werden, dass auch die auf die Früherkennung bestandsgefährdender Risiken gerichteten Teile des in Kapitel 2 definierten MCF das Risikofrüherkennungssystem gem. § 91 Abs. 2 AktG umfassen und Gegenstand der Prüfung gem. § 317 Abs. 4 HGB sind. Gegenstand der durchzuführenden Prüfungshandlungen sind daher direkt die durch die Unternehmensleitung zur Sicherstellung ihrer Führungsverantwortung eingerichteten Systeme.

3.5.2.2 Abgrenzung des Prüfungsumfangs zur Beurteilung der Maßnahmen gem. § 91 Abs. 2 AktG

Zur Abgrenzung des Prüfungsumfangs weist das *IDW* in seinem PS 340 darauf hin, dass es sich bei der Prüfung, ob die erforderlichen Maßnahmen nach § 91 Abs. 2 AktG getroffen und während des gesamten Prüfungszeitraums eingehalten wurden, um eine Systemprüfung und nicht um eine Geschäftsführungsprüfung handelt.[137]

---

135 Vgl. *ADS*, Kommentar, 2000, Tz. 224 zu § 317 HGB.

136 Vgl. *ADS*, Kommentar, 2000, Tz. 222 zu § 317 HGB; *Eggemann/Konradt*, Risikomanagement, 2000, S. 504; *IDW*, WP-Handbuch, 2000, P 5 ff.; *IDW PS 260*, IKS, 2001, Tz. 10; *IDW PS 261*, Beurteilung von Fehlerrisiken, 2006, Tz. 24; *IDW PS 340*, Risikomanagement, 2000, Tz. 4 ff.

137 Vgl. *IDW PS 340*, Risikomanagement, 2000, Tz. 19.

Bei der Prüfung der Einhaltung der erforderlichen Maßnahmen gem. § 91 Abs. 2 AktG sind die von der Unternehmensleitung zur Sicherstellung ihrer Führungsverantwortung eingerichteten Systeme daher gem. § 317 Abs. 4 HGB direkt Gegenstand der Abschlussprüfung. Der Prüfer hat demnach zu beurteilen, ob die Unternehmensleitung bei der Ermessensentscheidung über die Ausgestaltung der von ihr eingerichteten Systeme sich in dem ihr zugestandenen Ermessensspielraum bewegt, der durch § 91 Abs. 2 AktG dahingehend beschränkt wird, dass die Systeme bestandsgefährdende Entwicklungen erkennen müssen.

Diese direkte Auseinandersetzung des Prüfers mit einer unternehmerischen Entscheidung der Geschäftsleitung stellt dennoch keine Prüfung der Geschäftsführung dar, denn vom Prüfer wird ausschließlich ein Urteil darüber verlangt, ob die Unternehmensleitung bei der Entscheidung über die Ausgestaltung des Management-Informationssystems und des Internen Kontrollsystems den ihr auferlegten Ermessensspielraum eingehalten hat und die im „Ist" eingerichteten Systeme bestimmte, vom Gesetzgeber verlangte Systemmindestziele erfüllen. Der Prüfer muss insofern kein Urteil über die Systemgestaltung im Detail abgeben, zu der bspw. auch die Systemeffizienz zählen würde. Des Weiteren wird vom Prüfer auch nicht verlangt, dass er die Entscheidungen wertet oder beurteilt, die die Unternehmensleitung bspw. aufgrund der vom Management-Informationssystem generierten Informationen fällt. Aus diesem Grund ist es für die Prüfung der Maßnahmen gem. § 91 Abs. 2 AktG auch nicht erforderlich, die Entscheidungen zu werten, die die Unternehmensleitung als Reaktion auf die vom System erkannten bestandsgefährdenden Risiken trifft. Denn diese Entscheidungen spielen sich außerhalb des durch das MCF repräsentierten Systems ab und sind nicht Gegenstand des § 91 Abs. 2 AktG. Für eine materielle Prüfung dieser Entscheidung würde nicht nur das Soll-Objekt fehlen, weil diese Entscheidungen zum Großteil auf unternehmerischem Spürsinn und Erfahrung beruhen, sondern der Prüfer würde sich dann auch aus dem Bereich der Abschlussprüfung in den Bereich der Prüfung der Geschäftsführung bewegen, was ausdrücklich nicht erforderlich ist.[138]

Die Prüfung der Maßnahmen nach § 91 Abs. 2 AktG können daher wie folgt charakterisiert werden: Sie stellen eine direkte Prüfung des Systems dar, allerdings keine Prüfung der Geschäftsführung, wie sie bspw. nach § 53 HGrG verlangt wird. Denn der Umfang der Prüfung beschränkt sich darauf festzustellen, ob sich die Unternehmensleitung bzgl. der Ausgestaltung (Aufbau des Systems) in dem ihr zugestandenen Ermessensspielraum bewegt und das danach eingerichtete System gewisse Mindestanforderungen während des zu prüfenden Zeitraums (Wirksamkeit des Systems) eingehalten hat.[139]

138 Vgl. *IDW PS 340*, Risikomanagement, 2000, Tz. 19.

139 I.d.S. auch *IDW PS 340*, Risikomanagement, 2000, Tz. 19.

3.5.2.2.1 Problematik der erforderlichen direkten Systemprüfung

Der Prüfer hat folglich, um ausreichend beurteilen zu können, ob die von der Unternehmensleitung gem. § 91 Abs. 2 AktG geforderten Maßnahmen auch tatsächlich im geforderten Umfang umgesetzt wurden, eine Aufbau- und Funktionsprüfung der auf die Früherkennung bestandsgefährdender Risiken gerichteten Teile des Management-Informationssystems sowie des Internen Kontrollsystems i.S. dieser Arbeit durchzuführen, die als Gegenstand einer Prüfung nach § 317 Abs. 4 HGB in Kapitel 3.5.2.1 identifiziert wurden.

Problematisch an der Prüfung der Maßnahmen nach § 91 Abs. 2 AktG ist dabei, dass der Gesetzgeber keine Kriterien für die Beurteilung der Eignung der zu ergreifenden Maßnahmen vorgegeben hat.[140] Es fehlt somit ein klar definiertes Soll-Objekt für die Aufbauprüfung,[141] in der der Prüfer zu beurteilen hat, ob die im „Ist" ergriffenen Maßnahmen den Anforderungen des Gesetzgebers genügen und insofern die Unternehmensleitung sich in dem ihr zugestandenen Ermessensspielraum bzgl. der Ausgestaltung des Systems bewegt. In diesem Zusammenhang gibt auch der entsprechende PS 340 des *IDW* keine konkrete Hilfestellung. Dieser verlangt vielmehr, dass der Prüfer, ausgehend von einer Systemdokumentation des Mandanten, die Angemessenheit der Maßnahmen beurteilen soll.[142] Hierbei entstehen allerdings weitere Probleme für die Aufbauprüfung in der Praxis, denn es besteht keine gesetzliche Pflicht zur Anfertigung einer umfassenden Systemdokumentation für das Unternehmen.[143] Deshalb muss die anzutreffende Systemdokumentation nicht vollständig sein und schon gar nicht ein System abbilden, welches den Anforderungen des Gesetzgebers genügt. Das Ausgangsproblem wird hierdurch somit ebenfalls nicht gelöst. Der Prüfer benötigt demnach zur Beurteilung der Angemessenheit/Geeignetheit der im „Ist" getroffenen Maßnahmen ein Soll-Objekt, welches ihm ermöglicht zu beurteilen, ob die Unternehmensleitung bei der Ausgestaltung ihrer Systeme die Ermessensgrenzen, welche ihr durch den § 91 Abs. 2 AktG bei der Ausgestaltung ihrer Systeme auferlegt werden, einhält.

3.5.2.2.2 Management-Control-Framework als Soll-Objekt für die Aufbauprüfung

An dieser Stelle wird das in Kapitel 2 definierte MCF für die Prüfung relevant, denn die definierten *Systemziele* und die aus diesen *abgeleiteten Effektivitätskriterien/ Grundsätze* wurden so definiert, dass sie den Ermessensspielraum abgrenzen, der den gesetzlichen Vertretern einer Kapitalgesellschaft bei der Ausgestaltung ihrer

140 I.d.S. *Hampel/Lueger/Roth*, Risikocontrolling, 2004, S. 110.

141 I.d.S. auch *Lachnit/ Müller*, Risikomanagement, 2001, S. 387; *Marten/ Quick/ Ruhnke*, Wirtschaftsprüfung, 2001, S. 394.

142 Vgl. *IDW PS 340*, Risikomanagement, 2000, Tz. 27 f.

143 Vgl. hierzu mit ausführlicher Begründung *Hillebrand*, Früherkennungssystem, 2005, S. 126.

Systeme zugebilligt wird, ohne sich dem Risiko einer haftungsbegründenden Sorgfaltspflichtverletzung auszusetzen.[144] Da es sich bei den Maßnahmen nach § 91 Abs. 2 AktG allerdings nur um eine spezielle Konkretisierung der mit der Leitungsverantwortung verbundenen Sorgfaltspflichten handelt, ist das MCF als den Prüfungsumfang determinierendes Soll-Objekt zu weit gefasst. Als Soll-Objekt sind daher ausschließlich die auf das Chancen-/Risikomanagement gerichteten Teile des MCF von Bedeutung, da sich die Maßnahmen nach § 91 Abs. 2 AktG ausschließlich auf die Früherkennung von bestandsgefährdenden Entwicklungen beziehen.

3.5.2.3 Art und Umfang der notwendigen prüferischen Adressierung des Management-Control-Framework

Im Folgenden bleibt daher noch zu klären, welche Prüfungshandlungen im Detail welche Komponenten des MCF zum Gegenstand haben, da hierdurch auch das durch das MCF repräsentierte Soll-Objekt für Prüfungszwecke auf das zur Beurteilung der Maßnahmen gem. § 91 Abs. 2 AktG benötigte Maß reduziert werden kann.

Kenntnisse über die Maßnahmen gem. § 91 Abs. 2 AktG

Der Prüfer hat sich laut IDW PS 340 zunächst Kenntnisse über die gem. § 91 Abs. 2 AktG getroffenen Maßnahmen anzueignen.[145] Im Rahmen der direkten Systemprüfung ist daher zunächst das Vorhandensein der zu treffenden Maßnahmen festzustellen. Ausgangspunkt für die *Aneignung erster Kenntnisse* über das System des Mandanten sollte nicht zuletzt aus Gründen der Prüfungseffizienz eine vom Mandanten erstellte Dokumentation der im Zusammenhang mit der Risikofrüherkennung gem. § 91 Abs. 2 AktG ergriffenen Maßnahmen bilden.[146]

Bezogen auf das dieser Arbeit zugrunde liegende Verständnis der Maßnahmen gem. § 91 Abs. 2 AktG, wonach das verpflichtend einzurichtende Früherkennungs- und Überwachungssystem Teil des in Kapitel 2 definierten MCF ist und sich als die auf die Risikofrüherkennung gerichteten Teile von Management-Informationssystem und Internen Kontrollsystem abgrenzen lässt, kann an dieser Stelle eine weitere Konkretisierung der erforderlichen Prüfungshandlungen vorgenommen werden. Aus aufbauorganisatorischer Sicht sollte sich der Prüfer daher mit den im Rahmen des Chancen-/Risikomanagements bestehenden Aufgaben und Verantwortlichkeiten beschäftigen.[147] Hierbei ist insbesondere von Interesse, welche Maßnahmen die jeweiligen Verantwortungsträger in ihrem Bereich ergriffen haben, um ihrer Verantwortung für das Chancen-/Risikomanagement nachkommen zu können. Der Prüfer sollte sich daher einen Überblick über die im jeweiligen Verantwortungsbereich auf die Früherkennung bestandsgefährdender

---

144 Vgl. hierzu Kapitel 2.6.5: Integration der Ergebnisse zum Management-Control-Framework, S. 127 ff.

145 Vgl. *IDW PS 340*, Risikomanagement, 2000, Tz. 24 f.

146 I.d.S. *IDW PS 340*, Risikomanagement, 2000, Tz. 25.

147 I.d.S. *Lachnit/Müller*, Risikomanagement, 2001, S. 384.

Entwicklungen gerichteten Teile des Managements-Informationssystems und des Internen Kontrollsystems verschaffen. Von Interesse für die Prüfung ist dabei insbesondere, welche Instrumente und Methoden das Management nutzt, um risikobezogene Informationen zu erhalten und welche Verfahren und Regelungen der Internen Kontrolle der organisatorischen Umsetzung und Durchsetzung der im Rahmen des Risikomanagements beschlossenen Maßnahmen dienen. Des Weiteren sollte sich der Prüfer Kenntnisse über die Ablauforganisation des Chancen-/Risikomanagements im Unternehmen verschaffen.[148] Aus ablauforganisatorischer Sicht sollte sich der Prüfer insbesondere ein Verständnis über die Aufgaben der Risikofrüherkennung und deren Zusammenwirken verschaffen. Hierzu zählen zunächst die Identifikation/ Analyse von Risiken und Chancen, die Bewertung der hieraus resultierenden bestandsgefährdenden Risiken (Risikobewertung) sowie die Weiterleitung der risikobezogenen Informationen an die jeweiligen Entscheidungsträger im Rahmen der Risikokommunikation.

Aufbauprüfung des Management-Informationssystems

Nach der Feststellung der getroffenen Maßnahmen hat der Abschlussprüfer gem. IDW PS 340 zu beurteilen, „ob die von der Unternehmensleitung getroffenen Maßnahmen nach § 91 Abs. 2 AktG geeignet sind, die gesetzlichen Anforderungen zu erfüllen [und ob das hieraus resultierende System als angemessen bezeichnet werden kann – Anm. d. Verf.].“[149] Der Prüfer hat demnach eine *Aufbauprüfung* durchzuführen. Bezüglich der Geeignetheit und Angemessenheit der Maßnahmen zur Früherkennung bestandsgefährdender Entwicklungen hat der Prüfer festzustellen,

> „ob durch die Maßnahmen alle potenziellen bestandsgefährdenden Risiken so rechtzeitig erfasst und kommuniziert werden, dass die Unternehmensleitung in geeigneter Weise reagieren kann [d.h. sachgerechte Entscheidungen unter Berücksichtigung der risikobezogenen Informationen treffen kann – Anm. d. Verf.]. [...] Die Reaktion des Vorstands und nachgeordneter Entscheidungsträger auf erkannte Risiken ist nicht Gegenstand der Prüfung.“[150]

Die Beurteilung der Eignung der getroffenen Maßnahmen erfordert allerdings laut IDW PS 340 die Prüfung, „ob *alle wesentlichen* Risiken durch das System *zutreffend und frühzeitig* erfasst, bewertet und kommuniziert werden“.[151]

Die Anforderungen des IDW PS 340 an den Prüfer lassen sich wie folgt systematisieren und vor dem Hintergrund des MCF konkretisieren: Der Prüfer hat eine Aufbauprüfung des Management-Informationssystems dahingehend durchzuführen, ob es den betriebswirtschaftlichen Entscheidungsprozess im geforderten Umfang mit risikobezogenen Informationen unterstützt und hierfür die geeigneten be-

---

148 I.d.S. *Lachnit/Müller*, Risikomanagement, 2001, S. 384.
149 *IDW PS 340*, Risikomanagement, 2000, Tz. 26.
150 *IDW PS 340*, Risikomanagement, 2000, Tz. 26.
151 *IDW PS 340*, Risikomanagement, 2000, Tz. 27.

triebswirtschaftlichen Instrumente und Methoden bereitstellt. Der Prüfer hat folglich zum einen zu prüfen, ob das Management-Informationssystem die Phase *Problemfeststellung/-analyse* und *Alternativenbewertung* angemessen mit Informationen über die Chancen- und Risikoidentifikation bzw. die Risikobewertung versorgt. Zum anderen hat der Prüfer zu beurteilen, ob die risikobezogenen Informationen in angemessener Weise dem jeweiligen Entscheidungsträger mitgeteilt wurden.[152] Als Kriterien für die Beurteilung der Angemessenheit (der *IDW* spricht hier von Eignung[153]) fordert der *IDW* eine vollständige (alle wesentlichen[154]), richtige (zutreffende[155]) und frühzeitige Aufbereitung und Weiterleitung der risikobezogenen Informationen durch das Management-Informationssystem. Der *IDW* verlangt somit auch, dass sich der Prüfer im Rahmen der Aufbauprüfung mit inhaltlichen Anforderungen der Informationsverarbeitung auseinandersetzt, wie sie durch die Effektivitätskriterien Vollständigkeit, Richtigkeit und Gültigkeit in Kapitel 2 konkretisiert wurden.[156] Aus dem IDW PS 340 lässt sich somit ableiten, dass zur Beurteilung der Angemessenheit des Management-Informationssystems hinsichtlich der gesetzlichen Erfordernisse aus § 91 Abs. 2 AktG die in Tab. 3-4 dargestellten Komponenten des MCF Gegenstand der Aufbauprüfung sind. Bei der Aufbauprüfung selbst hat der Prüfer dann zu beurteilen, ob die Komponenten im „Ist" angemessen ausgestaltet sind, d.h. in der durch den Gesetzgeber geforderten inhaltlichen Breite die Entscheidungsträger angemessen mit risikobezogenen Informationen versorgt. Letzteres ist dann gegeben, wenn die auf Basis der Effektivitätskriterien in Kapitel 2.6.5 definierten Soll-Anforderungen[157] für die prüfungsrelevanten Komponenten durch das im „Ist" aufgenommene Management-Informationssystem gewährleistet werden.

---

[152] I.d.S. auch *IDW PS 340*, Risikomanagement, 2000, Tz. 11; *Giese*, Risikomanagementsystemprüfung, 1998, S. 454.

[153] *IDW PS 340*, Risikomanagement, 2000, Tz. 26-30.

[154] *IDW PS 340*, Risikomanagement, 2000, Tz. 27.

[155] *IDW PS 340*, Risikomanagement, 2000, Tz. 27.

[156] Vgl. Kapitel 2.6.4.3: Konkretisierung der angemessenen Ausgestaltung des Management-Informationssystems mit Hilfe der Betriebswirtschaftslehre, S. 125 f.

[157] Vgl. Kapitel 2.6.5: Integration der Ergebnisse zum Management-Control-Framework, S. 127 ff.

Tab. 3-4: Aufbauprüfung des Management-Informationssystems

Komponente	**Benötigte inhaltliche Breite**	**Soll-Anforderung an die Komponente**
Problemfeststellung/ -analyse	Chancen-/ Risiko-identifikation	*V:* Alle Ereignisse, die zu einer wesentlichen Zielverfehlung führen können, müssen identifiziert werden. *R:* Die Ereignisse müssen methodisch richtig identifiziert werden. *G:* Die angewandte Methodologie muss alle wesentlichen Ereignisse zuverlässig und frühzeitig identifizieren.
Alternativen-bewertung	Risiko-bewertung	*V:* Alle wesentlichen Ereignisse müssen hinsichtlich ihres Zielverfehlungsgrads bewertet werden. *R:* Die Zielabweichungsgrade der Ereignisse müssen methodisch richtig ermittelt werden. *G:* Die Methodologie der Ereignisbewertung muss eine zuverlässige Bewertung hinsichtlich Eintrittswahrscheinlichkeit und Schadenshöhe ermöglichen.
(Information und) Kommunikation	Risiko-kommunikation	*V:* Alle wesentlichen Risiken müssen an die jeweiligen Entscheidungsträger gegeben werden. *R:* Den Entscheidungsträgern müssen die Risiken verständlich, eindeutig und in aggregierter Form gegeben werden. *G:* Den Entscheidungsträgern müssen die Risiken so frühzeitig mitgeteilt werden, dass diese sachgerecht darauf reagieren können.

Als weitere Konkretisierung der Soll-Anforderungen sind die in Anhang I dargestellten Grundsätze zu verstehen. Diese präzisieren auf Ebene der Komponenten die Anforderungen an die durch das Unternehmen im „Ist" zur Informationserfassung, -aufbereitung und -weiterleitung verwendeten betriebswirtschaftlichen Instrumente und Methoden. Durch die Grundsätze soll es dem Prüfer im Rahmen der Aufbauprüfung ermöglicht werden, Rückschlüsse auf die hinreichende Sicherstellung der Effektivitätskriterien durch das im „Ist" vorgefundene System zu ziehen. Dies wiederum soll es ihm dann ermöglichen, ein Urteil über die Angemessenheit der Ausgestaltung des Management-Informationssystems bzgl. der gesetzlichen Anforderungen abzugeben.

Aufbauprüfung des Steuerungssystems

Des Weiteren fordert der IDW PS 340, dass der Prüfer im Rahmen der Aufbauprüfung auch die Angemessenheit der organisatorischen Umsetzung der nach § 91 Abs. 2 AktG getroffenen Maßnahmen zu beurteilen hat. Der IDW PS 340 konkretisiert diesbezüglich, dass der Prüfer beurteilen muss, ob die Mitarbeiter über ein ausreichendes *Risikobewusstsein* verfügen, über ihre Aufgaben bzgl. der Risikoerfassung und -kommunikation durch klare *Handlungsweisungen informiert* wurden sowie eine eindeutige Zuordnung der entsprechenden *Verantwortlichkeiten* vorliegt.[158] Der IDW PS 340 verlangt somit vom Prüfer, ein Urteil über die organisatorische Umsetzung der von der Unternehmensleitung hinsichtlich § 91 Abs. 2 AktG beschlossenen Maßnahmen abzugeben und insofern darüber, ob die auf die Früherkennung bestandsgefährdender Risiken bezogenen Teile des Internen Steuerungssystems angemessen sind. Da der IDW PS 340 keine genauere Abgrenzung des Umfangs der geforderten Aufbauprüfung des Internen Steuerungssystems enthält, ist hierfür der IDW PS 261 heranzuziehen. Die Relevanz dieses Standards für die Prüfung der Maßnahmen gem. § 91 Abs. 2 AktG resultiert zum einen daraus, dass dieser Prüfungsstandard erst nach dem IDW PS 340 veröffentlicht wurde[159] und somit die aktuelleren berufsständischen Anforderungen an eine gewissenhafte Systemprüfung widerspiegelt und zum anderen in diesem Standard explizit darauf hingewiesen wird, dass die Maßnahmen nach § 91 Abs. 2 AktG einen Teilbereich des gesamten Internen Kontrollsystems darstellen.[160] Wenngleich der IDW PS 261 auch an dieser Stellen einen konzeptionellen Fehler aufweist, da hiermit nicht die gesamten nach § 91 Abs. 2 AktG zu ergreifenden Maßnahmen gemeint sein können, sondern aufgrund des dem IDW PS 261 zugrunde liegenden Konzeptionsverständnisses nur die „organisatorische Maßnahmen" zu verstehen sind,[161] kommt hierdurch eindeutig zum Ausdruck, dass auch der IDW PS 261 für die Beurteilung der Teile des Internen Steuerungssystems relevant ist, die auf die Früherkennung bestandsgefährdender Risiken gerichtet sind. Aus Sicht des IDW PS 261 reicht daher im Rahmen der Aufbauprüfung eine Beurteilung des Risikobewusstseins und der eindeutigen Zuordnung von Verantwortlichkeiten nicht aus, vielmehr entspricht es dem Verständnis des IDW PS 261, dass der Prüfer beurteilen muss, ob die auf das Chancen- und Risikomanagement bezogenen Teile der Komponente *Internes Umfeld* angemessen sind.[162] Ebenso bedarf die Beurteilung, ob die Mitarbeiter über ihre Aufgaben informiert wurden und die entsprechenden Handlungsanweisungen verstanden haben, aus Sicht des IDW PS 261 einer Prüfung der auf das Chancen- und Risikomanagement bezogenen Teile der Kompo-

---

158 Vgl. *IDW PS 340*, Risikomanagement, 2000, Tz. 28.

159 Der *IDW PS 261*, Beurteilung von Fehlerrisiken, 2006, o.S., liegt derzeit im Stand vom 6.9.2006 vor, während der *IDW PS 340*, Risikomanagement, 2000, o.S. bereits am 11.9.2000 veröffentlicht wurde.

160 Vgl. *IDW PS 261*, Beurteilung von Fehlerrisiken, 2006, Tz. 24.

161 Unter *IDW PS 261*, Beurteilung von Fehlerrisiken, 2006, Tz. 19, wird als Aufgabe des Internen Kontrollsystems die organisatorische Umsetzung der Entscheidungen der Unternehmensleitung definiert, da das Risikomanagement aber auch die Vorbereitung der Entscheidung zum Umgang mit Risiken sowie die Entscheidung zur Risikohandhabung selbst umfasst, liegt hier ein konzeptioneller Fehler im Prüfungsstandard 261 vor. Dieser bestand bereits im Vorgängerstandard zum *IDW PS 261* dem *IDW PS 260* und wurde bis jetzt noch nicht behoben.

162 Vgl. *IDW PS 261*, Beurteilung von Fehlerrisiken, 2006, Tz. 43, dort verlangt der Standard im Rahmen der Aufbauprüfung die Prüfung der Komponente „Kontrollumfeld" und somit der auf das Interne Kontrollsystem bezogenen Teile der weiter gefassten Komponente „Internes Umfeld".

nente *Information und Kommunikation.*[163] Als weitere Präzisierung einer angemessenen Ausgestaltung dieser als prüfungsrelevant identifizierten Komponenten wird an dieser Stelle ebenfalls auf die zu diesem Zweck in Anhang I dargestellten Grundsätze verwiesen, die dem Prüfer in der Praxis Rückschlüsse auf die angemessene Ausgestaltung der Komponenten im „Ist“ erleichtern sollen, um hierauf aufbauend ein Urteil über die Angemessenheit der Ausgestaltung des Internen Steuerungssystems hinsichtlich der gesetzlichen Anforderungen abgeben zu können.

Aufbauprüfung des Überwachungssystems

Zur Beurteilung der Angemessenheit/ Geeignetheit der nach § 91 Abs. AktG getroffen Maßnahmen zählt auch die Beurteilung des eingerichteten Überwachungssystems zur Sicherstellung der Einhaltung der getroffenen Maßnahmen zur Früherkennung bestandsgefährdender Entwicklungen. Der Abschlussprüfer hat somit auch eine Aufbauprüfung der auf die Früherkennung bestandsgefährdender Risiken bezogenen Teile des Internen Überwachungssystems durchzuführen. Entsprechend dem IDW PS 340 hat er daher sowohl die diesbezüglich eingerichteten prozessintegrierten sowie die prozessunabhängigen Überwachungsmaßnahmen zu beurteilen.[164] Unter Berücksichtigung der hier ebenfalls zur Anwendung kommenden Anforderungen des IDW PS 261 lässt sich hieraus schlussfolgern, dass die auf das Chancen- und Risikomanagement gerichteten Teile der Komponente „*Kontrollaktivitäten*“ und „*Überwachung*“ im Rahmen der Aufbauprüfung auf ihre Angemessenheit hin zu prüfen sind.[165] Die Beurteilung der Angemessenheit der Kontrollaktivitäten hat sich hierbei auch darauf zu erstrecken, ob die durch das Management-Informationssystem generierten und weitergeleiteten Informationen insofern vertraulich und verlässlich sind, als durch geeignete und angemessene Kontrollaktivitäten auch das Kriterium „Zugriffsbeschränkung“ der Informationsverarbeitung sichergestellt wird.[166] Für Rückschlüsse dahingehend, ob die im „Ist“ vorgefundenen organisatorischen Maßnahmen der Überwachung sowie die Prüfungstätigkeit der Internen Revision als angemessen bezeichnet werden können, wird an dieser Stelle ebenfalls auf die diesbezüglich definierten und in Anhang I dargestellten Grundsätze verwiesen. Diese sollen dem Prüfer Rückschlüsse dahingehend ermöglichen, ob das Interne Überwachungssystem in Bezug auf die gesetzlichen Anforderungen als angemessen bezeichnet werden kann.

Die Prüfung des Aufbaus der als prüfungsrelevant identifizierten Komponenten des MCF erstreckt sich notwendigerweise auf alle Verantwortungsbereiche des Managements, da bestandsgefährdende Entwicklungen sich keinesfalls auf den

---

163 Vgl. zum Umfang der vom *IDW PS 261* verlangten Aufbauprüfung; *IDW PS 261*, Beurteilung von Fehlerrisiken, 2006, Tz. 43-60.

164 Vgl. *IDW PS 340*, Risikomanagement, 2000, Tz. 29.

165 Vgl. zum Umfang der vom *IDW PS 261* verlangten Aufbauprüfung; *IDW PS 261*, Beurteilung von Fehlerrisiken, 2006, Tz. 43-60.

166 Vgl. Hierzu auch Kapitel 2.6.4.3: Konkretisierung der angemessenen Ausgestaltung des Management-Informationssystems mit Hilfe der Betriebswirtschaftslehre, S. 125 f.

Bereich der Rechnungslegung beschränken lassen. Die Prüfung der Maßnahmen gem. § 91 Abs. 2 AktG führt somit zu einer signifikanten Erweiterung des Prüfungsumfangs der Jahresabschlussprüfung, da nunmehr alle betrieblichen Teil- und Verantwortungsbereiche in diese mit einzubeziehen sind.[167]

Funktionsprüfung der Systeme

Soweit der Prüfer im Rahmen der Aufbauprüfung zu dem Ergebnis kommt, dass die Unternehmensleitung bei der Ausgestaltung des Systems die ihr vom Gesetzgeber auferlegten Ermessensgrenzen eingehalten hat und insofern das hieraus resultierende System in Bezug auf die gesetzlichen Anforderungen als angemessen bezeichnet werden kann, hat der Prüfer die kontinuierliche Anwendung der Maßnahmen entsprechend den allgemeinen Grundsätzen zur Systemprüfung[168] auf ihre Funktionsfähigkeit hin zu überprüfen.[169] Die gem. IDW PS 340 durchzuführende Funktionsprüfung erstreckt sich somit auf die als prüfungsrelevant identifizierten Teilbereiche des Management-Informationssystems sowie des Internen Kontrollsystems mit seinen Subsystemen Internes Steuerungssystem und Internes Überwachungssystem.

3.5.2.4 Zwischenergebnis und prüfungsrelevante Komponenten im Überblick

Die Prüfung des durch die Unternehmensleitung einer AG verpflichtend einzurichtenden Systems zur Früherkennung bestandsgefährdender Entwicklungen gem. § 91 Abs. 2 AktG ist eine direkte Systemprüfung. Der Abschlussprüfer hat hierbei zu beurteilen, ob die Unternehmensleitung die ihr auferlegten Ermessensspielräume bei der Ausgestaltung des Systems eingehalten hat, und das eingerichtete System bestandsgefährdende Entwicklungen in allen von der Unternehmensleitung zu verantwortenden Zielkategorien frühzeitig erkennt. Aus Ermangelung eines Soll-Objekts für die Prüfungspraxis besteht für den Prüfer die Problematik, die Anforderungen der Prüfungsstandards hinsichtlich Art und Umfang der erforderlichen Prüfungshandlungen, insbesondere im Rahmen der Aufbauprüfung, umzusetzen. Da das in Kapitel 2 definierte MCF als ein geeignetes Soll-Objekt für die Aufbauprüfung identifiziert werden konnte, wurde unter Berücksichtigung der einschlägigen Prüfungsstandards analysiert, welche Komponenten des MCF in welcher inhaltlichen Breite prüfungsrelevant sind. Unter Berücksichtigung der Anforderungen der Prüfungsstandards an eine gewissenhafte Prüfung der Maß-

---

167 I.d.S. auch *Eggemann/Konradt*, Risikomanagement, 2000, S. 508; *Lachnit/Müller*, Risikomanagement, 2001, S. 384; *Marten/Quick/Ruhnke*, Wirtschaftsprüfung, 2001, S. 393.

168 Zu den Grundsätzen der Systemprüfung vgl. *IDW PS 261*, Beurteilung von Fehlerrisiken, 2006, Tz. 73-79 i.V.m. *IDW PS 300*, Prüfungsnachweise, 2006, Tz. 15-20, sowie *ISA 330*, Risk Response, 2007, Tz. 22-47 i.V.m. *ISA 500*, Audit Evidence, 2007, Tz. 19 und 21.

169 Vgl. *IDW PS 340*, Risikomanagement, 2000, Tz. 31.

nahmen gem. § 91 Abs. 2 AktG stellt sich das prüfungsrelevante Soll-Objekt für die Prüfung gem. § 317 Abs. 4 HGB wie folgt dar:

Abb. 3-4: Prüfungsgegenstand und -umfang zur Prüfung der Maßnahmen nach § 91 Abs. 2 AktG

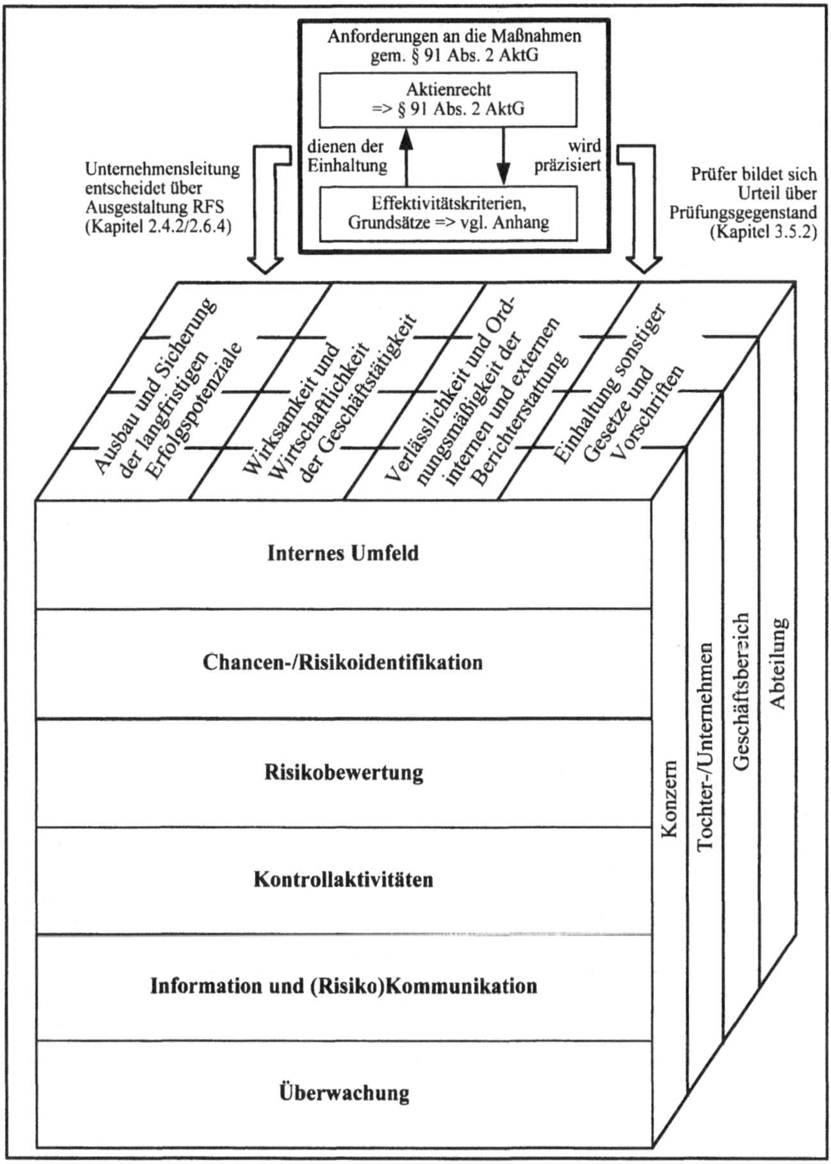

Eine Konkretisierung der inhaltlichen Anforderungen an die einzelnen als prüfungsrelevant identifizierten Komponenten erfolgt in Anhang I in Form der dort dargestellten Grundsätze. Diese sollen außerdem dem Prüfer in der Praxis dabei unterstützen, Rückschlüsse auf die Angemessenheit der im „Ist" vorgefundenen Systeme ziehen zu können. Sie sind folglich als Hilfestellung zur Erfüllung der Anforderungen der Prüfungsstandards und somit zur Gewährleistung einer gewissenhafte Prüfung zu verstehen.

Zusammenfassend sind die prüfungsrelevanten Komponenten des MCF aufgrund der Pflicht zur gewissenhaften Prüfung der Maßnahmen gem. § 317 Abs. 4 HGB i.V.m. § 91 Abs. 2 AktG in nachfolgender Relevanzcheckliste (Tab. 3-5) gekennzeichnet:

Tab. 3-5: Relevante Komponenten zur Prüfung der Maßnahmen gem. § 91 Abs. 2 AktG

	Sicherung und Ausbau der langfristigen Erfolgspotenziale	**Wirksamkeit und Wirtschaftlichkeit der Geschäftstätigkeit**	**Verlässlichkeit und Ordnungsmäßigkeit der (internen) und externen Berichterstattung**	**Einhaltung von sonstigen Gesetzen und Vorschriften**
Internes Umfeld (Kontrollumfeld)	(✓)	(✓)	(✓)	(✓)
Zielfestlegung	▨		▨	▨
Problemfeststellung/-analyse	(✓)	(✓)	(✓)	(✓)
Alternativenbewertung	(✓)	(✓)	(✓)	(✓)
Umsetzung der Entscheidung				
Kontrollaktivitäten	(✓)	(✓)	(✓)	(✓)
Information und Kommunikation	(✓)	(✓)	(✓)	(✓)
Überwachung	(✓)	(✓)	(✓)	(✓)

▨	Ziele sind durch externe Institutionen vorgegeben und somit durch das Management nicht oder nur bedingt beeinflussbar.
✓	Zur Beurteilung des Prüfungsgegenstands ist die Angemessenheit und Wirksamkeit der jeweiligen System-Komponente hinsichtlich der zugeordneten betrieblichen Ziele gänzlich für die Prüfung relevant.
(✓)	Zur Beurteilung des Prüfungsgegenstands ist die Angemessenheit und Wirksamkeit der jeweiligen System-Komponente hinsichtlich der zugeordneten betrieblichen Ziele nur hinsichtlich der auf das Chancen und Risikomanagement gerichteten Teile für die Prüfung relevant.

3.5.3 Prüfungsrelevante Komponenten zur Beurteilung der Ordnungsmäßigkeit der Rechnungslegung

Ziel der folgenden Analyse ist es, die prüfungsrelevanten Komponenten des MCF abzugrenzen, die zur Abgabe eines ausreichend sicheren Urteils über die „externe Rechnungslegung" prüfungsrelevant sind.[170]

Die externe Rechnungslegung beinhaltet den *Jahresabschluss bzw. Konzernabschluss* und den *Lagebericht bzw. Konzernlagebericht.*[171] Die Aufgabe der externen Rechnungslegung ist es, zu einem bestimmten Zeitpunkt den Abschlussadressaten eine durch den Gesetzgeber standardisierte Abbildung der wirtschaftlichen Lage des Unternehmens bzw. des Konzerns zu liefern.[172] *Leffson* versteht dabei unter der wirtschaftlichen Lage die Fähigkeit des Unternehmens, seine gesetzten Unternehmensziele in der Zukunft zu erfüllen.[173] Funktion der externen Rechnungslegung ist es somit u.a., Informationen über die künftige Zielerreichung des Unternehmens zu liefern. Oder um in der Notation und Systemlogik des in Kapitel 2.6.5 definierten MCF zu sprechen,[174] ist es Aufgabe der externen Rechnungslegung, einen standardisierten und durch die gesetzlichen Normen vorgeschriebenen Mindesteinblick dahingehend zu liefern oder begründete Schlussfolgerungen dahingehend zuzulassen, ob es dem Unternehmen langfristig gelingt, seine „Erfolgspotenziale zu sichern und auszubauen" und mittel- bis kurzfristig die „Wirksamkeit und Wirtschaftlichkeit seiner Geschäftstätigkeit sicherzustellen".[175]

Die „Ordnungsmäßigkeit der Rechnungslegung" und somit die Frage, ob die Unternehmensleitung ihrer Verantwortung bzgl. dieses Unternehmensziels ausreichend nachgekommen ist,[176] hängt somit maßgeblich davon ab, ob sie mittels der Berichtsinstrumente Jahresabschluss/ Konzernabschluss und Lagebericht/ Konzernlagebericht den gesetzlich normierten Mindesteinblick in die *wirtschaftliche Lage* des Unternehmens und somit in dessen Fähigkeit, die Ziele bzgl. der Zielkategorie „Sicherung und Ausbau der langfristigen Erfolgspotenziale" und „Wirksamkeit und Wirtschaftlichkeit der Geschäftstätigkeit" zu erreichen, gewährt.

---

170 Bzgl. der Verantwortung des Prüfers zur Abgabe eines ausreichend sicheren Urteils vgl. die Ausführungen unter Kapitel 3.3: Verantwortung des Abschlussprüfers für die Zielerreichung, S. 154.

171 Vgl. *Eisele*, Betriebliches Rechnungswesen, 1990, S. 8.

172 Vgl. *ADS*, Kommentar, 2000, Tz. 19 zu § 289 HGB.

173 Vgl. *Leffson*, Unternehmerische Rechenschaft, 1968, S. 1.

174 Bzgl. des erweiterten Rahmenkonzepts vgl. Kapitel 2.6.5: Integration der Ergebnisse zum Management-Control-Framework, S. 127 ff.

175 Vgl. hierzu die Ausführungen zu den dieser Arbeit zugrunde liegenden Zielkategorisierungen unter Kapitel 2.1.2: Sicherung und Ausbau der langfristigen Erfolgspotenziale, S. 41 ff. und 2.1.3: Wirksamkeit und Wirtschaftlichkeit der Geschäftstätigkeit, S. 41 ff.

176 Bzgl. der Verantwortung der Unternehmensleitung für die externe Berichterstattung vgl. Kapitel 2.1.4: Verlässlichkeit und Ordnungsmäßigkeit der internen und externen Berichterstattung, S. 48ff.

Hierzu soll der Jahresabschluss bzw. Konzernabschluss den Rechnungslegungsadressaten in erster Linie den gesetzlich normierten Mindesteinblick in die *Vermögens-, Finanz- und Ertragslage* der Kapitalgesellschaft gewähren.[177] Dem Jahresabschluss und dem Konzernabschluss kommen in diesem Zusammenhang eine Rechenschaftsfunktion über die abgelaufene Berichtsperiode an die Anteilseigner, aber auch eine Informationsfunktion für die Unternehmensleitung selbst, die aktuellen Kapitalgeber oder aber auch künftige Kapitalgeber zu, die die erlangten Informationen für Zwecke der eigenen Entscheidungsfindung nutzen.[178] Der Jahresabschluss einer Kapitalgesellschaft besteht gem. § 264 Abs. 1 HGB aus der Bilanz, der GuV und dem Anhang. Die Bestandteile des Konzernabschlusses sind gem. § 297 Abs. 1 HGB die Konzernbilanz, die Konzern-GuV sowie der Konzernanhang. Ferner zählen zu den Pflichtbestandteilen des Konzernabschlusses gem. § 297 Abs. 1 HGB auch eine Konzern-Kapitalflussrechnung und ein Konzern-Eigenkapitalspiegel.

Aufgabe des Lageberichts bzw. des Konzernlageberichts als eigenständiger Bestandteil der Rechnungslegung ist es, zusätzliche – nicht aus dem Jahresabschluss ableitbare – Informationen bereitzustellen und einen realistischen Eindruck über die Unternehmenslage zu verschaffen.[179] Die kombinierte Betrachtung von Jahresabschluss/ Konzernabschluss und Lagebericht/ Konzernlagebericht soll somit ein *umfassendes Bild der wirtschaftlichen Lage* des Unternehmens vermitteln. Daher wird dem Lagebericht bzw. dem Konzernlagebericht bzgl. dem Jahresabschluss/Konzernabschluss vor allem eine Ergänzungsfunktion zugesprochen, da er die Darstellung der wirtschaftlichen Lage sowohl sachlich (z.B. Personallage, Absatzlage, Umweltlage etc.) als auch zeitlich ergänzt.[180]

Das den folgenden Ausführungen zugrunde liegende Verständnis bzgl. den Bestandteilen der Rechnungslegung und deren Bezug zueinander ist abschließend nochmals in der nachfolgenden Abb. 3-5 zusammengefasst dargestellt und um den Zeitbezug der durch die einzelnen Berichtsinhalte vermittelten Informationen ergänzt.

---

177 Vgl. *ADS*, Kommentar, 2000, Tz. 16 i.V.m. Tz. 92 zu § 264 HGB; *Freiling/Lück*, Jahresabschlussprüfung, 1994, S. 1250.

178 Zu den Zwecken der Rechnungslegung vgl. auch *ADS*, Kommentar, 2000, Tz. 87 zu § 264 HGB; *Baetge*, Bilanzen, 1996, S. 50 ff.

179 Vgl. *Diederichs*, Risikomanagement, 2004, S. 33 f.

180 Vgl. *ADS*, Kommentar, 2000, Tz. 17 i.V.m. Tz. 81 zu § 289 HGB; *Baetge/Schulze*, Objektivierung, 1998, S. 937.

Abb. 3-5: Bestandteile der Rechnungslegung und deren Abbildungsumfang im Überblick[181]

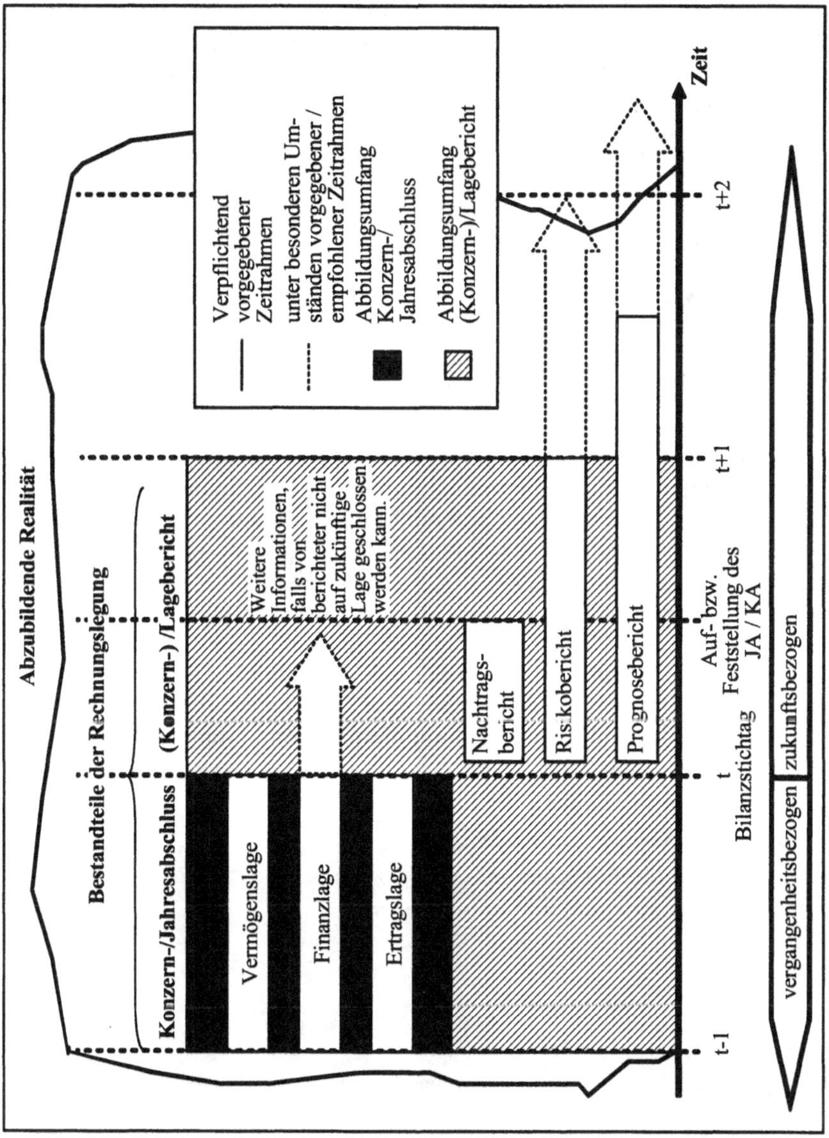

[181] Eigene Abbildung in Anlehnung an *Fink/Keck*, Lageberichterstattung, 2005, S. 141.

3.5.3.1 Ordnungsmäßigkeit der Rechnungslegung als Prüfungsgegenstand

Gem. § 316 Abs. 1 und Abs. 2 HGB i.V.m. § 317 Abs. 1 und Abs. 2 HGB sind der Jahres- bzw. Konzernjahresabschluss sowie der Lagebericht bzw. Konzernlagebericht Gegenstand der Jahresabschlussprüfung. Der Abschlussprüfer hat daher Jahres- bzw. Konzernabschluss und Lagebericht bzw. Konzernlagebericht daraufhin zu beurteilen, ob sie den gesetzlichen Anforderungen und den einschlägigen Normen aus Gesellschaftervertrag oder Satzung entsprechen, um die im Prüfungsbericht nach § 321 HGB und im Bestätigungsvermerk nach § 322 HGB geforderten Prüfungsaussagen treffen zu können.[182]

3.5.3.2 Ausgewählte Prüfungsobjekte zur Beurteilung der Ordnungsmäßigkeit der Rechnungslegung

Zur besseren Strukturierung und Problemfokussierung der nachfolgenden Analyse erfolgt eine Beschränkung auf ausgewählte Prüfungsobjekte. Prüfungsobjekte umfassen prüfungsrelevante Merkmalsausprägungen, die als Ist-Objekte im Rahmen der Prüfung einem Soll-Objekt gegenüberzustellen sind.[183] Für die folgende Analyse erfolgt daher eine Beschränkung auf Prüfungsobjekte, die in einem direkten Zusammenhang mit dem Prüfungsgegenstand „Ordnungsmäßigkeit der Rechnungslegung“ stehen. Für die Ordnungsmäßigkeit der Rechnungslegung ist es deshalb notwendige Voraussetzung, dass für diese Prüfungsobjekte im Soll-Ist-Vergleich keine wesentlichen Abweichungen festgestellt werden.[184] Des Weiteren erfolgt zur besseren Problemfokussierung der folgenden Ausführungen eine Eingrenzung auf Prüfungsobjekte, für deren Soll-Objekt-Ermittlung der Prüfer sich mit den Systemen beschäftigen muss, die Gegenstand des MCF aus Kapitel 2.6.5 sind.[185] Im Mittelpunkt der weiteren Ausführungen stehen daher die Prüfungsobjekte

- Going-Concern-Prämisse,
- Lagebericht/Konzernlagebericht sowie
- Management-Informationen mit Bezug zur Rechnungslegung und Management-Informationen in der Rechnungslegung.

---

[182] Zu den geforderten Prüfungsaussagen im Detail vgl. *IDW PS 200*, Grundsätze, 2000, Tz. 10 f.

[183] Vgl. *Marten/Quick/Ruhnke*, Wirtschaftsprüfung, 2006, S. 631.

[184] Zum Begriff der Wesentlichkeit in Rahmen der Abschlussprüfung vgl. *IDW PS 250*, Wesentlichkeit, 2003, o.S.

[185] Vgl. Kapitel 2.6.5: Integration der Ergebnisse zum Management-Control-Framework, S. 127.

Ausgehend von den dargestellten Prüfungsobjekten wird die Analyse der gleichen Struktur folgen wie bereits in den Kapiteln 3.5.1[186] und 3.5.2[187]. Insofern werden zunächst die Normen dargelegt, die den Prüfungsumfang für das jeweilige Prüfungsobjekt abstecken. Anschließend wird auf Grundlage von Art und Umfang der geforderten Prüfungshandlungen untersucht, welche Komponenten des MCF zur Abgabe eines ausreichend sicheren Urteils über die Prüfungsobjekte prüfungsrelevant sind.

3.5.3.2.1 Prüfungsobjekt Going-Concern-Prämisse

Gem. § 252 Abs. 1 Nr. 2 HGB ist bei der Bewertung der im handelsrechtlichen Jahresabschluss bzw. Konzernabschluss ausgewiesenen Vermögensgegenstände und Schulden grundsätzlich von der Fortführung der Unternehmenstätigkeit auszugehen, sofern dem nicht „tatsächliche oder rechtliche Gegebenheiten“ entgegenstehen.[188] Dieser auch in der angelsächsischen Rechnungslegung verankerte Grundsatz stellt einen der *fundamentalen Bilanzierungsgrundsätze* dar.[189] Er ist somit eine notwendige Bedingung, um die Ordnungsmäßigkeit der Rechnungslegung sicherzustellen und daher Gegenstand der Abschlussprüfung.

3.5.3.2.1.1 Konkretisierung der Going-Concern-Prognose und Bestimmung des Prüfungsumfangs

Im Rahmen der Jahresabschlusserstellung muss jährlich die Angemessenheit der Going-Concern-Prämisse beurteilt werden. Deren Einschätzung stellt für jeden Abschlussstichtag eine auf den Verhältnissen dieses Zeitpunkts beruhende zukunftsbezogene Einschätzung der Zielerreichung des Bestandsziels dar.[190] Sofern das Unternehmen in der Vergangenheit nachhaltige Gewinne erwirtschaftet hat, die Möglichkeit hat, leicht auf finanzielle Mittel zuzugreifen und nicht überschuldet ist, kann bei kumulativer Erfüllung dieser Tatbestandsmerkmale grundsätzlich davon ausgegangen werden, dass die Going-Concern-Annahme berechtigt ist.[191] Falls diese Voraussetzungen nicht erfüllt sind, muss zur Beurteilung der Aufrechterhaltung der Going-Concern-Annahme eine *Going-Concern-Prognose* erstellt werden.[192] Hierzu ist es erforderlich, aufgrund aktueller und hinreichend konkretisierter Planungsunterlagen, evtl. unter Berücksichtigung realisierbarer Sanierungsmaßnah-

---

186 Vgl. Kapitel 3.5.1: Prüfungsrelevante Komponenten zur Beurteilung der Ordnungsmäßigkeit der Buchführung, S. 165.

187 Vgl. Kapitel 3.5.2: Prüfungsrelevante Komponenten zur Beurteilung der gem. § 91 Abs. 2 AktG ergriffenen Maßnahmen, S. 174.

188 Vgl. *Beck*, Kommentar, 2006, Tz. 9 zu § 252 HGB.

189 Vgl. *Wiechers*, Going Concern, 2005, S. 1003; *Lück*, Going Concern, 2001, S. 1946.

190 Vgl. *Diederichs*, Risikomanagement, 2004, S. 53.

191 Vgl. *IDW PS 270*, Going Concern, 2003, Tz. 9.

192 Vgl. *IDW PS 270*, Going Concern, 2003, Tz. 10; *Lück*, Going Concern, 2001, S. 1946, *Wiechers*, Going Concern, 2005, S. 1005; *Dißars*, Going Concern, 2005, S. 957.

men, sich zu versichern, dass mit „überwiegender Wahrscheinlichkeit" die Unternehmensfortführung während des Prognosezeitraums gewährleistet ist.[193] Das Beweismaß der *„überwiegenden Wahrscheinlichkeit"* verlangt hierfür, dass alle „für" oder „gegen" die Going-Concern-Annahme sprechenden Argumente systematisch zu sammeln, zu dokumentieren und zu begründen sind, sodass das Prognoseergebnis mit überwiegender Wahrscheinlichkeit erwartet werden kann.[194] Der Prognosezeitraum muss dabei mindestens zwölf Monate betragen. Je nach den verfügbaren Informationen – hierzu zählen bspw. auch Ereignisse nach dem Stichtag gem. IDW PS 203 –[195] kann allerdings auch ein längerer Zeitraum erforderlich sein.[196] Ein längerer Prognosezeitraum dürfte bspw. dann sachgerecht sein, wenn der Produktionszyklus länger ist als der Mindestprognosezeitraum.[197]

Aufgrund der *Verantwortung der Unternehmensleitung* einer Kapitalgesellschaft, für die „Ordnungsmäßigkeit der externen Rechnungslegung" zu sorgen, fällt die *Entscheidung* über die Annahme der *Going-Concern-Prämisse* und die Erstellung der Going-Concern-Prognose in deren Verantwortungsbereich.[198] Die Unternehmensleitung hat folglich im Rahmen der Going-Concern-Prognose ein Urteil über die Erreichung des Fundamentalziels „Bestandssicherung" während des Prognosezeitraums abzugeben.[199]

Die *Verantwortung des Abschlussprüfers*, der die gem. § 317 Abs. 1 HGB i.V.m. § 321 Abs. 2 HGB sowie § 322 Abs. 2 HGB geforderten Prüfungsaussagen mit ausreichender Sicherheit zu treffen hat, ist es dann, entsprechend den Anforderungen an eine gewissenhafte Berufsausübung i.S.d. § 323 HGB, sich in dem Umfang mit der Going-Concern-Prognose zu beschäftigen, wie es die berufsständischen Anforderungen vorgeben.[200] Der IDW PS 270 verlangt daher, dass der Prüfer die *Angemessenheit* der durch die Unternehmensleitung getroffenen *Annahme der Fortführung der Unternehmenstätigkeit* auf ihre *Plausibilität* hin beurteilen muss und zu erwägen hat, ob die Annahme zutreffend im Jahresab-

---

193 Vgl. *Groß/Amen*, Going Concern, 2005, S. 1862.

194 Zur Auslegung des Beweismaßes der „überwiegenden Wahrscheinlichkeit" bei der Going-Concern-Prognose vgl. *Groß*, Going Concern (Teil 1), 2004, S. 1369; *Groß*, Going Concern (Teil 2), 2004, S. 1440; *Groß/Amen*, Going Concern, 2005, S. 1862.

195 Vgl. *IDW PS 203*, Ereignisse nach dem Bilanzstichtag, 2001, Tz. 8.

196 Vgl. *IDW PS 270*, Going Concern, 2003, Tz. 8; *Lück*, Going Concern, 2001, S. 1947; *Wiechers*, Going Concern, 2005, S. 1005.

197 Vgl. *Groß/Amen*, Going Concern, 2005, S. 1866; *IDW PS 270*, Going Concern, 2003, Tz. 8.

198 Vgl. *IDW PS 270*, Going Concern, 2003, Tz. 9.

199 An dieser Stelle sei daran erinnert, dass gemäß den Ausführungen unter Kapitel 2.1.2: Sicherung und Ausbau der langfristigen Erfolgspotenziale, S. 41 ff., das Bestandsziel unabhängig von den anderen, durch die Unternehmensleitung angestrebten Unternehmenszielen der Zielkategorie „Sicherung und Ausbau der langfristigen Erfolgspotenziale" aufgrund seiner Bedeutung für die Fortentwicklung des Unternehmens stets als Nebenziel zu verfolgen ist.

200 Vgl. hierzu die Ausführungen unter Kapitel 3.3: Verantwortung des Abschlussprüfers für die Zielerreichung, S. 154 ff.

schluss und im Lagebericht zum Ausdruck kommt.[201] Sofern die Unternehmensleitung ihre Einschätzung der Fortführung der Unternehmenstätigkeit auf die erfolgreiche *Umsetzung von Sanierungsmaßnahmen* stützt, hat der Prüfer des Weiteren zu beurteilen, ob die in der Stellungnahme des *Fachausschusses Recht des Instituts der Wirtschaftsprüfer* (FAR) 1/1991 dargelegten Mindestanforderungen an das Sanierungskonzept erfüllt sind.[202]

Bei Zweifeln an der Fortbestehensprognose der Unternehmensleitung oder beim Vorliegen von Insolvenzgründen hat der Prüfer ferner zu beurteilen, ob die Überschuldungsprüfung bzw. die Prüfung einer eingetretenen oder drohenden Zahlungsunfähigkeit durch die Unternehmensleitung sachgerecht durchgeführt wurden. Insbesondere ist darauf zu achten, ob hierbei die Grundsätze der Stellungnahme FAR 1/1996[203] bzw. die des IDW PS 800[204] eingehalten wurden. Falls derartige Gegebenheiten zu einer Abkehr von der Going-Concern-Prämisse führen, hat der Prüfer außerdem zu prüfen, ob dies im Jahresabschluss/Konzernabschluss ordnungsgemäß dargestellt ist und hinsichtlich Bilanzansatz und Bewertung die Grundsätze des IDW RS HFA 17 angewendet wurden.[205]

Nachdem der Prüfungsumfang mit den durch den Prüfer bei der Prüfung des Prüfungsobjekts „Going-Concern-Prämisse" zu beachtenden Normen umrissen wurde, wird im Folgenden untersucht, welche Anforderungen die berufsständischen Normen an Art und Umfang der Prüfungshandlungen stellen und welche Komponenten des MCF bzw. welche Teilsysteme der durch das MCF repräsentierten Systeme folglich Prüfungsrelevanz erlangen.

3.5.3.2.1.2 Art und Umfang der notwendigen prüferischen Adressierung des Management-Control-Framework

Gemäß den obigen Ausführungen obliegt es der Unternehmensleitung und nicht dem Abschlussprüfer, die Going-Concern-Prognose zu erstellen. Demzufolge hat die Unternehmensleitung sich durch geeignete Methoden und Instrumente (z.B. Planungsrechnungen) die Informationen zu verschaffen, die sie benötigt, um eine sachgerechte Entscheidung über die Angemessenheit der Going-Concern-Prämisse abgeben zu können; entscheidend ist auch hierfür die Sorgfalt eines ordentlichen und gewissenhaften Vorstands bzw. Geschäftsführers gem. § 93 AktG bzw. § 43 GmbHG.[206] Damit die Unternehmensleitung dieser Verantwortung ausreichend nachkommen kann, muss sie sicherstellen, dass sie über den Zielerreichungsgrad des betrieblichen Nebenziels „Bestandssicherung" während des

[201] Vgl. *IDW PS 270*, Going Concern, 2003, Tz. 13.
[202] *IDW FAR*, Sanierungskonzepte, 1991, S. 319 ff.
[203] *IDW FAR*, Überschuldungsprüfung, 1997, S. 22 ff.
[204] *IDW PS 800*, Zahlungsunfähigkeit, 1999, S. 250 ff.
[205] *IDW HFA*, Going Concern, 2006, S. 167 ff.
[206] Vgl. *Lück*, Going Concern, 2001, S. 1948.

Prognosezeitraums[207] so informiert ist, dass ihr diesbezüglich keine haftungsbegründende Sorgfaltspflichtverletzung zum Vorwurf gemacht werden kann. Für diese Beurteilung liefert das MCF aus Kapitel 2.6.5 ein geeignetes Soll-Objekt,[208] denn im speziellen Fall der Going-Concern-Prognose geht es darum abzuwägen, ob die Unternehmensleitung angemessene Systeme implementiert hat, die ihr geeignete und verlässliche Informationen zur Verfügung stellen, damit sie eine hinreichend sichere Einschätzung der Going-Concern-Annahmen für den Prognosezeitraum abgeben kann.[209]

Im Folgenden ist daher zu analysieren, in welchem Umfang sich der Abschlussprüfer mit dem MCF auseinandersetzen muss, damit er ein ausreichend sicheres Urteil über die Angemessenheit der Going-Concern-Prognose durch die Unternehmensleitung abgeben kann.

Prüfung des Management-Informationssystems

Zur Beurteilung der Angemessenheit der Going-Concern-Prämisse durch die Unternehmensleitung verlangt das *IDW*, dass der Prüfer untersuchen muss, ob alle verfügbaren Informationen verwendet wurden, die grundlegenden Annahmen realistisch und in sich widerspruchsfrei sind, sowie die Prognoseverfahren richtig gehandhabt wurden.[210] Die Prüfung der Angemessenheit der Going-Concern-Prognose hat somit indirekt zu erfolgen. Der Grund hierfür ist die Tatsache, dass sich das Prognoseergebnis selbst aufgrund seiner Zukunftsbezogenheit einer Ex-ante-Prüfung entzieht und der Soll-Ist-Abgleich erst mit Verstreichen des Prognosezeitraums vorgenommen werden könnte.[211] Die ex ante durchgeführte Prognoseprüfung muss daher auf die Angemessenheit der Methodik und der

207 Aufgrund seiner Bedeutung für den Fortbestand des Unternehmens wurde in Kapitel 2.1.2: Sicherung und Ausbau der langfristigen Erfolgspotenziale, S. 41 ff., dargelegt, dass unabhängig von den durch die Unternehmensleitung verfolgten Zielen, die der Zielkategorie „Sicherung und Ausbau der langfristigen Erfolgspotenziale“ zuzuordnen sind, das betriebliche Fundamentalziel der Bestandsicherung immer als Nebenziel mit festem Anspruchsniveau mit zu berücksichtigen ist.

208 Vgl. hierzu die Ausführungen unter Kapitel 2.6.5: Integration der Ergebnisse zum Management-Control-Framework, S. 127 ff.

209 Als hinreichend sicher ist die Einschätzung dann anzusehen, wenn die Entscheidung für diejenige Going-Concern-Hypothese (das Unternehmen wird fortbestehen bzw. das Unternehmen wird nicht fortbestehen) gefallen ist, die den höchsten Bestätigungsgrad durch die der Entscheidung zugrunde liegenden Informationen erreicht hat und somit gegenüber der anderen Hypothese als überwiegend wahrscheinlich anzusehen ist. Voraussetzung ist allerdings auch hier, dass sich die Unternehmensleitung angemessen informiert hat; d.h. die der Entscheidung zugrunde liegenden Informationen wurden systematisch gesammelt und beinhalten alle wesentlichen und die Entscheidung beeinflussenden Sachverhalte. Ähnlich auch *Groß*, Going Concern (Teil 2), 2004, S. 1440.

210 Vgl. *IDW PS 270*, Going Concern, 2003, Tz. 19; *IDW*, WP-Handbuch, 2006, P 84.

211 I.d.S. auch *Mandl/Jung*, Prognoseprüfung, 2002, S. 1700.

Verfahren, die der Prognoseerstellung dienen, abzielen.[212] Das Ergebnis der Prüfungshandlungen zur Going-Concern-Prognose muss eine ausreichend sichere Aussage über die Korrektheit der Herleitung der abzugebenden Prognose ermöglichen.[213] Zum einen hat der Prüfer daher die *Gültigkeit* und *Richtigkeit* der Anwendung der Prognosemethodik während des Prognosezeitraums sowie die *Vollständigkeit* des Prognosearguments zu beurteilen;[214] zum anderen muss er eine Einschätzung über die Qualität der Inputdaten (Annahmen und Prämissen) erlangen.[215] Durch diese Prüfungshandlungen ist es dem Prüfer dann möglich, ein objektives Urteil über die Angemessenheit und Verlässlichkeit der Informationen abzugeben, auf die das Management seine Entscheidung über die Beibehaltung oder Verwerfung der Going-Concern-Prämisse stützt.

Unter Berücksichtigung der Anforderungen des IDW PS 315, der hinsichtlich der Prognoseprüfung den derzeit aktuellsten und inhaltlich weitreichendsten Prüfungsstandard darstellt, hat der Prüfer eine *Aufbau- und Funktionsprüfung* der Systeme durchzuführen, die der Unternehmensleitung die Informationen für ihre Entscheidung über die Going-Concern-Prognose liefern.[216] Demzufolge hat der Prüfer im Rahmen einer *Aufbauprüfung* die Angemessenheit des Management-Informationssystems zur Erstellung sachgerechter Prognosen während des relevanten Prognosezeitraums zu beurteilen. Dies bedeutet, dass der Prüfer in erster Linie die Angemessenheit der Komponente „*Problemstellung/-analyse*" beurteilen muss. In diesem Zusammenhang hat er zu prüfen, ob die Unternehmensleitung mittels geeigneter Prognosen und Analysen den Zielerreichungsgrad der Unternehmensziele während des Prognosezeitraums bestimmen kann, die für das Fundamentalziel „Bestandssicherung" kritisch sind und insbesondere alle Ereignisse identifizieren kann, die zu einer Bestandsgefährdung im gleichen Intervall führen

---

212 Ähnlich *Freiling/Lück*, Jahresabschlussprüfung, 1994, S. 1251; *IDW PS 314*, Geschätzte Werte, 2001, Tz. 12 ff.; *IDW PS 315*, Zeitwerte, 2006, Tz. 17 ff.; *ISAE 3400*, Prospective Financial Information, 2007, Tz. 13; *Marten/Quick/Ruhnke*, Lexikon, 2006, S. 351.

213 I.d.S. *Mandl/Jung*, Prognoseprüfung, 2002, S. 1704.

214 In ähnlicher Weise verwenden auch die Kriterien „Vollständigkeit", „Richtigkeit" und „Gültigkeit" auch *Mandl/Jung*, Prognoseprüfung, 2002, S. 1704, sowie der *IDW PS 315*, Zeitwerte, 2006, Tz. 21. Der *IDW PS 315* verwendet anstelle des Kriteriums „Gültigkeit" das Kriterium „Relevanz". Letzteres ist allerdings durch das Kriterium „Gültigkeit", welches auf die Abbildungstreue i.S. der angewandten Methodik abstellt, übererfüllt, da die Relevanz nur verlangt, dass Inputdaten die Prognose beeinflussen. Durch das Kriterium der Gültigkeit werden dagegen auch inhaltliche Anforderungen bzgl. der Mess-/Abbildungsmethodik an die Informationen gestellt. Zur Definition des Effektivitätskriteriums „Gültigkeit" vgl. die Ausführungen unter Kapitel 2.6.4.3: Konkretisierung der angemessenen Ausgestaltung des Management-Informationssystems mit Hilfe der Betriebswirtschaftslehre, S. 125 f.

215 Anforderungen an die Qualität der Inputdaten im Detail befinden sich im *IDW PS 315*, Zeitwerte, 2006, Tz. 30.

216 Die Anforderung nach einer Systemprüfung, welche eine Aufbau- und eine Funktionsprüfung zur Beurteilung von prospektive Werten oder Prognosen umfasst, ergibt sich aus dem *IDW PS 315*, Zeitwerte, 2006, Tz. 17.

könnten.[217] Hierfür liefern die in Kapitel 2 dargestellten Effektivitätskriterien dem Prüfer einen geeigneten Beurteilungsrahmen bzgl. der Angemessenheit der Prognose, der durch die im Anhang I dargestellten Grundsätze zur Komponente „Problemfeststellung/ -analyse" noch weiter konkretisiert wird. Im Rahmen der *Funktionsprüfung* hat der Prüfer dann zu beurteilen, ob die als angemessen eingestufte Prognosemethodik auch bei der Prognose für den prüfungsrelevanten Prognosezeitraum sachgerecht angewandt wurde.[218]

Sofern sich bei der Going-Concern-Prognose Zweifel an der Bestandskraft des Unternehmens ergeben, muss der Prüfer seine Prüfungshandlungen ausweiten. Der Prüfer hat sich dann zunächst ausreichende und angemessene Prüfungsnachweise für die Feststellung zu verschaffen, ob tatsächlich eine Bestandsgefährdung vorliegt.[219] Hierbei ist es erforderlich, auch alle geplanten Maßnahmen der gesetzlichen Vertreter, wie z.B. Sanierungskonzepte, und andere Maßnahmen oder Ereignisse, die die bestandsgefährdenden Risiken reduzieren, abzuschätzen.[220] Der Prüfer muss demnach die Aufbauprüfung des Management-Informationssystems in diesem Fall weiterführen und hat sich zusätzlich mit der Angemessenheit der Komponente *„Alternativenbewertung"* zu beschäftigen;[221] d.h., gefordert ist in diesem Fall auch eine Auseinandersetzung des Prüfers mit den von der Unternehmensleitung ergriffenen Sanierungsmaßnahmen. Hierbei gilt es zu beurteilen, ob das Sanierungskonzept mittel- bis langfristig dazu geeignet ist, das Unternehmen zu sanieren und dieses wieder auf den Kurs der langfristigen Unternehmensziele bzw. der Vision zu bringen, oder ob das Unternehmen überhaupt nicht mehr sanierungsfähig ist,[222] da es bspw. mit den verfügbaren Ressourcen und der gegebenen strategischen Ausgangslage langfristig gar keine Erfolgspotenziale mehr aufbauen kann. Sofern das Sanierungskonzept grundlegend als geeignet erscheint, hat der Prüfer ferner zu beurteilen, ob mit überwiegender Wahrscheinlichkeit für den Prognosezeitraum davon ausgegangen werden kann, dass der Zielbeitrag der kurzfristig durchzuführenden Sanierungsmaßnahmen ausreicht, um die Insolvenztat-

---

217 Insofern sind für eine sachgerechte Prognose auch Methoden erforderlich, die eine Früherkennung bestandsgefährdender Risiken ermöglichen. Denn laut *IDW*, WP-Handbuch, 2006, P 86, kann ein unzureichendes Risikofrüherkennungssystems dazu führen, dass der Going-Concern-Nachweis nicht erbracht werden kann. Die Komponente „Problemfeststellung/-analyse" beinhaltet hierfür definitionsgemäß als Anforderung an ein angemessenes Risikofrüherkennungssystem auch die Methodik der Ereignisidentifikation vgl. hierzu die Ausführungen unter Kapitel 2.6.5: Integration der Ergebnisse zum Management-Control-Framework, S. 127 ff.

218 Zur Durchführung der Funktionsprüfung vgl. *IDW PS 300*, Prüfungsnachweise, 2006, Tz. 17-20.

219 Vgl. *IDW PS 270*, Going Concern, 2003, Tz. 27.

220 Vgl. *IDW PS 270*, Going Concern, 2003, Tz. 28.

221 *Groß*, Going Concern (Teil 2), 2004, S. 1441 f., verlangt vom Prüfer in diesem Zusammenhang die Beurteilung des Sanierungskonzepts.

222 Ähnlich *Groß*, Going Concern (Teil 2), 2004, S. 1441.

bestände Illiquidität bzw. Überschuldung abzuwenden.[223] Auch in diesem Fall entzieht sich somit das Prognoseergebnis einer Ex-ante-Prüfung. Vom Prüfer kann daher letztendlich nur verlangt werden, dass er prüft, ob der durch das Sanierungskonzept prognostizierte Strategie-/Zielbeitrag, der zur mittel-/langfristigen bzw. kurzfristigen Sanierung benötigt wird, durch eine angemessene Methodik verlässlich gemessen wurde und insofern die Unternehmensleitung ihre Entscheidung für ihr Sanierungskonzept auf der Grundlage einer nachvollziehbaren und angemessenen Urteilsbasis gebildet hat, die mit überwiegender Wahrscheinlichkeit für die Umsetzbarkeit des Sanierungskonzepts spricht.

Des Weiteren ist es möglich, dass die Unternehmensleitung den Fortbestand des Unternehmens deshalb als gesichert ansieht, weil sie es bei ihren Prognosen für überwiegend wahrscheinlich ansieht, dass während des Prognosezeitraums zum einen Ereignisse eintreten, die die Wettbewerbsposition bzw. die strategische Ausgangslage des Unternehmens nachhaltig verbessern (Chancen) oder zum anderen risikoreduzierende Maßnahmen greifen und hierdurch bestandsgefährdende Risiken gemanagt werden können. Auch hier hat der Prüfer zunächst zu beurteilen, ob das Eintreten dieser Ereignisse bzw. das erfolgreiche Ergreifen der risikoreduzierenden Maßnahmen im Prognosezeitraum grundlegend dazu geeignet erscheint, die drohende Bestandsgefahr abzuwenden. Dies zu beurteilen, ist ihm ex ante ebenfalls nur möglich, indem er prüft, ob die durch die Ereignisse der künftigen Entwicklung verursachten positiven Zielabweichungen (Chancen) bzw. die risikoreduzierende Wirkung der geplanten Risikomanagementmaßnahmen mit einer angemessenen Methodik ermittelt wurden und daher ebenfalls eine nachvollziehbare und angemessene Urteilsbasis für die Einschätzung der Unternehmensleitung darstellen.

Hierfür liefern die in Kapitel 2 dargestellten Effektivitätskriterien dem Prüfer einen geeigneten Rahmen zur Beurteilung der Angemessenheit der Komponente „Alternativenbewertung" bzgl. der Maßnahmen- und Ereignisbewertung, der durch die in Anhang I dargestellten Grundsätze zu dieser Komponente noch weiter konkretisiert wird. Im Rahmen der *Funktionsprüfung* hat der Prüfer dann zu beurteilen, ob die als angemessen erachtete Methodik auch tatsächlich von der Unternehmensleitung zur Beurteilung der Geeignetheit des Sanierungskonzepts oder sonstiger für die Sanierung relevanten Einflussfaktoren benutzt wurde.[224]

Prüfung des Internen Steuerungssystems

Falls der Fortbestand des Unternehmens während des Prognosezeitraums nur dann gesichert ist, wenn durch die Unternehmensleitung kurzfristig Maßnahmen zur Abwehr der Insolvenzgefahr ergriffen werden, reicht es nicht aus, dass sich der

[223] I.d.S. auch *Groß*, Going Concern (Teil 2), 2004, S. 1441.

[224] Zur Durchführung der Funktionsprüfung vgl. *IDW PS 300*, Prüfungsnachweise, 2006, Tz. 17-20.

Prüfer nur von der Angemessenheit der Prognose- bzw. Bewertungsmethodik des Management-Informationssystems überzeugt. Vielmehr hat sich der Prüfer im Rahmen seiner Prüfung dann auch mit der Umsetzung des von der Unternehmensleitung beschlossenen Sanierungskonzepts bzw. der Risikomanagementmaßnahmen zu beschäftigen und hierfür ausreichende und angemessene Prüfungsnachweise einzuholen.[225] Der Prüfer sollte hierbei kritisch die Umsetzungspläne hinterfragen, insbesondere dahingehend, ob alle betrieblichen Teilbereiche in der Planung berücksichtigt sind und für die jeweiligen Maßnahmen neben dem benötigten Budget auch Termine, Prioritäten und Verantwortlichkeiten festgelegt wurden.[226] Erste Anhaltspunkte hierfür erhält der Prüfer bspw. aus Soll-/ Ist-Vergleichen von Unternehmens- und Teilplänen, aus denen hervorgeht, ob das Management seine Zielvorgaben auch einhält.[227] Folglich hat sich der Prüfer in diesen Fällen auf operativer Ebene auch mit den Komponenten „*Zielfestlegung*“ und „*Umsetzung der Entscheidung*“ des MCF auseinanderzusetzen und zu beurteilen, ob die Unternehmensleitung ihrer Verantwortung in diesem Zusammenhang angemessen nachgekommen ist bzw. nachkommt. Gemäß den Ausführungen unter Kapitel 2 kann dies dann als gewährleistet angesehen werden, wenn der Prüfer im Rahmen seiner Prüfung ausreichende und angemessene Prüfungsnachweise eingeholt hat, die belegen, dass die von der Unternehmensleitung ergriffenen Maßnahmen unter Beachtung der Effektivitätskriterien umgesetzt wurden.[228] Weitere Hinweise für den Prüfer in der Praxis, die ihm bei dieser Einschätzung helfen sollen, liefern die diesbezüglich erarbeiteten und in Anhang I dargestellten Grundsätze der Komponenten „Zielfestlegung“ und „Umsetzung der Entscheidung“.

Prüfung des Internen Kontrollsystems

Gemäß IDW PS 270 hat der Prüfer darüber hinaus die *Verlässlichkeit der Systeme* zu beurteilen, auf die die Unternehmensleitung ihre Einschätzung der Going-Concern-Annahme stützt.[229] Bzgl. der Verlässlichkeit der vom Management-Informationssystem zur Verfügung gestellten Informationen zur Einschätzung der Going-Concern-Prämisse wie aber auch bzgl. der Sicherstellung der Umsetzung von Entscheidungen über Sanierungsmaßnahmen, welche letztlich in den Aufgabenbereich des Internen Steuerungssystems fallen, wird der Prüfer ein vertrauenswürdiges Urteil hierüber nur dann abgeben können, wenn er sich auch mit den auf

---

225 I.d.S. *IDW PS 270*, Going Concern, 2003, Tz. 28; *Groß/Amen*, Going Concern, 2005, S. 1865. *Groß*, Going Concern (Teil 2), 2004, S. 1442 ff., verlangt vom Prüfer in diesem Zusammenhang ebenfalls, dass er ein Urteil über die voraussichtliche Sanierungskonzeptsumsetzung abgeben muss.

226 Vgl. *Groß*, Going Concern (Teil 2), 2004, S. 1443.

227 I.d.S. *IDW PS 270*, Going Concern, 2003, Tz. 30.

228 Vgl. hierzu die Ausführungen unter Kapitel 2.6.5: Integration der Ergebnisse zum Management-Control-Framework, S. 127 ff.

229 Vgl. *IDW PS 270*, Going Concern, 2003, Tz. 30; *IDW PS 300*, Prüfungsnachweise, 2006, Tz. 9.

diese Systeme bezogenen Teilen des Überwachungssystems beschäftigt. Denn aufgrund der geforderten berufsüblichen kritischen Grundhaltung, mit der die Prüfung vorzunehmen ist, wird der Prüfer, um auf die Verlässlichkeit der Informationen des Managements vertrauen zu können, sich auch mit den Verfahren, Maßnahmen und Regelungen der *Internen Kontrolle* beschäftigen müssen, die das Management ergriffen hat, um die Verlässlichkeit dieser Informationen sicherzustellen. Der IDW PS 315 verlangt in diesem Zusammenhang bspw. bei der Prognoseprüfung, dass neben der Angemessenheit des Bewertungsverfahrens der Prüfer auch eine Aufbau- und Funktionsprüfung der in diesem Zusammenhang von der Unternehmensleitung eingerichteten Maßnahmen der Internen Kontrolle durchzuführen hat, die auf die sachgerechte Verfahrensdurchführung und die Sicherstellung der Verlässlichkeit der Input-Daten gerichtet sind.[230] Ebenso dürfte bei analoger Interpretation dieser Norm der Prüfer nicht blind darauf vertrauen, dass Sanierungsmaßnahmen, die beschlossen wurden, auch umgesetzt werden. Der Prüfer wird sich hier ebenfalls, um sich keine haftungsbegründende Sorgfaltspflichtverletzung zum Vorwurf machen lassen zu müssen, mit den Teilen des Internen Kontrollsystems zu beschäftigen haben, welche auf die Um-/ Durchsetzung der von der Unternehmensleitung getroffenen Sanierungsmaßnahmen gerichtet sind und für deren Angemessenheit und Funktionsfähigkeit ausreichende und angemessene Prüfungsnachweise einholen müssen.[231] Letzteres ist dann gewährleistet, wenn der Prüfer sich in dem Umfang mit den prüfungsrelevanten Teilen des Internen Kontrollsystems beschäftigt, wie es der IDW PS 261 vorschreibt. Demnach sind auch die von der Unternehmensleitung zur Abgabe einer angemessenen Going-Concern-Einschätzung und deren ordnungsmäßiger Abbildung in der Rechnungslegung eingerichteten Teile des *Internen Kontrollsystems* prüfungsrelevant. Der Prüfer hat folglich zur Beurteilung dieser Teile ebenfalls eine Aufbauprüfung durchzuführen, die zusätzlich die Komponenten *Internes Umfeld, Kontrollaktivitäten, Information und Kommunikation, Überwachung* umfasst und – sofern deren Angemessenheit gegeben ist – entsprechende Prüfungsnachweise über die Funktionsfähigkeit des Internen Kontrollsystems einzuholen.[232]

3.5.3.2.1.3 Zwischenergebnis und prüfungsrelevante Komponenten im Überblick

Die Verantwortung für die „Ordnungsmäßigkeit und Verlässlichkeit der externen bzw. internen Berichterstattung" obliegt der Unternehmensleitung einer Kapitalgesellschaft.[233] Daher ist es auch ihre Aufgabe, eine Entscheidung darüber zu treffen,

---

230 Vgl. *IDW PS 315*, Zeitwerte, 2006, Tz. 17 i.V.m. Tz. 23 f.

231 Für diese Auslegung spricht auch *IDW PS 200*, Grundsätze, 2000, Tz. 17.

232 Vgl. *IDW PS 261*, Beurteilung von Fehlerrisiken, 2006, Tz. 40-60 i.V.m. Tz. 73-79 und *IDW PS 300*, Prüfungsnachweise, 2006, Tz. 17-20.

233 Vgl. hierzu die Ausführungen unter Kapitel 2.1.4: Verlässlichkeit und Ordnungsmäßigkeit der internen und externen Berichterstattung, S. 48 ff.

ob die Bilanzierung und Bewertung unter Berücksichtigung des gem. § 252 Abs. 1 Nr. 2 HGB kodifizierten GoB – der sog. Going-Concern-Annahme – sachgerecht ist und ein den tatsächlichen Verhältnissen entsprechendes Bild der wirtschaftlichen Lage darstellt oder nicht. Die von der Unternehmensleitung zu treffende Entscheidung ist allerdings vom Zielereichungsgrad des Bestandziels, welches aufgrund seiner Bedeutung stets als Nebenziel in der Zielkategorie „Sicherung und Ausbau der langfristigen Erfolgspotenziale" zu verfolgen ist, abhängig.[234] Die Informationen darüber, ob das Bestandziel mit überwiegender Wahrscheinlichkeit als gesichert oder nicht gesichert anzusehen ist, bilden die Grundlage für die Entscheidung der Unternehmensleitung über die Going-Concern-Prämisse. Die Informationen hierfür werden durch das Management-Informationssystem geliefert, welches die Instrumente, Verfahren und Methoden zur Erstellung einer angemessenen Going-Concern-Prognose bereitstellt. In der Verantwortung des Abschlussprüfers liegt es dann, die Angemessenheit dieser Prognose auf ihre Plausibilität hin zu beurteilen. Dabei wird allerdings nicht verlangt, dass er eine eigene Prognose aufstellt und eine eigene Entscheidung über den Fortbestand des Unternehmens trifft, die er dann als Soll-Objekt der Einschätzung der Unternehmensleitung (Ist-Objekt) gegenüberstellt.[235] Ebenso wenig wäre es allerdings sinnvoll, mit diesem Soll-/ Ist-Abgleich so lange zu warten, bis der Prognosezeitraum verstrichen ist und dann aufgrund besseren Wissens einen Soll-/ Ist-Abgleich vorzunehmen. Die Prüfung der Angemessenheit der Going-Concern-Prämisse hat daher indirekt zu erfolgen, indem der Prüfer die Angemessenheit der Instrumente, Verfahren und Methoden des Management-Informationssystems zu beurteilen hat, die die Informationen für die Urteilsbasis der Unternehmensleitung darstellen. Aufbauend auf den Erkenntnissen dieser Systemprüfung kann er dann abwägen, ob die Entscheidung der Unternehmensleitung aufgrund der bereitgestellten Informationen ex ante insofern plausibel ist, als diese nicht mit überwiegender Wahrscheinlichkeit gegen die Entscheidung der Unternehmensleitung sprechen.

Falls die Entscheidung der Unternehmensleitung über die Zielerreichung des Bestandziels auf der Annahme basiert, dass Maßnahmen zur Sanierung des Unternehmens bzw. zur Reduzierung bestandsgefährdender Risiken greifen, sind diese Annahmen nur dann angemessen und die darauf basierenden Informationen nur dann verlässlich, wenn die Annahmen hinreichend sicher sind. In diesem Fall muss daher die Unternehmensleitung mit Hilfe angemessener Verfahren der Internen Kontrolle sicherstellen, dass diese Maßnahmen auch um-/ durchgesetzt werden können. Letztlich geht es also darum, aufgrund der beschlossenen Maßnahmen die „Wirksamkeit und Wirtschaftlichkeit der Geschäftstätigkeit" im Hinblick auf die Bestandszielerreichung sicherzustellen und

---

234 Vgl. hierzu die Ausführungen unter Kapitel 2.1.2: Sicherung und Ausbau der langfristigen Erfolgspotenziale, S. 41 ff.

235 Die inhaltliche Prüfung einer unternehmerischen Entscheidung ist nicht Aufgabe der Abschlussprüfung, sondern allenfalls Aufgabe der Prüfung nach § 53 HGrG.

zu vermeiden,[236] dass es während des in der Regel kurzfristigen Prognosezeitraums nicht zur Insolvenz i.S. von Überschuldung bzw. Illiquidität kommt. Der Prüfer ist diesbezüglich aufgrund seiner berufsüblich kritischen Grundhaltung dafür verantwortlich, ausreichende und angemessene Prüfungsnachweise für die Angemessenheit der der Going-Concern-Prognose zugrunde liegenden Annahmen einzuholen. Die Angemessenheit der Annahme über die wahrscheinlich erfolgreiche Umsetzung der geplanten Maßnahmen kann er dabei ebenfalls nur indirekt prüfen. Der Prüfer hat daher in diesem Zusammenhang die Angemessenheit des Internen Kontrollsystems zu beurteilen, um ausreichende und angemessene Prüfungsnachweise dahingehend zu erlangen, ob die geplanten Maßnahmen, auf denen die Annahmen der Unternehmensleitung beruhen, auch mit hinreichender Sicherheit um-/durchgesetzt werden können.

Ausreichende und angemessene Prüfungsnachweise zur Beurteilung des Prüfungsobjekts „Going-Concern-Prämisse" kann der Prüfer zusammenfassend daher nur indirekt erlangen, indem er die Angemessenheit und Wirksamkeit des Management-Informationssystems und des Internen Kontrollsystems beurteilt. Hierfür liefert ihm das MCF für die in diesem Teilkapitel als prüfungsrelevant herausgearbeiteten Komponenten ein geeignetes Soll-Objekt, welches durch die in Anhang I dargestellten Grundsätze weiter konkretisiert wird.

Zusammenfassend sind die prüfungsrelevanten Komponenten des MCF aufgrund der Pflicht zur gewissenhaften Prüfung des Prüfungsobjekts „Going-Concern-Prämisse" in der Relevanzcheckliste (Tab. 3-6) gekennzeichnet:

236 Zur Zielkategorie „Wirksamkeit und Wirtschaftlichkeit der Geschäftstätigkeit" vgl. die Ausführungen unter Kapitel 2.1.3: Wirksamkeit und Wirtschaftlichkeit der Geschäftstätigkeit, S. 46 ff.

Tab. 3-6: Relevante Komponenten zur Prüfung der Going-Concern-Prämisse

	Sicherung und Ausbau der langfristigen Erfolgspotenziale	**Wirksamkeit und Wirtschaftlichkeit der Geschäftstätigkeit**	**Verlässlichkeit und Ordnungsmäßigkeit der internen und externen Berichterstattung**	**Einhaltung von sonstigen Gesetzen und Vorschriften**
Internes Umfeld	(✓)	✓	✓	(✓)
Zielfestlegung	▨	✓	▨	▨
Problemfeststellung/-analyse	(✓)	✓	✓	(✓)
Alternativenbewertung	(✓)	✓	✓	(✓)
Umsetzung der Entscheidung		✓	✓	(✓)
Kontrollaktivitäten	(✓)	✓	✓	(✓)
Information und Kommunikation	(✓)	✓	✓	(✓)
Überwachung	(✓)	✓	✓	(✓)

▨	Ziele sind durch externe Institutionen vorgegeben und somit durch das Management nicht oder nur bedingt beeinflussbar.
✓	Zur Beurteilung des Prüfungsobjekts ist die Angemessenheit und Wirksamkeit der jeweiligen System-Komponente hinsichtlich der zugeordneten betrieblichen Ziele gänzlich für die Prüfung relevant, sofern zur Beurteilung der Angemessenheit der Going-Concern-Prämisse eine Going-Concern-Prognose erforderlich ist und die Erreichung des Bestandsziels von der erfolgreichen Umsetzung eines Sanierungskonzepts oder sonstiger Einflussfaktoren abhängt.
(✓)	Zur Beurteilung des Prüfungsobjekts ist die Angemessenheit und Wirksamkeit der jeweiligen System-Komponente bzgl. der zugeordneten betrieblichen Ziele nur hinsichtlich der auf das Chancen- und Risikomanagement gerichteten Teile bzw. für die Einschätzung der Going-Concern-Prognose benötigten Teile für die Prüfung relevant.

3.5.3.2.2 Prüfungsobjekt Lagebericht/Konzernlagebericht

Der Lage- bzw. Konzernlagebericht ist ein wesentliches Element der handelsrechtlichen Rechnungslegung und somit eine notwendige Voraussetzung für deren Ordnungsmäßigkeit. Gemäß § 317 HGB ist der Lagebericht bzw. Konzernlagebericht daher Gegenstand der Jahresabschlussprüfung, wobei die Prüfung so zu gestalten ist, dass der Prüfer auch die gem. § 321 Abs. 1 Satz 2 und Abs. 2 Satz 1 HGB sowie § 322 Abs. 2 Satz 3 HGB geforderten Prüfungsaussagen mit hinreichender Sicherheit treffen kann.

3.5.3.2.2.1 Konkretisierung der Ordnungsmäßigkeit des Lageberichts/ Konzernlageberichts und Bestimmung des Prüfungsumfangs

Die relevanten gesetzlichen Vorschriften zur Lageberichterstattung bzw. Konzernlageberichterstattung sind die §§ 289 bzw. 315 HGB. Der Zweck des Lageberichts bzw. Konzernlageberichts lässt sich gem. § 289 Abs. 1 bzw. § 315 Abs. 1 HGB daher wie folgt präzisieren: Der Lagebericht bzw. der Konzernlagebericht hat ein den tatsächlichen Verhältnissen entsprechendes Bild des Geschäftsverlaufs und der Lage des Unternehmens bzw. Konzerns zu vermitteln. Ferner hat er darüber hinaus auch über die voraussichtliche Entwicklung mit ihren wesentlichen Chancen und Risiken zu informieren. Hierzu beinhaltet der Lagebericht bzw. der Konzernlagebericht neben Vergangenheitsinformationen auch Prognoseinformationen über das Unternehmen bzw. den Konzern, um seiner Ergänzungsfunktion bzgl. des Jahresabschlusses bzw. Konzernabschlusses hinreichend gerecht zu werden.[237]

Bei der Erstellung des Lageberichts bestehen dabei insbesondere hinsichtlich der Art und des Umfangs der im Lage- bzw. Konzernlagebericht zu tätigenden Angaben durchaus materielle und formelle Gestaltungsspielräume.[238] Diese Ermessensspielräume werden jedoch durch die Grundsätze ordnungsgemäßer Lageberichterstattung dahingehend eingeschränkt, als durch diese zum einen die materiellen und formellen Anforderungen an den Lagebericht bzw. Konzernlagebericht konkretisiert und zum anderen die einzubeziehenden Informationen so weit objektiviert werden, dass der Lagebericht bzw. Konzernlagebericht dem Adressaten den vom Gesetzgeber gewollten Mindesteinblick in die wirtschaftliche Lage gewährt. Die Einhaltung der Grundsätze stellt somit sicher, dass der Lagebericht bzw. Konzernlagebericht seinen gesetzlichen Rechnungslegungszweck erfüllt und i.S. des Gesetzes als ordnungsgemäß gelten kann.[239]

Im Hinblick auf den Konzernlagebericht sind in diesem Zusammenhang insbesondere die Rechnungslegungsstandards des *DRSC* zu beachten, da für diese in Bezug auf die Konzernrechnungslegung gem. § 342 Abs. 2 HGB die GoB-Vermutung gilt, sobald sie durch das *BMJ* bekannt gemacht wurden. Damit der Konzernlagebericht der Informationsfunktion des Konzernabschlusses hinreichend gerecht wird, sind daher die Standards des *DRSC* einzuhalten, sofern sie nicht unter Berücksichtigung von besonderen Umständen des jeweiligen Einzelfalls der gesetzlichen Zielsetzung für die Berichterstattung zuwider laufen.[240] Für die Berichterstattung im Konzernlagebericht finden daher prinzipiell zunächst der DRS 5 zur Risikoberichterstattung und der DRS 15 zur Lagebericht-

237 I.d.S. *Wiechers*, Lageberichterstattung, 2005, S. 219.

238 Vgl. *Baetge/ Schulze*, Objektivierung, 1998, S. 937; *Wiechers*, Lageberichterstattung, 2005, S. 219.

239 Bzgl. der GoL vgl. *Baetge/Schulze*, Objektivierung, 1998, S. 937 f.

240 Vgl. Anwendungshinweis zum *DRS 5*, Risikoberichterstattung, 2001, o.S.

erstattung Anwendung. Der DRS 15 enthält dabei detaillierte Regeln zur inhaltlichen und formalen Gestaltung der Darstellung und Analyse des Geschäftsverlaufs bzw. der wirtschaftlichen Lage des Konzerns sowie zur Nachtrags- und Prognoseberichterstattung. Die Konkretisierung der inhaltlichen und formalen Anforderungen an die Risikoberichterstattung ist Gegenstand des DRS 5.[241]

Da es sich beim DRS 5 und DRS 15 um die Auslegung der allgemeinen Grundsätze ordnungsmäßiger Lageberichterstattung handelt, empfiehlt der DRS 15 auch deren Anwendung für die Lageberichterstattung zum Einzelabschluss gem. § 289 HGB.[242] Von dieser Ausstrahlungswirkung geht auch das *IDW* aus,[243] welches unter Verweis auf diese Standards seine Stellungnahme zur Rechnungslegung für die Lageberichterstattung nach § 289 HGB (IDW RS HFA 1) zurückgezogen und durch Rechnungslegungshinweise (RH) ersetzt hat. Diese verweisen jedoch auch für die Lageberichterstattung nach § 289 HGB grundsätzlich auf die DRS-Standards und regeln ausschließlich Einzelfragen, soweit diese nicht durch die Regelungen des *DRSC* abgedeckt sind. Gegenstand des IDW RH HFA 1.007 sind daher ausgewählte Detailfragen zur Neufassung des § 289 Abs. 1 und 3 HGB, wohingegen der IDW RH HFA 1.005 weiterführende Erläuterungen zur Lageberichterstattung gem. § 289 Abs. 2 HGB gibt.

Die Verantwortung für die Erstellung des Lageberichts unter Beachtung der dargestellten Normen liegt, wie bereits in Kapitel 2.1.4 dargestellt, bei den gesetzlichen Vertretern einer Kapitalgesellschaft.[244] Diese haben daher nicht nur dafür zu sorgen, dass sie mittels eines angemessenen Management-Informationssystems alle berichtsrelevanten Informationen erlangen,[245] sondern sie haben bei ihren Entscheidungen über die formelle und inhaltliche Ausgestaltung des Lageberichts bzw. Konzernlageberichts auch die oben dargestellten normativen Vorgaben einzuhalten, um ihrer Verantwortung für die Ordnungsmäßigkeit der externen Berichterstattung ausreichend gerecht zu werden.

Aus Sicht des Prüfers konkretisieren diese Standards und Rechnungslegungshinweise das vor dem Hintergrund der Informationsbedürfnisse der Lageberichtsadressaten unter Hinzuziehung der abzubildenden Unternehmensrealität durch den Prüfer auszulegende Soll-Objekt für die Prüfung des Lageberichts bzw. des Konzernlageberichts und grenzen damit den Prüfungsumfang für dieses Prüfungsob-

---

241 Ergänzend zum DRS 5 wurden spezielle Rechnungslegungsstandards für die Risikoberichterstattung von Kredit- und Finanzdienstleistungsinstituten (DRS 5-10) sowie Versicherungsunternehmen (DRS 5-20) entwickelt und bekannt gemacht, auf die im Folgenden jedoch nicht weiter eingegangen wird.

242 Vgl. *DRS 15*, Lageberichterstattung, 2004, Tz. 5.

243 *IDW PS 350*, Lagebericht, 2006, Tz. 2; *IDW RH HFA 1.007*, Lageberichterstattung, 2005, Tz. 2.

244 Vgl. hierzu die Ausführungen unter Kapitel 2.1.4: Verlässlichkeit und Ordnungsmäßigkeit der internen und externen Berichterstattung, S. 48.

245 Ähnlich auch *Kaiser*, Zukunftsorientierte Lageberichterstattung, 2005, S. 346.

jekt ab.[246] Die Verantwortung des Prüfers besteht dann darin zu beurteilen, ob die Unternehmensleitung die im Lagebericht bzw. Konzernlagebericht abzubildende unternehmerische Realität unter Berücksichtigung der relevanten Normen richtig dargestellt hat und sie sich folglich bei der Ausübung ihres Ermessens in dem durch die dargestellten Normen aufgespannten Rahmen befindet. In welchem Umfang er sich hierfür mit welchen Komponenten des MCF auseinandersetzen muss, um ein ausreichend sicheres Urteil über die Ordnungsmäßigkeit der Lageberichterstattung abgeben zu können, wird im Folgenden analysiert.

3.5.3.2.2.2 Art und Umfang der notwendigen prüferischen Adressierung des Management-Control-Framework

Die Berichtspflichten der Unternehmensleitung im Lagebericht und Konzernlagebericht gehen weit über die des Jahresabschlusses bzw. Konzernabschlusses hinaus. So werden bspw. nicht nur neben vergangenheitsorientierten auch zukunftsorientierte Informationen verlangt, sondern die Informationen müssen auch den Grundsätzen der „Konzentration auf die nachhaltige Wertschaffung" und der „Vermittlung aus der Sicht der Unternehmensleitung" gerecht werden.[247] Hierdurch werden besondere inhaltliche Anforderungen an die zu liefernden Informationen gestellt. Denen kann die Unternehmensleitung nur nachkommen, indem sie angemessene und funktionsfähige Systeme eingerichtet hat, die ihr die für die Berichterstattung benötigten Informationen in der geforderten Qualität auch zur Verfügung stellen. Für die Beurteilung, ob die Unternehmensleitung angemessene Systeme eingerichtet hat, um ihrer Führungsverantwortung sorgfältig nachzukommen, bildet definitionsgemäß das in Kapitel 2 erarbeitete Rahmenkonzept eine geeignete Beurteilungsgrundlage bzw. ein geeignetes Soll-Objekt. Sofern der Gesetzgeber nicht beabsichtigt, dem externen Berichtsadressaten umfangreichere Informationen zur Verfügung zu stellen, als ein sorgfältiger Vorstand bzw. Geschäftsführer benötigt, um seiner Verantwortung für die Leitung des Unternehmens nachkommen zu können, bildet das MCF somit auch ein geeignetes Soll-Objekt zur Beurteilung der Systeme, die die Unternehmensleitung nutzt, um ihrer gesetzlichen Lageberichterstattungspflicht nachkommen zu können. Dass der Gesetzgeber dies nicht beabsichtigt, dürfte klar sein und würde andernfalls auch den Grundsatz der „Vermittlung [der Informationen – Anm. d. Verf.] aus Sicht der Unternehmensleitung"[248] ad absurdum führen.

In welchem Umfang sich daher der Prüfer mit dem MCF auseinandersetzen muss, ist im Folgenden aus den Systemprüfungserfordernissen der relevanten

246 Hinsichtlich der Ableitung des hier erforderlichen unternehmensrealitätsbezogenen Soll-Objekts vgl. auch *Sieben/Gatzen/Husemann*, Unternehmensanalyse, 1988, S. 606.

247 Vgl. *DRS 15*, Lageberichterstattung, 2004, Tz. 28 ff.

248 *DRS 15*, Lageberichterstattung, 2004, Tz. 28 ff.

berufsständischen Normen unter Berücksichtigung der die Lageberichterstattung konkretisierenden DRS-Standards abzuleiten.

Prüfung des Management-Informationssystems auf operativer Ebene

Gemäß § 317 Abs. 2 Satz 1 HGB hat der Abschlussprüfer zu prüfen, ob der Lagebericht bzw. Konzernlagebericht mit den bei der Prüfung gewonnenen Erkenntnissen in Einklang steht und ob der Lagebericht bzw. Konzernlagebericht insgesamt eine zutreffende Vorstellung von der Lage des Unternehmens bzw. des Konzerns vermittelt.[249] Hierbei hat er auch zu prüfen, ob die Ausführungen zu finanziellen und ggf. nichtfinanziellen Leistungsindikatoren dazu beitragen, ein zutreffendes Bild von der Lage des Unternehmens zu vermitteln.[250] Grundlegend für diese Beurteilung durch den Prüfer ist die Frage, wann die Darstellung im Lagebericht ein zutreffendes Bild von der Lage der Gesellschaft vermittelt. Dies kann wie folgt beantwortet werden: Das ist dann der Fall, wenn die tatsächliche wirtschaftliche Lage des Unternehmens unter Berücksichtigung der Abbildungsregeln der relevanten Rechnungslegungsnormen dargestellt wurde.[251]

Die hierfür relevanten Normen, namentlich die §§ 289 bzw. 315 HGB, wurden durch das BilReG in Bezug auf die Darstellung der Lage und des Geschäftsverlaufs inhaltlich deutlich über das bisher übliche Berichtsmaß hinaus erweitert.[252] Gemäß §§ 289 Abs. 1 Satz 2 bzw. § 315 Abs. 1 Satz 2 HGB reicht eine bloße Darstellung daher nicht mehr aus. Vielmehr ist diese um eine ausgewogene und umfassende Analyse zu erweitern. Gemeint ist dabei eine *systematische Untersuchung* von Geschäftsverlauf, Geschäftsergebnis und der Lage hinsichtlich der diese beeinflussenden Faktoren.[253] Dies wird in §§ 289 Abs. 1 Satz 3 bzw. 315 Abs. 1 Satz 3 HGB noch weiter konkretisiert. Danach sind die für die Geschäftstätigkeit bedeutsamsten *finanziellen Leistungsindikatoren* einzubeziehen und unter Bezugnahme auf die im Jahresabschluss bzw. Konzernabschluss ausgewiesenen Beträge und Angaben zu erläutern. Diese Angaben stellen somit ein Bindeglied zwischen Jahresabschluss/ Konzernabschluss und Lagebericht/ Konzernlagebericht dar.[254] Aufgrund der Ergänzungsfunktion der Lageberichterstattung sollen durch diese Analyse zeitraumbezogene Informationen über die Ereignisse und die Entwicklung des Geschäftsverlaufs im abgelaufenen Geschäftsjahr bereitgestellt werden, die ursächlich für die wirtschaftliche Lage am Stichtag und deren Abbildung aus finanzieller Perspektive in der Vermögens-, Finanz- und Ertragslage sind.[255] Neben diesen finanziellen Leistungsindikatoren hat gem. § 289 Abs. 3

249 *IDW PS 350*, Lageberichterstattung, 2006, Tz. 5.
250 *IDW PS 350*, Lageberichterstattung, 2006, Tz. 9.
251 Vgl. *Sieben/Gatzen/Husemann*, Unternehmensanalyse, 1988, S. 607.
252 Vgl. *Beck*, Kommentar, 2006, Tz. 25 zu § 289 HGB.
253 Vgl. *Beck*, Kommentar, 2006, Tz. 25 zu § 289 HGB.
254 Vgl. *Beck*, Kommentar, 2006, Tz. 33 zu § 289 HGB.
255 I.d.S. *DRS 15*, Lageberichterstattung, 2004, Tz. 45.

HGB bei großen Kapitalgesellschaften und gem. § 315 Abs. 1 Satz 4 HGB bei Konzernen diese Analyse auch unter Bezugnahme auf die für das Verständnis des Geschäftsverlaufs bzw. die wirtschaftliche Lage bedeutsamen *nichtfinanziellen Leistungsindikatoren* zu erfolgen. Diese nichtfinanziellen Leistungsindikatoren sind Kennzahlen für wettbewerbs- und erfolgsbestimmende Faktoren, die bspw. in Form des Kundenstamms oder des Humankapitals als selbst geschaffenes immaterielles Vermögen am Bilanzstichtag zwar nicht bilanziert werden dürfen und somit keinen Niederschlag in der Vermögenslage finden, für die Einschätzung der Leistungsfähigkeit des Unternehmens und somit für die wirtschaftliche Lage als Ganzes jedoch von enormer Bedeutung sind.[256] Durch die Analyse auf Basis der Leistungsindikatoren soll somit die Finanzberichterstattung inhaltlich und zeitlich ergänzt werden, denn die Leistungsindikatoren vermitteln in der Regel nicht nur ein umfassendes Bild von der gegenwärtigen wirtschaftlichen Lage, sondern fungieren ebenfalls als Frühindikatoren für künftige Erfolge und Liquiditätsüberschüsse und ermöglichen somit auch Rückschlüsse auf die künftige wirtschaftliche Lage, insbesondere auch auf die künftige Vermögens-, Finanz- und Ertragslage.[257] Die vom Gesetzgeber geforderte Analyse hat somit unter Rückgriff auf Kennzahlen zu erfolgen, die in aggregierter Form Hinweise auf das gegenwärtige oder zukünftige Leistungsniveau einer Organisation (Unternehmen oder Konzern) geben.[258] Oder Bezug nehmend auf die in Kapitel 2.6.5 definierten Systemziele des MCF hat die ergänzende Berichterstattung im Lagebericht bzw. Konzernlagebericht auf Basis von Kennzahlen zu erfolgen, die über die Performance des Unternehmens als umfassendes, die Effektivität und Effizienz beinhaltendes Leistungsmaß des Unternehmens bzw. Konzerns Aufschluss geben sollen.[259] Dies dürfte auch durch den Originalwortlaut der Modernisierungsrichtlinie, welche durch das BilReG in deutsches Recht transformiert wurde, klar werden, in der allgemein von „performance of the business“ gesprochen wird.[260]

Nachdem nun generell dargelegt wurde, wie weit der Begriff der Lage nach BilReG zu verstehen ist und was der Gesetzgeber unter den finanziellen und nichtfinanziellen Leistungsindikatoren versteht, die der Analyse des Geschäftsverlaufs und der Lage zugrunde zu legen sind, ist noch nicht hinreichend geklärt, wann diese Analyse hinsichtlich Art und Umfang ein den tatsächlichen Verhältnissen entsprechendes Bild i.S. der gesetzlichen Anforderungen vermittelt. Im Speziellen kann das hierfür benötigte Soll-Objekt natürlich nur für den jeweiligen

---

256 Vgl. *Freidank/Steinmeyer*, Fortentwicklung, 2005, S. 2512; *Wolf*, BilReG, 2005, S. 439.

257 Vgl. *DRS 15*, Lageberichterstattung, 2004, Tz. 30 ff.; *Freidank/Steinmeyer*, Fortentwicklung, 2005, S. 2512; *IDW*, WP-Handbuch, 2006, F 869.

258 *Beck*, Kommentar, 2006, Tz. 31, zu § 289 HGB schließt aus dem Gesetzeszusammenhang, dass es sich bei den Leistungsindikatoren um Merkmale handelt, die als Hinweis auf die im Geschäftsjahr erbrachte Leistung dienen.

259 Zu den Systemzielen des erweiterten Rahmenkonzepts vgl. Tab. 2-6: „Systemziele des des Management-Control-Framework“, S. 130.

260 Vgl. *E-DRS 20*, Lageberichterstattung, 2003, Anhang A.

betrieblichen Einzelfall unter Beachtung und Auslegung der Anforderungen der oben unter Kapitel 3.5.3.2.2.1 dargestellten Rechnungslegungsnormen erfolgen.[261] Allerdings kann dieses Soll-Objekt unter Berücksichtigung der in DRS 15 definierten Grundsätze ordnungsmäßiger Lageberichterstattung bereits auf genereller Basis konkreter gefasst und damit das prüferische Soll-Objekt besser umrissen werden. Dem Grundsatz der *Vermittlung aus Sicht der Unternehmensleitung* ist demnach zu entnehmen, dass den Lageberichtsadressaten diejenigen Informationen zur Verfügung gestellt werden sollen, die auch die Unternehmensleitung zur Steuerung und Überwachung ihrer Geschäftstätigkeit nutzt.[262] Da es sich bei diesen Informationen um eine ausgewogene und umfassende Analyse handeln soll, ist des Weiteren eine systematische Untersuchung verlangt, die unter Berücksichtigung des Grundsatzes der *Vollständigkeit* alle wesentlichen Informationen zu liefern hat, um den Geschäftsverlauf und die Lage, verstanden als die Performance des Unternehmens widerspiegelndes Leistungsmaß, beurteilen zu können.[263] Und schließlich verlangt der Grundsatz der *Verlässlichkeit*, dass die Informationen zutreffend und nachvollziehbar sein müssen.[264] Dies stellt letztlich auch Anforderungen an die Verfahren und Methoden, die der Gewinnung und Aufbereitung der zu berichtenden Informationen dienen. Da die Informationen grundsätzlich aus Sicht der Unternehmensleitung darzustellen sind, müssen folglich die Systeme, die die Unternehmensleitung hierfür nützt, verlässliche Informationen liefern. Dies wiederum ist unter Berücksichtigung der in Kapitel 2.6.4.3 definierten Qualitätskriterien dann gegeben, wenn die Informationen die Kriterien der Vollständigkeit, Richtigkeit, Gültigkeit und Zugriffsbeschränkung im dort definierten Umfang erfüllen.[265] Voraussetzung für eine ordnungsmäßige Berichterstattung über den Geschäftsverlauf und die Lage der Gesellschaft ist daher ein *Management-Informationssystem*, welches die Unternehmensleitung vollständig, richtig und gültig über die Performance, verstanden als umfassendes, die Effektivität und Effizienz beinhaltendes Leistungsmaß des Unternehmens,[266] informiert. Derartige Informationen bilden somit auch gleichzeitig eine notwendige Voraussetzung dafür, dass die Unternehmensleitung ihrer Berichtspflicht im Lagebericht bzw. Konzernlagebericht ordnungsgemäß nachkommen kann. Als endgültig ordnungsgemäß i.S. einer zutreffenden Darstellung des Lagebilds kann die Berichterstattung im Lagebericht allerdings erst dann bezeichnet werden, wenn eine ange-

---

261 Vgl. Kapitel 3.5.3.2.2.1: Konkretisierung der Ordnungsmäßigkeit des Lageberichts/Konzernlageberichts und Bestimmung des Prüfungsumfangs, S. 205.

262 Vgl. *DRS 15*, Lageberichterstattung, 2004, Tz. 28 ff.

263 Vgl. *DRS 15*, Lageberichterstattung, 2004, Tz. 9 ff.

264 Vgl. *DRS 15*, Lageberichterstattung, 2004, Tz. 14 ff.

265 Vgl. hierzu die Ausführungen unter Kapitel 2.6.4.3: Konkretisierung der angemessenen Ausgestaltung des Management-Informationssystems mit Hilfe der Betriebswirtschaftslehre, S. 125 f.

266 Zu den Systemzielen des erweiterten Rahmenkonzepts vgl. Tab. 2-6: „Systemziele des des Management-Control-Framework", S. 130.

messen informierte Unternehmensleitung sich bei ihren Darstellungen im Lagebericht auch in dem ihr durch den Gesetzgeber eingeräumten Ermessensspielraum bewegt. Denn andernfalls würde es sich um eine durch den Gesetzgeber nicht tolerierbare Beeinflussung der Lageberichtsadressaten oder sogar um eine absichtliche Falschdarstellung seitens der Unternehmensleitung handeln.

Der Prüfer, dem es obliegt zu prüfen, ob der Lage- bzw. Konzernlagebericht eine zutreffende Darstellung der Lage des Unternehmens bzw. des Konzerns vermittelt,[267] hat hierfür ausreichende und angemessene Prüfungsnachweise einzuholen.[268] Aufgrund der obigen Ausführungen hat er folglich zunächst zu beurteilen, ob das *Management-Informationssystem* der Unternehmensleitung *angemessene Informationen* als Grundvoraussetzung für eine ordnungsgemäße Lageberichterstattung liefert und diese, wie bereits dargelegt, vollständig, richtig und gültig über die Performance, verstanden als umfassendes, die Effektivität und Effizienz beinhaltendes Leistungsmaß des Unternehmens,[269] informiert. Dies erreicht er, indem er im Rahmen einer Aufbauprüfung beurteilt, ob die Komponenten *Zielfestlegung*, *Problemfeststellung/-analyse*, *Alternativenbewertung* sowie *Kontrollaktivitäten* im Bereich der operativen Planung/Kontrolle als angemessen bezeichnet werden können. Hierfür wiederum liefern die in Kapitel 2.6.5 dargestellten Effektivitätskriterien einen geeigneten Beurteilungsrahmen,[270] der durch die in Anhang I dargestellten Grundsätze zu den entsprechenden Komponenten noch weiter konkretisiert wird. Eine derartige Aufbauprüfung war demzufolge insbesondere nach erstmaliger Anwendung der obigen Vorschriften des BilReG notwendig. In den Folgejahren wird sich die Aufbauprüfung dann in der Regel auf die Systemteile beschränken, in denen wesentliche Änderungen stattgefunden haben, was auch deshalb geboten ist, da derartige Änderungen im Lagebericht bzw. Konzernlagebericht anzugeben und zu erläutern sind.[271] Im Rahmen der jährlich durchzuführenden Funktionsprüfung hat der Prüfer dann zu beurteilen, ob die als angemessen eingestuften Methoden und Verfahren zur Informationsaufbereitung und Informationsverarbeitung auch sachgerecht angewendet wurden.[272]

Aufbauend auf diesen Erkenntnissen hat der Prüfer dann abschließend aufgrund einer *eigenen Beurteilung* der wirtschaftlichen Lage zu bewerten, ob die Unternehmensleitung sich bei ihren Entscheidungen über Art und Umfang der Darstellung

---

267 Vgl. *IDW PS 350*, Lagebericht, 2006, Tz. 5.

268 Zum Konzept der ausreichend und angemessenen Prüfungsnachweise vgl. *IDW PS 300*, Prüfungsnachweise, 2006, Tz. 6-13.

269 Zu den Systemzielen des erweiterten Rahmenkonzepts vgl. Tab. 2-6: Systemziele des Management-Control-Framework, S. 130.

270 Vgl. hierzu die Ausführungen unter Kapitel 2.6.5: Integration der Ergebnisse zum Management-Control-Framework, S. 127 ff.

271 Vgl. *DRS 15*, Lageberichterstattung, 2004, Tz. 39.

272 Zur Durchführung der Funktionsprüfung vgl. *IDW PS 300*, Prüfungsnachweise, 2006, Tz. 17-20.

der wirtschaftlichen Lage in der Berichterstattung auch in dem ihr vom Gesetzgeber vorgegebenen Ermessensspielraum bewegt und die Lagedarstellung schlussendlich als ordnungsgemäß bezeichnet werden kann.[273, 274] Hierzu hat der Prüfer seinerseits dann gem. § 321 Abs. 1 Satz 2 HGB im Prüfungsbericht Stellung zu nehmen. Erst wenn der Prüfer abschließend und auf Grundlage seiner Beurteilung zu der Einschätzung gelangt, dass der Lagebericht unter Einhaltung der relevanten Rechnungslegungsnormen erstellt wurde, stellt dieser auch das vom Gesetzgeber geforderte Bild zutreffend dar und kann daher als ordnungsgemäß gelten.

Prüfung des Management-Informationssystems auf strategischer Ebene

Eine weitere Änderung des BilReG betrifft die Prognoseberichterstattungspflicht, die um die Berichterstattung über die Chancen der künftigen Entwicklung erweitert wurde. Gemäß § 289 Abs. 1 Satz 4 und § 315 Abs. 1 Satz 5 HGB ist daher im Lagebericht die voraussichtliche Entwicklung mit ihren wesentlichen *Chancen und Risiken* zu beurteilen und zu erläutern, wobei zugrunde liegende Annahmen anzugeben sind. Der Prüfer wiederum hat gem. § 317 Abs. 2 Satz 2 HGB zu prüfen, ob diese Darstellung über die Chancen und Risiken der künftigen Entwicklung zutreffend ist.[275] Hinsichtlich der Prüfung dieser zukunftsorientierten Angaben im Lagebericht bzw. Konzernlagebericht konkretisiert der IDW PS 350 weiter, dass diese gänzlich in die Prüfung einzubeziehen sind und zu beurteilen ist, ob diese vor dem Hintergrund des Jahresabschlusses plausibel erscheinen. Hierzu zählt auch, ob die der Prognoseerstellung zugrunde liegenden Annahmen und Wirkungszusammenhänge, die Art der Schätzung sowie deren Zeithorizont hinreichend erläutert wurden.[276] Diese Prüfung setzt daher ebenfalls zunächst voraus, dass sich der Prüfer von der *Zuverlässigkeit* und *Funktionsfähigkeit* der Systeme überzeugt, die für die Herleitung der Angaben im Lagebericht bzw. Konzernlagebericht von Bedeutung sind.[277] In diesem Zusammenhang führt der Prüfungsstandard weiter aus, dass bei Prognosen auch zu prüfen ist, ob die verwendete Methodik bzw. das Verfahren für die Aufgabenstellung sachgerecht ist und richtig gehandhabt wurde.[278] Mit anderen Worten: Es ist hier die Gültigkeit der Methode bzw. des Verfahrens zur Bereitstellung

---

273 Bzgl. der Stellungnahme zur Lagebeurteilung der gesetzlichen Vertreter vgl. *IDW PS 450*, Prüfungsbericht, 2006, Tz. 28 ff.

274 Allein um diese Beurteilung sachgerecht durchführen zu können, ist es aber erforderlich, dass der Abschlussprüfer in gleicher Weise über die prüfungsrelevante Unternehmensrealität informiert ist wie ein sorgfältiger Abschlussersteller, da er sonst das prüferische Soll-Objekt für den betrieblichen Einzelfall nicht zuverlässig abzuleiten vermag, was im Umkehrschluss ebenfalls wiederum die Prüfung der Angemessenheit der Urteilsbasis und somit des Management-Informationssystems auf operativer Ebene erforderlich macht. I.d.S. auch *Sieben/Gatzen/Husemann*, Unternehmensanalyse, 1988, S. 609.

275 Vgl. *IDW PS 350*, Lagebericht, 2006, Tz. 7.

276 Vgl. *IDW PS 350*, Lagebericht, 2006, Tz. 7.

277 Vgl. *IDW PS 350*, Lagebericht, 2006, Tz. 21.

278 Vgl. *IDW PS 350*, Lagebericht, 2006, Tz. 23.

der benötigten Prognoseinformationen und die Richtigkeit der Prognosedurchführung zu prüfen. Aus dem Grundsatz der Vollständigkeit und der Wesentlichkeit in Bezug auf den Lagebericht lässt sich des Weiteren ableiten, dass alle wesentlichen gesetzlich geforderten Prognoseinformationen im Lagebericht darzustellen und somit zu prüfen sind.[279] Insofern lässt sich aus Sicht des Prüfers festhalten, dass er in Bezug auf die prognoseorientierte Prüfung des Lageberichts zunächst zu beurteilen hat, ob die Unternehmensleitung über ein angemessenes Management-Informationssystem verfügt, welches ihr die wesentlichen berichtspflichtigen Informationen vollständig zur Verfügung stellt.[280] Ferner ist zu prüfen, ob dieses System zur Generierung dieser Informationen über gültige Methoden und Verfahren der *Informationsaufbereitung* verfügt und diese auch richtig angewendet wurden.[281, 282] Hierfür wiederum liefern die in Kapitel 2.6.5 dargestellten Effektivitätskriterien einen geeigneten Rahmen[283] zur Beurteilung des Management-Informationssystems, der durch die in Anhang I dargestellten Grundsätze noch weiter konkretisiert wird. Das MCF stellt somit ein geeignetes Soll-Objekt zur Beurteilung dar, ob die Unternehmensleitung ein angemessenes System eingerichtet hat, um die Informationen in der geforderten Qualität zu erlangen, die sie als Grundlage für eine ordnungsmäßige Prognoseberichterstattung benötigt, was wiederum aufgrund der obigen Ausführungen durch den Prüfer in einem ersten Schritt zu prüfen ist.

Dabei ist allerdings nicht das gesamte Management-Informationssystem prüfungsrelevant, sondern nur die Komponenten des MCF, deren Angemessenheit und Wirksamkeit notwendige Voraussetzung für die Ordnungsmäßigkeit der Risiko- bzw. Prognoseberichterstattung sind. Diese sollen daher im Folgenden durch eine nähere Analyse der berichtspflichtigen Prognoseinformationen abgegrenzt werden. Zu diesen Informationen zählen in erster Linie aufgrund des Gesetzwortlauts des § 289 bzw. § 315 HGB die Chancen und Risiken der künftigen Entwicklung. Eine nähere Definition dieses Begriffs gibt der Gesetzgeber jedoch nicht. In Anlehnung an die Definition im DRS 5 und der h.M. der Literatur zur Lageberichterstattung nach BilReG sind hierunter alle möglichen Ereignisse und Entwicklungen innerhalb und außerhalb der Unternehmung zu verstehen, die sich

279 Vgl. *Kaiser*, BilReG, 2005, S. 413.

280 I.d.S. wohl auch *IDW*, WP-Handbuch, 2006, R 649; *Kaiser*, Zukunftsorientierte Lageberichterstattung, 2005, S. 346; *Giese*, Risikomanagementsystemprüfung, S. 455 f.; *Marten/Quick/Ruhnke*, Lexikon, 2006, S. 570; *Scherff/Willeke*, Lagebericht, 2006, S. 146.

281 I.d.S. *Giese*, Risikomanagementsystemprüfung, S. 455 f.; *IDW*, WP-Handbuch, 2006, R 651; *Lachnit/Müller*, Risikomanagement, 2001, S. 388.

282 Die Angemessenheit der Informationsverarbeitung und -weiterleitung ist natürlich ebenfalls zu prüfen. Dies ist allerdings Aufgabe eines angemessenen und funktionsfähigen Internen Kontrollsystems und wird daher erst auf den folgenden Seiten (Prüfung des Internen Kontrollsystems) behandelt.

283 Vgl. hierzu die Ausführungen unter Kapitel 2.6.5: Integration der Ergebnisse zum Management-Control-Framework, S. 127 ff.

während des Prognosezeitraums, der in der Regel mindestens 24 Monate beträgt,[284] positiv bzw. negativ auf die Erreichung der Unternehmensziele und damit auch auf die Lage der Kapitalgesellschaft auswirken können.[285] Des Weiteren muss in diesem Zusammenhang auch über die Stärken und Schwächen des Unternehmens bzw. des Konzerns berichtet und künftige Entwicklungstrends aufgezeigt werden.[286] Voraussetzung für die Berichtspflicht ist somit, dass die Unternehmensleitung angemessen über die gegenwärtige und künftige Wettbewerbsposition und über alle auf die Unternehmensziele wirkenden Ereignisse informiert ist, die sich wesentlich auf die Vermögens-, Finanz- und Ertragslage auswirken können.[287] Insofern hat sich der Prüfer mit der Angemessenheit der Komponente *Problemfeststellung/ -analyse* in Bezug auf die strategische Planung/ Kontrolle und in Bezug auf das Chancen- und Risikomanagement zu beschäftigen.[288]

Dadurch, dass die erkannten Chancen und Risiken quantifiziert und unter Berücksichtigung wirksamer Risiko- bzw. Chancensteuerungsmaßnahmen darzustellen sind, wenn dies nach anerkannten und verlässlichen Methoden möglich ist,[289] hat sich der Prüfer außerdem auch mit den auf das Chancen- und Risikomanagement gerichteten Teilen der Komponente *Alternativenbewertung* auseinanderzusetzen und deren Angemessenheit in Bezug auf die Chancen- und Risikobewertung zu beurteilen, damit er sich auch von der Verlässlichkeit der hierfür eingesetzten Methodik überzeugen kann. Eine Einschätzung der Komponente in Bezug auf die strategische Planung/ Kontrolle ist dagegen nicht notwendig, da der DRS 15 keine Berichterstattung über die vom Unternehmen während des Prognosezeitraums durchzuführenden strategischen Maßnahmen vorsieht.[290] Für den Fall, dass der Mandant hierüber freiwillig berichtet, wären diese Teile allerdings ebenfalls Gegenstand der Aufbauprüfung.

Im Rahmen der durchzuführenden Funktionsprüfung hat der Prüfer dann zu beurteilen, ob die als angemessen eingestuften Methoden und Verfahren zur In-

---

284 Zum Prognosezeitraum vgl. *DRS 15*, Lageberichterstattung, 2004, Tz. 84.

285 Vgl. *Buchheim/ Knorr*, Lagebericht, 2006, S. 421; *DRS 5*, Risikoberichterstattung, 2001, Tz. 9; *IDW*, WP-Handbuch, 2006, F 880; *Kaiser*, BilReG, 2005, S. 412.

286 Vgl. *DRS 15*, Lageberichterstattung, 2004, Tz. 29 und 86.

287 Im Gegensatz zu den Maßnahmen gem. § 91 Abs. 2 AktG, die der Früherkennung bestandsgefährdender Risiken dienen, muss im Lagebericht über alle *wesentlichen Risiken* berichtet werden. Da diese natürlich vorher erkannt werden müssen, stellt die Lageberichterstattung insofern höhere Anforderungen an die Sensitivität des Risikofrüherkennungssystems.

288 Zur Verdeutlichung dieser Zuordnung vgl. auch Tab. 2-7: „Effektivitätskriterien für die Komponenten des Management-Control-Framework", S. 140.

289 Vgl. *DRS 5*, Risikoberichterstattung, 2001, Tz 20/ 21, und *Kaiser*, BiLReG, 2005, S. 416 f., die von einer Anwendung dieser Vorschrift auch auf die Darstellung der Chancen ausgeht.

290 I.d.S. auch *Fink/Keck*, Lageberichterstattung, 2005, S. 141.

formationsaufbereitung der prüfungsrelevanten Komponenten auch sachgerecht angewendet wurden.[291]

Aufbauend auf diesen Erkenntnissen über die Angemessenheit und Wirksamkeit des Management-Informationssystems zur Bereitstellung der für die Prognose- und Risikoberichterstattung relevanten Informationen hat der Prüfer dann im zweiten Schritt die Ausübung des Ermessens der Unternehmensleitung bei der Aufstellung des Prognose- und Risikoberichts zu prüfen. Die Ermessensspielräume betreffen hier bspw. die Auslegung der Wesentlichkeit, die Abwägung der Darstellung durch qualitative und quantitative Angaben sowie die Länge des Prognosezeitraums.[292] Die Entscheidung der Unternehmensleitung hierüber hängt somit nicht primär von der Angemessenheit der Informationsgrundlage ab, sondern wird bspw. auch durch die Investor-Relationship-Strategie bzw. Abschlusspolitik des Unternehmens bzw. Konzerns mit beeinflusst.[293] Um die Ordnungsmäßigkeit des Prognose- bzw. Risikoberichts abschließend beurteilen zu können, hat der Prüfer daher auch in diesem Fall noch zu prüfen, ob – angemessene Informationen vorausgesetzt – die Ermessensausübung der Unternehmensleitung sich bei der Berichterstellung in dem durch den Gesetzgeber vorgegebenen Rahmen bewegt.[294] Hierzu hat er dann ebenfalls nach § 321 Abs. 1 Satz 2 HGB Stellung zu nehmen und insbesondere auch auf die Chancen- und Risikodarstellungen einzugehen, die er aufgrund der vorhandenen Informationsbasis als grenzwertig erachtet.[295] Erst wenn der Prüfer auf Grundlage seiner eigenen Beurteilung zu der Überzeugung gelangt, dass die Unternehmensleitung die ihr gesetzten Ermessensgrenzen bei der formalen und inhaltlichen Gestaltung des Lageberichts bzw. Konzernlageberichts nicht überschritten hat, kann dieser schließlich auch in Bezug auf die Prognose- und Risikoberichterstattung als ordnungsgemäß i.S. des Gesetzes bezeichnet werden.

Prüfung des Steuerungssystems

Sofern die Darstellung der Risiko- und Chancenpositionen im Lagebericht bzw. Konzernlagebericht unter Berücksichtigung von Risiko- und Chancensteuerungsmaßnahmen erfolgte, geht die Verantwortung des Prüfers weiter. Aufgrund seiner berufsüblich kritischen Grundhaltung wird er in diesem Zusammenhang nicht umhin kommen, auch ausreichende und angemessene Prüfungsnachweise dahingehend einzuholen,[296] dass die von der Unternehmensleitung geplanten

---

291 Zur Durchführung der Funktionsprüfung vgl. *IDW PS 300*, Prüfungsnachweise, 2006, Tz. 17-20.

292 Vgl. *Kaiser*, Jahresabschlussprüfung, 2005, S. 2311; ähnlich auch *Scherff/Willeke*, Lagebericht, 2005, S. 146.

293 Zur Abschlusspolitik vgl. *Marten/Quick/Ruhnke*, Lexikon, 2006, S. 8 f.

294 Vgl. *Kaiser*, Jahresabschlussprüfung, 2005, S. 2311.

295 Vgl. *IDW PS 450*, Prüfungsbericht, 2006, Tz. 33.

296 Zum Konzept der Prüfungsnachweise vgl. *IDW PS 300*, Prüfungsnachweise, 2006, Tz. 6-13.

Maßnahmen auch tatsächlich umgesetzt werden bzw. wurden.[297] D.h., er hat zu beurteilen, ob hierfür angemessene organisatorische Vorkehrungen getroffen wurden und insofern deren Umsetzung als hinreichend sicher angesehen werden kann. Hierfür hat sich der Prüfer noch mit den auf das Chancen- und Risikomanagement gerichteten Teilen der Komponente *Umsetzung der Entscheidung* zu beschäftigen und im Rahmen der Aufbauprüfung zu beurteilen, ob diese angemessen ist, wofür er ebenfalls die in Kapitel 2.6.5 dargestellten Effektivitätskriterien und die in Anhang I definierten Grundsätze für diese Komponente heranziehen kann.[298] Die Wirksamkeit dieser Steuerungsmaßnahmen während des Prüfungszeitraums hat er ebenfalls durch entsprechende Funktionstests zu belegen.[299]

Prüfung des Internen Kontrollsystems

Zur hinreichenden Sicherstellung der Glaubwürdigkeit bzw. der Verlässlichkeit der Informationen, auf die sich die Unternehmensleitung bei ihren Analysen, Einschätzungen und Erläuterungen in der Lageberichterstattung stützt, hat sich der Abschlussprüfer neben der Angemessenheit der Methodik bzw. des Verfahrens zur Informationsaufbereitung auch mit den Verfahren, Maßnahmen und Regelungen zu beschäftigen, die die Angemessenheit der *Informationsverarbeitung* und *Informationsweiterleitung* sicherstellen sollen.[300] Ebenso hat der Prüfer sich von der Angemessenheit der Verfahren, Maßnahmen und Regelungen zu überzeugen, die der *Durchsetzung* der geplanten *Chancen-* und *Risikosteuerungsmaßnahmen* dienen, da dies sonst ebenfalls nicht als hinreichend sicher angesehen werden kann. Der Prüfer muss folglich eine Aufbau- und Funktionsprüfung der in diesem Zusammenhang von der Unternehmensleitung eingerichteten Maßnahmen der Internen Kontrolle durchführen, die auf die sachgerechte Verfahrensdurchführung der Informationsgewinnung und -weiterleitung sowie auf die Durchsetzung der Chancen- bzw. Risikosteuerungsmaßnahmen gerichtet sind, sowie für deren Angemessenheit und Funktionsfähigkeit ausreichende und angemessene Prüfungsnachweise einholen.[301] Letzteres ist dann gewährleistet, wenn der Prüfer sich in dem Umfang mit den prüfungsrelevanten Teilen des Internen Kontrollsystems beschäftigt, wie es der IDW PS 261 vorschreibt. Demnach sind die auf die oben als prüfungsrelevant abgegrenzten Komponenten gerichteten Teile des *Internen Kontrollsystems* ebenfalls prüfungsrelevant. Der Prüfer hat folglich zur Beurteilung dieser Teile auch eine Aufbauprüfung durchzuführen, die zusätzlich die Komponenten *Internes Umfeld*, *Kontrollaktivitäten*, *Information und Kommunikation*, *Überwachung* umfasst und – sofern deren Angemessenheit gegeben ist – ent-

---

297 Vgl. *IDW*, WP-Handbuch, 2006, P 93 ff.

298 Vgl. hierzu die Ausführungen unter Kapitel 2.6.5: Integration der Ergebnisse zum Management-Control-Framework, S. 127 ff.

299 Zur Durchführung der Funktionsprüfung vgl. *IDW PS 300*, Prüfungsnachweise, 2006, Tz. 17-20.

300 Für diese Auslegung spricht auch *IDW PS 350*, Lagebericht, 2006, Tz. 18.

301 Für diese Auslegung spricht auch *IDW PS 200*, Grundsätze, 2000, Tz. 17.

sprechende Prüfungsnachweise über die Funktionsfähigkeit des Internen Kontrollsystems einzuholen.[302]

Abschließend soll zur Klarstellung an dieser Stelle noch auf die bestehenden Erläuterungspflichten zum Risikomanagement in der externen Berichterstattung und deren mögliche Konsequenzen für eine Systemprüfungspflicht eingegangen werden. Zum einen sind dies die gem. § 289 Abs. 2 Nr. 2a HGB bzw. § 315 Abs. 2 Nr. 2a HGB geforderten Angaben, die vorsehen, dass bei Verwendung von Finanzinstrumenten auch die diesbezüglich eingesetzten Risikomanagementziele und -methoden anzugeben sind; zum anderen ist dies die Forderung des DRS 5, nach der im Lagebericht das Risikomanagement in einem angemessenen Umfang zu beschreiben ist.[303] In beiden Fällen handelt es sich allerdings nur um eine Beschreibung des Systems und nicht um eine materielle Wertung der Systemausgestaltung. Der Prüfer hat daher in diesem Zusammenhang nur zu prüfen, ob die Unternehmensleitung ihrer Erläuterungspflicht in vollem Umfang nachgekommen ist.[304] Eine Pflicht zur Prüfung der Angemessenheit des Systems lässt sich hieraus jedoch nicht ableiten, vielmehr dienen diese Angaben dazu, dass der Berichtsadressat eine eigene Einschätzung der Angemessenheit des Risikomanagementsystems vornehmen kann. Anders ist der Fall allerdings dann gelagert, wenn sich die Unternehmensleitung bei ihren Ausführungen nicht auf eine bloße Darstellung beschränkt und die Einschätzung des Berichtsadressaten dadurch beeinflusst, dass sie ihre Maßnahmen auch wertet, indem sie bspw. ausführt: „Diese sind angemessen, um die Anforderungen gem. § 91 Abs. 2 AktG zu erfüllen." In diesem Fall geht die Verantwortung des Prüfers weiter, denn jetzt hat er auch für diese Aussage der Unternehmensleitung ausreichende und angemessene Prüfungsnachweise einzuholen, d.h. eine Systemprüfung durchzuführen, um die Angemessenheit des Systems in Bezug auf die gem. § 91 Abs. 2 AktG zu ergreifenden Maßnahmen beurteilen zu können.[305] Folglich hätte sich der Prüfer mit dem MCF in dem Umfang auseinanderzusetzen, wie es bereits in Kapitel 3.5.2 „Prüfungsrelevante Komponenten zur Beurteilung der gem. § 91 Abs. 2 AktG ergriffenen Maßnahmen" dargelegt wurde, weshalb an dieser Stelle hierauf verwiesen wird.[306]

3.5.3.2.2.3 Zwischenergebnis und prüfungsrelevante Komponenten im Überblick

Die Erstellung des Lageberichts bzw. des Konzernlageberichts unter Maßgabe der gesetzlichen Vorschriften ist Aufgabe einer sorgfältigen Unternehmensleitung, da

---

302 Vgl. *IDW PS 261*, Beurteilung von Fehlerrisiken, 2006, Tz. 40-60 i.V.m. Tz. 73-79 und *IDW PS 300*, Prüfungsnachweise, 2006, Tz. 17-20.

303 Vgl. *DRS 5*, Risikoberichterstattung, 2001, Tz. 28.

304 So auch *IDW PS 350*, Lagebericht, 2006, Tz. 27.

305 I.d.S. *IDW*, WP-Handbuch, 2006, P 96.

306 Vgl. Kapitel 3.5.2: Prüfungsrelevante Komponenten zur Beurteilung der gem. § 91 Abs. 2 AktG ergriffenen Maßnahmen, S. 174.

diese auch die Verantwortung für die Verlässlichkeit und Ordnungsmäßigkeit der externen und internen Berichterstattung trägt.[307] Im Rahmen des BilReG wurden die inhaltlichen Anforderungen an diese Berichterstattung, wie oben aufgezeigt, deutlich erweitert. Die Grundvoraussetzung dafür, dass die Unternehmensleitung diesen Berichtspflichten ausreichend nachkommen und insbesondere im Wirtschaftsbericht die geforderten Erläuterungen und Analysen zum Geschäftsverlauf und zur wirtschaftlichen Lage vornehmen kann, ist daher, dass sie ein angemessenes Management-Informationssystem eingerichtet hat, welches sie über den Zielerreichungsgrad der der Zielkategorie „Wirksamkeit und Wirtschaftlichkeit" zuzuordnenden betrieblichen Ziele ausreichend und umfassend informiert. Das Management-Informationssystem muss hierfür entsprechende Methoden, Verfahren und Instrumente bereitstellen, die gewährleisten, dass die Unternehmensleitung über die Performance des Unternehmens, verstanden als umfassendes, die Effektivität und Effizienz beinhaltendes Leistungsmaß des Unternehmens, vollständig, richtig und gültig informiert ist.

Ferner wurde durch das BilReG die Prognoseberichterstattung um die Chancenperspektive erweitert. Demnach hat die Unternehmensleitung auch über alle wesentlichen Chancen und Risiken der künftigen Entwicklung zu berichten. Die Informationsbasis für diese Berichtspflicht bildet ebenfalls ein angemessen ausgestaltetes Management-Informationssystem, welches die Unternehmensleitung ausreichend über alle Ereignisse informiert, die hinsichtlich der Zielkategorien „Sicherung und Ausbau der langfristigen Erfolgspotenziale" sowie „Wirksamkeit und Wirtschaftlichkeit der Geschäftstätigkeit" zu einer negativen oder positiven Zielabweichung bei den diesen Zielkategorien zugeordneten betrieblichen Zielen führen.[308] Hierfür hat das Management-Informationssystem ebenfalls geeignete Methoden und Verfahren der Ereignisidentifikation sowie der Chancen- und Risikobewertung bereitzustellen, um die Grundvoraussetzung dafür zu schaffen, dass die Unternehmensleitung auch ihrer diesbezüglich bestehenden Berichtspflicht sachgerecht nachkommen kann.

Auf Grundlage dieser durch das Management-Informationssystem bereitgestellten Informationen muss die Unternehmensleitung dann abschließend, unter Beachtung der durch den Gesetzgeber gesteckten Ermessensgrenzen, über die formale und inhaltliche Ausgestaltung des Lageberichts bzw. Konzernlageberichts entscheiden und diesen erstellen.

---

307 Vgl. hierzu auch die Ausführungen unter Kapitel 2.1.4: Verlässlichkeit und Ordnungsmäßigkeit der internen und externen Berichterstattung, S. 48 ff.

308 Zu den Zielkategorien „Sicherung und Ausbau der langfristigen Erfolgspotenziale" und „Wirksamkeit und Wirtschaftlichkeit der Geschäftstätigkeit" vgl. die Ausführungen unter Kapitel 2.1.2: Sicherung und Ausbau der langfristigen Erfolgspotenziale, S. 41 ff., und Kapitel 2.1.3: Wirksamkeit und Wirtschaftlichkeit der Geschäftstätigkeit, S. 46 ff.

Die Prüfung der Ordnungsmäßigkeit der Darstellungen im Lagebericht liegt im Verantwortungsbereich des Abschlussprüfers. Dieser hat daher zunächst zu beurteilen, ob die Unternehmensleitung dahingehend angemessen informiert ist, dass sie die im Lagebericht bzw. Konzernlagebericht geforderten Erläuterungen und Analysen auch sachgerecht vornehmen kann. Diese Prüfung erfolgt indirekt; Gegenstand der Prüfungshandlungen ist die Angemessenheit und die Wirksamkeit des hierfür benötigten Management-Informationssystems. Aufbauend auf diesen Kenntnissen hat der Prüfer eine eigene Einschätzung der gegenwärtigen und künftigen wirtschaftlichen Lage des Unternehmens bzw. Konzerns inklusive der Chancen und Risiken vorzunehmen. Hieraus zieht er dann begründete Schlussfolgerungen über eine ordnungsgemäße Aufbereitung der Berichtsinhalte im Lagebericht und beurteilt auf dieser Basis abschließend, ob sich die gesetzlichen Vertreter bei ihrer Darstellung in dem vom Gesetzgeber aufgezeigten Ermessensspielraum bewegen und daher der Lagebericht sowohl formal als auch inhaltlich als ordnungsgemäß bezeichnet werden kann.

Da der Prüfer außerdem aufgrund seiner berufsüblich kritischen Grundhaltung nicht blind darauf vertrauen darf, dass die prüfungsrelevanten Informationen, die den gesetzlichen Vertretern zugehen, anschließend sachgerecht verarbeitet und weitergeleitet wurden, hat er in diesem Zusammenhang auch die Angemessenheit und Wirksamkeit des zu diesem Zweck von der Unternehmensleitung eingerichteten Internen Kontrollsystems zu beurteilen.

Ausreichende und angemessene Prüfungsnachweise zur Beurteilung der Ordnungsmäßigkeit der Lagebericht- bzw. Konzernlageberichterstattung können folglich nur dann erlangt werden, wenn der Prüfer sich im hier dargelegten Umfang Prüfungsnachweise über die Angemessenheit und Wirksamkeit des Management-Informationssystems und des Internen Kontrollsystems verschafft. Hierfür liefert ihm das MCF für die in diesem Teilkapitel als prüfungsrelevant herausgearbeiteten Komponenten ein geeignetes Soll-Objekt, welches durch die in Anhang I dargestellten Grundsätze weiter konkretisiert wird.

Zusammenfassend sind die prüfungsrelevanten Komponenten des MCF aufgrund der Pflicht zur gewissenhaften Prüfung des Prüfungsobjekts „Lagebericht bzw. Konzernlagebericht“ in der Relevanzcheckliste (Tab. 3-7) gekennzeichnet:

Tab. 3-7: Relevante Komponenten zur Prüfung des Lageberichts bzw. Konzernlageberichts

	Sicherung und Ausbau der langfristigen Erfolgspotenziale	**Wirksamkeit und Wirtschaftlichkeit der Geschäftstätigkeit**	**Verlässlichkeit und Ordnungsmäßigkeit der (internen) und externen Berichterstattung**	**Einhaltung von sonstigen Gesetzen und Vorschriften**
Internes Umfeld	(✓)	✓	✓	(✓)
Zielfestlegung	▨	✓	▨	▨
Problemfeststellung/-analyse	✓	✓	✓	(✓)
Alternativenbewertung	(✓)	✓	✓	(✓)
Umsetzung der Entscheidung		(✓)	✓	(✓)
Kontrollaktivitäten	(✓)	✓	✓	(✓)
Information und Kommunikation	(✓)	✓	✓	(✓)
Überwachung	(✓)	✓	✓	(✓)

▨	Ziele sind durch externe Institutionen vorgegeben und somit durch das Management nicht oder nur bedingt beeinflussbar.
✓	Zur Beurteilung des Prüfungsobjekts ist die Angemessenheit und Wirksamkeit der jeweiligen System-Komponente hinsichtlich der zugeordneten betrieblichen Ziele gänzlich für die Prüfung relevant, um die Angemessenheit und Verlässlichkeit der Informationsbasis der Unternehmensleitung bzw. die Sachgerechtigkeit ihrer Ermessensausübung bei den Darstellungen im Lagebericht beurteilen zu können.
(✓)	Zur Beurteilung des Prüfungsgegenstands ist die Angemessenheit und Wirksamkeit der jeweiligen System-Komponente hinsichtlich der zugeordneten betrieblichen Ziele nur hinsichtlich der auf das Chancen- und Risikomanagement gerichteten Teile für die Prüfung relevant.

3.5.3.2.3 Prüfungsobjekt Management-Informationen mit Bezug zur Rechnungslegung und Management-Informationen in der Rechnungslegung

Die Gesetzesinitiativen auf europäischer Ebene haben dazu geführt, dass die Informationsfunktion der Rechnungslegung zunehmend an Bedeutung gewinnt und mit ihr die Berichterstattung über zukunftsorientierte bzw. prognostische Daten.[309, 310] So erhielt bspw. mit Umsetzung der Fair-Value-Richtlinie durch

309 Zu den Gesetzesinitiativen im Überblick vgl. *Pfitzer/Oser/Orth*, Reformgesetze, 2005, S. 16 ff.

das BilReG die Bewertung von Finanzinstrumenten mit den beizulegenden Zeitwerten Einzug in das Handelsrecht. Des Weiteren führte die Verabschiedung der IAS-Verordnung auf europäischer Ebene und deren Verankerung im HGB dazu, dass kapitalmarktorientierte Unternehmen gem. § 315a HGB ihre Konzernabschlüsse nach den IFRS-Standards zu erstellen haben. Im Vergleich zur Rechnungslegung nach HGB sind insbesondere die Bewertungsmethoden der IFRS-Standards in verstärktem Maße durch geschätzte Werte vor allem in Form von Zeitwerten geprägt,[311] die ihren Niederschlag bspw. in IAS 11 (Werte in Zusammenhang mit dem Fertigstellungsgrad von Fertigungsaufträgen), IAS 16.57, IAS 38.80-99 (Nutzungsdauer), IAS 36.30-54 (Nutzungswert) und IAS 37.36, IAS 39.46-48 i.V.m. IAS 39.AG69-AG82, IAS 40.33-52, IAS 41.12-25 (geschätzte Werte bzw. geschätzte Fair Values) finden. Neben diesen Beispielen, die die zunehmende Bedeutung von Zeit- und Schätzwerten in der internationalen Rechnungslegung unterstreichen, ist allerdings anzumerken, dass auch für die Rechnungslegung nach HGB diese Werte kein Novum darstellen. Vielmehr finden sich hier ebenfalls zahlreiche Beispiele, u.a. die Bemessung der planmäßigen und außerplanmäßigen Abschreibungen im Anlagevermögen gem. § 253 Abs. 1 i.V.m. Abs. 2 HGB, die verlustfreie Bewertung unfertiger und fertiger Erzeugnisse gem. § 253 Abs. 3 HGB sowie die Bewertung von Rückstellungen nach vernünftiger kaufmännischer Beurteilung gem. § 253 Abs. 1 HGB.[312] Diesen Schätzwerten, zu denen auch die Zeitwerte zählen, ist gemeinsam, dass eine exakte Ermittlung nicht möglich ist,[313] nicht zuletzt gerade deshalb, weil es sich in starkem Maße um prognostizierte Werte handelt.[314] Die Ermittlung dieser Werte erfordert daher oftmals eine umfassende Analyse von aktuellen Informationen zu bestimmten Sachverhalten, Geschäftsvorfällen oder Ereignissen sowie Prognosen über künftige Umweltzustände und Ereignisse.[315]

Für die Bereitstellung dieser Informationen reicht die Datenbasis des externen Rechnungswesens, die in erster Linie vergangenheitsorientiert ist und eine Dokumentations- bzw. Beweissicherungsfunktion übernimmt, nicht aus.[316] Das Management muss zur Abgabe dieser Schätzungen vielmehr auf Analyse-, Planungs- und Kontrollinformationen zurückgreifen, die es vornehmlich für Zwecke der Steuerung und Überwachung des Unternehmens nutzt,[317] kurz die Informationen, die in Kapitel 2.6.4 als Management-Informationen definiert wurden und

---

310 Kritisch zur zunehmenden Prognoseorientierung der internationalen Rechnungslegung vgl. *Luttermann*, Bilanzmanipulation, 2006, S. 781.
311 Vgl. *Ruhnke*, Internationale Prüfungsnormen, 2006, S. 1174.
312 Vgl. *Freiling/Lück*, Jahresabschlussprüfung, 1994, S. 1251.
313 Vgl. *IDW PS 314*, Geschätzte Werte, 2001, Tz. 1.
314 Vgl. *Marten/Quick/Ruhnke*, Lexikon, S. 335.
315 Vgl. *IDW PS 315*, Zeitwerte, 2006 Tz. 9.
316 Vgl. *Müller*, Management, 2003, S. 40.
317 Vgl. *Wagenhofer*, Controlling und IFRS, 2006, S. 7 ff.

durch das Management-Informationssystem bereitgestellt werden.[318] Diese Informationen gehen dann allerdings nicht unmittelbar in die Rechnungslegung ein, sondern vielmehr mittelbar, da sie die Urteilsbasis für die Schätzung von Werten darstellen.[319] Im Folgenden werden diese daher als „Management-Informationen mit Bezug zur Rechnungslegung" bezeichnet.[320]

Management-Informationen, die dagegen unmittelbar in die Rechnungslegung eingehen, sollen im Folgenden als „Management-Informationen in der Rechnungslegung" bezeichnet werden. Deren Bedeutung für die externe Berichterstattung hat, bedingt durch die Zielsetzung der externen Rechnungslegung nach internationalen Standards, dem Informationsadressaten vermehrt entscheidungsrelevante Informationen aus Sicht der Unternehmensleitung zur Verfügung zu stellen, ebenfalls zugenommen.[321] Dieser auch als „Management Approach" bezeichnete Ansatz besagt nämlich, dass die Rechnungslegung unmittelbar die Daten des Controlling bzw. internen Reporting verwenden soll, die die Unternehmensleitung intern nutzt, um ihr Unternehmen zu steuern und zu überwachen.[322] Hierdurch sollen dem externen Adressaten für die Zwecke seiner Entscheidungsfindungen die gleichen Informationen zur Verfügung gestellt werden, die auch das Management für seine operativen Entscheidungen verwendet.[323] Beispiele für diesen Management Approach und dessen zunehmende Bedeutung auf internationaler Ebene sind der ED 8 zur Segmentberichterstattung oder das Management Commentary Project des IASB.[324]

Die so definierten Management-Informationen spielen nicht nur aufgrund ihrer zunehmenden Bedeutung in der Berichterstattung eine große Rolle für deren Ordnungsmäßigkeit, sondern auch deshalb, weil insbesondere die Schätz- und Zeitwerte in erhöhtem Maße durch ihre Personengebundenheit, Ermessensbehaftetheit und Zunkunftsorientierung fehleranfällig sind.[325] Im Folgenden wird da-

---

318 Vgl. hierzu die Ausführungen unter Kapitel 2.6.4: Systemunterstützung des Managements auf strategischer Ebene, S. 113 ff.

319 I.d.S. auch *Wagenhofer*, Controlling und IFRS, 2006, S. 7 f.

320 Die folgenden Ausführungen sind somit auch für die Prüfung des Lageberichts von Bedeutung, sofern in diesem geschätzte Werte dargestellt werden. Zur Beurteilung der Ordnungsmäßigkeit des Prüfungsobjekts „Lagebericht" vgl. die Ausführungen unter Kapitel 3.5.3.2.2: Prüfungsobjekt Lagebericht/Konzernlagebericht, S. 204.

321 Vgl. *Fink/Ulbrich*, Segmentberichterstattung, 2006, S. 236.

322 Vgl. *Wagenhofer*, Controlling und IFRS, 2006, S. 4.

323 Vgl. *Wagenhofer*, Controlling und IFRS, 2006, S. 4; *Alvarez*, Segmentberichterstattung, 2004, S. 46.

324 Vgl. bzgl. den Änderungen des ED 8 *Fink/ Ulbrich*, Segmentberichterstattung, 2006, S. 233 ff.; *Müller/Peskes*, Segmentberichterstattung, 2006, S. 819 ff., und zum aktuellen Stand der Diskussion bzgl. des Management Commentary Project *Beiersdorf/Buchheim*, Management Commentary, 2006, S. 96 ff. Auf nationaler Ebene wurde dieses Konzept als Grundsatz ordnungsmäßiger Lageberichterstattung in den DRS 15 aufgenommen; vgl. hierzu auch *Buchheim/Knorr*, Lagebericht, 2006, S. 417.

325 Vgl. *IDW PS 314*, Geschätzte Werte, 2001, Tz. 5.

her zunächst der Prüfungsumfang abgesteckt und anschließend analysiert, welche Systemteile bzw. -komponenten des MCF Prüfungsrelevanz erlangen, um ein ausreichend sicheres Urteil über die Rechnungslegung abzugeben, wenn diese Management-Informationen in der Rechnungslegung beinhaltet oder auf Management-Informationen mit Bezug zur Rechnungslegung zurückgreifen muss.

3.5.3.2.3.1 Konkretisierung der Ordnungsmäßigkeit der Management-Informationen in der Rechnungslegung sowie der Management-Informationen mit Bezug zur Rechnungslegung und Bestimmung des Prüfungsumfangs

Als grundsätzlich ordnungsgemäß ist der mittels Management-Informationen abzubildende Sacherverhalt oder der zu gewährende Einblick in die wirtschaftliche Lage des Unternehmens dann zu bezeichnen, wenn die Berichterstattung auf Basis der Management-Information den Sachverhalt so abbildet bzw. den Einblick so gewährt, dass dies jeweils normenkonform erfolgt, wobei als Normen die jeweiligen Rechnungslegungsvorschriften des HGB zu verstehen sind oder die Normensysteme, auf die durch das HGB verwiesen wird.[326]

Im Hinblick auf die *Management-Informationen mit Bezug zur Rechnungslegung* hat der Abschlussersteller daher sicherzustellen, dass die auf Basis dieser Informationen angesetzten Schätz- und Zeitwerte unter Einhaltung der einschlägigen Rechnungslegungsgrundsätze des HGB bzw. der IFRS ermittelt und dargestellt wurden, damit diese als ordnungsgemäß gelten können.

Hinsichtlich der *Management-Informationen in der Rechnungslegung* hat der Abschlussersteller dagegen dafür Sorge zu tragen, dass diese Management-Informationen inhaltlich und formal unter Anwendung der relevanten Rechnungslegungsstandards in die dort festgelegte Abbildungskonzeption für das externe Rechnungswesen überführt werden, um als ordnungsgemäß bezeichnet werden zu können.

Des Weiteren ist sowohl hinsichtlich der „Management-Informationen mit Bezug zur Rechnungslegung“ als auch bei den „Management-Informationen in der Rechnungslegung“ zu berücksichtigen, dass alle Daten, die in die Rechnungslegung einfließen, zum *Buchführungssystem* im weiteren Sinne zählen und dessen Ordnungsmäßigkeitsanforderungen unterliegen. Daher erlangt auch für diese Management-Informationen die Einhaltung der formalen GoB Relevanz, da andernfalls die Ordnungsmäßigkeit des Buchführungsstoffes als Basis für eine ordnungsmäßige Rechnungslegung nicht gewährleistet ist.[327]

Die Verantwortung für die Ordnungsmäßigkeit der externen Berichterstattung trägt – wie bereits mehrfach erwähnt – die Unternehmensleitung einer Kapital-

---

326 I.d.S. *Sieben/Gatzen/Husemann*, Unternehmensanalyse, 1988, S. 606.

327 Vgl. *ADS*, Kommentar, 2000, Tz. 93 zu § 321 HGB; *IDW*, WP-Handbuch, 2000, R 164.

gesellschaft.[328] Insofern hat diese die Entscheidung über die Darstellung eines rechnungslegungsrelevanten Sachverhalts auf Basis der „Management-Informationen mit Bezug zur Rechnungslegung" unter Hinzuziehung der jeweiligen Rechnungslegungsnormen zu treffen und die Ordnungsmäßigkeit der Transformation der „Management-Informationen in der Rechnungslegung" in die externe Berichterstattung sicherzustellen.[329]

In der Verantwortung des Prüfers liegt es dann, eine ausreichend sichere Aussage darüber treffen zu können, ob die Berichterstattung auf Grundlage der „Management-Informationen mit Bezug zur Rechnungslegung" mit den relevanten Rechnungslegungsnormen im Einklang steht und diese hierdurch insgesamt ein den tatsächlichen Verhältnissen entsprechendes Bild der Vermögens-, Finanz- und Ertragslage vermittelt.[330] D.h., der Prüfer hat zu beurteilen, ob die Unternehmensleitung die in der Rechnungslegung abzubildende ökonomische Realität unter Berücksichtigung der relevanten Normen richtig abgebildet hat und sich ihre Ermessensausübung in dem durch die dargestellten Normen aufgespannten Rahmen befindet.[331] Hinsichtlich der „Management-Informationen in der Rechnungslegung" hat der Prüfer dagegen eine Aussage darüber zu treffen, ob die Daten des internen Reporting formal und inhaltlich korrekt nach den durch die relevanten Rechnungslegungsnormen festgelegten Transformationsregeln in die externe Berichterstattung überführt und zur Darstellung gebracht wurden. Insofern grenzen die zur Sicherstellung der Ordnungsmäßigkeit im hier beschriebenen Sinn zu beachtenden Rechnungslegungsnormen des HGB bzw. der IFRS sowie die einzuhaltenden formalen GoB das Soll-Objekt und damit auch den Prüfungsumfang beim Vorliegen von „Management-Informationen mit Bezug zur Rechnungslegung" bzw. „Management-Informationen in der Rechnungslegung" ab.

3.5.3.2.3.2 Art und Umfang der notwendigen prüferischen Adressierung des Management-Control-Framework

Bereits bei der obigen Begriffsdefinition der „Management-Informationen in der Rechnungslegung" bzw. der „Management-Informationen mit Bezug zur Rechnungslegung" wurde gezeigt, dass die Informationen, die die Unternehmensleitung nutzt, um ihrer Verantwortung für die Steuerung und Überwachung des Unternehmens nachzukommen, auch heranzuziehen sind, damit diese ihre Verantwortung für die Ordnungsmäßigkeit der externen Berichterstattung ausreichend erfüllen kann. In welchem Umfang in diesem Zusammenhang das MCF aus Kapi-

---

328 Vgl. hierzu die Ausführungen unter Kapitel 2.1.4: Verlässlichkeit und Ordnungsmäßigkeit der internen und externen Berichterstattung, S. 48 ff.

329 Zur Verantwortung der Unternehmensleitung hinsichtlich der Ermittlung von Schätz- und Zeitwerten vgl. *IDW PS 314*, Geschätzte Werte, 2001, Tz. 8, bzw. *IDW PS 315*, Zeitwerte, 2006, Tz. 12.

330 Vgl. *IDW PS 315*, Zeitwerte, 2006 Tz. 13.

331 I.d.S. *Marten/Quick/Ruhnke*, Wirtschaftsprüfung, 2001, S. 64 f.

tel 2 – in seiner Eigenschaft als Soll-Objekt für die diese Informationen bereitstellenden Systeme – von Bedeutung für die Jahresabschlussprüfung ist, wird im Folgenden auf Grundlage der durch die maßgeblichen Prüfungsstandards gestellten Anforderungen hinsichtlich Art und Umfang der durchzuführenden Prüfungshandlungen analysiert.[332]

Management-Informationen mit Bezug zur Rechnungslegung

Die „Management-Informationen mit Bezug zur Rechnungslegung" gehen, wie bereits oben dargestellt, nicht unmittelbar oder unbesehen in die externe Rechnungslegung ein. Sie bilden vielmehr die *informatorische Grundlage* für Schätz- und Bewertungsverfahren der Unternehmensleitung über den Wertansatz bzw. die wertbestimmenden Komponenten eines Postens. Diese Informationen müssen insbesondere dann herangezogen werden, wenn die Bewertung nach der relevanten Rechnungslegungsnorm auf komplexen Schätzverfahren bzw. Bewertungsmodellen beruht, deren Inputdaten und Annahmen in hohem Maße auf aktuellen Analysedaten wie auch Prognosedaten über künftige Ereignisse basieren.[333] Ferner ist anzumerken, dass gerade bei der Bilanzierung von Schätz- und Zeitwerten der Unternehmensleitung ein erheblicher Ermessensspielraum verbleibt, da sie hierbei nicht nur über das Schätz- und Bewertungsverfahren, sondern auch über die eingehenden Annahmen im Rahmen der durch die Rechnungslegungsnormen vorgegebenen Ermessensgrenzen entscheiden kann.[334] Dennoch ist es nicht die Aufgabe des Abschlussprüfers bei der Prüfung von Schätz- und Zeitwerten, eigenes Ermessen anstelle der gesetzlichen Vertreter auszuüben. Stattdessen hat er die Angemessenheit des Bewertungsmodells, insbesondere auch im Hinblick auf dessen Übereinstimmung mit den Rechnungslegungsgrundsätzen und die Plausibilität der zugrunde liegenden Annahmen, zu beurteilen.[335] Der Prüfer, dessen Aufgabe darin besteht, ausreichende und angemessene Prüfungsnachweise einzuholen, die belegen, dass die Schätz- bzw. Zeitwerte in Übereinstimmung mit den zugrunde gelegten Rechnungslegungsgrundsätzen ermittelt und dementsprechend in der Rechnungslegung abgebildet wurden, hat daher im Rahmen einer *Aufbauprüfung* die Angemessenheit des Prozesses zur Ermittlung der Schätz- und Zeitwerte zu prüfen.[336] Neben der Angemessenheit des Bewertungsverfahrens hat er hierbei insbesondere auch die Sachgerechtigkeit und Qualität der Inputdaten und somit die Angemessenheit der Methoden und Verfahren zu beurteilen, die die relevanten Management-Informationen generieren, d.h. die Management-Informationen, die entweder direkt in die Bewertungsverfahren eingehen oder zur Untermauerung ihrer Annahmen durch die Unternehmensleitung herangezo-

---

332 Bzgl. der Darstellung des erweiterten Rahmenkonzepts vgl. Kapitel 2.6.5: Integration der Ergebnisse zum Management-Control-Framework, S. 127 ff.

333 Vgl. *IDW PS 314*, Geschätzte Werte, 2001, Tz. 7; *IDW PS 315*, Zeitwerte, 2006, Tz. 9.

334 Vgl. *Marten/Quick/Ruhnke*, Lexikon, 2006, S. 336.

335 Vgl. *IDW PS 315*, Zeitwerte, 2006, Tz. 16.

336 Vgl. *IDW PS 315*, Zeitwerte, 2006, Tz. 17 f.

gen werden.[337] Um die Angemessenheit dieser Methoden und Verfahren zu beurteilen, die insbesondere Informationen in Form von Analyse- und Prognosedaten für die Schätz- bzw. Zeitwertermittlung liefern, muss der Prüfer in erster Linie Prüfungsnachweise für die Angemessenheit von Methoden und Verfahren erlangen, die den Komponenten *Problemstellung/-analyse und Alternativenbewertung* des MCF zuzuordnen sind.[338] Für die Prüfung der Angemessenheit dieser Methoden und Verfahren liefern wiederum die in Kapitel 2.6.4.3 definierten Effektivitätskriterien der Vollständigkeit, Richtigkeit und Gültigkeit einen geeigneten Beurteilungsmaßstab.[339] Die in Anhang I dargestellten Grundsätze können darüber hinaus in diesem Zusammenhang Anhaltspunkte für Systemschwächen des Management-Informationssystems bzgl. der prüfungsrelevanten Komponenten geben und insofern ebenfalls Hinweise für die Prüfung der Angemessenheit der Methoden und Verfahren liefern, die der Generierung der für Bewertungszwecke benötigten Management-Informationen dienen.[340] Nachdem der Prüfer die Angemessenheit der Methoden und Verfahren beurteilt hat, die der Informationsaufbereitung der für die Schätzung bzw. Berechnung benötigten Management-Informationen dienen, hat er im Rahmen der *Funktionsprüfung* zu beurteilen, ob

---

337 Vgl. *IDW PS 314*, Geschätzte Werte, 2001, Tz. 13 ff.; *IDW PS 315*, Zeitwerte, 2006, Tz. 21.

338 Vgl. hierzu auch die Ausführungen unter Kapitel 2.6.5: Integration der Ergebnisse zum Management-Control-Framework, S. 127 ff.

339 Vgl. *IDW PS 314*, Geschätzte Werte, 2001, Tz. 13; *IDW PS 315*, Zeitwerte, 2006, Tz. 37. Diese IDW-Prüfungsstandards verwenden allerdings anstelle des Kriteriums „Gültigkeit“ das Kriterium „Relevanz“. Letzteres ist jedoch durch das Kriterium „Gültigkeit“, welches auf die Abbildungstreue i.S.d. angewandten Methodik abstellt, übererfüllt, da die Relevanz nur verlangt, dass Inputdaten die Methodik beeinflussen. Durch das Kriterium der Gültigkeit werden dagegen auch inhaltliche Anforderungen bzgl. der Mess-/Abbildungsmethodik an die Informationen gestellt. Zur Definition des Effektivitätskriteriums „Gültigkeit“ vgl. die Ausführungen unter Kapitel 2.6.4.3: Konkretisierung der angemessenen Ausgestaltung des Management-Informationssystems mit Hilfe der Betriebswirtschaftslehre, S. 125 f.

340 Bei der Prüfung der Angemessenheit der Management-Informationen mit Bezug zur Rechnungslegung ist es keine notwendige Voraussetzung für die Ordnungsmäßigkeit des Prüfungsobjekts, dass die Erreichung der Systemziele des in Kapitel 2 definierten erweiterten Rahmenkonzepts oder die Angemessenheit einer gesamten Komponente hinsichtlich der Systemzielerreichung beurteilt werden soll. Vielmehr geht es darum, einzelne Methoden oder Verfahren, die dieser Komponente zuzuordnen sind, auf ihre Angemessenheit hin zu beurteilen. Hierfür bilden zwar die Effektivitätskriterien aufgrund ihrer generellen Anforderungen an die Informationsqualität einen geeigneten Beurteilungsmaßstab, der auch für einzelne Methoden und Verfahren Anwendungen finden kann, die Grundsätze sind dagegen so definiert, dass sie auf die Beurteilung der Angemessenheit der Komponente als Ganzes in Bezug auf die Systemzielerreichung gerichtet sind, weshalb sie für die Beurteilung einzelner Methoden und Verfahren allenfalls insofern geeignet sind, als sich aus der nicht angemessenen Ausgestaltung der Komponente als Ganzes auch Rückschlüsse auf einzelne Methoden und Verfahren ergeben.

diese Informationen auch in die Berechnung eingeflossen sind und das Berechnungsverfahren richtig angewendet wurde.[341]

Ferner hat sich der Prüfer weitere Prüfungsnachweise über die Verlässlichkeit des Prozesses der Unternehmensleitung zur Ermittlung der Schätz- und Zeitwerte zu verschaffen, insbesondere über die in diesem Zusammenhang getroffenen organisatorischen Vorkehrungen.[342] Darunter fallen auch die von der Unternehmensleitung eingerichteten Verfahren, Maßnahmen und Regelung der Internen Kontrolle, die auf die Verlässlichkeit des Prozesses zur Schätz- und Zeitwertermittlung gerichtet sind und daher auch die Ordnungsmäßigkeit der Informationsverarbeitung und der Informationsweiterleitung der benötigten Management-Informationen sicherstellen sollen. Hierzu zählt ebenso die Sicherstellung der Einhaltung der formalen GoB.[343] Folglich hat sich der Prüfer auch hier mit denjenigen Teilen des Internen Kontrollsystems zu beschäftigen, die auf die Verlässlichkeit des Prozesses zur Ermittlung von Schätz- und Zeitwerten gerichtet sind und für deren Angemessenheit und Wirksamkeit ebenfalls ausreichende und angemessene Prüfungsnachweise einzuholen.[344] Deshalb hat er hier ebenfalls im Rahmen der Aufbauprüfung die prüfungsrelevanten Teile der Komponenten *Internes Umfeld, Kontrollaktivitäten, Information und Kommunikation, Überwachung* aufzunehmen und deren Wirksamkeit durch Funktionsprüfung zu bestätigen.[345]

Nach Abschluss seiner Prüfungshandlungen hat der Prüfer die Schätz- und Zeitwerte vor dem Hintergrund seiner während der Prüfung erlangten Kenntnisse und unter Berücksichtigung der zugrunde gelegten Rechnungslegungsvorschriften abschließend zu beurteilen und zu prüfen, ob sie im Abschluss unter Berücksichtigung der einschlägigen Bewertungsvorschriften angesetzt wurden.[346] In diesem Zusammenhang sollte der Prüfer ferner nochmals kritisch reflektieren, ob alle ermessensbehafteten Entscheidungen der Unternehmensleitung in Zusammenhang mit der Bewertung der Zeit- und Schätzwerte sowohl mit den Rechnungslegungsstandards im Einklang stehen als auch insgesamt vor dem Hintergrund des gesamten Jahresabschlusses – unter Berücksichtigung der ökonomischen Realität – ein

341 Vgl. *IDW PS 314*, Geschätzte Werte, 2001, Tz. 20; *IDW PS 315*, Zeitwerte, 2006, Tz. 38 f.

342 Vgl. *IDW PS 314*, Geschätzte Werte, 2001, Tz. 22; *IDW PS 315*, Zeitwerte, 2006, Tz. 23 f.

343 Bzgl. der formalen GoB vgl. die Ausführungen unter Kapitel 3.5.1.2: Konkretisierung der Ordnungsmäßigkeit der Buchführung und Bestimmung des Prüfungsumfangs, S. 165.

344 Vgl. *IDW PS 314*, Geschätzte Werte, 2001, Tz. 10; *IDW PS 315*, Zeitwerte, 2006, Tz. 13 i.V.m. Tz. 23.

345 Vgl. Zur Generierung von ausreichenden und angemessenen Prüfungsnachweisen hinsichtlich der Angemessenheit des Internen Kontrollsystems vgl. *IDW PS 261*, Beurteilung von Fehlerrisiken, 2006, Tz. 40-63 i.V.m. Tz. 73-79 und *IDW PS 300*, Prüfungsnachweise, 2006, Tz. 15-20.

346 Vgl. *IDW PS 315*, Zeitwerte, 2006, Tz. 52.

den wahren Verhältnissen entsprechendes Bild vermitteln und daher dieser abschließend als ordnungsgemäß gelten kann.[347]

Management-Informationen in der Rechnungslegung

Die „Management-Informationen in der Rechnungslegung“ wurden definiert als Management-Informationen, die direkt in die externe Rechnungslegung eingehen. Die dem Management durch die jeweiligen Rechnungslegungsstandards vorgegebenen Ermessensgrenzen sind dabei sehr eng und allenfalls dadurch beeinflussbar, dass das Management seine interne Abbildungskonzeption der Informationen ändert, was aber wiederum direkte Auswirkungen auf seine internen Steuerungs- und Überwachungsinstrumentarien hat. Dieser enge Bezug zwischen interner und externer Rechnungslegung ist beim Management Approach aber gerade deshalb gewollt, weil den Investoren die gleichen Informationen zur Verfügung gestellt werden sollen, die auch die Unternehmensleitung für ihre eigenen Entscheidungszwecke verwendet, egal wie gut oder wie schlecht diese Informationen sind. Eine Beurteilung der Sachgerechtigkeit der Management-Informationen sowie der Angemessenheit des Management-Informationssystems ist daher in diesem Fall nicht erforderlich. Vielmehr soll sich der Rechnungslegungsadressat selber ein Urteil hierüber bilden und dadurch eigene Rückschlüsse auf die Qualität des Managements ziehen.[348] Die Aufgabe des Prüfers beschränkt sich daher darauf zu prüfen, ob die berichtspflichtigen Management-Informationen ordnungsgemäß in die Rechnungslegung übernommen wurden. D.h. der Prüfer hat die Verlässlichkeit und Ordnungsmäßigkeit des Prozesses zu beurteilen, der die Daten des internen Reportings unter Beachtung der in den Rechnungslegungsnormen kodifizierten inhaltlichen und formalen Anforderungen in das externe Reporting überführt. Der Prüfer hat hierfür ausreichende und angemessene Prüfungsnachweise einzuholen.[349] Dies ist ihm aber nur möglich, wenn er sich ausreichende und angemessene Prüfungsnachweise über die Angemessenheit der von der Unternehmensleitung eingerichteten Maßnahmen, Verfahren und Regelungen verschafft, die sicherstellen sollen, dass die Informationsverarbeitung und -weiterleitung bei diesem Transformationsprozess unter Beachtung der zugrunde liegenden Rechnungslegungsnormen und auch der formalen GoB erfolgt.[350] Der Prüfer hat somit ein Urteil über die Angemessenheit des Internen Kontrollsystems abzugeben, welches auf die Verlässlichkeit des beschriebenen Transformationsprozesses gerichtet ist. Dies wiederum zählt somit zu dem Teil des unternehmensweiten Internen Kontrollsystems, der auf die Sicherung der „Verlässlichkeit und Ordnungsmäßigkeit der externen Berichterstattung“ gerichtet und gem. IDW PS 261 und IDW PS 330

347 I.d.S. *IDW PS 314*, Geschätzte Werte, 2001, Tz. 26.

348 Vgl. *Haller*, Segmentberichterstattung, 2006, S. 164.

349 Zu den Anforderungen an angemessene und ausreichende Prüfungsnachweise vgl. *IDW PS 300*, Prüfungsnachweise, 2006, Tz. 6-13.

350 Vgl. hierzu die Ausführungen unter Kapitel 3.5.1.2: Konkretisierung der Ordnungsmäßigkeit der Buchführung und Bestimmung des Prüfungsumfangs, S. 165.

prüfungsrelevant ist. Deshalb kann in diesem Zusammenhang auf die Ausführungen und Ergebnisse unter Kapitel 3.5.1 „Prüfungsrelevante Komponenten zur Beurteilung der Ordnungsmäßigkeit der Buchführung" verwiesen werden.[351] Für die Prüfung sind daher auch hier die auf die Sicherung der Verlässlichkeit und Ordnungsmäßigkeit der internen und externen Berichterstattung gerichteten Teile der Komponenten *Internes Umfeld, Kontrollaktivitäten, Information und Kommunikation und Überwachung* relevant, um ein ausreichend sicheres Urteil über die Ordnungsmäßigkeit der Management-Informationen in der Rechnungslegung abgeben zu können.

3.5.3.2.3.3 Zwischenergebnis und prüfungsrelevante Komponenten im Überblick

Aufgrund der dargelegten gesetzlichen Initiativen auf nationaler und europäischer Ebene, deren Ziel es ist, dem Berichtsadressaten in zunehmendem Maße entscheidungsrelevante Informationen für die Zwecke seiner Kapitaldisposition zur Verfügung zu stellen, haben zum einen verstärkt prognostische und insofern zukunftsorientierte Informationen Einzug in die Rechnungslegung erhalten; zum anderen erlangt auch das Konzept des Management Approach zunehmend an Bedeutung für die externe Berichterstattung. Die Unternehmensleitung, welche die Verantwortung für die externe Rechnungslegung trägt, muss daher, um dieser ausreichend gerecht zu werden, vermehrt auch für die Zwecke der externen Berichterstattung auf Informationen zurückgreifen, die eigentlich der Steuerung und Überwachung des Unternehmens dienen. Je nachdem, ob diese Informationen mittelbar oder unmittelbar in die externe Berichterstattung eingehen, wurden diese daher als „Management-Informationen mit Bezug zur Rechnungslegung" oder als „Management-Informationen in der Rechnungslegung" definiert.

Die „Management-Informationen mit Bezug zur Rechnungslegung" sind insbesondere bei der Ermittlung von Schätz- und Zeitwerten für die Unternehmensleitung relevant, da sie zum einen die Inputdaten für das Berechnungsmodell darstellen können oder zum anderen der Unternehmensleitung als Determinanten für ihre Annahmen dienen.

Die „Management-Informationen in der Rechnungslegung" gehen dagegen direkt in die externe Berichterstattung ein, sodass die Unternehmensleitung in diesem Fall dafür zu sorgen hat, dass dieser Transformationsprozess unter Berücksichtigung der jeweiligen Rechnungslegungsvorschriften und unter Beachtung der formalen GoB vonstatten geht. Die nachfolgende Abbildung stellt zur Verdeutlichung den dargestellten Zusammenhang zwischen Management-Informationen, Management-Informationssystem und Rechnungslegung nochmals grafisch dar.

---

[351] Vgl. hierzu die Ausführungen unter Kapitel 3.5.1: Prüfungsrelevante Komponenten zur Beurteilung der Ordnungsmäßigkeit der Buchführung, S. 165.

Der Prüfer, der ein ausreichend sicheres Urteil über die Ordnungsmäßigkeit der Rechnungslegung abgeben muss, hat sich folglich auch mit diesen Management-Informationen zu beschäftigen. In Bezug auf die „Management-Informationen mit Bezug zur Rechnungslegung“ hat er daher zu prüfen, ob die Methoden und Verfahren, mit denen diese Informationen aufbereitet wurden, angemessen und die Bewertungsverfahren mit den relevanten Rechnungslegungsgrundsätzen vereinbar sind sowie insgesamt der Prozess der Schätz- bzw. Zeitwertermittlung als verlässlich bezeichnet werden kann. Des Weiteren hat er zu prüfen, ob die Unternehmensleitung bezüglich der der Berechung zugrunde liegenden Annahmen sachgerechte Entscheidungen getroffen hat, die unter Berücksichtigung der ökonomischen Realität des betrieblichen Einzelfalls zu plausiblen und mit den Rechnungslegungsvorschriften vereinbaren Ergebnissen führen.

Bei den „Management-Informationen in der Rechnungslegung“ hat der Prüfer sich in erster Linie von der Ordnungsmäßigkeit und Verlässlichkeit des Transformationsprozesses zu überzeugen, den die Unternehmensleitung eingerichtet hat, um die Daten des internen Rechnungswesens in das externe zu überführen.

Der Prüfer hat sich folglich, um die Ordnungsmäßigkeit und Verlässlichkeit des Prozesses zur Ermittlung der Schätz- und Zeitwerte sowie des Transformationsprozesses sachgerecht beurteilen zu können, ausreichende und angemessene Prüfungsnachweise für die Angemessenheit und Wirksamkeit der auf die Sicherung der Verlässlichkeit und Ordnungsmäßigkeit der internen und externen Berichterstattung gerichteten Teile des Internen Kontrollsystems und der als prüfungsrelevant abgegrenzten Methoden und Verfahren des Management-Informationssystems zu verschaffen.

Abb. 3-6: Verdeutlichung des Zusammenhangs zwischen Management-Informationen, Management-Informationssystem und Rechnungslegung

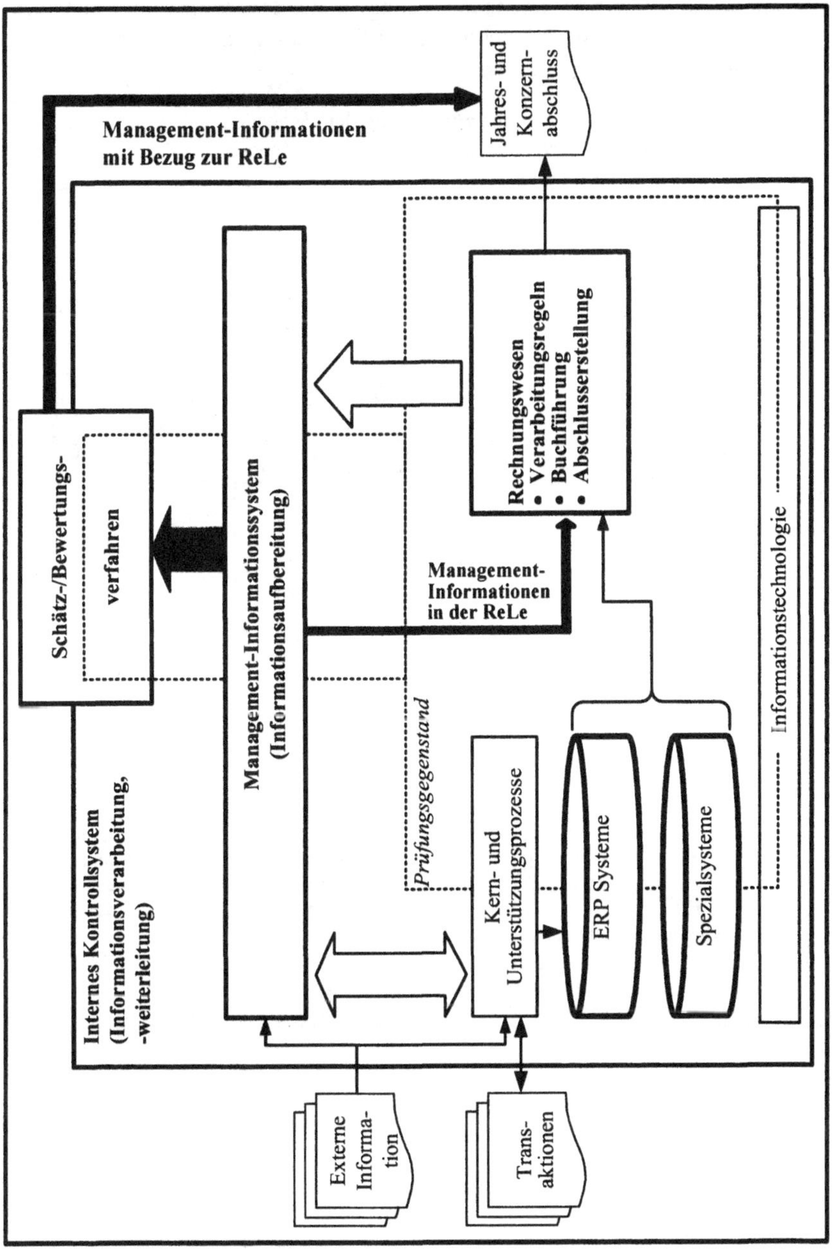

Zusammenfassend sind die prüfungsrelevanten Komponenten des MCF aufgrund der Pflicht zur gewissenhaften Prüfung der Prüfungsobjekte „Management-Informationen mit Bezug zur Rechnungslegung“ und „Management-Informationen in der Rechnungslegung“ in nachfolgender Relevanzcheckliste (Tab. 3-8) gekennzeichnet:

Tab. 3-8: Relevante Komponenten zur Prüfung der „Management-Informationen mit Bezug zur Rechnungslegung“ und der „Management-Informationen in der Rechnungslegung“

	Sicherung und Ausbau der langfristigen Erfolgspotenziale	**Wirksamkeit und Wirtschaftlichkeit der Geschäftstätigkeit**	**Verlässlichkeit und Ordnungsmäßigkeit der (internen) und externen Berichterstattung**	**Einhaltung von sonstigen Gesetzen und Vorschriften**
Internes Umfeld			✓	
Zielfestlegung	▨		▨	▨
Problemfeststellung/-analyse	(✓)	(✓)	✓	
Alternativenbewertung	(✓)	(✓)	✓	
Umsetzung der Entscheidung			✓	
Kontrollaktivitäten			✓	
Information und Kommunikation			✓	
Überwachung			✓	

▨	Ziele sind durch externe Institutionen vorgegeben und somit durch das Management nicht oder nur bedingt beeinflussbar.
✓	Zur Beurteilung des Prüfungsobjekts ist die Angemessenheit und Wirksamkeit der jeweiligen System-Komponente hinsichtlich der zugeordneten betrieblichen Ziele gänzlich für die Prüfung relevant, um die Angemessenheit und Wirksamkeit des Schätzwertermittlungs- bzw. Transformationsprozesses sowie die Sachgerechtigkeit Ermessensausübung der Unternehmensleitung bei den Wertansätzen in der Rechnungslegung beurteilen zu können.
(✓)	Zur Beurteilung des Prüfungsgegenstands ist die Angemessenheit und Wirksamkeit der dieser Systemkomponente zugeordneten und als prüfungsrelevant erachteten Methoden und Verfahren der Informationsaufbereitung für die Prüfung relevant.

3.6 Zusammenfassung der Ergebnisse des Kapitels 3 und Darstellung der prüfungsrelevanten Komponenten des Management-Control-Framework im Überblick

In der Verantwortung des Prüfers liegt es, ein hinreichend sicheres Urteil darüber abzugeben, ob die Unternehmensleitung ihrer Verantwortung für die Ordnungsmäßigkeit der externen Berichterstattung sorgfältig nachgekommen ist, um aufbauend auf diesem Erkenntnisstand auch die geforderten Prüfungsaussagen im Prüfungsbericht und im Bestätigungsvermerk geben zu können. Insofern ist die Zielkategorie „Ordnungsmäßigkeit und Verlässlichkeit der internen und externen Berichterstattung" gänzlich für die Jahresabschlussprüfung relevant, da der Prüfer ein Urteil über deren Zielerreichungsgrad anhand seiner Prüfungsaussagen abgeben muss. Folglich ist hierfür nicht nur das System, welches die Unternehmensleitung eingerichtet hat, um ihrer Verantwortung für die Zielerreichung dieser Zielkategorie nachzukommen, nämlich die Teile des unternehmensweit eingerichteten Internen Kontrollsystems, die auf die Sicherung der Verlässlichkeit und Ordnungsmäßigkeit der internen und externen Berichterstattung gerichtet sind, gänzlich für die Prüfung relevant. Vielmehr hat der Prüfer auch in diesem Zusammenhang die Angemessenheit der von der Unternehmensleitung getroffenen Entscheidungen (z.B. Bilanzierungsentscheidungen, Lagedarstellung im Lagebericht) zu beurteilen und zu prüfen, ob dabei die durch die Rechnungslegungsnormen eingeräumten Ermessensspielräume nicht überschritten wurden.

Neben den vergangenheitsorientierten Daten des Rechnungswesens benötigt die Unternehmensleitung jedoch auch Informationen aus dem Management-Informationssystem, um ihrer Berichtspflicht ausreichend nachkommen zu können. Bei diesen Informationen handelt es sich zum überwiegenden Teil um Informationen über künftige oder aktuelle Zielerreichungsgrade sowie über die diese beeinflussenden Chancen und Risiken. Die vom Management-Informationssystem in diesem Zusammenhang zur Verfügung gestellten Informationen stellen dann die Urteilsbasis der Unternehmensleitung dar, auf deren Grundlage sie über die Abbildung der ökonomischen Realität bzw. der rechnungslegungsrelevanten Sachverhalte in der Rechnungslegung unter Beachtung der Rechnungslegungsnormen zu entscheiden hat. Der Prüfer muss hierbei zwar kein Urteil darüber abgeben, ob die Unternehmensleitung ihrer Verantwortung bezüglich der „Sicherung und des Ausbaus der langfristigen Erfolgspotenziale" oder hinsichtlich der „Wirksamkeit und Wirtschaftlichkeit" ausreichend nachgekommen ist – dies wäre allenfalls Gegenstand einer Prüfung gem. § 53 HGrG –; jedoch hat er in Teilen die Angemessenheit des Management-Informationssystems zu prüfen, welches die Unternehmensleitung über die Zielerreichungsgrade der diesen Zielkategorien zugeordneten Unternehmenszielen informiert. Ferner hat er auch die Teile des unternehmensweiten Internen Kontrollsystems auf ihre Angemessenheit und Wirksamkeit hin zu prüfen, die auf die Verlässlichkeit der als prüfungsrelevant identifizierten Teile des Management-Informationssystems gerichtet sind.

Hinsichtlich der Zielkategorie „Sicherung und Ausbau der langfristigen Erfolgspotenziale“ muss der Prüfer daher die Angemessenheit des Management-Informationssystems dahingehend prüfen, ob es die Unternehmensleitung zuverlässig über die Erreichung des Bestandsziels sowie über alle wesentlichen Chancen und Risiken der künftigen Entwicklung, die sich auf den Zielerreichungsgrad den dieser Zielkategorie zugeordneten Unternehmenszielen auswirken, informiert. Es konnte daher gezeigt werden, dass die auf diese Zielkategorie gerichteten Komponenten des MCF zum Teil Gegenstand der Abschlussprüfung sind.

In Bezug auf die Zielkategorie „Wirksamkeit und Wirtschaftlichkeit der Geschäftstätigkeit“ muss der Prüfer ebenfalls die Angemessenheit des in diesem Zusammenhang von der Unternehmensleitung eingerichteten Management-Informationssystems beurteilen und dieses dahingehend prüfen, ob es die Unternehmensleitung über die Performance des Unternehmens und die wesentlichen, diese beeinflussenden Chancen und Risiken, informiert. In diesem Fall hat sich ebenfalls herausgestellt, dass die auf diese Zielkategorie gerichteten Komponenten des MCF zum Teil Gegenstand der Abschlussprüfung sind. Eine Ausnahme hierzu stellte allerdings der Fall dar, dass das Bestandsziel des zu prüfenden Unternehmens für den Prognosezeitraum nur dann als gesichert angesehen werden kann, wenn es der Unternehmensleitung gelingt, geeignete Sanierungsmaßnahmen umzusetzen. In diesem Zusammenhang wurde gezeigt, dass der Abschlussprüfer auch die Geeignetheit des Sanierungskonzepts und die Fähigkeit des Unternehmens, dieses um- und durchzusetzen, zu beurteilen hat. Demnach sind unter diesen Umständen alle auf die Zielkategorie „Wirksamkeit und Wirtschaftlichkeit der Geschäftstätigkeit“ gerichteten Komponenten des MCF für die Prüfung relevant.

Neben diesen indirekten Systemprüfungspflichten, die sich aus der Notwendigkeit, ausreichende und angemessene Prüfungsnachweise für die Ordnungsmäßigkeit der Rechnungslegung zu erlangen, ergeben haben, wurde des Weiteren dargelegt, dass bei börsennotierten Aktiengesellschaften die Verantwortung des Prüfers weiter geht und er neben der Prüfung des auf die Sicherung der Ordnungsmäßigkeit der Rechnungslegung gerichteten Internen Kontrollsystems auch das Risikofrüherkennungs- und Überwachungssystem einer direkten Systemprüfung unterziehen und hierüber im Prüfungsbericht ebenfalls Auskunft geben muss. Die Prüfung, ob das System angemessen ist, um die Anforderungen des § 91 Abs. 2 AktG zu erfüllen, geht dabei ebenfalls über die Zielkategorie „Ordnungsmäßigkeit und Zuverlässigkeit der externen und internen Berichterstattung“ hinaus. Prüfungsrelevant waren vielmehr die auf die verschiedenen Zielkategorien gerichteten Komponenten des MCF, die als notwendige Voraussetzung für das frühzeitige Erkennen bestandsgefährdender Risiken angemessen ausgestaltet sein müssen. Diese Komponenten wurden ebenfalls abgegrenzt und das MCF als geeignetes Soll-Objekt für diese direkte Systemprüfung dargestellt.

Zusammenfassend sind daher folgende Komponenten des MCF prüfungsrelevant. Hierbei stellt die Anzahlung der Relevanzkennzeichnung pro Zielkategorie gleichzeitig einen Beurteilungsmaßstab für die Prüfungsrelevanz der auf die jeweilige Zielkategorie gerichteten Teile des Management-Informationssystems bzw. des Internen Kontrollsystems für die Jahresabschlussprüfung dar:

Tab. 3-9: Relevante Komponenten zur Prüfung der Prüfungsgegenstände gem. § 317 HGB

	Sicherung und Ausbau der langfristigen Erfolgspotenziale	**Wirksamkeit und Wirtschaftlichkeit der Geschäftstätigkeit**	**Verlässlichkeit und Ordnungsmäßigkeit der (internen) und externen Berichterstattung**	**Einhaltung von sonstigen Gesetzen und Vorschriften**
Internes Umfeld	(✓)	✓	✓	(✓)
Zielfestlegung	▨	✓	▨	▨
Problemfeststellung/-analyse	✓	✓	✓	(✓)
Alternativenbewertung	(✓)	✓	✓	(✓)
Umsetzung der Entscheidung		✓✓/(✓)	✓	(✓)
Kontrollaktivitäten	(✓)	✓	✓	(✓)
Information und Kommunikation	(✓)	✓	✓	(✓)
Überwachung	(✓)	✓	✓	(✓)

▨	Ziele sind durch externe Institutionen vorgegeben und somit durch das Management nicht oder nur bedingt beeinflussbar.
✓	Zur Beurteilung der Prüfungsgegenstände gem. § 317 HGB ist die Angemessenheit und Wirksamkeit der jeweiligen System-Komponente hinsichtlich der zugeordneten betrieblichen Ziele gänzlich für die Prüfung relevant.
✓✓	Zur Beurteilung des Prüfungsobjekts ist die Angemessenheit und Wirksamkeit der jeweiligen System-Komponente hinsichtlich der zugeordneten betrieblichen Ziele gänzlich für die Prüfung relevant, sofern zur Beurteilung der Angemessenheit der Going-Concern-Prämisse die Erreichung des Bestandziels von der erfolgreichen Umsetzung eines Sanierungskonzepts abhängt.
(✓)	Zur Beurteilung der Prüfungsgegenstände gem. § 317 HGB ist die Angemessenheit und Wirksamkeit der jeweiligen System-Komponente hinsichtlich der zugeordneten betrieblichen Ziele nur hinsichtlich der auf das Chancen und Risikomanagement gerichteten Teile für die Prüfung relevant.

4. Geeignetheit der Prüfungsansätze zur Erfüllung der dargestellten Anforderungen an die Jahresabschlussprüfung

Der Umsetzung der unter Kapitel 3 durch die Prüfungsnormen dargestellten Anforderungen an die Jahresabschlussprüfung zur Abgabe eines sorgfältigen Prüfungsurteils über die Prüfungsgegenstände des § 317 HGB dient der Prüfungsansatz. Dieser stellt die vom Abschlussprüfer genutzte grundlegende Prüfungsstrategie dar, mit der die generellen Prüfungsgrundsätze umgesetzt werden sollen. Der Prüfungsansatz wird zumeist durch Prüfungsrichtlinien weiter konkretisiert, die dazu dienen, unter Beachtung der GoA einen ziel- bzw. zeitgerechten, sorgfältigen, risikoorientierten und wirtschaftlichen Prüfungsablauf sicherzustellen.[1] Prüfungsansätze und -richtlinien sind somit nicht zu verwechseln mit Prüfungsprogrammen, die eine detaillierte Darstellung der Prüffelder, deren Prüfungsreihenfolge und durchzuführender Prüfungshandlungen beinhalten.[2] Sie geben allenfalls Anhaltspunkte für deren Gestaltung. Im Folgenden sollen daher die in der betriebswirtschaftlichen Literatur zum Prüfungswesen bekannten Prüfungsansätze kritisch daraufhin untersucht werden, inwieweit sie konzeptionell zur Umsetzung der in Kapitel 3 dargestellten Anforderungen an die Prüfung geeignet sind. Zunächst wird allerdings das gemeinsame Grundkonzept des risikoorientierten Prüfungsansatzes kurz dargestellt.

4.1 Grundkonzept des risikoorientierten Prüfungsansatzes

Die Jahresabschlussprüfung ist grundsätzlich so auszurichten, dass die im Prüfungsbericht und Bestätigungsvermerk geforderten Prüfungsaussagen mit hinreichender Sicherheit getroffen werden können.[3] Hinreichende Sicherheit bedeutet hierbei aber keineswegs absolute Sicherheit,[4] denn letztere wäre ohnehin, wenn überhaupt, nur mit einer Vollprüfung zu realisieren, was allerdings aufgrund des Prüfungsgrundsatzes der wirtschaftlichen Durchführung der Jahresabschlussprüfung weder vom Mandanten gewollt noch vom Gesetzgeber gefordert ist.[5] Folglich ist das Urteil über die Prüfungsaussagen stets mit dem Risiko eines Fehlurteils verbunden,[6] nämlich immer dann, wenn der Prüfungsgegenstand im

---

1 Vgl. *Steskal*, Prüfungsrichtlinien, 1992, S. 1526 f.

2 Vgl. *Bönkhoff*, Prüfungsplanung, 1992, S. 1522 f.

3 Vgl. *IDW PS 200*, Grundsätze, 2000, Tz. 9; *IDW PS 260*, IKS, 2001, Tz. 23; *IDW PS 261*, Beurteilung von Fehlerrisiken, 2006, Tz. 5.

4 Vgl. *IDW PS 200*, Grundsätze, 2000, Tz. 25.

5 Zum Grundsatz der Wirtschaftlichkeit als einen maßgeblichen Grundsätze ordnungsmäßiger Abschlussprüfung (GoA) vgl. *Rückle*, GoA, 1992, S. 754.

6 Vgl. *Orth*, Abschlussprüfung, 2000, S. 300

Ist- gegenüber dem Soll-Objekt einen wesentlichen Fehler aufweist, der vom Abschlussprüfer unentdeckt bleibt, wodurch er zu falschen Schlussfolgerungen über die Prüfungsgegenstände und schließlich zu falschen Aussagen im Prüfungsbericht gelangt. Das Risiko, dass der Prüfer ein derartiges Fehlurteil trifft, wird als *Prüfungsrisiko* bezeichnet.[7] Dieses Prüfungsrisiko wird wiederum beeinflusst durch die vom Prüfer in Bezug auf Falschdarstellungen festgelegte Wesentlichkeitsgrenze:[8] Je niedriger der Prüfer die Grenze für den maximal tolerierbaren Fehler setzt, der in der Rechnungslegung noch nicht zu korrigieren ist, um einen uneingeschränkten Bestätigungsvermerk zu erlangen, desto höher ist auch sein Risiko, einen derartigen Fehler nicht zu entdecken.[9] Zwischen dem Prüfungsrisiko und der Wesentlichkeitsgrenze besteht somit ein inverser Zusammenhang. Damit dem Prüfer aus diesem Prüfungsrisiko kein Haftungsrisiko für ein fehlerhaftes Testat erwächst, darf dieses Prüfungsrisiko daher ein akzeptables Maß nicht überschreiten.[10] Die direkte Einflussnahme des Prüfers auf das Prüfungsrisiko durch eine unsachgerecht hohe Festlegung der Wesentlichkeitsgrenze ist damit allerdings nicht gemeint. Vielmehr muss das Prüfungsrisiko durch die vom Prüfer geplanten und in einem Prüfungsprogramm festgelegten Prüfungshandlungen bei gleichzeitig sorgfältiger Bestimmung der Wesentlichkeitsgrenze[11] auf ein akzeptables Maß reduziert werden.[12] Notwendige Voraussetzung hierfür ist nach IDW PS 261, dass der Prüfer die einzelnen Komponenten des Prüfungsrisikos kennt und analysiert, damit er aufbauend auf diesen Erkenntnissen die Prüfung planen kann.[13] Das Prüfungsrisiko umfasst dabei die in nachfolgender Abbildung dargestellten Komponenten.

Das Prüfungsrisiko setzt sich demnach grundlegend aus dem *Fehlerrisiko* und dem *Entdeckungsrisiko* zusammen.[14] Das Fehlerrisiko ist das Risiko, dass der Prüfungsgegenstand im Ist- gegenüber dem Soll-Objekt einen wesentlichen Fehler enthält.[15] Das Fehlerrisiko wird daher auch als Unternehmensrisiko oder Risiko der gesetzlichen Vertreter des Unternehmens bezeichnet, da es ausschließlich in deren Verantwortungsbereich liegt, z.B. durch sorgsam ausgestaltete Systeme ihrer Verantwortung für die externe Rechnungslegung angemessen nachzukommen und Fehler darin zu vermeiden.[16] Der Prüfer dagegen kann diese Fehlerrisiken nicht beeinflussen,

---

7 I.d.S. *IDW PS 261*, Beurteilung von Fehlerrisiken, 2006, Tz. 5.
8 Vgl. *IDW PS 261*, Beurteilung von Fehlerrisiken, 2006, Tz. 9.
9 Vgl. *Beck*, Kommentar, 2006, Tz. 103 zu § 317 HGB.
10 Vgl. *IDW PS 261*, Beurteilung von Fehlerrisiken, 2006, Tz. 6.
11 Hinsichtlich der sorgfältigen Bestimmung der Wesentlichkeitsgrenze im Rahmen der Abschlussprüfung vgl. *IDW PS 250*, Wesentlichkeit, 2003, o. S.
12 I.d.S. *IDW PS 261*, Beurteilung von Fehlerrisiken, 2006, Tz. 5.
13 Vgl. *IDW PS 261*, Beurteilung von Fehlerrisiken, 2006, Tz. 5.
14 Vgl. *IDW PS 260*, IKS, 2001, Tz. 24; *IDW PS 261*, Beurteilung von Fehlerrisiken, 2006, Tz. 6.
15 Vgl. *Beck*, Kommentar, 2006, Tz. 112 zu § 317 HGB.
16 I.d.S. *Beck*, Kommentar, 2006, Tz. 109 zu § 317 HGB.

sondern nur einschätzen. Um die Genauigkeit dieser Schätzung zu erhöhen, hat er allerdings eine Dekomposition des Fehlerrisikos in das inhärente und das Kontrollrisiko vorzunehmen und diese Teilrisiken einzeln zu beurteilen.[17]

Abb. 4-1: Prüfungsrisiko und seine Komponenten[18]

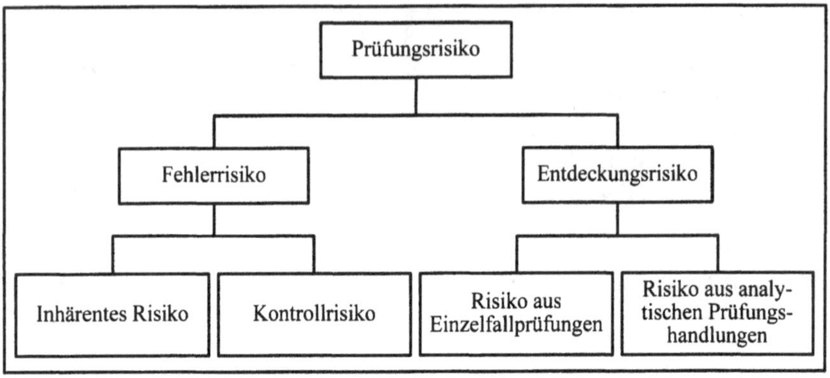

Als *inhärentes Risiko* wird dabei die Anfälligkeit eines Prüffeldes für das Auftreten eines wesentlichen Fehlers bezeichnet, wobei die risikoreduzierende Wirkung des von der Unternehmensleitung in diesem Zusammenhang eingerichteten Internen Kontrollsystem unberücksichtigt bleibt.[19]

Das *Kontrollrisiko* stellt dasjenige Risiko dar, dass Fehler, Verstöße oder allgemein prüfungsrelevante Abweichungen zwischen einem betrachteten Ist- und dem zugrunde zu legenden Soll-Objekt in Bezug auf ein Prüffeld oder zusammen mit Fehlern, Verstößen oder Abweichungen aus anderen Prüffeldern wesentlich sind, jedoch durch das von der Unternehmensleitung eingerichtete Interne Kontrollsystem weder verhindert oder aufgedeckt noch korrigiert werden, weil das Interne Kontrollsystem entweder nicht angemessen ausgestaltet oder nicht funktionsfähig ist.[20]

Als *Entdeckungsrisiko* wird dagegen das Risiko angesehen, dass die Prüfungshandlungen des Abschlussprüfers nicht zur Aufdeckung einer Abweichung zwischen Ist- und Soll-Objekt führen, die einzeln oder zusammen mit anderen Abweichungen wesentlich ist.[21] Dieses Risiko wird daher auch das Risiko des Prüfers genannt, da

17 Vgl. *Beck*, Kommentar, 2006, Tz. 110 zu § 317.

18 Quelle: *Stibi*, Prüfungsrisikomodell, 1985, S. 57.

19 Vgl. *IDW PS 260*, IKS, 2001, Tz. 24; *IDW PS 261*, Beurteilung von Fehlerrisiken, 2006, Tz. 6.

20 Vgl. *IDW PS 260*, IKS, 2001, Tz. 24; *IDW PS 261*, Beurteilung von Fehlerrisiken, 2006, Tz. 6.

21 Vgl. *IDW PS 260*, IKS, 2001, Tz. 24; *IDW PS 261*, Beurteilung von Fehlerrisiken, 2006, Tz. 6.

der Prüfer nur diese Risikokomponente durch Art und Umfang der von ihm zu planenden und durchzuführenden Prüfungshandlungen beeinflussen kann.[22]

Diese Prüfungshandlungen, die direkt auf die Entdeckung von Fehlern in der Rechnungslegung gerichtet sind, werden auch als aussagebezogene Prüfungshandlungen bezeichnet.[23] Sie unterscheiden sich dabei sowohl hinsichtlich des durch sie generierten Sicherheitsbetrags als auch hinsichtlich des verursachten Prüfungsaufwands.[24] Während bei den analytischen Prüfungshandlungen der inkrementale Sicherheitsgewinn, also das Verhältnis vom gewonnenen Sicherheitsbeitrag zum verursachten Prüfungsaufwand, hoch ist, ist dieser bei den Einzelfallprüfungshandlungen eher gering. Mit anderen Worten: Analytische Prüfungshandlungen zeichnen sich durch eine höhere Prüfungseffizienz aus.[25] Problematisch ist allerdings die Tatsache, dass durch analytische Prüfungshandlungen nur begrenzte Sicherheitsbeiträge erlangt werden können, im Gegensatz zu den Einzelfallprüfungshandlungen, die erforderlichenfalls so weit ausgedehnt werden können, bis Prüfungssicherheit erlangt wurde, im Notfall auch bis hin zur Vollprüfung des jeweiligen Prüffeldes.[26] Da Letzteres jedoch einen Verstoß gegen den Grundsatz einer wirtschaftlichen Durchführung der Jahresabschlussprüfung darstellt, weisen sowohl analytische Prüfungshandlungen als auch Einzelfallprüfungshandlungen das Risiko auf, dass bei der geforderten wirtschaftlichen Prüfungsdurchführung Fehler oder Abweichungen vom Soll-Objekt im jeweiligen Prüffeld oder über mehrere Prüffelder hinweg zwar wesentlich sind, jedoch durch die entsprechenden Prüfungshandlungen des Prüfers nicht aufgedeckt werden. Differenziert nach den jeweiligen aussagebezogenen Prüfungshandlungen wird diese Gefahr daher als „Risiko aus Einzelfallprüfungen“ bzw. „Risiko aus analytischen Prüfungshandlungen“ bezeichnet.[27] In Abhängigkeit von der Beurteilung der Fehlerrisiken und dem Sicherheitsbeitrag der analytischen Prüfungshandlungen (z.B. Plausibilitätsbeurteilungen, Trend- und Kennzahlenanalysen) hat der Abschlussprüfer daher Art, Umfang und zeitlichen Ablauf der Einzelfallprüfungshandlungen (z.B. Bestätigungen Dritter, Inventurbeobachtung, Stichprobenverfahren etc.) so festzulegen, dass er das Prüfungsurteil über die geforderten Prüfungsaussagen mit hinreichender Sicherheit treffen kann.[28]

---

22 Vgl. *Marten/Quick/Ruhnke*, Lexikon, 2006, S. 704

23 Vgl. *IDW PS 300*, Prüfungsnachweise, 2006, Tz. 14.

24 Die Prüfungshandlungen werden daher als aussagebezogene Prüfungshandlungen bezeichnet, da mit ihnen Prüfungssicherheit für die Aussagen in der Rechnungslegung, die bereits unter Kapitel 3.4: Abgrenzung der Verantwortungsbereiche von Management und Abschlussprüfer, S. 159, dargestellt wurden, gewonnen werden soll.

25 Vgl. *Biggs/ Mock/ Quick*, Analytische Prüfungshandlungen, 2000, S. 169 f.; *Wiedmann*, Risikoorientierter Prüfungsansatz, 1993, S. 18 f.

26 Vgl. *Wiedmann*, Risikoorientierter Prüfungsansatz, 1993, S. 19.

27 Vgl. *Quick*, Risiken, 1996, S. 56 ff.

28 Vgl. *IDW PS 261*, Beurteilung von Fehlerrisiken, 2006, Tz. 6 i.V.m. *IDW PS 300*, Prüfungsnachweise, 2006, Tz. 25.

Zusammenfassend kann deshalb der Erklärungsgehalt dieses Risikomodells verbal wie folgt beschrieben werden: Zwischen den einzelnen Komponenten des Prüfungsrisikos besteht ein enger innerer Zusammenhang, weshalb bei hohen Fehlerrisiken das Entdeckungsrisiko niedriger und damit der Umfang der aussagebezogenen Prüfungshandlungen höher sein muss als bei geringeren Fehlerrisiken.[29]

Ein Verständnis der einzelnen Komponenten des Prüfungsrisikos bringt für die Prüfungspraxis vor allem den Vorteil einer stärkeren Problemorientierung der Abschlussprüfung mit sich. Diese resultiert daraus, dass dem Prüfer die Beziehungen zwischen den einzelnen Risikoarten und die sich hieraus notwendigerweise ergebenden Konsequenzen hinsichtlich Art und Umfang der durchzuführenden Prüfungshandlungen zur Erlangung von Prüfungssicherheit verdeutlicht werden. Hierdurch wird es dem Prüfer dann wiederum ermöglicht, nachvollziehbare Prüfungsschwerpunkte auf Basis einer risikoorientierten Prüfungsstrategie zu setzen sowie hieraus sein Prüfungsprogramm abzuleiten und zu dokumentieren.[30] Eine Gefahr dieses Prüfungsrisikomodells besteht allerdings darin zu glauben, in der Praxis könnten auf Grundlage eines risikoorientierten Prüfungsansatz statistisch nachweisbare Prüfungsschwerpunkte gesetzt und damit das pflichtgemäße Ermessen des Abschlussprüfer durch eine Quantifizierung des Prüfungsprozess ersetzt werden.[31] Dies scheitert jedoch nicht zuletzt daran, dass die Beurteilung des inhärenten Risikos ein unstrukturiertes und komplexes Problem darstellt, welches aufgrund der Vielzahl der zu berücksichtigenden Faktoren sich nicht in Lösungsalgorithmen fassen lässt, sondern vielmehr Kreativmethoden und langjährige Berufserfahrung seitens des Prüfers voraussetzt. In ähnlicher Weise ergeben sich auch Probleme bei der Quantifizierung des Entdeckungsrisikos, da bspw. der Sicherheitsbeitrag von analytischen Prüfungshandlungen nicht hinreichend genau quantifiziert werden kann.[32] Aus diesem Grund wird daher auch an dieser Stelle auf eine formalisierte Darstellung des Prüfungsrisikomodells verzichtet und stattdessen diesbezüglich auf die theoretisch orientierte Literatur zu diesem Thema verwiesen.[33] Im Fokus dieser Arbeit stehen dagegen im Folgenden die verschiedenen Ausgestaltungen des risikoorientierten Prüfungsansatzes. Dieser kann dabei grundlegend an der Systematik der Rechnungslegung ansetzen oder aber von den Unternehmensfunktionen und -prozessen bzw. von den Geschäftsrisiken des Mandanten ausgehen.[34] Demzufolge lassen sich drei Ansätze unterscheiden, die im Folgenden kurz skizziert und dahingehend kritisch gewürdigt werden sollen,

---

29 Vgl. *Beck*, Kommentar, 2006, Tz. 111 zu § 317 HGB.

30 I.d.S. auch *Orth*, Prüfungsansatz, 1999, S. 574 f.; *Wiedmann*, Fortentwicklung, 1998, S. 343.

31 I.d.S. auch *Orth*, Prüfungsansatz, 1999, S. 575.

32 Ähnlich *Link*, Abschlussprüfung, 2006, S. 226 f.; *Wiedemann*, Risikoorientierter Prüfungsansatz, 1993, S. 23 f.

33 Vgl. *Cushing/Loebbecke*, Approaches, 1983, S. 23-41; *Quick*, Risiken, 1996, S. 65-169; *Stibi*, Prüfungsrisikomodell, 1985, o.S.

34 Vgl. *IDW PS 260*, IKS, 2001, Tz. 37.

ob sie konzeptionell dazu geeignet sind, die in Kapitel 3 – als notwendige Voraussetzung für eine gewissenhafte Prüfung der Prüfungsgegenstände des § 317 HGB – dargestellten Systemprüfungserfordernisse umzusetzen.

4.2 Darstellung und kritische Würdigung des abschlusspostenorientierten Prüfungsansatzes

Der abschlusspostenorientierte Prüfungsansatz richtet sich, wie der Name schon sagt, bei seiner Ausgestaltung nach der Systematik der Rechnungslegung. Daher werden bei diesem Prüfungsansatz die *Prüffelder* in Anlehnung an die Posten und Angaben der Rechnungslegung und deren Zusammenhänge untereinander bestimmt.[35] Ausgehend von den so festgelegten Prüffeldern erfolgt bei der Entwicklung des Prüfungsprogramms für diese die Einschätzung der inhärenten Risiken prüffeldspezifisch.[36] Zu diesen Risiken zählen u.a. die Fehleranfälligkeit von Abschlussposten für Unrichtigkeiten und Verstöße sowie die Beurteilungsspielräume bei Ansatz und Bewertung von Vermögensgegenständen und Schulden. Die Prüfungsdurchführung erfolgt bei der abschlusspostenorientierten Prüfung dann zumeist retrograd, d.h. der Prüfer setzt bei den Verarbeitungsergebnissen des Buchführungsstoffes im vorläufigen Jahresabschluss an und vergleicht dieses Ist-Objekt mit dem vom Prüfer unter Berücksichtigung der ökonomischen Realität des betrieblichen Einzelfalls selbst zu konstruierenden normenkonformen Soll-Objekt.[37] Vor dem Hintergrund der Wesentlichkeitsgrenze lässt sich dann anhand der ggf. festgestellten Abweichungen die Normenkonformität des Ist-Objekts ermitteln. Die Abweichungsanalyse erfolgt dabei auf Ebene der Aussagen in der Rechnungslegung für die jeweiligen Aussagekategorien.[38] Dabei werden die durch die Rechnungslegungsnormen unter Berücksichtigung der abzubildenden Realität determinierten Aussageausprägungen den von der Unternehmensleitung im Abschluss getätigten Angaben gegenübergestellt. Im Rahmen der Prüfungsdurchführung hat der Abschlussprüfer dann, um ausreichende und angemessene Prüfungsnachweise für die Ordnungsmäßigkeit eines Abschlusspostens zu erlangen, Prüfungsnachweise für die Ordnungsmäßigkeit der jeweiligen, dem Abschlussposten zuzuordnenden Aussagen in der Rechnungslegung einzuholen.[39] Hierdurch gelangt der Abschlussprüfer zu einem hinreichend sicheren Teilurteil über die Ordnungsmäßigkeit des jeweiligen Postens. Durch die Aggregation die-

---

35 Vgl. *IDW PS 260*, IKS, 2001, Tz. 37.

36 Vgl. *Marten/Quick/Ruhnke*, Lexikon, 2006, S. 11.

37 Vgl. *Marten/Quick/Ruhnke*, Wirtschaftsprüfung, 2001, S. 260.

38 Bzgl. der Aussagen in der Rechnungslegung und den dazugehörigen Aussagekategorien vgl. die Ausführungen unter 3.4: Abgrenzung der Verantwortungsbereiche von Management und Abschlussprüfer, S. 159.

39 Vgl. *Marten/ Quick/ Ruhnke*, Wirtschaftsprüfung, 2001, S. 260; *Marten/ Quick/ Ruhnke*, Lexikon, 2006, S. 11.

ser Teilurteile erlangt der Prüfer dann ein ebenso sicheres Gesamturteil über die Rechnungslegung.[40]

In Bezug auf die Prüfungshandlungen stehen daher bei der abschlusspostenorientierten Ausgestaltung des risikoorientierten Prüfungsansatzes die aussagebezogenen Prüfungshandlungen im Vordergrund. D.h., der Prüfer versucht in erster Linie, durch eine Minimierung des *Entdeckungsrisikos* den festgestellten inhärenten Risiken zu begegnen. Dennoch hat sich der Prüfer auch hier mit der fehlerreduzierenden Wirkung des Internen Kontrollsystems zu beschäftigen, welches über das Kontrollrisiko direkt das Fehlerrisiko beeinflusst.[41] Aus Gründen der Prüfungseffizienz hat er daher gerade bei wesentlichen Abschlussposten, in die sehr viele Geschäftsvorfälle einfließen, die zur ordnungsgemäßen Verarbeitung und Dokumentation des Buchungsstoffs eingerichteten organisatorischen Maßnahmen, Verfahren und Regelungen zu prüfen.[42] Darüber hinaus kommt der Prüfer auch bei einer abschlusspostenorientierten Vorgehensweise nicht umhin, die Maßnahmen zu beurteilen, die die Unternehmensleitung zum Schutz vor unfreiwilligem Abfluss der bilanzierten Vermögensgegenstände ergriffen hat oder um die Einhaltung der formalen GoB bei der Verarbeitung und Dokumentation des Buchführungsstoffs sicherzustellen. Denn nur so ist es ihm möglich, aufbauend auf diesen Systemprüfungshandlungen, Prüfungssicherheit für das Vorhandensein der Vermögensgegenstände am Abschlussstichtag oder die Ordnungsmäßigkeit der Buchführung zu generieren. Denn aussagebezogene Prüfungshandlungen alleine werden in der Regel hierfür entweder keine ausreichenden und angemessenen Prüfungsnachweise liefern können oder nicht die effizienteste Vorgehensweise zur Generierung der diesbezüglich benötigten Prüfungsnachweise darstellen.[43]

Die Vorteile des abschlusspostenorientierten Prüfungsansatzes aus Sicht der Praxis liegen daher generell bei Abschlussprüfungen, deren rechnungslegungsbezogenes Internes Kontrollsystem stark auf den betrieblichen Funktionsbereich des Rechnungswesens fokussiert ist. In diesem Fall ist die Ausrichtung der Prüfung an den Abschlussposten eine sachgerechte Vorgehensweise, um die Teile des Internen Kontrollsystems aufzunehmen, die auf die Ordnungsmäßigkeit und Verlässlichkeit der internen und externen Berichterstattung gerichtet sind, zumal die Aufnahme nur bei wesentlichen Abschlussposten erfolgt oder bei Abschlussposten, für die nur mittels einer Systemprüfung Prüfungssicherheit erlangt werden kann. Dies setzt allerdings voraus, dass der Mandant nur in geringem Umfang Routinevorgänge bzw. durch ein Massengeschäft verursachte Geschäftsvorfälle aufweist und die Posten, für die das Kontrollrisiko abgeschätzt werden soll, ein heterogenes Systemumfeld

---

40 Vgl. *Marten/Quick/Ruhnke*, Lexikon, 2006, S. 11.

41 Vgl. *Marten/ Quick/ Ruhnke*, Wirtschaftsprüfung, 2001, S. 260; *Marten/ Quick/ Ruhnke*, Lexikon, 2006, S. 11.

42 Vgl. *Marten/Quick/Ruhnke*, Lexikon, 2006, S. 11.

43 I.d.S. *IDW PS 261*, Beurteilung von Fehlerrisiken, 2006, Tz. 68.

aufweisen. Als Praxisbeispiel kann hier eine Management-Holding angeführt werden, die über kein operatives Geschäft verfügt und nur aus Gründen der Haftungsseparation eine eigenständige rechtliche Einheit darstellt.

An seine Grenzen stößt der Ansatz jedoch bei Mandanten, deren Ablauforganisation prozessorientiert ausgerichtet ist und diese Prozessorganisation weiter durch hochintegrative IT-Systeme gestützt bzw. erst ermöglicht wird.[44] Der IT-Einsatz hilft dabei den Unternehmen nicht nur, enorme Mengen an Datenvolumina über das tägliche Massengeschäft zu verarbeiten und aufzubereiten, sondern stellt in der Regel auch ein homogenes und IT-gestütztes Kontrollumfeld bei der Verarbeitung und Aufbereitung der Daten sicher.[45] Ferner führt der hohe Integrationsgrad der Systeme dazu, dass buchführungsrelevante Daten nicht selten direkt in den operativen Vorsystemen und somit außerhalb des Funktionsbereichs „Rechnungswesen" erfasst werden.[46] In diesem Umfeld führt der oben beschriebene Ansatz daher sehr schnell zu Ineffizienzen, da die Vorteile des homogenen Kontrollumfelds und der IT-gestützten Geschäftsprozesse zu wenig genutzt werden. Vielmehr beginnt die Systemaufnahme immer ausgehend von den Abschlussposten, auch wenn bspw. ein Geschäftsprozess zugleich mehrere Abschlussposten mit Informationen speist.

Ein weiterer Problembereich dieser Ausgestaltung des risikoorientierten Prüfungsvorgehens entsteht dadurch, dass durch die Ausrichtung der Prüfung an den Posten des Jahresabschlusses der Fokus der Prüfung in erster Linie ein vergangenheitsorientierter ist.[47] Eine Beurteilung der Chancen und Risiken der künftigen Entwicklung, insbesondere aber auch der Angemessenheit der durch das MCF repräsentierten Systeme im Bereich „Sicherung und Ausbau der langfristigen Erfolgspotenziale" in dem unter Kapitel 3 erforderlichen Umfang, ist daher nicht Gegenstand dieses Prüfungsansatzes. Dies führt allerdings zu steigenden Prüfungsrisiken, wenn das zu prüfende Unternehmen in einem Marktumfeld agiert, welches sich durch eine hohe Wettbewerbsintensität und Marktdynamik auszeichnet, denn die hierdurch verursachte Unsicherheit führt zu zunehmenden Geschäftsrisiken, wobei letztere wiederum auch höhere inhärente Risiken nach sich führen können.[48] So ist es bspw. möglich, dass eine Verkürzung der Produktlebenszyklen zu einer Überalterung der Produktpalette führt und daher der Vorratsbestand mit dem Risiko der Überbewertung behaftet ist oder die entsprechenden Laufzeiten der Produktionsanlagen sich verkürzen, was ceteris paribus ebenfalls dazu führen kann, dass der Wertansatz des Sachanlagevermögens fehlerhaft ist und bspw. durch eine außerplanmäßige Abschreibung berichtigt werden müsste.

---

44 Vgl. *Wiedmann*, Fortentwicklung, 1998, S. 342; *Wiedmann*, Neuere Prüfungsansätze, 1999, S. 86 ff.

45 Vgl. *Züger*, Prüfungsansatz, 1998, S. 448 f.

46 Vgl. *Berens/ Voit*, Geschäftsprozessorientierung, 2003, S. 1236; *Heese*, Prüfungsansatz, 2003, S. 228.

47 Vgl. *Orth*, Prüfungsansatz, 1999, S. 575; *Orth*, Abschlussprüfung, 2000, S. 302 ff.

48 Vgl. *Link*, Abschlussprüfung, 2006, S. 116; *Ruhnke*, Abschlussprüfung, 2002, S. 438.

Selbst bei dem oben gewählten Beispiel einer Management-Holding können veränderte Faktoren im Marktumfeld der Beteiligungen des Finanzanlagevermögens dazu führen, dass deren Wertansätze zu korrigieren sind. In diesem Beispiel würde daher auch bei einer Management-Holding ein rein abschlusspostenorientierter Prüfungsansatz möglicherweise zu kurz greifen, weshalb die Geeignetheit des abschlusspostenorientierten Prüfungsansatzes hier nur noch dann gegeben ist, wenn die Vermögensgegenstände der Management-Holding lediglich in geringem Umfang von externen Faktoren beeinflusst werden. Die Beispiele verdeutlichen somit, dass bei einer vergangenheitsorientierten Ausrichtung der Prüfung das Risiko des Prüfers, aus der Unkenntnis der Geschäftsrisiken des Mandanten heraus zu einer Fehleinschätzung der inhärenten Risiken zu gelangen, steigt.

Hinsichtlich der in Kapitel 3 dargestellten Systemprüfungserfordernisse des MCF[49] kann somit festgehalten werden, dass dieser Ansatz unter bestimmten oben dargelegten Voraussetzungen dazu geeignet sein kann, die auf die Verlässlichkeit und Ordnungsmäßigkeit der internen und externen Berichterstattung gerichteten Teile des Internen Kontrollsystems aufzunehmen und zu prüfen, jedoch für die übrigen Systemprüfungserfordernisse konzeptionell nicht weit genug gefasst ist.

4.3 Darstellung und kritische Würdigung des tätigkeitskreisorientierten Prüfungsansatzes

Der zunehmende Einsatz von Informationstechnologie beim Mandanten und die damit einhergehenden organisatorischen Veränderungen haben im Zeitverlauf nicht nur dazu geführt, dass der abschlusspostenorientierte Prüfungsansatz konzeptionell an seine Grenzen stieß, sondern auch, dass neue Effizienzsteigerungspotenziale, die durch die zunehmende Technologisierung und Automatisierung beim Mandanten entstanden sind, für die Prüfung nicht in ausreichendem Maße operationalisiert werden konnten.[50] Aus dem abschlusspostenorientierten Prüfungsansatz hat sich daher der tätigkeitskreisorientierte Prüfungsansatz entwickelt. Bei diesem Prüfungsansatz erfolgt die Festlegung der *Prüffelder* nach homogenen Vorgängen im Sinne einer geeigneten Prüfbarkeit, die in Tätigkeitskreisen zusammengefasst werden können.[51] Insofern werden zusammenhängende Abschlussposten, wie z.B. Forderungen aus Lieferungen und Leistungen und Umsatzerlöse, nicht mehr getrennt voneinander geprüft. Ziel dieses Ansatzes ist es vielmehr, zusammengehörige Prozesse, Geschäftsvorfälle sowie die korrespondierenden Abschlussposten und die hierauf gerichteten Teile des Internen Kontrollsystems zu einem Prüffeld zu-

---

49 Bzgl. des MCF vgl. die Ausführungen unter Kapitel 2.6.5: Integration der Ergebnisse zum Management-Control-Framework, S. 127 ff.

50 Vgl. *Wiedmann*, Neuere Prüfungsansätze, 1999, S. 86 f.

51 Vgl. *Borchert*, Transaction Flow Auditing, 1992, S. 1941; *Marten/Quick/Ruhnke*, Wirtschaftsprüfung, 2001, S. 248; *Orth*, Prüfungsansatz, 1999, S. 576.

sammenzufassen und zu untersuchen.[52] Häufig werden dabei folgende Tätigkeitskreise abgegrenzt: „acquisition and payment cycle, payroll and personnel cycle, inventory and warehousing cycle, sales and collection cycle und capital acquisition and repayment cycle“.[53] Je nach Gestaltung der Organisationsstruktur des Mandanten weisen diese Tätigkeitskreise eher einen funktions- und abteilungsübergreifenden Prozesscharakter (prozessorientierte Ausgestaltung des Prüfungsansatzes) auf oder sind auf einzelne Funktionsbereiche beschränkt (funktionsorientierte Ausgestaltung des Prüfungsansatzes).[54] Zur Beurteilung der *inhärenten Risiken* verschafft sich der Prüfer auch hier einen Überblick über das Prüffeld, d.h. über den Tätigkeitskreis, und schätzt das Risiko eines wesentlichen Fehlers für die Rechnungslegung ab.[55] Einfluss auf das inhärente Risiko im Prüffeld können dabei bspw. die Häufigkeit von Ausnahmen zu Routinetransaktionen und deren informationstechnische Erfassung und Weiterverarbeitung im Rechnungswesen, die Stabilität der Geschäftsprozesse und der diese unterstützende Informationstechnologie, die Ordnungsmäßigkeit der Informationsverarbeitung an Schnittstellen und die Einhaltung des Vier-Augen-Prinzips nehmen.

Nach der Einschätzung der inhärenten Risiken hat sich der Prüfer, um ein abschließendes Urteil über die Fehlerrisiken im Abschluss abgeben zu können, mit den *Kontrollrisiken* zu beschäftigen und hierfür die Angemessenheit und Geeignetheit der auf den Transaktionskreis gerichteten Teile des Internen Kontrollsystems zu beurteilen.[56] Hierin liegt auch der eigentliche Vorteil der tätigkeitskreisorientierten Ausgestaltung der Prüfung, denn die Tätigkeitsbereiche verfügen zumeist über ein relativ homogenes Internes Kontrollsystem, was dessen Aufnahme und Prüfung zur Beurteilung des Kontrollrisikos erleichtert.[57] Diese Kontrollen im Geschäftsprozess bzw. Funktionsbereich können für die Zwecke der Jahresabschlussprüfung dahingehend genutzt werden, dass durch Funktionstest der Kontrollen Prüfungsnachweise für die vollständige und korrekte Erfassung der rechnungslegungsrelevanten Informationen gewonnen werden können.[58] Auf diese Weise erlangt der Prüfer Sicherheit für einzelne Aussagen in der Rechnungslegung (z.B. Vollständigkeit, Richtigkeit) derjenigen Abschlussposten, die dem Tätigkeitskreis zuzuordnen sind, wodurch der Umfang der *aussagebezogenen Prüfungshandlungen* zur Adjustierung des *Entdeckungsrisikos* in diesem Be-

---

52 Vgl. *Berens/Voit*, Geschäftsprozessorientierung, 2003, S. 1236; *Marten/Quick/Ruhnke*, Lexikon, 2006, S. 786.

53 Vgl. *Marten/Quick/Ruhnke*, Lexikon, 2006, S. 786.

54 Vgl. *Berens/Voit*, Geschäftsprozessorientierung, 2003, S. 1236; *IDW PS 260*, IKS, 2001, Tz. 37.

55 Vgl. *Marten/Quick/Ruhnke*, Wirtschaftsprüfung, 2001, S. 250.

56 Vgl. *Borchert*, Transaction Flow Auditing, 1992, S. 1946; *Orth*, Prüfungsansatz, 1999, S. 580.

57 Vgl. *Marten/Quick/Ruhnke*, Lexikon, 2006, S. 786.

58 Vgl. *Wiedmann*, Neuere Prüfungsansätze, 1999, S. 86.

reich verringert werden kann.[59] Denn der Prüfer kann bei den Aussagen in der Rechnungslegung, für deren Gültigkeit die Funktionstests bereits Nachweise geliefert haben, den Umfang der noch durchzuführenden aussagebezogenen Prüfungshandlungen in Abhängigkeit des erlangten Sicherheitsgrads und der Wesentlichkeit des Abschlusspostens reduzieren oder sogar gänzlich darauf verzichten. Effizienzsteigerungen sind durch diesen Prüfungsansatz im Gegensatz zum abschlusspostenorientierten daher insbesondere bei denjenigen Mandanten zu erzielen, die die Erfassung und die Weiterverarbeitung des „buchhalterischen Massengeschäftes", d.h. der Routinevorgänge, mittels IT-Unterstützung weitestgehend automatisiert und dadurch die damit verbundenen Fehlerrisiko reduziert haben.[60] Des Weiteren führt die Ausrichtung der Prüfung an den Tätigkeitskreisen dazu, dass auch die fehlerreduzierende Wirkung des auf operativer Ebene eingerichteten Internen Kontrollsystems systematisch aufgenommen und beurteilt werden kann. Die Prüfung ist somit nicht auf einen „Rechnungswesen-Blickwinkel" beschränkt.[61] Bezug nehmend auf die in Kapitel 3 dargestellten Systemprüfungserfordernisse des MCF kann an dieser Stelle festgehalten werden,[62] dass ein tätigkeitskreisorientiertes Prüfungsvorgehen im Vergleich zum abschlusspostenorientierten aufgrund der konzeptionellen Erweiterung über den Funktionsbereich des Rechnungswesens hinaus auch dazu geeignet ist, die prüfungsrelevanten Komponenten der auf die Wirksamkeit und Wirtschaftlichkeit der Geschäftstätigkeit gerichteten Teile der durch das MCF repräsentierten Systeme aufzunehmen und zu beurteilen. Der Ansatz wäre daher bspw. grundsätzlich auch dazu geeignet, die Angemessenheit und Funktionsfähigkeit des Risikofrüherkennungssystems auf operativer Ebene zu beurteilen.[63]

Ähnlich wie der abschlusspostenorientierte Prüfungsansatz sieht jedoch auch der tätigkeitskreisorientierte weder die systematische Einschätzung der der Zielkategorie „Sicherung und Ausbau der langfristigen Erfolgspotenziale" zuzuordnenden Geschäftsrisiken vor, um deren Auswirkung auf die inhärenten Risiken abschätzen zu können, noch die Aufnahme und Beurteilung der Angemessenheit der in diesem Zusammenhang von der Unternehmensleitung eingerichteten Systeme.

59 I.d.S. *IDW PS 260*, IKS, 2001, Tz. 74. i.V.m. *IDW PS 300*, Prüfungsnachweise, 2006, Tz. 22.

60 Vgl. *Borchert*, Transaction Flow Auditing, 1992, S. 1950; *Wiedmann*, Fortentwicklung, 1998, S. 343.

61 Vgl. *Wiedmann*, Neuere Prüfungsansätze, 1999, S. 86.

62 Vgl. hierzu im Überblick Kapitel 3.6: Zusammenfassung der Ergebnisse des Kapitels 3 und Darstellung der prüfungsrelevanten Komponenten des Management-Control-Framework im Überblick, S. 233 f.

63 I.d.S. auch *Orth*, Prüfungsansatz, 1999, S. 585.

Für die in Kapitel 3 abgeleiteten Systemprüfungserfordernisse ist daher auch dieser Ansatz konzeptionell nicht weit genug gefasst.[64]

4.4 Darstellung und kritische Würdigung des geschäftsrisikoorientierten Prüfungsansatzes

Größter Kritikpunkt der bisher aufgezeigten Ansätze bleibt die Risikobeurteilung durch den Prüfer, da diese Ansätze konzeptionell nicht dazu geeignet sind, in strukturierter und systematischer Weise alle Risikofaktoren zu berücksichtigten, die zu einer Falschdarstellung im Jahresabschluss und Lagebericht führen können.[65] Insbesondere das Geschäftsrisiko des Mandanten, also das Risiko, dass dieser seine Unternehmensziele nicht erreicht, beinhaltet interne und externe Risiken, die aus Sicht des Prüfers zu Fehlerrisiken im Abschluss führen und somit direkt auf dessen Prüfungsrisiko Einfluss nehmen können.[66] Aufgrund der konzeptionellen Grenzen der bis jetzt dargestellten Ansätze erfolgte die Risikobeurteilung der Geschäftsrisiken jedoch allenfalls unstrukturiert, wodurch die Gefahr der unvollständigen Erfassung, was sowohl die Berücksichtigung der strategischen Risiken als aber auch der externen Risiken anbelangt, zunimmt. Die oben dargelegten konzeptionellen Grenzen der dargestellten Ansätze dürften daher auch den Gesetzgeber im Zuge des KonTraG dazu bewegt haben, den Prüfer insbesondere bei börsennotierten Aktiengesellschaften dazu zu verpflichten, sich systematisch mit der Risikolage der Gesellschaft auseinanderzusetzen.[67] Auf diese und weitere Entwicklungen im Marktumfeld für Abschlussprüfungen hat der Berufsstand mit der Anpassung des risikoorientierten Prüfungsansatzes hin zu einem geschäftsrisikoorientierten reagiert.[68]

Den Ausgangspunkt sämtlicher Risikoeinschätzungen bildet daher nicht mehr die Rechnungslegung oder mit der Rechnungslegung in Verbindung stehende Tätigkeitskreise, sondern das Unternehmen und dessen Umwelt als Ganzes.[69] Die Erlangung der für die *Risikobeurteilung der Geschäftsrisiken* des Mandanten erforderlichen Kenntnisse über dessen Geschäftstätigkeit erfolgt dabei in

64 Vgl. hierzu im Überblick Kapitel 3.6: Zusammenfassung der Ergebnisse des Kapitels 3 und Darstellung der prüfungsrelevanten Komponenten des Management-Control-Framework im Überblick, S. 233 f.

65 I.d.S. wohl auch *Orth*, Abschlussprüfung, 2000, S. 300 ff.; *Wiedmann*, Fortentwicklung, 1998, S. 342 ff.

66 Vgl. *Link*, Abschlussprüfung, 2006, S. 116 f.; *Marten/Quick/Ruhnke*, Wirtschaftsprüfung, 2001, S. 246; *Ruhnke*, Abschlussprüfung, 2002, S. 438 f.

67 Vgl. *Giese*, Risikomanagementsystemprüfung, 1998, S. 458.

68 Zu den veränderten Entwicklungen vgl. *Wiedmann*, Fortentwicklung, 1998, S. 338 ff.

69 Vgl. *Dörner*, Wirtschaftsprüfung, 1998, S. 302; *IDW*, WP-Handbuch, 2000, R 140 ff.; *Link*, Abschlussprüfung, 2006, S. 190; *Marten/ Quick/ Ruhnke*, Lexikon, 2006, S. 330; *Ruhnke*, Business Audit, 2002, S. 698; *Wiedmann*, Fortentwicklung, 1998, S. 346.

strukturierter Form.[70] Die hierzu notwendige Beschäftigung mit dem Unternehmensumfeld, den Unternehmenszielen und -strategien, der wirtschaftlichen Lage des Unternehmens sowie den betrieblichen Prozessen stellen dabei den Ausgangspunkt und gleichzeitig den roten Faden für die Abschlussprüfung dar.[71]

Im Rahmen einer sog. *strategischen Analyse* soll der Prüfer zunächst einen Überblick über die Geschäftsziele des Unternehmens, die der Verwirklichung dieser Ziele dienenden Strategien, deren operativer Umsetzung dienende Geschäftsprozesse sowie der damit in Verbindung stehenden Geschäftsrisiken gewinnen.[72] Als Verfahren für die Durchführung dieser strategischen Analyse wird vorgeschlagen, dass der Prüfer hierfür Instrumentarien und Methoden unterstützend heranzieht, die auch aus dem Bereich des strategischen Controlling bekannt sind, wie z.B. das SWOT-Verfahren[73], die PEST-Analyse[74] sowie das Five-Forces-Modell von Porter[75].[76] Nicht selten wird auch das Konzept der *Balanced Scorecard*[77] für diese Zwecke als geeignet angesehen.[78]

Ausgehend von der Analyse der Geschäftsrisiken auf strategischer Ebene hat der Prüfer dann auf operativer Ebene die Geschäftsprozesse zu untersuchen (sog. *Prozessanalyse*), die für die Umsetzung der Strategie besonders kritisch sind und insofern ebenfalls ein Geschäftsrisikopotenzial beinhalten. Diese Prozesse sind daher daraufhin zu analysieren, ob die Prozessziele im Einklang mit der Unternehmensstrategie stehen und ob die Prozesse wirksam sind.[79] Als Metho-

---

70 Vgl. *IDW*, WP-Handbuch, 2000, R 146 ff.; *Wiedmann*, Fortentwicklung, 1998, S. 346.

71 I.d.S. auch *Heese*, Prüfungsansatz, 2003, S. 224.

72 Vgl. *Bell/Marrs/Solomon/Thomas*, Auditing, 1997, S. 39 ff.; *Dörner*, Wirtschaftsprüfung, 1998, S. 302 ff.; *IDW*, WP-Handbuch, 2000, R 140 ff.; *Link*, Abschlussprüfung, 2006, S. 201 ff.; *Marten/Quick/Ruhnke*, Lexikon, 2006, S. 332 ff.; *Ruhnke*, Abschlussprüfung, 2002, S. 439 ff.; *Wiedmann*, Fortentwicklung, 1998, S. 346 ff.

73 Die SWOT (Strengths, Weaknesses, Opportunities, Threats)-Analyse dient der systematisierten Erfassung der unternehmensinternen Stärken und Schwächen sowie der Chancen und Gefahren des Unternehmensumfeldes. Vgl. *IDW*, WP-Handbuch, 2000, R. 152.

74 Die PEST (Political, Economical, Social, Technological)-Analyse stellt ein Verfahren zur strukturierten Aufbereitung der Informationen über die Einflussfaktoren des Makroumfelds des Unternehmens dar. Vgl. *IDW*, WP-Handbuch, 2000, R 148.

75 *Porters* Konzept der fünf Wettbewerbskräfte dient der Darstellung und Analyse der Einflüsse des Branchenumfelds eines Unternehmens. Vgl. *IDW*, WP-Handbuch, 2000, R 149.

76 Vgl. *Dörner*, Wirtschaftsprüfung, 1998, S. 308; *IDW*, WP-Handbuch, 2000, R. 148 ff.; *Marten/ Quick/ Ruhnke*, Lexikon, 2006, S. 333; *Orth*, Abschlussprüfung, 2000, S. 306; *Ruhnke*, Abschlussprüfung, 2002, S. 440; *Wiedmann*, Fortentwicklung, 1998, S. 346.

77 Das Konzept der Balanced Scorecard bildet einen Ursache-/Wirkungsbeziehung darstellenden Bezugsrahmen für die Geschäftsziele und -strategien des Unternehmens und verhilft diesen hierdurch zu mehr Transparenz. Vgl. *Kaplan/ Norton*, Balanced Scorecard, 1997, o.S.

78 Vgl. *Marten/ Quick/ Ruhnke*, Lexikon, 2006, S. 333; *Orth*, Abschlussprüfung, 2000, S. 308; *Ruhnke*; Abschlussprüfung, 2002, S. 441; *Wiedmann*, Neuere Prüfungsansätze, 1999, S. 105.

79 Vgl. *Bell/Marrs/Solomon/Thomas*, Auditing, 1997, S. 43 ff.

dik für diese Beurteilung wird ebenfalls vorgeschlagen, dass der Prüfer hierfür Methoden des Controlling, insbesondere des Performance Measurement, zur Messung der für die Prozesszielerreichung kritischen Erfolgsfaktoren heranzieht und hierfür die notwendigen finanziellen und nichtfinanziellen Leistungsindikatoren selbst bestimmt, misst und für Prüfungszwecke auswertet.[80]

Aufgrund der so erworbenen Kenntnisse über die Geschäftsrisiken hat der Prüfer dann eine Erwartungshaltung über die wesentlichen *Fehlerrisiken*, d.h. inhärente Risiken und Kontrollrisiken, zu bilden. Insofern entspricht diese Vorgehensweise einem konsequenten *„top-down"-Ansatz*, der, ausgehend von den Unternehmenszielen und -strategien und den damit in Verbindung stehenden Geschäftsrisiken (top), den Prüfer dabei unterstützen soll, diese in potenzielle Fehler des Abschlusses auf Ebene der Aussagen in der Rechnungslegung (down) überzuleiten.[81] Dieser letzte Schritt verlangt dem Prüfer jedoch ein hohes Maß an Fachkompetenz und Erfahrungswissen ab,[82] da die Überleitung der Geschäftsrisiken zu möglichen, hierdurch verursachten Fehlern auf Ebene der Aussagen in der Rechnungslegung nur sachlogisch hergestellt werden kann und nicht zwingend sein muss. So stellt bspw. das tatsächlich eingetretene Ereignis, dass ein Produkt bei Markteinführung hinter den Verkaufserwartungen zurückbleibt, ein Geschäftsrisiko dar, welches mehrere potenzielle Fehlerrisiken für den Jahresabschluss beinhaltet. Z.B. kann der ausbleibende Erfolg des Produkts durch Produktmängel verursacht sein, was für die Bilanzposition der Vorräte ein erhöhtes Risiko der Überbewertung mit sich bringt. In gleicher Weise kann, um dieses Beispiel fortzuführen, auch der Wertansatz des Sachanlagevermögens in diesem Fall kritisch sein, falls sich herausstellen sollte, dass dem Produkt nicht durch geeignete Maßnahmen zur Marktreife oder Marktakzeptanz verholfen werden kann, weil evtl. für die Produktionsanlagen, die nur für die Produktion dieses Produkts genutzt werden, eine dauernde Wertminderung und somit die Erfordernis einer außerplanmäßigen Abschreibung auf den niedrigeren beizulegenden Wert besteht. Durch dieses Beispiel sollte die Problematik des Überleitens von Geschäftsrisiken zu Fehlern auf Ebene der Aussagen in der Rechnungslegung verdeutlicht werden. Diese entsteht in erster Linie dadurch, dass der geschäftsrisikoorientierte Prüfungsansatz dem Prüfer zwar dabei hilft, strukturiert vorzugehen, um die (Geschäfts-)Risiken, die der Zielerreichung in den Zielkategorien „Sicherung und Ausbau der langfristigen Erfolgspotenziale" sowie „Wirksam-

[80] Vgl. *Dörner*, Wirtschaftsprüfung, 1998, S. 308 f.; *IDW*, WP-Handbuch, 2000, R. 153; *Marten/Quick/Ruhnke*, Lexikon, 2006, S. 333; *Orth*, Abschlussprüfung, 2000, S. 306 f.; *Ruhnke*; Abschlussprüfung, 2002, S. 441; *Wiedmann*, Fortentwicklung, 1998, S. 347 f.

[81] Vgl. *Bell/ Marrs/ Solomon/ Thomas*, Auditing, 1997, S. 63 ff.; *Link*, Abschlussprüfung, 2006, S. 210; *Marten/Quick/Ruhnke*, Lexikon, 2006, S. 334; *Ruhnke*; Abschlussprüfung, 2002, S. 440.

[82] Bzgl. den veränderten Anforderungen an den Abschlussprüfer bei einer geschäftsrisikoorientierten Vorgehensweise vgl. *Link*, Abschlussprüfung, 2006, S. 238 f.

keit und Wirtschaftlichkeit der Geschäftstätigkeit" entgegenstehen, zu erfassen und aufbauend auf seinem Erfahrungswissen, evtl. unterstützt durch Kreativmethoden wie bspw. dem Brain Storming, zu einer Erwartungshaltung über mögliche Fehler auf Ebene der Aussagen in der Rechnungslegung zu gelangen. Die Beurteilung des Fehlerrisikos in der Rechnungslegung und die Bestimmung der Prüfungsschwerpunkte ist allerdings auch hier stark ermessensabhängig und bedarf ein hohes Maß an prüferischem Erfahrungswissen.[83]

Aufbauend auf dem so eingeschätzten Fehlerrisiko hat der Prüfer dann, entsprechend der Vorgehensweise der bereits oben dargestellten Prüfungsansätze, zur Adjustierung des Prüfungsrisikos mittels des *Entdeckungsrisikos* Art und Umfang der noch durchzuführenden aussagebezogenen Prüfungshandlungen, d.h. sein eigentliches Prüfungsprogramm für die Prüffelder, die auch hier tätigkeitskreis- oder abschlusspostenorientiert festgelegt werden können, zu planen.[84] Dabei sind die aussagebezogenen Prüfungshandlungen zur Verbesserung der Problemorientierung der Abschlussprüfung direkt auf die identifizierten Fehlerrisiken und insofern auf die Prüfungsschwerpunkte zu richten, um hierdurch den Umfang der ergebnisorientierten Detailprüfungshandlungen in den Prüffeldern zu reduzieren und weitere Effizienzsteigerungspotenziale in der Prüfungsdurchführung auszuschöpfen.[85] In den Nebensegmenten soll dagegen Prüfungssicherheit soweit als möglich durch analytische Prüfungshandlungen gewonnen werden.[86] Dies wird durch den „top-down"-Ansatz insofern begünstigt, als dieser dem Prüfer durch die Erlangung eines umfassenden Geschäftsverständnisses und der damit einhergehenden ganzheitlichen Risikobeurteilung einen breiter angelegten Ansatz und effektiveren Einsatz von analytischen Prüfungshandlungen ermöglicht.[87] Erreicht wird dies insbesondere durch die kombinierte Berücksichtigung von finanziellen und nichtfinanziellen Größen bei der Bildung von Erwartungen über das Prüfungsobjekt, was nicht nur eine Ausweitung der analytischen Prüfungshandlungen zulässt, sondern in der Regel auch zu präziseren Vorhersagen als bei ausschließlicher Nutzung finanzieller Informationen führt.[88]

Die konzeptionellen Vorteile dieses „top-down"-Ansatzes gegenüber den vorher dargelegten Prüfungsansätzen sind somit die umfassende Risikoanalyse und hierauf aufbauend eine stärkere Problemorientierung der Abschlussprüfung.[89] Des Weiteren wird in der Literatur darauf hingewiesen, dass es aufgrund der be-

83 Zur Bedeutung von Erfahrungswissen bei der Einschätzung der Risikokomponenten des Prüfungsrisikos vgl. *Wiedmann*, Risikoorientierter Prüfungsansatz, 1993, S. 23.
84 Vgl. *Link*, Abschlussprüfung, 2006, S. 211; *Marten/ Quick/ Ruhnke*, Lexikon, 2006, S. 334.
85 Vgl. *Marten/Quick/Ruhnke*, Lexikon, 2006, S. 334.
86 Vgl. *Züger*, Prüfungsansatz, 1998, S. 448 f.
87 Vgl. *Link*, Abschlussprüfung, 2006, S. 193 und 226.
88 Vgl. *Link*, Abschlussprüfung, 2006, S. 228.
89 Vgl. *Wiedmann*, Fortentwicklung, 1998, S. 350.

schriebenen Vorgehensweise ebenfalls möglich ist, geschäftsrisikobezogene und direkt durch die Unternehmensleitung durchgeführte *High-Level-Controls* zu identifizieren und zu prüfen, wodurch der Umfang an zu prüfenden *Low-Level-Controls* reduziert und die Prüfungseffizienz weiter erhöht werden kann.[90] Hierbei ergeben sich jedoch sowohl bei der praktischen Umsetzung als auch bei der konzeptionellen Ausgestaltung verschiedene Probleme. Zunächst einmal ist zu konstatieren, dass in der Literatur zwar der Begriff „High-Level-Control" verwendet wird, jedoch diese Kontrollen weder definiert oder näher spezifiziert noch Kriterien für deren angemessene Ausgestaltung, wie sie bspw. der COSO I für die Low-Level-Controls liefert, bereitgestellt werden.[91] Insofern stößt der Prüfer in der Praxis in diesem Zusammenhang bereits auf das Problem, wie er diese Kontrollen, wenn er sie aufgenommen hat, prüfen soll. Als nächstes besteht das Problem der konzeptionellen Einbindung einer derartigen Systemprüfung in den geschäftsrisikoorientierten Prüfungsansatz gemäß obiger Darstellung. Der geschäftsrisikoorientierte Prüfungsansatz in der oben beschriebenen Ausgestaltung zeigt zwar Wege zu einer strukturierten, jedoch zu keiner systematischen oder besser ausgedrückt systemorientierten Aufnahme und Analyse der Risikosituation des Mandanten auf. Dies wird allein dadurch deutlich, dass der Prüfer für die strategische Analyse selbst Instrumente des strategischen Controlling heranziehen und nicht die vom Mandanten in diesem Zusammenhang eingesetzten Instrumente und Methoden auf ihre Angemessenheit und Wirksamkeit prüfen soll, wobei letztere Vorgehensweise im Ergebnis, sofern der Mandant seiner Verantwortung für die Leitung des Unternehmens sorgfältig nachgekommen ist, mit Sicherheit keine schlechteren Informationen über dessen Risikolage liefert. Der eigene Einsatz von Instrumenten des strategischen Controlling zur Aufnahme der Risikolage des Mandanten kommt daher der Anmaßung gleich, die Unternehmensleitung käme zum einen ihrer Sorgfaltspflicht nicht ausreichend nach und/oder zum anderen, der Prüfer könne die Risikolage besser einschätzen als die Unternehmensleitung. Da weder Ersteres durch den Prüfer im Rahmen der normalen Abschlussprüfung zu beurteilen ist, noch Letzteres der Fall sein dürfte, stößt diese Vorgehensweise spätestens in der Praxis, wenn sie nicht ohnehin aus diesen Gründen bereits in der Theorie als unzweckmäßig abzulehnen ist, auf Unverständnis seitens des Mandanten. Ein weiteres Problem in diesem Zusammenhang stellt sich außerdem dann, wenn der Prüfer mittels seiner Risikoanalyse zu einer anderen Risikoeinschätzung gelangt als der Mandant. Die Frage müsste dann folgerichtig sein: Wer hat Recht, oder besser ausgedrückt, wessen Methoden und Instrumente sind angemessen und wirksam für die jeweilige Aufgabenstellung? Spätestens hier wird deutlich, dass der Prüfer gar nicht umhinkommt, die Systeme des Mandanten auf ihre Angemessen-

90 Vgl. *Link*, Abschlussprüfung, 2006, S. 192; *Marten/ Quick/ Ruhnke*, Lexikon, 2006, S. 332; *Orth*, Prüfungsansatz, 1999, S. 581; *Ruhnke*, Abschlussprüfung, 2002, S. 440.

91 Vgl. *COSO*, Internal Control, 1994, o.S.

heit und Wirksamkeit zu beurteilen. Denn für den Fall, dass er seine Informationen als einzige Maßgabe für eine ordnungsgemäße Identifizierung und Bewertung der Risiken der künftigen Entwicklung hält, müsste er bspw. auch vom Mandanten verlangen, die Risikoberichterstattung im Lagebericht an seine Analyseergebnisse anzupassen. Dies wiederum führt allerdings zu dem Problem, dass sich der Prüfer aus seinem Aufgaben- und Verantwortungsbereich der Prüfung in den der Unternehmensleitung, d.h. in den des Erstellers begibt, was grundsätzlich aufgrund des Selbstprüfungsverbots i.S.d. § 319 Abs. 3 Satz 1 Nr. 3 HGB eine mit der Prüfung nicht zu vereinende Tätigkeit darstellt. Neben diesen konzeptionellen Problemen stößt dieses Vorgehen spätestens jedoch bei der praktischen Umsetzung an seine Grenzen, da der Prüfer unter dem enormen Zeit- und Budgetdruck einer Abschlussprüfung mit Sicherheit nicht in dem Umfang diese Instrumente einsetzen und vor allem auch ausgestalten kann, dass diese ihm den beabsichtigten Output liefern. Am nächstliegenden erscheint daher aus Sicht der Praxis sowie auch aus der der Prüfungseffektivität und -effizienz, die Instrumente und Methoden des Mandanten zu nutzen und insofern direkt den Blickwinkel der Unternehmensleitung einzunehmen. Problematisch an dieser Vorgehensweise ist freilich, dass der Prüfer aufgrund seiner kritischen Grundhaltung diese Informationen nicht unreflektiert übernehmen kann und zur Beurteilung der Angemessenheit dieser Instrumente und Methoden bis dato auch Kriterien fehlten, die dem Prüfer Anhaltspunkte für ein Soll-Objekt lieferten. In diesem Zusammenhang wurde allerdings in Kapitel 2 dieser Arbeit erste Vorarbeit geleistet,[92] da die dort definierten Effektivitätskriterien und deren Konkretisierung durch die in Anhang I dargestellten Grundsätze dem Prüfer bei der Beurteilung der Angemessenheit dieser Instrumente und Methoden unterstützen sollen, damit es ihm ermöglicht wird, deren Output als Prüfungsnachweise zu nutzen und somit die Systeme des Mandanten für seine Zwecke zu instrumentalisieren.[93] Neben diesen konzeptionellen und praktischen Gründen sprechen des Weiteren die Analyseergebnisse aus Kapitel 3 dafür, auch bei einer geschäftsrisikoorientierten Prüfung systemorientiert vorzugehen. Denn der Prüfer ist aufgrund der einschlägigen Prüfungsnormen zur Abgabe eines ausreichend sicheren Prüfungsurteils über die Prüfungsgegenstände des § 317 HGB ohnehin dazu verpflichtet, sich im dort dargestellten Umgang mit den Systemen des Mandanten zu beschäftigen und deren Angemessenheit zu beurteilen.

Hinsichtlich der in Kapitel 3 dargestellten Systemprüfungserfordernisse des MCF kann somit festgehalten werden, dass der geschäftsrisikoorientierte Prüfungsansatz, insbesondere der dargestellte „top-down"-Ansatz, grundsätzlich konzeptio-

---

92 Vgl. hierzu die Ausführungen unter Kapitel. 2.6.5: Integration der Ergebnisse zum Management-Control-Framework, S. 127 ff.

93 Auf die Problematik mangelnder Kriterien für eine Soll-Objekt vor dem Hintergrund der Prüfung des Risikofrüherkennungssystem weist bspw. auch *Pollanz*, Paradigmenwechsel, 2001, S. 1321 f., hin.

nell so ausgestaltet werden könnte, um den dort aufgezeigten Systemprüfungserfordernissen ausreichend nachkommen zu können. Hierfür bedürfte es allerdings einer klaren Systemorientierung des geschäftsrisikoorientierten Prüfungsansatzes, d.h. der Prüfer muss sich an den Steuerungs- und Überwachungsstrukturen der Unternehmensleitung orientieren.[94] Hierdurch wird es nicht nur möglich, dass der Prüfer den Prüfungspflichten der durch das MCF repräsentierten Systeme ausreichend nachkommen kann, sondern auch die so gewonnenen Informationen dazu verwenden kann, um im Rahmen eines geschäftsrisikoorientierten Prüfungsvorgehens Prüfungsschwerpunkte zu setzen und Prüfungsnachweise für die Ordnungsmäßigkeit der Aussagen in der Rechnungslegung zu generieren. Ein Vorschlag für eine derartige system- und geschäftsrisikoorientierte Ausgestaltung unter Berücksichtigung der berufständischen Anforderungen an eine geschäftrisikoorientierte Abschlussprüfung muss folglich noch erarbeitet werden, um aufzeigen zu können, wie der Prüfer in der Praxis seiner in Kapitel 3 aufgezeigten Prüfungsverantwortung für die vom Mandanten verantwortlich einzurichtenden Systeme ausreichend nachkommen kann. Dies wird in Kapitel 5.1 „Umsetzung der Prüferverantwortung mit Hilfe eines system- und geschäftsrisikoorientierten Prüfungsansatzes" erfolgen.[95]

4.5 Zusammenfassung der Ergebnisse des Kapitels 4

Aus den skizzierten Prüfungspflichten in Kapitel 3, insbesondere zur Prüfung der im Rahmen des KonTraG und des BilReG erweiterten Rechnungslegungs- und Prüfungspflichten, ergibt sich für den Abschlussprüfer die Notwendigkeit, sich noch intensiver als bisher mit der Risikolage des Unternehmens und mit dem von der Unternehmensleitung verantwortlich einzurichtenden Systemen auseinanderzusetzen. In der obigen Analyse konnte gezeigt werden, dass der abschlusspostenorientierte Prüfungsansatz in diesem Zusammenhang erhebliche konzeptionelle Mängel aufweist und daher allenfalls zur Beurteilung der Teile der durch das MCF repräsentierten Systeme geeignet ist, die auf die Verlässlichkeit und Ordnungsmäßigkeit der internen und externen Berichterstattung gerichtet sind. Die tätigkeitskreisorientierte Ausgestaltung des risikoorientierten Prüfungsansatzes dagegen sieht bereits eine stärkere Ausrichtung der Prüfung an der Organisationsstruktur des Mandanten und dem von ihm auf operativer Ebene eingesetzten Internen Kontrollsystem vor. Dieser Ansatz wurde daher als grundlegend geeignet dafür erachtet, auch die auf die Wirksamkeit und Wirtschaft-

94 Dies dürfte wohl auch *Pollanz*, Paradigmenwechsel, 2001, S. 1320 f., meinen, wenn er vor dem Hintergrund des KonTraG und dort normierten Systemprüfungspflichten von einem Paradigmenwechsel in Prüfungswesen spricht.

95 Vgl. hierzu die Ausführungen unter Kapitel 5. „Umsetzung der Prüferverantwortung mit Hilfe eines system- und geschäftsrisikoorientierten Prüfungsansatzes", S. 255 ff.

lichkeit der Geschäftstätigkeit gerichteten und als prüfungsrelevant identifizierten Teile der durch das MCF repräsentierten Systeme zu beurteilen. Probleme ergaben sich ausschließlich hinsichtlich der prüferischen Adressierung der als prüfungsrelevant identifizierten Systemteile, die auf die Zielkategorie „Sicherung und Ausbau der langfristigen Erfolgspotenziale" gerichtet sind. Hier konnte gezeigt werden, dass der „top-down"-Ansatz einer geschäftsrisikoorientierten Abschlussprüfung hierfür konzeptionell zwar einen geeigneten Rahmen bietet, dass jedoch aufgrund der mangelnden Systemorientierung bei der Ausgestaltung dieses Ansatzes in Theorie und Praxis die in Kapitel 3 dargestellten Prüfungserfordernisse ebenfalls nicht sachgerecht umgesetzt werden können. Ein Grund hierfür könnte das bisherige Fehlen eines Soll-Objekts zur Beurteilung der Angemessenheit der von der Unternehmensleitung auf strategischer Ebene zur Steuerung und Überwachung der Geschäftstätigkeit genutzten Systeme sein, welches für die operative Ebene mit dem COSO I-Report vorhanden ist. Da in diesem Zusammenhang aber bereits in Kapitel 2 Vorarbeit geleistet wurde und dort erste Kriterien für die Beurteilung der Angemessenheit der Systeme erarbeitet wurden, die die Unternehmensleitung nutzt, um ihr Unternehmen auf strategischer und operativer Ebene zu steuern und zu überwachen, ist es möglich, auch den geschäftrisikoorientierten Prüfungsansatz stärker systemorientiert auszugestalten. Im Folgenden wird daher in Kapitel 5 ein auf dem Konzept des geschäftsrisikoorientierten Prüfungsansatzes basierender Vorschlag zu dessen Ausgestaltung vorgestellt, der es durch eine stärkere Systemorientierung ermöglichen soll, den in Kapitel 3 dargestellten Systemprüfungserfordernissen ausreichend nachkommen zu können.

5. Umsetzung der Prüferverantwortung mit Hilfe eines system- und geschäftsrisikoorientierten Prüfungsansatzes

Damit der Prüfer seiner Verantwortung im Rahmen der Jahresabschlussprüfung ausreichend nachkommen kann, ist nach den unter Kapitel 3 dargestellten Grundsätzen ordnungsmäßiger Abschlussprüfung diese so zu planen und durchzuführen, dass der Abschlussprüfer sein Prüfungsurteil mit hinreichender Sicherheit abgeben kann (Effektivitätszielerreichung des Prüfungsprozesses).[1] Hinreichende Sicherheit setzt die Einholung einer ausreichenden Anzahl geeigneter Prüfungsnachweise voraus.[2] Die Einholung dieser Prüfungsnachweise erfolgt im Rahmen eines Prüfungsprozesses, der durch den Prüfungsansatz beeinflusst wird. Damit der Prüfer mit Hilfe des Prüfungsprozesses Prüfungssicherheit erlangen kann, muss dieser nicht nur praktisch umsetzbar sein, sondern auch unter Beachtung der generellen Prüfungsgrundsätze (GoA) durchgeführt werden. Die Entscheidungen des Abschlussprüfers über die Ausgestaltung der Abschlussprüfung im Detail und somit über die sachliche und zeitliche Gestaltung des Prüfungsprozesses haben daher unter Berücksichtigung der berufsständischen Anforderungen an die Prüfung zu erfolgen.[3] Neben den in Kapitel 3 dargestellten Normen, die sich unmittelbar auf die Prüfungsgegenstände des § 317 HGB beziehen und in Bezug auf diese Art und Umfang der durchzuführenden Prüfungshandlungen konkretisieren,[4] hat der Prüfer weitere Prüfungsgrundsätze zu beachten. Hierzu zählen insbesondere die Prüfungsstandards, die – unabhängig vom jeweiligen Prüfungsgegenstand – generelle Anforderungen an die Prüfungsplanung sowie -durchführung und insofern an den Prüfungsprozess zur Gewinnung von Prüfungssicherheit stellen. Die aktuellsten und konzeptionell am weitesten reichenden Anforderungen[5] in diesem Zusammenhang stellen die folgenden, durch das „Audit-Risk-Model"-Projekt überarbeiteten ISA-Standards dar, die gleichzeitig die Kernstandards des *IAASB* zu dessen risikoorientierten Prüfungsprozess bilden.[6]

Diese aktualisierten Standards stellen gleichzeitig die Antwort des internationalen Berufsstands an die veränderten globalen und technologischen Umfeldbe-

---

1 Vgl. hierzu die Ausführungen unter Kapitel 3.3: Verantwortung des Abschlussprüfers für die Zielerreichung, S. 154.

2 Vgl. *IDW*, WP-Handbuch, 2000, R 70.

3 Vgl. *IDW PS 200*, Grundsätze, 2000, Tz. 18.

4 Vgl. hierzu die Ausführungen unter Kapitel 3.5: Bedeutung des Management-Control-Framework für die Effektivitätszielerreichung der Abschlussprüfung, S. 164 ff.

5 Zu den inhaltlichen Änderungen im Detail im Vergleich zu den vorherigen Standards vgl. *Mertin*, ISA, 2003, S. 7 f.

6 Einen zusammenfassenden Überblick über das überarbeitete Audit-Risk-Modell und die geänderten Standards des *IAASB* gibt *Link*, Abschlussprüfung, 2006, S. 243-263.

dingungen dar.[7, 8] Kennzeichen dieser Standards ist in erster Linie die Erlangung eines umfassenden Geschäftsverständnisses für die Geschäftstätigkeit des Mandanten. Dieses soll dem Prüfer zu einer umfassenden und damit verbesserten Risikoeinschätzung der Fehler in der Rechnungslegung verhelfen, die wiederum Grundlage für direkt auf diese auszurichtende Prüfungshandlungen ist. Ziel dieser Vorgehensweise ist es, sowohl eine Verbesserung der Problemorientierung als auch der Qualität der Prüfung im Vergleich zu den Anforderungen der bisherigen Standards zu erreichen.[9]

Tab. 5-1: Neue und ersetzte Standards zum Prüfungsrisikomodell der ISAs

Neuer Standard	**Ersetzter Standard**
ISA 200 „Objective and General Principles Governing an Audit of Financial Statements" (n.F.)	ISA 200 „Objective and General Principles Governing an Audit of Financial Statements" (a.F.)
ISA 315 „Understanding the Entity and Its Environment and Assessing the Risks of Material Misstatement"	ISA 310 „Knowledge of the Business" ISA 400 „Risk Assessment and Internal Control" ISA 401 „Auditing in a Computer Information Systems Environment"
ISA 330 „The Auditor's Procedures in Response to Assessed Risk"	ISA 400 „Risk Assessment and Internal Control" ISA 401 „Auditing in a Computer Information Systems Environment"
ISA 500 „Audit Evidence" (n.F.)	ISA 500 „Audit Evidence" (a.F.)

Zur Umsetzung der in den obigen ISAs aus Tab. 5-1 manifestierten Anforderungen an den risikoorientierten Prüfungsansatz in deutsche GoAs wurden zwischenzeitig vom *HFA* des *IDW* die folgenden Prüfungsstandards verabschiedet.

Die Anforderungen dieser IDW-Standards an eine risikoorientierte Ausgestaltung des Prüfungsprozesses beschränken somit in Verbindung mit den unter Kapitel 3 dargestellten Systemprüfungserfordernissen den Entscheidungsspielraum des Prüfers hinsichtlich der Ausgestaltung seines Prüfungsansatzes.[10] Denn nur wenn diese Anforderungen bei der Ausgestaltung des Prüfungsansatzes gänzlich Beachtung finden, kann dieser dahingehend als angemessen bezeichnet werden, dass er dem Abschlussprüfer die Einholung ausreichender und angemessener Prüfungsnachweise als Basis für die Abgabe eines sorgfältigen Urteils über die Prüfungsgegens-

7 Vgl. *Mertin*, ISA, 2003, S. 6.

8 Zu den Auswirkungen der Umfeldbedingung auf die Fortentwicklung des risikoorientierten Prüfungsansatzes vgl. auch die Ausführungen unter Kapitel 4: Geeignetheit der Prüfungsansätze zur Erfüllung der dargestellten Anforderungen an die Jahresabschlussprüfung, S. 236 ff.

9 Vgl. *Mertin*, ISA, 2003, S. 7.

10 Bzgl. der Ergebnisse der in Kapitel 3 untersuchten Systemprüfungspflicht des erweiterten Rahmenkonzepts vgl. die Ausführungen unter Kapitel 3.6: Zusammenfassung der Ergebnisse des Kapitels 3 und Darstellung der prüfungsrelevanten Komponenten des Management-Control-Framework im Überblick, S. 233 f.

tände gem. § 317 HGB ermöglicht. In Ergänzung zu den unter Tab. 5-2 dargestellten Standards kann es darüber hinaus erforderlich sein, dass der Prüfer bei seiner Entscheidung über die Ausgestaltung des risikoorientierten Prüfungsansatzes auch die unter Tab. 5-1 dargestellten ISAs mit ins Kalkül zu ziehen hat. Dies ist notwendig, wenn es sich bei den IDW-Prüfungsstandards um eine unsachgerechte oder unvollständige Transformation des zugrunde liegenden ISA-Standards handelt oder wenn deren Transformation aufgrund des Zeitverzugs noch nicht erfolgte.[11]

Tab. 5-2: Korrespondierende IDW-Standards zu den ISA-Standards zum neuen Prüfungsrisikomodell

Transformierte ISA-Standards	**Korrespondierende IDW-Standards**
ISA 200 „Objective and General Principles Governing an Audit of Financial Statements“ (n.F.)	IDW PS 200 „Ziele und allgemeine Grundsätze der Durchführung von Abschlussprüfungen“ IDW PS 201 „Rechnungslegungs- und Prüfungsgrundsätze für die Abschlussprüfung“ Abschn. 2 des IDW PS 261 „Feststellung und Beurteilung von Fehlerrisiken und Reaktionen des Abschlussprüfers auf die beurteilten Fehlerrisiken“
ISA 315 „Understanding the Entity and Its Environment and Assessing the Risks of Material Misstatement“	IDW PS 261 „Feststellung und Beurteilung von Fehlerrisiken und Reaktionen des Abschlussprüfers auf die beurteilten Fehlerrisiken“
ISA 330 „The Auditor's Procedures in Response to Assessed Risk“	IDW PS 261 „Feststellung und Beurteilung von Fehlerrisiken und Reaktionen des Abschlussprüfers auf die beurteilten Fehlerrisiken“
ISA 500 „Audit Evidence“ (n.F.)	IDW PS 300 n.F. „Prüfungsnachweise im Rahmen der Abschlussprüfung“

Die Anforderungen der in obiger Tab. 5-2 und in Kapitel 3 dargestellten IDW-Standards unter inhaltlicher Ergänzung darüber hinausgehender Anforderungen aus den jeweiligen ISAs stellen somit ein *Normengerüst* dar, welches der Prüfer im Rahmen der Abschlussprüfung mit Hilfe eines hierfür angemessenen Prüfungsansatzes umsetzen muss, um seiner Verantwortung für eine sorgfältige Durchführung der Abschlussprüfung ausreichend nachkommen zu können.[12] D.h. der Prüfungsansatz muss es ihm ermöglichen, auf möglichst effiziente Weise die durch die Prüfungsstandards gestellten Anforderungen an die Prüfung umzusetzen.

In diesem Zusammenhang wurde bereits in Kapitel 4 dargelegt, dass die bestehenden Ansätze zur Ausgestaltung eines geschäftsrisikoorientierten Prüfungsansatzes derzeit nicht ausreichen, um die nationalen Anforderungen zur sorgfältigen Prü-

11 Zum Verhältnis zwischen den Normensystemen vgl. auch die Ausführungen unter Kapitel 3.3: Verantwortung des Abschlussprüfers für die Zielerreichung, S. 154 f.

12 Zur Verantwortung des Abschlussprüfers vgl. auch die Ausführungen unter Kapitel 3.3: Verantwortung des Abschlussprüfers für die Zielerreichung, S. 154 ff.

fung der Prüfungsgegenstände gem. § 317 HGB zu erfüllen.[13] Im Folgenden soll daher ein eigenständiger Vorschlag zur Ausgestaltung eines geschäftsrisikoorientierten Prüfungsansatzes unterbreitet werden, mit dessen Hilfe es dem Prüfer ermöglicht werden soll, den in dieser Arbeit dargestellten Anforderungsrahmen an die Prüfung sorgfältig umzusetzen und hierdurch seiner Verantwortung ausreichend nachkommen zu können.

5.1 Grundkonzeption des system- und geschäftsrisikoorientierten Prüfungsansatzes

In Kapitel 4 wurde dargestellt, dass ein geschäftsrisikoorientierter Prüfungsansatz und die damit verbundene „top-down"-Vorgehensweise grundsätzlich eine effektive und effiziente Vorgehensweise darstellt, um umfassend alle Risikofaktoren zu bedenken, die zu einer Falschdarstellung in der Rechnungslegung führen können.[14] Kritik wurde nur an der mangelnden Systemorientierung bei der Ausgestaltung des Ansatzes geübt. Denn hierdurch mag es dem Prüfer zwar möglich sein, die Anforderungen der Prüfungsstandards umzusetzen, die sich direkt auf den Prüfungsprozess beziehen und somit in erster Linie durch die ISAs geprägt sind (vgl. Tab. 5-2). Außer Acht gelassen wird dabei allerdings, dass deutsche Besonderheiten wie die Prüfung des Buchführungssystems und die des Risikofrüherkennungssystems gem. § 91 Abs. 2 AktG oder auch die Prüfung des Lageberichts speziellere Vorschriften darstellen, die der Prüfer ebenfalls bei seiner Entscheidung über die Ausgestaltung des Prüfungsansatzes berücksichtigen muss. In diesem Zusammenhang wurde daher ebenfalls in Kapitel 4 dargestellt, dass die derzeit diskutierten Ansätze zum geschäftsrisikoorientierten Prüfungsvorgehen nicht ausreichen, um den in Kapitel 3 dargestellten Systemprüfungserfordernissen der durch das MCF repräsentierten Systeme ausreichend nachkommen zu können.[15]

Neben diesen normativen Aspekten wurde ferner nach Ansicht des Verfassers bei der bisherigen Ausgestaltung der Prüfungsansätze den durch veränderte Rahmenbedingungen wie der Globalisierung bzw. Internationalisierung sowie der Technologisierung in den Unternehmen hervorgerufenen Veränderungen noch nicht ausreichend Beachtung geschenkt. Die Entwicklung zur stärkeren Prozessorien-

---

[13] Vgl. hierzu die Ausführungen unter Kapitel 4: Geeignetheit der Prüfungsansätze zur Erfüllung der dargestellten Anforderungen an die Jahresabschlussprüfung, S. 236 ff.

[14] Vgl. hierzu die Ausführungen unter Kapitel 4.4: Darstellung und kritische Würdigung des geschäftsrisikoorientierten Prüfungsansatzes, S. 247 ff.

[15] Vgl. hierzu im Überblick die Ausführungen unter Kapitel 4.5: Zusammenfassung der Ergebnisse des Kapitels 4, S. 236 f., und Kapitel 3.6: Zusammenfassung der Ergebnisse des Kapitels 3 und Darstellung der prüfungsrelevanten Komponenten des Management-Control-Framework im Überblick, S. 233 f.

tierung des tätigkeitskreisorientierten Prüfungsansatzes[16] trägt dabei zwar den Veränderungen in den Organisationsstrukturen der Unternehmen Rechnung, die mit der Prozessorganisation auf den zunehmenden Preis-, Kosten- und Effizienzdruck des Marktes reagiert haben,[17] nicht jedoch der Entwicklung, dass die Unternehmen auch ihre Systeme zur Steuerung und Überwachung an die zunehmende Marktdynamik angepasst haben. Um wirtschaftlich erfolgreich zu sein bzw. zu bleiben, war und ist es für die Unternehmen immer noch wichtig, die Performance des Unternehmens umfassend messen zu können. Denn nur so ist es der Unternehmensleitung möglich, in einem dynamischen Marktumfeld die Umsetzung der Strategie und somit die Erreichung der Unternehmensziele langfristig zu steuern und zu überwachen.[18] Dabei gilt es auch, die Chancen und Risiken der künftigen Entwicklung frühzeitig zu erkennen, um durch geeignete Maßnahmen nicht nur den Fortbestand des Unternehmens zu gewährleisten, sondern auch die eigenen Erfolgspotenziale zu sichern und weiter auszubauen.[19] Die Instrumentarien und Methoden, die die Unternehmensleitung intern zum Zwecke einer umfassenden Steuerung und Überwachung der Geschäftstätigkeit und der damit verbundenen Chancen und Risiken implementiert hat, sind jedoch auch für den Jahresabschlussprüfer von Interesse. Denn dieser hat die Risikosituation des Mandanten ebenfalls zu beurteilen, um auf diese Weise das Fehlerrisiko in der Rechnungslegung sorgfältig einschätzen zu können.

Aus Sicht der Rechnungslegung nach dem HGB und dem in § 252 Abs. 1 Nr. 4 HGB kodifizierten Imparitätsprinzip führen insbesondere die Risiken aus der Geschäftstätigkeit zu besonderen Risiken einer wesentlichen Falschdarstellung, da diese im Gegensatz zu den Chancen bereits dann im Jahresabschluss zu berücksichtigen sind, wenn sie vorhersehbar sind und sich wesentlich auf die Bewertung der Vermögensgegenstände und Schulden am Abschlussstichtag auswirken.[20] Sofern die Wertrelevanz für einzelne Posten im Jahresabschluss nicht gegeben ist, sind sie – wenn sie nicht außerhalb des Prognosezeitraums, der 24 Monate beträgt, liegen – zusammen mit den wesentlichen Chancen der künftigen Entwicklung im Lagebericht anzugeben. Hierdurch wird unterstrichen, dass gerade die mit der Geschäftstätigkeit verbundenen Risiken, aber auch die Chancen direkten Einfluss auf das Fehlerrisiko des Abschlussprüfers nehmen. Die Fehlerrisiken stellen also in erster Linie eine Teilmenge der Geschäftsrisiken, mitunter aber auch der Geschäftschancen, dar. Insofern sollten daher gerade die Systeme, die die Unter-

---

16 Bzgl. des tätigkeitskreisorientierten Prüfungsansatzes vgl. die Ausführungen unter Kapitel 4.3: Darstellung und kritische Würdigung des tätigkeitskreisorientierten Prüfungsansatzes, S. 244 ff.

17 Vgl. *Wiedmann*, Fortentwicklung, 1998, S. 339.

18 I.d.S. auch *Horvath*, Modernes IKS, 2003, S. 215 ff.

19 Vgl. hierzu auch die Ausführungen unter Kapitel 2.1.2: Sicherung und Ausbau der langfristigen Erfolgspotenziale, S. 41 ff.

20 Zur bilanziellen Risikovorsorge vgl. *Müßig*, Risikovorsorge, 2006, S. 7-70.

nehmensleitung eingerichtet hat, um ihr Unternehmen in einem dynamischen und von Unsicherheit geprägten Markt- und Wettbewerbsumfeld zu steuern und zu überwachen, von besonderem Interesse für den Abschlussprüfer sein, nicht zuletzt um auch das Fehlerrisiko der Rechnungslegung besser abschätzen und hierdurch die Prüfung problemorientierter gestalten zu können. Ein Prüfungsansatz, der dieser Entwicklung in der Unternehmensplanung/ -steuerung nicht Rechnung trägt, wird weder zu wirksamen und wirtschaftlichen Lösungen für Prüfer bzw. Mandanten führen, noch gewährleisten können, dass der Prüfer als kompetenter Ansprechpartner für die Unternehmensleitung weiterhin gefragt bleibt.[21]

Kernidee des eigenen Vorschlags ist es daher, den geschäftsrisikoorientierten Prüfungsansatz stärker systemorientiert auszugestalten. Der Fokus sollte dabei auf die Systeme gelegt werden, die speziell die Unternehmensleitung aber auch die nachgelagerten Managementebenen nutzen, um das Unternehmen zu steuern und zu überwachen. Mit dieser Vorgehensweise soll erreicht werden, dass nicht nur ein umfassendes Verständnis für die Ziele und die Strategie des Unternehmens und die hieraus abgeleiteten Zielgrößen bzw. Vorgabewerte für die Verantwortungsbereiche auf operativer Ebene erlangt wird, sondern gerade auch für die auf den jeweiligen Zielerreichungsgrad einwirkenden Chancen und Risiken. Ausgangspunkt der Prüfung ist daher nicht der Funktionsbereich „Finanzen/Rechnungswesen", sondern primär die auf die Geschäftstätigkeit des Unternehmens gerichteten Verantwortungsbereiche. Ausgehend vom Verantwortungsbereich der Unternehmensleitung soll der Prüfer dann „top-down" alle wesentlichen Verantwortungsbereiche im Unternehmen berücksichtigen und eruieren, wie die Verantwortlichen ihre jeweiligen Bereiche steuern und überwachen. Dabei ist auch festzustellen, ob die hierfür eingesetzten Systeme angemessen sind, um das Management über die zu verantwortenden Zielerreichungsgrade und insbesondere die diese beeinflussenden wesentlichen Chancen bzw. Risiken ausreichend zu informieren. Durch diese Vorgehensweise erhält der Prüfer zunächst ein umfassendes Verständnis für die wirtschaftliche Lage des Mandanten und die diese beeinflussenden Chancen und Risiken. Aufbauend auf diesen Erkenntnissen kann der Prüfer dann die aus den Chancen und Risiken der Geschäftstätigkeit resultierende Gefahr einer wesentlichen Falschdarstellung in der Rechnungslegung beurteilen, d.h. das daraus resultierende Fehlerrisiko abschätzen. Im Anschluss daran sollte sich der Prüfer von der Ordnungsmäßigkeit des rechnungsrelevanten Informationsprozesses, insbesondere von der Angemessenheit der auf die Ordnungsmäßigkeit der Rechnungslegung gerichteten Teile des Internen Kontrollsystems, überzeugen, um die Einschätzung des Fehlerrisikos zu komplettieren.

---

21 I.d.S. wohl auch *Heese*, Prüfungsansatz, 2003, S. 228; *Horvath*, Modernes IKS, 2003, S. 218.

Abb. 5-1: Grundkonzeption des system- und geschäftsrisikoorientierten Prüfungsansatzes im Überblick

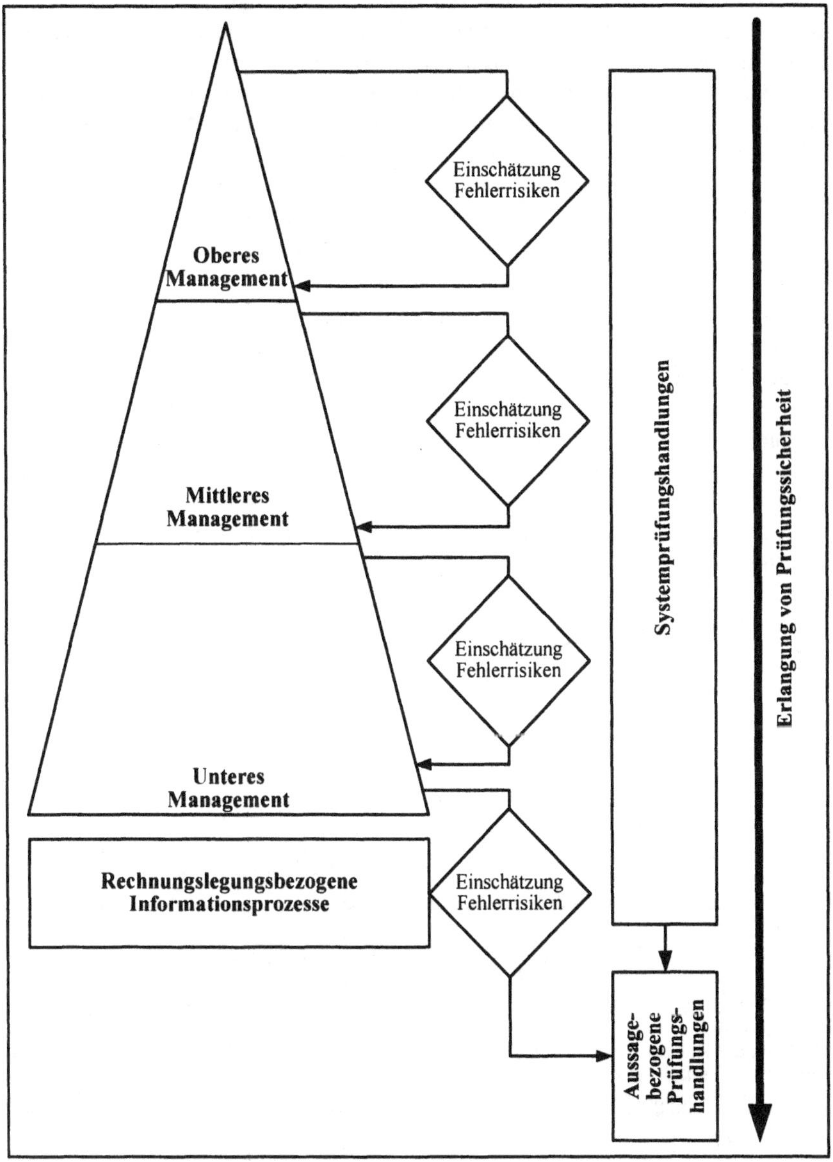

Hierbei ist es besonders wichtig, dass der Prüfer das Risiko abschätzt, dass aufgrund einer unangemessenen Steuerung des rechnungslegungsbezogenen Informationsprozesses dessen Fehleranfälligkeit zunimmt bzw. beabsichtigte oder unbeabsichtigte Fehler in der Rechnungslegung nicht durch entsprechend angemessen ausgestaltete prozessintegrierte oder prozessunabhängige Überwachungsmaßnahmen aufgedeckt werden. Nach der so erfolgten umfassenden Einschätzung der Fehlerrisiken in der Rechnungslegung kann der Prüfer dann Art und Umfang der aussagebezogenen Prüfungshandlungen planen, die noch durchzuführen sind, um das Prüfungsrisiko mit Hilfe des Entdeckungsrisikos so zu adjustieren, dass die Prüfungsaussagen mit hinreichender Sicherheit getroffen werden können. Abb. 5-1 (S. 261) fasst das soeben beschriebene Grundkonzept des system- und geschäftsrisikoorientierten Prüfungsansatzes nochmals im Überblick grafisch zusammen.

Im Folgenden ist nachzuweisen, ob ein derart ausgestalteter geschäftsrisikoorientierter Prüfungsansatz konzeptionell eine probate Vorgehensweise darstellt, mit der der Prüfer seiner Verantwortung so nachkommen und dieser somit abschließend als angemessen gelten kann. Im Speziellen ist daher zu analysieren, ob der Prüfungsansatz konzeptionell dazu geeignet ist, sowohl die in Kapitel 3 dargestellten Systemprüfungserfordernisse des MCF als auch die Anforderungen der in Tab. 5-2 und, sofern nötig, auch der in Tab. 5-1 dargestellten Prüfungsstandards hinsichtlich einer angemessenen Ausgestaltung des risikoorientierten Prüfungsprozesses zu erfüllen.[22] Der folgende Aufbau des Kapitels 5, in dem der im Grundkonzept bereits vorgestellte Prüfungsansatz weiter beschrieben wird, folgt daher dem Prüfungsprozess, wie er durch die in Tab. 5-2 dargestellten Prüfungsstandards, insbesondere jedoch durch den IDW PS 261, im Groben grundlegend vorgegeben wird. Entsprechend den durch diesen Prüfungsstandard vorgegebenen Phasen einer risikoorientierten Abschlussprüfung gliedert sich das 5. Kapitel zunächst in folgende Teilkapitel.

Tab. 5-3: Zusammenhang zwischen der Grobstruktur des risikoorientierten Prüfungsansatzes des IDW und der Konzeption des Kapitels 5

Teilkapitel	**Risikoorientierter Prüfungsansatz des *IDW***
Teilkapitel 5.2: Feststellung und Beurteilung von Fehlerrisiken mittels des system- und geschäftsrisikoorientierten Prüfungsansatzes	IDW PS 261: „Feststellung und Beurteilung von Fehlerrisiken und Reaktionen des Abschlussprüfers auf die beurteilten Fehlerrisiken“
Teilkapitel 5.3: Reaktion des Prüfers auf die festgestellten Fehlerrisiken mittels des system- und geschäftsrisikoorientierten Prüfungsansatzes	

22 Bzgl. der Systemprüfungserfordernisse des MCF im Überblick vgl. die Ausführungen unter Kapitel 3.6: Zusammenfassung der Ergebnisse des Kapitels 3 und Darstellung der prüfungsrelevanten Komponenten des Management-Control-Framework im Überblick, S. 233.

Durch diese Vorgehensweise werden implizit die grundlegenden Anforderungen der in Tab. 5-2 dargestellten Prüfungsstandards an eine angemessene Ausgestaltung des risikoorientierten Prüfungsprozesses eingehalten. In dieses Grundkonzept sollen dann sowohl die unter Kapitel 3 abgeleiteten Systemprüfungserfordernisse der durch das MCF repräsentierten Systeme als auch notwendige inhaltliche Ergänzungen zur Umsetzung evtl. weiter reichender Anforderungen der in Tab. 5-1 dargestellten ISAs eingeordnet werden, um auf konzeptioneller Ebene auch deren Umsetzung sicherzustellen.[23] Ferner soll diese Einordnung unter Berücksichtigung des Grundsatzes einer wirtschaftlichen Prüfungsdurchführung erfolgen und insofern auf konzeptioneller Ebene keine Effizienzverluste verursachen, sondern nach Möglichkeit Effizienzgewinne schaffen. Dies soll dadurch sichergestellt werden, dass bei redundanten Anforderungen der Prüfungsstandards zu Gunsten jenes Prüfungsstandards entschieden wird, der hinsichtlich der geforderten prüferischen Adressierung eines Prüfungsobjekts die umfassendsten Anforderungen stellt. Weiterer Nebeneffekt dieser Vorgehensweise ist, wenn die beschriebene Einordnung gelingt, dass hierdurch indirekt auch die Bedeutung der durch das MCF repräsentierten Systeme für die Umsetzung der an das risikoorientierte Prüfungsvorgehen gestellten Anforderungen durch die in Tab. 5-2 dargestellten Prüfungsstandards aufgezeigt wird.

5.2 Feststellung und Beurteilung von Fehlerrisiken mit Hilfe des system- und geschäftsrisikoorientierten Prüfungsansatzes

Im Rahmen eines risikoorientierten Prüfungsprozesses hat der Abschlussprüfer zunächst Prüfungshandlungen durchzuführen, um die wesentlichen falschen Angaben in der Rechnungslegung – d.h. das Fehlerrisiko – festzustellen.[24] Dies ist Grundvoraussetzung für die Entwicklung einer Prüfungsstrategie und der damit verbundenen Festlegung der Prüfungsschwerpunkte sowie des daraus abzuleitenden Prüfungsprogramms, welches der Umsetzung der Prüfungsstrategie dient.[25] Das Prüfungsprogramm stellt somit die Reaktion des Prüfers auf die festgestellten Fehlerrisiken dar und dient der Gewinnung von Prüfungssicherheit. Durch die *Prüfungshandlungen zur Risikobeurteilung* allein können dagegen keine ausreichenden und angemessenen Prüfungsnachweise zur Erlangung

---

23 Bzgl. der Systemprüfungserfordernisse des MCF im Überblick vgl. die Ausführungen unter Kapitel 3.6: Zusammenfassung der Ergebnisse des Kapitels 3 und Darstellung der prüfungsrelevanten Komponenten des Management-Control-Framework im Überblick, S. 233.

24 Vgl. *IDW PS 261*, Beurteilung von Fehlerrisiken, 2006, Tz. 10.

25 Vgl. *IDW PS 240*, Prüfungsplanung, 2000, Tz. 14/18, i.V.m. *IDW PS 261*, Beurteilung von Fehlerrisiken, 2006, Tz. 5.

von Prüfungssicherheit gewonnen werden.[26] Vielmehr dienen diese ausschließlich der sorgfältigen Einschätzung des Fehlerrisikos. Als Prüfungstechniken zur Risikobeurteilung kommen dabei insbesondere die Befragung der Unternehmensleitung sowie des Managements, die Durchführung vorbereitender analytischer Prüfungshandlungen, das Vornehmen von Beobachtungen und die Durchsicht von Dokumenten bzw. Unterlagen in Betracht.[27] In welchem Umfang der Prüfer im Rahmen eines risikoorientierten Prüfungsvorgehens „Prüfungshandlungen zur Risikobeurteilung" durchführen muss und worüber er in diesem Zusammenhang Informationen zu erlangen hat, damit diese als sorgfältig durchgeführt gelten können, wird im Folgenden aufgezeigt. Falls die zur Erfüllung seiner Sorgfaltspflichten benötigten Informationen auch mittels Systemprüfungshandlungen der unter Kapitel 3 ohnehin als prüfungspflichtig dargestellten Systeme erlangt werden können, werden diese an entsprechender Stelle in das Prüfungsvorgehen eingeordnet. Dadurch wird der unter Kapitel 5.1 skizzierte system- und geschäftsrisikoorientierte Prüfungsansatz im Hinblick auf eine angemessene Ausgestaltung weiter konkretisiert.[28]

5.2.1 Identifikation der Geschäftschancen und -risiken des Mandanten durch Analyse der Unternehmenseinheit und ihres Umfeldes als Ausgangspunkt der Fehlerrisikofeststellung

Ausgangspunkt der Fehlerrisikobeurteilung[29] in der Rechnungslegung ist gem. IDW PS 261 die Feststellung der Fehlerrisiken auf Unternehmensebene. Demnach hat der Prüfer insbesondere die folgenden unternehmensinternen und unternehmensexternen Bereiche zu analysieren:[30]

- Unternehmensumfeld
- Merkmale des Unternehmens
- Ziele und Strategien des Unternehmens
- Erfolgskennzahlen und Erfolgsmessung.

---

26 Vgl. *ISA 315 (redrafted)*, Risk Assessment, 2007, Tz. 5; *Schmidt*, Risikobeurteilungen, 2005, S. 877.

27 Vgl. *ISA 315 (redrafted)*, Risk Assessment, 2007, Tz. 6.

28 Zur Grundkonzeption eines system- und geschäftsrisikoorientierten Prüfungsansatzes vgl. die Ausführungen unter Kapitel 5.1: Grundkonzeption des system- und geschäftsrisikoorientierten Prüfungsansatzes, S. 258.

29 Zur Fehlerrisikobeurteilung vgl. die Ausführungen unter Kapitel 5.2.1.3: Feststellung und Beurteilung der Fehlerrisiken auf Unternehmensebene, S. 290 ff., unter Kapitel 5.2.2.3: Feststellung und Beurteilung der Fehlerrisiken auf Ebene der rechnungslegungsbezogenen Informationsprozesse und Dokumentation der Prüfungsergebnisse, S. 299 ff., sowie unter Kapitel 5.2.3: Abschließende Beurteilung der festgestellten Fehlerrisiken, S. 314 f.

30 Vgl. *IDW PS 261*, Beurteilung von Fehlerrisiken, 2006, Tz. 13.

Unklar bleibt in diesem Zusammenhang zunächst, was genau unter Fehlerrisiken auf Unternehmensebene zu verstehen ist und was im Detail Ergebnis bzw. Ziel der Analyse dieser unternehmensinternen sowie -externen Bereiche sein soll. Zur Konkretisierung dieser Analysebereiche ist daher auf den korrespondierenden ISA 315 „Understanding the Entity and Its Environment and Assessing the Risks of Material Misstatement" zurückzugreifen.[31] Dieser führt in Bezug auf das *Unternehmensumfeld* aus, dass der Prüfer über die Branche, in der das Unternehmen tätig ist und über die für das Unternehmen maßgeblichen rechtlichen Rahmenbedingungen, besonders über die anzuwendenden Rechnungslegungsnormen, Kenntnisse erlangen muss. In Bezug auf das Markt- und Wettbewerbsumfeld nennt der Standard vor allem die Wettbewerbsintensität, die Verhandlungsmacht der Lieferanten und Abnehmer sowie den technologischen Fortschritt als Risikofaktoren, die sich ebenfalls auf das Fehlerrisiko in der Rechnungslegung auswirken können.[32] Ferner wird hinsichtlich der rechtlichen Rahmenbedingungen – inklusive der Rechnungslegungsnormen – ein direkt proportionaler Zusammenhang zwischen der Regulationsdichte und den Fehlerrisiken in der Rechnungslegung gesehen.[33] Insofern ist das Unternehmensumfeld nach externen Risiken zu analysieren, da höhere externe Risiken ceteris paribus auch zu einem höheren Fehlerrisiko in der Rechnungslegung führen.[34] Bei den dargestellten *externen Risiken* handelt es sich somit zum einen um Markt- bzw. Wettbewerbsrisiken, die sich negativ auf die Erreichung der Unternehmensziele auf strategischer bzw. auf operativer Ebene auswirken und zum anderen um das Risiko eines Normenverstoßes und folglich um das Verfehlen einer extern vorgegebenen Soll-Vorgabe. Aufbauend auf dieser Überlegung und vor dem Hintergrund der in Kapitel 2 dargestellten Zielkategorisierung ist es daher Aufgabe des Prüfers,[35] mittels geeigneter Prüfungshandlungen alle wesentlichen externen Risiken zu erkennen, die entweder zu einer Zielverfehlung im Bereich „Sicherung und Ausbau der langfristigen Erfolgspotenziale" bzw. „Wirksamkeit und Wirtschaftlichkeit der Geschäftstätigkeit" führen oder einen Normverstoß begründen und somit zu einer Zielverfehlung in der Zielkategorie „Einhaltung sonstiger Gesetze und Vorschriften" führen. Grund hierfür ist, dass diese Zielabweichungen zu einer Falschdarstellung in der Rechnungslegung führen können, wenn sie dort nicht entsprechend den anzuwendenden Rechnungslegungsstandards abgebildet werden. In Analogie zu den externen Risiken können jedoch auch die *externen Chancen*, über die – sofern sie wesentlich sind – seit Einführung des BilReG im Lagebericht zu berich-

31 Vgl. *ISA 315*, Risk Assessment, 2007, o.S.
32 Vgl. *ISA 315*, Risk Assessment, 2007, Tz. 22.
33 Vgl. *ISA 315*, Risk Assessment, 2007, Tz. 23.
34 I.d.S. *ISA 200*, Principles, 2007, Tz. 27.
35 Bzgl. der Zielkategorisierung vgl. die Ausführungen unter Kapitel 2.1.6: Zu verantwortende Zielkategorien des Managements im Überblick, S. 58.

ten ist, zu einer Falschdarstellung in der Rechnungslegung führen.[36] Aufgrund der Forderung des IDW PS 261, alle Faktoren darzustellen, die zu einem Fehlerrisiko führen können, sind diese somit in die Analyse der unternehmensexternen Bereiche mit einzubeziehen.

Die Anforderungen des IDW PS 261 zur Analyse des Unternehmensumfelds lassen sich daher wie folgt zusammenfassen: Der Prüfer hat mittels geeigneter Prüfungshandlungen alle wesentlichen externen Chancen und Risiken, die zu einer Zielabweichung im Bereich der Zielkategorien „Sicherung und Ausbau der langfristigen Erfolgspotenziale", „Wirksamkeit und Wirtschaftlichkeit der Geschäftstätigkeit" sowie „Einhaltung sonstiger Gesetze und Vorschriften" führen, zu analysieren. Ferner hat er sich über die anzuwendenden Rechnungslegungsnormen Kenntnis zu verschaffen.

Neben dem Unternehmensumfeld hat sich der Prüfer darüber hinaus mit *Merkmalen des Unternehmens* selbst zu beschäftigen.[37] In diesem Zusammenhang ist in erster Linie die grundlegende Struktur bzw. der Ordnungsrahmen für die Geschäftstätigkeit zu analysieren. Hierzu zählen u.a. die Rechtsform, die Eigentümer- bzw. die Beteiligungsstruktur, die Führungs- und Aufsichtsstrukturen, die Organisation, die Geschäftssegmente, die Unternehmensfinanzierung und das Investitionsverhalten.[38] Ziel dieser Analyse soll es sein, dem Prüfer eine bessere Einschätzung der Geschäftsvorfälle, der Bilanzposten sowie des Umfangs der Berichtspflichten in Anhang und Lageberichterstattung zu ermöglichen.[39] Der Prüfer hat sich dabei insbesondere mit der Auswahl und der Anwendung der Bilanzierungs- und Bewertungsgrundsätze des Unternehmens zu befassen und zu beurteilen, ob beides in Übereinstimmung mit den maßgeblichen Rechnungslegungsnormen erfolgt und ob die Bilanzierungsgrundsätze stetig ausgeübt wurden.[40] Es wird folglich eine erste grundlegende Beurteilung der Sachgerechtigkeit der hierzu von der Unternehmensleitung getroffenen Entscheidungen durch den Prüfer verlangt. Grundlage hierfür ist die Einschätzung, wie sich aus Sicht des Prüfers die ökonomische Realität des Unternehmens in den maßgeblichen Rechnungslegungsnormen abbilden sollte.[41, 42] D.h. der Prüfer hat die Entscheidungen der Unternehmensleitung über die Auswahl und den Anwendungsumfang der Rechnungslegungsnormen dahingehend zu würdigen, ob sie als sachgerecht bezeichnet werden können und somit grundlegend dem Ziel, die „Ordnungsmäßigkeit der externen Berichterstattung" sicherzustellen, zuträglich sind.

---

36 Vgl. *Kaiser*, Jahresabschlussprüfung, 2005, S. 2309; *Scherff/Willeke*, Lagebericht, 2006, S. 145.

37 Vgl. *IDW PS 261*, Beurteilung von Fehlerrisiken, 2006, Tz. 13.

38 Vgl. *ISA 315*, Risk Assessment, 2007, Tz. 25.

39 Vgl. *ISA 315 (redrafted)*, Risk Assessment, 2007, Tz. 11 b).

40 Vgl. *ISA 315 (redrafted)*, Risk Assessment, 2007, Tz. 11 c).

41 Vgl. *ISA 315 (redrafted)*, Risk Assessment, 2007, Tz. 11 c) 2. Satz.

42 I.d.S. bereits *Sieben/Gatzen/Husemann*, Unternehmensanalyse, 1988, S. 609.

Des Weiteren verlangt der IDW PS 261, dass der Prüfer die *Ziele* und *Strategien des Unternehmens* zu analysieren hat. Der ISA 315 formuliert diese Anforderung präziser und fordert, dass der Prüfer die Ziele und Strategien des Unternehmens sowie die damit zusammenhängenden Geschäftsrisiken, die wesentliche falsche Angaben in der Rechnungslegung zur Folge haben können, verstehen muss.[43] Geschäftsrisiken i.S. der ISAs sind dabei zu verstehen als bedeutende Gegebenheiten, Ereignisse, Umstände, Maßnahmen oder Unterlassungen, die sich auf die Fähigkeit der Einheit, ihre Ziele zu erreichen und Strategien durchzuführen, nachteilig auswirken können.[44] Zur Klarstellung wird ferner angemerkt, dass nicht alle Geschäftsrisiken zu wesentlichen Fehlern in der Rechnungslegung führen müssen und daher der Begriff des Geschäftsrisikos weiter gefasst ist als der Begriff des Fehlerrisikos.[45] Aus Sicht der Rechnungslegungsvorschriften nach dem HGB kann diesem Definitionszusammenhang von Fehlerrisiken und Geschäftsrisiken, auch wenn sich das *IDW* dieser Meinung anschließt,[46] nicht in Gänze zugestimmt werden. Vielmehr müsste von einer teilweisen Überlappung von Geschäftsrisiken und Fehlerrisiken gesprochen werden, da aus Sicht des HGB auch die Geschäftschancen eine Falschdarstellung in der Rechnungslegung zur Folge haben können.[47] Da der IDW PS 261 verlangt, dass die Ziele und Strategien des Unternehmens zu analysieren sind, um Fehlerrisiken festzustellen, müssen folglich aus Sicht der Rechnungslegung und Prüfung nach dem HGB sowohl die Geschäftsrisiken als auch die Geschäftschancen analysiert werden. Aufgrund der expliziten Nennung der Strategien lässt sich hieraus zunächst die Pflicht zur Analyse der *strategischen Geschäftschancen* und *-risiken* ableiten. Der Prüfer hat demnach die Geschäftschancen und -risiken zu analysieren, die mit den der Zielkategorie „Sicherung und Ausbau der langfristigen Erfolgspotenziale" zuzuordnenden Zielen verbunden sind.

Neben den Zielen und den diese beeinflussenden Geschäftschancen und -risiken auf strategischer Ebene fordert der IDW PS 261 weiter, dass der Prüfer auch die *Erfolgskennzahlen* und die *Erfolgsmessung* im Unternehmen hinsichtlich möglicher Fehlerrisiken zu analysieren hat.[48] Die ISAs konkretisieren diesbezüglich, welche Art von Erfolgsmessung genau gemeint ist, und führen aus, dass zu messen und zu überwachen ist, „whether business performance is meeting the objectives set by management".[49] Insofern sind also auch die unternehmensinternen Zielvorgaben und die zu deren Messung und Überwachung eingerichteten Leistungsindi-

---

43 Vgl. *ISA 315 (redrafted)*, Risk Assessment, 2007, Tz. 11 d) i.V.m. *IDW*, WP-Handbuch, 2006, R 190.

44 Vgl. *ISA 315*, Risk Assessment, 2007, Tz. 30 i.V.m. *IDW*, WP-Handbuch, 2006, R 190.

45 Vgl. *ISA 315*, Risk Assessment, 2007, Tz. 31.

46 Vgl. *IDW*, WP-Handbuch, 2006, P 190.

47 Vgl. *Kaiser*, Jahresabschlussprüfung, 2005, S. 2309; *Scherff/Willeke*, Lagebericht, 2006, S. 145.

48 Vgl. *IDW PS 261*, Beurteilung von Fehlerrisiken, 2006, Tz. 13.

49 *ISA 315*, Risk Assessment, 2007, Tz. 36.

katoren, insbesondere die finanziellen,[50] für die Prüfung relevant. Unter Maßgabe der obigen Anforderung, die Ziele des Unternehmens hinsichtlich der Geschäftschancen und -risiken zu analysieren, da diese zu einer Falschdarstellung führen können, ergibt sich folglich auch die Notwendigkeit, diese Analyse auf die operative Ebene auszuweiten. Es sind daher auch die mit den der Zielkategorie „Wirksamkeit und Wirtschaftlichkeit der Geschäftstätigkeit" zuzuordnenden Zielen in Verbindung stehenden *internen Geschäftschancen* und *-risiken* zu analysieren. Des Weiteren konkretisieren die ISAs bzgl. der Erfolgsmessung und -überwachung einen weiteren Risikobereich für eine mögliche Falschdarstellung in der Rechnungslegung, der ebenfalls durch den Prüfer beachtet werden muss.[51] Genau genommen geht es um den erzeugten Leistungsdruck, der durch eine unsachgerechte Vorgabe von Zielen bzw. durch die Anwendung unangemessener Methoden des Performance Measurement auf die betriebliche Organisation, insbesondere jedoch auf das Management, ausgeübt wird.[52] Dieser Druck, der nicht selten durch unternehmensexterne Kapitalgeber und die Kapitalmärkte verstärkt wird, kann der Unternehmensleitung oder dem Management Anlass dazu geben, bewusst die interne sowie die externe Berichterstattung zu manipulieren, indem übergeordneten Instanzen bzw. den externen Adressaten das Erreichen der Zielvorgaben durch Fehlinformationen suggeriert wird.[53] Folglich können falsch gesetzte Anreize, unfaire Zielvorgaben, aber auch eine unangemessene Ausgestaltung des (financial) Performance Measurement selbst dazu führen, dass hieraus Risiken für die Erreichung des betrieblichen Oberziels „Verlässlichkeit und Ordnungsmäßigkeit der internen und externen Berichterstattung" resultieren. Die ISAs verlangen daher, dass der Prüfer auch diese Risikoquelle für die externe Berichterstattung bei der Beurteilung der Fehlerrisiken berücksichtigt.[54] Des Weiteren machen sie in diesem Zusammenhang den Prüfer darauf aufmerksam, dass er, wenn er beabsichtigt, die internen Leistungskennzahlen für Zwecke seiner Abschlussprüfung zu verwenden, diese auch daraufhin zu prüfen hat, ob sie verlässlich und präzise sind.[55] Vor dem Hintergrund des HGB muss dieser Hinweis jedoch ebenfalls als prüferische Verpflichtung aufgefasst werden, da bereits in Kapitel 3.5.3.2.2.2 dargestellt wurde, dass nach Einführung des BilReG im Wirtschaftsbericht des Lageberichts der Geschäftsverlauf und das Geschäftsergebnis auf Grundlage der Leistungsindikatoren (Performance Measures) zu analysieren sind, die die Unternehmensleitung selbst für maßgeblich erachtet

---

50 Die *ISAs* sprechen von „Financial Performance" vgl. *ISA 315*, Risk Assessment, 2007, Tz. 35.

51 Vgl. *ISA 315*, Risk Assessment, 2007, Tz. 35-40.

52 Vgl. *ISA 315*, Risk Assessment, 2007, Tz. 35.

53 Vgl. *IDW*, WP-Handbuch, 2006, R 160; *Schmidt*, Risikobeurteilungen, 2005, S. 879.

54 Vgl. *ISA 315*, Risk Assessment, 2007, Tz. 35.

55 Vgl. *ISA 315*, Risk Assessment, 2007, Tz. 39.

und daher zum Gegenstand ihrer internen Berichterstattung gemacht hat.[56] Die Analyse der Verlässlichkeit der internen Berichterstattung und somit auch die Beurteilung der Angemessenheit der auf die „Wirksamkeit und Wirtschaftlichkeit der Geschäftstätigkeit" gerichteten Teile des MCF sind deshalb ebenfalls in die Prüfung mit einzubeziehen, weil gem. IDW PS 261 alle unternehmensinternen Bereiche zu analysieren sind, aus denen sich Fehlerrisiken für die Rechnungslegung ergeben können.[57]

Zusammenfassend lassen sich vor dem Hintergrund der Verantwortungsbereiche des Managements und der Systemziele des MCF die unternehmensinternen und unternehmensexternen Analysebereiche, über die sich der Prüfer einen Überblick verschaffen muss, um deren mögliche Auswirkungen auf das Fehlerrisiko in der Rechnungslegung ausreichend und angemessen beurteilen zu können, wie folgt in Verbindung bringen (vgl. Tab. 5-4).

Durch diese Zuordnung der vom Prüfer im Rahmen eines risikoorientierten Prüfungsvorgehens verantwortlich zu adressierenden Analysebereiche mit den Verantwortungsbereichen des Managements wird deutlich, dass ein Prüfer, der seinen diesbezüglich bestehenden Sorgfaltspflichten ausreichend nachkommt, ähnliche Informationsinteressen hat wie eine sorgfältig agierende Unternehmensleitung. Grundproblem für den Prüfer bleibt allerdings, dass er wegen der geforderten berufsüblich kritischen Grundhaltung die von ihm für seine Analysezwecke benötigten Management-Informationen nicht unbesehen übernehmen kann.[58] Vielmehr benötigt er ausreichende und angemessene Prüfungsnachweise, die ihm ein hinreichendes Qualitätsniveau und damit die Verlässlichkeit der benötigten Informationen bestätigen.[59]

---

56 Vgl. Kapitel 3.5.3.2.2.2: Art und Umfang der notwendigen prüferischen Adressierung des Management-Control-Framework, S. 207 f.

57 Vgl. *IDW PS 261*, Beurteilung von Fehlerrisiken, 2006, Tz. 13.

58 Vgl. *IDW PS 200*, Grundsätze, 2000, Tz. 17.

59 I.d.S. *IDW PS 300*, Prüfungsnachweise, 2006, Tz. 6.

Tab. 5-4: Analysebereiche des Prüfers zur Feststellung von Fehlerrisiken auf Unternehmensebene im Überblick

Verantwortungsbereiche des Managements[60]	Sicherung und Ausbau der langfristigen Erfolgspotenziale	Wirksamkeit und Wirtschaftlichkeit der Geschäftstätigkeit	Verlässlichkeit und Ordnungsmäßigkeit der internen und externen Berichterstattung	Einhaltung sonstiger Gesetze und Vorschriften
Systemziele des MCF hinsichtlich der Verantwortungsbereiche des Managements	Gewährleistung von hinreichender Sicherheit dahingehend, dass die Unternehmensleitung vollständig, richtig und gültig über den Zielerreichungsgrad der strategischen Ziele und über die diesen beeinflussenden, wesentlichen kritischen Erfolgsfaktoren sowie über die im Zusammenhang mit der Strategie stehenden wesentlichen Chancen und Risiken informiert wird.	Gewährleistung von hinreichender Sicherheit dahingehend, dass die Unternehmensleitung vollständig, richtig und gültig über die Performance, verstanden als umfassendes, die Effektivität und Effizienz beinhaltendes Leitungsmaß des Unternehmens, und über die dieses beeinflussende Chancen und Risiken informiert ist.	Gewährleistung von hinreichender Sicherheit dahingehend, dass die Verlässlichkeit und Ordnungsmäßigkeit der internen und externen Berichterstattung gegeben sind.	Gewährleistung von hinreichender Sicherheit dahingehend, dass die sonstigen Gesetze und Vorschriften eingehalten werden.
Umfang der gemäß berufsständischen Anforderungen geforderten Analyse zur Feststellung möglicher Fehlerrisiken durch den Prüfer	Analyse der wesentlichen externen und strategischen Geschäftschancen und -risiken.	Analyse der wesentlichen externen und internen Geschäftschancen und -risiken und der Verlässlichkeit der für interne und externe Berichterstattungszwecke benötigten Erfolgsmessung und -überwachung.	Analyse der maßgeblichen Rechnungslegungsvorschriften und erste Einschätzung, ob die Unternehmensleitung in Bezug auf Auswahl und Anwendungsumfang der Rechnungslegungsvorschriften die Grundvoraussetzung dafür geschaffen hat, ihrer Verantwortung hinsichtlich der Zielerreichung ausreichend nachkommen zu können.	Analyse und vorläufige Beurteilung, ob sonstige rechnungslegungsrelevante Normverstöße begangen wurden.

60 Bzgl. der Festlegung der Verantwortungsbereiche des Managements vgl. die Ausführungen unter Kapitel 2.1: Verantwortungsbereiche des Managements, S. 36 ff.

Der IDW PS 261 stellt grundsätzlich die Methode bzw. die Prüfungstechnik, mit der die Feststellung der Fehlerrisiken auf Unternehmensebene zu erfolgen hat, in das Ermessen des Prüfers und verlangt lediglich: „Der Abschlussprüfer hat Prüfungshandlungen durchzuführen, um die Risiken wesentlicher falscher Angaben in der Rechnungslegung (Fehlerrisiken) festzustellen."[61] Als geeignete Prüfungstechniken zu diesem Zweck kommen u.a. die Befragung des Managements, analytische Prüfungshandlungen, Beobachtungen sowie Durchsicht von Dokumenten bzw. Unterlagen in Betracht.[62] Diese Prüfungstechniken müssen zwar in Gänze bei der Feststellung von Fehlerrisiken Anwendung finden; die Prüfungsstandards gestehen dem Prüfer jedoch zu, die Techniken für die jeweiligen Analysebereiche nach eigenem Ermessen auszuwählen.[63] Mit Ausnahme der analytischen Prüfungshandlungen stellen dabei insbesondere die Befragung sowie die Beobachtung und Durchsicht von Dokumenten bzw. Unterlagen grundlegende Prüfungstechniken dar, die auch bei der Systemprüfung zum Einsatz kommen,[64] d.h. mit einer Systemprüfung kann diese Anforderung auf jeden Fall als erfüllt angesehen werden. Nachdem der IDW PS 261 und der korrespondierende ISA 315 zur Prüfung der in Tab. 5-4 dargestellten Analysebereiche zwar keine Systemprüfung verlangen, diese jedoch auch nicht ausschließen, falls sie zu zweckmäßigen Analyseergebnissen führt, steht nunmehr der Weg frei, aus Gründen der Prüfungseffizienz die in Kapitel 3 dargestellten Systemprüfungserfordernisse so in das risikoorientierte Prüfungsvorgehen zu integrieren, dass deren Umsetzung auch gleichzeitig zur sorgfältigen Adressierung der in die Tab. 5-4 dargestellten Analysebereiche beiträgt.[65]

5.2.1.1 Systemorientierte Analyse der Geschäftschancen und -risiken

Entsprechend der bisherigen Ausführungen benötigt der Prüfer, damit er das Fehlerrisiko in der Rechnungslegung sorgfältig einzuschätzen vermag, verlässliche Informationen hinsichtlich der Geschäftschancen und -risiken, die den auf die Geschäftstätigkeit und die Normenbefolgung gerichteten Zielkategorien des MCF (Sicherung und Ausbau der langfristigen Erfolgspotenziale, Wirksamkeit und Wirtschaftlichkeit der Geschäftstätigkeit sowie Einhaltung von sonstigen Gesetzen und Vorschriften) zuzuordnen sind. Zum Zwecke der Fehlerrisikofeststellung auf Unternehmensebene wird daher im Folgenden vorgeschlagen, diejenigen Management-Informationen heranzuziehen, deren Verlässlichkeit durch eine Aufbau- und Funktionsprüfung der Komponenten des MCF nachgewiesen werden

---

61 *IDW PS 261*, Beurteilung von Fehlerrisiken, 2006, Tz. 10.

62 Vgl. *IDW PS 261*, Beurteilung von Fehlerrisiken, 2006, Tz. 16; *ISA 315*, Risk Assessment, 2007, Tz. 7 bzw. *ISA 315 (redrafted)*, Risk Assessment, 2007, Tz. 6.

63 Vgl. *ISA 315*, Risk Assessment, 2007, Tz. 7.

64 I.d.S. *IDW PS 261*, Beurteilung von Fehlerrisiken, 2006, Tz. 61.

65 Bzgl. der in Kapitel 3 abgeleiteten Systemprüfungserfordernisse des MCF vgl. Kapitel 3.6: Zusammenfassung der Ergebnisse des Kapitels 3 und Darstellung der prüfungsrelevanten Komponenten des Management-Control-Framework im Überblick, S. 233 f.

kann, für die gemäß den Arbeitsergebnissen aus Kapitel 3 ohnehin eine Prüfungspflicht besteht.[66] Für diese Vorgehensweise dürfte darüber hinaus auch folgende Anforderung des ISA 315 (redrafted) sprechen, der vom Prüfer verlangt:

> „In understanding the entity's internal control [...] the auditor shall require about business risks that management has identified and consider whether they may result in material misstatements.“[67]

5.2.1.1.1 Aufnahme der Verantwortungsbereiche des Managements

Ausgangspunkt des eigenen Vorschlags zur systemorientierten Analyse der Geschäftschancen und -risiken ist die Aufnahme der Organisationsstruktur des Mandanten sowie die Verschaffung eines Überblicks über die wesentlichen Geschäftsbereiche bzw. Funktionen und den dazugehörigen Geschäftsprozessen. Im Fokus des Prüfers sollten dabei die Teilbereiche des Unternehmens liegen, die eine homogene Steuerungs- und Überwachungsstruktur aufweisen und nicht etwa jene, die durch die rechtliche oder die formale Organisationsstruktur abgegrenzt werden. Denn der Prüfer soll sich im Rahmen der Systemaufnahme einen Überblick über die tatsächlichen Verantwortungsbereiche der Unternehmensleitung und der nachgelagerten Managementebenen verschaffen. Hierzu zählt auch, dass der Prüfer ein Verständnis für die grundlegende Zielsetzung des Unternehmens, d.h. die Vision sowie die daraus abgeleiteten Zielgrößen auf strategischer und operativer Ebene, erlangt. Ferner hat er in den jeweiligen als wesentlich erachteten Verantwortungsbereichen die Methoden, Instrumente, Verfahren, Maßnahmen und Regelungen aufzunehmen, die die Unternehmensleitung oder das Management eingerichtet haben, um ihrer Verantwortung für die Zielerreichung sachgerecht nachkommen zu können. Aufbauend auf diesen Kenntnissen kann anschließend die Aufbau- bzw. Funktionsprüfung der auf die Geschäftstätigkeit des MCF gerichteten und in Kapitel 3 als prüfungsrelevant abgegrenzten Komponenten erfolgen. Auf diese Weise kommt der Prüfer nicht nur seiner Verpflichtung zur sorgfältigen Prüfung der Prüfungsgegenstände gem. § 317 HGB ausreichend nach, sondern kann aufbauend auf den so erlangten Kenntnissen über die Geschäftstätigkeit und die regulatorischen Besonderheiten des Mandanten eine sorgfältige Einschätzung der Fehlerrisiken auf Unternehmensebene vornehmen.

---

66 Bzgl. den prüfungsrelevanten Komponenten des MCF zur Abgabe eines ausreichend sicheren Prüfungsurteils über die Prüfungsgegenstände gem. § 317 vgl. Kapitel 3.6: Zusammenfassung der Ergebnisse des Kapitels 3 und Darstellung der prüfungsrelevanten Komponenten des Management-Control-Framework im Überblick, S. 233 f.

67 *ISA 315 (redrafted)*, Risk Assessment, 2005, Tz. 17 b).

5.2.1.1.2 *Aufbauprüfung der prüfungsrelevanten auf die Geschäftstätigkeit und die Normenbefolgung gerichteten Teilkomponenten des Management-Control-Framework*

Im Anschluss an die Aufnahme der Verantwortungsbereiche sollte die Aufbauprüfung der als prüfungsrelevant identifizierten MCF-Komponenten erfolgen. Das Ziel dieser Aufbauprüfung muss es sein festzustellen, ob die Unternehmensleitung bzw. die wesentlichen nachgelagerten Managementebenen die prüfungsrelevanten Komponenten angemessen ausgestaltet haben und folglich zu Recht davon ausgehen, ihrer Verantwortung für die Unternehmensführung ausreichend nachgekommen zu sein. Unter Berücksichtigung der Bedeutung der Aufnahmebereiche für die Einschätzung der möglichen Fehlerrisiken auf Unternehmensebene sollte die Aufbauprüfung auf Ebene der Unternehmensleitung beginnen und anschließend „top-down“ fortgeführt werden, bis alle wesentlichen Verantwortungsbereiche in die Prüfung mit einbezogen wurden.

Auf *Ebene der Unternehmensleitung* ist daher zunächst zu beurteilen, ob die auf die Zielkategorie „Sicherung und Ausbau der langfristigen Erfolgspotenziale“ gerichteten und als prüfungsrelevant abgegrenzten Komponenten des MCF angemessen ausgestaltet sind.[68] Der Prüfer hat daher auf Grundlage der Analyseergebnisse aus Kapitel 3 eine Aufbauprüfung der folgenden Komponenten vorzunehmen (Tab. 5-5).

Im Rahmen der Aufbauprüfung hat der Prüfer folglich durch Befragung der Unternehmensleitung, Beobachtung oder Durchsicht von Dokumenten bzw. Unterlagen zu prüfen, ob die in Anhang I dargestellten Grundsätze für die Komponente „Problemfeststellung/-analyse im Bereich der strategischen Planung“ (strategische Diagnose) und des „Chancen- und Risikomanagements“ (Chancen-/Risikoidentifikation) sowie für die Komponente „Alternativenbewertung im Bereich des Chancen- und Risikomanagements“ (Chancen-/Risikobewertung) eingehalten wurden. Die Bestätigung der Einhaltung dieser Grundsätze durch das System im „Ist“ erlaubt dem Prüfer dann die begründete Schlussfolgerung, dass es keine Anhaltspunkte gibt, die dagegen sprechen, dass die Unternehmensleitung bei der Ausgestaltung des Systems ihren diesbezüglich bestehenden Sorgfaltspflichten nicht ausreichend nachgekommen ist. Insofern kann der Prüfer davon ausgehen, dass die beurteilten Methoden und Instrumente dazu geeignet sind, die Management-Informationen über die externen und strategischen Geschäftschancen und -risiken vollständig, richtig und gültig aufzubereiten.

---

68 In Kapitel 2.1.6: Zu verantwortende Zielkategorien des Managements im Überblick, S. 58 f., wurde dargestellt, dass die der Zielkategorie „Sicherung und Ausbau der langfristigen Erfolgspotenziale“ zuzuordnenden Ziele aufgrund ihrer Bedeutung für die erfolgreiche Weiterentwicklung des Unternehmens ausschließlich in den Verantwortungsbereich der Unternehmensleitung fallen.

Tab. 5-5: Aufbauprüfungspflichtige Komponenten im Verantwortungsbereich der Unternehmensleitung

	Sicherung und Ausbau der langfristigen Erfolgspotenziale
Internes Umfeld	(✓)
Zielfestlegung	▨
Problemfeststellung/-analyse	✓
Alternativenbewertung	(✓)
Umsetzung der Entscheidung	
Kontrollaktivitäten	(✓)
Information und Kommunikation	(✓)
Überwachung	(✓)

▨	Ziele sind durch externe Institutionen vorgegeben und somit durch das Management nicht oder nur bedingt beeinflussbar.
✓	Zur Beurteilung der Prüfungsgegenstände gem. § 317 HGB ist die Angemessenheit und Wirksamkeit der jeweiligen System-Komponente hinsichtlich der zugeordneten betrieblichen Ziele gänzlich für die Prüfung relevant.
(✓)	Zur Beurteilung der Prüfungsgegenstände gem. § 317 HGB ist die Angemessenheit und Wirksamkeit der jeweiligen System-Komponente hinsichtlich der zugeordneten betrieblichen Ziele nur hinsichtlich der auf das Chancen- und Risikomanagement gerichteten Teile für die Prüfung relevant.

Des Weiteren hat der Prüfer im Rahmen der Aufbauprüfung neben der Informationsaufbereitung auch die Angemessenheit der Informationsverarbeitung und -weiterleitung zu prüfen, da diese ebenfalls Fehlerrisikopotenziale für die Verlässlichkeit der relevanten Management-Informationen – gemeint sind die Informationen über die externen und strategischen Geschäftschancen und -risiken – in sich bergen. Der Prüfer hat daher auch die Angemessenheit der Verfahren, Maßnahmen und Regelungen zu beurteilen, die die Unternehmensleitung zu diesem Zweck eingerichtet hat. Der Prüfer hat folglich zu prüfen, ob die in Anhang I dargestellten Grundsätze der Komponenten Internes Umfeld, Kontrollaktivitäten, Information und Kommunikation sowie Überwachung im Bereich der strategischen Planung/ Kontrolle sowie des Chancen- und Risikomanagements durch das Ist-System eingehalten wurden. Falls er dies bestätigen kann, sind die durch die Unternehmensleitung eingerichteten Verfahren der Internen Kontrolle grundsätzlich als angemessen zu bezeichnen, um Fehler bei der Informationsverarbeitung und -weiterleitung zu vermeiden. Folglich kann der Prüfer davon ausgehen, dass die Unternehmensleitung die systemtechnischen Voraussetzungen geschaffen hat, um angemessen über die *externen* und *strategischen Geschäftschancen* und *-risiken*, die mit der Zielkategorie „Sicherung und Ausbau der langfristigen Erfolgspotenziale“ in Verbindung stehen, informiert zu werden.

Im Anschluss an den Verantwortungsbereich der Unternehmensleitung hat der Prüfer seine Aufbauprüfung „top-down“ über alle wesentlichen Verantwortungsbereiche auszudehnen und zu beurteilen, ob die auf die Zielkategorie „Wirksamkeit und Wirtschaftlichkeit“ sowie „Einhaltung von sonstigen Gesetzen und Vorschriften“ gerichteten und als prüfungsrelevant abgegrenzten Komponenten des MCF angemessen ausgestaltet sind.[69] Der Prüfer hat daher auf Grundlage der Analyseergebnisse aus Kapitel 3 eine Aufbauprüfung der folgender Komponenten vorzunehmen:

Tab. 5-6: Aufbauprüfungspflichtige Komponenten des MCF im Verantwortungsbereich der Unternehmensleitung und nachgelagerter Managementebenen

	Wirksamkeit und Wirtschaftlichkeit der Geschäftstätigkeit	**Einhaltung von sonstigen Gesetzen und Vorschriften**
Internes Umfeld	✓	(✓)
Zielfestlegung	✓	▨
Problemfeststellung/-analyse	✓	(✓)
Alternativenbewertung	✓	(✓)
Umsetzung der Entscheidung	(✓)	(✓)
Kontrollaktivitäten	✓	(✓)
Information und Kommunikation	✓	(✓)
Überwachung	✓	(✓)

▨	Ziele sind durch externe Institutionen vorgegeben und somit durch das Management nicht oder nur bedingt beeinflussbar.
✓	Zur Beurteilung der Prüfungsgegenstände gem. § 317 HGB ist die Angemessenheit und Wirksamkeit der jeweiligen System-Komponente hinsichtlich der zugeordneten betrieblichen Ziele gänzlich für die Prüfung relevant.
(✓)	Zur Beurteilung der Prüfungsgegenstände gem. § 317 HGB ist die Angemessenheit und Wirksamkeit der jeweiligen System-Komponente hinsichtlich der zugeordneten betrieblichen Ziele nur hinsichtlich der auf das Chancen und Risikomanagement gerichteten Teile für die Prüfung relevant.

In diesem Zusammenhang hat der Prüfer ebenfalls mittels Befragung des Managements wie aber auch durch Beobachtung oder durch Durchsicht von Dokumenten bzw. Unterlagen zu beurteilen, ob die in Anhang I dargestellten Grundsätze der Komponenten Zielfestlegung, Problemstellung/-analyse, Alternativenbewertung, Kontrollaktivitäten im Bereich der operativen Planung/Kontrolle sowie des Chancen- und Risikomanagements eingehalten wurden. Wenn dem so ist, erlaubt dies dem Prüfer die Schlussfolgerung, dass nicht nur die Unternehmensleitung, sondern auch das Management auf nachgelagerter Ebene seiner Verantwortung zur sorgfältigen Ausgestaltung des Management-Informationssystems ausreichend nachgekommen ist. Insofern kann der Prüfer davon ausgehen, dass die beurteilten Methoden und Instrumente auch auf nachgelagerter Managementebene dazu ge-

[69] In Kapitel 2.1.6: Zu verantwortende Zielkategorien des Managements im Überblick, S. 58 f., wurde dargestellt, dass die Verantwortung für der Zielerreichung der der Zielkategorie „Wirksamkeit und Wirtschaftlichkeit der Geschäftstätigkeit“ zuzuordnenden Ziele von der Unternehmensleitung auf nachgelagerte Managementebenen delegiert werden kann.

eignet sind, die Management-Informationen über die Performance des Unternehmens sowie über die externen und internen Geschäftschancen und -risiken vollständig, richtig und gültig aufzubereiten.

Für den Fall, dass im Zusammenhang mit wesentlichen Geschäftschancen und -risiken Maßnahmen zu deren Steuerung ergriffen wurden, hat der Prüfer im Rahmen der Aufbauprüfung hierfür ebenfalls Nachweise einzuholen. D.h. er hat zu beurteilen, ob ausreichende und angemessene Vorkehrungen getroffen wurden, die Anlass zur Annahme geben, dass diese Steuerungsmaßnahmen auch tatsächlich auf operativer Ebene um-/durchgesetzt werden. Der Prüfer hat daher zu beurteilen, ob das Management bzgl. der Komponenten Internes Umfeld, Umsetzung der Entscheidung, Kontrollaktivitäten, Information und Kommunikation sowie Überwachung die in Anhang I dargestellten Grundsätze im Bereich des Chancen- und Risikomanagements eingehalten hat und insofern begründeterweise angenommen werden kann, dass die chancen- und risikosteuernden Maßnahmen auch angemessen um- und durchgesetzt werden.

Des Weiteren hat der Prüfer in Analogie zu den obigen Ausführungen auch auf nachgelagerter Managementebene die Angemessenheit der Verfahren, Maßnahmen und Regelungen zu beurteilen, die im jeweiligen Verantwortungsbereich eingerichtet wurden, um bspw. Fehler bei der Informationsverarbeitung bzw. -weiterleitung zu verhindern, aufzudecken oder zu korrigieren, wodurch die Verlässlichkeit der relevanten Management-Informationen erst abschließend gewährleistet wird. Der Prüfer hat daher auch in diesem Zusammenhang zu prüfen, ob die in Anhang I dargestellten Grundsätze der Komponenten Internes Umfeld, Kontrollaktivitäten, Information und Kommunikation sowie Überwachung im Bereich der operativen Planung/Kontrolle sowie des Chancen- und Risikomanagements durch das Ist-System eingehalten werden. Falls er dies bestätigen kann, sind die durch die Unternehmensleitung bzw. die nachgelagerten Managementebenen eingerichteten Verfahren der Internen Kontrolle grundsätzlich als angemessen zu bezeichnen. Folglich kann der Prüfer davon ausgehen, dass die Unternehmensleitung bzw. die nachgelagerten Managementebenen die systemtechnischen Voraussetzungen geschaffen haben, um angemessen über die *Performance des Unternehmens* sowie die *externen* und *internen Geschäftschancen* und *-risiken*, die mit den Zielkategorien „Wirksamkeit und Wirtschaftlichkeit der Geschäftstätigkeit“ sowie „Einhaltung von sonstigen Gesetzen und Vorschriften“ in Verbindung stehen, informiert zu werden.

Abschließend kann daher aus Sicht des Prüfers folgendes geschlussfolgert werden: Da ihm hinsichtlich der Identifikation und Bewertung der externen, strategischen und internen Geschäftschancen und -risiken keine höheren Sorgfaltspflichten abverlangt werden können als der Unternehmensleitung bzw. dem nachgelagerten Management, ist davon auszugehen, dass der Prüfer, der eine Aufbauprüfung des MCF im dargelegten Umfang durchgeführt hat, über ausreichende und angemessene Prüfungsnachweise verfügt, um auf die so aufbereiteten Management-Informationen vertrauen und diese als Grundlage für seine Fehlerrisikofeststellung auf Unternehmensebene nutzen zu können.[70, 71]

5.2.1.1.3 *Funktionsprüfung der prüfungsrelevanten, auf die Geschäftstätigkeit und die Normenbefolgung gerichteten Teilkomponenten des Management-Control-Framework*

Im Anschluss an die Aufbauprüfung der systemprüfungspflichtigen Komponenten des MCF hat der Prüfer deren Wirksamkeit im Rahmen der Funktionsprüfung zu beurteilen, um ausreichende und angemessene Prüfungsnachweise dahingehend zu erlangen, dass die im „Ist“ als angemessen eingestuften Methoden, Instrumente, Verfahren, Maßnahmen und Regelungen auch tatsächlich zur Anwendung gelangten bzw. eingehalten wurden.[72] Der Abschlussprüfer hat daher, wenn er sich im Rahmen seiner Fehlerrisikofeststellung und -beurteilung auf Unternehmensebene auf die Management-Informationen bzgl. der externen, der strategischen und der internen Geschäftschancen und -risiken sowie der Performance des Unternehmens verlassen will, seine während der Aufbauprüfung erlangte Erwartungshaltung über die Verlässlichkeit der relevanten Management-Informationen und hinsichtlich der Um-/Durchsetzung von chancen- und risikosteuernden Maßnahmen zu validieren.[73] Da diese Funktionsprüfung aufgrund der Analyseergebnisse aus Kapitel 3 allerdings ohnehin gefordert ist, um ein sorgfältiges Urteil über die Prüfungsgegenstände gem. § 317 HGB abgeben zu können,[74] führt diese Vorgehensweise im Rahmen eines risikoorientierten Prüfungsprozesses auf konzeptioneller Ebene zu keiner unnötigen Mehrarbeit, weshalb sie als effizient angesehen werden kann. Folglich wird an dieser Stelle vorgeschlagen, nach der Aufbauprüfung der prüfungspflichtigen Komponenten des MCF deren Funktionsprüfung durchzuführen, um hierdurch die Verlässlichkeit der prüfungsrelevanten Management-Informationen und die Um-/Durchsetzung von chancen- und risikosteuernden Maßnahmen zu bestätigen, damit aufbauend auf diesen Erkennt-

---

70 In diesem Zusammenhang machen bspw. auch *ISA 315*, Risk Assessment, 2007, Tz. 77; *ISA 315 (redrafted)*, Risk Assessment, 2005, Tz. 17 b) darauf aufmerksam, dass „if the entity's risk assessment process is appropriate to the circumstances, it assists the auditor in identifying risks of material misstatement“.

71 Hinsichtlich eines angemessenen und wirksamen Risikofrüherkennungssystems kommt *Link*, Abschlussprüfung, 2006, S. 204, zu dem Schluss, dass der Prüfer dessen Ergebnisse als Grundlage für seine eigene Risikobeurteilung verwenden kann.

72 I.d.S. *IDW PS 261*, Beurteilung von Fehlerrisiken, 2006, Tz. 73.

73 Der *IDW PS 300*, Prüfungsnachweise, 2006, Tz. 19 und der *IDW PS 261*, Beurteilung von Fehlerrisiken, 2006, Tz. 74, verlangen, dass Funktionsprüfungen immer dann durchzuführen sind, wenn die Risikobeurteilung auf der Annahme basiert, dass Kontrollmaßnahmen wirksam sind. In analoger Anwendung dürfte daher für Control-Maßnahmen (Steuerungs- und Überwachungsmaßnahmen) nichts anderes gelten.

74 Vgl. hierzu die Ausführungen unter Kapitel 3.5: Bedeutung des Management-Control-Framework für die Effektivitätszielerreichung der Abschlussprüfung, S. 164 ff.

nissen eine sorgfältige Fehlerrisikofeststellung auf Unternehmensebene durchgeführt werden kann.

In Analogie zur Aufbauprüfung sollte auch bei der Funktionsprüfung „top-down" entsprechend der tatsächlichen Steuerungs- und Überwachungsstrukturen vorgegangen werden, um in den jeweiligen als prüfungsrelevant erachteten Verantwortungsbereichen die erforderlichen Funktionsprüfungen durchführen zu können. In den Verantwortungsbereichen, in denen allerdings bereits im Rahmen der Aufbauprüfung nachgewiesen wurde, dass die prüfungsrelevanten Komponenten des MCF nicht angemessen ausgestaltet sind, sollte der Prüfer auf die Funktionsprüfung verzichten[75] und zuerst darauf drängen, dass die Systemmängel beseitigt werden.

Im Rahmen der eigentlichen Funktionsprüfung sollte der Prüfer dann Nachweise darüber einholen, wie die Management-Informationen, die er als Grundlage für seine Fehlerrisikofeststellung auf Unternehmensebene nutzen möchte, aufbereitet und weiterverarbeitet wurden, sowie ob die chancen- und risikosteuernden Maßnahmen tatsächlich um-/durchgesetzt wurden.[76] In diesem Zusammenhang hat er daher auch zu beurteilen, wer die Management-Information erstellte bzw. wer auf diese Einfluss genommen hat oder haben könnte und wer chancen- und risikosteuernde Maßnahmen veranlasst bzw. ausgeführt hat.[77]

Als geeignete Prüfungshandlungen für die Funktionsprüfungen kommen dabei auf jeden Fall Befragungen des Managements in Betracht, die in der Regel allein jedoch nicht ausreichend sind, sodass die Beobachtung von Abläufen bzw. die Durchsicht von Nachweisen über die Durchführung von Maßnahmen bzw. die Einsichtnahme in Unterlagen hinzukommen sollten.[78] Evtl. kann ergänzend auch der Nachvollzug von Kontrollaktivitäten angebracht sein.[79] Von besonderem Interesse im Rahmen dieser Funktionsprüfungshandlungen sind für den Prüfer vor allem die Kontrollaktivitäten, mit denen übergeordnete Managementebenen die Verlässlichkeit der an sie berichteten Management-Informationen sicherstellen und die Umsetzung von Maßnahmen überwachen oder kontrollieren, da nach Bestätigung der Wirksamkeit dieser Kontrollen evtl. bereits ausreichende und angemessene Prüfungsnachweise vorliegen und daher die Anzahl der Prüfungshandlungen auf nachgelagerten Ebenen reduziert werden kann.[80]

---

75 I.d.S. *IDW*, WP-Handbuch, 2006, R 278; *Schmidt*, Risikobeurteilungen, 2005, S. 882.

76 I.d.S. *IDW PS 261*, Beurteilung von Fehlerrisiken, 2006, Tz. 74; *ISA 330*, Risk Response, 2007, Tz. 23; *ISA 330 (redrafted)*, Risk Response, 2007, Tz. 8 a).

77 I.d.S. *ISA 330*, Risk Response, 2007, Tz. 30; *ISA 330 (redrafted)*, Risk Response, 2007, Tz. 10 a).

78 Vgl. *IDW PS 261*, Beurteilung von Fehlerrisiken, 2006, 73 i.V.m. *ISA 315*, Risk Assessment, 2007, Tz. 55; *ISA 315 (redrafted)*, Risk Assessment, 2007, Tz. 13.

79 Vgl. *Hofmann*, System Based Audits, 2002, S. 210; IDW, WP-Handbuch, 2006, R 279; *IDW PS 261*, Beurteilung von Fehlerrisiken, 2006, Tz. 73.

80 I.d.S. *IDW*, WP-Handbuch, 2006, R 280.

Da der Prüfer, aufbauend auf der Kenntnis der Geschäftschancen und -risiken, zu einer Einschätzung der Fehlerrisiken auf Unternehmensebene gelangen will, sollte er diese Prüfungshandlungen bereits im Rahmen der Prüfungsplanung durchführen.[81] Dabei reicht es allerdings aus, Prüfungsnachweise einzuholen, die zu diesem Zeitpunkt die Vollständigkeit, Richtigkeit und Gültigkeit der Geschäftschancen und -risiken belegen. Denn im Jahresabschluss ist nur über aktuelle bzw. künftige Chancen und Risiken zu berichten, nicht jedoch über vergangene. Der Prüfer hat allerdings derart im Rahmen der Vorprüfung gewonnene Prüfungsnachweise noch zu ergänzen um solche, die bestätigen, dass die im Rahmen der Vorprüfung erlangten Erkenntnisse über die Geschäftschancen und -risiken in der bis zum Abschlussstichtag bzw. Testatdatum vergangenen Zwischenzeit unverändert aktuell sind.[82, 83] Ansonsten hat er auf Basis dieser neuen Erkenntnisse seine Einschätzung der Fehlerrisiken auf Unternehmensebene zu überdenken.[84]

Bei der Folgeprüfung sei darüber hinaus angemerkt, dass der Prüfer aus Gründen der Wirtschaftlichkeit ggf. auf die Ergebnisse aus den Vorjahren zurückgreifen kann.[85] D.h. er kann aufgrund der Prüfungsergebnisse aus den Vorjahren bspw. auf die Verlässlichkeit der prüfungsrelevanten Management-Informationen genauso wie auf die Um-/Durchsetzung von Chancen- und Risikosteuerungsmaßnahmen vertrauen. Diese Vorgehensweise unterliegt allerdings mehreren bedeutenden Einschränkungen. Sie ist u.a. nicht sachgerecht, wenn in wesentlichen Verantwortungsbereichen Veränderungen im Bereich prüfungsrelevanter Komponenten vorgenommen wurden. In diesem Fall sind die Veränderungen aufzunehmen und hinsichtlich ihrer Angemessenheit und Wirksamkeit zu prüfen.[86] Ferner ist diese Vorgehensweise dann nicht gestattet, wenn es sich um die Verlässlichkeit von Management-Informationen bzw. um die Beurteilung der Um-/Durchsetzung von chancen- und risikosteuernden Maßnahmen handelt, die im Zusammenhang mit der Einschätzung eines bedeutsamen Fehlerrisikos auf Unternehmensebene stehen.[87]

---

81 Vgl. *Kaiser*, Jahresabschlussprüfung, 2005, S. 2309.

82 I.d.S. *IDW PS 261*, Beurteilung von Fehlerrisiken, 2006, Tz. 79 i.V.m. *ISA 330*, Risk Response, 2007, Tz. 39-44; *ISA 330 (redrafted)*, Risk Response, 2007, Tz. 12-14.

83 In diesem Zusammenhang sind auch die Vorschriften des *IDW PS 203*, Ereignisse nach dem Bilanzstichtag, 2001, Tz. 11-16 zu beachten.

84 Bzgl. der Einschätzung der Fehlerrisiken auf Unternehmensebene auf Grundlage der Geschäftschancen und -risiken vgl. Kapitel 5.2.1: Identifikation der Geschäftschancen und -risiken des Mandanten durch Analyse der Unternehmenseinheit und ihres Umfeldes als Ausgangspunkt der Fehlerrisikofeststellung, S. 269.

85 Vgl. *IDW PS 261*, Beurteilung von Fehlerrisiken, 2006, Tz. 77; *ISA 330*, Risk Response, 2007, Tz. 39; *ISA 330 (redrafted)*, Risk Response, 2007, Tz. 13.

86 I.d.S. *IDW PS 261*, Beurteilung von Fehlerrisiken, 2006, Tz. 77; *ISA 330*, Risk Response, 2007, Tz. 40; *ISA 330 (redrafted)*, Risk Response, 2007, Tz. 14.

87 Vgl. *IDW PS 261*, Beurteilung von Fehlerrisiken, 2006, Tz. 78; *ISA 330*, Risk Response, 2007, Tz. 44; *ISA 330 (redrafted)*, Risk Response, 2007, Tz. 15.

Ansonsten kann der Prüfer davon ausgehen, dass er, wenn er die Aufbau- und Funktionsprüfung der prüfungsrelevanten Komponenten im hier dargestellten Umfang durchgeführt hat, ausreichende und angemessene Prüfungsnachweise erlangt hat, um die Vollständigkeit, Richtigkeit und Gültigkeit der Management-Informationen nachzuweisen, die ihm über die Geschäftschancen und -risiken sowie über die Performance des Unternehmens Aufschluss geben können. Folglich kann er auf diese Informationen vertrauen, weshalb sie ihm nicht nur zum Zwecke der Nachweissicherung für die sorgfältige Prüfung der Prüfungsgegenstände gem. § 317 HGB dienen, sondern auch als Nachweise für eine sorgfältige Analyse der externen, strategischen und internen Geschäftschancen und -risiken. Im Folgenden ist allerdings noch darauf einzugehen, welche Konsequenzen es für den weiteren Verlauf der Prüfung mit sich bringen kann, wenn im Rahmen der Systemprüfung festgestellt wird, dass einzelne prüfungsrelevante Komponenten nicht angemessenen oder wirksam sind und der Prüfer eben nicht auf die Systeme bzw. deren Output vertrauen kann.

5.2.1.1.4 Konsequenzen aus festgestellten Systemmängeln

Zunächst können sich aus Systemmängeln direkte Konsequenzen für den Prüfungsbericht ergeben, und zwar genau dann, wenn im Rahmen der Aufbau- bzw. Funktionsprüfung Mängel an den prüfungsrelevanten Komponenten zur sorgfältigen Beurteilung des Risikofrüherkennungssystems festgestellt wurden.[88] Denn dies stellt im Falle der AG im Allgemeinen einen Gesetzesverstoß seitens der Unternehmensleitung gegen § 91 Abs. 2 AktG dar, über den gem. § 321 Abs. 1 Satz 3 HGB im Prüfungsbericht zu berichten ist. Ferner hat der Prüfer bei Aktiengesellschaften, die der Pflicht zu Prüfung des Risikofrüherkennungssystems gem. § 317 Abs. 4 HGB unterliegen, nach § 321 Abs. 4 HGB diejenigen Bereiche im Prüfungsbericht zu nennen, in denen Verbesserungsbedarf besteht.[89] Bei GmbHs, die der Ausstrahlungswirkung des § 91 Abs. 2 AktG unterliegen, stellen derartige Systemmängel eine sonstige Unregelmäßigkeit dar, über die ebenfalls im Rahmen der Berichtspflicht des § 321 Abs. 1 Satz 3 HGB zu berichten ist.[90]

Neben diesen direkten Systemprüfungspflichten wurden allerdings in Kapitel 3 auch sog. indirekte Systemprüfungspflichten abgeleitet. Insbesondere hinsichtlich der sorgfältigen Prüfung der Rechnungslegung erlangten weitere Komponenten des MCF Relevanz für die Abschlussprüfung.[91] Diesbezüglich verlangen die Prüfungsstandards als angemessene Reaktion des Prüfers auf festgestellte

---

88 Vgl. hierzu die Ausführungen unter Kapitel 3.5.2.4: Zwischenergebnis und prüfungsrelevante Komponenten im Überblick, S. 189 ff.

89 Vgl. *IDW PS 450*, Prüfungsbericht, 2006, Tz. 106.

90 Vgl. *IDW PS 450*, Prüfungsbericht, 2006, Tz. 107.

91 Vgl. hierzu die Ausführungen unter Kapitel 3.5.3: Prüfungsrelevante Komponenten zur Beurteilung der Ordnungsmäßigkeit der Rechnungslegung, S. 189 ff.

Systemmängel, d.h. also darauf, dass der Prüfer sich nicht auf das System verlassen kann, eine Ausweitung der aussagebezogenen Prüfungshandlungen, um hierüber zu gewährleisten, dass potenzielle Falschaussagen in der Rechnungslegung aufgedeckt werden und das Prüfungsurteil nach wie vor mit hinreichender Sicherheit getroffen werden kann.[92] Die Frage ist daher: Können diesbezüglich festgestellte Systemmängel in jedem Fall durch aussagebezogene Prüfungshandlungen substituiert werden mit dem Ziel, am Ende Prüfungssicherheit für alle Aussagen in der Rechnungslegung zu erlangen und, falls nein, welche Konsequenzen ergeben sich dann für den Prüfer? Dies soll an dieser Stelle anhand der Berichterstattung über die Risiken der künftigen Entwicklung im Lagebericht exemplarisch untersucht und die möglichen Konsequenzen aufgezeigt werden.

Aufgrund der Argumentation, dass die Unternehmensleitung nur über die Risiken berichten kann, die sie (er)kennt, wurde als Voraussetzung für eine ordnungsgemäße Risikoberichterstattung in Kapitel 3 ein angemessen ausgestaltetes Management-Informationssystem gefordert.[93] In diesem Zusammenhang wurde weiter konkretisiert, dass zur Sicherstellung der Vollständigkeit, Richtigkeit und Gültigkeit der Chancen- bzw. Risikoidentifikation die auf das Chancen- und Risikomanagement gerichteten Teile der Komponente „Problemfeststellung/ -analyse" angemessen und wirksam ausgestaltet sein müssen. Folglich kann im Umkehrschluss die Bestätigung der Angemessenheit und Funktionsfähigkeit dieser Komponente im Rahmen der Systemprüfung als Nachweis für die Vollständigkeit der Risikoberichterstattung dienen. Für den Fall, dass diese Komponente Mängel aufweist, kann dieser Nachweis mit Hilfe von Systemprüfungshandlungen nicht mehr erbracht werden. In diesem Fall ist die Prüfungssicherheit für die Vollständigkeit der Risikoberichterstattung entsprechend der oben dargestellten Anforderung der Prüfungsstandards durch eine Ausweitung der aussagebezogenen Prüfungshandlungen zu erlangen.[94] Hierfür kommen sowohl Einzelfallprüfungshandlungen, die in der Regel in Stichproben durchgeführt werden, als auch analytische Prüfungshandlungen in Betracht.[95] Grundvoraussetzung für die Anwendung von Einzelfallprüfungshandlungen ist jedoch die Auswahl und Prüfung von Prüfungsgegenständen aus einer Grundgesamtheit (Prüfung von Stichproben) oder im Extremfall die vollständige Prüfung der Grundgesamtheit (Vollprüfung).[96] Die Anwendungen von Einzelfallprüfungshandlungen benötigt somit das Vorliegen einer bekannten Grundgesamtheit. Aufbauend auf dieser liefern die Einzelfallprüfungshandlungen

---

92 Vgl. *IDW PS 300*, Prüfungsnachweise, 2006, Tz. 22; *ISA 330 (redrafted)*, Risk Response, 2007, Tz. 17.

93 Vgl. hierzu die Ausführungen unter Kapitel 3.5.3.2.2.2: Art und Umfang der notwendigen prüferischen Adressierung des Management-Control-Framework, S. 207 ff.

94 Vgl. hierzu die Anforderungen folgender Prüfungsstandards *IDW PS 300*, Prüfungsnachweise, 2006, Tz. 22; *ISA 330 (redrafted)*, Risk Response, 2007, Tz. 17.

95 Vgl. *IDW PS 300*, Prüfungsnachweise, 2006, Tz. 24.

96 Zur Durchführung von Einzelfallprüfungshandlungen vgl. *Marten/ Quick/ Ruhnke*, Wirtschaftsprüfung, 2001, S. 220-245.

Nachweise dafür, ob die Elemente aus dieser Grundgesamtheit ordnungsgemäß in der Rechnungslegung abgebildet wurden. Für die Abgrenzung einer derartigen Grundgesamtheit sind Einzelfallprüfungshandlungen dagegen nicht geeignet. Folglich können durch diese auch keine Prüfungsnachweise für die Vollständigkeit der Risikoberichterstattung erlangt werden. Denn die Grundgesamtheit der berichtspflichtigen Risiken ist die Menge aller Ereignisse, die zu einer wesentlichen negativen Zielabweichung führen können. Diese Abgrenzung stellt jedoch bei Risiken unter Umständen eine ungerichtete Suche dar,[97] weshalb deren Grundgesamtheit zur sachgerechten Anwendung von Einzelfallprüfungshandlungen nicht hinreichend determiniert ist. Ein ähnliches Problem stellt sich bei der Anwendung von analytischen Nachweisprüfungshandlungen. Denn die Grundlage dafür, dass qualitativ hochwertige und verlässliche Prüfungsnachweise aus diesen generiert werden können, ist die Entwicklung von hinreichend genauen und objektiven Erwartungen. Folglich müsste ein Prüfer, der über analytische Nachweisprüfungshandlungen den gleichen Sicherheitsbeitrag erlangen möchte, wie er mit Hilfe der oben beschriebenen Systemprüfung denkbar ist, über die Geschäftsrisiken des Mandanten eine Erwartungshaltung generieren, die dem Informationsstand eines sorgfältig informierten Managements entspricht. Da dies kaum möglich sein wird, ist der Verlässlichkeitsgrad derartiger analytischer Nachweisprüfungshandlungen nicht nur schlecht bestimmbar, sondern auf jeden Fall niedriger als der Sicherheitsbeitrag, der aus der oben beschriebenen Systemprüfung generiert werden könnte, wenn das System angemessen und wirksam sein sollte. Die Konsequenz hieraus ist, dass in den Fällen, in denen das Ergebnis der analytischen Nachweisprüfungshandlungen keinen oder keinen ausreichenden Beitrag zur abschließenden Prüfungsaussage leisten kann, zwingend andere Prüfungshandlungen durchzuführen sind.[98] Ähnliches gilt auch bei wesentlichen Posten. In diesem Zusammenhang darf der Prüfer sein Urteil nie auf die Ergebnisse der analytischen Prüfungshandlungen alleine stützen.[99] Insofern liegt also in den Fällen, in denen der Prüfer nicht davon ausgehen kann, in gleicher Weise informiert zu sein wie ein seinen Sorgfaltspflichten nachkommendes Management und/ oder in denen die Risikoberichterstattung einen wesentlichen Posten darstellt, der Sachverhalt vor, in dem aussagebezogene Prüfungshandlungen allein keine hinreichende Prüfungssicherheit für deren Vollständigkeit gewähren. In diesen Fällen verlangen die Prüfungsstandards dann aber die zwingende Durchführung von Funktionsprüfungshandlungen, um ausreichende und angemessene Prüfungsnachweise zu erlangen,[100,101] womit das Ausgangsproblem, nämlich das Problem des nachweislich unangemessenen oder unwirksamen Systems, wieder erreicht ist.

---

97 Vgl. *Gleißner/Füser*, Frühwarnsysteme, 2000, S. 933-941; *Hillebrand*, Früherkennungssystem, 2005, S. 161.

98 Vgl. *IDW PS 312*, Analytische Prüfungshandlungen, 2001, Tz. 11.

99 Vgl. *IDW PS 312*, Analytische Prüfungshandlungen, 2001, Tz. 12.

100 Vgl. *IDW PS 261*, Beurteilung von Fehlerrisiken, Tz. 74; *ISA 330*, Risk Response, 2007, Tz. 25; *ISA 330 (redrafted)*, Risk Response, 2007, Tz. 8.

Für den Prüfer ergibt sich somit an dieser Stelle ein Zirkelschluss, der direkte Auswirkungen auf sein Testat und sein eigenes Haftungsrisiko haben kann. Es wird daher empfohlen, bei derart beschriebenen Systemmängeln zunächst den Mandanten dazu aufzufordern, auch in dessen eigenem Interesse diese Mängel zu beseitigen. Richtschnur für den Mandanten können dabei ebenfalls die in Anhang I dargestellten Grundsätze sein. Falls sich der Mandant weigert, muss der Prüfer allerdings die daraus resultierenden Konsequenzen für sein weiteres Prüfungsvorgehen abschätzen, denn unter Umständen ist es ihm dann weder möglich, ausreichende und angemessene Prüfungsnachweise für die Risikoberichterstattung zu erlangen, noch die Feststellung von Fehlerrisiken auf Unternehmensebene vollständig durchführen zu können. Insofern hat er einzuschätzen, für welche Teile der Rechnungslegung er aufgrund der festgestellten Systemmängel keine ausreichenden und angemessenen Prüfungsnachweise erlangen kann, um auf deren Grundlage ein hinreichend sicheres Prüfungsurteil abgeben zu können. Falls der Prüfer daraufhin zu der Schlussfolgerung gelangt, dass aufgrund der bestehenden Systemmängel das Prüfungsrisiko in einem wesentlichen Prüffeld nicht in ausreichendem Maße reduziert werden kann, hat er daraufhin die Konsequenzen zu ziehen und den Bestätigungsvermerk einzuschränken oder zu versagen.[102]

Durch diese Ausführungen sollte nochmals die Bedeutung der Angemessenheit und Wirksamkeit der prüfungsrelevanten Komponenten des MCF auch außerhalb des Verantwortungsbereichs „Verlässlichkeit und Ordnungsmäßigkeit der internen und externen Berichterstattung" unterstrichen und der Prüfer für mögliche Konsequenzen sensibilisiert werden. Der sorgfältige Prüfer sollte deshalb die oben beschriebenen Aufbau- und Funktionsprüfungshandlungen mit der gleichen Gewissenhaftigkeit durchführen wie die Prüfung der prüfungsrelevanten Komponenten des MCF im Bereich „Verlässlichkeit und Ordnungsmäßigkeit der internen und externen Berichtserstattung". Darüber hinaus sollte er den Mandanten, insbesondere die Unternehmensleitung bzw. die Aufsichtsorgane, über Systemschwächen frühzeitig und so schnell wie möglich in Kenntnis setzen, sodass diese spätestens zum Zeitpunkt der geplanten Testatserteilung behoben werden können.[103]

---

101 Gem. *IDW*, WP-Handbuch, 2006, P 89 und 95, ist das Risikofrüherkennungssystem gem. § 91 Abs. 2 AktG ein wesentlicher Garant für eine ordnungsgemäße Risikoberichterstattung, weshalb die Prüfung des Lageberichts auch die Analyse des Risikofrüherkennungssystems erforderlich macht.

102 I.d.S. *IDW PS 261*, Beurteilung von Fehlerrisiken, Tz. 84 und 91 i.V.m. *IDW PS 400*, Bestätigungsvermerk, 2005, Tz. 50 und 68a.

103 I.d.S. *IDW PS 261*, Beurteilung von Fehlerrisiken, Tz. 89; *ISA 315*, Risk Assessment, 2007, Tz. 120; *ISA 315 (redrafted)*, Risk Assessment, 2007, Tz. 32.

5.2.1.1.5 Auswirkungen besonderer Risikobereiche auf die systemorientierte Beurteilung der Geschäftschancen und -risiken

Nachdem im vorhergehenden Kapitel grundlegend die Vorgehensweise bei der Aufbau- und Funktionsprüfung dargestellt wurde, um eine systemorientierte Analyse der Geschäftschancen und -risiken sowie der Performance des Unternehmens vornehmen zu können, ist im Folgenden auf die Modifikationen des system- und geschäftsrisikoorientierten Prüfungsansatzes einzugehen, die sich beim Vorliegen besonderer Risikobereiche ergeben. Es soll aufgezeigt werden, welche Konsequenzen eine akute Bestandsgefährdung des Unternehmens (Going-Concern-Risiko) und ein erhöhtes Fraud-Risiko, gemeint ist das Risiko, dass es aufgrund von Verstößen zu absichtlichen Täuschungen und Vermögensschädigungen im Unternehmen kommt, auf die oben beschriebenen Systemprüfungen haben.

5.2.1.1.5.1 Auswirkung des Going-Concern-Risikos

Falls der Abschlussprüfer bei der Analyse der Geschäftschancen und -risiken auf Ereignisse oder Sachverhalte aufmerksam wird, die dazu führen, dass die Erreichung des Bestandsziels für den Prognosezeitraum nur dann als gesichert angesehen werden kann, wenn es der Unternehmensleitung gelingt, entsprechende Sanierungsmaßnahmen umzusetzen, um insbesondere eine Überschuldung bzw. die Illiquidität des Unternehmens abzuwenden, so reichen gemäß den Analyseergebnissen aus Kapitel 3 die oben beschriebenen Systemprüfungshandlungen nicht aus.[104] Denn in diesem Fall muss der Prüfer auch die Maßnahmen auf ihre Umsetzbarkeit und Wirksamkeit prüfen, die die Unternehmensleitung zur Sanierung des Unternehmens geplant hat und ihr folglich Anlass zu einer positiven Fortbestehensprognose gaben.[105]

Demnach hat der Prüfer im Rahmen der Aufbauprüfung durch Befragung der Unternehmensleitung sowie Durchsicht der Planungsunterlagen zu beurteilen, ob die Maßnahmen umsetzbar und dazu geeignet sind, die Bestandszielerreichung im Prognosezeitraum zu sichern.

Darauf aufbauend hat der Prüfer im Rahmen der Funktionsprüfung durch Befragung, Beobachtung sowie Durchsicht von Nachweisen über die Durchführung von Maßnahmen ausreichende und angemessene Prüfungsnachweise dafür zu erlangen, dass diese Maßnahmen auch tatsächlich umgesetzt werden. Sofern noch keinerlei Vorkehrungen zur Um-/ Durchsetzung der beschlossenen Maßnahmen ergriffen wurden, hat der Prüfer sich von den gesetzlichen Vertretern

---

104 Vgl. hierzu die Ausführungen unter Kapitel 3.5.3.2.1: Prüfungsobjekt Going-Concern-Prämisse, S. 193 ff.

105 Vgl. *IDW PS 270*, Going Concern, 2003, Tz. 26-29.

des Unternehmens schriftlich bestätigen zu lassen, dass sie solche zukünftigen Maßnahmen tatsächlich durchführen wollen.[106]

Beim Vorliegen einer Bestandsgefährdung reicht es folglich nicht aus, dass der Prüfer im Rahmen seiner Prüfungshandlungen dieses Risiko erkennt und einschätzt, sondern er hat auch abzuwägen, ob mit überwiegender Wahrscheinlichkeit dieses Risiko im Prognosezeitraum erfolgreich gemanagt werden kann, d.h. die Sanierungsmaßnahmen umgesetzt werden können. Folglich hat der Prüfer in diesem Fall auch eine Aufbau-/Funktionsprüfung der auf die „Wirksamkeit und Wirtschaftlichkeit der Geschäftstätigkeit" gerichteten Teile der Komponente *Umsetzung der Entscheidung* durchzuführen und hierfür ausreichende und angemessene Prüfungsnachweise einzuholen. In Ergänzung zu den obigen Prüfungshandlungen hat der Prüfer daher auch zu beurteilen, ob die in Anhang I dargestellten Grundsätze zur Komponente „Umsetzung der Entscheidung" in der Spalte „Budgetvorgaben/Maßnahmen umsetzen" eingehalten wurden, da ihm dies Anlass zur Schlussfolgerung gibt, dass die Unternehmensleitung ihrer Verantwortung hinsichtlich der Umsetzung der Maßnahmen ausreichend nachkommt.

5.2.1.1.5.2 Auswirkung des Fraud-Risikos

Das Fraud-Risiko ist eine kritische Komponente des allgemeinen Geschäftsrisikos. Die Verantwortung für die Verhinderung und die Aufdeckung von Fraud durch nachgelagerte Managementebenen liegt bei der Unternehmensleitung einer Kapitalgesellschaft, die im Rahmen ihrer Leitungsverantwortung hierfür ein angemessen ausgestaltetes Internes Kontrollsystem einzurichten und zu unterhalten hat.[107, 108] Daneben tragen auch die nach der jeweiligen Unternehmensverfassung maßgeblichen Aufsichtsgremien Verantwortung für eine wirksame Unternehmensüberwachung, indem sie durch die Überwachung der Unternehmensleitung sicherstellen müssen, dass die eingerichteten Maßnahmen zur Verhinderung bzw. Aufdeckung von Fraud wirksam sind.[109]

In der Verantwortung des Abschlussprüfers liegt es, im Rahmen seiner Prüfungshandlungen zur Risikobeurteilung auch die Auswirkungen des Fraud-Risikos auf die Fehlerrisikofeststellung auf Unternehmensebene und somit auf die Verlässlichkeit der in diesem Zusammenhang prüfungsrelevanten Management-Informationen abzuschätzen. Ein über die berufsüblich kritische Grundhaltung hinausgehendes Misstrauen ist allerdings nicht erforderlich, wohl aber deren konsequente Beibehaltung auch in Folgeprüfungen.[110] Dies gilt ungeachtet der Erfahrungen über die Ehr-

---

106 Vgl. *IDW PS 270*, Going Concern, 2003, Tz. 28.

107 I.d.S. *IDW PS 210*, Unregelmäßigkeiten, 2006, Tz. 8.

108 Vgl. hierzu auch die Ausführungen unter Kapitel 2.4.2: Einrichtung und angemessene Ausgestaltung des Internen Kontrollsystems als originäre Aufgabe des Managements, S. 75 ff.

109 Vgl. *IDW PS 210*, Unregelmäßigkeiten, 2006, Tz. 9.

110 Vgl. *IDW PS 210*, Unregelmäßigkeiten, 2006, Tz. 14.

lichkeit und die Integrität des Managements sowie der Mitglieder des Aufsichtsorgans, die der Prüfer bis dato angesammelt hat.[111] Folglich hat der Prüfer im Rahmen der Abschlussprüfung jedes Mal erneut das Risiko zu beurteilen, dass das Management bewusst Kontrollmaßnahmen außer Kraft setzt oder umgeht.[112]

Im Rahmen des hier vorgeschlagenen system- und geschäftsrisikoorientierten Prüfungsansatzes hat der Prüfer daher auch das Risiko einzuschätzen, dass aufgrund von Fraud die Verlässlichkeit der als prüfungsrelevant dargestellten Management-Informationen nicht mehr gegeben ist und er sich aufgrund dessen im Rahmen seiner Fehlerrisikofeststellung auf Unternehmensebene nicht mehr vollumfänglich auf diese verlassen kann.[113] Im Rahmen der Erlangung von Informationen zur Identifizierung von Fraud-Risiken sollte daher u.a. auch die Möglichkeit der Manipulation der prüfungsrelevanten Management-Informationen diskutiert werden.[114] Des Weiteren sind diesbezüglich das Management und andere Mitarbeiter des Mandanten sowie die Mitglieder des Aufsichtsorgans explizit zu befragen. Diese Befragung dient der Erlangung von Informationen in Bezug auf Fraud und soll gleichzeitig eine Einschätzung darüber ermöglichen, wie von den jeweiligen Verantwortungsträgern mit dem Thema „Fraud" umgegangen wird.[115] Befragungen dieser Art könnten insbesondere zusammen mit der oben dargestellten Aufnahme der Verantwortungsbereiche des Managements durchgeführt werden. Dabei sollte der Prüfer auch die Maßnahmen mit aufnehmen, die die Unternehmensleitung eingerichtet hat, um dem Fraud-Risiko auf den nachgelagerten Managementebenen zu begegnen.[116] Darüber hinaus hat der Prüfer die Unternehmensleitung dazu zu befragen, wie sie selbst die Wirksamkeit der ergriffenen Maßnahmen einschätzt, um die Verlässlichkeit der Management-Informationen sicherzustellen.[117]

Neben den erlangten Informationen aus Gesprächen mit dem Management, dem Aufsichtsorgan und weiteren Mitarbeitern des Unternehmens muss der Prüfer zusammen mit dem Prüfungsteam jedoch auch eigene Überlegung hinsichtlich der Beeinträchtigung der prüfungsrelevanten Management-Informationen durch Fraud anstellen.[118] Zu diesem Zweck sollten die im Rahmen der oben beschriebenen Aufbauprüfungshandlungen erlangten Erkenntnisse über das MCF in Bezug auf die in folgender Abbildung dargestellten allgemeinen Fraud-Risikofaktoren ausgewertet werden (sog. Fraud-Triangle-Ansatz).[119, 120]

---

111 Vgl. *IDW PS 210*, Unregelmäßigkeiten, 2006, Tz. 14.

112 I.d.S. *IDW PS 210*, Unregelmäßigkeiten, 2006, Tz. 14.

113 I.d.S. *IDW PS 210*, Unregelmäßigkeiten, 2006, Tz. 22.

114 I.d.S. *IDW PS 210*, Unregelmäßigkeiten, 2006, Tz. 25.

115 I.d.S. *IDW PS 210*, Unregelmäßigkeiten, 2006, Tz. 26.

116 Vgl. *IDW PS 210*, Unregelmäßigkeiten, 2006, Tz. 26.

117 I.d.S. *IDW PS 210*, Unregelmäßigkeiten, 2006, Tz. 25.

118 Vgl. *IDW PS 210*, Unregelmäßigkeiten, 2006, Tz. 30 ff.

119 Zum Fraud-Triangle-Ansatz vgl. auch *Knabe/Mika/Müller/Rätsch/Schruff*, Fraud, 2004, S. 1058; *Loebbecke/Eining/Willingham*, Fraud, 1989, S. 1 ff.

Abb. 5-2: Fraud-Triangle-Ansatz

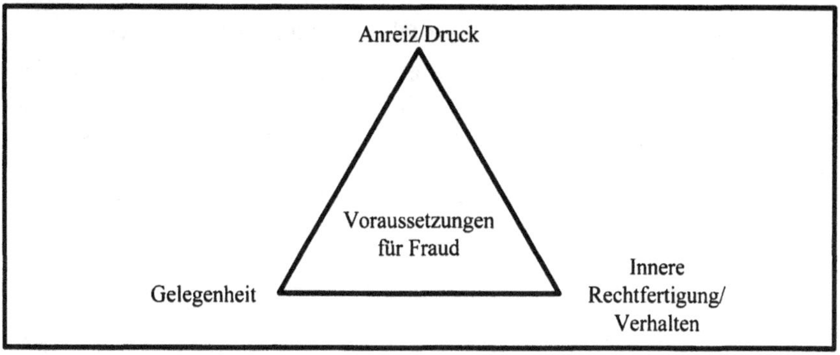

Der Prüfer sollte daher zunächst analysieren, ob für die Unternehmensleitung oder für nachgelagerte Managementebenen der *Anreiz* besteht bzw. *Druck* dahingehend ausgeübt wird, bestimmte finanzielle Ziele zu erreichen, was diese bspw. dazu veranlassen könnte, die Management-Informationen bzgl. der Performance des Unternehmens zu manipulieren oder Chancen bzw. Risiken einseitig darzustellen. In diesem Zusammenhang sind daher insbesondere die Ergebnisse der Aufbauprüfung der Komponenten *Zielfestlegung* sowie *Information und Kommunikation* relevant, da z.B. eine an eine Zielvereinbarung gekoppelte variable Vergütung den Anreiz liefern kann, die entsprechende Performance-Kennzahl zu manipulieren. Ferner können interner wie externer Druck oder unfaire genauso wie unerreichbare Zielvorgaben zu einer derartigen Täuschung führen und somit die Verlässlichkeit dieser Management-Informationen beeinträchtigen.

Des Weiteren ist der Risikofaktor *Gelegenheit* auf Grundlage der bisherigen Kenntnisse aus der Aufbauprüfung des MCF einzuschätzen. Diesbezüglich sollte insbesondere auf den nachgelagerten Managementebenen beurteilt werden, ob die zum Zwecke der Verhinderung oder Aufdeckung von Fraud ergriffenen organisatorischen Maßnahmen angemessen und wirksam sind. Indizien für eine nicht angemessene Ausgestaltung können bspw. das Fehlen einer Funktionstrennung sein, nicht ausreichende Überwachung von Außenstellen und unzureichende Überprüfung von Mitarbeitern mit Zugriff auf die betrieblichen Informationssysteme. Ob derart Fraud begünstigende Bedingungen vorliegen, sollte insbesondere für nachgelagerte Managementebenen auf Grundlage der Erkenntnisse aus der Aufbauprüfung der Komponenten *Kontrollaktivitäten* und *Überwachung* geprüft werden.

[120] Vgl. *IDW PS 210*, Unregelmäßigkeiten, 2006, Tz. 24 i.V.m. *ISA 240*, Fraud, 2007, Tz. 16 und 90. Die Anforderungen dieses ISA-Standards werden hier ergänzend berücksichtigt, da der IDW nur die Faktoren „Motivation" und „Gelegenheit" berücksichtigt und es sich daher um eine unkorrekte Wiedergabe des Fraud-Triangle-Ansatzes handelt; ebenso *Ruhnke*, Internationale Prüfungsnormen, 2006, S. 1173.

Hinsichtlich der Gelegenheit, Top-Management-Fraud auszuüben, sollte außerdem die Überwachungsaktivität der Aufsichtsgremien, die Gegenstand der Aufbauprüfung der Komponente *Internes Umfeld* ist, kritisch hinterfragt werden.

Ein weiterer Aspekt, der ebenfalls vor dem Hintergrund der Ergebnisse der Aufbauprüfung des Internen Umfelds beurteilt werden sollte, ist der Fraud-Faktor *Innere Rechtfertigung/ Verhalten*. In diesem Zusammenhang spielen in erster Linie charakterliche oder kulturelle Merkmale des Managements eine wichtige Rolle, wie bspw. dessen Integrität und Ethikvorstellung. Anhaltspunkte für Fehlverhalten in diesem Bereich liefern dem Prüfer bspw. seine Kenntnisse aus der Beurteilung der Unternehmenskultur sowie des Führungsstils/ der Managementphilosophie im Rahmen der Aufnahme und Prüfung des *Internen Umfelds*.

Auf Grundlage dieser Informationen bzgl. der das Fraud-Risiko begünstigenden Faktoren sollte der Prüfer einschätzen, welche Verantwortungsbereiche für Fraud besonders anfällig sind, weil dort die drei Faktoren kumulativ als erfüllt anzusehen sind.[121] In derart gefährdeten Verantwortungsbereichen hat der Prüfer folglich im Rahmen des hier vorgeschlagenen system- und geschäftsrisikoorientierten Prüfungsvorgehens auch die möglichen Konsequenzen von Fraud für die Verlässlichkeit der prüfungsrelevanten Management-Informationen abzuschätzen und mittels geeigneter Prüfungshandlungen dafür zu sorgen, dass Fraud in Bezug auf prüfungsrelevante Management-Informationen mit hinreichender Sicherheit aufgedeckt wird.[122]

Der Prüfer hat insbesondere abzuwägen, ob aufgrund des Risikos einer möglichen Außerkraftsetzung von Kontrollmaßnahmen durch das Management weitere Prüfungshandlungen erforderlich sind, um die Verlässlichkeit der prüfungsrelevanten Management-Informationen zu bestätigen.[123] So kann es bspw. im Rahmen der Funktionsprüfung notwendig sein, sich Prüfungsnachweise auf nachgelagerten Ebenen bestätigen zu lassen. Des Weiteren werden in besonders gefährdeten Bereichen mittels Beobachtung und Befragung keine verlässlichen Prüfungsnachweise mehr generiert werden können. In diesem Fall kann es daher notwendig werden, den Berichtsweg der prüfungsrelevanten Management-Informationen bis zu deren Datenbasis nachzuvollziehen, um auf diese Weise ausreichende und angemessene Prüfungsnachweise dafür zu erlangen, dass diese vollständig, richtig und gültig aufbereitet wurden und ihre Verarbeitung und Weiterleitung zugriffsbeschränkt erfolgte.[124] Sofern der Prüfer darüber hinaus auch Zweifel an der Ver-

---

121 Dem theoretischen Modell von *Loebbecke/Willingham* folgend, wird die Wahrscheinlichkeit für das Vorliegen von Fraud dann als unwahrscheinlich erachtet, wenn einer der Faktoren nicht erfüllt sein sollte; vgl. *Loebbecke/Eining/Willingham*, Fraud, 1989, S. 1 ff.

122 I.d.S. *IDW PS 210*, Unregelmäßigkeiten, 2006, Tz. 40.

123 I.d.S. *IDW PS 210*, Unregelmäßigkeiten, 2006, Tz. 43.

124 Hinsichtlich den Qualitätskriterien „Vollständigkeit“, „Richtigkeit“, „Gültigkeit“ und „Zugriffsbeschränkung“ vgl. die Ausführungen unter Kapitel 2.6.4.3: Konkretisierung der

lässlichkeit der Datenbasis hat, hat er neben der beschriebenen Ausweitung der Systemprüfung noch in ausreichendem Umfang angemessene Einzelfallprüfungshandlungen durchzuführen, um mit hinreichender Sicherheit ausschließen zu können, dass die Datenbasis manipulativ verändert wurde oder aus anderen Gründen nicht als verlässlich gelten kann.

5.2.1.2 Management-Informationen als Ausgangspunkt vorbereitender analytischer Prüfungshandlungen

Eine weitere Erkenntnisquelle zur Gewinnung von Informationen über Fehlerrisiken auf Unternehmensebene, also zur Einschätzung der Risiken einer wesentlichen Falschdarstellung in der Rechnungslegung, welche insbesondere auf Veränderungen in der Geschäftstätigkeit der Mandanten oder Entwicklungen in dessen Geschäftsumfeld zurückzuführen sind, sind neben den beschriebenen Systemprüfungshandlungen die Durchführung vorbereitender analytischer Prüfungshandlungen, die ebenfalls durch die Prüfungsstandards verbindlich vorgeschrieben sind.[125]

Die vorbereitenden analytischen Prüfungshandlungen dienen zum einen der Gewinnung und Vertiefung des Kenntnisstandes über die Geschäftstätigkeit und das Geschäftsumfeld des Mandanten,[126] zum anderen der Identifikation von ungewöhnlichen Veränderungen im Zeitablauf wie aber auch im Rahmen eines Branchen- oder Segmentvergleichs.

Die vorbereitenden analytischen Prüfungshandlungen umfassen daher bspw. auch den Vergleich von zu beurteilenden Daten mit vom Unternehmen erwarteten Ergebnissen (Budgets).[127] Des Weiteren können vorbereitende analytische Prüfungshandlungen dazu genutzt werden, um die Angaben in der Rechnungslegung auf Plausibilität zu prüfen, um hierüber einen Anhaltspunkt für mögliche Fehlerrisiken zu erlangen. Als beispielhafte Prüfungshandlungen in diesem Zusammenhang sind u.a. Vergleiche mit Vorjahres-, Konjunktur- und Branchenzahlen sowie eigene Schätzungen des Prüfers auf der Grundlage beobachtbarer Trends und die Auswertung von Informationen aus unternehmensinternen Statistiken zu nennen.[128] Dabei kann sich das den analytischen Prüfungshandlungen zugrunde liegende Datenmaterial sowohl aus finanziellen als auch aus nichtfinanziellen Informationen zusammensetzen.[129]

---

angemessenen Ausgestaltung des Management-Informationssystems mit Hilfe der Betriebswirtschaftslehre, S. 125 ff.

125 Vgl. *IDW PS 261*, Beurteilung von Fehlerrisiken, 2006, Tz. 16; *ISA 315*, Risk Assessment, 2007, Tz. 7 bzw. *ISA 315 (redrafted)*, Risk Assessment, 2007, Tz. 6.

126 Vgl. *IDW PS 312*, Analytische Prüfungshandlungen, 2001, Tz. 17.

127 *IDW PS 312*, Analytische Prüfungshandlungen, 2001, Tz. 7.

128 Vgl. *Fey*, Unternehmensberichte, 2000, S. 1106.

129 Vgl. *IDW PS 312*, Analytische Prüfungshandlungen, 2001, Tz. 18.

Ohne die Anwendungsgebiete der vorbereitenden analytischen Prüfungshandlungen hier abschließend aufzählen noch die konkrete Vorgehensweise bei Durchführung der analytischen Prüfungshandlungen beschreiben zu wollen, soll an dieser Stelle allerdings auf die Bedeutung der oben beschriebenen Systemprüfungshandlungen für die Durchführung sachgerechter analytischen Prüfungshandlungen hingewiesen werden. Denn die Prüfungsstandards verlangen, dass der Prüfer, wenn er im Rahmen der Durchführung von analytischen Prüfungshandlungen auf Informationen zurückgreifen möchte, die aus internen Quellen stammen, ausreichende und angemessene Prüfungsnachweise einholt, um die Verlässlichkeit dieser Informationen zu belegen, und zwar auch dann, wenn die Informationsquelle bzw. Komponente nicht unmittelbar Gegenstand der Jahresabschlussprüfung ist.[130] Folglich gilt zu beachten, dass der Prüfer auch für die Komponenten des MCF eine Aufbau- und Funktionsprüfung im oben beschriebenen Umfang durchzuführen hat, deren Angemessenheit und Wirksamkeit bestätigt werden muss, um auf die im Rahmen der Durchführung von vorbereitenden analytischen Prüfungshandlungen benötigten Management-Informationen vertrauen zu können.

5.2.1.3 Feststellung und Beurteilung der Fehlerrisiken auf Unternehmensebene und Dokumentation der Prüfungsergebnisse

Wesentliche Neuerung der oben beschriebenen systemorientierten Ausgestaltung des geschäftsrisikoorientierten Prüfungsansatzes ist, dass bereits im Rahmen der Analyse der Unternehmenseinheit und ihres Umfelds konsequent Systemprüfungshandlungen der Systeme zum Einsatz kommen, die das Management nutzt, um seine jeweiligen Verantwortungsbereiche zu steuern und zu überwachen. Es wurde daher eine Aufbau- und Funktionsprüfung der prüfungsrelevanten, auf die Geschäftstätigkeit und die Normenbefolgung gerichteten Teile des MCF vorgeschlagen. Denn diese Aufbau- und Funktionsprüfungen helfen dem Prüfer nicht nur dabei, seiner Verantwortung für die sorgfältige Prüfung der Prüfungsgegenstände gem. § 317 HGB nachzukommen, indem er die Komponenten des MCF prüft, die zur Abgabe eines sorgfältigen Urteils über die Angemessenheit der Maßnahmen nach § 91 Abs. 2 AktG, der Sachgerechtigkeit der Going-Concern-Prämisse und der Ordnungsmäßigkeit des Lageberichts prüfungsrelevant sind,[131] sondern auch die Verlässlichkeit der Management-Informationen zu bestätigen, die dem Prüfer als Grundlage für die Feststellung und Beurteilung der Fehlerrisiken auf Unternehmensebene dienen sollen.

---

130 Vgl. *IDW*, WP-Handbuch, 2006, R 191; *IDW PS 312*, Analytische Prüfungshandlungen, 2001, Tz. 25.

131 Vgl. diesbezüglich die Ausführung unter Kapitel 3.5.2: Prüfungsrelevante Komponenten zur Beurteilung der gem. § 91 Abs. 2 AktG ergriffenen Maßnahmen, S. 174 ff., Kapitel 3.5.3.2.1: Prüfungsobjekt Going-Concern-Prämisse, S. 193 ff. und Kapitel 3.5.3.2.2: Prüfungsobjekt Lagebericht/Konzernlagebericht, S. 204 ff.

5.2.1.3.1 Feststellung und Beurteilung der Fehlerrisiken auf Unternehmensebene

Die Feststellung der Fehlerrisiken auf Unternehmensebene hat auf Basis der Erkenntnisse zu erfolgen, die durch die zu diesem Zwecke durchgeführten Prüfungshandlungen erlangt wurden.[132] Insofern sind hierfür vor allem die im Rahmen der oben beschriebenen Systemprüfung erlangten und als verlässlich bestätigten Informationen über die externen, strategischen und internen Geschäftschancen und -risiken relevant.[133] Zur Einschätzung der sich aus den Geschäftschancen und -risiken ergebenden Fehlerrisiken für die Rechnungslegung verlangen die Prüfungsstandards, dass der Prüfer deren Auswirkungen auf zwei Aggregationsebenen zu beurteilen hat.[134] Zum einen ist dies die Ebene der Rechnungslegung als Ganzes, zum anderen die der Geschäftsprozesse/Arten von Geschäftsvorfällen, Abschlussposten sowie der sonstigen Angaben in der Rechnungslegung.[135]

Der Prüfer sollte daher zunächst im Rahmen des hier vorgeschlagenen Prüfungsvorgehens auf Grundlage der Geschäftschancen/ -risiken die Fehlerrisiken einschätzen, die sich auf die Rechnungslegung als Ganzes auswirken. Diese werden zumeist durch Geschäftsrisiken verursacht, die in erster Linie dem Verantwortungsbereich der Unternehmensleitung zuzurechnen sind. Hierzu zählen insbesondere das Risiko einer Bestandsgefährdung sowie das Risiko von Fraud auf Ebene der Unternehmensleitung. Kennzeichen dieser Risiken ist, dass sie nicht zu einigen wenigen Falschdarstellungen auf Ebene der Aussagen in der Rechnungslegung führen,[136] sondern gleichzeitig mehrere betreffen.[137] Bestes Beispiel hierfür ist die Bilanzierung unter Anwendung der Going-Concern-Prämisse, obwohl die Voraussetzungen hierfür nicht mehr gegeben sind. In diesem Fall hat die Bewertung aller Vermögensgegenstände unter Liquidationsgesichtspunkten und nicht unter der Annahme der Unternehmensfortführung zu erfolgen. Denn deren Beibehaltung würde für die Aussage der „Bewertung" in Bezug auf alle Vermögensgegenstände des Anlage- und Umlaufvermögens zu einem Fehlerrisiko führen.

Hinsichtlich der Fehlerrisikofeststellung auf Ebene der Geschäftsprozesse/Arten von Geschäftsvorfällen, Abschlussposten sowie der sonstigen Angaben in der Rechnungslegung hat der Prüfer ebenfalls zu beurteilen, ob aus den identifizier-

---

132 Vgl. *IDW PS 261*, Beurteilung von Fehlerrisiken, 2006, Tz. 13 i.V.m. 64.

133 Bzgl. der Systemprüfungshandlungen vgl. die Ausführungen unter Kapitel 5.2.1.1: Systemorientierte Analyse der Geschäftschancen und -risiken, S. 271 ff.

134 Vgl. *IDW PS 261*, Beurteilung von Fehlerrisiken, 2006, Tz. 64; *ISA 200*, Principles, 2007, Tz. 26; *ISA 315*, Risk Assessment, 2007, Tz. 100 bzw. *ISA 315 (redrafted)*, Risk Assessment, 2007, Tz. 24.

135 *ISA 200*, Principles, 2007, Tz. 26; *ISA 315*, Risk Assessment, 2007, Tz. 100 bzw. *ISA 315 (redrafted)*, Risk Assessment, 2007, Tz. 24.

136 Bzgl. der Aussagen in der Rechnungslegung vgl. Kapitel 3.4: Abgrenzung der Verantwortungsbereiche von Management und Abschlussprüfer, S. 159.

137 I.d.S. *ISA 200*, Principles, 2007, Tz. 27; *ISA 315*, Risk Assessment, 2007, Tz. 103 bzw. *ISA 315 (redrafted)*, Risk Assessment, 2007, Tz. A 98.

ten Geschäftschancen/-risiken eine Falschdarstellung auf Ebene der Aussagen in der Rechnungslegung resultiert.[138] In diesem Kontext könnte z.B. das Verfehlen von Qualitätszielen (Geschäftsrisiko) im Rahmen der Produktion zu einem Anstieg der Reklamationsquote führen und somit bewirken, dass die Rückstellungen für Gewährleistungen am Stichtag unterdotiert sind. Dies hat wiederum zur Folge, dass die von der Unternehmensleitung getroffene Aussage in der Rechnungslegung zur Bewertung falsch ist.[139]

Die Feststellung und Beurteilung der Fehlerrisiken auf Unternehmensebene sollte folglich auf Grundlage der im Rahmen der oben beschriebenen Systemprüfung erlangten Erkenntnisse für die Geschäftschancen/ -risiken erfolgen. Demzufolge hat der Prüfer, aufbauend auf deren Kenntnis unter Berücksichtigung der Rechnungslegung als Ganzes bzw. der Geschäftsprozesse/ Arten von Geschäftsvorfällen, Abschlussposten sowie der sonstigen Angaben in der Rechnungslegung, einzuschätzen, zu welchen Fehlern diese auf Ebene der Aussagen in der Rechnungslegung führen können.[140] Dabei gilt es allerdings zu berücksichtigen, dass das Erstellen dieser Verknüpfung zwischen den Geschäftschancen/ -risiken und den hierdurch möglicherweise verursachten Fehlern auf Ebene der Aussagen in der Rechnungslegung, zu dem auch die Einschätzung der Größenordnung und Eintrittswahrscheinlichkeit des Fehlers zählt,[141] ein hohes Maß an Erfahrungswissen seitens des Prüfers fordert. Da diese Einschätzung nur sachlogisch hergestellt werden kann und nicht zwingend sein muss, sollte sie immer unter Mitwirkung der erfahrensten Mitglieder des Prüfungsteams erfolgen.[142] Außerdem sollten die so erkannten Fehlerrisiken auch im Prüfungsteam diskutiert und beim Vorliegen neuer Erkenntnisse dynamisch angepasst werden.

5.2.1.3.2 Dokumentation der Prüfungsergebnisse

Damit der Prüfer bzgl. der Einschätzung der Fehlerrisiken auf Unternehmensebene seinen bestehenden Sorgfaltspflichten ausreichend nachkommt, sind ungeachtet der allgemeinen Dokumentationspflichten[143] im Zusammenhang mit der Feststellung und Beurteilung von Fehlerrisiken besondere Dokumentationserfordernisse zu beachten. Der IDW PS 261 verlangt daher u.a. vom Prüfer, dass die zentralen Aspekte seines Verständnisses von den jeweiligen *Analyseberei-*

---

138 I.d.S. *ISA 200*, Principles, 2007, Tz. 28.

139 Bzgl. den im Zusammenhang mit den Aussagen in der Rechnungslegung stehenden Behauptungen der Unternehmensleitung vgl. Kapitel 3.4: Abgrenzung der Verantwortungsbereiche von Management und Abschlussprüfer, S. 159.

140 I.d.S. *ISA 315*, Risk Assessment, 2007, Tz. 100 bzw. *ISA 315 (redrafted)*, Risk Assessment, 2007, Tz. 24-25.

141 Vgl. *IDW PS 261*, Beurteilung von Fehlerrisiken, 2006, Tz. 64; *ISA 315*, Risk Assessment, 2007, Tz. 100 bzw. *ISA 315 (redrafted)*, Risk Assessment, 2007, Tz. 25.

142 I.d.S. *ISA 200*, Principles, 2007, Tz. 27.

143 Vgl. hierzu *IDW PS 460*, Arbeitspapiere, 2000, Tz. 8 ff.

chen[144] und die *Informationsquellen*, die zu dem Verständnis geführt haben, sowie die entsprechenden *Prüfungshandlungen* zu dokumentieren sind. Des Weiteren sind die festgestellten und beurteilten *Fehlerrisiken* zu erfassen.[145] In diesem Zusammenhang wird die Verwendung der folgenden Arbeitshilfe (vgl. Tab. 5-7) empfohlen, die den Prüfer in der Praxis dabei unterstützen soll, die bisher erlangten Kenntnisse sorgfältig zu dokumentieren. Die darin enthaltenen Beispiele sollen außerdem den auf dieser Stufe der Prüfung benötigten und aus den Aufbau- und Funktionsprüfungen zu erlangenden Kenntnisstand konkretisieren, der erforderlich ist, um darauf aufbauend eine sorgfältige Beurteilung der Fehlerrisiken auf Unternehmensebene vornehmen zu können.

Die Spalten dieser Arbeitshilfe sind zur Erfüllung der Dokumentationsanforderungen dann wie folgt zu interpretieren bzw. zu verwenden:

In der Spalte *Unternehmensziele* sind die der jeweiligen Zielkategorie des MCF zuzuordnenden Unternehmensziele zu erfassen, bzgl. derer der Prüfer im Rahmen der Aufbau- und Funktionsprüfung des MCF Kenntnis von Geschäftschancen/-risiken erlangt hat, die aus seiner Sicht ein Fehlerrisikopotenzial für die Rechnungslegung beinhalten.

Unter den *Geschäftschancen und -risiken* sind alle Ereignisse aufzuführen, die zu einer positiven bzw. negativen Zielabweichung bzgl. der Unternehmensziele und gleichzeitig zu Falschdarstellungen in der Rechnungslegung führen können.

Im Bereich *Management-Controls* sind die Methoden, Instrumente, Verfahren und Regelungen aufzuführen, die das Management nutzt, um die Zielerreichung der aufgeführten Unternehmensziele sicherzustellen, indem sie die damit verbundenen Geschäftschancen und -risiken identifiziert, bewertet, steuert und überwacht.

Die Spalte *Erkenntnisquellen des Prüfers* dient der Dokumentation der Systemprüfungshandlungen, mit denen die Angemessenheit und Wirksamkeit der Management-Controls und insofern die Um-/Durchsetzung der chancen- und risikosteuernden Maßnahmen sowie die Verlässlichkeit der prüfungsrelevanten Management-Information über die Geschäftschancen/-risiken bestätigt wurden.

In der Spalte *Fehlerrisiken* sind die durch die Geschäftschancen/-risiken betroffenen Prüffelder sowie die als kritisch zu beurteilenden Aussagen in der Rechnungslegung aufzuführen.

---

144 Bzgl. der Analysebereiche vgl. die Ausführungen unter Kapitel 5.2.1: Identifikation der Geschäftschancen und -risiken des Mandanten durch Analyse der Unternehmenseinheit und ihres Umfeldes als Ausgangspunkt der Fehlerrisikofeststellung, S. 264.

145 Vgl. *IDW PS 261*, Beurteilung von Fehlerrisiken, 2006, Tz. 86 i.V.m. *ISA 315 (redrafted)*, Risk Assessment, 2007, Tz. 33.

Tab. 5-7: Arbeitshilfe zur Dokumentation der festgestellten Fehlerrisiken auf Unternehmensebene

Unternehmensziele	Geschäftschancen/ -risiken	Management-Controls	Erkenntnisquellen des Prüfers	Fehlerrisiko/Aussagen in der Rechnungslegung
Zielkategorie/Verantwortungsbereich: Sicherung und Ausbau der langfristigen Erfolgspotenziale				
Erzielung einer langfristigen Eigenkapitalrentabilität über dem Branchendurchschnitt	Tochtergesellschaft XYZ erwirtschaftet Verluste und gefährdet das langfristig angestrebte Rentabilitätsziel des Konzernportfolios	Beteiligungscontrolling	Aufbau- und Funktionsprüfung der Komponenten Problemfeststellung/-analyse sowie Alternativenbewertung im Bereich der strategischen Planung und Kontrolle	Überbewertung der Beteiligung (*Bewertung und Zuordnung*)
Zielkategorie/Verantwortungsbereich: Wirksamkeit und Wirtschaftlichkeit der Geschäftstätigkeit				
Steigerung des Umsatzvolumens des Produkts XYZ	Verstärkter Wettbewerb auf dem relevanten Markt des Produkts XYZ lässt dessen Deckungsbeiträge sinken bzw. führt zu verlustbringenden Geschäften	Regelmäßige Kontrolle der Absatzzahlen und Deckungsbeiträge des Produkts XYZ	Aufbau und Funktionsprüfung der Komponente Kontrollaktivitäten im Bereich der operativen Planung/Budgetkontrolle	Überbewertung der Vorräte (*Bewertung und Zuordnung*) Rückstellung für drohende Verluste nicht gebildet (*Vollständigkeit*)
Zielkategorie/Verantwortungsbereich: Einhaltung von sonstigen Gesetzen und Vorschriften				
Einhaltung der maßgeblichen Umweltschutzauflagen	Verstoß gegen Umweltschutzauflagen nach Kontamination des Bodens infolge eines Produktionsunfalls	Regelmäßige Wartung und Erneuerung der Produktionsanlagen	Aufbau- und Funktionsprüfung der Komponenten Problemfeststellung/-analyse im Bereich Einhaltung sonstiger Gesetze und Vorschriften	Rückstellung für öffentlich-rechtliche Verpflichtung wurde nicht bilanziert (*Vollständigkeit, Bewertung und Zuordnung*)

5.2.2 Feststellung von Fehlerrisiken durch Analyse der rechnungslegungsbezogenen Informationsprozesse

Nachdem die auf die Geschäftstätigkeit und die Normenbefolgung gerichteten Komponenten des MCF aufgenommen und getestet wurden, um hierüber zu einer Einschätzung der Geschäftschancen/-risiken zu gelangen, die ihrerseits zu potenziellen Fehlern in der Rechnungslegung führen können und daher Grundlage für die Feststellung und Beurteilung der Fehlerrisiken auf Unternehmensebene waren, sind im Folgenden die Fehlerrisiken festzustellen, die sich für die Rechnungslegung aus einer unangemessenen Ausgestaltung des Verantwortungsbereichs „Verlässlichkeit und Ordnungsmäßigkeit der internen und externen Berichterstattung" selbst ergeben können. Prüfungsrelevant sind daher die Ausgestaltung der rechnungslegungsbezogene Informationsprozesse[146] sowie die auf diese gerichteten Teile des Internen Kontrollsystems.[147, 148] Diese Prüfung ist nicht nur Voraussetzung zur Abgabe der geforderten Prüfungsaussagen über die Ordnungsmäßigkeit der Buchführung,[149] sondern auch zur Feststellung der Fehlerrisiken auf Ebene der rechnungslegungsbezogenen Informationsprozesse.[150] Ein bzgl. der rechnungslegungsbezogenen Informationsprozesse angemessen ausgestaltetes Internes Kontrollsystem sollte daher in der Lage sein, wesentliche Fehler bei Angaben in Abschlussposten, weiteren Angaben in der Rechnungslegung sowie der Erfassung der unterschiedlichen Arten von Geschäftsvorfällen in den Konten und auf Ebene der damit zusammenhängenden Aussagen in der Rechnungslegung zu verhindern bzw. aufzudecken und zu korrigieren.[151] Die Prüfungsstandards fordern daher zur Feststellung der Fehlerrisiken auf Ebene der rechnungslegungsbezogenen Informationsprozesse auf jeden Fall deren Aufnahme und eine Aufbauprüfung der auf diese Prozesse gerichteten Bestandteile des Internen Kontrollsystems (sog. rechnungslegungsrelevantes Internes Kontrollsystem).[152]

---

146 Zu den rechnungslegungsbezogenen Informationsprozessen zählen neben den Rechnungswesenprozessen auch der Jahresabschlusserstellungsprozess, vgl. *Link*, Abschlussprüfung, 2006, S. 209.

147 Der *IDW PS 261*, Beurteilung von Fehlerrisiken, 2006, Tz. 35, spricht hier vom Rechnungslegungssystem; diese Definitionen stehen nicht im Widerspruch zueinander, denn entsprechend der Systemtheorie kann das Rechnungslegungssystem auch verstanden werden als die Gesamtheit aller Elemente, die die rechnungslegungsbezogenen Informationsprozesse darstellen.

148 Von einer Analyse des rechnungslegungsbezogenen Informationsprozess anstelle der Prüfung des Rechnungslegungssystems spricht auch *Link*, Abschlussprüfung, 2006, S. 209-210.

149 Vgl. hierzu auch die Ausführungen unter Kapitel 3.5.1.2: Konkretisierung der Ordnungsmäßigkeit der Buchführung und Bestimmung des Prüfungsumfangs, S. 165 ff.

150 I.d.S. *IDW PS 261*, Beurteilung von Fehlerrisiken, 2006, Tz. 36; *ISA 315*, Risk Assessment, 2007, Tz. 41; *ISA 315 (redrafted)*, Risk Assessment, 2007, Tz. 12.

151 I.d.S. *ISA 315*, Risk Assessment, 2007, Tz. 47-53; *ISA 315 (redrafted)*, Risk Assessment, 2005, Tz. 14.

152 I.d.S. *IDW PS 261*, Beurteilung von Fehlerrisiken, 2006, Tz. 37-42.

5.2.2.1 Aufnahme der rechnungslegungsbezogenen Informationsprozesse

Zu Beginn der Aufnahme sollte sich der Prüfer zunächst auch hier einen Überblick über den Verantwortungsbereich „Verlässlichkeit und Ordnungsmäßigkeit der internen und externen Berichterstattung" verschaffen. Im Anschluss daran sollte er alle Prozesse identifizieren, die der Erfassung von Geschäftsvorfällen und der Bereitstellung der Informationen dienen, die zur Abbildung der wirtschaftlichen Lage des Unternehmens unter Berücksichtigung des Einblickspostulats der hierfür maßgeblichen Normen benötigt werden.[153] Zu Letzteren zählen bspw. auch die Geschäftschancen und -risiken sowie die Management-Informationen in der Rechnungslegung und die Management-Informationen mit Bezug zur Rechnungslegung.[154] Bei der Aufnahme der Prozesse sollte der Prüfer insbesondere darauf achten, welche Arten von Geschäftsvorfällen vorliegen und ob deren Einbeziehung in die Rechnungslegung mittels Routine- oder Nichtroutineprozesse erfolgt. Des Weiteren ist in diesem Zusammenhang auch relevant, wie manuelle und IT-gestützte Prozessschritte ineinander greifen, welche IT-Systeme Verwendung finden und welche Kontrollen bei der Erfassung und Verarbeitung der Geschäftsvorfälle bzw. rechnungslegungsrelevanten Informationen bestehen. Im Rahmen der Aufnahme der rechnungslegungsbezogenen Informationsprozesse hat sich der Prüfer daher auf jeden Fall auch einen Überblick über das rechnungslegungsbezogene Interne Kontrollsystem des Unternehmens zu verschaffen.[155]

5.2.2.2 Aufbauprüfung der auf die Verlässlichkeit und Ordnungsmäßigkeit der internen und externen Berichterstattung gerichteten Komponenten des Management-Control-Framework

Aufbauend auf den Erkenntnissen dieser Prozessaufnahme hat der Prüfer eine Aufbauprüfung des rechnungslegungsbezogenen Internen Kontrollsystems durchzuführen, um beurteilen zu können, ob die Unternehmensleitung bzw. die nachgelagerten Managementebenen ihrer Verantwortung für die Ordnungsmäßigkeit der externen Rechnungslegung ausreichend nachgekommen sind. Die Aufbauprüfung dient daher der Beurteilung der Ordnungsmäßigkeit der rechnungslegungsbezogenen Informationsprozesse und der Feststellung von Fehlerrisiken für die Rechnungslegung bei nicht ordnungsgemäßer Ausgestaltung dieser Prozesse.

Bei der geforderten Aufbauprüfung sollte sich der Prüfer an der konkreten Ausgestaltung des rechnungslegungsbezogenen Internen Kontrollsystems durch die Unternehmensleitung bzw. nachgelagerter Managementebenen orientieren und eine Aufbauprüfung der auf die „Verlässlichkeit und Ordnungsmäßigkeit der in-

---

153 Ähnlich *Link*, Abschlussprüfung, 2006, S. 209.

154 Vgl. hierzu auch die Ausführungen unter Kapitel 3.5.3.2.3: Prüfungsobjekt Management-Informationen mit Bezug zur Rechnungslegung und Management-Informationen in der Rechnungslegung, S. 220 ff.

155 Vgl. *IDW PS 261*, Beurteilung von Fehlerrisiken, 2006, Tz. 37-42.

ternen und externen Berichterstattung“ gerichteten Teile der Komponenten *Internes Umfeld, Risikobeurteilung, Kontrollaktivitäten, Informationen und Kommunikation* sowie *Überwachung* des MCF durchführen.[156] Hierbei hat er mittels Befragung des Managements bzw. der Mitarbeiter, weiterhin durch Beobachtungen, Durchsicht von Dokumenten bzw. Unterlagen sowie Nachvollziehen der Verarbeitung bestimmter Geschäftsvorfälle, zu beurteilen,[157] ob die Komponenten so ausgestaltet sind, dass die Einhaltung der GoB, GoBS, GoDV sowie der Anforderungen sonstiger relevanten fachlichen Stellungnahmen gewährleistet ist.[158, 159] Wenn dem so ist, erlaubt dies dem Prüfer die Schlussfolgerung, dass nicht nur die Unternehmensleitung, sondern auch das Management auf nachgelagerter Ebene ihrer Verantwortung zur sorgfältigen Ausgestaltung des rechnungslegungsbezogenen Internen Kontrollsystems ausreichend nachgekommen ist. Insofern kann der Prüfer davon ausgehen, dass die von der Unternehmensleitung bzw. von nachgelagerten Managementebenen eingerichteten Verfahren, Maßnahmen und Regelungen dazu geeignet sind, die Ordnungsmäßigkeit der rechnungslegungsbezogenen Informationsprozesse hinsichtlich der Informationsverarbeitung und -weiterleitung mit hinreichender Sicherheit zu gewährleisten.

Diese Prüfungshandlungen reichen zwar aus, um die Ordnungsmäßigkeit des rechnungslegungsbezogenen Informationsprozesses hinsichtlich der Erfassung von Routine-Geschäftsvorfällen oder der Management-Informationen in der Rechnungslegung einzuschätzen. Bei Nicht-Routine-Geschäftsvorfällen oder bei Management-Informationen mit Bezug zur Rechnungslegung sind darüber hinaus im Rahmen der Aufbauprüfung zusätzlich die auf die „Verlässlichkeit und Ordnungsmäßigkeit der internen und externen Berichterstattung“ gerichteten Teile der Komponenten *Problemfeststellung/-analyse*, *Alternativenbewertung* und *Umsetzung der Entscheidung* zu prüfen.[160] Hierbei hat der Prüfer ebenfalls durch Befragung des Managements bzw. von Mitarbeitern, Beobachtungen, Durchsicht von Dokumenten bzw. Unterlagen zu beurteilen, ob die Komponenten so ausgestaltet sind, dass die Einhaltung der GoB, GoL, GoK sowie sonstiger relevanten Stellungnahmen zur Rechnungslegung gewährleistet ist.[161] Wenn dem so ist, kann

---

156 I.d.S. *IDW PS 261*, Beurteilung von Fehlerrisiken, 2006, Tz. 40-41.

157 Zu den geforderten Prüfungshandlungen im Rahmen der Aufbauprüfung vgl. *IDW PS 261*, Beurteilung von Fehlerrisiken, 2006, Tz. 61.

158 I.d.S. *IDW PS 261*, Beurteilung von Fehlerrisiken, 2006, Tz. 43-60.

159 Hinsichtlich der relevanten fachlichen Stellungnahmen vgl. auch die Ausführungen unter Kapitel 3.5.1.2: Konkretisierung der Ordnungsmäßigkeit der Buchführung und Bestimmung des Prüfungsumfangs, S. 165 ff.

160 Vgl. hierzu die Ausführungen unter Kapitel 3.5.3.2.3.2: Art und Umfang der notwendigen prüferischen Adressierung des Management-Control-Framework, S. 224 ff.

161 Unter die sonstigen relevanten Stellungnahmen fallen insbesondere die Stellungnahmen zur Rechnungslegung und die Rechnungslegungshinweise des IDW, die unter Kapitel 3.5.3: Prüfungsrelevante Komponenten zur Beurteilung der Ordnungsmäßigkeit der Rechnungslegung, S. 189 ff. aufgeführt wurden.

der Prüfer die berechtigte Schlussfolgerung ziehen, dass im Zusammenhang mit rechnungslegungsrelevanten Nicht-Routine-Geschäftsvorfällen bzw. Management-Informationen mit Bezug zur Rechnungslegung (z.B. Zeit- oder Schätzwerte) die Unternehmensleitung ihrer Verantwortung umfassend und ausreichend nachgekommen ist. Dies trifft zu, wenn sie geeignete Instrumente und Methoden eingerichtet hat, um die Management-Informationen mit Bezug zur Rechnungslegung ordnungsgemäß aufzubereiten und geeignete Maßnahmen ergriffen hat, damit diese Informationen bzw. Nicht-Routine-Geschäftsvorfälle in einen ordnungsgemäßen rechnungslegungsbezogenen Informationsprozess eingesteuert und entsprechend in der Rechnungslegung abgebildet werden.

Die Prüfung des rechnungslegungsbezogenen Informationsprozesses dient somit der Feststellung von Fehlerrisiken, die aus einer nicht ordnungsgemäßen Aufbereitung, Verarbeitung oder Weiterleitung der rechnungslegungsrelevanten Informationen resultieren und machen daher im Rahmen des system- und geschäftsrisikoorientierten Prüfungsansatzes die Aufnahme und die Aufbauprüfung der folgenden, unter Kapitel 3 als prüfungsrelevant abgegrenzten Komponenten des MCF erforderlich.

Tab. 5-8: Aufbauprüfungspflichtige Komponenten des MCF zur Beurteilung der Ordnungsmäßigkeit der rechnungslegungsbezogenen Informationsprozesse

	Verlässlichkeit und Ordnungsmäßigkeit der (internen) und externen Berichterstattung
Internes Umfeld	✓
Zielfestlegung	▨
Problemfeststellung/-analyse	✓
Alternativenbewertung	✓
Umsetzung der Entscheidung	✓
Kontrollaktivitäten	✓
Information und Kommunikation	✓
Überwachung	✓

▨	Ziele sind durch externe Institutionen vorgegeben und somit durch das Management nicht oder nur bedingt beeinflussbar.
✓	Zur Beurteilung der Prüfungsgegenstände gem. § 317 HGB ist die Angemessenheit und Wirksamkeit der jeweiligen System-Komponente hinsichtlich der zugeordneten betrieblichen Ziele gänzlich für die Prüfung relevant.
(✓)	Zur Beurteilung der Prüfungsgegenstände gem. § 317 HGB ist die Angemessenheit und Wirksamkeit der jeweiligen System-Komponente hinsichtlich der zugeordneten betrieblichen Ziele nur hinsichtlich der auf das Chancen und Risikomanagement gerichteten Teile für die Prüfung relevant.

5.2.2.3 Feststellung und Beurteilung der Fehlerrisiken auf Ebene der rechnungslegungsbezogenen Informationsprozesse und Dokumentation der Prüfungsergebnisse

Im Rahmen der Fehlerrisikofeststellung und -beurteilung auf Ebene der rechnungslegungsbezogenen Informationsprozesse hat der Prüfer anschließend zu beurteilen, welche Falschdarstellung auf Ebene der Aussagen in der Rechnungslegung ein durch die Aufbauprüfung, bei der Informationsaufbereitung, -verarbeitung und -weiterleitung der rechnungslegungsrelevanten Informationen, erkannter Verstoß gegen die Ordnungsmäßigkeitsgrundsätze bewirkt. Hierfür hat er ebenfalls die Größenordnung des möglichen Fehlers sowie dessen Eintrittswahrscheinlichkeit einzuschätzen.[162] Anschließend hat er abzuschätzen, ob der Fehler einzeln für sich genommen oder in Zusammenwirkung mit anderen unwesentlichen Fehlern zu einer wesentlichen Falschdarstellung in der Rechnungslegung führt.

Die Ergebnisse dieser Feststellung und Beurteilung der Fehlerrisiken auf Ebene der rechnungslegungsbezogenen Informationsprozesse sollte der Prüfer, um seiner diesbezüglich bestehenden Dokumentationspflicht ausreichend nachzukommen, in der bereits oben unter Kapitel 5.2.1.3.2 vorgeschlagenen Arbeitshilfe ergänzen.[163] Diese ist dann wie folgt fortzuentwickeln, wobei das ergänzte Beispiel abermals der Konkretisierung der im Rahmen der Aufbauprüfung der rechnungslegungsbezogenen Informationsprozesse zu erlangenden Kenntnisse dienen soll:

---

162 Vgl. *IDW PS 261*, Beurteilung von Fehlerrisiken, 2006, Tz. 64; *ISA 315*, Risk Assessment, 2007, Tz. 100 bzw. *ISA 315 (redrafted)*, Risk Assessment, 2007, Tz. 25.

163 Vgl. Kapitel 5.2.1.3.2: Dokumentation der Prüfungsergebnisse, S. 292 ff.

Tab. 5-9: Arbeitshilfe zur Dokumentation der festgestellten Fehlerrisiken auf Unternehmensebene und auf Ebene der rechnungslegungsbezogenen Informationsprozesse

Unternehmensziele	**Geschäftschancen/ -risiken**	**Management-Controls**	**Erkenntnisquellen des Prüfers**	**Fehlerrisiko/*Aussagen in der Rechnungslegung***
Zielkategorie/Verantwortungsbereich: Sicherung und Ausbau der langfristigen Erfolgspotenziale				
Erzielung einer langfristigen Eigenkapitalrentabilität über dem Branchendurchschnitt	Tochtergesellschaft XYZ erwirtschaftet Verluste und gefährdet das langfristig angestrebte Rentabilitätsziel des Konzernportfolios	Beteiligungscontrolling	Aufbau- und Funktionsprüfung der Komponenten Problemfeststellung/-analyse sowie Alternativenbewertung im Bereich der strategischen Planung und Kontrolle	Überbewertung der Beteiligung (*Bewertung und Zuordnung*)
Zielkategorie/Verantwortungsbereich: Wirksamkeit und Wirtschaftlichkeit der Geschäftstätigkeit				
Steigerung des Umsatzvolumens des Produkts XYZ	Verstärkter Wettbewerb auf dem relevanten Markt des Produkts XYZ lässt dessen Deckungsbeiträge sinken bzw. führt zu verlustbringenden Geschäften	Regelmäßige Kontrolle der Absatzzahlen und Deckungsbeiträge des Produkts XYZ	Aufbau und Funktionsprüfung der Komponente Kontrollaktivitäten im Bereich der operativen Planung/Budgetkontrolle	Überbewertung der Vorräte (*Bewertung und Zuordnung*) Rückstellung für drohende Verluste nicht gebildet (*Vollständigkeit*)

Tab. 5-9: Arbeitshilfe zur Dokumentation der festgestellten Fehlerrisiken auf Unternehmensebene und auf Ebene der rechnungslegungsbezogenen Informationsprozesse – *Fortsetzung*

Unternehmensziele	**Geschäftschancen/ -risiken**	**Management-Controls**	**Erkenntnisquellen des Prüfers**	**Fehlerrisiko/*Aussagen in der Rechnungslegung***
Zielkategorie/Verantwortungsbereich: Einhaltung von sonstigen Gesetzen und Vorschriften				
Einhaltung der maßgeblichen Umweltschutzauflagen	Verstoß gegen Umweltschutzauflagen nach Kontamination des Bodens infolge eines Produktionsunfalls	Regelmäßige Wartung und Erneuerung der Produktionsanlagen	Aufbau- und Funktionsprüfung der Komponenten Problemfeststellung/-analyse im Bereich Einhaltung sonstiger Gesetze und Vorschriften	Rückstellung für öffentlich-rechtliche Verpflichtung wurde nicht bilanziert (Vollständigkeit, Bewertung und Zuordnung)
Zielkategorie/Verantwortungsbereich: Verlässlichkeit und Ordnungsmäßigkeit der internen und externen Berichterstattung				
Sicherstellung einer ordnungsgemäßen Informationsverarbeitung und -weiterleitung zwischen Online-Shop und Inhouse-System	Unsachgerecht konzipierte Schnittstellen führen zu Problemen beim Datenaustausch zwischen Online-Shop und Inhouse-System	Regelmäßige Auswertung der Schnittstellenprotokolle	Aufbau- und Funktionsprüfung der Komponente Information und Kommunikation im Bereich der Verlässlichkeit und Ordnungsmäßigkeit der internen und externen Berichterstattung	Umsatzerlöse und Forderungen werden nicht ordnungsgemäß erfasst (*betragsmäßig richtige Erfassung, Periodenabgrenzung*)

5.2.3 Abschließende Beurteilung der festgestellten Fehlerrisiken

Nachdem der Prüfer durch die vorgeschlagene Aufbau- und Funktionsprüfung der auf die Geschäftstätigkeit und die Normenbefolgung gerichteten Teile des MCF in Verbindung mit der Aufbauprüfung der auf die Verlässlichkeit und Ordnungsmäßigkeit der internen und externen Berichterstattung gerichteten Teile des MCF in ausreichendem Umfang Prüfungshandlungen zur Beurteilung der Risiken einer wesentlichen Falschdarstellung in der Rechnungslegung durchgeführt hat, hat er, aufbauend auf diesen Erkenntnissen, abzuwägen, welche Fehlerrisiken einer besonderen prüferischen Adressierung bedürfen.[164] Er hat daher zur besseren Problemorientierung der noch durchzuführenden Prüfungshandlungen wie aber auch zur Erlangung von ausreichenden und angemessenen Prüfungsnachweisen zur Abgabe eines hinreichend sicheren Prüfungsurteils über die Rechnungslegung folgende Risiken gesondert zu erfassen:[165, 166]

- bedeutsame Risiken und
- Risiken, bei denen aussagebezogene Prüfungshandlungen allein nicht ausreichen.

Als *bedeutsame Risiken* werden dabei die Fehlerrisiken bezeichnet, „die aufgrund ihrer Art oder des mit ihnen verbundenen Umfangs möglicher falscher Angaben in der Rechnungslegung bei der Abschlussprüfung besondere Aufmerksamkeit erfordern".[167] Diese Einstufung der Fehlerrisiken als bedeutsames Risiko dient insbesondere der besseren Problemorientierung der risikoorientierten Abschlussprüfung und soll dazu beitragen, dass angemessene Prüfungsschwerpunkte gesetzt werden. Die Festlegung dieser Schwerpunkte liegt daher grundsätzlich im Ermessen des Abschlussprüfers. Bei seiner Entscheidung, ob ein bedeutsames Risiko vorliegt, sollte er jedoch, aufbauend auf seinen aus den bisher durchgeführten Prüfungshandlungen erlangten Erkenntnissen, beurteilen, ob sich evtl. Hinweise auf folgende Sachverhalte ergeben, die für die Einstufung des damit verbundenen Fehlerrisikos als bedeutsames Risiko sprechen:[168]

- Hinweise auf Fraud
- Komplexität von Geschäftsvorfällen
- Transaktionen mit nahe stehenden Personen
- Maß an Subjektivität bei der Ausübung von Ermessensspielräumen

---

164 Vgl. *IDW PS 261*, Beurteilung von Fehlerrisiken, 2006, Tz. 65-68; *ISA 315*, Risk Assessment, 2007, Tz. 108; *ISA 315 (redrafted)*, Risk Assessment, 2007, Tz. 26.

165 *IDW PS 261*, Beurteilung von Fehlerrisiken, 2006, Tz. 65.

166 Die Erfassung kann dabei ohne weiteres in Form der unter Kapitel 5.2.1.3.2: Dokumentation der Prüfungsergebnisse, S. 292 ff., vorgeschlagenen Arbeitshilfe erfolgen, wobei aus Gründen der Übersichtlichkeit und der geforderten separaten Erfassung für diese bedeutsamen Risiken eine eigene Dokumentation angelegt werden sollte.

167 *IDW PS 261*, Beurteilung von Fehlerrisiken, 2006, Tz. 65.

168 *IDW PS 261*, Beurteilung von Fehlerrisiken, 2006, Tz. 65.

- Ungewöhnliche Geschäftsvorfälle und Geschäftsvorfälle außerhalb des gewöhnlichen Geschäftsbetriebs.

Die gesonderte Einschätzung der Fehlerrisiken als bedeutsame oder sonstige wesentliche Risiken hat dabei zunächst ohne Berücksichtigung der vom Management implementierten Management-Controls zu erfolgen.[169] Der Prüfer hat diese jedoch bei den bedeutsamen Risiken immer im Rahmen einer Aufbauprüfung auf ihre Angemessenheit zu beurteilen. Diese Forderung kann er dann als ausreichend erfüllt ansehen, wenn er die im Rahmen des system- und geschäftsrisikoorientierten Prüfungsvorgehens vorgeschlagene Aufbauprüfung der prüfungsrelevanten Komponenten des MCF sachgerecht durchgeführt hat.[170] Unabhängig von den erlangten Kenntnissen im Rahmen seiner Prüfungshandlungen zur Risikobeurteilung hat der Prüfer in Bezug auf die Umsatzrealisierung allerdings immer damit zu rechnen, dass diesbezüglich die besondere Gefahr einer wesentlichen Falschdarstellung besteht, weshalb diese grundsätzlich als bedeutsames Risiko einzustufen ist.[171]

Neben den bedeutsamen Risiken hat der Abschlussprüfer auch die *Risiken* separat zu erfassen, bei denen es nicht möglich oder praktisch nicht durchführbar ist, ausreichende und angemessene Prüfungsnachweise *allein durch aussagebezogene Prüfungshandlungen* zu erlangen.[172] Neben dem bereits unter Kapitel 5.2.1.1.5 dargestellten Beispiel der Berichterstattung über die Risiken der künftigen Entwicklung[173] trifft dies im Besonderen auch auf Routinetransaktionen zu, bei denen große Datenmengen IT-gestützt erfasst und verarbeitet werden.[174] Für diese Risiken besteht daher ebenfalls die grundsätzliche Pflicht zur Durchführung einer Aufbauprüfung der auf die „Verlässlichkeit und Ordnungsmäßigkeit der internen und externen Berichterstattung" gerichteten Teilkomponenten des MCF.[175] Für den Prüfer, der im Rahmen des hier vorgeschlagenen system- und geschäftsrisikoorientierten Prüfungsansatzes diese Komponenten allerdings ohnehin beurteilt hat, ergeben sich hieraus keine zusätzlichen Systemprüfungspflichten. Der Prüfer sollte sich jedoch auch in diesem Zusammenhang frühzei-

---

169 Vgl. *IDW PS 261*, Beurteilung von Fehlerrisiken, 2006, Tz. 66; *ISA 315*, Risk Assessment, 2007, Tz. 109; *ISA 315 (redrafted)*, Risk Assessment, 2005, Tz. 21.

170 Vgl. hierzu die Ausführungen unter Kapitel 5.2.1.1.2: Aufbauprüfung der prüfungsrelevanten auf die Geschäftstätigkeit und die Normenbefolgung gerichteten Teilkomponenten des Management-Control-Framework, S. 273 ff., und Kapitel 5.2.2.2: Aufbauprüfung der auf die Verlässlichkeit und Ordnungsmäßigkeit der internen und externen Berichterstattung gerichteten Komponenten des Management-Control-Framework, S. 296 ff.

171 Vgl. *IDW PS 261*, Beurteilung von Fehlerrisiken, 2006, Tz. 67.

172 Vgl. *IDW PS 261*, Beurteilung von Fehlerrisiken, 2006, Tz. 68; *ISA 315*, Risk Assessment, 2007, Tz. 115; *ISA 315 (redrafted)*, Risk Assessment, 2007, Tz. 29.

173 Vgl. hierzu die Ausführungen unter Kapitel 5.2.1.1.4: Konsequenzen aus festgestellten Systemmängeln, S. 280 ff.

174 Vgl. *Schmidt*, Risikobeurteilungen, 2005, S. 881.

175 Vgl. *ISA 315*, Risk Assessment, 2007, Tz. 116.

tig, wie bereits oben erwähnt, Gedanken über die möglichen Konsequenzen von festgestellten Systemmängeln machen. Denn unter Umständen ist es ihm aufgrund der unangemessenen Ausgestaltung des Systems selbst bei Durchführung weiterer Prüfungshandlungen nicht mehr möglich, die geforderten Prüfungsnachweise einzuholen, was in wesentlichen Prüffeldern die Einschränkung oder Versagung des Bestätigungsvermerks zur Konsequenz haben muss.[176] Deshalb sollten derartige Systemmängel dem Mandanten bereits frühzeitig mitgeteilt werden, damit die Unternehmensleitung bzw. nachgelagerte Managementebenen ihrer Verantwortung zur angemessenen Ausgestaltung der Systeme noch so rechtzeitig nachkommen können, dass diese Mängel ohne Auswirkungen auf das Testat behoben werden können.[177] Für den Fall, dass der Prüfer zur Erlangung der erforderlichen Prüfungsnachweise allerdings auf die angemessene und wirksame Ausgestaltung des Systems während des gesamten Geschäftsjahres vertrauen können muss, wird eine nachträgliche Beseitigung der Systemmängel freilich nicht ausreichen, um ein hinreichend sicheres Urteil darauf stützen zu können. Der Prüfer hat daher zu beurteilen, ob die hierdurch verursachten möglichen Fehlerrisiken für sich allein oder in Kombination mit anderen zu einer wesentlichen Falschdarstellung führen könnten. Aufbauend auf dieser Beurteilung hat er dann die entsprechenden Auswirkungen auf die Erteilung seines Bestätigungsvermerks zu bedenken, der dann evtl. ebenfalls einzuschränken oder zu versagen sein könnte.[178] In jedem Fall hat der Prüfer die maßgeblichen Überwachungsträger im Unternehmen (Aufsichtsgremien bzw. Unternehmensleitung) von derartigen Systemmängeln in Kenntnis zu setzen, um zu erreichen, dass diese möglichst umgehend behoben werden.[179]

5.3 Reaktion des Prüfers auf die festgestellten Fehlerrisiken mittels des system- und geschäftsrisikoorientierten Prüfungsansatzes

Im Anschluss an die Prüfungshandlungen zur Feststellung der Fehlerrisiken auf Unternehmensebene (Aufbau- und Funktionsprüfung der auf die Geschäftstätigkeit und die Normenbefolgung gerichteten Teile des MCF) und auf Ebene der rechnungslegungsbezogenen Informationsprozesse (Aufbauprüfung der auf die Verlässlichkeit und Ordnungsmäßigkeit der internen und externen Berichterstattung gerichteten Teile des MCF) und deren abschließender Beurteilung hat der

176 Vgl. *IDW PS 261*, Beurteilung von Fehlerrisiken, Tz. 84 und 91 i.V.m. *IDW PS 400*, Bestätigungsvermerk, 2005, Tz. 50 und 68a.

177 I.d.S. *IDW PS 261*, Beurteilung von Fehlerrisiken, 2006, Tz. 89-91; *ISA 315*, Risk Assessment, 2007, Tz. 120; *ISA 315 (redrafted)*, Risk Assessment, 2007, Tz. 32.

178 Vgl. *IDW PS 261*, Beurteilung von Fehlerrisiken, Tz. 84 und 91 i.V.m. *IDW PS 400*, Bestätigungsvermerk, 2005, Tz. 50 und 68a.

179 Vgl. *IDW PS 261*, Beurteilung von Fehlerrisiken, 2006, Tz. 84; *ISA 315*, Risk Assessment, 2007, Tz. 120; *ISA 315 (redrafted)*, Risk Assessment, 2007, Tz. 32.

Prüfer geeignete Prüfungshandlungen durchzuführen, um mit hinreichender Sicherheit gewährleisten zu können, dass Fehlerrisiken zu keiner wesentlichen Falschdarstellung in der Rechnungslegung führen. Es geht somit in erster Linie um die Festlegung von Art und Umfang der noch durchzuführenden Prüfungshandlungen zur Adjustierung des Prüfungsrisikos mit Hilfe des Entdeckungsrisikos.[180] Neben sog. allgemeinen Reaktionen auf die festgestellten Fehlerrisiken, bei denen es sich insbesondere um folgende Maßnahmen handeln kann:[181]

- Betonung der kritischen Grundhaltung,
- Einsatz von Spezialisten im Prüfungsteam,
- Durchführung überraschender Prüfungshandlungen und
- besondere Qualitätssicherungsmaßnahmen,

hat der Prüfer zu diesem Zweck auch Prüfungshandlungen durchzuführen, die auf das Fehlerrisiko in Bezug auf bestimmte Aussagen in der Rechnungslegung ausgerichtet sind. Diese Prüfungshandlungen sind als direkte Reaktion des Prüfers auf die festgestellten und beurteilten Risiken zu verstehen, wodurch die Problemorientierung der Jahresabschlussprüfung verbessert und ihr roter Faden durchgängig erkennbar werden soll.[182] Als Prüfungshandlungen zur direkten Adressierung von Fehlerrisiken auf Ebene der Aussagen in der Rechnungslegung kommen Funktionsprüfungen und aussagebezogene Prüfungshandlungen in Betracht.[183] Mit welcher Zielsetzung und in welchem Umfang diese verschiedenen Arten von Prüfungshandlungen durchzuführen sind, um im Rahmen eines system- und geschäftsrisikoorientierten Prüfungsansatzes, unter Einhaltung des für das Kapitel 5 abgesteckten Normengerüstes,[184] abschließend Prüfungssicherheit erlangen zu können, wird im Folgenden aufgezeigt.

5.3.1 Funktionsprüfung rechnungslegungsbezogener Management-Controls

Funktionsprüfungen sind aufgrund der maßgeblichen berufständischen Anforderungen im Rahmen des system- und geschäftsrisikoorientierten Prüfungsansatzes dann durchzuführen, wenn sich der Prüfer bei der Beurteilung des Risikos eines wesentlichen Fehlers auf Ebene der Geschäftsprozesse/Arten von Geschäftsvorfällen, Kontensalden, Abschlussposten sowie sonstiger Angaben in der Rechnungsle-

---

180 Bzgl. der Komponenten des Prüfungsrisikos vgl. die Ausführungen unter Kapitel 4.1: Grundkonzept des risikoorientierten Prüfungsansatzes, S. 236.

181 *IDW PS 261*, Beurteilung von Fehlerrisiken, 2006, Tz. 71.

182 Vgl. *ISA 330*, Risk Response, 2007, Tz. 7; *ISA 330 (redrafted)*, Risk Response, 2007, A 8.

183 Vgl. *IDW PS 261*, Beurteilung von Fehlerrisiken, 2006, Tz. 72; *ISA 330 (redrafted)*, Risk Response, 2007, Tz. 4.

184 Bzgl. der Abgrenzung der für das Kapitel 5 maßgeblichen Normen vgl. die Ausführungen unter Kapitel 5: Umsetzung der Prüferverantwortung mit Hilfe eines system- und geschäftsrisikoorientierten Prüfungsansatzes, S. 255.

gung und den damit verbundenen Aussagen in der Rechnungslegung darauf stützt, dass die als angemessen eingestuften Management-Controls auch wirksam sind.[185] Zur Untermauerung seiner Einschätzung der Fehlerrisiken auf Ebene der Aussagen in der Rechnungslegung hat der Prüfer im Rahmen der Funktionsprüfungen die Management-Controls zu beurteilen, von denen er aufgrund seiner Erkenntnisse aus der Aufbauprüfung annimmt, dass sie Fehler auf Ebene der Aussagen in der Rechnungslegung verhindern bzw. aufdecken und korrigieren. Denn diese haben direkten Einfluss auf das Fehlerrisiko auf Ebene der Aussagen in der Rechnungslegung und somit auch auf das Ergebnis der Risikobeurteilung des Prüfers auf Ebene der rechnungslegungsbezogenen Informationsprozesse.[186] Folglich hat der Prüfer bei allen Management-Controls im Bereich „Verlässlichkeit und Ordnungsmäßigkeit der internen und externen Berichterstattung", auf deren fehlerreduzierende Wirkung er sich bei der Jahresabschlussprüfung verlassen möchte, Prüfungsnachweise über deren Funktionsfähigkeit einzuholen. Des Weiteren sind Funktionsprüfungen von Management-Controls im Verantwortungsbereich „Verlässlichkeit und Ordnungsmäßigkeit der internen und externen Berichterstattung" immer dann erforderlich, wenn der Prüfer der Auffassung ist, dass mit Hilfe von aussagebezogenen Prüfungshandlungen alleine keine Prüfungssicherheit auf Ebene bestimmter Aussagen in der Rechnungslegung erlangt werden kann.[187, 188]

Die Einholung der Prüfungsnachweise über die Funktionsfähigkeit der relevanten Management-Controls erfolgt dann im Rahmen der Durchführung der Funktionsprüfung mittels Durchsicht von Nachweisen oder Beobachtung jeweils in

---

185 Vgl. *IDW PS 261*, Beurteilung von Fehlerrisiken, 2006, Tz. 74; *ISA 330*, Risk Response, 2007, Tz. 22-23; *ISA 330 (redrafted)*, Risk Response, 2007, Tz. 8.

186 Dieser direkte Bezug unterscheidet diese Management-Controls zugleich von den Management-Controls aus den auf die Geschäftstätigkeit und die Normenbefolgungen gerichteten Teilen des MCF, da diese keinen direkten Einfluss auf die Fehlerrisikobeurteilung des Prüfers auf Unternehmensebene haben. Grund für die Funktionsprüfung in Kapitel 5.2.1.1.3: Funktionsprüfung der prüfungsrelevanten, auf die Geschäftstätigkeit und die Normenbefolgung gerichteten Teilkomponenten des Management-Control-Framework, S. 277 ff., war die Notwendigkeit, die Verlässlichkeit der Informationen zu belegen, die der Prüfer als Grundlage für eine sorgfältige Fehlerrisikobeurteilung auf Unternehmensebene benötigt. Ein direkter Bezug zum rechnungslegungsbezogenen Informationsprozess und damit zum Fehlerrisiko auf Aussagenebene war dabei nicht gegeben. Nichtsdestoweniger ist deren Funktionsprüfung, zur Sicherstellung einer sorgfältigen Risikobeurteilung auf Unternehmensebene für die Risikobeurteilung als Ganzes, ebenso wichtig wie die Funktionsprüfung der Management-Controls im Bereich der rechnungslegungsbezogenen Informationsprozesse.

187 Vgl. *IDW PS 261*, Beurteilung von Fehlerrisiken, 2006, Tz. 74; *ISA 330*, Risk Response, 2007, Tz. 22-23; *ISA 330 (redrafted)*, Risk Response, 2007, Tz. 8.

188 Vgl. diesbezüglich auch die Ausführungen unter Kapitel 5.2.1.1.4: Konsequenzen aus festgestellten Systemmängeln, S. 280. Dort wurde dargelegt, dass es aus diesem Grund auch erforderlich sein kann, Management-Controls aus den auf die Geschäftstätigkeit sowie die Normenbefolgungen gerichteten Teilbereichen des MCF zu prüfen.

Kombination mit Befragungen des Managements oder sonstigen Mitarbeitern.[189] Dabei hat der Prüfer insbesondere darauf zu achten, dass durch die Prüfungsnachweise die kontinuierliche Funktionsfähigkeit der Management-Controls während des zu prüfenden Geschäftsjahres belegt wird.[190]

Der Rückgriff auf die Ergebnisse von Funktionsprüfungen aus den Vorjahren ist dem Prüfer bei der Prüfungsdurchführung prinzipiell erlaubt, unterliegt jedoch bestimmten Einschränkungen. Dem Prüfer ist dies daher nur dann gestattet, wenn er sich davon überzeugt, dass die jeweilige Management-Control gegenüber dem Vorjahr unverändert ist.[191] Hierfür sind insbesondere die im Rahmen der Aufbauprüfung erlangten Erkenntnisse kritisch zu würdigen.[192] Sofern sich keine Anhaltspunkte für Veränderungen ergeben, reicht es in Prüffeldern ohne bedeutsame Fehlerrisiken aus, die Funktionsprüfung im Intervall von drei Jahren durchzuführen.[193] Falls der Prüfer in Bezug auf mehrere Management-Controls auf die Ergebnisse der Vorjahre zurückgreifen will, hat er jedoch zumindest die Wirksamkeit einiger durch aktuelle Funktionsprüfung zu belegen.[194] Im Zusammenhang mit bedeutsamen Risiken gelten derartige Ausnahmen jedoch nicht, sodass in diesem Fall immer Funktionsprüfungen der darauf gerichteten Management-Controls erforderlich sind.[195]

Der Umfang der Funktionsprüfung in Bezug auf die jeweiligen Management-Controls bestimmt sich danach, wann ausreichende und angemessene Prüfungsnachweise zur Abgabe eines hinreichend sicheren Urteils über deren Wirksamkeit erlangt wurden. Dies einzuschätzen unterliegt grundsätzlich dem pflichtgemäßen Ermessen des Prüfers, der dabei allerdings folgende Kriterien zu berücksichtigen hat:[196]

- Bedeutung der Funktionsprüfung zur Gewinnung von Prüfungssicherheit auf Aussagenebene,

---

189 Vgl. *IDW PS 261*, Beurteilung von Fehlerrisiken, 2006, Tz. 73; *ISA 330*, Risk Response, 2007, Tz. 29; *ISA 330 (redrafted)*, Risk Response, 2007, Tz. 10.

190 Vgl. *IDW PS 261*, Beurteilung von Fehlerrisiken, 2006, Tz. 79 i.V.m. *IDW PS 300*, Prüfungsnachweise, 2006, Tz. 17; *ISA 330*, Risk Response, 2007, Tz. 37; *ISA 330 (redrafted)*, Risk Response, 2007, Tz. 11-12.

191 Vgl. *IDW PS 261*, Beurteilung von Fehlerrisiken, 2006, Tz. 77; *ISA 330*, Risk Response, 2007, Tz. 39; *ISA 330 (redrafted)*, Risk Response, 2007, Tz. 13-14.

192 Vgl. hierzu die Ausführungen unter Kapitel 5.2.2.2: Aufbauprüfung der auf die Verlässlichkeit und Ordnungsmäßigkeit der internen und externen Berichterstattung gerichteten Komponenten des Management-Control-Framework, S. 296 ff.

193 Vgl. *IDW PS 261*, Beurteilung von Fehlerrisiken, 2006, Tz. 78; *ISA 330*, Risk Response, 2007, Tz. 41; *ISA 330 (redrafted)*, Risk Response, 2007, Tz. 14.

194 Vgl. *IDW PS 261*, Beurteilung von Fehlerrisiken, 2006, Tz. 78; *ISA 330*, Risk Response, 2007, Tz. 43; *ISA 330 (redrafted)*, Risk Response, 2007, Tz. 14.

195 Vgl. *IDW PS 261*, Beurteilung von Fehlerrisiken, 2006, Tz. 78; *ISA 330*, Risk Response, 2007, Tz. 44; *ISA 330 (redrafted)*, Risk Response, 2007, Tz. 15.

196 Vgl. *IDW PS 300*, Prüfungsnachweise, 2006, Tz. 9; *Schmidt*, Risikobeurteilungen, 2005, S. 882.

- Häufigkeit der Durchführung der Management-Controls im Unternehmen,
- Länge des Zeitraums, für den die Wirksamkeit der Management-Controls geprüft werden soll,
- Erfahrungswissen des Prüfers über die Wirksamkeit der Management-Controls im Unternehmen sowie
- Art der jeweiligen Management-Controls (manuell verrichtet oder IT gestützt).

Insbesondere bei IT-gestützten Verfahren kann die Anzahl der Funktionsprüfungen im Allgemeinen geringer ausfallen als bei manuell durchgeführten, sofern sichergestellt ist, dass sowohl die Datenbasis als auch die Informationsverarbeitung bzw. -weiterleitung der Zugriffsbeschränkung unterliegen.[197]

Bei der Auswertung der Ergebnisse der Funktionsprüfung hat der Prüfer anschließend zu beurteilen, ob die durch die Management-Control seitens der Unternehmensleitung bzw. nachgelagerter Managementebenen verfolgten Ziele tatsächlich erreicht wurden und insofern die Management-Control als wirksam bezeichnet werden kann. Der Prüfer wird diese Schlussfolgerung insbesondere dann treffen können, wenn die Funktionsprüfungshandlungen die Wirksamkeit der Management-Control bestätigt haben oder nur in sehr geringem Umfang Ausnahmen festgestellt wurden. Im Einzelnen wird die Entscheidung des Prüfers darüber, wie viele Ausnahmen gerade noch tolerierbar sind, um von einer wirksamen Management-Control sprechen zu können, unter Berücksichtigung des jeweiligen betrieblichen Einzelfalls und unter Berücksichtigung der ansonsten erlangten Prüfungsnachweise im Rahmen des sorgfältig ausgeübten prüferischen Ermessens zu beurteilen sein.[198] Kommt der Prüfer dabei zu dem Entschluss, dass die Funktionsfähigkeit einer Management-Control nicht gegeben ist, muss er untersuchen, ob andere funktionsfähige Management-Controls diesen Control-Zweck erfüllen können. Falls keine Alternativen vorhanden sind, hat er die daraus resultierenden Konsequenzen abzuwägen und zwar zum einen für die Fehlerrisikobeurteilung auf Ebene der rechnungslegungsbezogenen Informationsprozesse sowie zum anderen für die festgestellten Fehlerrisiken, bzgl. derer aussagebezogene Prüfungshandlungen allein keine Prüfungssicherheit gewährleisten. Im ersten Fall hat der Prüfer seine ursprüngliche Fehlerrisikobeurteilung zu überdenken und gegebenenfalls zu revidieren bzw. anzupassen. Im letzteren Fall hat der Prüfer dagegen abzuwägen, ob der Fehler für sich allein oder im Zusammenhang mit anderen Fehlern zu einer wesentlichen Falschdarstellung auf Aussagenebene in der Rechnungslegung führt. Wenn dem so ist, wird der Prüfer den Bestätigungsvermerk einzuschränken oder zu versagen haben, sofern es der Unternehmensleitung nicht möglich ist, die Wirksamkeit der Management-Control rückwirkend sicherzustellen und erneut

---

197 Vgl. *Schmidt*, Risikobeurteilungen, 2005, S. 882.

198 I.d.S. *IDW PS 300*, Prüfungsnachweise, 2006, Tz. 10.

prüfen zu lassen.[199] Auf jeden Fall hat der Prüfer den maßgeblichen Aufsichtsorganen im Unternehmen (Unternehmensleitung bzw. Aufsichtsrat) die im Rahmen der Funktionsprüfung festgestellten Systemmängel rechtzeitig und in geeigneter Form mitzuteilen,[200] damit diese ihrer diesbezüglich bestehenden Verantwortung nachkommen und die Schwachstellen umgehend beseitigen können.

Die Funktionsprüfungen der auf die rechnungslegungsbezogenen Informationsprozesse gerichteten Teile des MCF dienen somit dazu, ausreichende und angemessene Prüfungsnachweise zu erlangen, damit der Prüfer zum einen auf seine Einschätzung der Fehlerrisiken auf Ebene der Aussagen in der Rechnungslegung vertrauen kann und zum anderen, um Prüfungsnachweise für die Fehlerrisiken zu generieren, bei denen aus aussagebezogenen Prüfungshandlungen alleine keine Prüfungssicherheit erlangt werden kann. Hierauf aufbauend hat der Prüfer dann abschließend zu beurteilen, welche aussagebezogenen Prüfungshandlungen noch mit welcher Zielsetzung durchzuführen sind, um das Prüfungsrisiko bei nunmehr hinreichend bekanntem Fehlerrisiko mit Hilfe des Entdeckungsrisikos so zu adjustieren, dass hinreichende Urteilssicherheit über die vom Prüfer zu treffenden Aussagen über die Ordnungsmäßigkeit der Rechnungslegung erlangt werden kann.[201]

5.3.2 Festlegung und Durchführung aussagebezogener Prüfungshandlungen

Der abschließenden Gewinnung von Prüfungsnachweisen dienen die sog. aussagebezogenen Prüfungshandlungen. Als aussagebezogene Prüfungshandlungen kommen insbesondere analytische Prüfungshandlungen und Einzelfallprüfungshandlungen in Betracht, die mit dem Ziel durchgeführt werden, Prüfungsnachweise dafür zu erlangen, dass einzelne oder einige bestimmte Aussagen in der Rechnungslegung zu Recht getätigt wurden und insofern keinen Fehler auf Aussagenebene begründen.[202] Die Durchführung von aussagebezogenen Prüfungshandlungen ist daher auch im Rahmen des hier vorgeschlagenen system- und geschäftsrisikoorientierten Prüfungsansatzes erforderlich, um hinreichende Sicherheit dahingehend zu erlangen, dass die mit Hilfe der Systemprüfungshandlungen festgestellten Fehlerrisiken zu keiner wesentlichen Falschdarstellung in der Rechnungslegung führen.[203] Die Festlegung von Art und Umfang der noch durchzuführenden aussagebezogenen Prüfungshandlungen ist daher direkt auf Grundlage der im

---

[199] I.d.S. *IDW PS 261*, Beurteilung von Fehlerrisiken, Tz. 84 und 91 i.V.m. *IDW PS 400*, Bestätigungsvermerk, 2005, Tz. 50 und 68a.

[200] Vgl. *IDW PS 261*, Beurteilung von Fehlerrisiken, 2006, Tz. 89; *ISA 315*, Risk Assessment, 2007, Tz. 120; *ISA 315 (redrafted)*, Risk Assessment, 2007, Tz. 32.

[201] Bzgl. der Komponenten des Prüfungsrisikos vgl. die Ausführungen unter Kapitel 4.1: Grundkonzept des risikoorientierten Prüfungsansatzes, S. 236.

[202] I.d.S. *IDW PS 300*, Prüfungsnachweise, 2006, Tz. 21-24; *ISA 330*, Risk Response, 2007, Tz. 48.

[203] I.d.S. *IDW PS 300*, Prüfungsnachweise, 2006, Tz. 21.

Rahmen der Systemprüfungshandlungen (Aufbau- und Funktionsprüfungshandlungen) festgestellten und beurteilten Fehlerrisiken vorzunehmen und stellt sozusagen die Reaktion des Prüfers auf diese dar.[204] Damit diese Reaktion des Prüfers für Dritte nachvollzogen werden kann, ist es erforderlich, den Bezug zwischen den Risiken auf Aussagenebene und die daraufhin noch durchzuführenden aussagebezogenen Prüfungshandlungen zu dokumentieren.[205] Hierfür kann abermals die unter Kapitel 5.2.2 (S. 295 ff.) dargestellte Arbeitshilfe herangezogen werden,[206] die dann wie folgt zu ergänzen ist:

204 Vgl. *IDW PS 261*, Beurteilung von Fehlerrisiken, 2006, Tz. 80; *IDW PS 300*, Prüfungsnachweise, 2006, Tz. 22.

205 Vgl. *IDW PS 261*, Beurteilung von Fehlerrisiken, 2006, Tz. 86.

206 Vgl. Kapitel 5.2.1.3.2: Dokumentation der Prüfungsergebnisse, S. 292.

Tab. 5-10: Arbeitshilfe zur Dokumentation der festgestellten Fehlerrisiken auf Unternehmensebene und auf Ebene der rechnungslegungsbezogenen Informationsprozesse sowie der prüferischen Reaktion auf die festgestellten Risiken

Unternehmensziele	**Geschäftschancen/ -risiken**	**Management-Controls**	**Erkenntnisquellen des Prüfers**	**Fehlerrisiko/*Aussagen in der Rechnungslegung***	**Prüferische Reaktion**
Zielkategorie/Verantwortungsbereich: Sicherung und Ausbau der langfristigen Erfolgspotenziale					
Erzielung einer langfristigen Eigenkapitalrentabilität über dem Branchendurchschnitt	Tochtergesellschaft XYZ erwirtschaftet Verluste und gefährdet das langfristig angestrebte Rentabilitätsziel des Konzernportfolios	Beteiligungscontrolling	Aufbau- und Funktionsprüfung der Komponenten Problemfeststellung /-analyse sowie Alternativenbewertung im Bereich der strategischen Planung und Kontrolle	Überbewertung der Beteiligung (*Bewertung und Zuordnung*)	*Einsichtnahme* in Planungsunterlagen *Nachvollzug* Niederstwerttest der Unternehmensleitung Einholung *schriftlicher Bestätigung* durch Unternehmensleitung
Zielkategorie/Verantwortungsbereich: Wirksamkeit und Wirtschaftlichkeit der Geschäftstätigkeit					
Steigerung des Umsatzvolumens des Produkts XYZ	Verstärkter Wettbewerb auf dem relevanten Markt des Produkts XYZ lässt dessen Deckungsbeiträge sinken bzw. führt zu verlustbringenden Geschäften	Regelmäßige Kontrolle der Absatzzahlen und Deckungsbeiträge des Produkts XYZ	Aufbau und Funktionsprüfung der Komponente Kontrollaktivitäten im Bereich der operativen Planung/ Budgetkontrolle	Überbewertung der Vorräte (*Bewertung und Zuordnung*) Rückstellung für drohende Verluste nicht gebildet (*Vollständigkeit*)	*Befragung* des Vertriebsvorstands *Durchsicht* der Deckungsbeiträge *Einsichtnahme* in wesentliche Verträge

Tab. 5-10: Fortsetzung

Unternehmensziele	Geschäftschancen/ -risiken	Management-Controls	Erkenntnisquellen des Prüfers	Fehlerrisiko/*Aussagen in der Rechnungslegung*	Prüferische Reaktion
Zielkategorie/Verantwortungsbereich: Einhaltung von sonstigen Gesetzen und Vorschriften					
Einhaltung der maßgeblichen Umweltschutzauflagen	Verstoß gegen Umweltschutzauflagen nach Kontamination des Bodens infolge eines Produktionsunfalls	Regelmäßige Wartung und Erneuerung der Produktionsanlagen	Aufbau- und Funktionsprüfung der Komponenten Problemfeststellung/ -analyse im Bereich Einhaltung sonstiger Gesetze und Vorschriften	Rückstellung für öffentlich-rechtliche Verpflichtung wurde nicht bilanziert (*Vollständigkeit, Bewertung und Zuordnung*)	*Befragung* des Produktionsleiters Einholung von Rechtsanwalts*bestätigungen*
Zielkategorie/Verantwortungsbereich: Verlässlichkeit und Ordnungsmäßigkeit der internen und externen Berichterstattung					
Sicherstellung einer ordnungsgemäßen Informationsverarbeitung und -weiterleitung zwischen Online-Shop und Inhouse-System	Unsachgerecht konzipierte Schnittstellen führen zu Problemen beim Datenaustausch zwischen Online-Shop und Inhouse-System	Regelmäßige Auswertung der Schnittstellenprotokolle	Aufbau- und Funktionsprüfung der Komponente Information und Kommunikation im Bereich der Verlässlichkeit und Ordnungsmäßigkeit der internen und externen Berichterstattung	Umsatzerlöse und Forderungen werden nicht ordnungsgemäß erfasst (*betragsmäßig richtige Erfassung, Periodenabgrenzung*)	*Abstimmprüfungshandlungen* der Schnittstellenprotokolle Prüfung der Periodenabgrenzung am Stichtag

Die Bestimmung von Art, Umfang und Zeitpunkt der aussagebezogenen Prüfungshandlungen haben somit grundsätzlich als Reaktion auf die festgestellten Fehlerrisiken und auf Grundlage des pflichtgemäßen Ermessens eines Prüfers zu erfolgen, der ausreichende und angemessene Prüfungsnachweise erlangen will, um mit hinreichender Sicherheit gewährleisten zu können, dass die Rechnungslegung frei von wesentlichen Fehlern ist.[207]

Die wichtigste Besonderheit zu dieser Festlegung der aussagebezogenen Prüfungshandlungen bilden die Prüffelder, die wesentliche Arten von Geschäftsvorfällen, Kontensalden und Abschlussinformationen enthalten. In diesen Prüffeldern darf der Prüfer sein Urteil nicht ausschließlich auf die Systemprüfungshandlungen stützen. Deshalb sind dort immer aussagebezogene Prüfungshandlungen durchzuführen.[208] Grund hierfür ist, dass die Risikobeurteilungen des Prüfers, die auf dessen pflichtgemäßem Ermessen basieren, selbst fehleranfällig sein können, weil niemals mit absoluter Sicherheit davon auszugehen ist, dass sämtliche Fehlerrisiken erkannt wurden.[209, 210] Ferner ist auch bei den durch das MCF repräsentierten Systemen, selbst wenn die Angemessenheit und Wirksamkeit der prüfungsrelevanten Komponenten im Rahmen der Systemprüfungshandlungen bestätigt wurde, nicht auszuschließen, dass es zum Außerkraftsetzen von einzelnen Management-Controls durch die Unternehmensleitung oder das Management selbst kommt.[211]

Hinsichtlich der Art der aussagebezogenen Prüfungshandlungen ist des Weiteren darauf zu achten, ob es für bestimmte Sachverhalte zwingend erforderlich ist, Bestätigungen Dritter (z.B. Salden-/Bankbestätigungen) einzuholen.[212]

Ferner ist bei der Festlegung des Umfangs der Einzelfallprüfungshandlungen darauf zu achten, dass, sofern die Durchführung analytischer Nachweisprüfungshandlungen nicht möglich ist oder die durchgeführten Prüfungshandlungen keine ausreichende Prüfungssicherheit erbringen können, weitere Einzelfallprüfungshandlungen erforderlich sind.[213] Dabei ist jedoch bei Anwendung von stichpro-

---

207 Vgl. *IDW PS 300*, Prüfungsnachweise, 2006, Tz. 6 und 8.

208 Vgl. *IDW PS 261*, Beurteilung von Fehlerrisiken, 2006, Tz. 83; *ISA 330*, Risk Response, 2007, Tz. 49; *ISA 330 (redrafted)*, Risk Response, 2007, Tz. 20.

209 Vgl. *IDW PS 300*, Prüfungsnachweise, 2006, Tz. 22; *ISA 330*, Risk Response, 2007, Tz. 49; *ISA 330 (redrafted)*, Risk Response, 2007, Tz. A 42.

210 Zur Problematik der Risikobeurteilung vgl. auch die Ausführungen unter Kapitel 5.2.1.3: Feststellung und Beurteilung der Fehlerrisiken auf Unternehmensebene, S. 290 ff.

211 Vgl. *IDW PS 300*, Prüfungsnachweise, 2006, Tz. 22; *ISA 330*, Risk Response, 2007, Tz. 49; *ISA 330 (redrafted)*, Risk Response, 2007, Tz. A 42.

212 Vgl. *IDW PS 261*, Beurteilung von Fehlerrisiken, 2006, Tz. 81 i.V.m. *IDW PS 302*, Bestätigungen Dritter, 2003, Tz. 6 ff.

213 Vgl. *IDW PS 261*, Beurteilung von Fehlerrisiken, Tz. 81; *IDW PS 300*, Prüfungsnachweise, 2006, Tz. 25.

bengestützten Verfahren zu berücksichtigen, dass der noch benötigte Sicherheitsgrad auch mit dem festgelegten Stichprobenumfang erreicht werden kann.[214]

Bei der Festlegung des Zeitpunkts der Durchführung der aussagebezogenen Prüfungshandlungen hat der Prüfer insbesondere zu berücksichtigen, ob es in bestimmten Fällen evtl. angebracht sein kann, diese in zeitlicher Nähe zum Abschlussstichtag durchzuführen (z.B. Salden-/Bankbestätigungen). Hat er stattdessen Prüfungshandlungen bereits unterjährig durchgeführt, ist zu beachten, dass der Prüfer mittels geeigneter Prüfungshandlungen noch Prüfungsnachweise für den Zeitraum zwischen Prüfungszeitpunkt und Abschlussstichtag einholen muss.[215] Hinsichtlich des Rückgriffs auf Ergebnisse aus Vorperioden ist anzumerken, dass dies nur möglich ist, wenn der zu beurteilende Sachverhalt unverändert ist und die Relevanz der damals erlangten Prüfungsnachweise nach wie vor gegeben ist.[216]

Da die Zielsetzung der Prüfung eine hinreichende Urteilssicherheit erfordert, hat der Prüfer abschließend die Anzahl und die Qualität der mittels aussagebezogenen Prüfungshandlungen erlangten Prüfungsnachweise nach pflichtgemäßem Ermessen und mit einer kritischen Grundhaltung dahingehend zu beurteilen, ob diese ausreichend und angemessen sind, um sein Prüfungsurteil über die Ordnungsmäßigkeit der Rechnungslegung entsprechend zu stützen.[217] Falls der Prüfer zu dem Schluss kommt, dass die Prüfungsnachweise hierfür noch nicht ausreichen, hat er durch entsprechende Prüfungshandlungen weitere Prüfungsnachweise oder Prüfungsnachweise von höherer Qualität einzuholen.[218] Kommt der Prüfer dagegen zu dem Ergebnis, dass er das Entdeckungsrisiko in Bezug auf ein wesentliches Prüffeld nicht in ausreichendem Maße reduzieren konnte und er folglich für die Abgabe eines hinreichend sicheren Prüfungsurteils über dieses Prüffeld keine ausreichenden und angemessenen Prüfungsnachweise besitzt, so hat er den Bestätigungsvermerk entsprechend einzuschränken oder zu versagen.[219] Andernfalls kann der Bestätigungsvermerk uneingeschränkt erteilt werden, da der Prüfer auf Grundlage einer sorgfältig durchgeführten Abschlussprüfung keine wesentlichen Fehler in der Rechnungslegung festgestellt hat.

Abschließend kann somit festgehalten werden, dass der hier vorgestellte system- und geschäftsrisikoorientierte Prüfungsansatz es dem Prüfer nicht nur ermöglicht, ausreichende und angemessene Prüfungsnachweise für die Abgabe eines

---

214 Vgl. *IDW PS 261*, Beurteilung von Fehlerrisiken, Tz. 82.

215 Vgl. *ISA 330*, Risk Response, 2007, Tz. 56; *ISA 330 (redrafted)*, Risk Response, 2007, Tz. 23-24.

216 Vgl. *ISA 330*, Risk Response, 2007, Tz. 62; *ISA 330 (redrafted)*, Risk Response, 2005, Tz. 24.

217 Vgl. *IDW PS 261*, Beurteilung von Fehlerrisiken, 2006, Tz. 85; *IDW PS 300*, Prüfungsnachweise, 2006, Tz. 37-41.

218 I.d.S. *IDW PS 300*, Prüfungsnachweise, 2006, Tz. 6 und 8.

219 Vgl. *IDW PS 261*, Beurteilung von Fehlerrisiken, Tz. 84 i.V.m. *IDW PS 400*, Bestätigungsvermerk, 2005, Tz. 50 und 68a.

ausreichend sicheren Prüfungsurteils, d.h. eines Urteils unter Einhaltung aller maßgeblichen gesetzlichen und berufsständischen Anforderungen, über die Ordnungsmäßigkeit der Rechnungslegung zu erlangen, sondern auch über die übrigen Prüfungsgegenstände des § 317 HGB. Folglich kann dem Prüfer nach Durchführung der Jahresabschlussprüfung auf Basis des hier vorgeschlagenen system- und geschäftsrisikoorientierten Prüfungsansatzes keine haftungsbegründende Sorgfaltspflichtverletzung bzgl. dieser Normen zum Vorwurf gemacht werden, was wiederum bedeutet, dass er seiner Verantwortung zur sorgfältigen Prüfung der Prüfungsgegenstände und damit auch der durch das MCF repräsentierten prüfungsrelevanten Systeme sorgfältig nachgekommen ist.

5.4 Zusammenfassung der Ergebnisse des Kapitels 5

Aufgrund der Vorarbeiten aus Kapitel 4 war bereits klar, dass ein geschäftsrisikoorientierter Prüfungsansatz konzeptionell zwar einen geeigneten Rahmen bietet, um die in Kapitel 3 dargestellten Systemprüfungserfordernisse des MCF umzusetzen, allerdings nur dann, wenn er entsprechend systemorientiert ausgestaltet wird.[220] In Kapitel 5 wurde daher ein eigener Vorschlag zur Ausgestaltung eines geschäftsrisikoorientierten Prüfungsansatzes unterbreitet, der sich von den übrigen, derzeit in Theorien und Praxis diskutierten Ansätzen durch seine konsequente Ausrichtung an den durch das MCF repräsentierten Systemen unterscheidet. Damit dem Prüfer hinsichtlich der risikoorientierten Ausgestaltung des Prüfungsprozesses keine Sorgfaltspflichtverletzung zum Vorwurf gemacht werden kann, wurde als normative Grundlage für die Konkretisierung des eigenen Vorschlags das risikoorientierte Prüfungsvorgehen gewählt, welches durch ISAs und die korrespondierenden IDW-Standards bzw. Entwürfe eines Prüfungsstandards grundsätzlich vorgegeben wird. Dieser bereits existierenden Soll-Vorgabe eines risikoorientierten Prüfungsprozesses wurden dann die in Kapitel 3 dargestellten Systemprüfungserfordernisse des MCF wie folgt zugeordnet:

220 Vgl. hierzu die Ausführungen unter Kapitel 3.6: Zusammenfassung der Ergebnisse des Kapitels 3 und Darstellung der prüfungsrelevanten Komponenten des Management-Control-Framework im Überblick, S. 233ff., und Kapitel 4.5: Zusammenfassung der Ergebnisse des Kapitels 4, S. 253 ff.

Abb. 5-3: Zuordnung der Aufbau- und Funktionsprüfungspflichten des Management-Control-Framework zu den Phasen des risikoorientierten Prüfungsvorgehens nach IDW PS 261 bzw. ISA 315 und 330[221]

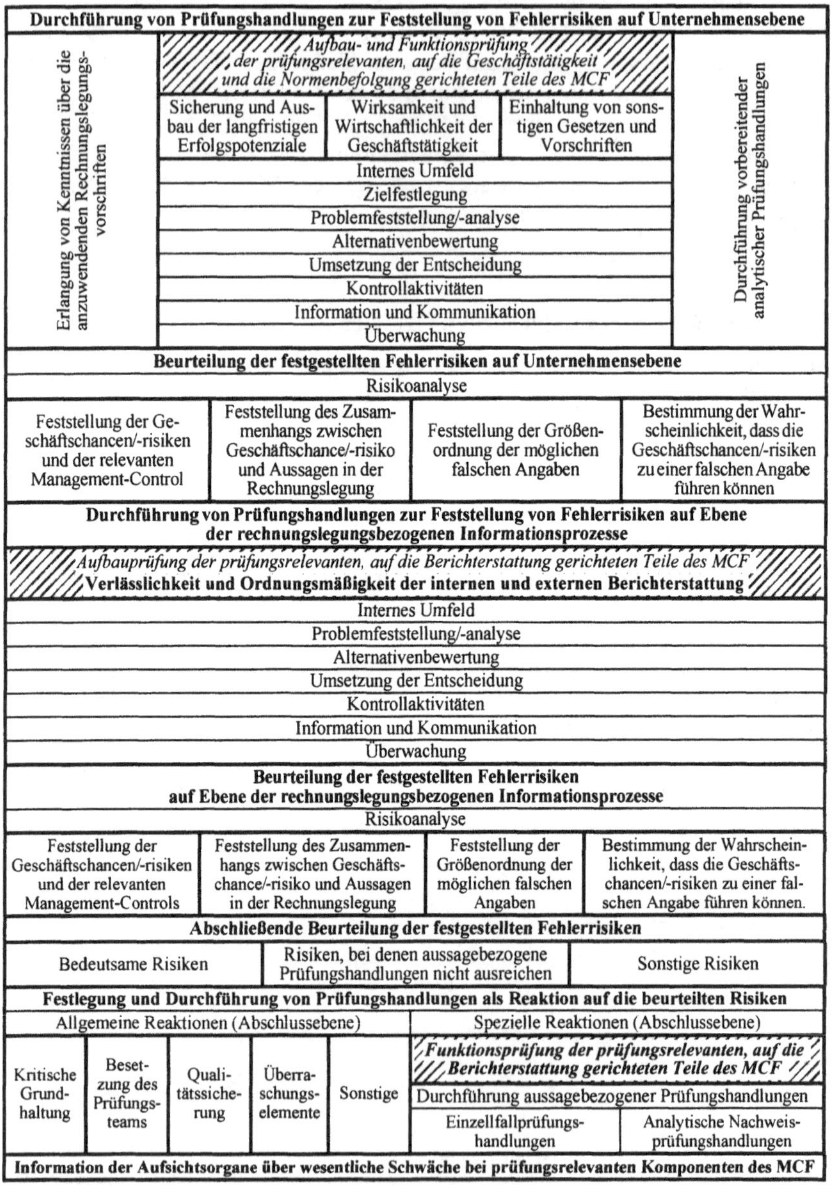

221 Eigene Darstellung in Anlehnung an *Schmidt*, Risikobeurteilungen, 2005, S. 876.

Wesentlicher Unterschied zwischen dem eigenen Vorschlag eines system- und geschäftsrisikoorientierten Prüfungsansatzes zu den bisherigen geschäftsrisikoorientierten Prüfungsansätzen liegt dabei insbesondere in der Vorgehensweise bei der Fehlerrisikobeurteilung auf Unternehmensebene. Im Gegensatz zu den bisherigen Ansätzen, die in erster Linie eine selbstständige Analyse der externen, strategischen und internen Geschäftschancen und -risiken durch den Prüfer fordern, greift der eigene Ansatz auf die diesbezüglichen Analyseergebnisse der Unternehmensleitung bzw. nachgelagerter Managementebenen zurück, um diese Management-Informationen für die Zwecke der Jahresabschlussprüfung zu instrumentalisieren. Dies ist allerdings nur dann möglich, wenn der Prüfer ausreichende und angemessene Prüfungsnachweise für die Vollständigkeit, Richtigkeit und Gültigkeit dieser Informationen eingeholt hat, was wiederum eine Aufbau- und Funktionsprüfung bestimmter, auf die Geschäftstätigkeit und Normenbefolgung gerichteten Teile des MCF erforderlich macht. Da diese Teile aufgrund der Pflicht zur sorgfältigen Prüfung der Prüfungsgegenstände gem. § 317 HGB allerdings ohnehin prüfungspflichtig sind, ist dieses Vorgehen aus prüfungskonzeptioneller Sicht als effizient und effektiv zugleich zu bezeichnen, um im Rahmen eines risikoorientierten Prüfungsprozesses der Prüferverantwortung umfassend und sorgfältig nachkommen zu können.

6. Zusammenfassung und Ausblick

Zum Abschluss der Arbeit wird im Folgenden zunächst ein Überblick über deren Ziele und wichtigste Ergebnisse gegeben, bevor in Form eines Ausblicks aufgezeigt wird, wie sich künftige Entwicklungstrends auf das Erfordernis der Systemprüfung der durch das MCF repräsentierten Systeme auswirken werden. Dabei werden auch Ansatzpunkte für nachfolgende Arbeiten aufgezeigt.

6.1 Zusammenfassung

Grundlegendes Ziel der Arbeit war es, die Bedeutung der Systeme für die Jahresabschlussprüfung zu untersuchen, die das Management nutzt, um seiner Verantwortung für die Steuerung und Überwachung des Unternehmens nachzukommen.

Zu Beginn der Untersuchung war daher zunächst zu klären, welche Systeme zu diesem Zweck genutzt werden, um diese dann in das bestehende Systemverständnis der Prüfungsstandards, welches national wie international durch die COSO-Konzepte geprägt ist, einzuordnen. Dies war nicht nur grundlegende Voraussetzung, um eine einheitliche Notation zu schaffen, sondern auch um die Prüfungserfordernisse dieser Systeme im weiteren Verlauf der Arbeit sachgerecht untersuchen zu können. Aufbauend auf einer Analyse der Verantwortungsbereiche des Managements auf strategischer und operativer Ebene wurde daher in Kapitel 2 der Frage nachgegangen, welche Systeme die Unternehmensleitung einrichten muss und welche inhaltlichen Anforderungen anschließend an diese Systeme zu stellen sind, damit der Unternehmensleitung keine haftungsbegründende Sorgfaltspflichtverletzung zum Vorwurf gemacht werden kann. Vor diesem juristisch abgesteckten Analysehintergrund konnte gezeigt werden, dass ein nach COSO I ausgestaltetes Internes Kontrollsystem zwar angemessen ausgestaltet ist, um zu gewährleisten, dass die Unternehmensleitung und die nachgelagerten Managementebenen ihrer Führungsverantwortung auf operativer Ebene ausreichend nachkommen können, nicht jedoch auf strategischer Ebene.[1] Folglich musste das COSO I-Rahmenkonzept konsistent erweitert werden, damit auch die Systeme, die die Unternehmensleitung nutzt, um ihrer Führungsverantwortung auf strategischer Ebene nachkommen zu können – in diesem Zusammenhang wurde insbesondere die Bedeutung eines angemessen ausgestalteten Management-Informationssystems hervorgehoben – in den konzeptionellen Rahmen integrierbar sind.[2]

---

1 Vgl. hierzu die Ergebnisse unter Kapitel 2.5: Zwischenergebnis und weiteres Vorgehen, S. 98.

2 Vgl. hierzu die Ausführungen unter Kapitel 2.6.4: Systemunterstützung des Managements auf strategischer Ebene, S. 113 ff.

Dies gelang nach Erweiterung des COSO I um die Zielkategorie „Sicherung und Ausbau der langfristigen Erfolgspotenziale“ sowie durch Integration folgender zusätzlicher Komponenten:

- Zielfestlegung,
- Problemstellung/-analyse,
- Alternativenbewertung und
- Umsetzung der Entscheidung.[3]

Dieser, auf COSO I aufbauende, erweiterte konzeptionelle Rahmen wurde dann als „Management-Control-Framework“ bezeichnet, da er alle Systeme integriert, die das Management nutzt, um den jeweiligen Verantwortungsbereich zu steuern bzw. zu überwachen.

Weiteres Bestreben der Arbeit war es anschließend, für die Systeme, die das Management zur Steuerung und Überwachung seiner Verantwortungsbereiche einsetzt, grundlegende Kriterien für ein Soll-Objekt zu erarbeiten. Hierfür wurde eine deduktive Vorgehensweise gewählt. D.h., ausgehend von den Systemzielen des MCF, die, wie in nachfolgender Tab. 6-1 dargestellt, definiert wurden und die Systemziele eines als angemessen zu bezeichnenden Systems darstellen, wurden Grundsätze abgeleitet, deren Einhaltung durch das System im „Ist“ die berechtigte Schlussfolgerung zulassen, dass auch dieses Ist-System diese Systemziele hinreichend sicherstellt und folglich ebenfalls als angemessen bezeichnet werden kann.[4]

Als angemessen wurde in diesem Kontext das System dann bezeichnet, wenn der Unternehmensleitung bzgl. dessen Ausgestaltung keine haftungsbegründende Sorgfaltspflichtverletzung zum Vorwurf gemacht werden kann. Die Darstellung der auf diese Weise abgeleiteten Systemgrundsätze, welche als Grundsatzvorschläge zu verstehen sind, erfolgte in Anhang I zu dieser Arbeit.

---

3 Vgl. hierzu die Ausführungen unter Kapitel 2.6.5: Integration der Ergebnisse zum Management-Control-Framework, S. 127 ff.

4 Vgl. hierzu die Ausführungen unter Kapitel 2.6.5: Integration der Ergebnisse zum Management-Control-Framework, S. 127 ff.

Tab. 6-1: Systemziele des Management-Control-Framework

Oberziel des Verantwortungsbereichs	Sicherung und Ausbau der langfristigen Erfolgspotenziale	Wirksamkeit und Wirtschaftlichkeit der Geschäftstätigkeit	Verlässlichkeit und Ordnungsmäßigkeit der internen und externen Berichterstattung	Einhaltung sonstiger Gesetze und Vorschriften
Systemziele des MCF hinsichtlich der Verantwortungsbereiche des Managements	Gewährleistung von hinreichender Sicherheit dahingehend, dass die Unternehmensleitung vollständig, richtig und gültig über den Zielerreichungsgrad der strategischen Ziele und über die diesen beeinflussenden, wesentlichen kritischen Erfolgsfaktoren sowie über die im Zusammenhang mit der Strategie stehenden wesentlichen Chancen und Risiken informiert wird.	Gewährleistung von hinreichender Sicherheit dahingehend, dass die Unternehmensleitung vollständig, richtig und gültig über die Performance, verstanden als umfassendes, die Effektivität und Effizienz beinhaltendes Leitungsmaß des Unternehmens und über die dieses beeinflussende Chancen und Risiken informiert ist.	Gewährleistung von hinreichender Sicherheit dahingehend, dass die Verlässlichkeit und Ordnungsmäßigkeit der internen und externen Berichterstattung gegeben sind.	Gewährleistung von hinreichender Sicherheit dahingehend, dass die sonstigen Gesetze und Vorschriften eingehalten werden.

Somit war aus der Perspektive des Verantwortungsbereichs der Unternehmensleitung genügend Vorarbeit geleistet, um in Kapitel 3 in den Verantwortungsbereich des Prüfers zu wechseln. Dort wurde anschließend untersucht, in welchem Umfang die Systeme, die das Management zur Steuerung und Überwachung der Geschäftstätigkeit nutzt, prüfungsrelevant und somit für die Jahresabschlussprüfung von Bedeutung sind. Da diese Systeme aufgrund der Vorarbeiten in Kapitel 2 als Teilsysteme des MCF aufgefasst werden konnten, war es möglich, in Kapitel 3 einer differenzierteren Fragestellung nachzugehen. Die Problemstellung für die Analyse war folglich nicht mehr, welche Systeme, sondern welche Komponenten des MCF aufgrund gesetzlicher wie aber auch berufsständischer Normen prüfungsrelevant sind. Die Analyse beschränkte sich dabei im Speziellen auf die Normen, die für den Prüfer relevant sind, um ein ausreichend sicheres Urteil über die Prüfungsgegenstände gem. § 317 HGB (Buchführung, Jahres-/Konzernabschluss, Lagebericht/ Konzernlagebericht und Risikofrüherkennungssystem gem. § 91 Abs. 2 AktG) abgeben zu können. Die Ergebnisse dieser Analyse wurden in Form der so bezeichneten Relevanzchecklisten für jeden Prüfungsgegenstand einzeln ausgewertet und in Kapitel 3 dargestellt.[5] Die Relevanzchecklisten dienten dabei der Kennzeichnung der jeweils prüfungsrelevanten Komponenten des MCF. Anzumerken gilt es in diesem Zusammenhang vor allem, dass sich nicht nur Systemprüfungspflichten aus den direkt prüfungspflichtigen Systemen (Buchführungssystem und Risikofrüherkennungssystem gem. § 91 Abs. 2 AktG) ergaben,[6] sondern auch viele indirekte Systemprüfungspflichten aus der Pflicht zur sorgfältigen Prüfung der Rechnungslegung resultierten.[7] Letzteres war insbesondere auf die Ausweitung der Lage-/ Konzernlageberichterstattung im Zuge des KonTraG und des BilReG zurückzuführen.[8]

Nachdem gezeigt werden konnte, dass aus der Pflicht des Prüfers zur sorgfältigen Prüfung der Prüfungsgegenstände gem. § 317 HGB umfangreiche Systemprüfungspflichten der durch das MCF repräsentierten Systeme resultieren, war ein weiteres erklärtes Ziel der Arbeit, diese Anforderungen an die Prüfung in einen

---

5 Vgl. hierzu folgende Analyseergebnisse: Tab. 3-3: Relevante Komponenten zur Prüfung des Buchführungssystems, S. 173; Tab. 3-5: Relevante Komponenten zur Prüfung der Maßnahmen gem. § 91 Abs. 2 AktG, S. 188; Tab. 3-6: Relevante Komponenten zur Prüfung der Going-Concern-Prämisse, S. 204; Tab. 3-7: Relevante Komponenten zur Prüfung des Lageberichts bzw. Konzernlageberichts, S. 220; Tab. 3-8: Relevante Komponenten zur Prüfung der „Management-Informationen mit Bezug zur Rechnungslegung“ und der „Management-Informationen in der Rechnungslegung, S. 232.

6 Vgl. hierzu die Ausführungen unter Kapitel 3.5.1: Prüfungsrelevante Komponenten zur Beurteilung der Ordnungsmäßigkeit der Buchführung, S. 165 ff., und Kapitel 3.5.2: Prüfungsrelevante Komponenten zur Beurteilung der gem. § 91 Abs. 2 AktG ergriffenen Maßnahmen, S. 174 ff.

7 Vgl. hierzu die Ausführungen unter Kapitel 3.5.3: Prüfungsrelevante Komponenten zur Beurteilung der Ordnungsmäßigkeit der Rechnungslegung, S. 189 ff.

8 Vgl. hierzu die Ausführungen unter Kapitel 3.5.3.2.2: Prüfungsobjekt Lagebericht/Konzernlagebericht, S. 204 ff.

risikoorientierten Prüfungsansatz zu integrieren. Letzteres ist notwendig, damit der Prüfer die im Prüfungsbericht bzw. Bestätigungsvermerk geforderten Prüfungsaussagen über die Prüfungsgegenstände, allen voran über die Rechnungslegung, mit hinreichender Sicherheit treffen kann. In diesem Zusammenhang konnte in Kapitel 4 gezeigt werden, dass die bisherigen Ansätze zur Ausgestaltung des risikoorientierten Prüfungsansatzes nicht dazu geeignet sind, die aufgezeigten Systemprüfungserfordernisse des MCF sachgerecht umzusetzen.[9] Folglich wurde in Kapitel 5, aufbauend auf den grundlegenden berufsständischen Anforderungen an ein risikoorientiertes Prüfungsvorgehen, ein eigener Vorschlag eines geschäftsrisikoorientierten Prüfungsansatzes erarbeitet. Dieser zeichnet sich durch eine konsequente Systemorientierung an dem System aus, die der Mandant zur Steuerung und Überwachung seiner Geschäftstätigkeit nutzt. Der eigene Vorschlag eines Prüfungsansatzes wurde daher als system- und geschäftsrisikoorientierter Prüfungsansatz bezeichnet.[10] Bei dessen Konzeption wurde insbesondere darauf geachtet, dass er neben den ohnehin prüfungsrelevanten Komponenten des MCF keine darüber hinausgehenden Systemprüfungshandlungen fordert. Insofern wurde dieser Ansatz aus konzeptioneller Sicht als effizient und effektiv bezeichnet und dementsprechend als geeignet dafür, dass der Prüfer seiner Verantwortung im Rahmen der Jahresabschlussprüfung sorgfältig nachkommen kann.[11]

6.2 Ausblick

Auch künftig werden die Anforderungen an die Jahresabschlussprüfung weiter zunehmen.[12] In diesem Zusammenhang wird daher sicherlich auch der Bedarf an Hilfsmitteln bzw. Soll-Objekten wachsen, die dem Prüfer dabei helfen, die steigenden Anforderungen zu bewältigen bzw. prüferisch adressieren zu können, um hierdurch die Effektivität der Jahresabschlussprüfung sicherzustellen. Mit dieser Arbeit wurde ein erster Vorschlag dahingehend entwickelt, wie die Systeme, die das Management zur Steuerung und Überwachung seiner Geschäftstätigkeit nutzt, in die bestehende Systematik der Prüfungsstandards durch eine Erweiterung der COSO-Rahmenkonzepte integriert werden kann. Des Weiteren wurden grundlegende Kriterien für ein Soll-Objekt erarbeitet und hierfür bereits erste Vorschläge für konkrete Grundsätze gemacht. Diese erheben weder den Anspruch auf Voll-

---

9 Vgl. hierzu im Überblick die Ausführungen unter Kapitel 4.5: Zusammenfassung der Ergebnisse des Kapitels 4, S. 253 ff.

10 Vgl. hierzu die Ausführungen unter Kapitel 5.1: Grundkonzeption des system- und geschäftsrisikoorientierten Prüfungsansatzes, S. 258 ff.

11 Vgl. hierzu die Ausführungen unter Kapitel 5.4: Zusammenfassung der Ergebnisse des Kapitels 5, S. 315 ff.

12 Vgl. *Heese*, Prüfungsansatz, 2003, S. 227-230; *Justenhoven/ Krawietz*, Prüfungsansatz, 2006, S. 62-63; *Kaiser*, Jahresabschlussprüfung, 2005, S. 2309-2312; *Ruhnke*, Internationale Prüfungsnormen, 2006, S. 1174-1175.

ständigkeit noch auf Normativität. Sie sollen jedoch die wissenschaftliche Diskussion anregen, damit vor dem Hintergrund des MCF Grundsätze etabliert werden können, die dem Prüfer dann als allgemein anerkannte Vorgaben für die Prüfung der Angemessenheit der durch das MCF repräsentierten Systeme dienen können. Die Notwendigkeit der Überprüfung der in dieser Arbeit dargestellten Vorschläge für Grundsätze – um bspw. deren Gültigkeit empirisch zu bestätigen – stellt daher einen Ansatzpunkt für künftige wissenschaftliche Arbeiten dar. Ferner bietet das MCF dem Berufsstand der Wirtschaftsprüfer ein konzeptionell geschlossenes Systemverständnis derjenigen Systeme, die die Unternehmensleitung zur Steuerung und Überwachung ihrer Unternehmenstätigkeit einsetzt. Künftige Systemprüfungserfordernisse und Anforderungen an die durch das MCF repräsentierten Systeme sollten daher – um dem Prüfer in der Praxis ein einheitliches und strukturiertes Vorgehen zu erleichtern – in die dargestellte Systematik des MCF eingebaut werden. Hierdurch wird gleichzeitig induktiv durch den Berufsstand ein Beitrag zur Erarbeitung von Grundsätzen für ein Soll-Objekt geleistet. Des Weiteren wäre denkbar, dass ein derart erweitertes Rahmenkonzept, wie es das MCF darstellt, auch auf internationaler Ebene auf zunehmende Akzeptanz beim Berufsstand stoßen würde, wenn nachgewiesen werden könnte, dass durch eine stärkere Systemorientierung des geschäftsrisikoorientierten Prüfungsansatzes bspw. die Risikobeurteilung im Rahmen der Jahresabschlussprüfung verbessert werden könnte. Letzteres zu belegen wäre ebenfalls ein weiterer Ansatzpunkt für künftige wissenschaftliche Untersuchungen.

Aufgrund der zunehmenden Prognoseorientierung der Rechnungslegung, die immer stärker die Informationsfunktion als Rechnungslegungszweck in den Vordergrund stellt und daher dem Investor entscheidungsrelevante Informationen aus Sicht des Managements präsentieren will,[13] wird die Prüfungsdisziplin auch auf internationaler Ebene ohnehin nicht umhinkommen, sich ebenfalls verstärkt mit der Angemessenheit der Informationssysteme des Managements auseinanderzusetzen.[14]

Ferner wird auch eine immer stärker werdende Diskussion der Corporate Governance hierzulande und die in diesem Zusammenhang auf internationaler Ebene bereits begonnene Normierung dazu führen, dass das Aufgabenfeld des Abschlussprüfers weiter ausgebaut wird und als Prüfungsgegenstand neben die Rechnungslegung auch die Ordnungsmäßigkeit der Systeme tritt, die die Unternehmensleitung entsprechend der regulatorischen Vorgaben verantwortlich einzurichten und

---

13 Vgl. *Ruhnke*, Internationale Prüfungsnormen, 2006, S. 1174-1175; *Wagenhofer*, Controlling und IFRS, 2006, S. 1-20.

14 Vgl. hierzu die Ausführungen unter Kapitel 3.5.3.2.3: Prüfungsobjekt Management-Informationen mit Bezug zur Rechnungslegung und Management-Informationen in der Rechnungslegung, S. 220 ff.

auszugestalten hat.[15] Insofern darf bei einem Blick auf den amerikanischen Kapitalmarkt und den im Rahmen des Sarbanes Oxley Acts eingeführten Regelungen davon ausgegangen werden, dass der Umfang der Systemprüfung weiter zunehmen wird und damit auch das in diesem Zusammenhang vom Abschlussprüfer verlangte Prüfungs- bzw. Problemlösungs-Know-how.[16] Neben gesetzlichen Anforderungen kann es allerdings auch der faktische Zwang der Kapitalmärkte sein, die vom Management einen Nachweis über die Güte ihrer Systeme verlangen. In diesem Bereich eröffnet sich somit ein Feld für Dienstleitungen im Bereich der sonstigen betriebswirtschaftlichen Prüfungen (sog. Assurance Services), das über das Gebiet der gesetzlichen Jahresabschlussprüfung hinausgeht und durch neue Produktideen seitens des Berufsstandes erschlossen werden kann.[17]

Aus den aufgezeigten Entwicklungen kann somit die Schlussfolgerung gezogen werden, dass die Anforderungen an die Prüfung und damit auch an den Prüfer weiter zunehmen werden. Ein in erster Linie rechnungslegungs- und steuerrechtsorientierter Prüfer wird sich weder am Markt behaupten noch die künftigen Anforderungen an eine ordnungsmäßige Abschlussprüfung erfüllen können. Neben der Weiterbildungsbereitschaft des Berufsstandes ist allerdings auch die Wissenschaft gefordert, der Prüfungspraxis Lösungsvorschläge oder Hilfsmittel für eine effektive und effiziente Prüfungsdurchführung zu liefern. Diesem Anliegen sah sich die hier vorliegende Arbeit verpflichtet.

---

[15] Vgl. *Cromme*, Corporate Governance, 2006, S. 11-12; *o.V.*, Corporate Governance, 2006, Meldung aus Heft 30; *o.V.*, Corporate Governance, 2005, Meldung aus Heft 37.

[16] Vgl. *Banks/ McConnell*, Sarbanes-Oxley, 2003, S. 49-55; *Pfitzer/ Oser/ Orth*, Reformgesetze, 2005, S. 11-16.

[17] Vgl. *AICPA*, Assurance on Risk Assessment, 2004, o.S.; *AICPA*, Assurance on Business Performance Measures, 2004, o.S.

7. Anhang

Anhang I: Grundsatzvorschläge für das Management-Control-Framework

Anhang I-1: Grundsätze für das Interne-Umfeld

	Chancen-/Risikomanagement	Strategische Planung/Kontrolle	Operative Planung/Kontrolle
Organisation	Die Erhebung der erforderlichen Informationen zur Identifizierung wesentlicher Ereignisse soll als routinemäßiger Prozess angelegt sein.	Der formale Strategieprozess soll durch feste Termine im Planungskalender bestimmt sein.	Der formale Prozess der Budgetierung soll durch feste Termine im Planungkalender bestimmt und so organisiert sein, dass er in einem angemessen Zeitraum durchgeführt werden kann.
	Ein qualifizierter Risikomanagementbeauftragter soll benannt sein, dessen Aufgaben in der Umsetzung, Koordinition, Kontrolle und konzeptionellen Weiterentwicklung eines angemessenen Risikomanagements besteht. *Er berät bspw. die Risikoverantwortlichen (z.B. Geschäftsbereichsmanagement bzw. die Funktionsverantwortlichen) bei der Implementierung/Umsetzung von Maßnahmen, sorgt für die Einhaltung der internen Richtlinien bzw. externen Standards und zeigt sich verantwortlich für eine sachgerechte Risikoberichterstattung.*	Der Teilnehmerkreis der Strategieklausuren soll eindeutig bestimmt sein und über die nötige Kompetenz verfügen.	Die Budgetverantwortlichen sollen eindeutig bestimmt sein und über die notwendigen Kompetenzen verfügen.
	Auf Konzernebene soll ein Risikomanagementausschuss eingerichtet sein, dessen Zusammensetzung und Einbindung in die Organisationsstruktur die Einbeziehung aller Teilbereiche sicherstellt, die Risikomanagementaktivitäten koordiniert und für unternehmensweit einheitliche Standards sorgt. *Dem Ausschuss sollen daher bspw. neben den Risikomanagementbeauftragten der Geschäftsbereiche auch die Verantwortungsträger der Zentralbereiche angehören, außerdem soll er eine Querfunktion zur strategischen Planung aufweisen und in seiner Linienfunktion direkt an den Vorstand/Geschäftsführung berichten.*	Die Koordination und Informationsversorgung des Strategieprozesses soll durch eine eigene Organisationseinheit/Stabsstelle sichergestellt werden (z.B. Controlling).	Die Budgetierung soll auf Basis eines integrierten und einheitlichen Kontenplans erfolgen, der die aus Konzern- bzw. Unternehmenssicht wichtigsten Planungskomponenten enthält.

Anhang I-1: Grundsätze für das Interne-Umfeld – *Fortsetzung*

	Chancen-/Risikomanagement	Strategische Planung/Kontrolle	Operative Planung/Kontrolle
Organisation	Konzernweit soll ein einheitlicher als Mindeststandard verbindlich vorgeschriebener "Risikokontenplan" existieren, der der systematischen Erhebung, Inventarisierung und einheitlichen Kommunikation sowie Aggregation der Risiken dient.	Teilnehmerkreis und zeitliche Terminierung sind mit dem institutionalen Planungsprozess (Top-Down, Bottom-Up, Gegenstromverfahren) zu synchronisieren.	
	Konzernweit sollen die Verantwortungsbereiche eindeutig und deckungsgleich zu den Berichtseinheiten festgelegt sein, die sich für die wesentlichen Chancen und Risiken sowie für deren angemessene Einbindung in den Steuerungsprozess verantwortlich zeichnen.	Die Planungseinheiten sollen deckungsgleich zu den Berichtseinheiten festgelegt werden, voneinander unabhängig sein und eigenständige Verantwortungsbereiche darstellen. Hierfür sind die Planungseinheiten sachgerecht und hinreichend detailliert zu segmentieren.	
	Der Kreis der in das Chancen-/Risikomanagement einzubeziehenden Unternehmen muss vollständig festgelegt sein. Eine sachgerechte Einbeziehung bspw. in Abhängigkeit des Einflussgrads nach Tochterunternehmen, Gemeinschaftsunternehmen und assoziierten Unternehmen ist sicherzustellen. (Eine AG als Konzernmutter muss sich bspw. bewusst sein, dass sie ihrer aktienrechtlichen Verantwortung nur dann nochkommt, wenn alle Töchter ungeachtet ihrer Rechtsform angemessen berücksichtigt wurden).	Der Kreis und Planungsumfang der in die Planung einzubeziehenden Unternehmen muss frühzeitig und vollständig festgelegt werden. Eine sachgerechte Einbeziehung bspw. in Abhängigkeit des Einflussgrads nach Tochterunternehmen, Gemeinschaftsunternehmen und assoziierten Unternehmen ist sicherzustellen.	
		Zur Sicherstellung der Verknüpfung zwischen operativer und strategischer Planung soll eine strukturelle Verbindungstelle in Form von Planungsausschüssen oder von sog. Planungskonferenzen zu Beginn des Planungsprozesses eingerichtet bzw. durchgeführt werden, in denen Ziele und wesentliche Planungsinhalte zwischen strategischen und operativen Planern gemeinsam abgestimmt werden.	
	Zur Sicherstellung einer angemessenen sowie konzern- bzw. unternehmenseinheitlichen organisatorischen Ausgestaltung müssen Funktionsbereiche und Prozessabläufe über hinreichend detailierte Organisationsrichtlinien (Verfahrensanweisungen, Richtlinien sowie Handbücher bzw. -leitfäden) beschrieben bzw. festgelegt sein.		
	Die interne Berichtsstruktur soll deckungsgleich sein mit der internen Organisationsstruktur des Unternehmens, um bspw. den Erfolg der Steuerungs- und Überwachungsmaßnahmen sicherzustellen.		

Anhang I-1: Grundsätze für das Interne-Umfeld – *Fortsetzung*

	Chancen-/Risikomanagement	Strategische Planung/Kontrolle	Operative Planung/Kontrolle
Organisation	Die Entscheidungen und Maßnahmen müssen angemessen koordiniert werden, so dass die damit verbundenen Auswirkungen bzw. Wechselwirkungen für das Unternehmen den Unternehmensmitgliedern hinreichend transparent sind und im eigenen Entscheidungskalkül berücksichtigt werden können. *Die Koordination verbessert die Integration, Übereinstimmung sowie Verantwortlichkeit und schränkt die Entscheidungsfreiheit bspw. durch Zielvorgaben, Richtlinien auf ein für die Organisation vertretbares Maß ein. Damit Steuerung und Kontrolle jedoch auch in komplexen Unternehmensstrukturen angemessen und wirksam sein können, bedarf es bspw. einer formellen Controllingstruktur, um eine angemessen Koordination sicherzustellen.*		
	Die Organisationsstruktur (Primärorganisation) muss so ausgestellt sein, dass es der Unternehmensleitung möglich ist, bei der strategischen Ausrichtung des Unternehmens und in Abhängigkeit von Komplexität und Dynamik des Geschäftsgeschehens und der Unternehmensumwelt das Unternehmen angemessen zu steuern, zu kontrollieren und zu überwachen. *Die hierfür notwendige "organisatorische Stimmigkeit" der Aufbau-/Ablauforganisation wird durch Zentralisierung, Dezentralisierung und Sequenzialisierung von Aufgaben dem durch Weisungsbefugnis festgelegten Beziehungsgefüge und der Ausgestaltung der Stellen mit Kompetenzen und Verantwortung erreicht. In einem zunehmend dynamischen Wettbewerbsumfeld wird dies bspw. dadurch erreicht, dass eine zentrale Funktionalorganisation zu einer dezentralen Divisionalorganisation und schlussendlich durch Konzentration auf die Kernkompentenzen zu einer Geschäftsprozessorganisation angepasst wird.*		
	Zur Sicherstellung einer hinreichenden organisatorischen Flexibilität muss das Unternehmen neben der Primärorganisation auch über eine angemessene Projektorganisation (Sekundarorganisation) verfügen. *Ständige Veränderungen in der Organisationsstruktur stiften Verwirrung und Unkoordination, organisatorische Starre führt dagegen dazu, dass die von der Organisation verlangte "strategische Stimmigkeit" nicht erreicht wird. Das Unternehmen benötigt daher zwei sich überlagernde Strukturen.*		
Personalpolitik	Damit die involvierten Mitarbeiter über ihr Aufgabengebiet angemessen informiert sind, sind die jeweiligen Aufgaben-/Verantwortungsbereiche und Prozessabläufe regelmäßig Gegenstand von Schulungen und Weiterbildungen. *Aus- und Fortbildung stellen dabei nicht nur sicher, dass die Mitarbeiter dazu befähigt sind, ihre Aufgaben sachgerecht zu erledigen, sondern soll die Mitarbeiter auch zum Lernen motivieren, um so im Unternehmen eine Kultur des Lernens zu etablieren, die zur ständigen Weiterentwicklung und Anpassungsfähigkeit der gesamten Organisation beiträgt.*		
	Das Unternehmen muss mittels geeigneter Verfahren und Maßnahmen sicherstellen, dass die Unternehmenskultur durch die Mitarbeiterrekrutierung und -freisetzung keinen nachhaltigen Schaden erleidet und genügend kompetente Mitarbeiter zur Verfügung stehen. *Hierfür ist es bspw. notwendig, dass bei der Freisetzung eine angemessene soziale Auswahl getroffen wird und bei der Rekrutierung durch entsprechende Interviewführung auch die verborgenen Charakteristika hinreichend in Erfahrung gebracht werden können, um ausreichend Rückschlüsse auf integres Verhalten, ethische Werte und Kompetenzen ziehen zu können.*		
	Zur Verbesserung der Motivation und Stärkung der Unternehmenskultur sollen als gerecht und objektiv empfundene Mitarbeiter-Beurteilungsprogramme angemessene Incentivierung nach sich ziehen, wohingegen Leistungsverweigerung bzw. unternehmensschädliches Verhalten entsprechend disziplinarisch geahndet werden. *Die Incentivierung muss daher im internen Vergleich zu einer leistungsadäquaten Differenzierung führen, die sich bspw. in Bonusbandbreiten und Gehaltsbandbreiten für vergleichbare Funktionen niederschlägt. Im externen Vergleich muss sichergestellt werden, dass die Vergütung von Leistungsträgern dem im relevanten Markt üblichen Niveau entspricht.*		

Anhang I-1: Grundsätze für das Interne-Umfeld – *Fortsetzung*

<table>
<tr><th></th><th>Chancen-/Risikomanagement</th><th>Strategische Planung/Kontrolle</th><th>Operative Planung/Kontrolle</th></tr>
<tr><td rowspan="3">Personalpolitik</td><td colspan="3">Vergütungs- und Anreizsysteme müssen dazu motivieren, die individuellen Zielvorgaben zu erreichen, ohne jedoch bei leitenden Angestellten zu Interessenskollisionen und Fehlanreizen zu führen. Bei Short Term Incentives ist bspw. auf einen hohen Grad an Transparenz zu achten, indem Zielbonusniveaus sowie deren Schwankungsbreite ereignisabhängig oder relativ festgelegt werden und die Kriterien zur Messung der erwarteten Zielperformance vorab bekannt sind. Bei Long Term Incentives, deren Einsatz in der Regel nur bei der Führungsebene sachgerecht ist, die auch für die längerfristige Planung verantwortlich ist, soll darüber hinaus der Plan sachgerecht publiziert und, sofern vorhanden, vom Aufsichtsgremium bewilligt werden.</td></tr>
<tr><td colspan="3">Die innerbetrieblichen Motivationsmechanismen sollen mit den ethischen Grundsätzen des Unternehmens in Einklang stehen.</td></tr>
<tr><td colspan="3">Personalstrategien und -praktiken sollen in Einklang stehen mit den Ethikvorstellungen des Unternehmens, um eine Atmosphäre des Vertrauens zu schaffen und sicherzustellen, dass die Mitarbeiter motiviert am Erreichen der Unternehmensziele mitarbeiten.</td></tr>
<tr><td rowspan="5">Zuordnung von Anordnungs-/ Weisungsrechten und Verantwortung</td><td colspan="3">Weisungsrechte sind in dem Umfang auf nachgeordnete Ebene zu verlagern, der dort benötigt wird, um im Interesse des Unternehmens sachgerechte Entscheidungen in einem angemessen Zeitrahmen zu treffen, damit die Zielerreichung hinreichend sichergestellt wird.</td></tr>
<tr><td colspan="3">In Abhängigkeit der Verlangerung von Anordnungs- und Weisungsrechten auf nachgelagerte Ebenen muss die Unternehmensleitung sicherstellen, dass die Verfahren der Planung, Steuerung und Kontrolle dem gestiegenen Koordinationsaufwand angemessen sind und sich alle Mitarbeiter den in sie gesetzten Erwartungen bewusst sind und den Umfang ihrer Handlungsfreiheit erkennen können.</td></tr>
<tr><td colspan="3">Anordnungs-/Weisungsbefugnisse und die daraus erwachsende Verantwortung muss für jede betriebliche Aufgabe klar definiert sein, da dies andernfalls zu Fehlern führen kann, die durch Unsicherheit oder Angst vor Sanktionen hervorgerufen werden.</td></tr>
<tr><td colspan="3">Die Verlagerung von Anordnungs-/Weisungsrechten auf nachgelagerte Verantwortungsträger muss unter Berücksichtigung des Grundsatzes der Kongruenz von Aufgabe, Verantwortung und Kompetenz erfolgen.</td></tr>
<tr><td colspan="3">Die Anordnungs- und Weisungsrechte müssen stets unter Berücksichtigung der dem eigenen Verantortungsbereich gesteckten Grenzen, dazu zählen auch die durch den Willen zu einer gemeinsamen Unternehmenskultur vorgegebenen, ausgeübt werden.</td></tr>
<tr><td rowspan="2">Kompetenz der Mitarbeiter (fachlich/persönlich)</td><td colspan="3">Die Unternehmensleitung muss für die einzelnen Aufgabenbereiche Anforderungsprofile erarbeitet haben, die durch den Stelleninhaber hinreichend ausgefüllt werden müssen. In Abhängigkeit von Aufgabe, Kompetenz und Verantwortung müssen die Mitarbeiter daher insbesondere über die erforderlichen Kenntnisse und Erfahrungen verfügen.</td></tr>
<tr><td colspan="3">Die Unternehmensleitung sollte geeignete Nachfolger- und Vertreterregelungen sowie Programme zur Förderung des Führungsnachwuchses auf allen Management-Ebenen eingerichtet haben, um sicherzustellen, dass vakante Stellen in einem angemessen Zeitfenster durch hinreichend qualifizierte Personen besetzt werden können.</td></tr>
</table>

Anhang I-1: Grundsätze für das Interne-Umfeld – *Fortsetzung*

	Chancen-/Risikomanagement	Strategische Planung/Kontrolle	Operative Planung/Kontrolle
Führungsstil / Managementphilosophie	Der durch das Management praktizierte Führungsstil muss bezüglich der Organistionsstruktur und den betrieblichen Rahmenbedingungen angemessen sein. *Führungsmodelle wie das Managemt by Objectives, welches zu mehr Flexibilität in einem dynamischen Wettberwerbsumfeld führen soll, ist daher bspw. nur mit einem kooperativen Führungsstil umsetzbar. Der autoritäre Führungsstil dagegen, der häufig mit einer Linienorgansation verbunden ist, dürfte hierfür zu schwerfällig sein. Ferner dürften in flachen und wenig komplexen Organisationsstrukturen eher informelle Kommunikationswege (persönliche Gespräche) genutzt werden, während in komplexen Organisationsstrukturen vermehrt formelle Strukturen zur Koordination benötigt werden.*		
	Die Management-Philosophie, in der Grundeinstellungen, Werte und Normen der maßgeblichen Führungspersonen hinsichtlich des Umgangs mit den Mitarbeitern und Externen zum Ausdruck kommen, muss sich in den ethischen Grundsätzen des Unternehmens widerspiegeln und sachgerecht im Unternehmen kommuniziert werden. *In wenig formalisierten Führungsstrukturen kann dies bspw. auf informellem Weg durch ein persönliches Gespräch erfolgen, während in komplexeren Strukturen dies durch Grundsätze oder Leitbilder kommuniziert werden muss.*		
	Die Management-Philosophie muss hinreichend konkret sein und sich im tatsächlichen Verhalten der Geschäftsführung widerspiegeln, damit sie den Mitarbeitern als vorgelebte, verbindliche und einforderbare Verhaltensnorm dienen kann und somit die Unternehmenskultur nachhaltig prägt. *Hierzu zählt bspw. auch das offene Bekenntnis der Unternehmensleitung zum Risikomanagement und zu ordnungsgemäßen Bilanzierungs- und Bewertungspraktiken.*		
	Die Management-Philosophie muss mit den jeweiligen Umfeldbedingungen kompatibel sein; eine in der Konzernzentrale entstandene und gelebte Philosophie muss bspw. nicht in das kulturelle Umfeld einer Auslandstochter passen.		
	Die Management-Philosophie sollte um langfristige Zielaussagen und Leistungscharakteristika des Unternehmens zu einem dazu konsistenten Unternehmensleitbild (Vision) ergänzt werden, um die langfristige Orientierung und Ausrichtung des Unternehmens im Verhältnis zu Externen und Internen zu dokumentieren. *Die dadurch gewonnene Konsistenz von postulierter Vision, Mission, Werten und Leitbilder und dem gelebten Verhalten von Führungskräften und Mitarbeitern auf allen Hierarchieebenen ist bspw. Grundvoraussetzung für eine intakte Unternehmenskultur.*		
Unternehmenskultur	Das Unternehmen muss eine mit der unternehmensweiten Chancen-/Risikostrategie sowie der Risikobereitschaft zu vereinbarende Chancen/Risikokultur aufweisen, die die Grundvoraussetzung für ein angemessenes Chancen- und Risikomanagement schafft, indem sie das Risikobewusstsein, das Risiko-Reporting und die Risiko-Kommunikation der Unternehmensmitglieder prägt.	Die Bereitschaft und Fähigkeit zum strategischen/unternehmerischen Denken muss auf allen Ebenen im Unternehmen in angemessenem Umfang vorhanden sein und als Teil der Unternehmenskultur verstanden werden. *Auf höchster Unternehmensebene zählen hierzu in erster Linie die Kenntnisse über die eigenen Erfolgspotenziale und das Wettbewerbsumfeld, während auf nachgelagerten Führungsebenen strategisches Denken sich in der Kenntnis bemerkbar macht, inwieweit das eigene Handeln zur Strategieumsetzung beiträgt. Zum strategischen Denken zählen aber auch die Bemühungen, durch Innovationen eine bessere Umsetzung der Strategie zu ermöglichen oder neue Erfolgspotenziale zu erschließen.*	
	Die Risikokultur muss durch angemessene risikopolitische Grundsätze dokumentiert, kommuniziert und gegebenenfalls gestaltet/geschärft werden, die den erstrebenswerten Umgang im Unternehmen mit Chancen und Risiken sowie die Notwendigkeit des Chancen-/Risikomanagements postulieren.	Das Unternehmen muss über eine angemessene Kultur der Planung verfügen, das heißt, jeder Mitarbeiter ist sich der Bedeutung und des Nutzens der Planung für das zielgerichtete Handeln der Organisation bewusst und begreift die Umsetzung der Unternehmensstrategie im täglichen Handeln als persönliche Aufgabe. *Hierzu zählt insbeondere auch, dass durch das Management die Unternehmensziele und die korrespondierenden Erfolgsfaktoren sachgerecht vermittelt werden.*	

Anhang I-1: Grundsätze für das Interne-Umfeld – *Fortsetzung*

	Chancen-/Risikomanagement	Strategische Planung/Kontrolle	Operative Planung/Kontrolle
Unternehmenskultur	Die Grundannahmen, Werthaltungen, Normen sowie die darauf aufbauenden Denk-, Entscheidungs-, Verhaltensmuster der Menschen muss mit den im Unternehmen getroffenen organsatorischen Regelungen und Maßnahmen vereinbar sein, sonst können die darauf gestützten Systeme ihre Aufgaben nicht erfüllen, *weil bspw. die Akzeptanz der Mitarbeiter verwehrt bleibt oder weil aufgrund bürokratischer Regelungen die Kommunikationsbereitschaft und bewusste Wahrnehmung von Chancen und Risiken gehemmt wird.*		
	Von allen Mitarbeitern getragene Ethikvorstellungen, insbesondere Integrität, sollten unternehmensweit diskutiert, praktiziert und durch das Management vorgelebt werden. *Heterogene Ethikvorstellungen können bspw. dazu führen, dass Mitarbeiter keine Schuldgefühle bei geschäftsschädigendem Verhalten verspüren oder sich hierfür sogar eine innere Rechtfertigung schaffen, weil der unmittelbare Schaden für die Firma zum mittelbaren Schaden für den unliebsamen Kollegen gereicht.*		
	Die Organisation muss ihren Mitarbeitern einen angemessenen Grad an Vertrauen zugestehen, da gegenseitiges Vertrauen die Grundvoraussetzung für einen freien Kommunikationsfluss, eine offene Kommunikation und kollaboratives Verhalten ist. *Dies ist insbesondere notwendig, um bspw. eine frühzeitige Kommunikation von bestandsgefährdenden Risiken, evtl. auch unter Rückgriff auf informelle Strukturen, zu ermöglichen. Blindes Vertrauen dagegen bietet die notwendige Gelegenheit für Fraud.*		
	Die Organisation muss ihren Mitarbeitern auch ein vertretbares Maß an Fehlern zugestehen, da überhöhter Druck zu Fehlanreizen führt. *Statt die Fehler zu kommunizieren, werden sie geleugnet oder vertuscht (z.B. Fraud).*		
	Die Unternehmenskultur muss Veränderungen gegenüber aufgeschlossen sein, ohne alle Trends adaptieren zu wollen, andernfalls führt dies dazu, dass die Werte, die durch die Kultur vermittelt werden sollen, aufgrund ständiger Trendwende nicht mehr durch die Mitarbeiter verinnerlicht werden können. Die *Offenheit gegenüber Veränderungen ist bspw. auch eine wichtige Voraussetzung, um die Innovationsfähigkeit des Unternehmens aufrecht erhalten oder stärken zu können und somit einen wesentlichen Beitrag zum Ausbau bzw. zur Sicherung der Erfolgspotenziale leisten zu können.*		
Unternehmenspolitik	Das Unternehmen muss unter Berücksichtigung der Risikoeinstellung der wesentlichen Stakeholder und unter Beachtung der gegebenen Rechtslage eine angemessene Risikobereitschaft aufweisen. *Diese bringt zum Ausdruck, wieviel Risiko die Geschäftsleitung -angemessene Informationen voraussgesetzt wissentlich bereit ist zu tragen, um Wert/Nutzen für die Stakeholder zu schaffen. Aus Sicht der deutschen Gesetzgebung hat die Unternehmensleitung auf jeden Fall ihre Risikobereitschaft überspannt, wenn sie bestandsgefährdende Risiken eingeht, egal in welchem Verhältnis die hiermit verbundenen (Gewinn-) Chancen bzw. Renditeerwartungen stehen. Die Bereitschaft zum Eingehen bestandsgefährdender Risiken kann daher nach deutschem Recht niemals als angemessen eingestuft werden.*	Die Unternehmung muss eine hinsichtlich der zweckbestimmenden Interessen der wesentlichen Stakeholder angemessene Unternehmenspolitik aufweisen, die zur Unternehmensverfassung und zur Unternehmenskultur hinreichend stimmig ist. *Hierin kommt zum Ausdruck, dass ein Unternehmen nicht ohne Akzeptanz seiner Umwelt bzw. seiner Mitarbeiter existieren kann, es muss daher ein Interessensausgleich durch grundlegende Zielharmonisation im Außen- und Innenverhältnis der Organisation stattfinden. Die innerhalb der Unternehmenspolitik definierten generellen Ziele und die hierdurch vermittelte Grundorientierung für das strategische und operative Managment stecken den Pfad für die Zukunftsentwicklung des Unternehmens ab. Diese auch als Missionen bezeichneten Ausflüsse des politischen Ausgleichsprozesses sollen darüber hinaus durch die Unternehmesverfassung reguliert bzw. die Unternehmenskultur mitgetragen werden. Als konkretes Beispiel für diese Zieleharmonisierung kann bspw. der Ausgleich zwischen ökonomischen und ökologischen Ziele angesehen werden, indem die ökologischen Zielen in das Zielsystem mit integriert werden. Eine derart grundlegende Richtungsänderung bedarf allerdings der Zustimmung der Aufsichtsgremien und muss auch bei den Mitarbeitern auf Verständnisstoßen. Letzteres wäre mit Sicherheit nicht denkbar, wenn der Weg lauten soll: "Alle umweltschädigenden Fabriken werden geschlossen", wohl aber bspw. wenn es lautet:"In unseren Fabriken wird mit den modernsten Verfahren umweltschonender Technologie gearbeitet".*	

Anhang I-1: Grundsätze für das Interne-Umfeld – *Fortsetzung*

	Chancen-/Risikomanagement	Strategische Planung/Kontrolle	Operative Planung/Kontrolle
Überwachungsgremien (Unternehmensverfassung)	Das Aufsichtsgremium muss darüber informiert werden, welche wesentlichen Chancen und Risiken wie in der Planung berücksichtigt wurden und muss prüfen, ob dies sachgerecht ist.	Das Aufsichtsgremium muss über die Zielsetzungen, Strategien und Pläne der Unternehmensleitung sowie über die aktuelle Performance des Unternehmens angemessen informiert werden und ist bei zustimmungspflichtigen Beschlüssen in die Beschlussfassung mit einzubeziehen.	
	Das Aufsichtsgremium muss sich ausreichende Informationen beschaffen, um beurteilen zu können, ob die Unternehmensleitung ihrer Verantwortung hinsichtlich eines angemessenen und wirksamen Risikomanagementsystems nachgekommen ist.	Das Aufsichtsgremium muss sich vergewissern, dass die von ihm genehmigten Pläne sachgerecht im Konzern/Unternehmen umgesetzt werden.	
	Die Stellung des Aufsichtsgremiums muss geprägt sein durch seine Unabhängigkeit von der Unternehmensleitung, was bspw. dadurch zum Ausdruck kommt, dass das Aufsichtsgremium die Mitglieder der Geschäftsleitung bestellt und abberuft.		
	Die Tätigkeit des Aufsichtsgremiums soll hinreichend transparent sein, um externen Dritten Rückschlüsse auf dessen Angemessenheit zu ermöglichen. *Dies kann bspw. auf formalem Wege durch die Anwendung des Deutschen Corporate Governance Kodex gewährleistet werden, der Regelungen für die Zusammenarbeit und das Zusammenwirkung zwischen Aufsichtsrat und Vorstand bei der AG enthält.*		
	Das Aufsichtsgremium soll in einem angemessenen Verhältnis aus unternehmensexternen und -internen Mitgliedern bestehen, die ausreichend Erfahrung und eine hinreichende Nähe zum Tagesgeschäft mitbringen, um die Aktivitäten der Unternehmensleitung sachgerecht beurteilen zu können.		
	Die Tätigkeit, Beschlussfassung, Sitzungen und Protokollierung im Aufsichtsgremium soll durch eine angemessene Geschäftsordnung geregelt sein.		
	Unternehmensleitbilder, die einen Ausgleich zwischen internen und externen Stakeholdern zum Ziel haben, sollten im Aufsichtsgremium diskutiert und verabschiedet werden.		

Anhang I-2: Grundsätze für die Zielfestlegung

	Chancen-/Risikostrategie			Vision			Strategische Ziele	
Internes-Umfeld	Die Chancen- und Risikostrategie muss unter Berücksichtigung der unternehmensindividuellen Risikobereitschaft festgelegt werden, wobei bestandsgefährdende Risiken grundsätzlich nie eingegangen werden dürfen.		Internes-Umfeld	Falls das Unternehmen noch nicht über eine Vision verfügt, ist diese, aufbauend auf den Erkenntnissen der strategischen Diagnose, zu erarbeiten.		Ziele herunterbrechen	Das Unternehmen muss über ein angemessenes und hinreichend ausgewogenes Zielsystem auf operativer Ebene verfügen, das eine Operationalisierung der strategischen Ziele in allen wesentlichen Geschäfts-/Funktionsbereichen und Prozessen sicherstellt und der gegenwärtigen Wettbewerbsposition bzw. dem Wettbewerbsumfeld angemessen ist. *D.h. bspw. neben reinen operativen Kennzahlen verfügt das Kennzahlensystem auch über finanzielle und nicht-finanzielle Messgrößen, um die Beeinflussung der strategischen Erfolgsfaktoren und der Wettbewerbsfaktoren (Kosten, Zeit, Qualität und Flexibilität) durch die operativen Bereiche planen, steuern und kontrollieren zu können. Durch die Konzentration auf die wesentlichsten Kennzahlen und Erfolgsfaktoren bleibt das Zielsystem übersichtlich und koordinierbar.*	G
	Der Risiko-/Chancenstrategie muss ein ausgewogenes Risiko-Chancen-Kalkül zugrundeliegen, das der unternehmensindividuellen Risikobereitschaft angemessen ist, *d.h. durch die Risiko-/Chancenstrategie muss festgelgt werden, welche Risiken das Unternehmen bereit ist zu tragen und welches Verhältnis zwischen Chancen und Risiken in den jeweiligen Geschäftseinheiten mindestens einzuhalten ist.*			Die Vision ist in einem iterativen Prozess an die Ergebnisse der endgültigen Strategiewahl anzupassen.			Die aus den strategischen Erfolgsfaktoren abgeleiteten Messgrößen (Leistungsindikatoren) müssen dazu geeignet sein, den operativen Verantwortungsbereichen als hinreichend konkrete und zuverlässig messbare Zielgröße zu dienen.	R / G

Anhang I-2: Grundsätze für die Zielfestlegung – *Fortsetzung*

	Chancen-/Risikostrategie			Vision			Strategische Ziele	
Internes-Umfeld	Unter Berücksichtigung eines angemessenen Risikotragfähigkeitskalküls müssen für alle Geschäftseinheiten individuelle maximale Akzeptanz-Grenzwerte für Einzelrisiken und das Gesamtrisiko vorgegeben werden.		**Internes-Umfeld**	Die Erwartungen aller wesentlichen Stakeholder sind hinreichend zu analysieren und bei der Festlegung der Vision zu berücksichtigen. *Dies bedeutet bspw. auch, dass sich die Mitarbeiter mit ihr identifizieren können.*		**Ziele herunterbrechen**	Allen Messgrößen müssen angemessene Zielvorgabewerte für die Planungsperiode zugeordnet werden, die sachgerecht aus den strategischen Zielen/Maßnahmen abgeleitet wurden, *d.h. die Erfüllung der Zielvorgabewerte über den Strategiezeitraum muss die Erfüllung der strategischen Ziele sicherstellen.*	**V / R / G**
	Die Chancen- und Risikostrategie sollte durch hinreichend konkrete chancen-/risikopolitische Grundsätze festgeschrieben werden, die auch in angemessenem Maße die risikobezogenen Verhaltensgrundsätze gegenüber den Stakeholdern enthalten, *um bspw. den Mitarbeitern als generelle Verhaltens- bzw. Handlungsanweisungen zum Umgang mit Chancen und Risiken zu dienen, die keinem bis dato bekannten Erscheinungsbild entsprechen.*			Vision und Unternehmenskultur müssen stimmig sein, um hinreichend Überzeugungskraft zu besitzen und die Mitarbeiter zu strategischem Handeln anzuleiten.			Für jede Messgröße müssen faire (z.B. relative Größen) Zielvorgabewerte für den Planungszeitraum bestimmt werden.	**V / R / G**
				Die Vision soll die Einzigartigkeit des Unternehmens darstellen und ehrgeizig sein.		**Ziele koordinieren**	Die Zielvorgabewerte müssen den Verantwortungsbereichen eindeutig zugeordnet werden.	**V / R**
	Die Chancen-/Risikostrategie muss bei der Entwicklung und Bewertung der Unternehmensstrategie berücksichtigt werden, um sicherzustellen, dass bei der Strategiewahl die Risikobereitschaft nicht überspannt wird.			Die Vision soll eine klare Vorstellung über die künftige Entwicklung des Unternehmens beinhalten, eine ständige Anpassung ist daher nicht sachgerecht.			Die Zielvorgabewerte müssen vertikal und horizontal hinreichend zu einem harmonischen Zielsystem koordiniert werden, d.h. bspw. vertikal, dass Top-Down vorgegebene Zielvorgaben mit den Ergebnissen der Bottom-Up Planung validiert werden; horizontal ist insbesondere sicherzustellen, dass es zwischen den Zielvorgaben für die unterschiedlichen Verantwortungsbereiche zu keinen Zielkonflikten kommt.	**V / R / G**

Anhang I-3: Grunsätze für die Problemfeststellung/-analyse

	Chancen-/Risikoidentifikation			**Strategische Diagnose**			**Realisierbarkeitsprognose**	
(Strategische) Umwelt-/Unternehmensüberwachung	Alle Ereignisse mit wesentlichem negativen oder positiven Einfluss auf die kritschen Erfolgsfaktoren sollen identifiziert werden.	**V**	**Umwelt- und Unternehmensanalyse**	Bei der Stratgiefestlegung müssen identifizierte Chancen und Risiken unter Berücksichtigung der eigenen Chancen-/Risikostrategie angemessen integriert werden. (Umweltanalyse)	**R / G**	**Gecshäftsbereichs-/Prozessanalyse**	Die Umsetzbarkeit der Zielvorgabewerte muss unter Berücksichtigung der auf operativer Ebene identifizierten Risken und Chancen reflektiert und gegebenfalls modifiziert werden.	**R/V**
	Die Ereignisidentifikation soll unabhängig von der Risikobeurteilung vorgenommen werden. Durch die inhaltliche Trennung von Ereignisidentifikation und Risikobeurteilung soll sichergestellt werden, dass keine relevanten Ereignisse übersehen werden, da auch die Kumulation von insgesamt unwesentlichen Ereignissen wesentliche Auswirkungen nach sich ziehen kann.	**R / G**		Die interne strategische Ausgangssituation des Unternehmens muss hinreichend genau und umfassend hinsichtlich der Stärken und Schwächen sowie der Kernkompetenzen analysiert werden. (Unternehmensanalyse)	**V / R / G**		Die Gültigkeit der Planungsprämissen muss überprüft werden, andernfalls ist eine Anpassung der Zieldisposition (Top-Down) vorzunehmen.	**G**
	Alle Einflussfaktoren (Chancen-/Risikofelder, kritische Erfolgsfaktoren), die - allein oder zusammen mit anderen- Ereignisse beeinflussen, die zu einer wesentlichen Zielverfehlung führen können, müssen mit hinreichender Sicherheit erkannt werden und sind daher angemessen häufig zu erheben.	**V / G**		Es müssen sachgerechte Prognosen möglich sein, weshalb insbesondere die ökonomischen Rahmenbedingungen und das Wettbewerbsumfeld hinreichend genau zu analysieren sind. (Umweltanalyse)	**R / G**		Auf Basis der Vergangenheitsdaten und unter Berücksichtigung der Planungstreue der Vorjahre sind Trendexplorationen bzw. Saison-Einflüsse hinreichend genau zu analysieren.	**R / G**

Anhang I-3: Grunsätze für die Problemfeststellung/-analyse – *Fortsetzung*

	Chancen-/Risikoidentifikation			Strategische Diagnose			Realisierbarkeitsprognose	
(Strategische) Umwelt-/ Unternehmensüberwachung	Die Methodologie der Ereignisidentifikation muss hinreichend robust sein, d.h. bspw. dass regelmäßig angemessene Szenariobetrachtungen anzustellen sind, die neben unterschiedlich wahrscheinlichen Ereignissen auch außergewöhnliche Szenarien (Stresstests) berücksichtigen.	R / G	Umwelt- und Unternehmensanalyse	Alle wesentlichen internen und externen Erfolgsfaktoren, die sich kritisch auf die Strategieumsetzung und Zielerreichung des Unternehmens auswirken, müssen mit hinreichender Sicherheit identifiziert und anschließend priorisiert werden. *Einer Priorisierung bedarf es bspw., um die Überschaubarkeit der Erfolgsfaktoren zu gewährleisten und damit die Voraussetzung zu schaffen, die strategischen Erfolgsfaktoren durch Steuerungsaktivitäten zu operationalisieren und direkt oder indirekt zu beeinflussen.*	V	Gecshäftsbereichs-/Prozessanalyse	Die für die Erreichung der jeweiligen Zielvorgabewerte auf operativer Ebene maßgeblichen kritischen Erfolgsfaktoren bzw. Leistungdeterminanten müssen durch die Verantwortungsträger hinreichend genau und umfassend analysiert werden.	V / R
	Wechselwirkungen zwischen den identifizierten Ereignissen müssen hinreichend analysiert werden. Dies ist bspw. für die Einschätzung des Chancen-/ Risikopotenzials wichtig sowie für die Beurteilung der Effektivität von Maßnahmen des Chancen-/Risikomanagements.	R / G		Die Aufnahme der wesentlichen internen und externen Erfolgsfaktoren, die sich kritisch auf die Strategieumsetzung und die Zielerreichung des Unternehmens auswirken, müssen in angemessenen zeitlichen Abständen aktualisiert werden.	V / G		Die angewandten Analysetechniken und die Prognosemethodik sollen hinreichend sensitiv und verlässlich sein. (Analyse-Methodik)	G

Anhang I-3: Grunsätze für die Problemfeststellung/-analyse – *Fortsetzung*

	Chancen-/Risikoidentifikation		Strategische Diagnose			Realisierbarkeitsprognose		
Ereignisinventur	Die kompensierende Wirkung positiver Ereignisse soll bei der Risikobewertung und -handhabung berücksichtigt werden.	**R / G**	**Analyse der Positionierung des Unternehmens/ der strat. Geschäftseinheiten (Segmente)**	Die angewandten Analysetechniken und die Prognosemethodik sollen hinreichend sensitiv und verlässlich sein. (Analyse-Methodik)	**G**	**Gecshäftsbereichs-/Prozessanalyse**	Für alle kritischen Erfolgsfaktoren/Leistungsdeterminanten müssen angemessene Messgrößen bzw. Indikatoren formal-logisch oder sach-logisch identifiziert werden, um eine hinreichende Steuerung und Kontrolle der für die Zielerreichung auf operativer Ebene wesentlichen Leistungsebenen (z.B. Organisationsebene, Prozessebene, Mitarbeiterebene) zu ermöglichen: D.*h., die Leistungsebenen sind solange herunterzubrechen, so lange ihr Leistungsbeitrag für die Erreichung der Zielvorgabewerte wesentlich ist.*	**V / R / G**
	Die Ereignisse müssen hinreichend detailliert inventarisiert sein. Die Inventarisierung ermöglicht bspw. eine sachgerechte Aggregation von Chancen und Risiken über die Unternehmensebenen hinweg bis auf die Gesamtunternehmensebene und eine bessere Zuordnung zu den Zielkategorien des Unternehmens.	**R / G**		Das Unternehmen bzw. die strategischen Geschäftseinheiten des Konzerns müssen ihre Wettbewerbsposition sachgerecht bestimmen, um dadurch die Generierung von Wettbewerbsstrategien zu ermöglichen, die der Vision zuträglich sind. *Dazu zählt u.a., dass die Umwelt- und Unternehmensanalyse angemessen zu berücksichtigen und Entwicklungsszenarien hinreichend genau zu analysieren sind. (Analyse der Unternehmenspositionierung)*	**R / G**	**Maßnahmen Analyse**	Alle im Planungszeitraum durchzuführenden Maßnahmen und Projekte sind zu identifizieren und in strategische und operative aufzuteilen.	**V**

Anhang I-3: Grunsätze für die Problemfeststellung/-analyse – *Fortsetzung*

Chancen-/Risikoidentifikation	Strategische Diagnose			Realisierbarkeitsprognose		
	Analyse der Konzernpositionierung	Die Methodik muss hinreichend vergleichbare Ergebnisse liefern. Die angewandte Analysetechnik muss hinreichend sensitiv und verlässlich sein.	R / G	Maßnahmen Analyse	Es ist durch geeignete Instrumente bzw. Methoden sicherzustellen, dass die zur Disposition stehenden strategischen Maßnahmen/Projekte den Zielvorgabewerten zuträglich sind. *Investitionsentscheidungen bei Unternehmen, deren Ziel die Unternehmenswertsteigerung ist, sollten bspw. mit der Discounted Cash Flow Methode berechnet werden.*	G
		Der Konzern muss seine Wettbewerbspositionierung und die daraus erwachsenden bzw. vorhandenen Erfolgspotenziale sachgerecht bestimmen, *um dadurch auf Ebene des Konzernportfolios eine strategisch sachgerechte Ressourcenallokation, die der Vision zuträglich ist, zu ermöglichen. Dazu zählt u.a dass die Umwelt- und Unternehmensanalyse der im Konzernportfolio enthaltenen strategischen Geschäftseinheiten bzw. von M&A Zielunternehmen angemessen berücksichtigt werden, und die Entwicklungsszenarien hinreichend detailliert zu analysieren sind. (Analyse der "strategischen" Konzernpositionierung)*	R/G		Die angewendeten Analysetechniken sollen hinsichtlich der Alternativenentscheidungen alle entscheidungsrelevanten Kriterien einbeziehen und hinreichend verlässliche Informationen liefern. *Bei Investitionsentscheidungen sind bspw. Steuerzahlungen zu berücksichtigen und hinsichtlich der Kapitalstruktur angemessene Kapitalkostensätze zu verwenden.*	R/G
		Die angewandten Analysetechniken sollen hinreichend sensitiv und verlässlich sein. (Analyse-Methodik)	G		Alle zur Erreichung der Zielvorgaben durchzuführenden Maßnahmen/Projekte sind auf ihre Umsetzbarkeit im vorgegebenen Zeitraum zu überprüfen, andernfalls ist eine Anpassung bei der Zieldisposition (Bottom-Up) vorzunehmen.	V / R

Effektivitätskriterium: Vollständigkeit (V); Richtigkeit (R); Gültigkeit (G)

Anhang I-4: Grundsätze für die Alternativenbewertung

	Chancen-/Risikobewertung			Strategiebewertung (-auswahl)			Maßnahmen bewerten / Budget planen	
Chancen-/Risikobewertung	Die Beurteilung der Chancen und Risiken muss auf Grundlage von erwarteten und unerwarteten aber potenziellen Ereignissen erfolgen, die sich auf die Erreichung der Unternehmensziele in allen vier Zielkategorien auswirken.	**V / G**	**Analyse der Konzernpositionierung**	Nicht mit der Risikobereitschaft des Unternehmens im Einklang stehende Strategiealternativen müssen aussortiert werden. Die zur Auswahl stehenden Strategien dürfen daher weder die Bereitschaft zum Eingehen von unternehmerischen Risiken in unverhältnismäßiger Weise überspannen, noch darf durch übertriebene Risikoscheu riskiert werden, dass die Vision gefährdet wird oder Chancen verpasst werden.	**G**	**Strategisches Budget**	Die Budgetierung muss auf den strategischen Zielvorgabewerten aufbauen, daher sind alle strategischen Maßnahmen und Projekte zu budgetieren.	**V**
	Die Bewertung der Risiken/Chancen muss Brutto (inhärente Chancen/Risiken) und Netto (Residualgröße), d.h. unter Berücksichtigung von Wechselwirkungen und ergriffener Chancen-/Risikomanagementmaßnahmen, erfolgen.	**R / G**		Die zur Disposition stehenden Strategien müssen die geplante Entwicklung aller wesentlichen Geschäftseinheiten/-aktivitäten umfassen und sachgerecht segmentieren.	**V**	**Opertaives Budget**	In das operative Budget müssen alle Unternehmen bzw. Funktionsbereiche vollständig aufgenommen werden. *D.h. bspw., **dass in die operative Programmplanung alle Investitionsvorhaben mit einbezogen werden.***	**V**
	Die Bewertung muss in angemessenen zeitlichen Abständen erfolgen. Es ist also sicherzustellen, dass unabhängig davon, ob Chancen oder Risiken aufgrund von Steuerungsmaßnahmen in einem bestimmten Zeitintervall oder aufgrund bestimmter Ereignisse (z.B. Trendbrüchen) sich in ihren Eigenschaften verändert haben, diese Veränderung quantifiziert werden muss, sobald sie wesentlich ist.	**R / G**		Die Strategiealternativen müssen kardinal bzw. ordinal bzgl. des Zielerreichungsgrades bewertet werden, um die Auswahl intersubjektiv nachvollziehbar zu gestalten.	**R / G**		Auch das operative Budget soll in einem angemessenen Verhältnis Neuplanungsanteile (z.B. Zero-Budgets) enthalten und nicht ausschließlich auf den Vorjahreswerten basieren, um Effizienzsteigerungspotenziale fortwährend auf operativer Ebene zu allokieren und zu nutzen bzw. eine Anpassung an veränderte Rahmenbedingungen zu gewährleisten.	**G**
	Eintrittswahrscheinlichkeit, Nutzen-/Schadenshöhe und Nutzen-/Schadenserwartungswert von Chancen/Risiken sind hinreichend genau qualitativ oder quantitativ zu bewerten.	**R**		Die Bewertung der strategischen Alternativen muss unter Berücksichtigung der – auf Basis von Erfahrungswerten oder Zukunftseinschätzungen – hinreichend verlässlich prognostizierten Ausprägungen aller wesentlichen Erfolgs-/Einflussfaktoren erfolgen. *Dazu zählen auch die Chancen und Risiken der künftigen Entwicklung.*	**R / G**		Für das operative Budget, insbesondere die Umsatz-, Ertrags- und Aufwandsgrößen, muss eine transparente und plausible Herleitung erfolgen.	**G**

Anhang I-4: Grundsätze für die Alternativenbewertung – *Fortsetzung*

Chancen-/Risikobewertung			Strategiebewertung (-auswahl)			Maßnahmen bewerten / Budget planen		
Chancen-/Risikobewertung	Bei der Beurteilung der Chancen/Risiken ist der Zeitpunkt und Zeitraum ihres Eintritts einzuschätzen; auch langfristige Chancen/Risiken sind zu beurteilen.	V / R / G	Strategiebewertung	Die der Bewertung der strategischen Alternativen zugrundeliegenden Prognosen und Zukunktseinschätzungem müssen hinreichend aktuell sein und eine verlässliche Momentanaufnahme der wesentlichen Erfolgs-/Einflussfaktoren als Prognosebasis nutzen.	G	Opertaives Budget	Für das operative Budget, insbesondere die Umsatz-, Ertrags- und Aufwandsgrößen, muss eine transparente und plausible Herleitung erfolgen.	G
	Bei der Beurteilung der Chancen/Risiken ist der Zeitpunkt und Zeitraum ihres Eintritts einzuschätzen; auch langfristige Chancen/Risiken sind zu beurteilen.	V / R / G		Bei der Beurteilung der Chancen/Risiken ist der Zeitpunkt und Zeitraum ihres Eintritts einzuschätzen; auch langfristige Chancen/Risiken sind zu beurteilen.	V / R / G		Die geplanten Umlagen und die Leistungsverrechnung müssen nachvollziehbar sein sowie transparent und sachgerecht (z.B. verursachungsgerecht) zugerechnet werden, evtl. maßgebliche steuerrechtliche Vorschriften wurden dabei beachtet.	R / G
	Zielerreichung und Chancen/Risiken sollen mit denselben Maßstäben gemessen werden.	R		Die Bewertung muss eine Realisierbarkeitsprognose der Stragtegie beinhalten, die die zur Verfügung stehenden Ressourcen (materielle und immaterielle) und Strukturanpassungsmöglichkeiten des Unternehmens angemessen berücksichtigt.	R / G	Budgetumfang / -ausgestaltung	Operative und strategische Budgets müssen auf Gesamtunternehmensebene konsolidiert und zum Unternehmensgesamtplan, der aus einer angemessen strukturierten und detaillierten Bilanz (Vermögensplan), GuV (Ergebnisplan) und Kapitalflussrechnung (Finanzplan) für den Planungszeitraum besteht, zusammengefasst werden.	R / G
	Chancen-/Risikobeurteilung sollen auf Erfahrungswerten (z.B. unternehmensintern gewonnene Erfahrungswerte) und Zukunftseinschätzungen (z.B. Prognosen) aufbauen.	R / G		Die Methodik zur Bewertung der strategischen Alternativen muss hinreichend konzeptionell stimmig und verlässlich sein, d.h. bspw., dass die jeweiligen Stufen der Strategieentwicklung konsistent aggregierbar (einheitliche Prämissen, Bewertungsformeln), die Informationen vollstandig und richtig erfasst, die Bewertungen der Ergebnisse vergleichbar (z.B. wertorientierte Spitzenkennzahl) und die grundlegenden Annahmen nachvollziehbar zu begründen sind.	G		Die Budgets müssen auf Grundlage einer einheitlichen und hinreichend manifestierten Prämissenstruktur geplant werden.	G
	Die Methodologie muss konzern-/unternehmensweit vergleichbare Risikobeurteilungen erlauben, andernfalls ist bspw. keine sachgerechte Aggregation bzw. kein sachgerechter Vergleich möglich.	R / G					Zur Reduktion der Gesamtkomplexität sollte die Planung des Budgets auf Grundlage inhaltlich abgeschlossener, aufeinander aufbauender und in sich stimmiger Teilpläne (z.B. Absatz-, Produktions-, Investitionsplan) erfolgen.	R / G

Anhang I-4: Grundsätze für die Alternativenbewertung – *Fortsetzung*

	Chancen-/Risikobewertung		Strategiebewertung (-auswahl)		Maßnahmen bewerten / Budget planen	
Chancen-/ Risikobewertung	Die Chancen/Risiken eines Konzerns/Unternehmens sind unter hinreichender Berücksichtigung ihrer Wechselwirkungen zu aggregieren.	**R / G**		**Budgetumfang / -ausgestaltung**	Die Budegtierung sollte in einem angemessenen zeitlichen Rhythmus erfolgen und mindestens 12 Monate umfassen, wobei das Jahresbudget hinreichend detailliert sein sollte.	**R / G**
Maßnahmen identifizieren	Es müssen auf allen Unternehmensebenen geeignete und angemessene Chancen-/Risikosteuerungsmaßnahmen zur Beeinflussung von Eintrittswahrscheinlichkeit und Nutzen-/Schadenshöhe der inhärenten Chancen/Risiken identifiziert werden.	**V**				
Maßnahmen bewerten	Die Bewertung der Chancen-/Risikosteuerungsalternativen muss auf Grundlage eines angemessenen Kosten-/Nutzenkalküls erfolgen.	**R / G**				
	Die Bewertung der Chancen-/Risikosteuerungsmaßnahmen muss dabei unter Berücksichtigung der Wechselwirkung der Maßnahmen untereinander und der mit den Maßnahmen selber verbundenen Chancen/Risiken erfolgen.	**R / G**				
	Die Maßstäbe zur Beurteilung der Chancen-/Risikosteuerungsalternativen sollen mit denen der Chancen-/Risikobeurteilung korrespondieren.	**G**				
	Die Bewertung von Chancen-/Risikosteuerungsalternativen soll Erfahrungswerte und Zukunftseinschätzungen berücksichtigen.	**R / G**				

Effektivitätskriterium: Vollständigkeit (V); Richtigkeit (R); Gültigkeit (G)

Anhang I-5: Grundsätze für die Umsetzung der Entscheidung

	Chancen-/Risikosteuerung			Strategieimplementierung (Strategische Maßnahmen)			Budgetvorgaben Maßnahmen umsetzen	
Maßnahmen ergreifen	Es müssen alle Risikosteuerungsmaßnahmen ergriffen werden, die mit hinreichender Sicherheit gewährleisten, dass ihre reduzierende Wirkung auf Eintrittswahrscheinlichkeit und Schadenshöhe der inhärente Risiken zu Residualrisiken führt, die der Risikobereitschaft der Teilbereiche und der Risikobereitschaft des Unternehmensgesamtportfolios angemessen ist.	**V / R**	**Strategische Ziele setzen**	Der Handlungsrahmen und Zeithorizont für die strategischen Maßnahmen muss den strategischen Geschäftsbereichen durch hinreichend konkrete, aus den strategischen Zielen des Konzerns abgeleiteten Zielvorgaben abgesteckt werden.	**R / G**	**Budgetvorgaben**	Die Budgets müssen für den Planungszeitraum klar und hinreichend detailliert formuliert sein.	**R / G**
	Die Risikosteuerungsmaßnahmen müssen hinreichend frühzeitig ergriffen werden, um jederzeit sicherzustellen, dass die verbleibenden Residualrisiken die Risikobereitschaft der Teilbereiche und die unternehmensindividuellen Risikobereitschaft der Unternehmensgesamtportfolios nicht überspannt werden.	**R / G**		Es müssen für die gewählte Strategie bzgl. des Planungszeitraums, evtl. differenziert in kurz-, mittel- und langfristig, angemessene strategische Ziele (Zwischenziele, Meilensteine) festgelegt werden, die das Scheitern der zur ihrer Erreichung beschlossenen strategischen Maßnahmen hinreichend frühzeitig erkennen lassen.	**G**		Die Budgets dürfen nicht von Vorneherein unerreichbar sein.	**R / G**
	Die zum Ergreifen der Maßnahmen notwendigen Ressourcen müssen geplant und im operativen Budget berücksichtigt werden.	**V / R**	**Strategische Erfolgsfaktoren operationalisieren**	Die Ursache-Wirkungsbeziehungen der für die Umsetzung der strategischen Ziele kritischen Erfolgsfaktoren müssen transparent und durch geeignete Messgrößen (Indikatoren) hinreichend operabel gemacht werden, *d.h. aus den kritischen Erfolgsfaktoren sind die strategischen abzuleiten und zu priorisieren; damit sind die durch das Unternehmen beeinflussbaren Erfolgsfaktoren gemeint, die von der Geschäftsleitung als besonders relevant erachtet wurden. Anschließend sind für diese Messobjekte konkrete Messgrößen zu bestimmen.*	**R / G**		Die Budgets müssen hinreichend flexibel sein, um sie an plötzliche und unvorhergesehene Ereignisse anpassen zu können (Budgetrevision). *Dies ist bspw. dann notwendig, wenn aufgrund von Prognoserechnungen durch die Maßnahmen der Ereignisidentifikation wesentliche Veränderungen in Prämissen festgestellt wurden.*	**G**

Anhang I-5: Grundsätze für die Umsetzung der Entscheidung – *Fortsetzung*

Chancen-/Risikosteuerung	Strategieimplementierung (Strategische Maßnahmen)			Budgetvorgaben Maßnahmen umsetzen		
	Strategische Erfolgsfaktoren operationalisieren	Alle relevanten Erfolgsfaktoren müssen durch die Messmethodik hinreichend verlässlich gemessen werden können, d.h. soweit wie möglich sind Messgrößen abzuleiten, die mit dem Messobjekt in einem formal-logischen (mathematischen) Zusammenhang stehen, andernfalls ist ein sach-logischer Zusammenhang (Indikatoren) herzustellen. Für jedes Messobjekt ist eine hinreichende Anzahl an Messgrößen zu bestimmen. Messgrößen sollten bzgl. des Messobjekts hinreichend sensitiv und eineindeutig sein. Die Messmethodik muss kosten-/ nutzeneffizient sein.	G	**Umsetzung der Maßnahmen mit Strategiebezug**	Alle umzusetzenden Maßnahmen müssen sich auf eine klar abgrenzbare Periode beziehen.	V
	Beschlussfassung	Die höchste Geschäftsleitung trägt alleine die Verantwortung für die strategische Ausrichtung und muss daher die Strategie evtl. unter Beachtung einer vorgegebenen Geschäftsordnung beschließen und vorher hinreichend auf Grundlage angemessener Informationen verplausibilisieren.	R		Es sind die konkreten kurzfristigen Zielausprägungen der Messgrößen (Performance Maße) sachgerecht zu bestimmen, die mit den Maßnahmen erreicht werden sollen.	R
	Ressourcenallokation	Alle zur Umsetzung der strategischen Maßnahmen notwendigen Investitionsmittel müssen analysiert und im Konzernportfolio/im Unternehmen angemessen priorisiert werden, *d.h unter Berücksichtigung eines rationalen und der strategischen Stoßrichtung zuträglichen Risiko-Chancen-Kalküls allokiert werden.*	V		Den von den (strategischen) Maßnahmen betroffenen Teilbereichen müssen alle wesentlichen personellen, organisatorischen, IT-relevanten, bilanz- und steuerrechtlichen sowie sonstige rechtliche Konsequenzen mitgeteilt werden.	V
		Es muss sichergestellt sein, dass die zur Umsetzung der strategischen Maßnahmen benötigten Ressourcen vorhanden sind bzw. im Planungszeitraum beschafft werden können.	V		Sofern Maßnahmen eine vollständige oder teilweise Auslagerung von Prozessen bzw. Funktionen vorsehen (Outsourcing), ist zu berücksichtigen, ob es sich hierbei um besondere Bereiche mit speziellen Anforderungen handelt (z.B. Buchführung).	V

Anhang I-5: Grundsätze für die Umsetzung der Entscheidung – *Fortsetzung*

Chancen-/Risikosteuerung	Strategieimplementierung (Strategische Maßnahmen)			Budgetvorgaben Maßnahmen umsetzen		
	Organisatorische Stimmigkeit prüfen	In Abhängigkeit von Komplexität, Umfang und Koordinationsaufwand der umzusetzenden Maßnahmen muss geprüft werden, ob diese zuerst eine Projektorganisation erfodern. *Vor einer marktweiten Einführung neuer Produkte sollten diese bspw. auf Testmärkten in Form von Pilotprojekten getestet werden.*	V	Umsetzung der Maßnahmen mit Strategiebezug	Für genehmigungspflichtige Maßnahmen muss mit entsprechendem zeitlichem Vorlauf ein hinreichend detaillierter Genehmigungsantrag eingereicht werden, der als verlässliche Grundlage einer Entscheidung dienen kann.	V
		Für das Projekt müssen die Verantwortungsträger und Ziele klar benannt sowie Zeitraum und Ressourcen sachgerecht geplant werden.	V		Nur von den verantwortlichen Personen autorisierte Maßnahmen dürfen endgültig umgesetzt werden. *Dazu zählt bspw. auch, dass die Investitionsvorhaben von der zuständigen Instanz genehmigt wurden.*	R
	Internes-Umfeld	Um eine angemessene Steuerung und Überwachung außerhalb der primären Organisationsstruktur sicherzustellen, müssen für Projekte hinreichend flexible Steuerungs- und Überwachungsstrukturen implementiert werden. *Hierzu zählt bspw. ein angemessenes Projektcontrolling und dessen Einbindung in die Berichtsstruktur oder die Einrichtung eines Lenkausschusses.*			Die effektive sowie sach- und finanzmitteleffiziente Umsetzung der operativen Maßnahmen und Programme muss durch die Verantwortungsträger auf operativer Ebene durch sachgerechte Entscheidungen, Anordnungen und Weisungen im jeweiligen Verantwortungsbereich hinreichend sichergestellt werden, *d.h. bspw., dass keine Ressourcen unnötig verbraucht oder verschwendet werden, auch wenn die Budgetgrenze noch nicht erreicht wurde.*	V / R / G
Verantwortung festlegen	Die Verantwortlichkeiten für das Erreichen der Ziele bzw. das Umsetzen der Maßnahmen müssen sachgerecht bestimmt werden.					R / G
	Zur Erhöhung der Verbindlichkeit der Ziele sollten die Planungsergebnisse Grundlage für Zielvereinbarungen sein, deren Zielerreichungsgrade durch die verpflichteten Verantwortungsträger hinreichend beeinflussbar, jedoch nicht manipulierbar sind. *Die Zielvereinbarungen könnten bspw. relative Ziele beinhalten, die an einer Benchmark gemessen werden, um sicherzustellen, dass der Verantwortungsträger nur für die Zielverfehlung haftbar gemacht wird, die er selbst zu verantworten hat, da sich andernfalls ein überhöhter Druck der Zielmanipulation aufbaut.*					G

Effektivitätskriterium: Vollständigkeit (V); Richtigkeit (R); Gültigkeit (G)

Anhang I-6: Grundsätze für die Kontrollaktivitäten

Bereich	Kontrollart	Grundsatz	
Chancen-/Risikomanagement	Strategische Überwachung	In regelmäßigen zeitlichen Abständen muss die tatsächliche Risikosituation des Unternehmens mit den Vorgaben der Risikostrategie verglichen und alle Abweichungen hinreichend genau analysiert werden.	V/R/G
		Sofern die Abweichungen auf Veränderungen der strategischen Ausgangssituation des Unternehmens zurückzuführen sind, muss eine entsprechende Anpassung der Risiko-/Chancenstrategie vorgenommen werden.	R
		Sofern die Abweichungen darauf zurückzuführen sind, dass die Risikosteuerungsmaßnahmen nicht oder aufgrund veränderter Umfeldbedingungen nicht mehr angemessen sind, müssen die Risikosteuerungsmaßnahmen entsprechend adjustiert werden.	R
Strategische Planung/Kontrolle	Strategische Durchführungskontrolle	Auf Grundlage hinreichend konkreter Zwischenziele (Meilensteine) ist der Umsetzungsgrad bzw. die Revisionsbedürftigkeit der strategischen Maßnahmen hinreichend frühzeitig zu prüfen. *D.h. so frühzeitig, dass noch sachgerechte Maßnahmen ergriffen werden können, um das Erreichen der Unternehmensziele hinreichend sicherzustellen.*	R/G
		Die Ursachen für das Nichterreichen der Zwischenziele sind zu analysieren und führen zu Rückmeldungen, die sachgerechte Reaktionen bewirken müssen; *ggf. ist bspw. auch eine Planrevision in Erwägung zu ziehen.*	V/R/G
	(Strategische) Prämissenkontrolle	Die der strategischen Planung zugrunde liegenden Prämissen sind angemessen häufig auf ihre Gültigkeit hin zu überprüfen. *Kontrollgegenstand sind bspw. die Prämissen über die Umwelt-/Unternehmensentwicklung und die Erfolgsfaktoren.*	G
Operative Planung/Budgetkontrolle	Business Performace Reviews	Die Abweichungen sind in angemessenen Abständen zu ermitteln und dem Verantwortlichen vorzulegen, d.h. so frühzeitig, dass die Ursachen für wesentliche Plan-Abweichung erkannt werden und Gegenmaßnahmen rechtzeitig in den Regelkreislauf eingesteuert werden können. Bei Investitionen mit einem sehr hohen Kapitaleinsatz kann daher auch eine laufende Kontrolle sachgerecht sein.	R/G
		Die Abweichungsanalyse muss kontrollrelevante Informationen liefern und sachgerecht an die jeweiligen Verantwortungsträger kommunizieren. Hierzu zählen bspw. Korrekturinformationen zur Ableitung von Verbesserungsvorschlägen.	R/G
		Die Methodologie der Abweichungsanalyse muss alle relevanten Abweichungen bzgl. des Messobjekts in ihren unterschiedlichen Ausprägungen objektiv (einheitliche Messmethode und Maßeinheit vorausgesetzt) ermitteln, quantifizieren und die jeweiligen Teilabweichungen hinreichend präzise den Verantwortlichen zurechnen.	V/G
		Die Ist-Werte sind in alle wesentlichen Segmente, Teilbereiche und Funktionen aufzugliedern und die Abweichungsursachen für die Planabweichungen hinreichend präzise zu analysieren.	V/R/G

Anhang I-6: Grundsätze für die Kontrollaktivitäten – *Fortsetzung*

Bereich	Chancen-/Risikomanagement	Strategische Planung/Kontrolle		Operative Planung/Budgetkontrolle	
(Strategische) Prämissenkontrolle		Veränderungen in den Prämissen müssen zu einer Rückkopplung (Planänderung) führen und werden hinreichend frühzeitig bei der strategischen Diagnose berücksichtigt. *Die Auswirkungen der veränderten Prämissen auf die kritischen Erfolgsfaktoren und Entwicklungsszenarien sind bspw. so frühzeitig zu erkennen, dass rechtzeitig adäqate Maßnahmen geplant und umgesetzt werden können, um die Unternehmenszielerreichung hinreichend sicherzustellen.*	**G**	Die der operativen Planung/dem Budget zugrundeliegenden Prämissen/Annahmen müssen unterjährig hinreichend häufig überprüft werden, so dass rechtzeitig Plan-/Budgetrevisionen möglich sind. *Hierzu zählt bspw. auch, dass die bei der Budgetierung angewendeten Standardkosten bei stark schwankenden Umweltbedingungen angepasst werden, um eine sachgerechte Kostenverrechnung zu gewährleisten.*	**G**
(Strategische) Prämissenkontrolle		Die Methodologie der Abweichungsanalyse soll neben finanziellen auch nichtfinanzielle Kennzahlen nutzen, die als Frühwarnindikatoren das Nichterreichen (strategischer) Ziele bzw. das Eintreten von Ereignissen hinreichend frühzeitig prognostizieren. *Hierzu zählen bspw. auch Prozesskennzahlen (z.B. Reklamationsquote), deren Messung Rückschlüsse auf die Effektivität der Kernprozesse des Unternehmens hinsichtlich der Zielvorgaben (z.B. Steigerung der Kundenzufriedenheit) ermöglichen sollen.*			**G**
Prozessintegrierte Steuerungs- und Überwachungsmaßnahmen		Neben der Implementierung in der festen Organisationsstruktur müssen auch angemessene Kontrollaktivitäten bei Projekten implementiert werden.			**V / G**
Prozessintegrierte Steuerungs- und Überwachungsmaßnahmen	Das Management muss geeignete und angemessene Kontrollen implementieren, um hinreichend sicherzustellen, dass die von ihm beschlossenen Maßnahmen sachgerecht umgesetzt werden. Dazu zählen auch die Kontrollen in der IT (grundlegende IT-Kontrollen, IT-Anwendungskontrollen und Zugriffskontrollen).				**V / G**
Prozessintegrierte Steuerungs- und Überwachungsmaßnahmen	Die im Unternehmen implementierten Systeme zum Chancen- bzw. Risikomanagment sowie zur Planung, Steuerung und Überwachung müssen in angemessenem Umfang über prozessintegrierte Überwachungsmaßnahmen verfügen, damit alle Systemmängel, die deren Effektivität wesentlich beeinträchtigen können, frühzeitig und zutreffend aufgedeckt werden können.				**R**
Prozessintegrierte Steuerungs- und Überwachungsmaßnahmen	Das Management muss hinreichend sicherstellen, dass die Kontrollen während des gesamten Geschäftsjahres hinweg wirksam sind. Daher ist bspw. durch Richtlinien und Arbeitsanweisungen die Kontrolle sachgerecht zu beschreiben, um deren personenunabhägige Funktionsfähigkeit sicherzustellen.				**R**

Anhang I-6: Grundsätze für die Kontrollaktivitäten – *Fortsetzung*

	Chancen-/Risikomanagement	Strategische Planung/Kontrolle		Operative Planung/Budgetkontrolle	
Rück-kopplung	Bei festgestellten Abweichungen, die spezifizierte Grenz-/Schwellenwerte überschreiten, müssen durch die Kontrollaktivität angemessene Initiativen/Gegenmaßnahmen veranlasst werden. *Dazu zählt bspw. die Ermittlung des Wertberichtigungsbedarfs im Anlage- bzw- Umlaufvermögen und die Veranlassung einer außerplanmäßigen Abschreibung.*				**R**
Organisatorische Sicherungsmaßnahmen/Funktionstrennung	Alle Maßnahmen müssen einen angemessenen Genehmigungsprozess durchlaufen und von den zuständigen Instanzen abschließend autorisiert werden. Eine *Ausnahme hierzu stellt die Entscheidung über die (Chancen/Risiko-)Strategie dar, da diese direkt im Verantwortungsbereich der höchsten Unternehmensleitung getroffen wird und daher nur der Zustimmung der Aufsichtsgremien bedarf. Ein separater Genehmigungsprozess ist daher in diesem Fall nicht erforderlich.*		**R**	Budgetanträge müssen von übergeordneten Instanzen auf Plausibilität und unternehmenszielkonformer Plandeterminiertheit überprüft werden, um Missbrauch bzw. Anreizkonflikten vorzubeugen.	**R/G**
				Die endgültigen, mit den Budgetverantwortlichen abgestimmten Budgets bzw. Budgetrevisionen müssen abschließend durch autorisierte Personen genehmigt werden.	**R**
	Bei der aufbau- und ablauforganisatorischen Systemgestaltung muss auf die Funktionstrennung geachtet werden, daher sind generell steuernde und überwachende Funktionen getrennt voneinander auszuüben. *Dazu zählt bspw. auch, dass eine funktionsbereichsbezogene Trennung der Kostenstellen vorgenommen wird.*				**R**
IT-Systeme	Geeignete und angemessene Anwendungskontrollen und IT-Kontrollen müssen implementiert sein, um die Vollständigkeit und Richtigkeit der unternehmensweiten Informationsverarbeitung hinreichend sicherzustellen.				**R**

Effektivitätskriterium: Vcllständigkeit (V); Richtigkeit (R); Gültigkeit (G)

Anhang I-7: Grundsätze für die Information und Kommunikation

	Chancen/Risikomanagement		Strategische Planung		Operative Planung/Budgetkontrolle	
Kommunikation	Die Unternehmensleitung muss die Chancen- und Risikomangement-Abläufe und -Verfahren sowie die Aufgaben und Kompetenzen den Verantwortungsträgern sachgerecht mitteilen..	V/R/G	Die Vision des Unternehmens muss sachgerecht mitgeteilt werden und den Mitarbeitern bekannt sein.	V/R/G	Die Managementebenen müssen über ihre Aufgaben, Kompetenzen und Verantwortungsbereiche angemessen in Kenntnis gesetzt werden.	V/R/G
	Die Risiko-/Chancenstrategie des Unternehmens muss den Mitarbeitern angemessen mitgeteilt werden, um das Bewusstsein der Mitarbeiter für Ereignisse zu schärfen, die Chancen bzw. Risiken für die Unternehmensstrategie darstellen. *Den Mitarbeitern sollte bspw. in Form von verständlichen risikopolitischen Grundsätzen verdeutlicht werden, welche Verhaltenserwartungen das Unternehmen beim Eintritt vorab unspezifizierter Ereignisse an sie hat.*	V/R/G	Die beschlossenen strategischen Ziele/Maßnahmen müssen den internen und externen Adressatenkreis sachgerecht mitgeteilt werden. – *Intern: konkrete Zielvorgaben, angemessener Detaillierungsgrad an die Zielverantwortlichen* – *Extern: für Anlegerentscheidungen so konkret wie möglich und so diskret wie unter Wettbewerbsgesichtspunkten nötig*	V/R	Vorgabewerte (z.B. Zielvorgabewerte) und zugrunde liegende Annahmen müssen rechtzeitig und in geeigneter Weise an die Planungsverantwortlichen weitergeleitet werden.	V/R/G
					In die endgültige Festlegung der Top-Down (zentral) abgeleiteten Zielvorgaben bzw. in die Erstellung des Budgets sollen die Zielverantwortlichen angemessen mit eingebunden sein, um die Akzeptanz und somit die Qualität (z.B. Planabweichungsgrad) der Pläne zu erhöhen. Eine Partizipation wird durch das Bottom-up (Selbstverpflichtung) oder das Gegenstromverfahren (Aushandlungsprozess) erreicht.	R/G
	Das Management muss für offene Kommunikationswege sorgen, da nicht selten Mitarbeiter als erste Indikatoren für Trendentwicklung (z.B. Kundennachfrageverhalten) oder Ereignisse (z.B. Produktionsstörung) wahrnehmen, die aus Sicht des Unternehmens sowohl Chancen als auch Risiken darstellen.	V/R/G	Die zur Zielerreichung beschlossenen strategischen Maßnahmen müssen in Form von hinreichend konkreten Handlungsanweisungen den ausführenden Bereiche mitgeteilt werden.	V/R/G	Die zugewiesenen Aufgaben bzw. Handlungsanweisungen zur Umsetzung von Maßnahmen oder zur Ausführung von Plänen und Programmen müssen den ausführenden Bereichen/Mitarbeitern auf operativer Ebene sachgerecht mitgeteilt werden.	V/R/G
	Organisationsrichtlinien müssen schriftlich fixiert sein und den betroffenen Mitarbeitern angemessen mitgeteilt werden, wobei sichergestellt sein muss, dass die jeweils aktuelle Fassung zur Verfügung steht.					V/R/G

Anhang I-7: Grundsätze für die Information und Kommunikation – *Fortsetzung*

	Chancen/Risikomanagement	Strategische Planung	Operative Planung/Budgetkontrolle	
Finanzmarktkommunikation		Um seiner Verantwortung für die Ordnungsmäßigkeit des externen Rechnungswesens nachzukommen, sollte das Berichtswesen auf einem konzeptionell geschlossenen Ergebniscontrolling beruhen und kein Zweikreissystem nutzen. *D.h. das externe und interne Rechnungswesen greifen auf eine identische Datenbasis zurück und sind konzern-/unternehmensweit vereinheitlicht bzw. problemlos überleitbar. Dazu zählt bspw. auch, dass* – *die Erträge/Aufwendungen der FiBu mit den Leistungen/Kosten abstimmbar sind,* – *Sachkonten der FiBu zu Kostenartengruppen zusammenzufassen sind,* – *unterjährig Abgrenzungen für alle wesentlichen unregelmäßig anfallenden Kostenblöcke vorgenommen werden,* – *kalkulatorische Kosten nur Verwendung finden, sofern sie für einen konzerneinheitlichen Kostenausweis notwendig oder für Sonderrechungen entscheidungsrelevant sind,* – *eine Überleitungsrechnung vom kalkulatorischen Ergebnis zum GuV-Ergebnis durchgeführt und dokumentiert wurde.*		R
	Das Unternehmen muss zur Erfüllung der gesetzlichen Vorschriften (z.B. HGB, BörsG, WpHG) die geforderten Informationen ordnungsgemäß erfassen, aufbereiten und fristgerecht veröffentlichen. Sofern es sich um ein börsennotiertes Unternehmen handelt, sind ferner die Informationspflichten der Börsenordnung zu erfüllen (z.B. Zwischen-/Quartalsbericht). Für den Fall, dass die gesetzlichen Vertreter des Unternehmens sich dazu entschlossen haben, Empfehlungen oder Entsprechenserklärungen einzuhalten (z.B. Corporate Governance Kodex), müssen die geforderten Informationen vollständig, verlässlich und fristgerecht erteilt werden.			V / R / G
	Kapitalmarktorientierte Konzerne/Unternehmen sollen zur Stärkung ihrer Investor Relations die interessierte Öffentlichkeit angemessen mit relevanten Informationen aus Sicht des Managements versorgen. *Als relevant sind dabei insbesondere die Informationen zu kennzeichnen, die den Wert des Unternehmens bestimmen, Risiko-Rendite-Kalküle des Anlegers ermöglichen und Rückschlüsse auf die Qualität des Managements erlauben.*			V / R / G
	Die Vergleichbarkeit der Informationen muss gewährleistet sein, daher sollten diese konsistent sein und in regelmäßigen Abständen veröffentlicht werden.			R / G
	Die Informationen müssen verlässlich sein, dazu zählt auch, dass der Addressat nicht durch gezielte Über- oder Desinformation zu falschen Schlussfolgerungen geleitet wird.			R / G
IT-Prozessebene	Unter Beachtung des Kosten- / Nutzenkalküls sollen die jeweiligen Komponenten des Entscheidungsprozesses und das Berichtssystem angemessen durch IT-Lösungen unterstützt oder gestützt werden, um Rationalisierungspotenziale auszuschöpfen und die Fehleranfälligkeit und Konsistenz der Daten zu verbessern.			R

Anhang I-7: Grundsätze für die Information und Kommunikation – *Fortsetzung*

	Chancen/Risikomanagement	Strategische Planung	Operative Planung/Budgetkontrolle	
IT-Anwendungs-ebene	Die Nachvollziehbarkeit von den Entscheidungsprozess unterstützenden Bewertungs- und Simulations-Tools muss gegeben sein; die Methodik stimmt mit den für die jeweilige Prozesskomponente zu beachtenden Richtlinien, Verfahrensanweisungen bzw. Handbüchern überein.			R
	Durch Schulungsmaßnahmen ist eine sachgerechte Bedienung der Planungssoftware durch die Planungsbeteiligten sicherzustellen.			R
	Für das Berichtswesen muss ein angemessenes Rollen- und Berechtigungskonzept vorliegen, welches die Informationssicherheit und Vertraulichkeit der Daten gewährleistet.			R
	Durch die IT sollte ein einfacher und schneller Zugriff auf die Datenbestände gewährleistet werden, damit die Aktualität der Information gegeben ist. Daher sollte das Unternehmen/der Konzern über möglichst homogene Datenformate in den Vorsystemen verfügen.			G
IT-Infra-strukturebene	Die Sicherheit der Daten sowie deren vollständige und richtige Verarbeitung (vgl. FAIT 1, FAIT 2, IDW PS 330) muss systemseitig sichergestellt sein.			V/R
	Durch die IT sollte ein einfacher und schneller Zugriff auf die Datenbestände gewährleistet werden, damit die Aktualität der Information gegeben ist. Daher sollte das Unternehmen/der Konzern die Anzahl der manuellen Schnittstellen so gering wie möglich halten.			G
Internes Umfeld	Die Geschäftsleitung muss zur Erfüllung der gesetzlichen Verpflichtung oder freiwillig abgegebener Entsprechenserklärung (z.B. Corporate Governance Kodex) die Aufsichtsorgane entsprechend den hieraus erwachsenden Anforderungen in geeignter Weise informieren. (=> Interaktion des Rahmenkonzeptes mit einem erweiterten Corporate Governance System, das als Systemerweiterung aufgefasst werden kann).			

Effektivitätskriterium: Vollständigkeit (V); Richtigkeit (R); Gültigkeit (G)

Anhang I-8: Grundsätze für die Überwachung

	Chancen-/Risikomanagement	Strategische Planung	Operative Planung
Dokumentation	Die festgelegte Risiko-/Chancen-Strategie sowie gegebenenfalls unterjährige Änderungen müssen sachgerecht dokumentiert werden, *um sie jederzeit einer Überprüfung zugänglich zu machen und als Exkulpationsinstrumentarium einer sorgfältigen Geschäftsleitung zu dienen. Eine sachgerechte Dokumentation kann bspw. in Form von risikopolitischen Grundsätzen erfolgen.*	Die festgelegte Strategie, deren unterjährige Änderungen sowie die beschlossenen strategischen Maßnahmen/Projekte müssen sachgerecht dokumentiert werden, *um sie jederzeit einer Überprüfung zugänglich zu machen und als Exkulpationsinstrumentarium einer sorgfältigen Geschäftsleitung nutzen zu können.*	Die festgelegten Zielvorgabwerte, deren unterjährige Änderungen sowie die budgetierten Maßnahmen müssen sachgerecht dokumentiert werden, *damit sie als Grundlage für Zielvereinbarungen genutzt, jederzeit einer Überprüfung zugänglich gemacht oder als Exkulpationsinstrumentarium einer sorgfältigen Geschäftsleitung herangezogen werden können.*
	Die Ergebnisse der Risikoidentifikation und -bewertung müssen angemessen dokumentiert werden (z.B. Risikolandkarte), um einem sachverständigen Dritten deren Nachvollziehbarkeit zu ermöglichen und der Geschäftsführung als Nachweis für die ordnungsmäßige Erfüllung ihrer grundsätzlichen Führungsaufgaben zu dienen.	Die Grundlagen der Planungsherleitung und Planrevision müssen angemessen dokumentiert werden. *Dazu zählen bspw. Prognoserechnungen unter Angabe der zugrundliegenden Prämissen/Annahmen.*	
	Die auf Grundlage der identifizierten Chancen und Risiken eingeleiteten Maßnahmen sind sachgerecht und unter Nennung des Risikoverantwortlichen zu dokumentieren.	Die Ergebnisse der Plan/Ist-Vergleiche sollen angemessen dokumentiert werden, um deren Nachvollziehbarkeit für einen sachverständigen Dritten zu ermöglichen und der Geschäftsführung als Nachweis für die ordnungsmäßige Erfüllung ihrer grundsätzlichen Führungsaufgaben zu dienen.	
	Das Chancen- und Risikomanagementsystem ist hinreichend zu dokumentieren. *Neben Methodik, Instrumenten und verwendeten Formularen zählen hierzu auch die Termine und die Rollen bzw. Verantwortlichkeiten der involvierten Mitarbeiter, um bspw. deren personenunabhängige Funktionsfähigkeit sicherzustellen und eine effiziente Prüfung zu gewährleisten.*	Die Planungs-, Steuerungs- und Überwachungssysteme auf strategischer und operativer Ebene sind hinreichend zu dokumentieren. *Neben Methodik, Instrumenten und verwendeten Formularen zählen hierzu auch die Termine und die Rollen bzw. Verantwortlichkeiten der involvierten Mitarbeiter, um bspw. deren personenunabhängige Funktionsfähigkeit sicherzustellen und eine effiziente Prüfung zu gewährleisten.*	

Anhang I-8: Grundsätze für die Überwachung – *Fortsetzung*

	Chancen-/Risikomanagement	Strategische Planung	Operative Planung
Prozessunabhängige Überwachung		Die Geschäftsleitung selbst muss in angemessenen Zeitabständen die Unternehmensstrategie überprüfen und die Verfahren der strategischen Kontrolle auf ihre Angemessenheit und Wirksamkeit hin beurteilen.	Die den strategischen Erfolgsfaktoren zugrunde liegenden Messgrößen müssen in angemessenen Zeitabständen hinsichtlich ihrer Angemessenheit sowie der Angessenheit und Wirksamkeit der Messmethodik überprüft werden.
	Organisationsaufbau, Aufgaben-/Verantwortungsbereiche und Anordnungs- / Weisungskompetenzen müssen in einem angemessenen Organisationsplan dokumentiert sein und in regelmäßigen Abständen überprüft werden.		
	Organisationsrichtlinien müssen in regelmäßigen Abständen auf ihre Aktualität und Gültigkeit hin überprüft werden und sind gegebenenfalls zu überarbeiten.		
	Die Einhaltung der durch die Geschäftsleitung festgelegten Organisationsrichtlinien (Verfahrensanweisungen, Richtlinien sowie Handbücher bzw. -leitfäden) und Qualitätsstandards muss durch eine prozessunabhängige Instanz in angemessenen zeitlichen Abständen überprüft werden.		
	Sofern Umfang und Komplexität der durch die Geschäftsleitung zur Sicherstellung ihrer Führungsverantwortung eingerichteten Systeme dazu führen, dass eine angemessene prozessunabhängige Überwachung nicht durch sie selber erfolgen kann, hat sie für eine angemessene Interne Revision zu sorgen.		
Überwachungsmaßnahmen (Systemüberwachung)	Das Chancen- und Risikomanagement muss durch eine angemessene Kombination aus prozessintegrierten und -unabhängigen Überwachungsmaßnahmen so überwacht werden, dass Mängel hinsichtlich der Angemessenheit und Wirksamkeit des Systems hinreichend frühzeitig aufgedeckt werden können. *Es soll bspw. sichergestellt sein, dass die Methodik der Ereignisidentifikation den Anforderungen eines angemessenen und wirksamen Chancen- und Risikomanagements entspricht und aktuelle Entwicklungen des Chancen-/Risikocontrollings zeitnah integriert werden, um die Wettbewerbsfähigkeit des Unternehmens bspw. auf dem Kapitalmarkt sicherzustellen.*	Das Planungs- und Steuerungssystem muss durch eine angemessene Kombination aus prozessintegrierten und -unabhängigen Überwachungsmaßnahmen so überwacht werden, dass Mängel hinsichtlich der Angemessenheit und Wirksamkeit des Systems hinreichend frühzeitig aufgedeckt werden können. *Es soll bspw. sichergestellt sein, dass die Methodik den Anforderungen einer angemessenen und wirksamen Konzern-/Unternehmensplanung entspricht und aktuelle Entwicklungen des Controllings zeitnah integriert werden, um die Wettbewerbsfähigkeit des Unternehmens sicherzustellen.*	
IT-Anwendungsebene	In den datenliefernden Vorsystemen sollte in regelmäßigen Abständen eine Validierung der für Berichts- bzw. Rechnungslegungszwecke notwendigen Datenbestände und der auf die Vollständigkeit und Richtigkeit des Datenbestands gerichteten IT-Kontrollen vorgenommen werden. *Andernfalls können bspw. Programmänderungen nicht zu den notwendigen Änderungen der IT-Kontrollen führen bzw. könnte eine Kontrolle evtl. aufgrund eines Softwareänderungsprojektes die Datenqualiät für bestimmte Zeiträume nicht sicherstellen.*		
Prüfungsbericht	Alle im Rahmen der Überwachungsmaßnahmen ermittelten wesentlichen Schwachstellen bzw. Regelverstöße und deren Ursachen müssen geeigneten Adressaten frühzeitig und hinreichend detailliert berichtet werden, wobei die Wesentlichkeit unter quantitativen und qualitativen Gesichtspunkten beurteilt werden muss.		

8. Literaturverzeichnis

Adler, Hans/ Düring, Walther/ Schmaltz, Kurt (Begr.) (2000): Rechnungslegung und Prüfung der Unternehmen. Kommentar zum HGB, AktG, GmbHG, PublG nach den Vorschriften des Bilanzrichtlinien-Gesetzes, Ergänzungsband zu Teilband 4, 6. Aufl., neu bearbeitet von Forster, Karl-Heinz/Goerdeler, Reinhard/Lanfermann, Josef, u.a., Stuttgart 2000 (zit.: ADS, Kommentar, 2000)

AICPA (1994): Special Improving Business Reporting – a Customer Focus: A Comprehensive Report of the Special Committee on Financial Accounting. New York 1994 (zit.: AICPA, Improving Business Reporting, 1994).

– (2004): Assurance on Business Performance Measures. In: www.aicpa.org/assurance/about/newsvc/perf.htm (Download vom 5.5.2004) (zit.: AICPA, Assurance on Business Performance Measures, 2004).

– (2004): Assurance on Risk Management. In: www.aicpa.org/assurance/about/newsvc/risk.htm (Download vom 5.5.2004) (zit.: AICPA, Assurance on Risk Assessment, 2004).

Altmeppen, Holger/ Roth, Günter (2005): GmbHG – Gesetz betreffend die Gesellschaften mit beschränkter Haftung. 5. Aufl., München 2005 (zit.: Altmeppen, Kommentar, 2005).

Alvarez, Manuel (2004): Segmentberichterstattung und Segmentanalyse. Wiesbaden 2004.

Arbeitskreis 'Externe und Interne Überwachung' der Schmalenbach-Gesellschaft für Betriebswirtschaft e.V. (2000): Auswirkungen des KonTraG auf die Unternehmensüberwachung. In: DB Beilage 11/2000 zu Heft 37 (2000), S. 1-11 (zit.: Arbeitskreis 'Externe und Interne Überwachung der Unternehmung' der Schmalenbach-Gesellschaft für Betriebswirtschaft e. V., KonTraG, 2000).

– (2006): Praktische Empfehlungen für unternehmerisches Entscheiden. In: DB Heft 41 (2006), S. 2189-2196 (zit.: Arbeitskreis 'Externe und Interne Überwachung der Unternehmung' der Schmalenbach-Gesellschaft für Betriebswirtschaft e. V., Unternehmerisches Entscheiden, 2006).

AWV Positionspapier (2000): Electronic Commerce und Grundsätze ordnungsmäßiger DV-gestützter Buchführungssysteme. Eschborn 2000.

Baetge, Jörg (1992): Kybernetische Überwachungstheorie. In: Coenenberg, Adolf/ Wysocki, Klaus von (Hrsg.): Handwörterbuch der Revision. 2., neu gestaltete und ergänzte Aufl., Stuttgart 1992, S. 2038-2054 (zit.: Baetge, Überwachungstheorie, 1992).

– (1993): Überwachung. In: Bitz, Michael/ Dellmann, Klaus/ Domsch, Michel/ Egner, Henning (Hrsg.): Vahlens Kompendium der Betriebswirtschaftslehre, Band 2. München 1993, S. 177-218 (zit.: Baetge, Überwachung, 1993).

– (1996): Bilanzen. 4., überarb. Aufl., Düsseldorf 1996 (zit.: Baetge, Bilanzen, 1996).

Banks, George Y./McConnell, Donald (2003): How Sarbanes-Oxley will Change the Audit Process. In: Journal of Accountancy Heft 9 (2003), S. 49-55 (zit.: Banks/McConnell, Sarbanes-Oxley, 2003).

Baums, Theodor (Hrsg.) (2001): Bericht der Regierungskommission Corporate Governance. Unternehmensführung – Unternehmenskontrolle – Modernisierung des Aktienrechts. Köln 2001.

Beck, Kommentar s. *Berger* pp.

Beiersdorf, Kati/ Buchheim, Regine (2006): IASB-Diskussionspapier „Management Commentary“ – Export des deutschen Lageberichts als Managementbericht?. In: BB Heft 2 (2006), S. 96-100 (zit.: Beiersdorf/ Buchheim, Management Commentary, 2006).

Bell, Thimothy B./ Marrs, Frank/ Solomon, Ira/ Thomas, Howard (1997): Auditing Organisations Through a Strategic Systems Lens: The KPMG Business Measurement Process. University of Illinois at Urbana-Champaign 1997.

Berenz, Bernd/ Voit, Franz (2003): Die Geschäftsprozessorientierung in der Abschlussprüfung. In: WPg Heft 22 (2003), S. 1233-1243 (zit.: Berenz/Voit, Geschäftsprozessorientierung, 2003).

Berger, Axel/ Ellrott, Helmut/ Förschle, Gerhardt/ Hense, Burkhard (Hrsg.) (2006): Beck'scher Bilanzkommentar. Handels- und Steuerrecht – §§ 238 bis 339 HGB –. 6., völlig überarb. Aufl. München 2006 (zit.: Beck, Kommentar, 2003).

Biggs, Stanley/ Mock, Theodore/ Quick, Reiner (2000): Das Prüfungsurteil bei analytischen Prüfungshandlungen – Praktische Implikationen von Forschungsergebnissen. In: WPg Heft 4 (2000), S. 169-178 (zit.: Biggs/ Mock/ Quick, Analytische Prüfungshandlungen, 2000).

Birk, Stefan (1991): Berichtssysteme. Operative Berichterstattung in Konzernen. München 1991.

Bitz, Horst (2000): Abgrenzung des Risiko-Frühwarnsystems i.e.S nach KonTraG zu einem umfassenden Risiko-Managementsystem im betriebswirtschaftlichen Sinn. In: BFuP Heft 3 (2000), S. 231-241 (zit.: Bitz, Risiko-Frühwarnsystem, 2000)

Bleicher, Knut (2004): Das Konzept integriertes Management – Visionen – Missionen – Programme. 7., erw. und überarb. Aufl., Frankfurt, New York 2004.

Bogaschewsky, Ronald/ Rollberg, Roland (1998): Prozessorientiertes Management. Berlin, Heidelberg 1998.

Bönkhoff, Franz (1992): Prüfungsplanung. In: Coenenberg, Adolf/ Wysocki, Klaus von (Hrsg.): Handwörterbuch der Revision. 2., neu gestaltete und ergänzte Aufl., Stuttgart 1992, S. 1519-1526 (zit.: Bönkhoff, Prüfungsplanung, 1992).

Borchert, Dierk (1992): Transaction Flow Auditing. In: Coenenberg, Adolf/ Wysocki, Klaus von (Hrsg.): Handwörterbuch der Revision. 2., neu gestaltete und ergänzte Aufl., Stuttgart 1992, S. 1939-1950 (zit.: Borchert, Transaction Flow Auditing, 1992).

Boycott, Alan (1997): Corporate Governance: Zur Entwicklung eines Rahmenkonzepts für interne Kontrollsysteme. In: ZIR Heft 5 (1997), S. 259-274 (zit.: Boycott, Interne Kontrollsysteme, 1997).

Brebeck, Frank/ Herrmann, Dagmar (1997): Zur Forderung des KonTraG-Entwurfs nach einem Frühwarnsystem und zu den Konsequenzen für die Jahres- und Konzernabschlussprüfung. In: WPg Heft 12 (1997), S. 381-391 (zit.: Brebeck/Herrmann, KonTraG, 1997).

Brinkmann, Ralph/ Spieß, Alexander (2006): Abschlussprüfung nach Internationalen Standards on Auditing – Überblick über aktuelle Entwicklungen durch die 8. EU-Richtlinie und das Clarity-Project des IAASB sowie Auswirkungen auf die IDW-Prüfungsstandards (Teil 1). In: KoR Heft 6 (2006), S. 395-409 (zit.: Brinkmann/Spieß, ISA, 2006).

Buchheim, Regine/ Knorr, Liesel (2006): Der Lagebericht nach DRS 15 und internationale Entwicklungen. In: WPg Heft 7 (2006), S. 413-425 (zit.: Buchheim/Knorr, Lagebericht, 2006).

Buderath, Hubertus M. (2003): Das Interne Kontrollsystem in einem internationalen Unternehmen. In: WPg Sonderheft (2003), S. 219-223 (zit.: Buderath, IKS, 2003).

Bundesanstalt für Finanzdienstleistungen (2005): Mindestanforderungen an das Risikomanagement, Rundschreiben 18/ 2005. In: www.bafin.de/ rundschreiben/ 89_2005/ 051220.htm (Download vom 3.5.2006) (zit.: BaFin, MaRisk, 2005).

Bundesministerium der Justiz (1998): Gesetz zur Kontrolle und Transparenz im Unternehmensbereich (KonTraG). Stand: 27.4.1998, Begründung zu § 91 AktG (zit.: BMJ, Begründung, 1998).

– (2004): Referentenentwurf eines Gesetzes zur Unternehmensintegrität und Modernisierung des Anfechtungsrechts. In: www.rws-verlag.de (Download vom 28.1.2004) (zit.: BMJ, Referentenentwurf, 2004).

– (2004): Regierungsentwurf zu UMAG. Stand: 17. November 2004, Begründung zu § 93 Abs. 1 Satz 1 AktG. In: www.bmj.de/ media/ archive/ 797.pdf (Download vom 20.6.2005) (zit.: BMJ, Regierungsentwurf, 2004).

Bundesrat (Hrsg.) (1997): Entwurf eines Gesetzes zur Kontrolle und Transparenz im Unternehmensbereich (KonTraG), Gesetzesentwurf der Bundesregierung. In: BR-Drucksache 872/97 vom 7.11.1997 (zit.: Bundesrat, Begründung, 1997).

Bundesregierung (1998): Entwurf eines Gesetzes zur Kontrolle und Transparenz im Unternehmensbereich (KonTraG), Gesetzentwurf der Bundesregierung. In: BT-Drucksache 13/ 9712 vom 28.1.1998 (zit.: Bundesregierung, Allgemeine Begründung, 1998).

Burger, Anton/ Buchardt, Anton (2001): Integration des Rechnungswesens im Shareholder Value-Ansatz. In: DB Heft 11 (2001), S. 549-554 (zit.: Burger/ Buchardt, Rechnungswesen, 2001).

Chandler, Alfred (1969): Strategy and Structure (Paperback-Ausgabe von Chandler (1962)). Cambridge/London 1969.

Chapman, Christy (2003): Bringing ERM into Focus. In: Internal Auditor Heft 6 (2003). In: www.theiia.org/ iia/ index.cfm?act=content.print&doc_ id=4229 (Download vom 5.5.2004) (zit.: Chapman, ERM, 2003)

COSO (1994): Internal Control – Integrated Framework. Jersey City 1994 (zit.: COSO, Internal Control, 1994).

– (2003): Enterprise Risk Management Framework. In: www.erm.coso.org (Download vom 20.10.2003). o.O. 2003 (zit.: COSO, ERM, 2003).

– (2004): Enterprise Risk Management – Integrated Framework. Jersey City 2004 (COSO, ERM, 2004).

– (2004): Internal Control – Integrated Framework – Executive Summary. In: www.coso.org/ publications/ executive_summary_ integrated_framework.htm (Download vom 7.8.2004), S. 1-5 (zit.: COSO, Executive Summary, 2004).

Cromme, Gerhard (2006): Corporate Governance – Stand der Entwicklung in Deutschland und Europa – Rede anlässlich der 5. Konferenz Deutscher Corporate Governance Kodex am 23.6.2006. In: www.corporate-governance-code.de/ ger/ download/ Rede_Dr_Cromme_2006023:PDF (Download vom 12.10.2006) (zit.: Cromme, Corporate Governance, 2006).

Cushing, Barry/Loebbecke, James (1983): Analytical Approaches to Audit Risk: A Survey and Analysis. In: Auditing Heft 1 (1983), S. 23-41 (zit.: Cushing/ Loebbecke, Approaches, 1983).

Diederichs, Marc (2004): Risikomanagement und Risikocontrolling. München 2004.

Dißars, Ulf-Christian (2005): Beurteilung der Fortführung der Unternehmenstätigkeit und Folgen einer Abkehr von der Going-Concern-Prämisse. In: INF Heft 24 (2005), S. 957-960 (zit.: Dißars, Going Concern, 2005).

Döring, Ulrich/ Wöhe, Günter (2002): Einführung in die Allgemeine Betriebswirtschaftslehre. 21., neu bearb. Aufl., München 2002.

Dörner, Dietrich (1998): Von der Wirtschaftsprüfung zur Unternehmensberatung. In: WPg Heft 7 (1998), S. 302-318 (zit.: Dörner, Wirtschaftsprüfung, 1998).

Eggemann, Gerd/ Konradt, Thomas (2000): Risikomanagement nach KonTraG aus dem Blickwinkel des Wirtschaftsprüfers. In: BB Heft 10 (2000), S. 503-510 (zit.: Eggemann/Konradt, Risikomanagement, 2000).

Eichler, Hubertus/ Bungartz, Oliver (2004): Enterprise Risk Management – aktuelle Entwicklungen im Bereich unternehmensinterner Risiko- und Überwachungssysteme. In: ZIR Heft 3 (2004), S. 108-114 (zit.: Eichler/ Bungartz, ERM, 2004).

Eisele, Wolfgang (1990): Technik des betrieblichen Rechnungswesens. 4., überarb. und erw. Aufl., München 1990 (zit.: Eisele, Betriebliches Rechnungswesen, 1990).

– (1999): Technik des betrieblichen Rechnungswesens. München, Stuttgart 1999 (zit.: Eisele, Rechnungswesen, 1999).

Feldt, Martin/ Olbrich, Thomas/ Wiemeler, Manfred (1992): Grundsätze controllingadäquater Informationssysteme im Rechnungswesen. In: DB Heft 50 (1992), S. 2513-2518 (zit.: Feldt/ Olbrich/ Wiemeler, Informationssysteme, 1992).

Fey, Gerd (2000): Prüfung kapitalmarktorientierter Unternehmensberichte – Erweiterungen der Abschlussprüfung nach nationalen und internationalen Prüfungsgrundsätzen –. In: WPg Heft 22 (2000), S. 1097-1108 (zit.: Fey, Unternehmensberichte, 2000).

Fink, Christian/ Keck, Barbara (2005): Lageberichterstattung nach BilReG und DRS 15: Eine kritische Analyse. In: KoR Heft 4 (2005), S. 137-146 (zit.: Fink/ Keck, Lageberichterstattung, 2005).

Fink, Christian/ Ulbrich, Philipp (2006): Segmentberichterstattung nach ED 8 – Operating Segments. In: KoR Heft 4 (2006), S. 233-243 (zit.: Fink/ Ulbrich, Segmentberichterstattung, 2006).

Fischer, Thomas M./ Wenzel, Julia (2002): Value Reporting. In: DBW Heft 3 (2002), S. 327-332 (zit.: Fischer/Wenzel, Value Reporting, 2002).

Fleischer, Holger (2004): Die „Business Judgement Rule“: Vom Richterrecht zur Kodifizierung. In: ZIP Heft 15 (2004), S. 685-692 (zit.: Fleischer, Business Judgement Rule, 2004).

Freidank, Carl-Christian/ Steinmeyer Volker (2005): Fortentwicklung der Lageberichterstattung nach dem BilReG aus betriebswirtschaftlicher Sicht. In: BB Heft 46 (2005), S. 2512-2517 (zit.: Freidank/ Steinmeyer, Fortentwicklung, 2005).

Freiling, Claus (1978): Systeme unternehmungsinterner Überwachung. In: WiSt Heft 7 (1978), S. 297-301 (zit.: Freiling, Überwachung, 1978).

Freiling, Claus/ Lück, Wolfgang (1994): Unternehmensinterne Planung und handelsrechtliche Jahresabschlußprüfung. In: DB Heft 25 (1994), S. 1249-1252 (zit.: Freiling/Lück, Jahresabschlussprüfung, 1994).

Frese, Erich (2000): Grundlagen der Organisation – Konzepte – Prinzipien – Strukturen. Wiesbaden 2000.

Fuhr, Annette (2003): Die Prüfung der Unternehmensplanung – Ein Instrument zur Überwachung der Unternehmensleitung in Kapitalgesellschaften. Düsseldorf 2003.

Füser, Karsten/Gleißner, Werner (2000): Moderne Frühwarn- und Prognosesysteme für Unternehmensplanung und Risikomanagement. In: DB Heft 19 (2000), S. 933-941 (zit.: Füser/Gleißner, Frühwarnsysteme, 2000).

Geißler, Cornelia (2004): Was ist Compliance Management?. In: Harvard Business Manager Heft 2 (2004), S. 17 (zit.: Geißler, Compliance, 2004).

Geßler, Ernst (1996): Kommentierung zu § 93 AktG: In: Geßler, Ernst/ Hefermehl, Wolfgang: Aktiengesetz, Band II: §§ 76-147 AktG. München 1996 (zit.: Geßler, Aktiengesetz, 1996).

Giese, Rolf (1998): Die Prüfung des Risikomanagementsystems einer Unternehmung durch den Abschlussprüfer gemäß KonTraG. In: WPg Heft 10 (1998), S. 451-458 (zit.: Giese, Risikomanagementsystemprüfung, 1998).

Grundsätze ordnungsmäßiger DV-gestützter Buchführungssysteme (GoBS) (1995): Schreiben des Bundesministeriums der Finanzen vom 7.11.1995. In: Bundessteuerblatt 1995, Teil 1 Nr. 18, S. 738-747 (zit.: GoBS, Richtlinie, 1995).

– (1996): In: WPg Heft 3 (1996), S. 126-132 (zit.: GoBS, Grundsätze, 1996).

Graumann, Matthias (2003): Controlling – Begriff, Elemente, Methoden und Schnittstellen. Bonn 2003.

Groß, Paul J. (2004): Die Wahrung, Einschätzung und Beurteilung des „Going Concern" in den Pflichten- und Verantwortungsrahmen von Unternehmensführung und Abschlussprüfung (Teil 1). In: WPg Heft 23 (2004), S. 1357-1374 (zit.: Groß, Going Concern (Teil 1), 2004).

– (2004): Die Wahrung, Einschätzung und Beurteilung des „Going Concern" in den Pflichten- und Verantwortungsrahmen von Unternehmensführung und Abschlussprüfung (Teil 2). In: WPg Heft 24 (2004), S. 1433-1450 (zit.: Groß, Going Concern (Teil 2), 2004).

Groß, Paul J./Amen, Matthias (2005): Going-Concern-Prognosen im Insolvenz- und im Bilanzrecht. In: DB Heft (2005), S. 1862-1868.

Grüning, Michael (2001): Performance Measurement-Systeme – Messung und Steuerung von Unternehmensleistung. Wiesbaden 2001.

Günther, Thomas/Beyer, Dirk (2001): Value Based Reporting – Entwicklungspotenziale der externen Unternehmensberichterstattung. In: BB Heft 32 (2001), S. 1623-1631 (zit.: Günther/Beyer, Value Based Reporting, 2001).

Hahn, Dietger (1996): PuK, Controlling-Konzepte. 5. Aufl., Wiesbaden 1996.

Haller, Axel (2006): Segmentberichterstattung – Schnittstelle zwischen Controlling und Rechnungslegung. In: Wagenhofer, Alfred (Hrsg.): Controlling und IFRS-Rechnungslegung. Berlin 2006, S. 143-168 (zit.: Haller, Segmentberichterstattung, 2006).

Hampel, Volker/ Lueger, Marcus/ Roth, Ute (2004): Risikocontrolling aus Sicht des Abschlussprüfers. In: ZfCM Sonderheft 3 (2004), S. 108-119 (zit.: Hampel/Lueger/Roth, Risikocontrolling, 2004).

Hauschka, Christoph (2004): Compliance, Compliance-Manager, Compliance-Programme: Eine geeignete Reaktion auf gestiegene Haftungsrisiken für Unternehmen und Management?. In: NJW Heft 5 (2004), S. 257-261 (zit.: Hauschka, Compliance, 2004).

Heese, Klaus (2003): Der risiko-, prozess- und systemorientierte Prüfungsansatz. In: WPg Sonderheft 2003 (2003), S. 223-230 (zit.: Heese, Prüfungsansatz, 2003).

Hillebrand, Werner (2005): Das Früherkennungs- und Überwachungssystem bei Kapitalgesellschaften – Erfordernis und Mindestanforderungen aus juristischer und betriebswirtschaftlicher Sicht. Düsseldorf 2005.

Hill, Wilhelm/ Fehlbaum, Raymond/ Ulrich, Peter (1998): Organisationslehre 2, Theoretische Ansätze und praktische Methoden der Organisation sozialer Systeme. 4. Aufl., Bern, Stuttgart, Wien 1998.

Hofmann, Günther (2002): System Based Audits – Eine Methode der effizienten Prüfungsdurchführung zur Unterstützung des Managements, ein internes Überwachungssystem einzurichten. In: ZIR Heft 5 (2002), S. 208-211 (zit.: Hofmann, System Based Audits, 2002).

Holmström, Bengt (1979): Moral Hazard and Observability. In: Bell Journal of Economic Heft 10 (1979), S. 74-91 (zit.: Holmström, Agency, 1979).

Hömberg, Reinhold (1985): Ein Vorschlag zur Analyse von Internen Kontrollsystemen für die Wirtschaftsprüfung. In: Ballwieser, Wolfgang/ Berger, Karl-Heinz (Hrsg.): Information und Wirtschaftlichkeit. Wiesbaden 1985, S. 481-500 (zit.: Hömberg, IKS, 1985).

Horvath, Peter (1992): Internes Kontrollsystem, allgemein. In: Coenenberg, Adolf; Wysocki, Klaus von (Hrsg.): Handwörterbuch der Revision. 2., neu gestaltete und ergänzte Aufl. Stuttgart 1992, S. 882-895 (zit.: Horvath, IKS, 1992).

– (2002): Controlling. München 2002 (zit.: Horvath, Controlling, 2002).

– (2003): Anforderungen an ein modernes internes Kotrollsystem. In: WPg Sonderheft 2003 (2003), S. 211-218 (zit.: Horvath, Modernes IKS, 2003).

Huch, Burkhard/ Behme, Wolfgang/ Ohlenhof, Thomas (1997): Rechnungswesenorientiertes Controlling – Ein Leitfaden für Studium und Praxis. Heidelberg 1997.

Hüffer, Uwe (2002): Aktiengesetz. 2., neu bearb. Aufl., München 2002.

IDW (2000): WP-Handbuch. Düsseldorf 2000 (zit.: IDW, WP-Handbuch, 2000).

– (2004): Aus der Facharbeit des IDW: Die künftige Pflicht zur ISA Anwendung. In: WPg Heft 22 (2004), S. 1281-1282 (zit.: IDW, ISA Anwendung, 2004).

Jacob, Hans-Joachim (2001): Die Transformation der International Standards on Auditing in deutsche Grundsätze ordnungsmäßiger Abschlussprüfung. In: WPg Heft 5 (2001), S. 237-244 (zit.: Jacob, Transformation, 2001).

Joint Working Group (2000): Recommendations Arising from a Study of Recent Developements in the Audit Methodologies of the Largest Accounting Firms, Paper prepared by the Joint Working Group for submissions to the International Auditing Practices Committee, the Assurance Standards Board of the CICA, the Auditing Practices Board of the United Kingdom and Ireland and the Auditing Standards Board of the AICPA. New York 2000.

Justenhoven, Petra/ Krawietz, Manfred (2006): Prüfungsansatz nach Enron. In: BFuP Heft 1 (2006), S. 62-77 (zit.: Justenhoven/ Krawietz, Prüfungsansatz, 2006).

Kaiser, Karin (2005): Auswirkungen des Bilanzrechtsreformgesetzes auf die zukunftsorientierte Lageberichterstattung. In: WPg Heft 8 (2005), S. 405-418 (zit.: Kaiser, BilReG, 2005).

– (2005): Erweiterung der zukunftsorientierten Lageberichterstattung: Folgen des Bilanzrechtsreformgesetzes für Unternehmen. In: DB Heft 7 (2005), S. 345-353 (zit.: Kaiser, Zukunftsorientierte Lageberichterstattung, 2005).

– (2005): Jahresabschlussprüfung und prüfungsnahe Beratung bei zukunftsorientierter Lageberichterstattung gemäß dem Bilanzrechtsreformgesetz. In: DB Heft 43 (2005), S. 2309-2314 (zit.: Kaiser, Jahresabschlussprüfung, 2005).

Kaplan, Robert S./ Norton, David P. (1997): Balanced scorecard – Strategien erfolgreich umsetzen. Stuttgart 1997.

Kinzl, Ulrich-Peter (2004): Wie angemessen muss „angemessene Information" als Grundlage für Vorstandsentscheidungen sein?. In: DB Heft 31 (2004), S. 1653-1654 (zit.: Kinzl, UMAG, 2004).

Kirsch, Hans-Jürgen/ Scheele, Alexander (2006): Diskussionspapier des IASB zum „Management Commentary". In: WPg Heft 3 (2006), S. 89-91 (zit.: Kirsch/Scheele, Diskussionspapier, 2006).

Klingebiel, Norbert (2000): Integriertes Performance Measurement. Wiesbaden 2000 (zit.: Klingebiel, Integriertes Performance Measurement, 2000).

– (2001): Impulsgeber des Performance Measurement. In: Klingebiel, Norbert: Performance Measurement & Balanced Scorecard. München 2001, S. 4-23 (zit.: Klingebiel, Impulsgeber, 2001).

Knabe, Stephan/ Mika, Sebastian/ Müller, Klaus-Robert/ Rätsch, Gunnar/ Schruff, Wienand (2004): Zur Beurteilung des Fraud-Risikos im Rahmen der Abschlussprüfung. In: WPg Heft 19 (2004), S. 1057-1065 (zit.: Knabe/ Mika/ Müller/Rätsch/Schruff, Fraud, 2004).

Korndörfer, Wolfgang (1989): Unternehmensführungslehre: Einführung, Entscheidungslogik, soziale Komponenten im Entscheidungsprozess. 7. Aufl., Wiesbaden 1989.

Labhart, Peter A./ Volkart, Rudolf (2001): Wertorientiertes Reporting. In: Klingebiel, Norbert (Hrsg.): Performance Measurement & Balanced Scorecard. München 2001.

Lachnit, Laurenz/ Müller, Stefan (2001): Risikomanagement nach KonTraG und Prüfung des Systems durch den Wirtschaftsprüfer. In: Freidank, Christian (Hrsg.): Festschrift für Wilhelm Theodor Strobel zum 70. Geburtstag. München 2001, S. 363-393 (zit.: Lachnit/Müller, Risikomanagement, 2001).

Lanfermann, Georg (2005): Internationale Abschlussprüfungsstandards in der Europäischen Union. In: DSWR Heft 4 (2005), S. 110-111 (zit.: Lanfermann, Internationale Abschlussprüfungsstandards, 2005).

Lanfermann, Georg/ Maul, Silja (2003): SEC-Ausführungsregelungen zum Sarbanes-Oxley Act – Auswirkung auf Rechnungslegung und Abschlussprüfung europäischer Unternehmen. In: DB Heft 7 (2003), S. 349-355 (zit.: Lanfermann/Maul, SOA, 2003).

Leffson, Ulrich (1968): Der Ausbau der unternehmerischen Rechenschaft durch vollständigen Kapitaldispositionsnachweis. In: NBW Heft 1 (1968), S. 1-17 (zit.: Leffson, Unternehmerische Rechenschaft, 1968).

– (1988): Wirtschaftsprüfung. 4. Aufl., Wiesbaden 1988 (zit.: Leffson, Wirtschaftsprüfung, 1988).

– (1992): Systemprüfung. In: Coenenberg, Adolf/ Wysocki, Klaus von (Hrsg.): Handwörterbuch der Revision. 2., neu gestaltete und ergänzte Aufl., Stuttgart 1992 (zit.: Leffson, Systemprüfung, 1992).

Link, Robert (2006): Abschlussprüfung und Geschäftsrisiko. Wiesbaden 2006.

Loebbecke, James K./ Eining, Martha M./ Willingham, John J. (1989): Auditor's experience with material irregularities – frequency, nature and delectability. In: Auditing – A Journal of Practice & Therory Heft 8 (1989), S. 1-28 (zit.: Loebbecke/Eining/Willingham, Fraud, 1989).

Lück, Wolfgang (1998): Elemente eines Risiko-Managementsystems – Die Notwendigkeit eines Risiko-Managementsystems durch den Entwurf eines Gesetzes zur Kontrolle und Transparenz im Unternehmensbereich (KonTraG). In: DB Heft1/2 (1998), S. 8-14 (zit.: Lück, Risikomanagementsystem, 1998).

– (1998): Der Umgang mit unternehmerischen Risiken durch ein Risikomanagementsystem und durch ein Überwachungssystem – Anforderungen durch das KonTraG und Umsetzung in der betrieblichen Praxis. In: DB Heft 39 (1998), S. 1925-1930 (zit.: Lück, Risikomanagement, 1998).

– (2001): Das Going-Concern-Prinzip in Rechnungslegung und Jahresabschlussprüfung. In: DB Heft 37 (2001), S. 1945-1949 (zit.: Lück, Going Concern, 2001).

– (2001): Chancenmanagementsystem – neue Chancen für Unternehmen. In: BB Heft 45 (2001), S. 2312-2315 (zit.: Lück, Chancenmanagement, 2001).

– (2003): Zusammenarbeit von Interner Revision und Abschlussprüfer – Vergangenheit, Gegenwart, Zukunft. Berlin 2003 (zit.: Lück, Interne Revision, 2003).

– (2003): Managementrisiken im Risikomanagementsystem. In: DB Heft 30 (2003), S. 1473-1477 (zit.: Lück, Managementrisiken, 2003).

Lück, Wolfgang/ Makowski, Andreas (1996): Internal Control – COSO-Report; Guidance on Criteria of Control; Internal Financial Control. In: WPK-Mitt. Heft 3 (1996), S. 157-161.

Lutter, Marcus (1996): Kommentierung. In: Kölner Kommentar zum Aktiengesetz. Band 1 §§ 1-75 AktG. Köln, Berlin, Bonn u.a. 1996 (zit.: Lutter, Kommentar, 1996).

– (2000): Haftung und Haftungsfreiräume des GmbH-Geschäftsführers – 10 Gebote an den Geschäftsführer. In: GmbHR Heft 7 (2000), S. 301-312 (zit.: Lutter, Haftung, 2000).

– (2001): Vergleichende Corporate Governance – Die deutsche Sicht. In: ZGR Heft 2 (2001), S. 224-237 (zit.: Lutter, Corporate Governance, 2001).

Lutter, Marcus/ Hommelhoff, Peter (2000): GmbH-Gesetz, Kommentar. 15., neu bearb. und erw. Aufl., Köln 2000.

Lutter, Marcus/ Krieger, Gerd (1993): Rechte und Pflichten des Aufsichtsrats. 3., vollständig neu bearb. und erw. Aufl., Freiburg i. Br. 1993.

Luttermann, Claus (2006): Unternehmenskontrolle und Bilanzmanipulation nach anglo-amerikanischen Mustern (IAS/IFRS und U.S. „GAAP“). In: WPg Heft 12 (2006), S. 778-786 (zit.: Luttermann, Bilanzmanipulation, 2006).

Mag, Wolfgang (1993): Planung. In: Bitz, Michael/ Dellmann, Klaus/ Domsch, Michel/Egner, Henning (Hrsg.): Vahlens Kompendium der Betriebswirtschaftslehre – Band 2. 3., überarb. und erw. Aufl., München 1993, S. 3-57 (zit.: Mag, Planung, 1993).

Mandl, Gerald/ Jung, Maximilian (2002): Prognose- und Schätzprüfung. In: Ballwieser, Wolfgang (Hrsg.): Handwörterbuch der Rechnungslegung und Prüfung. Stuttgart 2002, S. 1698-1706 (zit.: Mandl/ Jung, Prognoseprüfung, 2002).

Marten, Kai-Uwe/ Quick, Reiner/ Ruhnke, Klaus (2001): Wirtschaftsprüfung – Grundlagen des wirtschaftlichen Prüfungswesens nach nationalen und internationalen Normen. Stuttgart 2001 (zit.: Marten/ Quick/ Ruhnke, Wirtschaftsprüfung, 2001).

– (2006): Lexikon der Wirtschaftsprüfung. Stuttgart 2006 (zit.: Marten/ Quick/ Ruhnke, Lexikon, 2006).

Maul, Karl Heinz (1977): Grundlagen eines Internen Kontrollsystems. In: WPg Heft 9 (1977), S. 229-236 (zit.: Maul, IKS, 1977).

Menzies, Christof (2004): Sarbanes-Oxley Act – Profesionelles Management interner Kontrollen. Stuttgart 2004.

Mertens, Hans-Joachim (1996): Kommentierung zu § 93 AktG. In: Zöllner, Wolfgang (Hrsg.): Kölner Kommentar zum Aktienrecht Band 2: §§ 76-117 AktG und Mitbestimmung im Aufsichtsrat. Köln, Berlin, Bonn, München 1996, S. 287-342 (zit.: Mertens, Kommentar, 1996).

Mertin, Dietz (2003): Zur Fortentwicklung der International Standards on Auditing and Assurance. In: WPg Heft 1-2 (2003), S. 1-9 (zit.: Mertin, ISA, 2003).

Müller, Stefan (2003): Management-Rechnungswesen. Wiesbaden 2003.

Müller, Stefan/ Peskes, Markus (2006): Konsequenzen der geplanten Änderungen der Segmentberichterstattung nach IFRS für Abschlusserstellung und Unternehmenssteuerung. In: BB Heft 15 (2006), S. 819-825 (zit.: Müller/Peskes, Segmentberichterstattung, 2006).

Müßig, Anke (2006): Bilanzielle Risikovorsorge und außerbilanzielle Risikoberichterstattung – Das Verhältnis von Lagebericht und Management Commentary zum Jahresabschluss nach HGB und IFRIS. Wiesbaden 2006.

Naumann, Klaus-Peter/Feld, Klaus Peter (2006): Die Transformation der neuen Abschlussprüfungsrichtlinie – Erwartungen des Berufsstands der Wirtschaftsprüfer an den deutschen Gesetzgeber. In: WPg Heft 14 (2006), S. 873-885 (zit.: Naumann/Feld, Abschlussprüferrichtlinie, 2006).

Neubeck, Guido (2003): Prüfung von Risikomanagementsystemen. Düsseldorf 2003.

Orth, Christian (1999): Überlegungen zu einem prozessorientierten Prüfungsansatz. In: WPg Heft 15 (1999), S. 573-585 (zit.: Orth, Prüfungsansatz, 1999).

– (2000): Abschlussprüfung und Corporate Governance – Vom Financial Audit zum Business Audit vor dem Hintergrund der Erwartungslücke. Wiesbaden 2000 (zit.: Orth, Abschlussprüfung, 2000).

o.V. (1996), Grundsätze ordnungsgemäßer DV-gestützter Buchführungssysteme (GoBS). In: DB Heft 3 (1996), Beilage 2 (zit.: o.V., GoBS, 1996).

– (1997): Kontrolle. In: Gabler GmbH (Hrsg.): Gabler Wirtschaftslexikon. 14. Aufl., Wiesbaden 1997. S. 2232-2233 (zit.: o.V., Kontrolle, 1997).

– (2005): Corporate Governance: Ergebnisse des zweiten Treffens des Europäischen Forums. In: DB Heft 37 (2005), o.S. (zit.: o.V., Corporate Governance, 2005).

– (2006): Deutscher Corporate Governance Kodex fortentwickelt. In: DB Heft 30 (2006), o.S. (zit.: o.V., Corporate Governance, 2006)

Peemöller, Volker (1992): Direkte und indirekte Prüfung. In: Coenenberg, Adolf/ Wysocki, Klaus von (Hrsg.): Handwörterbuch der Revision. 2., neu gestaltete und ergänzte Aufl., Stuttgart 1992, S. 343-348 (zit.: Peemöller, Direkte/Indirekte Prüfung, 1992).

Peemöller, Volker/ Richter, Martin (2000): Entwicklungstendenzen der Internen Revision – Chancen für die unternehmensinterne Überwachung. Berlin 2000.

Pfitzer, Norbert/ Oser, Peter/ Orth, Christian (2005): Reform des Aktien-, Bilanz- und Aufsichtsrechts – BilReG, BilKoG, APAG, AnSVG, UMAG sowie weitere Aufsichtsgesetze. Stuttgart 2005.

Philip, Mathias (1998): Ordnungsmäßige Informationssysteme im Zeitablauf – Umsetzung der GoBS im Informationssystem-Lebenszyklus. In: Wirtschaftsinformatik Heft 4 (1998), S. 312-317 (zit.: Philip, Umsetzung der GoBS, 1998).

– (2000): Proaktive Prüfung von Geschäftsprozessen. Hamburg 2000 (zit.: Philip, Prüfung von Geschäftsprozessen, 2000).

Picot, Arnold (1993): Organisation. In: Bitz, Michael/Dellmann, Klaus/Domsch, Michel/ Egner, Henning (Hrsg.): Vahlens Kompendium der Betriebswirtschaftslehre, Band 2. 3., überarb. und erw. Aufl., München 1993, S. 103-174 (zit.: Picot, Organisation, 1993).

Picot, Arnold/ Dietl, Helmut/ Franck, Egon (2002): Organisation – Eine ökonomische Perspektive. 3., überarb. und erw. Aufl., Stuttgart 2002.

Picot, Arnold/ Reichwald, Ralf/ Wigand, Rolf (2001): Die grenzenlose Unternehmung. 4. Aufl., Wiesbaden 2001.

Piser, Marc (2004): Strategisches Performance Measurement. Wiesbaden 2004.

POB (2000): The Panel on Audit Effectiveness: Report an Recommendations. Stamford 2000.

Pollanz, Manfred (2001): Offene Fragen der Prüfung von Risikomanagementsystemen nach KonTraG – Paradigmenwechsel im wirtschaftlichen Prüfungswesen oder vom risikoorientierten zum systematisch-evolutionären Prüfungsansatz. In: DB Heft 25 (2001), S. 1317-1325 (zit.: Pollanz, Paradigmenwechsel, 2001).

PricewaterhouseCoopers (2003): PwC Audit 2003. Frankfurt a.M. 2003.

Quick, Reiner (1996): Die Risiken der Jahresabschlussprüfung. Düsseldorf 1996.

Reichmann, Thomas (2000): Controlling mit Kennzahlen und Managementberichten. Dortmund 2000.

Reichmann, Thomas/ Form, Stephan (2000): Balanced Chance- and Risk-Management. In: Controlling Heft 4/ 5 (2000), S. 189-198 (zit.: Reichmann/ Form, Chance- und Risk Management, 2000).

Ringleb, Henrik-Michael/ Kremer, Thomas/ Lutter, Markus/ Werder, Axel von (2003): Kommentar zum Deutschen Corporate Governance Kodex. München 2003.

Rodewald, Jörg/ Unger, Ulrike (2006): Corporate Compliance – Organisatorische Vorkehrungen zur Vermeidung von Haftungsfällen der Geschäftsleitung. In: BB Heft 3 (2006), S. 113-117 (zit.: Rodewald/ Unger, Corporate Compliance, 2006).

Root, Steven (1998): Beyond COSO – Internal Control to Enhance Corporate Governance. New York 1998.

Ross, Stephen J. (1973): The Economic Theory of Agency: The Principal's Problem. In: American Economic Review Heft 2 (1973), S. 134-139 (zit.: Ross, Agency, 1973).

Roth, Markus (2004): Das unternehmerische Ermessen des Vorstands – Neuerungen durch den Referentenentwurf eines Gesetzes zur Unternehmensintegrität und zur Modernisierung des Anfechtungsrechts (UMAG)?. In: BB Heft 20 (2004), S. 1066-1069 (zit.: Roth, UMAG, 2004).

Rowedder, Heinz/ Schmidt-Leithoff, Christian (2002): Gesetz betreffend die Gesellschaften mit beschränkter Haftung (GmbHG). Kommentar. 4. Aufl., München 2002.

Rückle, Dieter (1992): Grundsätze ordnungsmäßiger Abschlussprüfung. In: Coenenberg, Adolf/ Wysocki, Klaus von (Hrsg.): Handwörterbuch der Revision. 2., neu gestaltete und ergänzte Aufl., Stuttgart 1992, S. 752-769 (zit.: Rückle, GoA, 1992).

Ruhnke, Klaus (2002): Geschäftsrisikoorientierte Abschlussprüfung – Revolution im Prüfungswesen oder Weiterentwicklung des risikoorientierten Prüfungsansatzes. In: DB Heft 9 (2002), S. 437-443 (zit.: Ruhnke, Abschlussprüfung, 2002).

– (2002): Business Audit. In: DBW Heft 6 (2002), S. 696-699 (zit.: Ruhnke, Business Audit, 2002).

– (2006): Prüfung von Jahresabschlüssen nach internationalen Prüfungsnormen. In: DB Heft 22 (2006), S. 1169-1175 (zit.: Ruhnke, Internationale Prüfungsnormen, 2006).

Ruhnke, Klaus/ Lubitzsch, Kay (2006): Abschlussprüfung und das neue Aussagen-Konzept der IFAC: Darstellung, Beweggründe und Beurteilung. In: WPg Heft 6 (2006), S. 366-375 (zit.: Ruhnke/Lubitzsch, Aussagen-Konzept, 2006).

Saitz, Bernd (1999): Risikomanagement als umfassende Aufgabe der Unternehmensleitung. In: Braun, Frank/ Saitz, Bernd (Hrsg.): Das Kontroll- und Transparenzgesetz – Herausforderungen und Chancen für das Risikomanagement. Wiesbaden 1999, S. 69-98 (zit.: Saitz, Risikomanagement, 1999).

Salzberger, Werner (2002): Sarbanes-Oxley Act of 2002. In: WiSt Heft 3 (2002), S. 165-166 (zit.: Salzberger, SOA, 2002).

Sauerwein, Elmar/ Thurner, Matthias (1998): Der Risikomanagement-Prozess im Überblick. In: Hinterhuber, H./ Sauerwein, E. (Hrsg.): Betriebliches Risikomanagement. Wien 1998, S. 19-39 (zit.: Sauerwein/ Thurner, Risikomanagement-Prozess, 1998).

Scherff, Susanne/ Willeke, Clemens (2006): Die Prüfung des Lageberichts – der IDW EPS 350 n.F. In: StuB Heft 4 (2006), S. 143-148 (zit.: Scherff/ Willeke, Lagebericht, 2006).

Schewe, Gerhard/ Littkemann, Jörn/ Beckemeier, Olof (1999): Interne Kontrollsysteme – Verhaltenswirkungen und organisatorische Gestaltung. In: WISU Heft 11 (1999), S. 1483-1488 (zit.: Schewe/Littmann/Beckemeier, IKS, 1999).

Schmidt, Stefan (2000): Empfehlungen des Panels on Audit Effectiveness zur Verbesserung der Qualität der Abschlussprüfung. In: WPg Heft 17 (2000), S. 793-810 (zit.: Schmidt, Panel on Audit Effectiveness, 2000).

– (2005): Geschäftsverständnis, Risikobeurteilung und Prüfungshandlungen des Abschlussprüfers als Reaktion auf beurteilte Risiken. In: WPg Heft 16 (2005), S. 873-887 (zit.: Schmidt, Risikobeurteilungen, 2005).

Schneider, Uwe H. (1996): Die Überlagerung des Konzernrechts durch öffentlich-rechtliche Strukturnormen und Organisationspflichten – Vorüberlegungen zu Compliance im Konzern. In: ZGR Heft 2 (1996), S. 225-246 (zit.: Schneider, Konzern-Compliance, 1996).

– (2000): Kommentierung § 43 GmbHG Haftung des Geschäftsführers. In: Scholz, Crezelius Georg/ Emmerich, Volker/ Priester, Hans-Joachim u.a. (Bearb.): Kommentar zum GmbH-Gesetz: mit Anhang Konzernrecht. Bd. 1, §§ 1-44: Anh. Konzernrecht. 9., neubearb. und erw. Aufl., Köln 2000 (zit.: Schneider, Geschäftsführer, 2000).

– (2003): Compliance als Aufgabe der Unternehmensleitung. In: ZIP Heft 15 (2003), S. 645-650 (zit.: Schneider, Compliance, 2003).

Schnider, Josef (1973): Bestandteil der Unternehmensorganisation und Gegenstand der Abschlussprüfung. Winterthur 1973.

Schreyögg, Georg (1994): Planung und Kontrolle. In: WiSt Heft 7 (1994), S. 345-351 (zit.: Schreyögg, Planung, 1994).

Schulze, Dennis (2001): Die Berichterstattung über Risiken der künftigen Entwicklung im Lagebericht nach dem KonTraG. Aachen 2001.

Schuppenhauer, Rainer (2000): Grundsätze ordnungsmäßiger Datenverarbeitung im Rechnungswesen (GoDV 2000). In: WPg Heft 3 (2000), S. 128-151 (zit.: Schuppenhauer, GoDV, 2000).

– (2006): GoDV-Handbuch: Grundsätze ordnungsmäßiger Datenverarbeitung und DV-Revision. 6. Aufl., München 2006 (zit.: Schuppenhauer, GoDV-Handbuch, 2006).

Seeberg, Thomas (1997): Steigerung der Aussagekraft von Jahresabschlüssen durch erweiterte Berichterstattung. In: Baetge, Jörg (Hrsg.): Aktuelle Entwicklungen in der Rechnungslegung und Wirtschaftsprüfung. Düsseldorf 1997 (zit.: Seeberg, Erweiterte Berichterstattung, 1997).

Seibert, Ulrich/ Schütz, Carsten (2004): Der Referentenentwurf eines Gesetzes zur Unternehmensintegrität und Modernisierung der Anfechtungsklage. In: ZIP Heft 6 (2004), S. 252-259 (zit.: Seibert/Schütz, Referentenentwurf, 2004).

Semler, Johannes (1983): Die Unternehmensplanung in der Aktiengesellschaft – eine Betrachtung unter rechtlichen Aspekten. In: ZGR Heft 1 (1983), S. 1-33 (zit.: Semler, Unternehmungsplanung, 1983).

– (1996): Leitung und Überwachung der Aktiengesellschaft: Die Leitungsaufgabe des Vorstands und die Überwachungsaufgabe des Aufsichtsrates. 2., völlig überarb. und erw. Aufl., Köln, Berlin, Bonn, München 1996 (zit.: Semler, Überwachung, 1996).

Servatius, Hans-Gerd (2003): Strategie-Innovationen planen. In: Horvath, Peter/ Gleich, Ronald (Hrsg.): Neugestaltung der Unternehmensplanung – Innovative Konzepte und erfolgreiche Praxislösungen. Stuttgart 2003, S. 185-208 (zit.: Servatius, Strategie, 2003).

Sieben, Günter/ Gatzen, Manfred/ Husemann, Walter (1988): Die Abschlussprüfung als Beitrag einer betriebswirtschaftlichen Unternehmensanalyse. In: WPg Heft 21 (1988), S. 606-612 (zit.: Sieben/ Gatzen/ Husemann, Unternehmensanalyse, 1988).

Sieben, Günter/ Haase, Dittmar (1971): Die Jahresabschlussrechnung als Informations- und Entscheidungsrechnung. In: WPg Heft 3 (1971), S. 53-57 (zit.: Sieben/Haase, Jahresabschlussrechnung, 1971).

Simmons, Mark H. (1995): COSO – The Framework for Internal Control: A Strategic Approach to Internal Audits. In: www.dartmouth.edu/~msimmons/ internal-auditing/cosobsic.htm (Download vom 7.8.2004).

Simons, Robert (2000): Performance Measurement & Control Systems for Implementing Strategy. New Jersey 2000.

Spindler, Gerald (2001): Unternehmens-Organisationspflichten. Köln 2001.

Steskal, Hans (1992): Prüfungsrichtlinie. In: Coenenberg, Adolf/Wysocki, Klaus von (Hrsg.): Handwörterbuch der Revision. 2., neu gestaltete und ergänzte Aufl., Stuttgart 1992, S. 1526-1532 (zit.: Steskal, Prüfungsrichtlinien, 1992).

Stibi, Eva (1985): Prüfungsrisikomodell und Risikoorientierte Abschlussprüfung. Düsseldorf 1985.

Thümmel, Roderich C. (1997): Manager- und Aufsichtsratshaftung nach dem Referentenentwurf zur Änderung des AktG und des HGB. In: DB Heft 5 (1997), 261-264 (zit.: Thümmel, Managerhaftung, 1997).

Tipke, Klaus/ Kruse, Heinrich Wilhelm (2005): Abgabenordnung, Finanzgerichtsordnung, Kommentar zur AO und FGO (ohne Steuerstrafrecht). Köln 2005.

Toso, Adriana (2000): Veränderte Rahmenbedingungen der Abschlussprüfung: Entstehung und Bewältigung von Prüfungskomplexität. Wiesbaden 2000.

Ulrich, Hans (1970): Die Unternehmung als produktives soziales System, Grundlagen der allgemeinen Unternehmenslehre. 2. Aufl., Bern 1970.

Vahs, Dietmar (2001): Organisation, Einführung in die Organisationstheorie und -praxis. 3., überarb. und erw. Aufl., Stuttgart 2001.

Wagenhofer, Alfred (2006): Zusammenwirken von Controlling und Rechnungslegung nach IFRS. In: Wagenhofer, Alfred (Hrsg.): Controlling und IFRS-Rechnungslegung – Konzepte, Schnittstellen, Umsetzung. Berlin 2006, S. 1-20 (zit.: Wagenhofer, Controlling und IFRS, 2006).

Wall, Frederike (2003): Kompatibilität des betriebswirtschaftlichen Risikomanagements mit den gesetzlichen Anforderungen? – Eine Analyse mit Blick auf die Abschlussprüfung –. In: WPg Heft 9 (2003), S. 457-471 (zit.: Wall, Risikomanagement, 2003).

Wanik, Otto (1992): Prüfung der EDV-Buchführung. In: Coenenberg, Adolf/ Wysocki, Klaus von (Hrsg.): Handwörterbuch der Revision. 2., neu gestaltete und ergänzte Aufl., Stuttgart 1992, S. 375-386 (zit.: Wanik, EDV-Buchführung, 1992).

Weber, Robert/ Brügel, Florian (2004): Die Haftung des Managements in der Unternehmenskrise: Insolvenz, Kapitalerhaltung und existenzvernichtender Eingriff. In: DB Heft 36 (2004), S. 1923-1928 (zit.: Weber/ Brügel, Haftung, 2004).

Weiss, Heinz-Jürgen (2004): Integrierte Konzernsteuerung – Ganzheitliches Führungsinstrumentarium zur Umsetzung wertorientierter Strategien. Wiesbaden 2004.

Werder, Axel von (1996): Grundsätze ordnungsmäßiger Unternehmungsleitung (GoU) – Bedeutung und erste Konkretisierung von Leitlinien für das Top-Management. In: ZfbF Sonderheft 36 (1996), S. 27-73 (zit.: Werder, GoU, 1996).

Wiechers, Klaus (2005): Die Beurteilung der Fortführung der Unternehmenstätigkeit – Bedeutung der Going Concern-Prämisse für die Unternehmensführung und Abschlussprüfung. In: StuB Heft 23 (2005), S. 1003-1009 (zit.: Wiechers, Going Concern, 2005).

– (2005): Neue Entwicklungen bei der Lageberichterstattung durch das BilReG und DRS 15 – Erläuterung und eine Checkliste der wichtigsten Inhalte des Lageberichts mittelständischer Gesellschaften. In: BBK Heft 5 (2005), S. 217-229 (zit.: Wiechers, Lageberichterstattung, 2005).

Wiedmann, Harald (1993): Der risikoorientierte Prüfungsansatz. In: WPg Heft 1-2 (1993), S. 13-25 (zit.: Wiedmann, Risikoorientierter Prüfungsansatz, 1993).

– (1998): Ansätze zur Fortentwicklung der Abschlussprüfung. In: WPg Heft 7 (1998), S. 338-350 (zit.: Wiedmann, Fortentwicklung, 1998).

– (1999): Neuere Prüfungsansätze vor dem Hintergrund des KonTraG. KPMG. Frankfurt a.M. 1999, S. 85-111 (zit.: Wiedmann, Neuere Prüfungsansätze, 1999).

Witten, Volker (2001): Zur Erstellung und Prüfung des Lageberichts. In: Freidank, Carl-Christian (Hrsg.): Die deutsche Rechnungslegung und Wirtschaftsprüfung im Umbruch: Festschrift für Wilhelm Theodor Strobel zum 70. Geburtstag. München 2001, S. 341-361 (zit.: Witten, Lagebericht, 2001).

Wöhe, Günter (1978): Einführung in die Allgemeine Betriebswirtschaftslehre. 13., überarb. Aufl. München 1978.

Wolf, Klaus (2003): Risikomanagement im Kontext der wertorientierten Unternehmensführung. Wiesbaden 2003 (zit.: Wolf, Risikomanagement, 2003).

– (2005): Neuerungen im (Konzern-)Lagebericht durch das Bilanzrechtsreformgesetz (BilReG) – Anforderungen und ihre praktische Umsetzung. In: DStR Heft 10 (2005), S. 438-442 (zit.: Wolf, BilReG, 2005).

– (2006): Der Risikobegriff im Jahresabschluss, im Risikomanagement und im Risikocontrolling – eine deckungsgleiche Perspektive?. In: StuB Heft 12 (2006), S. 449-454 (zit.: Wolf, Risikobegriff, 2006).

Zehnder, Martina/ Clavien, Yvan (2004): Revision des Bereichs <<Einkaufs>> mit COSO – Erfahrungsbericht über die Anwendung von COSO und Zusammenarbeit mit Externen. In: Der Schweizer Treuhänder Heft 3 (2004), S. 139-146 (zit.: Zehnder/Clavien, COSO, 2004).

Ziemons, Hildegard (1996): Die Haftung der Gesellschafter für Einflussnahmen auf die Geschäftsführung der GmbH. Köln, Berlin, Bonn, München 1996.

Zöllner, Wolfgang (2000): Kommentierung zu § 43 GmbHG: In: Baumbach, Adolf/ Hueck, Alfred (Hrsg.): GmbH-Gesetz: Gesetz betreffend die Gesellschaften mit beschränkter Haftung. 17., erw. und völlig überarb. Aufl., München 2000, S. 908-938 (zit.: Zöllner, Kommentar, 2000).

Züger, Rudolf (1998): Der „moderne" Prüfungsansatz – Merkpunkte für eine zeitgemäße Abschlussprüfung. In: Der Schweizer Treuhänder Heft 5 (1998), S. 447-450 (zit.: Züger, Prüfungsansatz, 1998).

9. Verzeichnis der normativen Grundlagen

Deutscher Rechnungslegungsstandard Nr. 5: Risikoberichterstattung vom 3.4.2001 (zit.: DRS 5, Risikoberichterstattung, 2001).

– Nr. 15: Lageberichterstattung vom 7.12.2004 (zit.: DRS 15, Lageberichterstattung, 2004).

Entwurf eines Deutschen Rechnungslegungsstandard Nr. 20: Lageberichterstattung vom 13.11.2003 (zit.: E-DRS 20, Lageberichterstattung, 2003).

IDW FAR: Anforderungen an Sanierungskonzepte. In: FN 1991, S. 319 ff. (Ausdruck aus PwC Knowledge Extract Assurance vom 30.7.2005) (zit.: IDW FAR, Sanierungskonzepte, 1991).

– FAR: Empfehlungen zur Überschuldungsprüfung bei Unternehmen. In: WPg Heft 1 (1997), S. 22-25 (zit.: IDW FAR, Überschuldungsprüfung, 1997).

– HFA: Stellungnahme zur Rechnungslegung: Auswirkung einer Abkehr von der Going-Concern-Prämisse auf den handelsrechtlichen Jahresabschluss (IDW RS HFA 17). In: FN Heft 3 (2006), S. 167-174 (zit.: IDW HFA, Going Concern, 2006).

– ISA 240 (n.F.): Übersetzung und Entwurf IDW Prüfungsstandard zur ISA-Ergänzung: Die Verantwortung des Abschlussprüfers zur Berücksichtigung von Verstößen (fraud) im Rahmen der Abschlussprüfung (IDW E-IPS 240). In: WPg Heft 22 (2004), S. 1282-1333 (zit.: IDW ISA 240 Übersetzung, 2004).

– PS 200: Ziele und allgemeine Grundsätze der Durchführung von Abschlussprüfungen. In: FN Heft 7 (2000), S. 280-285 (zit.: IDW PS 200, Grundsätze, 2000).

– PS 201: Rechnungslegungs- und Prüfungsgrundsätze für die Abschlussprüfung. In: WPg Heft 13 (2006), S. 850-854 (zit.: IDW PS 201, Grundsätze, 2006).

– PS 203: Ereignisse nach dem Bilanzstichtag. In: WPg Heft 17 (2001), S. 891-894 (zit.: IDW PS 203, Ereignisse nach dem Bilanzstichtag, 2001).

– PS 210: Zur Aufdeckung von Unregelmäßigkeiten im Rahmen der Abschlussprüfung. In: WPg Heft 22 (2006), S. 1422-1433 (zit.: IDW PS 210, Unregelmäßigkeiten, 2006).

– PS 220: Beauftragung des Wirtschaftsprüfers. In: WPg Heft 17 (2001), S. 895-898 (zit.: IDW PS 220, Prüfungsauftrag, 2001).

– PS 230: Kenntnisse über die Geschäftstätigkeit sowie das wirtschaftliche und rechtliche Umfeld des zu prüfenden Unternehmens im Rahmen der Abschlussprüfung. In: WPg Heft 17 (2000), S. 842-846 (zit.: IDW PS 230, Geschäftstätigkeit, 2000).

– PS 240: Grundsätze der Planung von Abschlussprüfungen. In: WPg Heft 17 (2000), S. 846-849 (zit.: IDW PS 240, Prüfungsplanung, 2000).
– PS 250: Wesentlichkeit im Rahmen der Abschlussprüfung (IDW PS 250). In: WPg Heft 56 (2003), S. 944-946 (zit.: IDW PS 250, Wesentlichkeit, 2003).
– PS 260: Das interne Kontrollsystem im Rahmen der Jahresabschlussprüfung. In: WPg Heft 1 (2001), S. 39-48 (zit.: IDW PS 260, IKS, 2001).
– PS 261: Feststellung und Beurteilung von Fehlerrisiken und Reaktionen des Abschlussprüfers auf die beurteilten Fehlerrisiken (IDW PS 261). In: WPg Heft 22 (2006), S. 1433-1445 (zit.: IDW PS 261, Beurteilung von Fehlerrisiken, 2006).
– PS 270: Beurteilung der Fortentwicklung der Unternehmenstätigkeit. In: WPg Heft 14 (2003), S. 775-780 (zit.: IDW PS 270, Going Concern, 2003).
– PS 300: Prüfungsnachweise im Rahmen der Abschlussprüfung. In: WPg Heft 22 (2006), S. 1445-1452 (zit.: IDW PS 300, Prüfungsnachweise, 2006).
– PS 302: Bestätigungen Dritter. In: WPg Heft 16 (2003), S. 872-875 (zit.: IDW PS 302, Bestätigungen Dritter, 2003).
– PS 312: Analytische Prüfungshandlungen. In: WPg Heft 17 (2001), S. 903-906 (zit.: IDW PS 312, Analytische Prüfungshandlungen, 2001).
– PS 314: Die Prüfung von geschätzten Werten in der Rechnungslegung. In: WPg Heft 17 (2001), S. 906-909 (zit.: IDW PS 314, Geschätzte Werte, 2001).
– PS 315: Die Prüfung von Zeitwerten. In: WPg Heft 5 (2006), S. 309-314 (zit.: IDW PS 315, Zeitwerte, 2006).
– PS 330: Abschlussprüfung bei Einsatz von Informationstechnologie. In: WPg Heft 21 (2002), S. 1167-1179 (zit.: IDW PS 330, Informationstechnologie, 2002).
– PS 340: Die Prüfung des Risikofrüherkennungssystems nach § 317 Abs. 4 HGB. In: WPg Heft 16 (1999), S. 658-662 (zit.: IDW PS 340, Risikomanagement, 2000).
– PS 350: Entwurf einer Neufassung des IDW Prüfungsstandards: Prüfung des Lageberichts (IDW PS 350). In: WPg Heft 20 (2006), S. 1293-1297 (zit.: IDW PS 350, Lagebericht, 2006).
– PS 400: Grundsätze für die ordnungsgemäße Erteilung von Bestätigungsvermerken bei Abschlussprüfungen. In: WPg Heft 24 (2005), S. 1382-1402 (zit.: IDW PS 400, Bestätigungsvermerk, 2005).
– PS 450: IDW Prüfungsstandard: Grundsätze ordnungsmäßiger Berichterstattung bei Abschlussprüfungen (IDW PS 450). In: WPg Heft 3 (2006), S. 113-128 (zit.: IDW PS 450, Prüfungsbericht, 2006).
– PS 460: Arbeitspapiere des Abschlussprüfers. In: WPg Heft 18 (2000), S. 916-918 (zit.: IDW PS 460, Arbeitspapiere, 2000).

– PS 800: Prüfungsstandard: Empfehlungen zur Prüfung eingetretener oder drohender Zahlungsunfähigkeit bei Unternehmen (IDW PS 800). In: WPg Heft 6 (1999), S. 250-253 (zit.: IDW PS 800, Zahlungsunfähigkeit, 1999).

– RH HFA 1.007: Rechnungslegungshinweis: Lageberichterstattung nach § 289 Abs. 1 und 3 HGB bzw. § 315 Abs. 1 HGB in der Fassung des Bilanzrechtsreformgesetzes. In: WPg Heft 22 (2005), S. 1234-1235 (zit.: IDW RH HFA 1.007, Lageberichterstattung, 2005).

– RS FAIT 1: Grundsätze ordnungsgemäßer Buchführung bei Einsatz von Informationstechnologie. In: WPg Heft 21 (2002), S. 1157-1167 (zit.: IDW RS FAIT, FAIT 1, 2002).

– RS FAIT 2: Grundsätze ordnungsgemäßer Buchführung bei Einsatz von Electronic Commerce. In: WPg Heft 22 (2003), S. 1258-1276 (zit.: IDW RS FAIT, FAIT 2, 2003).

– RS FAIT 3: Grundsätze ordnungsgemäßer Buchführung bei Einsatz elektronischer Archivierungsverfahren. In: WPg Heft 22 (2006), S. 1465-1474 (zit.: IDW RS FAIT, FAIT 3, 2006).

ISA International Federation of Accountants 210: Objective and General Principles Governing an Audit of Financial Statements. In: IFAC (Hrsg.): Handbook of International Auditing, Assurance, and Ethics Pronouncements. New York 2007, S. 213-229 (zit.: ISA 200, Principles, 2007).

– 210: Terms of Audit Engagements. In: IFAC (Hrsg.): Handbook of International Auditing, Assurance, and Ethics Pronouncements. New York 2007, S. 230-245 (zit.: ISA 210, Audit Engagement, 2007).

– 240: The Auditor's Responsibility to Consider Fraud and Error in an Audit of Financial Statements. In: IFAC (Hrsg.): Handbook of International Auditing, Assurance, and Ethics Pronouncements. New York 2007, S. 268-313 (zit.: ISA 240, Fraud, 2007).

– 300: Planning. In: IFAC (Hrsg.): Handbook of International Auditing, Assurance, and Ethics Pronouncements. New York 2007, S. 331-343 (zit.: ISA 300, Planning, 2007).

– 315: Understanding the Entity and Its Environment and Assessing the Risks of Material Misstatement. In: IFAC (Hrsg.): Handbook of International Auditing, Assurance, and Ethics Pronouncements. New York 2007, S. 344-392 (zit.: ISA 315, Risk Assessment, 2007).

– 315: Understanding the Entity and Its Environment and Assessing the Risks of Material Misstatement. In: http:// ifac.org/ Guidance/ EXD-Download.php?-EDFID=00157 (Download vom 20. 10.2005), S. 76-114 (zit.: ISA 315 (redrafted), Risk Assessment, 2005).

– 315: Identifying and Assessing the Risks of Material Misstatements through Understanding the Entity and Its Environment. In: IFAC (Hrsg.): Handbook of International Auditing, Assurance, and Ethics Pronouncements. New York 2007, S. 1037-1086 (zit.: ISA 315 (redrafted), Risk Assessment, 2007).

– 330: The Auditor's Procedures in Response to Assessed Risks. In: IFAC (Hrsg.): Handbook of International Auditing, Assurance, and Ethics Pronouncements. New York 2007, S. 398-419 (zit.: ISA 330, Risk Response, 2007).

– 330: The Auditor's Procedures in Response to Assessed Risks. In: http:// ifac.org/ Guidance/ EXD-Download.php?EDFID=00157 (Download vom 20.10.2005), S. 115-131 (zit.: ISA 330 (redrafted), Risk Response, 2005).

– 330: The Auditor's Responses to Assessed Risks. In: IFAC (Hrsg.): Handbook of International Auditing, Assurance, and Ethics Pronouncements. New York 2007, S. 1087-1108 (zit.: ISA 330 (redrafted), Risk Response, 2007).

– 500: Audit Evidence (Revised). In: IFAC (Hrsg.): Handbook of International Auditing, Assurance, and Ethics Pronouncements. New York 2007, S. 425-435 (zit.: ISA 500, Audit Evidence, 2007).

ISAE 3400: The Examination of Prospective Financial Information – (Previously ISA 810). In: IFAC (Hrsg.): Handbook of International Auditing, Assurance, and Ethics Pronouncements. New York 2007, S. 940-949 (zit.: ISAE 3400, Prospective Financial Information, 2007).

10. Urteilsverzeichnis

BGH-Urteil vom 21. April 1997, IIZR 175/95. In: DB Heft 21 (1997), S. 1068-1071.

Schriften zu Theorie und Praxis der Rechnungslegung und Wirtschaftsprüfung

Herausgegeben von Hansrudi Lenz

Band 1 Markus Ostrowski: Kapitalmarkt und Wirtschaftsprüfer. Eine empirische Analyse der Wahl des Prüfers bei IPO-Unternehmen und der Kapitalmarktreaktionen auf die Prüferwahl. 2003.

Band 2 Karin Fischer-Böhnlein: Verschmelzungen aus handelsbilanzieller Sicht unter Berücksichtigung betriebswirtschaftlicher und steuerlicher Aspekte. 2004.

Band 3 Heiko Hegwein: Financial Due Diligence durch Wirtschaftsprüfungsgesellschaften. Eine empirische Untersuchung der qualitätsdifferenzierten Wahl und Wirkung des Financial Due Diligence-Akteurs bei Erstemissionen. 2005.

Band 4 Manuela Möller: Abschlussprüfer und Börseneinführungspublizität. Eine empirische Untersuchung zur Beurteilung der Qualität von Wirtschaftsprüfungsleistungen auf der Basis eines Bewertungsmodells der Publizitätsgüte. 2005.

Band 5 Gösta Jamin: Der Residualgewinnansatz in der fundamentalen Aktienbewertung. Empirische Untersuchungen für den deutschen Aktienmarkt. 2006.

Band 6 Philipp Fölsing: Das Haftungsrisiko des Abschlussprüfers im Prüfungs-Beratungs-Konflikt. 2006.

Band 7 Elke Maren Thalke Focken: Die Bilanzierung des Goodwill nach SFAS 141/142. Eine sinnvolle Konzeption zur Steigerung der Informationsqualität? 2006.

Band 8 Holger Wich: Internes Kontrollsystem und Management-Informationssystem. Analyse der Systembedeutung für Unternehmensleitung und Abschlussprüfer. 2008.

Kolibri 360 GmbH
Ferdinand-Jühlke-Straße 7
99095 Erfurt, Deutschland
produktsicherheit@kolibri360.de

Druck:
CPI Druckdienstleistungen GmbH
im Auftrag der
Kolibri 360 GmbH
Ferdinand-Jühlke-Str. 7
99095 Erfurt